# Vorwo



Obwohl das Thema alle hiefür erforderlichen Ingredienzen enthält, ist dieses Buch weder ein Kriminalroman noch ein Polit-Thriller, sondern vielmehr eine schlichte Dokumentation, die nur ihrer Form nach journalistisch aufbereitet wurde.
Keine der handelnden Personen, kein Dialog und kein Geschehnis sind erfunden. Berichtet wird nur, was beweisbar und – durch Dokumente abgesichert – unwiderlegbar nachvollziehbar ist.
Das Buch enthält ausschließlich Sachverhaltsdarstellungen unter Zugrundelegung jener Fakten, die der Autor in fast dreijähriger Arbeit und mit der gebotenen Sorgfalt vor allem in Deutschland, Österreich und in der Schweiz, aber auch in Rotterdam, Paris und London, in Ost-Berlin und Bukarest, in Istanbul, in Costa Rica und in Hongkong recherchiert hat.
In Italien wurde dem Verfasser allerdings sehr bald der »freundschaftliche Rat« erteilt, seine Recherchen abzubrechen und sich eines anderen Themas anzunehmen. Es folgten Drohungen, die ernst zu nehmen waren.
Insgesamt wurden rund dreihundertfünfzig Informanten und Auskunftspersonen interviewt. Mehr als viertausend Stunden Zeitaufwand wurden allein in größtenteils persönliche Gespräche mit den handelnden Personen, mit Betroffenen oder Beteiligten, mit Tätern und deren Komplizen sowie zur Ausforschung von Zeugen investiert.
Schriftliche Unterlagen, Protokolle und Behördenakten standen dem Verfasser in einem Gesamtumfang von mehreren zehntausend Seiten zur Verfügung. Der Großteil dieser Dokumente war amtlicher Natur: Ermittlungsakten deutscher, österreichischer, italienischer, französischer und schweizerischer Sicherheitsdienststellen, der Hongkonger Polizei, des FBI sowie der Interpol; Gerichtsakten des Staates Kalifornien, der Arrondissementsrechtbank in Rotterdam, schweizerischer Strafgerichte und des Landesgerichtes für Strafsachen Wien; Zollfahndungs- und Steuerakten; Akten der Staatsanwaltschaft und der Oberstaatsanwaltschaft Wien; Verschlußakten der Bundesministerien für Inneres, Landesverteidigung und Justiz sowie zuletzt nachrichtendienstliche Erkenntnisse des deutschen Bundesnachrichtendienstes,

der Spionageabwehr im Heeres-Nachrichtenamt Wien und der österreichischen Staatspolizei.
Das Ergebnis ist beklemmend: Es existieren mafiose Machtkartelle, enttarnte Ostspione werden nicht verfolgt, Geheimdienste paralysieren die Justiz, es gibt organisierte Korruption, politische Erpressung, es geht um Großbetrug und Mord.
Die Drahtzieher aber bleiben unbehelligt, da sie im Dunstkreis hoher Würdenträger und mächtiger Politiker agieren.

*

Insgesamt zweiundzwanzigmal versuchten die Betroffenen in Österreich, in der BRD und in der Schweiz das Erscheinen dieses Buches gerichtlich verbieten zu lassen. Buchhändler, die es verkauften, wurden eingeschüchtert und bedroht.
Die Wende kam erst, als sich auch die großen internationalen Medien des Falles anzunehmen begannen.
Lucona-Kapitän Jacob Puister, der die vorsätzliche Sprengung und Versenkung seines Schiffes überlebt hatte, reiste von Costa Rica nach Europa, um in Zürich, Wiesbaden und Wien gegen die beiden »Helden« des Buches – den Wiener Udo Proksch, Inhaber des weltberühmten Café Demel, und den Deutschen Hans Peter Daimler, den letzten Sproß der bekannten Autobauerdynastie – öffentlich Anklage wegen Mordes zu erheben.
Proksch und Daimler ergriffen daraufhin die Flucht und werden seither von der Interpol weltweit steckbrieflich gesucht.
In Österreich liegt in der Zwischenzeit eine rechtskräftige Anklageschrift vor, in der Schweiz steht ein Strafverfahren gegen prominente Mittäter vor dem Abschluß, und seit Jänner 1989 versucht in Wien ein parlamentarischer Untersuchungsausschuß die politischen Hintergründe des Falles zu klären. Zwei der involvierten Politiker, Parlamentspräsident Leopold Gratz und Innenminister Karl Blecha, mußten bereits zurücktreten.
Nur in der BRD gelang es Hans Peter Daimler mit Hilfe mächtiger Freunde und seines Rechtsvertreters, Barschel-Anwalt Erich Samson, sich der Strafverfolgung durch die deutschen Behörden bis heute zu entziehen.

München, April 1989

## VI. ES WAR KALTBLÜTIGER MORD!

# I.

# UDO PROKSCH

**alias**

# SERGE KIRCHHOFER

*Man kann mit ihm weder zusammenleben noch gar zusammenarbeiten, weil er ein selbstsüchtiger und fast gemeingefährlicher Gemütsegoist ist. Er improvisiert, arbeitet aber nicht, liebt nicht, sondern nützt aus, tut bloß sentimental, ist aber bei Mangel an Konsequenz und bedenklichen Komplexen ein pathologisch veranlagter »Windhund«.*

Prof. Dr. W. R. Muckenschnabel
Dipl. Schriftpsychologe und
gerichtl. beeid. Schriftsachverständiger

# Der Mann mit der doppelten Identität

Für Schlagzeilen in den Medien hat er in zahllosen Ländern der Welt seit Jahrzehnten immer wieder gesorgt, doch obwohl mit seinem Namen und seinen Affären bereits Tonnen von Papier bedruckt worden sind, weiß noch immer fast niemand, wer und was dieser Mann tatsächlich ist.
Alle Möglichkeiten scheinen offen, und insbesondere in Österreich tobt um ihn seit ein paar Jahren ein wahrer Glaubenskrieg.
Das Angebot an Meinungen reicht vom seriösen und erfolgreichen Geschäftsmann, der internationale Großprojekte managt und promotet und dessen Bedeutung für die Wirtschaft gar nicht abzusehen sei, bis zum rücksichtslosen Waffenschieber, der in den Karteien westlicher Geheimdienste als gutgetarnter Ostspion geführt wird; vom kreativen feinsinnigen Künstler, dessen geniale und gelegentlich exzentrische Ideen ihn zwangsläufig zum Feind der »grauen Mäuse« werden ließen, bis zum eiskalten Gauner und Betrüger, für den selbst Menschenleben keine Rolle spielen.
Als Freund der Mächtigen und Bonvivant ist er bekannt. Dem internationalen Jet-set galt er seit jeher als verrückter, liebenswerter Partylöwe. Künstler und Intellektuelle lieben ihn, die High-Snobiety lobt seine »Kreativität«, und Biedermänner sind entzückt von seiner exzessiven Phantasie.
Zu seinen engsten Freunden zählen der Maler Friedensreich Hundertwasser, der Wiener »Poet« Franz (André) Heller sowie Niki Lauda, Österreichs weltbekanntes Formel-1-Idol.
Aber auch Wirtschaftskapitäne wie der Präsident des *Deutschen Industrie- und Handelstages*, Otto Wolff von Amerongen, sind ihm ebenso wie einflußreiche Meinungsmacher in Freundschaft verbunden: Vom Medienzaren und *Kronen-Zeitung*-Hälftebesitzer Hans Dichand bis zu Thaddäus »Teddy« Podgorski, Gerd Bachers Nachfolger als Generalintendant der staatlichen österreichischen Monopolrundfunk- und Fernsehanstalt ORF.
Prominenz schart Udo Proksch auch aus der Innenpolitik um sich. Bruno Kreisky ließ sich von ihm einst Minister vorschlagen und Wahlkämpfe finanzieren. Proksch half ihm gelegentlich aber auch ein

bißchen beim Regieren und begleitete den österreichischen Regierungschef, wenn dieser auf Staatsbesuch ins Ausland fuhr.
Später beriet er Kreiskys glücklosen Nachfolger im Kanzleramt, Fred Sinowatz, und selbstverständlich ist er auch mit Bundeskanzler Franz Vranitzky gut bekannt.
Mit zahlreichen weiteren Regierungsmitgliedern und prominenten Politikern ist er auf du und du – von Innenminister Karl Blecha über Wiens Bürgermeister Helmut Zilk bis zu Leopold Gratz, Ex-Außenminister und Parlamentspräsident, der seinem Freund ergeben bis zur Selbstaufgabe ist.
Auch in der internationalen Politik scheint Udo Proksch daheim zu sein. Schon als Dreißigjähriger pflog er Privatkontakte zum damaligen sowjetischen Ministerpräsidenten Nikita Chruschtschow; König Hussein von Jordanien nennt er gerne seinen »kleinen Freund«, und mit der jüngst gestürzten eitlen und korrupten philippinischen Diktatorsgattin Imelda Marcos war er, sagt er, viele Jahre lang intim.
Geschäfte schließlich machten ihn sowohl dem als Massenmörder in die Geschichte eingegangenen Ex-Staatschef von Uganda, Idi Amin, als auch dem libyschen Revolutionsführer und Terroristenfinancier, Muammar al Gaddafi, persönlich bekannt.
Über konkrete Tätigkeiten des offenbar in aller Welt beheimateten »Zuckerbäckers« erfuhr die Öffentlichkeit freilich nie etwas. Es blieb im dunkeln, was er trieb. Lediglich Klatschkolumnisten bot sich Udo Proksch seit jeher als williges Opfer an. Und die Regenbogenpresse verstand ihr Geschäft:
Mit einer sich von Mal zu Mal steigernden Begeisterung, die offenbar ansteckend wirkte, wurde der Öffentlichkeit systematisch das Bild eines Mannes präsentiert, an dessen menschlicher Größe und Einmaligkeit am Ende keinerlei Zweifel mehr zu bestehen schien.
Freilich entbehrte auch manches Proksch-Porträt, das seinen Journalistenfreunden regelmäßig aus der Feder quoll, gelegentlich nicht eines gerüttelten Maßes an Peinlichkeit oder unfreiwilliger Komik.
Den Reigen solcher »Geschichten vom Udo P.« eröffnete vor Jahren just eine Autorin eines weithin bekannten europäischen »Herrenmagazins«. Folgendes wußte *Lui* zu berichten:
»Worte und Aktionen knattern aus dieser Person wie Patronen aus einem Maschinengewehr. Keine fünfzehn Minuten vergehen, und man hat erfahren, daß er mit elf Jahren noch Bettnässer war, seit ein paar Jahren beglaubigtes Mitglied der *Sowjetischen Akademie der Wissenschaften* ist und gestern mit Bundeskanzler Kreisky speiste.«
Kein Wunder, daß ein so ungewöhnlicher Lebenslauf prompt den Ge-

MALACAÑAN PALACE

MANILA

May 24, 1984

*Dear Mr. Von Amerongen:*

*Over the years, the Philippines has strengthened German-Philippine relations as part of its foreign policy of promoting economic, cultural and diplomatic ties in the world community.*

*It is in this spirit that I take great pleasure in extending an invitation for you to visit the Philippines at your convenience. I am confident that your visit will contribute to the reservoir of goodwill and friendship that exists between the peoples of Germany and the Philippines and that our country will profit from your insights and expertise.*

*I express the hope that you will honor my invitation to enable us to welcome you to the Philippines.*

*Allow us to mention that we have requested Mr. Udo Proksch, a friend of the Philippines to serve as liaison to coordinate your visit.*

*With our warm greetings.*

*Sincerely,*

*IMELDA ROMUALDEZ MARCOS*
*Minister of Human Settlements*
*and*
*Governor of Metropolitan Manila*

*Mr. Otto Wolf Von Amerongen*
*Zeughausstrasse 2*
*5001 Koeln*
*West Germany*

Udo Proksch – Freund von Imelda Marcos und Otto Wolff von Amerongen

84

HEERES-BESCHAFFUNGSAMT

84-Verschl-HBeschA/76

VERTRAULICH

Verschluß

**Betr.:** Firmen bzw. Personen, die im Zusammenhang mit Waffenkäufen oder -verkäufern hieramts bekannt sind; Illegaler Waffenhandel

**Bez.:** DZ 175/75
DZ 177/75
Zl. 00.609-A/75
Zl. 03.171-A/75
Zl. 03.428-A/75

In der Beilage wird eine Aufstellung über Personen, die im Zusammenhang mit dem illegalen Waffenhandel genannt wurden, zur Kenntnisnahme übermittelt.

1 Beilage

01 06 1976
Der Leiter:

(TOMSCHITZ, BgdrInf)

An
Abt A
im Hause

2 K. WM 02 06 76
M
ET.
FC.

- 2 -

| | | | |
|---|---|---|---|
| [redacted] | Franz | | Harburg |
| [redacted] | | | St.Pölten |
| KIRCHHOFER (PROKSCH) | Serge (Udo) | 29. 5.1934 | Wien |
| [redacted] | Thomas | 6. 4.1929 | |
| [redacted] | | | |
| [redacted] | Helmuth | 14. 2.1959 | |

sellschaftsreporter der *Kronen-Zeitung*, Österreichs größter Tageszeitung mit dem kleinen Format, auf den Plan rief:
»Diese Turbulenz heißt Udo Proksch alias Serge Kirchhofer. Er hat zwei Namen und eine doppelte Identität. Was er anrührt, gerät in Bewegung. Er ist ein Reporter des Exorbitanten. Spricht man mit ihm, wird man in seinen Bann gezogen. Unweigerlich.«
Unweigerlich folgte auf diese Eloge der *Kurier*. Der »Glückspilz« und »Erfolgsmensch Udo Proksch« wurde gar zum Helden einer schwülstig-kitschigen Serie mit dem aufregenden Titel »Reich – aber glücklich!« hochstilisiert: »Er sitzt auf einem siebenstelligen Bankkonto – und begann als Schweinehirt.«
Charlotte von Saurma brachte es in der *Männer-Vogue* schlußendlich auf den Punkt. »Mit ihm auszugehen, ist schönster Krimi«, bekannte sie öffentlich: »Ort der Handlung natürlich das nächtliche Wien. Aus der noblen Konditorei *Demel* tritt zögernd ein untersetzt-bulliger Typ. Sichert sofort die gegenüberliegende Straßenseite. Die Pistole unter dem englischen Sakko ist griffbereit.«
Später, als Proksch in leicht angeheitertem Zustand lallend vor sich hin zu sinnieren begann, das Leben sei wie ein Schweinestall und »die Ferkel gedeihen prächtig«, da wurde der Dame dann schlagartig klar: Dieser Mann ist nicht nur »Erfinder, Designer von Brillen, Schuhen und Schmuck, Parfum, fahrbaren Plastikfabriken und des Austro-Porsche«, nicht nur »Schweinezüchter und Frauenliebhaber, Geschäftemacher, Geschäfteanbahner und Duzfreund von Bruno Kreisky« – nein: »Er ist auch Philosoph!«
Mit einem Wort: »Udo Proksch ist das von Herzen und mit Schmerzen geliebte Enfant terrible der festzementierten Wiener Gesellschaft.«
Bemerkenswert war in der Tat seit jeher auch sein Verhältnis zu den Damen der erlesenen Wiener Gesellschaft. »Destruktion ist Kreation!« lautet einer der Leitgedanken seiner persönlichen »Philosophie«, und diese Denkungsart verwirklicht er auch jederzeit und überall, ob im Beruf oder privat.
Viermal hatte Udo Proksch bisher geheiratet, um – wie er bereitwillig erklärt – »die Institution der Ehe zu zerstören«. Viermal folgte die Scheidung der Verehelichung auf dem Fuß.
Erst ab 1970 begann er auf Kurzzeitehen zu verzichten und sattelte statt dessen auf »eheähnliche Verbindungen« mit nunmehr ausnahmslos hochadeligen Damen um.
Als erste wurde Altgräfin Cecily Salm-Reifferscheidt von Udo Proksch erwählt. Nebst einer Menge Bargeld schenkte sie ihm auch

zwei Kinder. Dann verließ er sie, blieb allerdings dem Adel treu. Zahllose Gräfinnen – von Alexandra Colloredo bis zu Theresa von Abensperg und Traun – waren und sind ihm bis zum heutigen Tag zugetan.

Ein Frauenliebling und eine Art männlichen Sex-Symbols ist Udo Proksch tatsächlich allemal. Es liegt ihm auch daran, auf Frauen eine außergewöhnliche Wirkung zu erzielen. »Das gibt mir sehr viel«, gesteht er freimütig ein, und auch viele seiner *Demelinerinnen*, so sie jung und attraktiv sind, können davon ein Lied singen.

Auch auf die *Lui*-Autorin Marianne Schmidt hatte des Zuckerbäckers Männlichkeit ihre Wirkung einst offenbar nicht verfehlt, und sie begeisterte sich denn auch in aller Öffentlichkeit über seine körperliche Qualität:

»Klein, gedrungen, ein Boxertyp, Hände wie Maurerkellen. Unter den achtlos angezogenen, zerknitterten Hosen, dem Polohemd offenbar nichts als federnde, zu durchtrainierten Muskeln gebündelte schwellende Energie.«

Ein Frauenverächter war Udo Proksch jedenfalls nie. Er weiß auch, »daß wir Männer doch gar keine andere Aufgabe haben, als den Frauen zu dienen. Denn sie sind halt wertvoller, vollendeter, kreativer. Wir bringen keine Kinder zustande, und unsere Kreationen sind gleich Null.«

Da ihm »Kreativität« über alles in der Welt geht, bedauert er freilich dieses Schicksal der Männer auch sehr. »Das einzige, was dem Geben von Leben vergleichbar wäre«, sinniert Udo Proksch dann, »das ist das Nehmen von Leben, der Mord. Nur, den mögen wir ja nicht, oder?«

# Ideen waren sein Glück

Für den Wiener Stararchitekten und Karikaturisten Gustav Peichl (»Ironimus«) ist Udo Proksch »ein ganz wichtiger Muntermacher – das ist so notwendig in Wien!«.
Auch André Heller, selbst ein sehr geschickter »Trittbrettfahrer auf jedem Publicity-Expreß«, sieht in ihm ein »lebendes Kunstwerk«, einen »charismatischen Querdenker, dem jeden Tag eine Verrücktheit einfällt«.
»Warum ist er auch nur so vernünftig«, wird geschwärmt, »so clever und kreativ?« Und kurz und bündig charakterisiert selbst Gerd Bacher seinen Freund: »Ein phantasievoller Österreicher mit Weltniveau!«
»Ideen sind sein Glück!« berichtete einst der *Kurier*, und die *Kronen-Zeitung* wußte: »Mit seinen brillanten Ideen will Udo Proksch die Welt verändern.«
Andere nahmen ihn nicht ganz so blutig ernst und priesen ihn lediglich als »kreativen Tausendsassa, der die reglementierte Einfalt der Salons sprengt«, aber immerhin »mit seinen skurrilen Ideen ganz Österreich und halb Europa unterhält«.
Offenbar sind manche Menschen leicht zu unterhalten. Die Schickeria braucht nicht viel, um sich zu amüsieren. Immerhin sind die Ideen des Udo Proksch, derentwegen man sich allerorten totzulachen schien, weitgehend bekannt.
Da war zum Beispiel jenes wahrhaft bahnbrechende Proksch-Projekt, speziell für die Damenwelt aus den gehobenen Gesellschaftsschichten ein Eau de toilette zu kreieren. Duftnote: schmutziges Motoröl.
Auch der österreichischen Fremdenverkehrswirtschaft lieh der »Designer und Erfinder« zeitweilig seine Kreativität und sein Genie: Um die in Österreichs südlichstem Bundesland stagnierenden Urlauber-Übernachtungszahlen wieder in wünschenswerte Höhen zu katapultieren, schlug Proksch einst vor, den Kärntner Feriengästen einen echten Abenteuerurlaub anzubieten oder jedenfalls zu suggerieren.
Wie?
Ganz einfach: durch das Aussetzen einer größeren Anzahl von Plastik-Haien im Wörther See.

Bemüht um Ideen für immer neue potentielle Absatzmärkte für die Plastikindustrie, war Proksch überhaupt höchst innovativ. So erfand er eines Tages auch das sogenannte »Senkrechtgrab«.

Schon der Grundgedanke war bestechend. Die meisten Menschen müßten ohnehin immer gebückt durchs Leben gehen, so sollte man sie wenigstens in ihren Gräbern aufrecht stehen lassen. Nach langen Überlegungen und zahlreichen durchzechten Nächten war der Proksch-Plan schließlich ausgereift:

Nach dem Tode eines Menschen sollte man den Leichnam künftig einfach in eine Plastikröhre eingießen und diese senkrecht in die Erde stellen. Die Vorteile wären evident: Das Platzproblem auf Friedhöfen, das mancherorts besteht, wäre mit einem Schlag gelöst, und auch die Plastikindustrie würde durch diese Neuheit einen ungeahnten Auftragsboom erleben.

Doch es wäre nicht Proksch, hätte er es damit schon bewenden lassen. Daß ihn dieser skurrile Plan, der bei vielen seiner Freunde selbstverständlich alsogleich begeisterte Zustimmung fand, durchaus nicht nur in seiner Phantasie beschäftigte, geht aus der Tatsache hervor, daß er auch flugs begann, ganz »ernsthaft« Propagandisten und Mitstreiter für seine Weltidee zu sammeln.

Der *Verein der Senkrechtbegrabenen* wurde konstituiert, Statuten ausgearbeitet und bei der Vereinsbehörde – brav gestempelt – eingereicht.

Als Gründungsmitglieder stellten sich prominente Zeitgenossen ein: der im September 1986 verstorbene Kabarettist Helmut Qualtinger genauso wie die Schauspielerinnen Erika Pluhar und Marisa Mell.

Aber selbst zwei weithin als »seriös« bekannte Männer waren ebenfalls voller Begeisterung bei diesem Schabernack dabei: Leopold Gratz, seines Zeichens damals immerhin bereits Minister, sowie Helmut Zilk, selbst ebenfalls berufsmäßiger Selbstdarsteller, der zur Zeit die Rolle eines Wiener Bürgermeisters spielt.

Eine andere Proksch-Idee wurde von den zwei Politikern zumindest öffentlich nicht unterstützt. Sie schien auch ein bißchen weniger harmlos als die Senkrechtgrab-Idee.

In Abwandlung von *Disneyland* wollte Udo Proksch diesmal ein *Land des Krieges* gründen, wo – auf einem eigens dafür hergerichteten Gebiet – streng reguliert Abenteuerlust und Männersehnsüchte nach Kampf und Krieg befriedigt werden könnten.

Das *Land des Krieges* wäre selbstverständlich eingezäunt, und alle Söldner hätten fünfzig Dollar Eintritt zu zahlen. Außerhalb des Areals gäbe es Heldenfriedhöfe und Witwenvillen, denn natürlich

würden im Laufe eines solchen Kriegsspieles auch manche Männer fallen.
Solche Ideenspielereien, meinen die Freunde Udo Prokschs, seien ganz offenkundig dazu angetan, »Systemkritik« zu üben.
Könnte es denn nicht sein, daß vielleicht wirklich echte Kriege zu verhindern wären, wenn es ein solches *Land des Krieges* gäbe?
Jedenfalls aber seien seine Ideen ganz hervorragend geeignet, die Phantasie für kreative Bahnen im Geschäftsleben zu trainieren. Und seine zahllosen Medienfreunde sind sich sicher, daß man Udo Proksch nicht mit den Maßstäben eines Durchschnittsbürgers messen kann:
»Sein größtes Plus ist es, sich vorbehaltlos zu geben. Immer wieder unternahm er Expeditionen in die künstlerischen Provinzen, um nicht als Gewalttäter zu entarten. Proksch hatte Zeiten gekannt, in denen er sich spielerisch und rechenschaftslos dem Leben hingab. Zeiten, in denen er als Frevel unsere große Zahl erkannte, die Genies unmöglich macht.«[1]

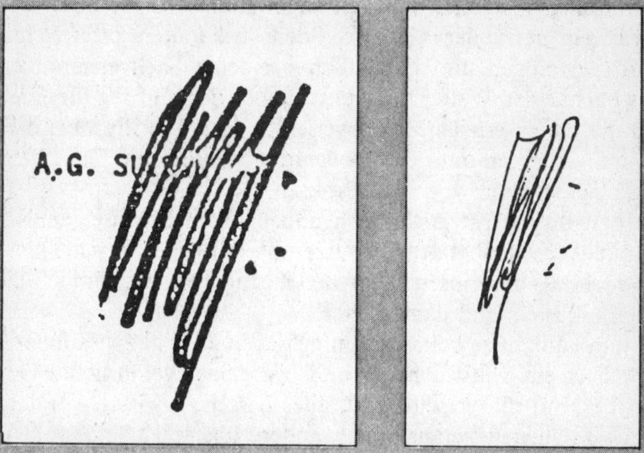


Unterschriftsproben von Udo Proksch als Chef der Zapata (links) und als U-Häftling (rechts).
Die drei Punkte symbolisieren das oberste Gebot der Unterwelt: »Nichts hören, nichts sehen, nichts reden!«

[1] Wolfgang Maier, *Trans-Atlantik*, München.

# Ein gemeingefährlicher Gemütsegoist

»Er ist ein guter Mensch mit einem positiven Weltbild«, weiß der Guru mancher *Grünen*, Maler Hundertwasser, über den Freund seit frühen Jugendtagen zu berichten. Für André Heller ist es ebenfalls sonnenklar: »Er ist ein Mann mit Moral.«

Nicht festlegen wollte sich hingegen ein Geschäftspartner von Udo Proksch. Der in den legendären Wiener AKH-Monsterskandal involviert gewesene Spitalsausstatter Christoph Prutscher gab keine Stellungnahme über den Charakter seines Freundes ab, riet aber immerhin (»wenn Sie die ungeschminkte Wahrheit interessiert«) zu einem graphologischen Gutachten.

Obwohl ein anerkannter Zweig der Wissenschaft, ist die Graphologie natürlich nicht unumstritten, wird aber vor allem im Bereich der Wirtschaft als Instrument der Personalauswahl oder zum Zweck der Eignungsüberprüfung insbesondere bei der Vergabe von Management- und Führungspositionen weltweit angewandt.

Es war ein reizvoller Gedanke, dem bekannten österreichischen Schriftpsychologen und gerichtlich beeideten Sachverständigen für dieses Fachgebiet, Walter Muckenschnabel, den Auftrag für eine Charakteranalyse zu erteilen. Die zweiseitige Handschriftprobe, die dem von ihm erstellten und nachfolgend abgedruckten Gutachten zugrunde lag, stammte von Udo Proksch.

Über den ihm selbstverständlich unbekannten Schrifteigner schrieb Prof. Muckenschnabel dem Verfasser dieses Buches, er habe hier »auf einen mehr als unseriösen Menschen einzugehen, vor dem ich Sie nur warnen müßte«. Und dann weiter:

»Mit ihm kann man weder zusammenleben noch gar zusammenarbeiten, weil er ein selbstsüchtiger und fast gemeingefährlicher Gemütsegoist und Aufrührer sein wird, alles besser zu wissen vorgibt, sich vielfach Freiheiten herausnimmt, andere überspielt und wohl damit auch betrügt, zu affektiven und ungezügelten Reaktionen neigt, trotz seiner an sich bestehenden Feigheit gleichsam aus dem Hinterhalt schießt und auf Kosten anderer sein Süppchen kocht.

Er schickt andere ins Feuer, tut selbst wie ein biederer Ehrenmann, ist aber nur ein Spekulant, widerspenstig wie nur und kokett dazu. Er

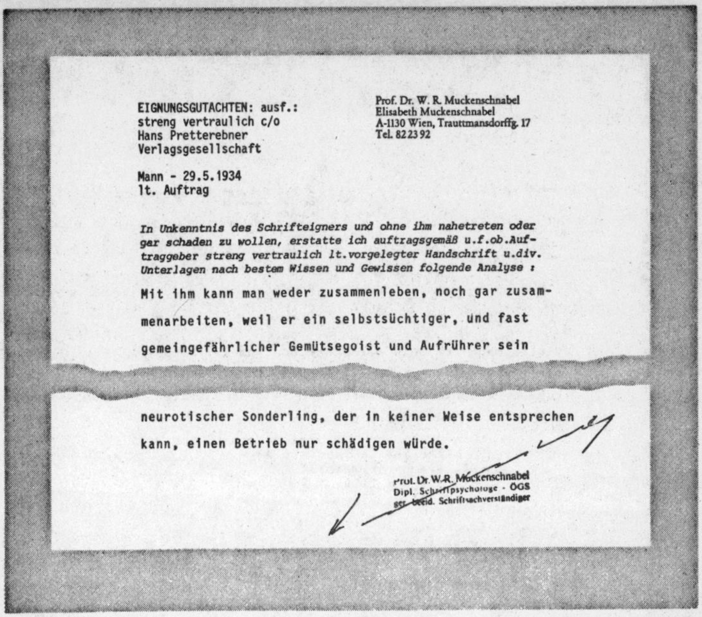

EIGNUNGSGUTACHTEN: ausf.:
streng vertraulich c/o
Hans Pretterebner
Verlagsgesellschaft

Prof. Dr. W. R. Muckenschnabel
Elisabeth Muckenschnabel
A-1130 Wien, Trauttmansdorffg. 17
Tel. 82 23 92

Mann - 29.5.1934
lt. Auftrag

*In Unkenntnis des Schrifteigners und ohne ihm nahetreten oder gar schaden zu wollen, erstatte ich auftragsgemäß u.f.ob.Auftraggeber streng vertraulich lt.vorgelegter Handschrift u.div. Unterlagen nach bestem Wissen und Gewissen folgende Analyse :*

Mit ihm kann man weder zusammenleben, noch gar zusammenarbeiten, weil er ein selbstsüchtiger, und fast gemeingefährlicher Gemütsegoist und Aufrührer sein

neurotischer Sonderling, der in keiner Weise entsprechen kann, einen Betrieb nur schädigen würde.

Prof. Dr. W. R. Muckenschnabel
Dipl. Schriftpsychologe · ÖGS
ger. beeid. Schriftsachverständiger

teilt sich nichts ein, ist rechthaberisch und tratschsüchtig, mit Bluff und seiner breitspurigen Art selbstgerecht, gleichgültig gegen konventionelle Bindungen und Forderungen anderer, wird bei Mangel an Selbstkontrolle ziemlich anspruchsvoll sein, aber seine Grenzen und Fähigkeiten nicht kennen, sondern ein desorientierter Hochkömmling sein und bleiben.
Er tut scheinbar alles, nichts aber ganz, wird bei sprunghaftem Denken ein Elefant im Porzellanladen sein, zerschlagen, was andere aufgebaut haben, und sich dazu noch freuen, was zu denkbaren Schädigungen anderer führen wird.
Er improvisiert, arbeitet aber nicht, liebt nicht, sondern nützt aus, tut bloß sentimental, ist aber bei Mangel an Konsequenz und bedenklichen Komplexen ein pathologisch veranlagter ›Windhund‹.
Ihm kann man keineswegs trauen, er nützt alle und alles für sich aus, tut ins Gesicht anfänglich schön, sieht aber nur seine Vorteile. Er hält nicht durch, seine gebauten Luftschlösser brechen in sich zusammen, er ist allzu labil, plant nicht und lebt in den Tag hinein. Für ihn gilt bloß das, was ihm nützt und daher Vorteile bringt, ein neurotischer Sonderling ...«

DR. ALFRED HERRHAUSEN

4000 DÜSSELDORF 1
DEUTSCHE BANK AG
KÖNIGSALLEE 51

21. November 1983

Lieber Udo!

Vielen Dank für Dein Fernschreiben vom 11. Oktober. Die für die beschriebenen Projekte in Frage kommenden deutschen Firmen sind in erster Linie die nachfolgenden zwei:

Lurgi Kohle und Mineralöltechnik GmbH
Bockenheimer Landstrasse 42
6000 Frankfurt/Main 11
Tel. 0611/ 7 11 91
Telex 041236330

Linde AG
Werksgruppe TVT
Carl-von-Linde-Strasse
8023 Höllriegelskreuth
Tel. 089/ 72 731
Telex 528327-0.

Kontakte zu ihnen kann ich selbstverständlich jederzeit herstellen.

Mit vielen freundlichen Grüssen

Dein Alfred

Herrn
Udo Proksch-Kirchofer
Walfischgasse 12
A 1010 W i e n

Freundschaft und Geschäfte mit dem Vorstandssprecher der Deutschen Bank AG

# »Schweinehirt« und Sohn eines Spions

Geboren wurde »Serge Kirchhofer« am 29. Mai 1934 in Rostock an der Ostsee, das heute zum Staatsgebiet der DDR zählt, als schlichter Rudolf Proksch, der sich jedoch alsbald, weil ihm Rudolf zu gewöhnlich klang, kurz »Udo« rufen ließ.

An Mystifikationen reich ist auch die Herkunft Udo Prokschs. »Er ist«, so wußten Medien einst zu berichten, »die Frucht aus zwei Familien, die aus nichts als Widersprüchen bestanden: Da gab es Aristokraten und idealistisch-bolschewistische Terroristen, kunstsinnige Liberale und Gläubige der Artamanenbewegung, die ein Nährboden für den Rechtsradikalismus des 20. Jahrhunderts und Hitlers SS war.«

Udo Prokschs Eltern, Rudolf und Anna Elisabeth Proksch, leben in Salzburg, Kleßheimer Allee Nr. 100. Freilich ist der heute achtzigjährige Rudolf Proksch unter keinen Umständen bereit, konkrete Auskünfte zu seiner Person, seiner Herkunft und seiner beruflichen Vergangenheit zu geben.

Sein Sohn ist weniger diskret. Schon im Jahr 1981 gab Udo Proksch als Zeuge vor einem Wiener Gericht zu Protokoll, sein Vater sei Berufsspion und Mitarbeiter des NS-Geheimdienstes gewesen.

Tatsächlich hatte sich der aus Baden bei Wien stammende Rudolf Proksch bereits im Jahre 1925 in Österreich der Hitler-Jugend angeschlossen, trat als Illegaler der SA bei und wurde bald darauf auch Mitglied in der NSDAP.

Als Hitler 1933 in Deutschland an die Macht gelangte, war Rudolf Proksch natürlich längst »daheim im Reich« – als Bannführer und Angehöriger der Reichsleitung der NSDAP. Später kam er unter anderem als Sekretär von SS-Gruppenführer Otto Gustav Wächter in Galizien zum Einsatz, von wo aus seine Karriere als Mitarbeiter des NS-Geheimdienstes unter Admiral Wilhelm Canaris und Generalleutnant Reinhard Gehlen, dem Chef der militärischen *Abwehrgruppe Fremde Heere Ost*, begann.

Als Admiral Canaris 1944 wegen seiner Beteiligung am Juli-Putsch des Grafen Stauffenberg als Geheimdienstchef von Hitler abgesetzt und im KZ Flossenbürg hingerichtet wurde, erlitt Rudolf Proksch jedoch keinen Schaden. Er blieb Hitler treu ergeben und war vom Endsieg überzeugt.

Auch Udo, seinem ältesten Sohn, sollte die wahre nationalsozialistische Gesinnung nicht verschlossen bleiben. Noch während des letzten Kriegsjahres schickte er den Jungen in die *Nationalpolitische Erziehungsanstalt, Napola.*

In der Nazi-Eliteschule fühlte sich der junge Udo zunächst gar nicht wohl. Er war von allen der Kleinste und der Schmutzigste in dieser Schule von Germanenmenschen. Er war der Prügelknabe. Aber er lernte, was es heißt, sich durchsetzen zu müssen, und er erinnert sich mit einer Mischung aus Wehleidigkeit und Stolz: »Ich mußte stark werden, um zurückprügeln zu können.«

Gegen Kriegsende kam die Familie Proksch über Berlin und München wieder nach Österreich zurück und fand schließlich im salzburgischen Lend im Pinzgau Unterschlupf, mußte jedoch nach dem Zusammenbruch den Vater ein paar Jahre lang entbehren: Rudolf Proksch wurde vor Gericht gestellt und in einem NS-Prozeß zu einer zweijährigen Gefängnisstrafe verurteilt.

Nach seiner Entlassung brachte Rudolf Proksch sich selbst und seine Familie zunächst als Aluminiumarbeiter durch, wurde Betriebsrat und machte sich beim Aufbau der Gewerkschaft nützlich.

Einmal Spion – immer Spion? Rudolf Proksch war in der amerikanischen Besatzungszone tätig. Nicht nur mit den Sowjets, auch mit den Amerikanern hatten sich zahlreiche ehemalige NS-Geheimdienstleute bald nach dem Krieg vorzüglich arrangiert. So baute Reinhard Gehlen mit organisatorischer und finanzieller Unterstützung und im Auftrag der US-Regierung in Deutschland jene legendäre *Organisation Gehlen* auf, aus der schließlich nach der Wiederherstellung der (west)deutschen Souveränität der *Bundesnachrichtendienst* entstand, als dessen Leiter zwischen 1956 und 1968 Reinhard Gehlen selbst fungierte.

Auch Rudolf Proksch war sehr rasch rehabilitiert und erfreute sich in Salzburg bald der Wertschätzung sowohl der US-Besatzungstruppen als auch der Vertreter der nach dem Krieg wiedererstandenen zwei Großparteien. Er selbst trat als Mitbegründer des VdU (*Verband der Unabhängigen*) in Erscheinung, aus dem später die *Freiheitliche Partei Österreichs* hervorging, deren aktives Mitglied er bis heute ist.

Nach dem Abzug der Besatzungstruppen trat Rudolf Proksch in den Dienst der *Salzburger Landesregierung* ein, wo er schließlich bis zu seiner Pensionierung als Manager und Pressesekretär des *Landesverkehrsamtes* tätig blieb.

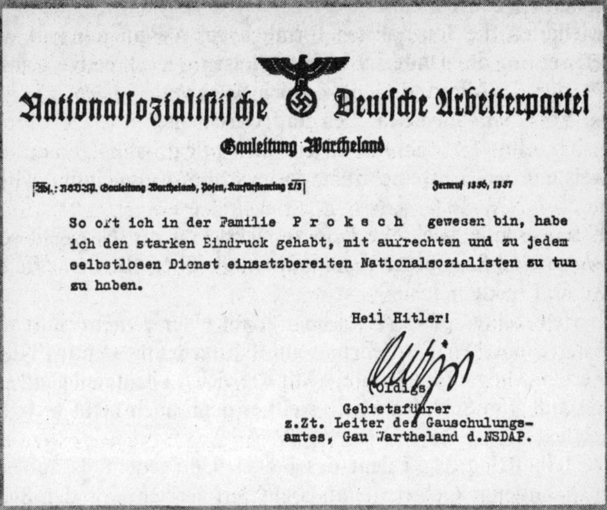

Nationalsozialistische Deutsche Arbeiterpartei

Gauleitung Wartheland

Abs.: NSDAP. Gauleitung Wartheland, Posen, Kurfürstenring 2/3 Fernruf 1356, 1357

So oft ich in der Familie P r o k s c h gewesen bin, habe ich den starken Eindruck gehabt, mit aufrechten und zu jedem selbstlosen Dienst einsatzbereiten Nationalsozialisten zu tun zu haben.

Heil Hitler!

(Oldigs)
Gebietsführer
z.Zt. Leiter des Gauschulungsamtes, Gau Wartheland d.NSDAP.

Empfehlungsschreiben des NSDAP-Gauschulungsamtes

Auch in seinem Zivilberuf wurden Prokschs Leistungen von allen Seiten anerkannt, was seinen Ausdruck in erstklassigen Beziehungen zu Spitzenpolitikern aller drei politischen Parteien fand.
Mit dem ehemaligen Salzburger Landeshauptmann und späteren ÖVP-Bundeskanzler Josef Klaus verbindet Rudolf Proksch eine langjährige Du-Freundschaft, und naturgemäß ist er mit Spitzenfunktionären auch der FPÖ, von Ex-Verteidigungsminister Friedhelm Frischenschlager bis zu Ex-Justizminister Harald Ofner, gut bekannt.
Daß er aber auch im Umgang mit der SPÖ weder in Salzburg noch auf Bundesebene jemals Probleme hatte, betont er selbst ausdrücklich und verweist dabei auf freundschaftliche und persönliche Kontakte, die er zu sozialistischen Regierungsmitgliedern wie auch zu Bundeskanzler Franz Vranitzky unterhält.
Vor diesem väterlichen Hintergrund nahm sich hingegen das Leben, das sein ältester Sohn Udo führte, keineswegs wie eine Bilderbuchgeschichte aus.
Als sich in den siebziger Jahren Udo Proksch – »ernsthaft«, wie manche seiner Freunde meinten – um die Position des Generalintendan-

ten des ORF bewarb, gab er als Nachweis seiner Qualifikation an, er sei »gelernter Schweinehirt«.

Da wieherten die Journalisten förmlich vor Vergnügen und waren hingerissen ob des Understatements, dessen der »kreative Tausendsassa«, dieses »Allround-Genie«, doch fähig sei.

Indes: Von den vielen Märchen und Geschichten, die Udo Proksch über sich selbst fortwährend zu erzählen pflegt, ist es gerade dieser Hinweis auf den Schweinehirten, der ausnahmsweise einmal wirklich stimmt.

Nach Kriegsende wechselte Udo zunächst von der Nazi-Eliteschule *Napola* in eine Salzburger Landhauptschule über, die ihm offenkundig wenig Freude machte.

Noch viele Jahre später tat er im Verlauf einer *Panorama*-Sendung des österreichischen Fernsehens seine Überzeugung kund: »Nur die Depperten gehen in die Schule!« Mit wie vielen Nichtgenügend er die Hauptschule am Schluß verließ, weiß er denn auch nicht mehr ganz genau.

Unzweifelhaft lag das Talent des jungen Udo jedenfalls auf einem gänzlich anderen Gebiet, denn höchst erfolgreich war der Schüler Proksch bereits im zarten Alter von zwölf Jahren darin, den amerikanischen Besatzungstruppen Lebensmittel zu stehlen und einen gutgehenden Handel mit Schwarzmarktprodukten aufzuziehen.

Nach Absolvierung seiner Pflichtschuljahre lernte er also die »Schweinezucht« – das heißt, sein Vater brachte ihn beim Land- und Gastwirt Michael Friesacher im salzburgischen Anif unter. Als jugendlichen Knecht, dessen Aufgabengebiet in den nun folgenden zwei Jahren das Ausmisten des Schweinestalles war.

Ein späterer Versuch des Vaters, dem Sohn doch noch zu einer angemessenen Berufsausbildung zu verhelfen, scheiterte. Udo sollte eine Fachschule für Landwirtschaft in Seefeld in Tirol besuchen, doch schon nach einem einzigen Semester brannte der gute Junge einfach durch.

Fast ein Jahr lang wußten auch seine Eltern nichts von ihm. Er trampte kreuz und quer durch ganz Europa, trieb sich in Italien, in Schweden und in Deutschland als Gelegenheitsarbeiter herum, bis er im Ruhrgebiet schlußendlich hängenblieb. Allerdings hatte er vom Dasein eines Bergarbeiters schon sehr bald wieder genug und kehrte reumütig und leicht angeschlagen in sein Elternhaus zurück.

Nach den vorangegangenen Erfahrungen entdeckte Udo jetzt, daß er in Wahrheit eigentlich so etwas wie ein unentdeckter Künstler sei. Er vermeinte ganz genau zu spüren, welche Kreativität in ihm zu schlummern schien.

Im September 1952 schrieb er sich daher kurzerhand – mangels Erbringung der erforderlichen Aufnahmequalifikation allerdings nur als »Gastschüler« – in der *Salzburger Kunstgewerbeschule* ein, an der er immerhin zwei volle Jahre lang durchhielt, ehe er für sich in der vermeintlich provinziellen Enge der Salzachstadt keine Entwicklungsmöglichkeit mehr sah.

Den kleinen Jungen mit dem großen Lebenshunger und den hochfliegenden Plänen drängte es nunmehr nach Wien. Zunächst wollte der mittlerweile Zwanzigjährige Reporter werden. Fotoreporter, um genau zu sein.

»Wie wird man Fotoreporter?« wurde die Journalistin Ilse Leitenberger, später stellvertretende Chefredakteurin der Wiener Tageszeitung *Die Presse*, vom jungen Udo Proksch gefragt. Leitenbergers schnoddrige Antwort: »Indem man sich eine Fotoausrüstung kauft!«

So zog es Proksch dann doch vor, erst einmal ein paar Semester lang die *Akademie für angewandte Kunst* zu frequentieren, die damals allerdings noch nicht den Status einer Kunsthochschule hatte. Udos Interesse galt der Fachrichtung *Plastische Gestaltung und Design.*

Mehrmals wurde er hinausgeworfen, mit Hilfe väterlicher Protektion immer wieder aufgenommen, aber zu einem Abschluß brachte er es dennoch nie. Und vergeblich sucht man auch in den Archiven der Akademie nach allfälligen Spuren künstlerischen Wirkens des jungen Udo Proksch, wiewohl dort alle nennenswerten Arbeiten der ehemaligen Studenten penibel katalogisiert und aufgehoben sind.

Nicht einmal Proksch selbst gab sich hinsichtlich seiner künstlerischen Fähigkeiten irgendwelchen Illusionen hin. »Meine Hände waren zu stark«, beklagte er sich voller Selbstmitleid: »Jedesmal, wenn ich etwas Schönes zeichnen wollte, habe ich alle Bleistifte zerbrochen.«

Doch immerhin gelang es ihm, trotz seiner ungeschickten Hände, sich wenigstens als Witzbold mit makabrer Phantasie zu profilieren. Proksch schuf einen Entwurf, der heute noch als ernst zu nehmender Nachweis und quasi als Visitenkarte seines künstlerischen Wirkens gilt: Es war der Entwurf eines Leichentuches für ein Begräbnis I. Klasse der *Gemeinde Wien.*

Entscheidender als diese Kreation war für sein Leben indes eine ganz andere Begebenheit: Eines Tages tauchte an der *Akademie für angewandte Kunst* ein smarter junger Unternehmer namens Wilhelm Anger auf, der unter den hoffnungsvollen Jung-Designern einen Wettbewerb für Plastik-Brillenfassungen ausschrieb.

# Begegnung mit dem Plastikkönig

Zu Fuß hatte sich im Jahre 1946 der Sudetendeutsche Wilhelm Anger, dessen Vater im Erzgebirge eine Schweinefuttermittel-Produktion betrieb, bis nach Österreich durchgeschlagen.
Während seine Familienangehörigen vorübergehend in einem Augsburger Flüchtlingslager unterkamen, nahm der völlig mittellos nach Oberösterreich gelangte Wilhelm Anger zunächst in Bad Hall eine Stelle als Landarbeiter an.
Der in den ersten Nachkriegsjahren allenthalben blühende Schleichhandel bot ihm aber bald Gelegenheit, seine Geschäftstüchtigkeit unter Beweis zu stellen. Schließlich sattelte Wilhelm Anger um: Aus dem Landarbeiter wurde ein herumziehender Hausierer, der außer den in dieser Zeit gefragten Lebens- und Genußmitteln auch noch ein selbstgemachtes Autogenschweißpulver feilbot.
Das Schweißpulver, das Anger nach einem Rezept herstellte, das noch sein Vater im Sudetenland erfunden hatte, war allerdings bei weitem nicht so sehr gefragt wie etwas anderes, an dem die Metallbetriebe in der Nachkriegszeit enormen Mangel litten: Man brauchte Schutzbrillen für die Schweißer.
Also begann der vife junge Mann kurzerhand, aus alten Gasmasken, für die nach dem Krieg keine besondere Verwendungsmöglichkeit gegeben war, Schutzbrillen für Metallarbeiter herzustellen. Seine erste Produktionsstätte war das Hinterzimmer eines Gasthofes in Bad Hall. Den Vertrieb besorgte Wilhelm Anger selbst. Per Fahrrad. Einen Riesenrucksack auf dem Rücken, vollgestopft mit umgearbeiteten Gasmasken, zog Anger quer durch Österreich.
Im Jahre 1948 holte Wilhelm Anger seinen Vater, seine Schwester sowie seinen Bruder Anton, einen gelernten Schlosser, aus dem Flüchtlingslager und übersiedelte sein Brillenwerk, das nun ein Familienbetrieb wurde, in eine alte aufgelassene Baracke des ehemaligen *Reichsarbeitsdienstes* nach Traun bei Linz, wo schon nach knapp einem Jahr rund achtzig Arbeiter mit der Fabrikation der Anger-Brillen beschäftigt waren.
Von dieser Baracke aus begann der sagenhafte unternehmerische Aufstieg Wilhelm Angers zu einem der größten Wirtschaftswunderkinder

Österreichs, vom kleinen Selfmade-Mann zum späteren »Plastikkönig«, der durch Jahre hindurch – bis zu seinem kaufmännischen Absturz – als der österreichische Paradeunternehmer schlechthin hochgejubelt und gefeiert wurde.[2]
In Wegscheid bei Linz errichteten die beiden Anger-Brüder im Jahr 1952 ihre erste eigene Kunststoffverarbeitungsfabrik. Nachdem bald darauf die Produktion von PVC-Rohren angelaufen war, verhökerten sie kurzerhand den eben aufgebauten Produktionsbetrieb an die *Eternitwerke Hatschek* und errichteten mit dem Verkaufserlös in Deutschland eine neue Rohrfabrik, die wenig später nach demselben Muster an die Firma *Rheinstahl* verkauft wurde.
Im Jahre 1959 machten die Angers ihren zweiten Schritt. Sie wollten nicht mehr länger nur den Kunststoff allein produzieren, sondern gleich auch die dazu benötigten Maschinen. In Traun entstand die *Anger Plastic-Verarbeitungsmaschinen Ges.m.b.H.* (APM), und von hier aus begann der Export von Plastik-Extrusionsanlagen in alle Welt.
Parallel zur Entwicklung und zum Bau von Kunststoffverarbeitungsmaschinen wurde aber auch die Brillenproduktion weiterentwickelt. Längst stellten die Angers neben den Schutzbrillen für Metallarbeiter auch schon Sonnenbrillen und Sportbrillen her.
Um seinen Brillen ein jeweils neues, modisches und damit absatzförderndes Design zu geben, suchte der Jungunternehmer immer wieder die *Akademie für angewandte Kunst* in Wien auf, um sich von den Studenten Ideen und Anregungen zu holen. Angers Einladung an die Schüler der Akademie, sich in seinem Betrieb als Ferialpraktikanten ein paar Schilling zu verdienen, folgte eines Tages auch der junge Udo Proksch.
Der ideenreiche Spaßvogel und Bohemien und der erfolgsbesessene Jungunternehmer waren sehr bald wechselseitig voneinander fasziniert. Proksch entschloß sich kurzerhand, gar nicht erst wieder auf die Akademie zurückzukehren, sondern für Wilhelm Anger Ideengeber und Kontaktbombe zu spielen.
Udo führte den Kaufmann in seine Künstlerkreise ein – immerhin zählten heute so bekannte Maler wie Ernst Fuchs und Friedrich Stowasser (»Friedensreich Hundertwasser«) zum engeren Proksch-Freundeskreis. Anger wieder revanchierte sich, indem er seinen jungen Freund rauschende Feste organisieren und zu diesem Zweck großzügig Spesengelder fließen ließ.

---

[2] Georg Wailand, »Die Reichen und die Superreichen in Österreich«, Verlag Hoffmann u. Campe, Hamburg, 1977

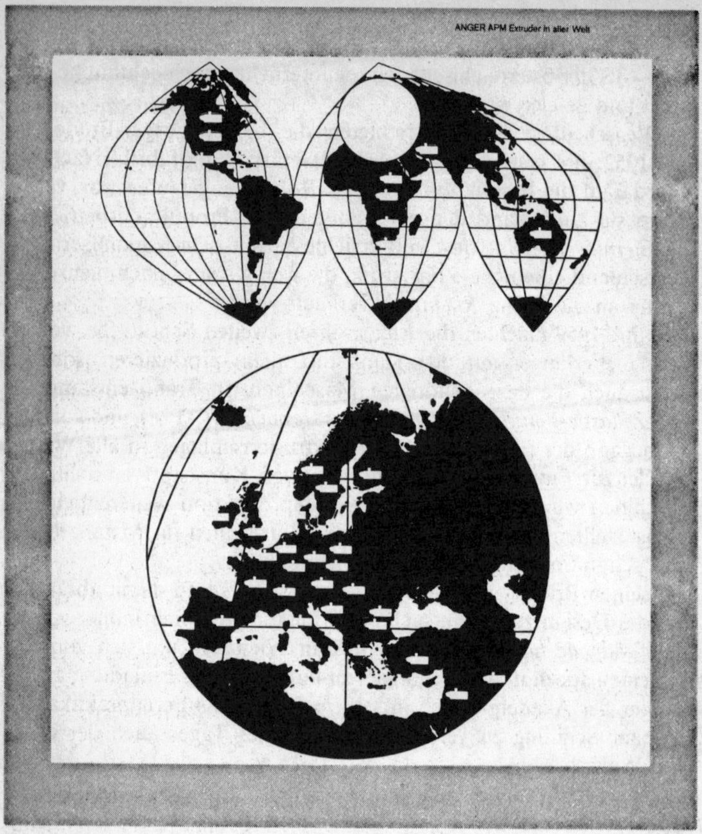


Mit cleveren Reklame-Ideen trug Udo Proksch aber auch zu den Geschäftserfolgen der APM bei. Angers Designer-Team, in dem er ebenfalls gelegentlich mitwirken durfte, hatte zum Beispiel auch die später weltbekannt gewordene *Carrera*-Skibrille kreiert, und um ihren Absatz anzukurbeln, war der Firmenchef bereit, beträchtliche Beträge zu investieren.

Bei der Durchführung der Kampagne war Proksch in seinem Element. Dies war auch der Zeitpunkt, da er Anger seinen alten Jugendfreund Hans Peter Daimler als »Verkaufsgenie« empfahl.

Als Lastautovertreter für die Salzburger Niederlassung von *Mercedes* hatte Daimler zwar zuvor nur mäßigen Erfolg gehabt, sein Glück war

allerdings, daß er in Kitzbühel zur Schule gegangen und daher mit Toni Sailer und Ernst Hinterseer, den beiden Wunderkindern der damaligen österreichischen Ski-Nationalmannschaft, befreundet war. Also trieb er sich fortan mit Proksch auf den diversen Skipisten in Reichweite der Nationalmannschaft herum und hängte, wann immer irgendwo ein Fotograf aufkreuzte, den bekanntesten Skiläufern jeweils rasch eine *Carrera*-Brille um.
Die Werbemasche hatte bald Erfolg, Angers Brillen fanden reißenden Absatz, und Proksch lukrierte zwölf Prozent Umsatzbeteiligung.
So wurde aus dem einschlägig bekannten Hungerleider Udo Proksch, dem verbummelten Möchtegern-Studenten, der stets bei Freunden wohnte, schnorrte, bei allen Gastwirten verschuldet war und sich das Allernötigste für seinen Lebensunterhalt gelegentlich auch schon als Leichenwäscher verdient hatte, durch die Begegnung mit dem Plastikfabrikanten binnen kurzem ein Mann von Erfolg, der plötzlich Geld vergleichsweise wie Heu besaß. Mit vollen Händen gab er es jedoch auch wieder aus.
Mit einem Musterkoffer voller Plastikbrillen ausgestattet, schickte ihn Anger später als Vertreter in die USA, um neue Absatzmöglichkeiten zu erkunden. Der Erfolg hielt sich in Grenzen, aber in Udo Proksch erwachte wieder einmal Abenteuerlust. Er ließ Angers Brillen Brillen sein und trieb sich statt dessen ein knappes Jahr lang in den Staaten als Asphalt-Cowboy herum: Gelegenheitsarbeiter wie gehabt, Skilehrer, Tellerwäscher und Statist in Hollywood.
Auch seine erste Eheschließung – und wenige Wochen später seine erste Scheidung – brachte Proksch dort hinter sich.
Zum Schluß steckte er sich ein ganz besonderes Ziel: Er wollte eine Schauspielergewerkschaft gründen, um sie danach an den berühmt-berüchtigten US-Gewerkschaftskriminellen Jimmy Hoffa zu verkaufen.
Der spätere Vorsitzende der US-Transportarbeitergewerkschaft, der schließlich wegen seiner allzu engen Verbindungen zur *Cosa Nostra*[3] unter Anklage gestellt worden war, lebt freilich längst nicht mehr. Nachdem sich Hoffa angeschickt hatte, Details über die kriminellen Praktiken seiner Gewerkschaft vor den US-Behörden auszupacken, wurde er kurzerhand ermordet, fein säuberlich in einen handlichen Zementblock eingegossen und darin in einem Fluß versenkt.
Auch Udo Proksch verließ schließlich Amerika, um über Japan, Hongkong, Indien und Pakistan wieder nach Europa heimzukehren.

---

[3] Cosa Nostra = amerikanisches Verbrechersyndikat.

# Das KGB läßt grüßen

Als im April 1945 die sowjetischen Besatzungstruppen nach dem Ende der Kampfhandlungen in breiter Formation nach Wien vorstießen, saß auf einem der ersten Panzer, die durch die Straßen der zerstörten Stadt rollten, ein fünfzehnjähriges schmächtiges Bürschchen, das unentwegt aus vollem Hals »Hoch lebe die Rote Armee!« schrie.
Die Russen hatten den elternlosen Knaben als eine Art Maskottchen nach Wien mitgebracht. Er hieß Rudi Wein und hatte schon als Kind zusammen mit seinen später umgekommenen jüdischen Eltern einer gegen den Faschismus kämpfenden militanten kommunistischen Zelle angehört.[4]
Ungeachtet seiner Jugend war Rudi Wein bereits ein fanatischer Kommunist, der sich bald – obwohl er weder schreiben noch lesen konnte – zu einem der geschicktesten Agitateure für die sowjetische Besatzungsmacht und für die *Kommunistische Partei* entwickelte. Er wurde zum Jugendführer ausgebildet und beim kommunistischen *Globus-Verlag* angestellt.
Zwischendurch schickten ihn seine politischen Ziehväter immer wieder in die Sowjetunion, wo er eine grundlegende ideologische Ausbildung genoß und wo sein Glaube an die historische Notwendigkeit der kommunistischen Weltrevolution gefestigt wurde.
Im Juli 1957 standen in Moskau die internationalen kommunistischen *Weltjugendfestspiele* auf dem Programm, eine Veranstaltung, die schon seit jeher nicht nur dem geselligen Zusammensein von kommunistischen Jugendfunktionären aus der ganzen Welt, sondern vor allem auch dem sowjetischen Geheimdienst KGB[5] zur unverfänglichen Kontaktaufnahme und zur Anwerbung von potentiellen Nachwuchsmitarbeitern dient.
Im Auftrag der KPÖ wirkte auch Rudi Wein an der Vorbereitung dieses Moskauer Politspektakels mit. Der österreichischen Abordnung, die dann in die Welthauptstadt des Kommunismus reiste, gehörte

---

[4] Ob Rudi Weins Eltern in einem Nazi-KZ umkamen, ist nicht geklärt. Er selbst ist bis heute nicht einmal bereit, mit seinen eigenen Kindern über das Schicksal seiner Eltern zu sprechen oder zu verraten, wo und wie er seine Jugend verbrachte.

[5] KGB (Komitet gossudarstwennoi besopasnosti) = »Komitee für Staatssicherheit«.

auch eine Anzahl von Nichtorganisierten an. Unter ihnen befand sich der Absolvent der *Akademie für angewandte Kunst* und gelernte Bühnenbildner Hans Neuffer sowie dessen Freund Udo Proksch.
Reisekosten, Aufenthalt und Spesen übernahmen die Sowjets. In Moskau selbst wurden die beiden zuerst von ihrem Landsmann Rudi Wein betreut, bald aber auch unter den sowjetischen Politkommissaren herumgereicht. Dann stieß noch ein vierter zu der Runde: Wladlen Stalin Badian, ein junger deutschstämmiger Russe, der nach Wien emigriert war, um hier Technik zu studieren.
Udo Proksch gefiel es in Moskau. Mit Rudi Wein verstand er sich prächtig. In Wien hatte er außerdem seit jeher ein Problem: Die meisten seiner Freunde bezeichneten ihn immer nur geringschätzig als »Nazi-Bub«. Darunter hatte Udo sehr gelitten. Jetzt war die Gelegenheit gekommen, diesen Makel ein für allemal zu kompensieren, indem er mit dem kleinen Kommunisten, der noch dazu ein Jude war, demonstrativ Freundschaft schloß.
Auch seine sowjetischen Gastgeber sagten Proksch zu, und diesen gefiel er ebenso. Die Russen fanden offenkundig Gefallen an dem ungewöhnlich kontaktfreudigen und interessierten jungen Mann. So entschloß sich Proksch, in der Sowjetunion zu bleiben.
Wie lange er in Moskau ausgebildet wurde, ist ungeklärt. Er selbst schwört Stein und Bein, er sei ganz bestimmt nur rund ein halbes Jahr lang Gast in der Sowjetunion gewesen, um auf Einladung der Regierung an der *Eisenstein-Filmakademie* Regie zu studieren, wo er im übrigen gemeinsam mit dem später weltberühmt gewordenen polnischen Hollywood-Filmregisseur Roman Polanski die Schulbank gedrückt haben will.
Freunde, die es wissen müßten, versichern allerdings, daß sein Moskauer Studium eineinhalb Jahre lang gedauert habe – genau so lange, wie ein Ausbildungskurs für den sowjetischen Geheimdienst KGB zu dauern pflegt. Rudi Wein hatte im übrigen sein Studium an derselben *Eisenstein-Filmakademie* zu dieser Zeit schon hinter sich.
Worin Proksch in Moskau wirklich ausgebildet wurde, blieb bis heute unbekannt. Sicher ist nur, daß er, als er wieder nach Wien kam, fließend russisch sprach und sich fortan bester Beziehungen zu den verschiedensten sowjetischen Staatsstellen erfreuen durfte.
Sogar im Kreml ging er später ein und aus – und den sowjetischen Ministerpräsidenten Nikita Chruschtschow lernte er sogar persönlich kennen.
Nachdem Proksch-Kommilitone Rudi Wein von Moskau nach Wien heimgekehrt war, verließ er den kommunistischen *Globus-Verlag* und

bewarb sich mit Erfolg um eine zivile Position bei der Wiener Niederlassung des internationalen Büromaschinenkonzerns *Olivetti*, wo vor allem die aktuellsten automatisierungstechnischen Entwicklungen sein ganz besonderes Interesse fanden.

Udo Proksch hingegen wurde auch nach seinem Moskau-Aufenthalt erneut als gelegentlicher freier Mitarbeiter für den Plastikfabrikanten Wilhelm Anger tätig, organisierte weiter Werbefeldzüge für dessen Brillen, legte sich die Berufsbezeichnung »Designer« zu und nahm den Künstlernamen »Serge Kirchhofer« an.

Von diesem Zeitpunkt an galt er als der »Mann mit der doppelten Identität«: Einmal war er an der Anschrift X als schlichter Udo Proksch, zugleich aber auch an der Adresse Y als Serge Kirchhofer angemeldet, wechselte darüber hinaus ständig seine Wohnung, besaß unter jeweils beiden Namen auch je einen Reisepaß und wurde schließlich als der Mann bekannt, »der nie ohne Pistole ausgeht«.

Was er in den Jahren 1959 bis 1962 hauptsächlich beruflich trieb, blieb unbekannt. Auch er selbst sprach nie darüber.

Dafür wurde der Name Udo Proksch alias Serge Kirchhofer im Jahre 1960 erstmals auch in westlichen Geheimdienstkreisen aktenkundig – im Zusammenhang mit einer grauenhaften Flugzeugkatastrophe, die wie ein Keulenschlag die damals erst drei Jahre alte Fluggesellschaft AUA traf und bei welcher einunddreißig Menschen – unter ihnen achtzehn Österreicher – starben.

Es war die Zeit des »kalten Krieges«. Die Auseinandersetzungen zwischen den beiden Supermächten Sowjetunion und USA trieben gegen Ende der fünfziger Jahre ihrem ersten Höhepunkt in der Nachkriegsgeschichte zu. Fidel Castro war in Kuba mit sowjetischer Waffenhilfe an die Macht gelangt und errichtete sein blutiges kommunistisches Terrorregime, zur Bekämpfung eines Aufstandes im Libanon waren US-Truppen gelandet und die Briten in Jordanien einmarschiert. Einen Staatsstreich gab es im Irak, dem in Algerien der *Barrikadenaufstand* gefolgt war.

Im Mai 1960 sank das Klima zwischen den Weltmächten im Gefolge der U-2-Affäre auf den absoluten Gefrierpunkt: Die Sowjets schossen ein amerikanisches Aufklärungsflugzeug ab, Chruschtschow ließ kurzfristig eine geplante Gipfelkonferenz mit Eisenhower platzen, in der UNO kam es zu Tumulten.

Der sowjetische Ministerpräsident hatte den Westen unflätig beschimpft und im Herbst desselben Jahres die Gründung einer eigenen »roten UNO« – unter direktem sowjetischen Einfluß – angekündigt.

Am Nachmittag des 26. September 1960 startete vom Flughafen Wien-Schwechat aus die AUA-Verkehrsmaschine *Joseph Haydn* plangemäß zu ihrem Flug über Warschau nach Moskau.
Unter den einunddreißig Passagieren befanden sich vier Herren, die mit Diplomatenpässen reisten und an diesem Tag einen mehrwöchigen »Betriebsausflug« beendeten, der sie von Moskau aus kreuz und quer durch die Sowjetunion bis Wladiwostok und von dort weiter nach China geführt hatte. Von Hongkong schließlich waren sie nach Wien geflogen, um nunmehr wiederum in die Sowjetunion zurückzukehren.
Bei den vier Herren handelte es sich um Diplomaten, die in Moskau akkreditiert waren: zwei US-Amerikaner, Major Willis H. Knipe und Major Edward Wootten, den stellvertretenden britischen Luftwaffenattaché John Cooke sowie einen Franzosen, Oberstleutnant Paul Bertrand. Das im Verlaufe ihrer langen Ausflugsreise gesammelte strategisch interessante und wertvolle Material hatten sie immer noch bei sich.
Daneben war auch noch von der US-Botschaft in Wien Kuriergepäck mit wichtigem Geheimdienstmaterial kurz vor dem Start an Bord der *Joseph Haydn* gebracht worden, um es an die US-Botschaft in Moskau zu verfrachten.
Die als Geheimaktion geplant gewesene Gepäcksbeförderung war freilich – wie sich bald herausstellen sollte – dem sowjetischen Geheimdienst nicht entgangen.
Nach ihrer Zwischenlandung in Warschau hätte die österreichische Verkehrsmaschine vom Typ *Super Viscount 837* um 21.00 Uhr Ortszeit auf dem Moskauer Flughafen *Scheremetjewo* landen sollen. Um 22.30 Uhr meldete sich bei der AUA in Wien telefonisch die österreichische Botschaft in Moskau: Legationsrat Otto Eiselsberg teilte beunruhigt mit, daß die *Joseph Haydn* überfällig sei.
Schon kurze Zeit danach verlautete, das Flugzeug habe irgendwo in der Sowjetunion notlanden müssen und soll dabei verunglückt sein.
Erst Stunden später wurde zur entsetzlichen Gewißheit, was sich in Wirklichkeit – und zwar bereits zur planmäßigen Ankunftszeit unmittelbar vor dem Moskauer Flughafen und unter den Augen der sowjetischen Flugsicherung – ereignet hatte:
Die *Joseph Haydn* war, bereits im Landeanflug, plötzlich unter scheinbar unerklärlichen Umständen zu tief geraten, hatte zuerst einige Baumwipfel gestreift, dadurch eine Tragfläche verloren, danach eine 400 Meter lange Schneise in den Wald geschlagen und war schließlich, nur zwölf Kilometer von der Landebahn entfernt, ausgerechnet

Das Schicksal der 37 verunglückten AUA-Insassen

MORGEN

KURIER

ÖSTERREICHS GRÖSSTE TAGESZEITUNG / UNABHÄNGIG, ÜBERPARTEILICH

# 30 Todesopfer und 7 Verletzte

# Der AUA-Absturz vor Moskau

## Erste Augenzeugenberichte: Versagte der Kontrollturm? Maschine riß 400 Meter lange Schneise durch den Wald



über einem ausgedehnten militärischen Sperrgebiet der Sowjets abgestürzt.

Von den einunddreißig Passagieren und der sechsköpfigen Besatzung überlebten das schreckliche Unglück nur fünf Fluggäste und die Kärntner Stewardeß Maria Wernle.

Nur wenige waren beim Aufprall der Maschine sofort tot, viele wurden nur schwer verletzt und erlitten erst später in den brennenden Trümmern einen umso qualvolleren Tod.

Obwohl ein aufgefangener Funkspruch bewies, daß der Absturz im

Moskauer Kontrollturm auf dem Radarschirm verfolgt worden war, trafen die Rettungsmannschaften an der zwölf Kilometer vom Flughafen entfernten Absturzstelle erst nach mehreren Stunden ein.
Am nächsten Tag wurde eine sowjetisch-österreichische Untersuchungskommission gebildet, um die Unglücksursache zu klären.
Als erstes gaben die Sowjets ihre Version bekannt: Demnach habe sich die *Joseph Haydn*, die von Erwin Wilfling, dem erfahrensten Flugkapitän der AUA, und dem Co-Piloten Ferdinand Freisleben gesteuert worden war, im ersten Luftkorridor im Anflug auf den Flughafen befunden. Das Flugzeug hatte regelmäßigen Sprechfunkkontakt mit dem Moskauer Kontrollturm. Dann wurde die Maschine aufgefordert, ein Stockwerk tiefer zu gehen und zur Landung anzusetzen. Von da an habe es jedoch, so die Sowjets, plötzlich eine Störung in der Funkverbindung gegeben, der Kontakt riß ab.
Das Tonband mit den Aufzeichnungen der Funkgespräche während des Landeanfluges war von den Russen allerdings sofort beschlagnahmt und erst nach Tagen wieder freigegeben worden. Es stand der Verdacht im Raum, daß an dem Tonband Manipulationen vorgenommen wurden.
Folgender Sachverhalt stellte sich danach auf Grund der Aussage eines *Sabena*-Kapitäns heraus. Dieser Pilot, Roger Lenpir, der mit seiner Maschine unmittelbar hinter der *Joseph Haydn* in Richtung Moskau geflogen war, hatte den gesamten Funkverkehr zwischen den Österreichern und dem Moskauer Kontrollturm klar und deutlich bis zum Ende mitgehört: Die Flughöhe wurde von den Österreichern laufend durchgegeben, und immer wieder kam von Moskau die Aufforderung, tiefer, tiefer und noch tiefer zu gehen.
Immer wieder fragten die Österreicher ungläubig zurück, ob denn das auch stimme? Moskau bestätigte.
Zu diesem Zeitpunkt war die *Joseph Haydn* bereits um fast 300 Meter zu tief dirigiert. Dann kam die lapidare Meldung vom Kontrollturm: Man habe soeben auf dem Radarschirm gesehen – Maschine abgestürzt!
Offiziell blieb die Ursache des Absturzes der *Joseph Haydn* ungeklärt. Auch als nach langem Tauziehen zwischen Österreich und der Sowjetunion am 24. Oktober 1960 ein achtundzwanzig Seiten starker Schlußbericht der Untersuchungskommission vorlag, kam man im wesentlichen nur zu folgendem Schluß:

- Dem Unglück lag kein meteorologisches Ereignis zugrunde.
- Ein technisches Gebrechen als Unglücksursache schied aus!

- Das Unglück war auch nicht menschlichem Versagen zuzuschreiben – die österreichischen Piloten traf keine Schuld.

Lediglich der Katastrophenhergang, so wurde kryptisch angemerkt, sei eindeutig geklärt: »Das Flugzeug flog um 270 Meter zu tief.«

Inoffiziell freilich wurde der Fall sehr wohl bis ins Detail geklärt. Das entscheidende Verdienst daran kam dem damals in Moskau als österreichischer Militärattaché akkreditierten Major Alexander Buschek zu.

Ihm gelang es, nachdem er der Untersuchungskommission nach einiger Zeit zugezogen worden war, eindeutig nachzuweisen, daß bei dieser Katastrophe der sowjetische Geheimdienst KGB die Fäden zog, um – koste es, was es wolle – in den Besitz des in der *Joseph Haydn* transportierten US-Geheimdienstmaterials zu kommen.

Natürlich wagte es die österreichische Regierung nicht, dieses Ergebnis ihrer Untersuchungen bekanntzugeben. Man fürchtete sich vor den diplomatischen Verwicklungen, die ein so schwerwiegender Vorwurf weltweit zur Folge gehabt hätte. Das kleine Österreich war damals – nur fünf Jahre nach dem Staatsvertrag – der Willkür einer Großmacht in noch wesentlich größerem Ausmaß als heute ausgesetzt.

Alexander Buschek allerdings konnte schon bald danach den Lohn für seine hervorragende Aufklärungsarbeit ernten: Er wurde nach Österreich zurückberufen und zum Leiter des *Heeres-Nachrichtenamtes* (HNA), also zum Chef des militärischen Geheimdienstes von Österreich, ernannt.

Daß es im übrigen bei dieser Flugzeugkatastrophe »nur« achtzehn österreichische Staatsbürger als Tote zu beklagen gab, ist einem außerordentlichen Zufall zu verdanken.

Der Name eines weiteren Österreichers befand sich nämlich auf der Passagierliste der abgestürzten *Joseph Haydn*. Es war der Name Udo Proksch.

Auch er hatte diesen Moskau-Flug gebucht, kehrte jedoch – nach einem kurzen Telefongespräch – noch in der Abflughalle wieder um und ließ sein Ticket kurzerhand verfallen.

Offen blieb die Frage: Wer hatte den jungen Mann gerade noch rechtzeitig gewarnt? Warum wurde ausgerechnet ihm empfohlen, dieses Flugzeug nicht zu besteigen? Was wußte er vom Schicksal, das der *Joseph Haydn* zugedacht war, schon vor deren Start?

Auf alle Fragen dieser Art hatte der »Glückspilz« Udo Proksch stets nur dieselbe einleuchtende Antwort parat: Es sei Intuition gewesen, die ihn in letzter Minute davon abgehalten habe, das Unglücksflugzeug zu besteigen.

# »Millionär bin ich bereits!«

In den siebziger Jahren verriet Udo Proksch einem Wiener Journalisten: »Als Bub wollte ich Millionär werden und wie Napoleon die Macht über Europa haben.«
»Millionär bin ich bereits!« vertraute er ihm schließlich an.
In Moskau hatte im Oktober 1961 der XXII. Parteitag der KPdSU getagt. Nikita Chruschtschow stand im Zenit der Macht. In einer großen Rede verkündete er dem versammelten Parteitag stolz und voller Zuversicht, daß es der Sowjetunion gelingen werde, die USA im Lauf der kommenden zehn Jahre in der industriellen Produktion nicht nur einzuholen, sondern sie sogar zu überholen.
Der Parteitag beschloß prompt, Chruschtschows euphorische Ankündigung in das dritte sowjetische Parteiprogramm, das am 31. Oktober 1961 beschlossen wurde, zu übernehmen.
Im Zuge der nachfolgenden Bemühungen, dieses hochgesteckte Ziel auch zu verwirklichen, waren die Sowjets natürlich auf den Willen des nichtkommunistischen Auslands zu wirtschaftlicher Kooperation und auf die Bereitschaft industriell weit fortgeschrittener Nationen angewiesen, westliches Know-how an den Ostblock zu verkaufen. Ein Glücksfall, der den einen oder anderen Geschäftemacher in Europa relativ rasch relativ reich werden ließ.
Ein Glücksfall auch für Udo Proksch. Er ging zum aufstrebenden Plastikindustriellen Wilhelm Anger und machte diesen mit seiner Philosophie vertraut: »Sie haben eine Fabrik und Geld – ich habe mein Hirn!« verriet er ihm. Anger war zur Verknüpfung beider Komponenten rasch bereit.
Schon 1962 wurde in München eine Engineering-Abteilung der Firma *Anger* eingerichtet, die sich fortan ausschließlich mit der Planung und Errichtung kompletter schlüsselfertiger Fabriksanlagen auf dem Gebiet der Plastikproduktion befassen sollte.
Nicht nur Udo Proksch selbst stieg in der Folge hauptberuflich in das Plastikgeschäft ein, auch allen seinen Freunden verschaffte er bei Anger eine Position: dem Maler und Bühnenbildner Hans Neuffer, dem Lastautovertreter Hans Peter Daimler und später Rudi Wein. Wladlen Stalin Badian wurde Angers Chefverhandler mit den Russen.

Ab 1963 ging es dann Schlag auf Schlag. Das Rußlandgeschäft lief an. Im Jahr darauf wurde Angers APM von Traun nach Wien 14, Lützowgasse 12, verlegt, und die Lieferung der ersten schlüsselfertigen Fabriksanlagen nach Moskau, Kiew und Swerdlowsk begann: PVC-Granulieranlagen, Produktionsstätten für Plastikfußböden und Plastikrohrfabriken.
Andere Ostblockstaaten als Abnehmer der *Anger*-Anlagen folgten: Bulgarien, Rumänien, Polen, die ČSSR, die DDR.
Sowohl Wilhelm Anger höchstpersönlich als auch sein von Udo Proksch gemanagtes Verkäuferteam entwickelten sich nachgerade zu Verkaufsgenies und wahren Künstlern im Umgang mit den kommunistischen Einkaufsbeamten und staatlichen Planungskommissaren.
Von den *Anger*-Leuten wurden grundsätzlich Maschinen und Fabriksanlagen schon verkauft, bevor noch irgend jemand auch nur eine Ahnung hatte, wie man die gewünschten Anlagen baut.
Nach den jeweiligen Verkaufsabschlüssen sahen sich die *Anger*-Ingenieure trotz ihrer Tüchtigkeit und ihres Improvisationstalents oftmals vor unlösbare Aufgaben gestellt, so daß Abgesandte in alle Welt ausschwärmen mußten, um das erforderliche technische Know-how zu »besorgen«. Nicht nur auf Messen und Ausstellungen wurde da spioniert und die Methode mit der Zeit zu einem bombensicheren System perfektioniert.
Oft ging es trotzdem schief. Angers Fabriksanlagen hielten nach erfolgter Lieferung sehr häufig nicht, was die Verkäufer ursprünglich versprochen hatten. Die Fabriken funktionierten schlicht und einfach nicht. Durch großzügige Schmiergeldzahlungen an die verantwortlichen Einkaufsstellen wurden die Probleme aber meistens, wenn schon nicht gelöst, so doch gemindert.
Für alle echten finanziellen Ausfälle, die die Firma trotz Leistung »nützlicher Abgaben« bei ihren Exportgeschäften trafen, kamen in Österreich die Steuerzahler auf, denn der aufstrebende Betrieb wurde mit staatlichen Exportförderungen förmlich überschüttet.
Viele Dutzende Millionen Schilling flossen der Firma *Anger* im Verlauf weniger Jahre unter diesem Titel zu.
Freilich hatten auch in dieser Hinsicht Proksch und seine Freunde längst ihre künstlerische Phantasie in die Geschäftswelt transferiert: Die politischen Entscheidungsträger förderten die Firma *Anger* nicht umsonst. Vielmehr ließen sich die beiden staatstragenden politischen Parteien, ÖVP und SPÖ, in großkoalitionärer Einigkeit im Gegenzug mit großzügigen »Parteispenden« belohnen.
Udo Proksch durfte den Geldbriefträger spielen und legte damit auch

den Grundstein für die vielfältigen politischen Beziehungen, deren er sich zum Teil bis heute noch erfreut.

Manchmal funktionierten Angers Anlagen auch gut. Zu gut sogar. So wurde einmal eine Plastikrohrfabrik in die Sowjetunion geliefert, die in so großen Mengen Plastikrohre produzierte, daß man am Ende nicht mehr wußte, wohin damit. Berge von Rohren türmten sich, doch es bestand keine Verwendungsmöglichkeit für sie.

Für den verantwortlichen Sowjetmann war schließlich, als ihm eine Überprüfung durch die vorgesetzte Planungskommission ins Haus stand, Feuer am Dach.

In dieser Situation stellte der Chefverkäufer *Angers*, Wladlen Stalin Badian, sein wahres Verkaufsgenie unter Beweis: Rasch drehte er seinen sowjetischen Partnern auch noch einen Posten leistungsstarker Bagger an, um damit die sinnlos produzierten Plastikrohre einfach irgendwo in Rußlands Mutter Erde zu vergraben.

Daß es der Firma *Anger* unter den gegebenen Umständen gelang, verhältnismäßig mühelos zu expandieren, versteht sich fast von selbst. Innerhalb von nur drei Jahren konnte der Jahresumsatz von 120 Millionen Schilling im Jahr 1964 auf rund 300 Millionen Schilling im Jahr 1967 fast verdreifacht werden.

Außer diversen Ostblockländern kamen weitere ideale Kunden für *Angers* größtenteils nicht funktionierende Fabriksanlagen hinzu: Afrika und südamerikanische sowie fernöstliche Entwicklungsländer.

Im Westen reüssierte Anger indes nur mit seinen Brillen: Mit *Sunjet, Viennaline* und der *Serge Kirchhofer*-Luxusbrille. Ihr steigender Verkaufserfolg, an dem Udo Proksch beteiligt war, wurde allerdings mit einem gigantischen Werbeaufwand erkauft, der sich in Wahrheit nie rentiert hat.

Doch Proksch verstand es, Anger zu immer größeren Ausgaben zu animieren – und lebte davon wie ein König. Nicht zuletzt auch deshalb, weil er seine Einkünfte natürlich steuerschonend in der Schweiz bezog.

Dasselbe galt auch für die Provisionen des gesamten *Anger*-Verkäuferteams, die über eine eigens zu diesem Zweck in der Schweiz gegründete Briefkastenfirma namens *Plama-Trade* zur Auszahlung gelangten.

Auch Wilhelm Anger selbst verstand es blendend, seine persönlichen Einkünfte zu maximieren. Einer der Tricks bestand darin, Patente für seine Maschinen unter dem Namen von Briefkastenfirmen in der Schweiz zu registrieren: So konnten regelmäßig sehr beträchtliche Be-

träge als Patentgebühren unversteuert aus der Firma und auf Schweizer Konten fließen.
Ein Genie war Anger außerdem auch darin, sich bei Banken zu verschulden. Im Jahr 1976 hatte die APM – bei einem Jahresumsatz von 300 Millionen – bereits 600 Millionen Schilling Schulden. Auf diese Weise war es Wilhelm Anger ebenso wie in seinem Gefolge Udo Proksch tatsächlich möglich, ein Leben zu führen, wie es »Erfolgsmenschen« von Illustrierten vorgeschrieben wird:
In der Wiener Kahlenberger Straße 141 bewohnte der »Plastikkönig« eine der teuersten, schönsten und größten Luxusvillen Wiens (König Hussein von Jordanien blätterte rund 15 Jahre später für das Objekt 40 Millionen Schilling hin), wo er sich von Hunderten von Freunden regelmäßig bei rauschenden Festen feiern ließ. Künstler, Politiker, Geschäftsfreunde und Adabeis, die gesamte Wiener Halb- und Dreiviertelwelt war dort zu Gast.
Um sein Prestige zu heben, legte Anger sich ein halbes Dutzend erstklassiger Reitpferde zu, die er von Hauptmann Peter Lichtner-Hoyer reiten ließ, und – als Gemahlin – Gretl Scherz, die damalige Schönheitskönigin.
Als Hobby fuhr er Autorennen, pilotierte ein Privatflugzeug, besaß selbstverständlich, für den Wintersport, ein Chalet in St. Moritz – sowie auch eine Wohnung in New York.
Dort tobte sich oftmals auch Udo Proksch als fürstlich honorierter »Hofnarr« Wilhelm Angers aus. Insbesondere ein von ihm in New York inszeniertes Happening, an dem auch Mitglieder des Kennedy-Clans teilnahmen, wurde berühmt:
Die »Kunstaktion« begann mit einer Champagnerorgie. Als alle Gäste schließlich stockbetrunken waren, wurde – weil es so lustig ist – »Atomangriff« gespielt und die gesamte Wohnungseinrichtung verwüstet und zertrümmert.
Danach stürzten sich alle, splitternackt und brüllend, kopfüber in die vorhandenen – angeblich sieben – randvoll gefüllten Badewannen und wälzten sich anschließend in Mehl, um sich vor den »radioaktiven Strahlen« zu schützen.
»That's Wiener Schnitzel!« triumphierte Udo Proksch am Schluß, als die panierten Ferkel fertig waren.

# Die Nachrichtendienst Ges.m b.H.

Geld sei für ihn, sagt Udo Proksch, wie »Wind im Segel«, es interessiere ihn zwar nicht als Besitz, aber als Werkzeug, denn Geld mache den Menschen »unabhängig von den Schweinereien, der Knechtschaft und der Dekadenz der Welt«. Geld sei ihm daher »nicht wurscht«, sondern vielmehr – »genauso wie der Leninorden« – eine Motivation für ihn.

Geld allein genügte ihm jedoch beileibe nicht. Udo Proksch wollte auch Macht besitzen – »wie Napoleon«! Oft träumt er heute noch davon: »Ich habe gedacht, vielleicht sacke ich eines Tages ganz Europa ein oder noch mehr!«

Sein hochgestecktes Ziel verfolgte er am Anfang freilich noch mit vergleichsweise bescheidenen Mitteln. Am 5. April 1966 gründete Udo Proksch die Firma *Kibolac Handelsges.m.b.H.* Stammkapital: 200 000 Schilling. Er selbst übernahm einen Gesellschaftsanteil von sechzig Prozent, mit vierzig Prozent wurde sein alter Moskaufreund Rudi Wein beteiligt. Anstelle von Bargeld brachte dieser allerdings bloß ein gebrauchtes Kraftfahrzeug, einen alten Peugeot 404, als Sacheinlage in die Firma ein.

Als Sitz der *Kibolac* diente anfangs eine Proksch-Wohnung in der Wiener Siebensterngasse 52, sie übersiedelte aber schon bald in die City, Walfischgasse 12, wo Proksch bis dahin zusammen mit Wilhelm Anger eine andere Firma, die *Studio für Werbegestaltung Ges.m.b.H.*, betrieben hatte.

Anger besaß sechzig Prozent und Proksch den Rest an dieser Firma, deren Zweck in der »Werbemittlung und Werbegestaltung für Brillen« bestand. Anfang 1966 hatte, nach Differenzen zwischen Proksch und Anger, der Fabrikant die Geschäftsführung beim *Studio* zurückgelegt und seinen gesamten Anteil an Proksch schenkungsweise überschrieben, nur um raschestmöglich der Mithaftung für dessen Geschäftsgebarung zu entkommen.

Mit ihrer *Kibolac* begannen Proksch und Wein nunmehr im großen Stil West-Technologie in die Sowjetunion und Osteuropa zu verschieben. Im Betriebsgegenstand der Firma war diese Tätigkeit naturgemäß vornehmer umschrieben. Da hieß es: »Großhandel mit Waren

aller Art, Entwicklung und Verwertung von Erfindungen, Verfahren, Konstruktionen und urheberrechtlichen Verwertungsrechten; Erwerb von Patenten zum Zweck der gewerbsmäßigen Verwertung, einschließlich der Vergabe von einschlägigen Lizenzen . . .«
Schon bald nach Beginn der Tätigkeit der Firma *Kibolac* stellte die österreichische Staatspolizei fest, daß über sie »Patente und Erfindungen widerrechtlich in den Ostblock verschafft werden«. Eingeschritten wurde freilich nie.
Eine zweite Proksch-Firma mit diesmal zwei Mitgesellschaftern und dem ellenlagen Titel *Prowiga Informationen-Exklusiv Nachrichtendienst Ges.m.b.H.* wurde am 24. Juni 1966 gegründet. Einen Drittelanteil der Gesellschaft mit dem offiziellen Betriebszweck »Werbemittlung und Public-Relations« übernahm über Einladung von Proksch der in Frankfurt am Main lebende Österreicher Helmut Gattinger, der damals Pressedirektor von *United Artists* war und in der Zwischenzeit zum Europa-Generaldirektor der Filmgesellschaft *Twentieth Century Fox* avanciert ist.
Ebenfalls mit einem Drittel wurde der Filmjournalist und ehemalige PR-Chef der renommierten Wiener Werbeagentur *Haupt-Stummer*, Gino Wimmer, beteiligt. Er sollte als Fachmann die neugegründete PR-Agentur leiten und übernahm, zusammen mit Proksch selbst, auch die Geschäftsführung der Firma.
Weder Gattinger noch Wimmer wußten allerdings, daß die PR-Tätigkeit der *Prowiga* (Proksch-Wimmer-Gattinger) lediglich als Tarnung

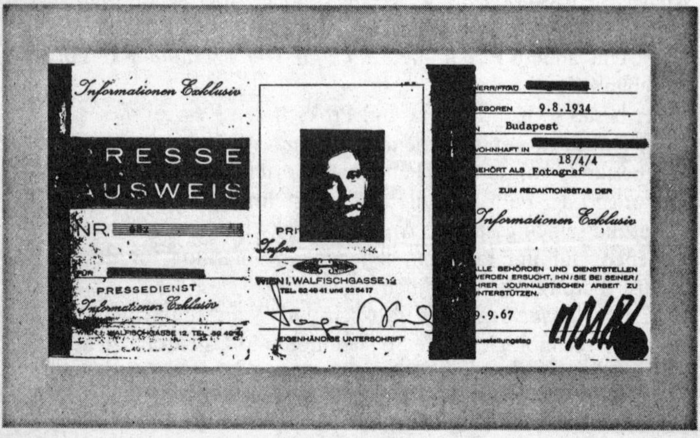
Informationen Exklusiv
PRESSE
AUSWEIS
NR. [redacted]
FÜR [redacted]
PRESSEDIENST
Informationen Exklusiv
WIEN I, WALFISCHGASSE 12, TEL. 62 40 ...
WIEN I, WALFISCHGASSE 12
TEL. 62 40 41 und 62 04 17
EIGENHÄNDIGE UNTERSCHRIFT
HERR/FRAU [redacted]
GEBOREN 9.8.1934
IN Budapest
WOHNHAFT IN [redacted] 18/4/4
GEHÖRT ALS Fotograf
ZUM REDAKTIONSSTAB DER
Informationen Exklusiv
ALLE BEHÖRDEN UND DIENSTSTELLEN WERDEN ERSUCHT, IHN/SIE BEI SEINER/IHRER JOURNALISTISCHEN ARBEIT ZU UNTERSTÜTZEN.
9.9.67
Ausstellungstag

für ganz andere Tätigkeiten dienen sollte, die Proksch selbst bald zu entfalten anfing und die er unter der Aktenzahl HRB 9745 sogar in das Wiener Handelsregister eintragen ließ: den »Betrieb eines Nachrichtendienstes«.
Unter dem Deckmantel eines Pressebüros *Informationen-Exklusiv* widmete sich Udo Proksch in der Folge einer gezielten und professionellen Informationsbeschaffung sowohl in Österreich als auch im Ausland und heuerte zu diesem Zweck zahlreiche Mitarbeiter an. Dutzende Proksch-Freunde wurden mit Presseausweisen ausgestattet, die der damalige Wiener Polizeipräsident und Proksch-Intimfreund Josef Holaubek persönlich mit Hilfe des Polizeisiegels zu amtlichen Dokumenten gemacht hatte.
Die Proksch-Mitarbeiter, die damit offiziell als »Journalisten« auftreten konnten, hatten den Auftrag, jede – und sei es auch die scheinbar unbedeutendste – Information zu sammeln und abzuliefern.
Verwertet wurden alle diese Informationen scheinbar nicht. Prokschs »Pressedienst« veröffentlichte niemals auch nur eine einzige Zeile, gelohnt jedoch muß sich der Aufwand letztlich trotzdem haben.
Bald begann Proksch allerdings, die *Prowiga* ohne Wissen seines Co-Geschäftsführers zur Abwicklung zunehmend dubioser werdender Geschäfte zu benützen. Immer obskurere Figuren, so erinnert sich Ex-Partner Gino Wimmer, fingen an, in ihrer Firma ein und aus zu gehen, die Finanzgebarung wurde immer undurchsichtiger, die Schulden stiegen.
Als Udo Proksch schließlich der Alkoholkrankheit verfiel und zu agieren begann, als ob er unzurechnungsfähig wäre, weigerten sich seine »Partner wider Willen«, die Verantwortung für die *Prowiga* weiter mitzutragen.
Im Verlauf einer eilends einberufenen außerordentlichen Generalversammlung beschlossen Helmut Gattinger und Gino Wimmer die Auflösung der Gesellschaft bzw. die Abtretung ihrer Anteile an Udo Proksch, der nun alleiniger Inhaber der *Prowiga* war. Nun dauerte es nicht mehr lange, bis seine Firma ruiniert war.
Am 1. Juli 1968 eröffnete das Handelsgericht Wien unter der Aktenzahl S 41/68 den Ausgleich über das Vermögen der *Prowiga.* Udo Proksch, zur Einvernahme vor Gericht geladen, torkelte volltrunken in den Verhandlungssaal und lallte – völlig unansprechbar – immer nur: »Ich zahle alles!« Der Richter freilich lehnte seine Einvernahme unter den gegebenen Umständen ab.
Mit einer Ausgleichsquote von fünfzehn Prozent wurden Prokschs Gläubiger am Ende abgespeist.

# Im Dienst von Opus Dei

Politik, insbesondere Politik im Sinne einer Weltanschauung, hat Udo Proksch nie interessiert. Jedwede grundsatzorientierte Denkweise ist ihm völlig fremd, und er ist weder Sozialist noch Marxist oder gar Kommunist, wie ihm viele seiner Gegner unterstellen, sondern vielmehr der Prototyp eines durch und durch apolitischen Geschäftemachers und Machtmenschen, der in der Politik ausschließlich ein Mittel zur Erringung von Vorteilen sieht.

Nur in einem einzigen Punkt leistet er sich den Luxus einer »Ideologie«: Das Christentum und vor allem den Katholizismus verachtet und haßt Udo Proksch, der auch nominell bekenntnislos ist, abgrundtief. Christdemokratische Politiker sind für ihn »Pfaffenknechte«, und Mitbürger, die sich zum Katholizismus bekennen, pflegt er grundsätzlich nur als »schwarze Wixer« zu verhöhnen.

Diese Einstellung hinderte ihn zu jener Zeit, da in Österreich noch überwiegend die christlich-konservative *Österreichische Volkspartei* (ÖVP) an den Schalthebeln der Macht war, freilich keineswegs, sich auch mit sehr prominenten »schwarzen Wixern« politisch in ein Bett zu legen. Ja, in Wahrheit hatte Udo Proksch seinen Aufstieg sogar beinahe ausschließlich jenen Beziehungen zu verdanken, die er am Beginn seiner »Karriere« zu einflußreichen ÖVP-Politikern unterhielt. Selbst in der erzkatholischen Bewegung *Opus Dei* versuchte er einst mitzumischen.

Schon im Jahr 1965 hatte sich in Wien eine Gruppe von katholischen Studenten zu einem Verein namens *Arbeitskreis für Publizistik* zusammengeschlossen. Als Spiritus rector dieser Gruppe und Schriftführer des Vereins fungierte ein junger Spanier, Ricardo Estarriol, der sich zum Ziel gesetzt hatte, erstmals in Österreich die Herausgabe eines politisch engagierten Meinungs- und Nachrichtenmagazins zu versuchen.

Estarriol ist heute noch in Wien ansässig und hier als Osteuropa-Korrespondent der spanischen Tageszeitung *La Vanguardia*, Barcelona, tätig. Er gilt als einer der hervorragendsten Osteuropa- und Kommunismuskenner, verfügt neben seinem Wiener Hauptsitz auch noch über Büros in Warschau und in Moskau und ist prominentes Mitglied der katholischen Laienorganisation *Opus Dei*.

Das in Spanien 1928 von José Maria Escriva de Balaguer gegründete »Werk Gottes« umgibt seit seinem Bestehen eine Aura des Geheimnisvollen, und es sorgt bei Katholiken und Nichtkatholiken gleichermaßen für Verwirrung.
Seine Gegner stellen das *Opus Dei* als eine Art innerkirchlicher Freimaurerorganisation und als Geheimbund dar. Einen Nachweis für die Behauptungen, *Opus-Dei*-Mitglieder seien am chilenischen Militärputsch ebenso beteiligt gewesen wie am Tod des Vatikan-Bankiers Roberto Calvi, der in die italienische P-2-Affäre verwickelt und am 17. Juni 1982 in London unter einer Themsebrücke erhängt aufgefunden worden war, konnten sie allerdings niemals erbringen.
Weltweit zählt das von Papst Johannes Paul II. zur Personalprälatur erhobene *Opus Dei* rund achtzigtausend Mitglieder, die unter anderem an Universitäten, in Rundfunk- und Fernsehanstalten, in Filmgesellschaften, in Zeitungen und in Nachrichtenagenturen tätig sind.
In Österreich wird die Zahl der *Opus-Dei*-Mitglieder mit rund vierhundertfünfzig angegeben, die unter anderem Kultur- und Bildungszentren in Graz, Salzburg, Linz und Innsbruck sowie zahlreiche Jugendclubs und auch Studentenheime unterhalten.
Im Jahr 1983 errichtete *Opus Dei* mit einem Aufwand von 75 Millionen Schilling in Dreistetten bei Piesting in Niederösterreich das *Internationale Tagungs- und Bildungszentrum Hohe Wand*, als dessen Träger wiederum eine »Gesellschaft zur Förderung von Bildungszentren« fungiert.
Dem Kuratorium dieser Gesellschaft gehört Prominenz aus Politik, Kultur und Wirtschaft an: *Newag*-Generaldirektor und ÖVP-Bundesfinanzreferent Rudolf Gruber, Ex-Vizekanzler und CA-Aufsichtsratspräsident Fritz Bock, Bundesratsvorsitzender Herbert Schambeck, der niederösterreichische Wirtschaftsbund-Landesrat Erwin Schauer, der Wiener Industrielle Manfred Mautner Markhof, Baulöwe Alexander Maculan, der Neurologe Franz Seitelberger sowie der Ex-Rektor der Universität Wien und Leiter des Gerichtsmedizinischen Institutes, Prof. Wilhelm Holczabek.
*Opus-Dei*-Gegner vermeinen gelegentlich auch »untrügliche Zeichen der Zusammenarbeit« zwischen dem »Werk Gottes« und dem US-Auslandsnachrichtendienst CIA[6] zu entdecken.
Fest steht, daß das *Opus Dei* manchen zumindest als der »Geheimdienst des Vatikans« gilt.

---

[6] CIA (Central Intelligence Agency).

Grund genug für Udo Proksch, sich ebenfalls, in wessen Auftrag auch immer, des »Werkes Gottes« anzunehmen.
Die Zeitung mit dem Titel *Analyse*, die ab Oktober 1965 vom *Arbeitskreis für Publizistik*, de facto jedoch von *Opus Dei* herausgegeben wurde, entwickelte sich nach der Übernahme der Alleinregierung durch die ÖVP unter Bundeskanzler Josef Klaus im Jahre 1966 zu einem einflußreichen und bemerkenswerten Presseorgan.
Außenpolitisch zeichnete es sich durch eine hervorragende und engagierte Osteuropa-Berichterstattung aus. Die Wahrnehmung von US-Interessen war unverkennbar.
Innenpolitisch erzielte die Zeitschrift nur geringe Wirkung und beschränkte sich im wesentlichen auf PR-Berichte über Bundeskanzler Josef Klaus, die ÖVP-Minister Karl Schleinzer und Georg Prader sowie den Proksch-Freund und sozialistischen Wiener Polizeipräsidenten Josef Holaubek.
Der Verteidigungsminister und führende niederösterreichische ÖVP-Politiker Georg Prader war es denn auch, der Estarriol eines Tages einen Mann empfahl, der für die Finanzierung der *Analyse* sorgen sollte: Prader empfahl Udo Proksch, worauf sich über die Zeitschrift bald ein wahrer Inserate-Regen ergoß.
Vor allem Banken und »schwarze Firmen« inklusive Angers APM und die *Bundesländer-Versicherung* stellten sich regelmäßig mit großflächigen, teuren Inseraten ein. Hinzu kamen noch Gelder einiger US-Multis wie *Esso, PanAm, General Motors* oder *IBM*. So hatte die Zeitschrift keinerlei finanzielle Probleme.
Am 21. April 1967 wurde über Betreiben Prokschs allerdings eine Änderung beim Medieninhaber der *Analyse* vorgenommen: Die *Analyse-Verlagsges.m.b.H.* entstand. Ein Viertel der Zeitung war nunmehr in Besitz von Udo Proksch, fünfunddreißig Prozent hielt weiterhin der *Arbeitskreis für Publizistik*, je zehn Prozent dessen Vorstandsmitglieder Robert Bek, Ernst Burkhart, Ricardo Estarriol und Viktor Kraus, der ehemalige Wahlkampfsekretär von Alphons Gorbach, als sich dieser um das Bundespräsidentschaftsamt bewarb.
Die Redaktion der *Analyse* wurde danach in eine Proksch-Wohnung verlegt, und der Nachrichtenhändler selbst rückte zum Mitherausgeber der Zeitschrift auf, zu deren Mitarbeiterstab auch einige noch heute sehr bekannte Namen zählten: Peter Kampits, Wilfried Rott, Sigi Bergmann, Georg Manhardt, Werner Winterstein und Hubert Feichtlbauer (später *Kurier*-Chefredakteur und heute Pressereferent der *Bundeswirtschaftskammer*).
Udo Proksch genoß es, sich über den Umweg seiner *Analyse* eine Zeit-

lang auch in den Dienst von *Opus Dei* zu stellen, doch als sich die Zeitschrift im Jahre 1968 schließlich allzusehr in Sachen *Prager Frühling* zu engagieren begann, mißfiel dies offenbar einigen Ostblock-Herren. Kalt drehte Udo Proksch danach dem Blatt den Geldhahn ab.
Im Mai 1969 erschien die letzte Ausgabe der *Analyse*, deren Weiterfinanzierung Estarriol ohne die Hilfe Prokschs nicht möglich war.[7] Ricardo Estarriol verlor damit jedoch bloß seine Zeitschrift, wesentlich mysteriöser hingegen war, was einem von Prokschs ehemaligen Kompagnons geschah:
Der junge absolvierte Jurist Viktor Kraus, zuletzt Geschäftsführer der *Analyse* und mutmaßlicher Verbindungsmann zur CIA, verließ im November 1971 die elterliche Wohnung in der Wiener Messerschmidtgasse 30, um irgendeine Besorgung zu erledigen – und kehrte nie wieder zurück.
Zuletzt sah ihn Peter Marboe[8] in New York, wo er plötzlich aufgetaucht war, um nach langen hektischen Telefonaten mit Madrid jedoch erneut – und zwar nunmehr endgültig – zu verschwinden.
Ein ähnliches Schicksal traf ein paar Jahre später auch einen der engsten Freunde Viktor Kraus', seinen »Bundesbruder« (CV-Verbindung *Bajuvaria*) Konrad Preining. Der aus Rohrbach in Oberösterreich stammende engagierte Katholik war bei den *Österreichischen Tabakwerken* angestellt, wo sein Schwiegervater, Alois Musil, die Position des Generaldirektors bekleidete.
Im Jahr 1978 führte Preining eine Dienstreise nach Saloniki. Als die Geschäftsverhandlungen beendet waren, flog er jedoch nicht wie geplant zurück, sondern erbat sich telefonisch noch drei Tage Urlaub und brach zu einem Ausflug zum Berg Athos auf, wo er in einem Kloster übernachtete. Dort wurde er zum letztenmal gesehen. Von diesem Zeitpunkt an blieb er verschwunden.
In die Vermißtensuche schalteten sich außer der *Interpol* auch das griechische Militär und NATO-Dienststellen ein. Die griechische Polizei kam nach langen Untersuchungen offiziell zu dem Schluß, daß Konrad Preining überfallen und erschlagen worden sei. Sein Leichnam allerdings wurde niemals gefunden.

---

[7] Die *Analyse Verlagsges.m.b.H.* gibt es als offenkundig inaktiven Firmenmantel noch heute. Alleingeschäftsführer ist Udo Proksch, der nach wie vor ein Viertel der Anteile besitzt. Den Rest hält die schweizerische Treuhandfirma *Lylac AG*.
[8] Dr. Peter Marboe, Bruder des ORF-Intendanten Ernst Wolfram Marboe, war lange Zeit als österreichischer Kulturattaché in New York tätig, fungierte im Jahre 1986 als Leiter des Wahlkampfbüros für Bundespräsident Dr. Kurt Waldheim und ist seit August 1987 als ÖVP-Hauptgeschäftsführer wieder in Wien.

# Ein Fall für die Psychiatrie

Als »Zuckerbäcker« wäre es für ihn nicht weiter verwunderlich, wenn er sich mit Wafferln beschäftigte – doch auch mit Waffen spielt er gern. Die Vorliebe Udo Prokschs sowohl für scharf geladene Handfeuerwaffen zum persönlichen Gebrauch als auch das Faible für sein sogenanntes *Militantprojekt* sind international bekannt.
Ein Freund, *Kronen-Zeitung*-Autor Peter Kunze, war einst in rührender Naivität bemüht, eine Interpretation des »Waffenticks« des Udo Proksch zu liefern, die fast schon kabarettreif ist.
Die tiefere Ursache dafür, so Kunze, sei der Schock des letzten Krieges, den Proksch noch immer nicht verwunden habe: »Seitdem hat er Angst. Verkriecht sich manchmal tagelang. Trägt immer eine Pistole mit sich herum. Entwirft Bunker und Verteidigungskonzepte.«
Ein Fall für die Psychiatrie? – Nicht doch: In Wahrheit hält Udo Proksch die Abneigung der Menschen gegen den Krieg im Gegenteil schlichtweg für lächerlich, betont ausdrücklich, daß er keineswegs gegen den Krieg sei und meint – in einem Interview mit *Radio Bremen* –, daß »Männer in den Krieg ziehen müssen, um ihre Kreativität unter Beweis zu stellen«.
Für seinen »Waffentick« gibt es eine profanere Erklärung als Peter Kunzes tiefenpsychologischen Exkurs: Proksch hatte eines Tages schlicht und einfach nur die Tatsache erkannt, daß in keinem anderen als im Bereich der Rüstung so bedenkenlos und in so großen Mengen auf der ganzen Welt Geld ausgegeben wird.
Er wußte: Nirgendwo war und ist mehr zu verdienen als beim Waffenhandel und vor allem in der Rüstungsproduktion. Schon seit den sechziger Jahren zerbrach er sich daher den Kopf darüber, wie er es anstellen müßte, um an die Militärbudgets diverser Länder heranzukommen. Für die Firma *Anger* gebar er dann sein *Militantprojekt.*
Die Grundidee: Es müßte doch möglich sein, komplette Militärstützpunkte, Bunker, Schützengräben, Treibstoff-, Munitionsdepots und vieles andere mehr aus Plastikmaterial innerhalb kürzester Zeit an jedem x-beliebigen Ort herzustellen, wenn man über mobile Plastik-Extrusionsanlagen verfügt.
Selbst Straßen, Brücken und sogar Flugzeug-Landepisten könnte man

auf diese Weise auch in einem unwegsamen Gelände in Minutenschnelle einfach auf den Boden schäumen.
Zwei Männer waren bereits im Jahre 1965 an der Entwicklung des Projektes so interessiert, daß sie Udo Proksch den damals recht beträchtlichen Betrag von je einer Viertelmillion Schilling zur Verfügung stellten, um ihn zu weiterem Nachdenken zu animieren:
Ein Gönner war natürlich Wilhelm Anger, der andere eine zwielichtige Figur, die Jahre später im Zusammenhang mit der *Affäre Lütgendorf* in das Blickfeld der Öffentlichkeit rücken sollte: Alois Weichselbaumer, Bordellbesitzer, illegaler Waffenhändler und Jagdfreund des Verteidigungsministers.
Alles Weitere ergab sich ganz von selbst: Die Firma *Anger* stellte einige Extruder zur Verfügung, die Proksch fachgerecht auf Lastautos montieren ließ, und fertig war die *Mobile Factory*. Theoretisch war damit vielleicht sogar tatsächlich ein revolutionäres neues Konzept für die Kriegführung erfunden, in der Praxis allerdings erwies sich das *Militantprojekt* sehr bald als undurchführbar und als reiner Flop.
Wie ein Besessener versuchte Proksch dennoch, seine Idee mit allen Mitteln weiterzuverfolgen, um damit – so hoffte er – viele Millionen zu verdienen. Dabei steigerte er sich in einem Ausmaß in seine Idee hinein, daß Freunde erstmals zu fürchten begannen, er könnte den Verstand verlieren.
In seinem *Studio* in der Walfischgasse, das eigentlich der Werbung für die *Anger*-Brillen dienen sollte, ließ er einen Feldherrenhügel errichten, zog sich eine Napoleon-Uniform an – und spielte Krieg. Damit verbrachte er oft Wochen, Tag und Nacht. Zwischendurch betrank er sich und schlief dann über seinem Feldherrenhügel ein.
Auch wenn er sein *Studio* verließ, ging Udo Proksch in dieser Zeit fast nie »zivil«, sondern bevorzugte den »Military-Look« und lief nur noch in Tarnanzügen herum, die er sich aus Bundesheerbeständen beschafft hatte. Als Fortbewegungsmittel diente ihm zumeist ein Jeep, und seinen Maserati, den er zu besonderen Anlässen fuhr, hatte er längst auf Military-Grün (mit braunen Flecken) umlackieren lassen, um besser getarnt zu sein.
Seinem Selbstbewußtsein war die neue Rolle, die Proksch nunmehr spielte, durchaus förderlich. Er hielt sich in der Tat für ein Genie. »Ich glaub'«, versicherte er immer wieder, »ich tät' schon hineinpassen in die Reihe von Männern wie Leonardo da Vinci. Nicht wegen seiner lächerlichen Bilder, nein, wegen seiner Erfindungen, wegen seiner Kriegsmaschinen!«
Auf der Simmeringer Heide, am Stadtrand von Wien, führte Proksch

schließlich sein *Militantprojekt* erstmals der Öffentlichkeit vor. Neben einigen Vertretern des österreichischen Bundesheeres, die seiner Einladung gefolgt waren, sahen der Vorführung auch ein paar ausländische Militärattachés zu. Man war jedoch mehr amüsiert denn interessiert, obwohl Proksch nichts unversucht gelassen hatte, seine Idee nun endlich an den Mann zu bringen.
Udo Proksch glaubt übrigens auch heute noch daran, daß seine »Erfindung« unmittelbar vor dem weltweiten Durchbruch stehe. »Jawohl! Meine *Mobile Factories* – die funktionieren«, trumpft er immer wieder auf, »für fünfzig Millionen Schilling kann sie jeder kaufen, der sie haben will.«
In Wahrheit freilich war der Traum schon im Jahre 1968 endgültig vorbei. Weder die Russen waren bereit gewesen, auch nur einen Rubel für sein *Militantprojekt* zu zahlen, noch hatten die Amerikaner zugegriffen, denen Proksch es offerierte, um damit, wie er versprach, den Vietnamkrieg zu gewinnen.
Abfuhren holte er sich auch aus Schweden, aus der Tschechoslowakei, und auch den Schweizern war es keinen müden Franken wert. Als letzte Hoffnung blieb nur Ungarn übrig. Dort hatte er immerhin erreicht, daß er zu einer Vorführung seines Projekts eingeladen wurde. In Jeeps und selbstverständlich stilgerecht mit Tarnanzügen angetan, fuhren Proksch und seine Freunde von Wien in Richtung Ungarn ab. Die alten ausgedienten Lastautos, auf welchen Angers Plastik-Extrusionsmaschinen montiert waren, rumpelten hinterher.
In Budapest sahen sich der ungarische Kriegsminister und eine Handvoll Generäle das Spektakel an, zu einem Abschluß kam es aber auch hier nicht. Die Millionen blieben wieder aus, und die Hoffnung, mit der Serienproduktion der *Mobile Factories* anfangen zu können, mußte endgültig begraben werden.
Diesen Rückschlag konnte Udo Proksch anscheinend nicht verkraften. Im fashionablen Budapester *Hotel Gellert* betrank er sich zunächst, und dann drehte er durch: Er begann zu randalieren und in aller Öffentlichkeit die »idiotischen Regierungsfunktionäre« und die »dummen Kommunistenschweine« zu beschimpfen. Die herbeigeeilten Polizisten waren kaum imstande, den im Speisesaal des *Gellert* Wütenden zu bändigen. Die Hälfte der Einrichtung ging dabei zu Bruch.
Noch in derselben Nacht wurde Udo Proksch der ungarischen Geheimpolizei überantwortet. Über allerhöchste Weisung durfte er jedoch nicht eingesperrt werden, sondern der Befehl hieß: Abschiebung nach Österreich.

Das taten die Ungarn dann auch – allerdings auf ihre Weise. Proksch wurde fernab eines offiziellen Überganges an die Grenze zu Österreich gebracht und dann so lange verprügelt, bis er bewußtlos war.
In den Morgenstunden warfen ihn die ungarischen Geheimpolizisten einfach über den Stacheldraht auf österreichisches Gebiet, wo er im Laufe des Vormittages – halbtot – von einem burgenländischen Bauern aufgelesen wurde.
Die junge Ärztin, die ihn danach wieder gesundpflegte, wundert sich heute noch, daß ihr Patient dieses Abenteuer überlebte. Allerdings schließt sie nicht aus, daß er bleibende Schäden – physischer wie psychischer Natur – davontrug.
Wenigstens ein Medium, das sich sein *Militantprojekt* einreden ließ, fand Udo Proksch am Ende aber doch – in Österreich und in der Person des späteren Verteidigungsministers, des Brigadiers Karl Lütgendorf, als dieser noch als Leiter der Ausbildung im Wiener Heeresministerium seinen Dienst versah.
Am 10. Juli 1969 beauftragte der General erstmals das *Studio Proksch* mit der Durchführung eines *Fla-Trainer*-Projekts auf dem Militärflugplatz in Langenlebarn.
Mit dem Erlös aus diesem ersten kleinen Bundesheer-Geschäft – einem Betrag von 332 000 Schilling, den Proksch-Bruder Roderich dem Heeresministerium in Rechnung stellte – sprang man freilich noch nicht allzuweit.
Größere Beträge begannen allerdings erst zu fließen, nachdem Udo Proksch, bald nach der Regierungsübernahme durch die Sozialisten, Bundeskanzler Bruno Kreisky dazu überreden konnte, Lütgendorf, den Freund des Bordelliers und illegalen Waffenhändlers Alois Weichselbaumer, mit der Funktion eines Verteidigungsministers zu betrauen.

# Von Austerlitz bis Waterloo

Ein schwarzes Jahr im Leben Udo Prokschs war das Jahr 1968. Begonnen hatten die Probleme mit dem Ausfall seiner Melkkuh Wilhelm Anger, den er in den Jahren zuvor so lange in immer größere betriebswirtschaftliche Abenteuer gehetzt hatte, bis dieser schließlich bankrott war.

Nachdem der österreichische »Paradeunternehmer« 1967 einen Schuldenstand von mehr als 600 Millionen Schilling erreicht hatte, ging auch seinen Banken ein Licht auf. Sie sperrten ihm kurzerhand jeden weiteren Kredit und zwangen ihn, sich einen finanzkräftigen Partner zuzulegen. Die US-Firma *Bemis Corporation* mit dem Sitz in Minneapolis, einer der weltgrößten Verpackungsmaterial-Hersteller, war schließlich bereit dazu.

Für nur fünfzig Millionen Schilling bekam *Bemis* die Hälfte von Angers APM geschenkt, mußte jedoch die volle Haftung für die Schulden übernehmen. Die Entmachtung Wilhelm Angers folgte, dieser landete dafür im Gegenzug noch einmal einen großen Coup.

Mit 1. Oktober 1969 gingen die restlichen fünfzig Prozent des ehemaligen *Anger*-Imperiums in den Besitz der *Bemis Corporation* über, die bei dieser Gelegenheit durch eine perfekt organisierte Überbewertung der Maschinenlager um rund 200 Millionen Schilling übervorteilt wurde.

Es war kein Wunder, daß bei *Bemis* in der Folge keine rechte Freude über den allzu teuer erworbenen Betrieb aufkam. Schon im November 1971 stieß *Bemis* den ehemaligen *Anger*-Konzern an den US-Multi *Cincinnati-Milacron* ab. Die Regierung mußte sich allerdings bereit erklären, ein paar hundert Millionen Schilling Steuergeld der Österreicher in Form von Subventionen zuzuschießen, ehe der Fall Anger abgeschlossen und endgültig saniert werden konnte.

Solange Wilhelm Anger in der Lage gewesen war, die Späße und Ideen des Udo Proksch zu finanzieren, so lange lebte dieser glänzend. Nun war es jedoch vorbei. Vom »Einsacken von ganz Europa« konnte nicht mehr im entferntesten die Rede sein. Auf »Austerlitz« folgte nun »Waterloo«.

Ab jetzt mußte der verhinderte Napoleon des 20. Jahrhunderts im we-

sentlichen selbst für seinen Lebensunterhalt aufkommen. Diesen Abstieg schien er allerdings nicht zu verkraften. Proksch begann, sich immer öfter immer hemmungsloser zu betrinken.
Der nächste »Schicksalsschlag« traf ihn mit seiner *Kibolac*: Weder die Sowjets noch die DDR konnten mit einem Alkoholiker zusammenarbeiten. Er war für sie in dieser Phase völlig unbrauchbar.
Am 2. Oktober 1968 mußte er von seinem Sechzigprozentanteil fünfzig Prozent an Rudi Wein abtreten, und dieser durfte auch die Alleingeschäftsführung der *Kibolac* übernehmen. Nur noch magere zehn Prozent Anteil an der *Kibolac* verblieben Proksch, womit eine der letzten Einnahmsquellen für ihn fast völlig versiegt war.
Auch das private Glück verließ den Frauenliebling während dieser Zeit.
So sehr die junge Burgschauspielerin Erika Pluhar, die zweite Ehefrau von Udo Proksch, anfangs das aufregende Leben an der Seite dieses Mannes genossen hatte, so wenig konnte sie ihn jetzt ertragen. Immer, wenn er betrunken war, verprügelte er sie – und betrunken war er jeden Tag.
»Manchmal hat er nachher fürchterlich geweint«, erinnert sich die Pluhar. Das war ihr indes kein Trost, denn schon am nächsten Tag schlug er sie wieder, bis ihr Körper übersät war von blauen Flecken, Striemen und schmerzhaften Blutergüssen, so daß schließlich auch am Burgtheater nicht verborgen blieb, was im Hause Proksch da täglich – oder vielmehr allnächtlich – vor sich ging.
Schauspielerkollegen und -kolleginnen mutmaßten am Ende schon, die Pluhar müsse wohl sexuell abartig veranlagt, eine Masochistin sein, die es genießt, gequält und mißhandelt zu werden.
Erika Pluhar heute: »Er hätte mich wohl gern vernichtet!« Schließlich flüchtete sie aus der gemeinsamen Wohnung in der Wiener Weyrgasse und ließ sich scheiden.
Die Kurzzeitehe, die Udo Proksch danach mit Daphne Wagner, einer Urenkelin des Komponisten Richard Wagner, einging, hielt nur wenige Monate. Auch sie – seine dritte Ehefrau – hatte sehr bald wieder genug von ihm.
Viele Jahre später versuchte Proksch selbst das Motiv für seine damalige Trunksucht zu erklären: »Ich fing an zu saufen, weil ich nicht wirklich wußte, wozu ich lebe. Ich wollte probieren, wie weit es geht, bis es aus ist!«
Erst später wurde ihm angeblich klar, daß er in dieser Zeit kein Mensch mehr war, »sondern ein Sack voll Scheiße, der besoffen im *Sacher* Kronleuchter von der Decke schießt«.

Im Jahr 1968 hatte er im *Hotel Sacher* allerdings schon längst Lokalverbot. Nur in sein zweites Stammlokal, ins Nobelcafé *Demel*, durfte er noch hinein. Dort bekam er einen eigenen kleinen Salon zugewiesen, der von außen abgeschlossen wurde, damit die übrigen Gäste von ihm unbehelligt blieben. Oft brachte er den ganzen Tag dort zu und soff eine Flasche nach der anderen leer.

Zumeist blieb er dabei allein, nur gelegentlich schlossen sich ihm Oskar Werner oder Helmut Qualtinger an. Probleme gab es lediglich mit dem Kaffeehauspersonal: An manchen Tagen streikte die gesamte *Demel*-Belegschaft und weigerte sich, Proksch zu bedienen. Die *Demelinerinnen* trauten sich ganz einfach nicht in seine Nähe. Sie hatten schlichtweg Angst vor ihm.

Zum richtigen Gewalttäter wurde Proksch erst später, als er nicht mehr flaschenweise Wein, sondern flaschenweise Wodka trank. Dann begann er häufig, in volltrunkenem Zustand seine stets geladene Pistole zu benutzen.

Anfangs tobte er sich »nur« gegen Sachen aus. In der *Loos-Bar* in der Wiener City erinnert man sich etwa immer noch mit Schrecken an jene Nacht, als Proksch einer verzweifelten Serviererin ein Sektglas nach dem anderen vom Tablett schoß.

Auch seine eigene Haushälterin versetzte er eines Tages in dermaßen große Angst, daß diese stantepede kündigte und fluchtartig die Wohnung in der Weyrgasse verließ.

An den Wänden seines rundum schwarz tapezierten Schlafzimmers hing seit jeher eine Anzahl von Äbtissinnen-Porträts. Proksch hatte sich diese Bilder höchstpersönlich aus diversen Klöstern in ganz Österreich besorgt. Zu welchem Zweck, erschien zunächst nicht ganz ersichtlich. Bis er eben eines Tages, stockbetrunken auf seinem Bett sitzend, begann, seinen Äbtissinnen der Reihe nach die Augen auszuschießen.

Andere Belege von Udo Prokschs Schießleidenschaft können noch heute in *Demel's House* besichtigt werden: Unter anderem auch ein recht wertvolles Gemälde, das den jungen Kaiser Franz Joseph zeigt, dem der Waffenliebhaber einst eine Kugel in den Leib gejagt hatte.

Bedenklicher als diese »Scherze« waren allerdings die Fälle, wo Menschen zu Objekten seiner gewalttätigen Phantasie und zur Zielscheibe für seine Aggressionen wurden.

Eher gemischt sind beispielsweise die Gefühle, mit denen sich ein Freund und Ex-*Anger*-Mitarbeiter, der aus Ungarn stammende Karoly Varga, an den Tag erinnert, an dem er im *Studio* in der Walfischgasse anwesend war und Udo Proksch plötzlich, ohne Vorwarnung,

knapp links und rechts an Vargas Kopf vorbei, das ganze Magazin seiner Pistole leerschoß.
Wenig erbaut wird auch ein anderer Freund (Spitzname: »Barabbas«) gewesen sein, nachdem Proksch ihm eines Nachts die rechte Hand mit einem Stilett an das im *Studio* stehende Klavier geheftet hatte.
Selbst Roderich Proksch, der damals meist im Streit mit seinem Bruder lebte, wagte es am Ende nicht mehr, in Udos Nähe zu kommen – ohne ebenfalls eine vorsorglich schon entsicherte Schußwaffe im Hosensack.
Freunde hatte Udo Proksch, der sich im Laufe des Jahres 1968 fast seinem Tod entgegensoff (»Ich hab' gewußt: In vier Monaten bin i hin!«), zuletzt fast keine mehr. Nur noch drei Männer waren bis zum Schluß in seiner Nähe: der vormalige Altwarenhändler und heutige *Wiener-Szene*-Papst Kurt Kalb, Wilhelm Anger und ein aufstrebender Politiker – der junge Abgeordnete zum Nationalrat und Zentralsekretär der Sozialistischen Partei, Leopold Gratz.
Der spätere Außenminister Gratz, der selbst schwerster Alkoholiker war, ehe er sich zu einer – nicht sonderlich erfolgreichen – Entwöhnungskur entschloß, empfahl schließlich seinen Freund in die Wiener *Fango-Klinik*, wo auch ihm selbst geholfen worden war.
Nach dieser Kur war Proksch wieder ganz der alte: »Phantasievoll«, »witzig«, »kreativ«. Noch im Bett liegend, mit seiner unvermeidlichen Pistole ausgerüstet und einem Sowjet-Stahlhelm auf dem Kopf, stellte er sich seinen Reporterfreunden für einen Schnappschuß zur Verfügung, wünschte »allen mittelmäßigen Österreichern die Pest an den Hals« und empfahl sich auf den Semmering, wo er danach noch eine lange Schlafkur absolvierte.
Im März 1969 war Udo Proksch von seiner Alkoholkrankheit geheilt und beschloß, ein neues Leben anzufangen. Eine junge Dame, Ariane Glatz, die sich seiner auch schon während der Endphase seiner Säuferzeit in rührender Weise angenommen hatte, sollte ihm dabei behilflich sein.
Eine ausgesprochene Schönheit war Ariane Glatz freilich nicht, doch machten das Vermögen und die Position des Vaters diesen Nachteil mehr als wett: Erwin Glatz war Inhaber der Druckereimaschinen-Handelsfirma *Rotaprint*.
Proksch nannte Ariane Glatz die »Göttliche« und seinen »Liebesengel« und führte sie bereits am 17. April 1969 in Wien-Landstraße zum Standesamt.
Der Vater seiner nunmehr vierten Ehefrau entpuppte sich als keineswegs kleinlich und stellte seinem Schwiegersohn zum Einstand auch

gleich eine runde Million Schilling zur Verfügung, womit dieser seiner Angetrauten ein standesgemäßes Haus hätte anschaffen sollen. Udo Proksch fand in der Folge bloß kein passendes Objekt.
Von ihrem neuvermählten Mann erwartete Ariane auch ein Kind. Das hatte sie ihm jedenfalls gesagt, und ihm hatte es gutgetan zu wissen, daß er sogar auf dem Höhepunkt seiner Alkoholkrankheit noch zeugungsfähig war.
Zur großen Überraschung kam es erst nach der Entbindung: Die liebende Gattin gebar ihm ein Negerkind, das sie im Verlauf eines Weekend-Ausfluges nach London von einem schwarzen Musiker empfangen hatte.
Proksch nahm sein junges Vaterglück gelassen hin. Der schwarzhäutige Sohn erhielt den Namen Drusius Ingomar Stephan Proksch. »Damit er nicht studieren muß«, so der Vater, »und trotzdem später einmal *Dr. Ing. Stephan Proksch* auf seine Visitenkarten drucken lassen kann.«
Viele Jahre später wurde Proksch einmal von einem Freund gefragt, was eigentlich aus seinem Sohn geworden sei. »Den gibt's nicht mehr!« antwortete jener kalt. Tatsächlich war »Drusius Ingomar« im Alter von sieben Jahren von einem Auto überfahren und dabei getötet worden.
Zunächst jedoch verlief noch alles wunderbar. Schwiegervater Erwin Glatz mußte nur noch einmal, nachdem es Udo Proksch »ziemlich brutal« (Ariane Proksch) von ihm gefordert hatte, mit einer weiteren Million herausrücken, um seiner Tochter die Gründung eines eigenen Geschäftes zu ermöglichen.
Unter dem Namen *Ariane Proksch Ges.m.b.H.* wurde in der Folge in der Wiener Bäckerstraße 5 auch wirklich ein Bekleidungs-, Mode- und Textilhandelsunternehmen gegründet. Udo Proksch half seiner Frau dabei. Nach kurzer Zeit war die Firma jedoch schon bankrott[9], denn auch die zweite *Rotaprint*-Million war bald verbraucht.
Mehr für das junge Eheglück zu tun, war Erwin Glatz danach nicht mehr bereit, so daß sich Udo Proksch bereits am 12. Februar 1970 von

---

[9] Die *Ariane Proksch Ges.m.b.H.* blieb als Firmenmantel bis heute bestehen. Aktiv wurde sie jedoch erst wieder, nachdem über diskrete Vermittlung von Udo Proksch am 16. Juni 1980 die Firma und Geschäftsführung ein Mann namens Helmut Langer übernahm, der in Wien nicht nur Kaffeehäuser und Würstelstände betreibt, sondern sich auch mit dem Ankauf zahlreicher Immobilien beschäftigt, in die danach vornehmlich Prostituierte einziehen. Den Vorwurf, ein »Zuhälterkönig« zu sein, weist Helmut Langer dennoch weit von sich.

seiner »Göttlichen« wieder trennte. Die Verbindung wurde nach knapp zehnmonatiger Dauer gelöst.
Der Ehe-Glücksritter hatte inzwischen bereits einen neuen »Liebesengel« an der Hand. Diesmal ein aus Bonn gebürtiges Mitglied der europäischen Hocharistokratie. Ihr Name: Cäcilie (»Cecily«) Christine Caroline Maria Immaculata Michaela Thaddäa Altgräfin zu Salm-Reifferscheidt.
Ihr Vermögen schien auch für Udo Prokschs Verhältnisse fast unbegrenzt.

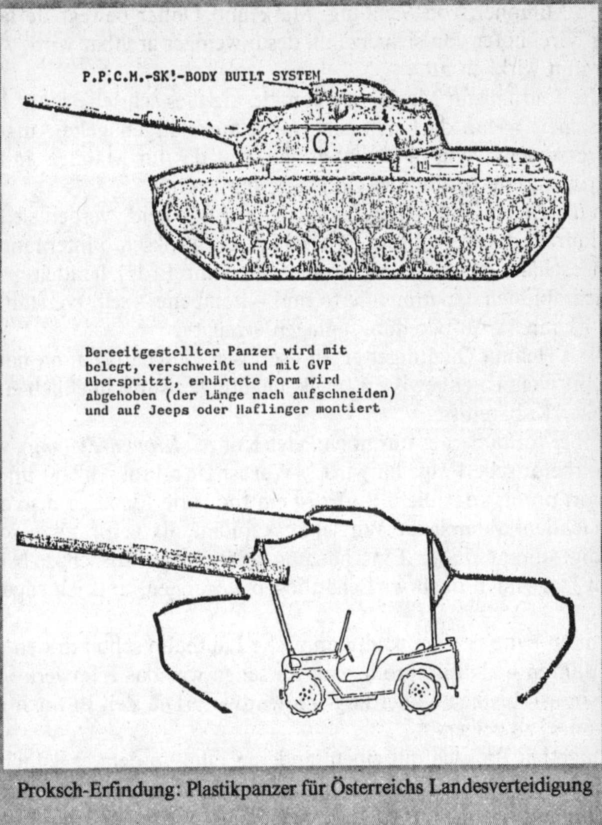

Proksch-Erfindung: Plastikpanzer für Österreichs Landesverteidigung

## »Seriöser Geschäftsmann« und ÖVP-Protegé

»Man kann sich an Serge Kirchhofer nicht vorsichtig heranschleichen, um Stück für Stück zu ertasten, wer er nun eigentlich ist, worin seine tatsächliche Bedeutung für die österreichische – die gesamteuropäische Wirtschaft vielleicht sogar – liegen könnte, was denn bei ihm nun theatralische Schaumschlägerei und was harte, kreative Realität ist, die Millionen von Schilling, Mark und Dollar bewegt. Je länger Serge Kirchhofer von sich erzählt, desto weniger greifbar wird, was er denn nun wirklich tut.«

Für die Journalistin Marianne Schmidt, die dies schrieb, ist auf jeden Fall sicher: »Man darf sich eben nicht nur glattgebügelte Aufsichtsräte vorstellen, wenn man wissen will, was das für Männer sind, die die großen, internationalen Geschäfte initiieren.«

Auch die Leser der *Kronen-Zeitung* wissen Bescheid, werden sie doch seit Jahren darüber informiert, daß Udo Proksch »internationale Großgeschäfte managt und promotet«, »mit Erdöl handelt«, »mit Nuklearabfällen experimentiert« und – notabene – selbstverständlich auch »Uranerz-Aufbereitungsanlagen erzeugt«.

Daß ihn Helmut Qualtinger einen »seriösen Geschäftsmann« nannte, entbehrt nicht einer gewissen Logik. Qualtinger war schließlich ein begnadeter Kabarettist.

Hübscher formuliert es nur noch Peter Kunze (*Kronen-Zeitung*), wenn er die rhetorische Frage aufwirft: »Wer ist Udo Proksch?« – und die Antwort prompt nachliefert: »Er ist ein Industrie-Ideologe, also einer, der nachdenkt, damit die Wirtschaftskapitäne nix verpfuschen.«

Freudig stimmt dieser Einschätzung auch Udo Proksch selbst zu: »Man fragt mich nach wirtschaftlichen Lösungen, und ich sage den Weg.«

Begonnen hatte er seine kaufmännische Laufbahn schon in den sechziger Jahren – als Filmproduzent. Zu sehen war das Filmwerk »Simplizissimus« bis heute allerdings nirgendwo: »Die Zeit ist noch nicht reif, um es zu zeigen.«

Dennoch hat Proksch mit einem anderen Film, in dem er jedoch nur als »Schauspieler« mitwirkte, sogar schon Geld verdient. Der österreichische Softporno-Streifen mit dem Titel »Obszön«, in dem der

Möchtegern-Napoleon den Wiener Polizeipräsidenten mimen durfte, wurde immerhin vom *Bundesministerium für Unterricht und Kunst* mit rund drei Millionen Schilling aus Steuermitteln großzügig subventioniert.
Die nächste kaufmännische Großtat Udo Prokschs betraf – gleichfalls noch in den sechziger Jahren – seinen Versuch, sich als selbständiger Designer für Damenschmuck zu profilieren.
Inspiriert von einem James-Bond-Film, kreierte er den »Goldfinger«. Ein Muster eines solchen Fingerlings, rundum reichlich verziert mit Smaragden und Brillanten, brachte er sogar zur Weltausstellung nach Montreal.
Das Absatzproblem, das sich danach ergab – niemand war bereit, den »Goldfinger« zu kaufen –, erfuhr insofern eine recht angenehme Lösung, als Gott sei Dank das teure Stück in Montreal gestohlen wurde. Selbstverständlich war der »Goldfinger« versichert, und Proksch konnte die Versicherungssumme nach seiner Rückkehr prompt bei der Wiener *Bundesländer-Versicherung* kassieren.
Alle Proksch-Aktivitäten bis zum Jahre 1969 waren allerdings nur Fingerübungen für das begnadete kaufmännische Talent, das erst nach der erfolgten Heilung von seiner Alkoholkrankheit richtig zur Entfaltung kommen sollte.
Die Großgeschäfte fingen am 7. Mai 1969 mit der Gründung einer *Garagen Projektierungsges.m.b.H.* an. Als Fünfzigprozentpartner gewann Proksch den Wiener Jungindustriellen und Baulöwen Alexander Maculan. Der »Industrie-Ideologe« war überzeugt, mit Hilfe seiner blendenden Beziehungen ein Großbauprojekt nach dem anderen an Land ziehen zu können, und der Fachmann Maculan sollte danach deren praktische Durchführung übernehmen.
Als erstes beschloß Udo Proksch, eine Tiefgarage für das *Hotel im Palais Schwarzenberg* in Wien zu planen. Sie sollte unter dem sogenannten »Ehrenhof« errichtet werden, und die Begeisterung von Udo Proksch war groß.
Noch ehe er mit Fürst Karl Schwarzenberg, dem künftigen Bauherrn und Auftraggeber, überhaupt gesprochen hatte, baute er in seinem *Studio* in der Walfischgasse schon aufwendige Modelle auf. Tatsächlich gelang es ihm danach sogar, den Fürsten zwecks Besichtigung des errichteten Modells in sein *Studio* zu schleppen, einen Auftrag allerdings erhielt er nicht. Bis heute konnte überhaupt kein einziges Projekt dieser Proksch-Firma verwirklicht werden.
Danach stieg der »seriöse Geschäftsmann« in die Industrieanlagen-

planung und den Industrieanlagenbau ein. Entwarf, erzeugte und verkaufte komplett fertige Fabriken. Das behauptete er jedenfalls.
*Radio Bremen* machte einst mit ihm ein Interview, und der Reporter fragte: »Sagen Sie, Herr Proksch, Sie entwerfen Industrieanlagen – wie macht das jemand, der ›Designer‹ gelernt hat?«
Da scheute sich der »Industrie-Ideologe« ganz und gar nicht, vor aller Öffentlichkeit sein Erfolgsrezept zu verraten. »Na ja«, sprach er, »es geht ja um nichts anderes, als daß man das zusammentut, was andere schon lange erfunden haben. Das muß man nur in Harmonie bringen, daß man es auch durchbringt.«
Der Reporter verstand nicht und fragte nach: »Wie schaut so etwas aus?«
»No, ganz einfach. Nehmen wir an, Sie machen eine Anlage für Plastikrohre, Sie dürfen auch sagen PVC. Eine Anlage für irgendwelche Rohre, wo die Kabel durchlaufen. Dann werden Sie sich damit beschäftigen. Sie machen die Extrusion, Sie stellen das Zeug hin. Sie müssen es natürlich zwanzig Jahre kennen, und Sie müssen mit dabei sein. Es ist egal, ob einer eine Fleischanlage für Wurscht macht oder eine Televisionskamera. Er beschäftigt sich damit. Es beschäftigen sich mehrere Leute damit. Sie müssen mehrere Leute dazu einsetzen. Verstehen Sie?«
Der Reporter hatte verstanden: »Stellen Sie diese Dinge her, oder sorgen Sie nur für deren Verschiebung?«
»Ich stelle die Dinge her. Teilweise lass' ich sie herstellen und finanziere sie dann. Ich kümmere mich um die Finanzierung. Wir kümmern uns um die Finanzierung. Man kümmert sich um den ganzen Mist.«
Udo Proksch log nicht bei diesem Interview. Er hat immer wieder zwischendurch erfolgreich solchen »Mist« verkauft. Indem er schrottreife Fabriksanlagen als »überholte West-Technologien« in Entwicklungsländer transferierte, gelang es ihm tatsächlich mehrmals, in der Regel afrikanische Bananenrepubliken übers Ohr zu hauen.
Noch heute stehen einige der niemals funktionierenden Fabriksanlagen dort und da im Wüstensand, wo sie seit Jahren ihrer langsamen Verrottung, wie so manches andere Gerümpel auch, entgegensehen.
Das System ist denkbar einfach und erfordert lediglich die Zusammenarbeit mit korrupten Politikern in den jeweiligen Käuferländern – am besten mit den Staatschefs selbst.
Proksch und seine Freunde lieferten zum Beispiel eine Plastikfußbodenfabrik nach Barcelona. Sie hat nie funktioniert.
In Uganda steht ebenso wie im Sudan je eine Plastiksack-Erzeugungs-

anlage von Proksch & Co. Die Anlagen haben niemals einen einzigen Sack produziert.
In Österreich aber begann Udo Proksch schließlich ein ganz besonderes Ziel zu verfolgen. Das Großprojekt, das er in Angriff nahm, sollte sich freilich schon bald zu einem wahren Paradebeispiel seines »kaufmännischen Talentes« entwickeln.
Auch die Wurzeln des *Falles Lucona* reichen bis in jene Zeit, in der sich der »seriöse Geschäftsmann« als Unternehmensgründer und Fabrikant zu profilieren begann.
Genaugenommen geht der Ausgangspunkt der Geschichte um die später im Indischen Ozean versunkene mysteriöse »Uranfabrik« sogar schon auf die Mitte der sechziger Jahre zurück.
In Grünbach an der Hohen Wand, am Rande eines der reizvollsten niederösterreichischen Landschaftsgebiete, hatte man schon vor mehr als 150 Jahren mit dem Steinkohlebergbau begonnen. Bis zum Ende des Zweiten Weltkrieges wurden in diesem Revier Jahr für Jahr jeweils rund 200 000 Tonnen gefördert.
Danach kam das Bergwerk unter USIA-Verwaltung[10], wurde nach dem Abzug der Besatzungstruppen im Jahre 1955 zu einem Teil der *Verstaatlichen Industrie* und 1960 mit der VOEST[11] fusioniert. Die Flöze waren zu dieser Zeit jedoch fast zur Gänze erschöpft. Der Abbau rentierte sich schon seit Jahren nicht mehr.
Dennoch zögerten die verantwortlichen sozialistischen Politiker mit dem Argument, die Arbeitsplätze müßten unter allen Umständen erhalten bleiben, die längst unabwendbar gewordene Schließung des von »roten« Staatsmanagern geführten Betriebes immer wieder hinaus.
Erst als die erhofften Wunder ausblieben, der Verlust unfinanzierbar geworden und die wirtschaftliche Katastrophe perfekt war, wurde das Bergwerk im Jahre 1965 geschlossen.
Just zur selben Zeit leistete sich allerdings auch das von »schwarzen« Politikern geführte Land Niederösterreich einen veritablen Schildbürgerstreich, indem es in der von Grünbach nur wenige Kilometer entfernten Ortschaft Oberhöflein ein weiteres Bergwerk eröffnen und in Betrieb gehen ließ, obwohl jedermann wußte, daß die »schwarze« Steinkohleförderung der »roten« in bezug auf die Unrentabilität in keiner Weise nachstehen würde.

---

[10] USIA = Uprawlenie Sowjetskim Imuschtschestwom Awstrii (Verwaltung sowjetischen Eigentums in Österreich).
[11] VOEST = Vereinigte österreichische Eisen- und Stahlindustrie.

Die *Hohe Wand Steinkohle Bergbaugesellschaft m.b.H.* wurde als hundertprozentiges Tochterunternehmen der landeseigenen Elektrizitätsgesellschaft *Newag-Niogas* aus der Taufe gehoben, und man begann, mit einem Aufwand von Hunderten Millionen Schilling das neue Werk zu errichten.
Sämtliche Fördereinrichtungen wurden installiert, eine funkelnagelneue Kohlenaufbereitungsanlage gekauft, und im Jahre 1964 ging das Bergwerk unter der Obhut der niederösterreichischen ÖVP in Betrieb. Wenige Monate später war klar, daß man das Bergwerk über kurz oder lang wieder zusperren würde müssen.
Dann schlug der Rechnungshof zu, und zu allem Überfluß platzte im Oktober 1966 auch noch der Müllner-Skandal: Der stellvertretende niederösterreichische ÖVP-Landeshauptmann und *Newag*-Generaldirektor Viktor Müllner hatte zum Zweck der Parteifinanzierung Gelder des Landes Niederösterreich und *Newag*-Geld veruntreut.
Wie Müllner vor Gericht später gestand, wurden durch ihn im Laufe von zehn Jahren insgesamt rund 37 Millionen Schilling aus öffentlichen Mitteln in die Kassen der *Österreichischen Volkspartei* umgelenkt.[12]
Im Gefolge der Müllner-Affäre wurde im Jahre 1967 auch gleich die *Hohe Wand Steinkohle Bergbaugesellschaft* wieder liquidiert und die Kohleförderung in Oberhöflein endgültig eingestellt. Zum Liquidator bestellte das Land Niederösterreich als Eigentümerin des bankrotten Betriebes den *Niogas*-Direktor Paul Weiss.
Den niederösterreichischen Landespolitikern war diese Pleite aber offenbar noch nicht genug, denn nun ließ man sich ausgerechnet mit Udo Proksch ein.
Schon Jahre zuvor hatte der einstige Verteidigungsminister, Georg Prader, seinen Freund Udo in den Kreis der niederösterreichischen ÖVP-Machthaber eingeführt. So lernte dieser schließlich auch zwei besonders ehrgeizige und aufstrebende Politiker kennen: den späteren Landeshauptmann Siegfried Ludwig und dessen Adlatus, den späteren ÖVP-Landesparteisekretär und Bürgermeister der niederösterreichischen Gemeinde Piesting, Walter Zimper.[13]
Mit einem dritten ÖVP-Mann, dem Ludwig-Protegé Ernst Brosig, freundete sich Udo Proksch bald intensiver an.

---

[12] Im Juli 1968 wurde Viktor Müllner zu einer vierjährigen Kerkerstrafe verurteilt, die er aus »Krankheitsgründen« jedoch niemals antreten mußte.
[13] Erst ab dem Jahre 1982 bekam Walter Zimpers politische Karriere einen leichten Knick: Wegen seiner Involvierung in den WBO-Wohnbauskandal wurde er schließlich rechtskräftig zu einer einjährigen bedingten Haftstrafe verurteilt.

Als Spezialist für trübe finanzielle Transaktionen im Dunstkreis seiner Partei amtierte der Wirkliche Hofrat der niederösterreichischen Landesregierung im Büro des Landeshauptmannes und hatte schon seit 1952 als Sekretär des ÖVP-Landtagsklubs gewirkt, ehe Ludwig ihn bei seinem Amtsantritt zum Landtagsdirektor avancieren ließ.
Ernst Brosig wohnte – wie Walter Zimper – in Piesting, wo er neben seiner Beamtentätigkeit in der Landesregierung auch noch das *Hotel Taus* betrieb, das seine Frau Gertrude, eine Verwandte des späteren ÖVP-Obmannes Josef Taus, geerbt hatte.
Im Wiener *Hotel am Stephansplatz* wurde Ernst Brosig einst das Opfer eines mysteriösen Zwischenfalles: Eine junge Frau, mit der er ein Zimmer aufgesucht hatte, schoß ihn im Verlaufe des Schäferstündchens an. Es schien sich jedoch um kein politisch motiviertes Attentat gehandelt zu haben. Sowohl Brosigs Ehefrau als auch die Polizei sind vielmehr sicher, daß es ein Mordversuch aus schlichter Eifersucht war.
Udo Proksch gefiel dieser Mann aber auch noch aus anderen Gründen. Brosig brachte ihn mit dem Liquidator der *Hohe Wand Steinkohle Bergbaugesellschaft* zusammen, dessen Aufgabe es war, das aufgelassene Bergwerk von Oberhöflein einer möglichst sinnvollen Verwertung zuzuführen.
Prompt hatte Udo Proksch schon sehr bald eine Königsidee: Er entschloß sich, auf dem 74 000 $m^2$ großen Industriegrundstück eine Plastikbrillenfabrik zu errichten. Und die niederösterreichischen ÖVP-Herren waren tatsächlich bereit, sich mit ihm zu liieren.
Als neuen alten Partner für seine großartigen Pläne mit dem Kohlebergwerk gewann Proksch seinen Jugendfreund Hans Peter Daimler, dessen Dienstverhältnis bei der Firma *Anger* eben beendet worden war.
Am 19. Jänner 1970 fand schließlich die Unterzeichnung des Gesellschaftsvertrages der *Optico Warenhandelsges.m.b.H.* statt. Dreißig Prozent der neuen Firma übernahm Klaus Göschl, ein Wiener Kaufmann und Schwager des *Mautner-Markhof*-Vorstandsdirektors Peter Wahl. Zehn Prozent zeichnete der Fotograf und Proksch-Freund Harald (Harry) Redl, für den Rest trat Udo Proksch persönlich auf – als Machthaber einer wenige Tage zuvor in Zug in der Schweiz gegründeten Firma mit dem Namen *Zapata AG.*
Damals ahnte natürlich noch niemand, daß dieses schweizerische Unternehmen ein paar Jahre später als Lieferantin einer »wertvollen Uranfabrik« in den Fernen Osten, wo sie nie ankam, fast weltweit bekannt werden würde.

Zuerst aber kam noch Udo Prokschs Brillenerzeugungsidee an die Reihe. Als Betriebsgegenstand der *Optico* wurde der »Handel mit Waren aller Art sowie die Erzeugung von Brillenrahmen und optischen Linsen« festgelegt.
Die Geschäftsführung übernahmen Göschl, Proksch und Daimler, und als Firmensitz diente die Wohnungsanschrift des Proksch-Bruders Roderich in der Wiener Zieglergasse 3.
Proksch und Daimler hatten freilich nicht die Absicht, in die Errichtung ihrer Brillenfabrik oder für den Ankauf des Bergwerksgeländes von Oberhöflein eigenes Geld zu investieren. Vielmehr sahen sie sich nach einem finanzkräftigen »Medium« um, das ihnen in die Falle gehen würde.
Zunächst suchte sich Udo Proksch den später als Verleger in Konkurs gegangenen Ex-Zeitungszaren Fritz P. Molden – dieser hatte eben seine Großdruckerei sowie sein Pressehaus verkauft – als präsumtives Opfer aus.
Als Molden dem Angebot, zusammen mit Udo Proksch in Oberhöflein »ein Vermögen zu verdienen«, am Ende aber klugerweise doch nicht nähertrat, geschah rund ein Jahr lang nichts mehr. Der »Industrie-Ideologe« mußte sich in der Zwischenzeit auf einer ganz anderen Ebene engagieren.
Die SPÖ hatte bei den Nationalratswahlen am 1. März 1970 überraschend die relative Mehrheit errungen, und Bruno Kreisky bildete sein erstes (Minderheits-)Kabinett.
Wo die Macht ist, ist auch Udo Proksch zu finden. Folgerichtig hatte dieser nun alle Hände voll zu tun, um so rasch wie möglich auch seine Beziehungen zur sozialistischen Reichshälfte zu intensivieren.
Sein engster Vertrauter, Leopold Gratz, war immerhin schon zum Unterrichtsminister aufgestiegen. Mit einem zweiten Freund, dem Brigadier des Bundesheeres Karl Lütgendorf, hatte Proksch ebenfalls Großes vor. Sein Plan: Der General sollte so bald wie möglich Kreiskys nächster Verteidigungsminister werden.
Lütgendorf war es dann auch, der eines Tages im Herbst 1970 Udo Proksch mit dem niederösterreichischen Großgrundbesitzer Richard Drasche-Wartinberg bekanntmachte und ihn diesem als »ganz tollen Burschen mit phantastischen Geschäftsideen« empfahl.
Der junge Baron Drasche ahnte nicht, daß ihn diese Empfehlung schon sehr bald nicht weniger als zwanzig Millionen Schilling kosten würde.

# Die Rattenfänger von Höflein

»Ich bin ein Rattenfänger«, gesteht Udo Proksch gern mit koketter Eitelkeit: »Ich habe Ideen und verführe andere Leute dazu, diese Ideen zu finanzieren.«
Prosaischer drückt den Sachverhalt ein am Rande Betroffener aus, wenn er meint, Proksch könne gar nichts, er sei eine absolute Null, die lediglich die diabolische Begabung besitze, sich in die Brieftaschen der High-Society hineinzuschwindeln.
Nach dem »Plastikkönig« Wilhelm Anger kam nun der junge Baron Richard Drasche-Wartinberg an die Reihe. »Wir dienen immer nur den Reichen – und nehmen ihnen ihr Geld ab!« gesteht Udo Proksch gelegentlich sogar ein.
Reich war Drasche zweifellos. Sehr reich sogar. Der Besitzer von Schloß Ebreichsdorf in Niederösterreich entstammt einer Beziehung, die sein Vater, Großgrundbesitzer, Industrieller und Wahrer eines riesigen Familienvermögens, während des Zweiten Weltkrieges mit einer tschechischen Schauspielerin eingegangen war.
Als Kampfflieger der *Deutschen Wehrmacht* wurde der alte Baron im Verlauf eines Aufklärungsfluges über Leningrad von den Sowjets abgeschossen und fand dabei den Tod. Durch eine »Stahlhelmhochzeit« wurde die Verbindung mit der Schauspielerin legalisiert, und der junge Richard Drasche erbte ein Vermögen. Sein Finanzberater, ein Graf Hoyos, Anlagenspezialist des Bankhauses *Schoeller*, organisierte später für ihn den Verkauf der *Drasche-Gründe* an die Gemeinde Wien.
Der jungadelige Kunststudent war allem Musischen sehr zugetan, und auch für seine Reitkunst war er weit und breit berühmt. Mit Geld verstand er allerdings nicht umzugehen. Bei der Anlage des Verkaufserlöses aus der erwähnten Grundstückstransaktion mit der Gemeinde Wien – immerhin eines Vermögens von 230 Millionen Schilling – verspekulierte sich auch sein Berater Hoyos, so daß Drasche mit einem Schlag gleich wieder rund hundert Millionen Schilling verlor.[14]
Dann ließ sich der Jungbaron mit Udo Proksch alias Serge Kirchho-

[14] Georg Wailand, »Die Reichen und die Superreichen in Österreich«, Verlag Hoffmann u. Campe, Hamburg, 1977.

fer ein. Dieser hatte in der Zwischenzeit freilich eine noch viel größere Idee. Sollte die Firma *Optico* mit Drasche als Geldgeber ursprünglich bloß der Errichtung einer Fabrikationsstätte für Plastikbrillen dienen, so nahm er nunmehr ein viel weiter reichendes Ziel ins Visier:
Nach seiner erfolgreichen Alkohol-Entwöhnungskur wurden auch Prokschs Ostkontakte wiederum intensiviert. Rudi Wein, sein Freund und Partner in der gemeinschaftlich betriebenen *Nachrichtendienst Ges.m.b.H.*, war mittlerweile insbesondere mit der DDR groß im Geschäft, und in Wien hatte sich unter dem Deckmantel einer Elektronikfirma, die den Namen des Proksch-Freundes Rudolf Sacher trug, in der Zwischenzeit sogar ganz offen eine Dependance des DDR-Geheimdienstes etabliert.
Proksch faßte nun den kühnen Plan, ostnachrichtendienstliche Aktivitäten auf dem Gebiet der Mikroelektronik mit seinen privaten Geschäftsideen zu einer Symbiose zu verknüpfen. Das Höfleiner Kohlebergwerk mit seinem unterirdischen Stollensystem schien ihm für diesen Zweck die optimale Eignung zu besitzen.
»Ich werde hier«, kündigte Proksch an, »eine wahre Symphonie aus Optik, Elektronik und Kunststoff komponieren – und all dies, ohne daß es mich einen Schilling kosten wird.«
Per Generalversammlungsbeschluß vom 21. Dezember 1970 wurde die *Optico Warenhandelsges.m.b.H.* in *Optico Forschungs- und Vertriebsges.m.b.H.* umbenannt und der Betriebsgegenstand erweitert auf: »Forschung und Entwicklung von optischen, physikalischen und elektronischen Geräten und Bauteilen, deren Erzeugung und Bearbeitung«.
Auch die Gesellschaftsanteile wurden nun neu verteilt, und das DDR-Tarnunternehmen *Rudolf Sacher Ges.m.b.H.* stieg mit einem knappen Viertelanteil in die neue Firma ein.
Am 8. Mai 1971 folgte die Gründung der *Optico Forschungs- und Vertriebsges.m.b.H. & Co. KG.* Als Kommanditisten ließen die Schwester Peter Wahls, Nikolena Göschl, eine Million Schilling und Baron Drasche-Wartinberg zunächst 2,7 Millionen Schilling springen.
Der Kaufvertrag zwischen der *Optico KG* und der dem Land Niederösterreich gehörenden Bergwerksgesellschaft in Liquidation wurde am 30. Juni 1971 endgültig perfekt gemacht: Um den Spottpreis von 3,2 Millionen Schilling wechselte das riesige Industriegrundstück samt Verwaltungs- und Werkstättengebäuden – jedoch ohne die mechanischen Einrichtungen der ausgedienten Kohleförderanlage – den Besitzer.
Im Förderturm richtete sich die Proksch-Bande als erstes einen

Schießplatz ein, der mit einer zünftigen Schießübung auch gleich eingeweiht wurde. Auch zwei Minister der Regierung Kreisky nahmen daran teil: Karl Lütgendorf und Leopold Gratz.
Die Brillenproduktion indes lief natürlich noch lange nicht an. Zuerst einmal hatten Udo Prokschs politische Freunde in Niederösterreich für die Bereitstellung der zur Verwirklichung seiner hochfliegenden Pläne erforderlichen finanziellen Mittel zu sorgen.
Es begann daher zunächst eine Phase der Kooperation zwischen dem begnadeten »Industrie-Ideologen« und der Finanzabteilung der niederösterreichischen Landesregierung, deren Leiter, Walter Lauermann, von seinem politischen Chef, dem damaligen Landesfinanzreferenten Siegfried Ludwig, ein entsprechendes Aviso bekam.[15]
»Lauermann ist hart im Nehmen und kann noch härter im Geben sein«, schrieb Udo Proksch seinerzeit einem Freund, »aber sonst ist er fair.«
Bald darauf hatte er es tatsächlich geschafft: Seine *Optico* erhielt als Investitionskredit die stolze Summe von 20 Millionen Schilling ausbezahlt, für die das Land Niederösterreich die volle Haftung übernahm. Sieben Millionen Schilling flossen überdies aus dem ERP-Fonds in das offenbar vielversprechende Proksch-Unternehmen, und schließlich stellte sich auch noch die Gemeinde mit einer Förderung in der Höhe von weiteren 4,7 Millionen Schilling ein.
Der Elektroniktraum war in der Zwischenzeit jedoch wieder entschwunden. Die DDR spielte bei dem von Proksch gemischten Kartenspiel am Ende doch nicht mit. Die *Rudolf Sacher Ges.m.b.H.* wurde später sogar angehalten, sich aus der *Optico* gänzlich zurückzuziehen.
Dafür gebar dann Proksch den Plan, den Bergwerksstollen für die Errichtung von unterirdischen Waffen- und Munitionsdepots in Zusammenarbeit mit dem Bundesheer zu nutzen, doch auch daraus wurde letztlich nichts.
Nachdem schließlich Baron Drasche noch ein paarmal jeweils einige Millionen in die *Optico* einfließen ließ, war es am 19. Juni 1972 endlich soweit.
Nach dreijähriger Vorbereitungszeit wurde es ernst: Hans Peter Daimler ließ sich als Fabriksdirektor installieren. Sein Gehalt wurde mit dazumal recht stattlichen 440 000 Schilling festgesetzt, und als

[15] Über Betreiben von Landeshauptmann Siegfried Ludwig stieg Hofrat Walter Lauermann später zum Direktor des niederösterreichischen *Landes-Kontrollamtes* auf.

Dienstwagen schaffte sich der ehemalige Lastautovertreter – standesgemäß – einen Mercedes 350 SLC an.
Mit Beginn des Jahres 1973 begann in Oberhöflein unter Daimlers umsichtiger Leitung die Proksch-Brillenproduktion. Es sollte für alle Beteiligten ein zwar nur kurzes, dafür aber umso intensiveres Erlebnis werden, denn verkaufen ließ sich das Plastikprodukt nicht.
Exorbitante Höhen erreichten lediglich die unter dem Titel »Spesen« von Proksch und Daimler aus der *Optico* entnommenen Beträge.
Als erster zog sich Peter Wahl, von *Mautner Markhof* in der Zwischenzeit ins Bankhaus *Schoeller* als Direktor übersiedelt, aus der persönlich haftenden Komplementär-Ges.m.b.H. zurück. Es war sein Glück.
Richard Drasche allerdings merkte zu spät, was mit der *Optico* geschah. Als er um die Jahresmitte 1973 bemüht war, Daimler als Fabriksdirektor loszuwerden, war es in Wahrheit schon zu spät. Das Riesen-Anfangskapital der Firma war verbraucht, die Kommanditeinlagen aufgezehrt, selbst weitere Nachschüsse konnten an der Pleite nichts mehr ändern.
Proksch und Daimler hatten es tatsächlich geschafft, bereits im ersten Produktionsjahr ihrer *Optico* bei einem Umsatz von rund drei Millionen Schilling einen Verlust von annähernd dreißig Millionen zu erzielen.
Zwischen Jahresende 1973 und Anfang 1974 setzte sich die Proksch-Partie schrittweise aus der Firma ab, nachdem in den ersten Monaten des zweiten Jahres noch zusätzlich zehn Millionen Schilling an Verlusten produziert worden waren. Die Rattenfänger verließen das sinkende Schiff.
Am 4. Dezember 1974 wurde vom Kreisgericht Wr. Neustadt unter der Aktenzahl Sa 13/74 schließlich der Ausgleich über die *Optico* eröffnet, der Betrieb von Amts wegen geschlossen und die Firma danach liquidiert.
Einem Strafverfahren wegen betrügerischer Krida entgingen Proksch und Daimler allerdings, obwohl die Schuld an dem Desaster beileibe nicht allein im kaufmännischen Unvermögen des Duos lag. Proksch hatte sich vielmehr sowohl an den in die Firma eingebrachten öffentlichen Mitteln als auch am Vermögen der Kommanditisten von Anfang an bewußt und vorsätzlich vergriffen.
So kaufte er – nur beispielsweise – schon im Juli 1971 in seiner Eigenschaft als *Optico*-Geschäftsführer Maschinen ein. Als Lieferant wurde die schweizerische Maschinenhandelsfirma *A. R. Weber AG*, Zug, ge-

Udo Proksch

Ich bestätige hiermit,

DM 320'000.-- (Deutsche Mark dreihundert-
zwanzigtausend)

von der Firma A.R. Weber AG, Zug, erhalten zu haben.

Zug, 6.8.1971 ..............

PETERHANS + WEBER TREUHAND AG

---

Wir beziehen uns auf die Empfangsbestätigung des Herrn Udo R. Proksch vom 6. August 1971 für den Erhalt von

<u>DM 320.000.--</u>

von der Firma A. R. Weber AG, Zug, und möchten Ihnen hiermit bestätigen, dass diese Summe Herrn Proksch als Vergütung aus dem Brillenmaschinenverkauf der Weber AG an die Optico Ges. m.b.H. & Co. K.G., Oberhöflein, n.Oe., zugekommen ist.

Mit freundlichen Grüssen

PETERHANS + WEBER
TREUHAND AG

Max Peterhans

Untreue Geschäftsführung: Optico-Subventionsmillionen »privatisiert«

wählt. Auch Alwin Rolf Weber war, wie die meisten Mitglieder der Proksch-Clique, vormals bei der Plastikfirma Anger angestellt.
Wert und reeller Preis der von der *Weber AG* nach Österreich gelieferten Maschinen betrugen rund zwölf Millionen Schilling. Proksch animierte seinen Schweizer Freund jedoch, den Preis kurzerhand auf rund sechzehn Millionen Schilling zu erhöhen. Ein »Körberlgeld« von etwa vier Millionen Schilling – genau 534 100 DM – wurde auf diese Weise für die an dem Deal beteiligten Personen frei. Der Gewinn wurde anschließend geteilt.
Den Löwenanteil in der Höhe von 320 000 DM (fast 2,5 Millionen Schilling) kassierte Proksch am 6. August 1971 persönlich in der Schweiz. Ein klassischer Fall von Untreue.
Daß Proksch, wie aus seinem Wiener Steuerakt hervorgeht, vom Erlös aus diesem Coup natürlich auch nicht einen Groschen an Abgaben zahlte, versteht sich von selbst. Dafür war er imstande, exakt drei Tage nach dem Abkassieren das niederösterreichische *Schloß Paasdorf* zu erwerben.
Den Ebreichsdorfer Baron Drasche hingegen kostete der Spaß, eine Zeitlang Udo Prokschs Kompagnon gewesen zu sein, schließlich insgesamt etwa zwanzig Millionen Schilling. Und für noch einmal die gleiche Summe hatte das Land Niederösterreich geradezustehen, das heißt, die Steuerzahler durften am Ende Prokschs und Daimlers unternehmerisches Abenteuer zahlen.
Noch mehr Fortune hatte der »seriöse Geschäftsmann« lediglich, als er beschloß, Konditor und künftiger Besitzer der weltberühmten Wiener Zuckerbäckerei *Demel* zu werden.
Bei der Lösung der Finanzierungsfragen gingen ihm auch in diesem Fall wieder einige Freunde aus dem Dunstkreis der ÖVP an die Hand. Genaugenommen waren es ausgerechnet Udo Prokschs spätere Erzfeinde rund um die »schwarze« Wiener *Bundesländer-Versicherung*, über deren Vermittlung ihm der Erhalt der für den Ankauf des *Demel* erforderlichen Millionenkredite gelang.

# Der Schweinehirt wird Demel-Herr

Nachdem Udo Proksch im Februar 1985 als Hauptverdächtiger im *Fall Lucona* über Gerichtsauftrag erstmals verhaftet worden war, bot sich der damalige österreichische Außenminister Leopold Gratz der Justiz spontan als »Entlastungszeuge« an, um seinen Freund so rasch wie möglich wieder aus der Untersuchungshaft zu befreien.
Am 27. Februar 1985 saß der Politiker im zweiten Stock des Wiener Straflandesgerichtes dem Untersuchungsrichter Wilhelm Tandinger in dessen kleinem, schmalem Verhörzimmer gegenüber.
»Wann und wie, Herr Bundesminister, haben Sie Herrn Proksch kennengelernt?« fragte ihn der Richter.
Er habe den Verdächtigen schon vor 25 Jahren kennengelernt, als er selbst noch Sekretär der SPÖ-Fraktion im Parlament gewesen sei, diktierte Gratz daraufhin in das Zeugenprotokoll. Schon bald nach seiner Wahl zum Zentralsekretär der SPÖ sei Udo Proksch in regelmäßigen Abständen mit interessanten Vorschlägen für PR- und Werbeaktionen zu ihm gekommen, woraus sich mit der Zeit eine sehr enge, auch persönliche Freundschaft entwickelt habe.
Welcher Art die zündenden politischen PR-Ideen waren, für die sich Gratz so begeisterte, ist im Detail natürlich nicht mehr rekonstruierbar. Fest steht allerdings, daß Udo Proksch schon im Dezember 1970 in der Schweiz ein interessantes Unternehmen gründete – kurz bevor der intensivste SPÖ-Wahlkampf in der Geschichte dieser Republik begann, der den Sozialisten schließlich auch erstmals in Österreich die absolute Mehrheit brachte.
Die von einem Schweizer Treuhänder namens Max Peterhans am 11. Dezember 1970 ausgefertigten Statuten der Briefkastenfirma mit dem Namen *Lylac AG* führten als Unternehmenszweck eher vage »Dienstleistungen auf dem Werbesektor, insbesondere hinsichtlich Massenmedien und Massenkommunikationsmitteln« an. Der Firmenname selbst war eine für Proksch typische Wortschöpfung, entstanden durch ein Buchstabenpuzzle aus dem Namen seiner neuen Lebensgefährtin, »Cecily« (Altgräfin) zu Salm.
Dennoch bestreitet Udo Proksch bis heute mit Entschiedenheit, persönlich etwas mit der mysteriösen Firma zu tun zu haben. Seine Äng-

~~2980/72~~

Gleichschriften bestätigt gem. § 25 (2) Geb. Ges. 1957
Wien, am 20. APR. 1972

20. APR. 1972
55834
Finanzamt für Gebühren u. Verkehrsteuern in Wien

3166/72

abgeschlossen zwischen Herrn Friedrich Ludwig Berzeviczy, Kaufmann, wohnhaft 1010 Wien, Kohlmarkt 14, als Verkäufer einerseits und der Firma Hermine ETTRICH Gesellschaft m.b.H., vertreten durch ihren Geschäftsführer, Herrn Max PETERHANS, Kaufmann, Gartenstraße 2, Zug / Schweiz, als Käufer andererseits

1) Der Verkäufer ist Alleineigentümer der im Handelsregister des Handelsgerichtes Wien, Abteilung A, unter der Nummer 6384 eingetragenen Firma Ch. Demel's Söhne, sowie der zu diesem Betrieb gehörigen Liegenschaft EZ 631 der Katastralgemeinde Innere Stadt, mit dem Grundstück Nr. 282 Baufläche, Haus KoNr. 631, mit Haus 1010 Wien, Kohlmarkt 14.

Der Verkäufer verkauft und übergibt und der Käufer kauft und übernimmt die prot.Firma Ch.Demel's Söhne samt allen mit diesem Unternehmen verbundenen Rechten, insbesondere Firmen - Musterschutz- Patent - Lizenz - und Gebrauchsrechten ( gleichgültig, ob diese Rechte dem Verkäufer persönlich, dem veräußerten Unternehmen oder für dieses erteilt wurden, oder ob es sich um inländische oder internationale Rechte handelt), samt allen Rezepturen, Knowhow und dem Kundenstock etc., allem Zubehör, Inventar und Lagerbeständen, einschließlich der Liegenschaft EZ 631 der Katastralgemeinde Innere Stadt mit dem Grundstück, Nr. 282 Baufläche, Haus KoNr. 631, mit Haus 1010 Wien 1., Kohlmarkt 14.

Der Käufer ist - unvorgreiflich allenfalls erforderlicher Genehmigungen durch die Behörden - berechtigt, an diesem oder einem anderen Standort, zumindest alle jene Geschäfte und Gewerbe und sonstige Tätigkeiten auszuüben und zu entfalten, die auszuüben oder zu entfalten der Verkäufer im Rahmen des veräußerten Unternehmens berechtigt war.

Der Verkäufer erteilt demgemäß die ausdrückliche unbedingte Zustimmung, daß der Käufer die Firma Ch. Demel's Söhne mit oder

19) Beide Vertragsteile verpflichten sich, alle Rechte und Pflichten aus diesem Vertrag auf ihre allfälligen Rechtsnachfolger zu überbinden und zwar der Verkäufer auch auf allfällige Rechtsnachfolger von Todes wegen.

20) Für Streitigkeiten aus diesem Vertrag unterwerfen sich die Vertragsteile im Sinne des § 104 JN der Zuständigkeit des Handelsgerichtes Wien.

Wien, am 19. April 1972. *friedrich Ludwig Berzeviczy*

Hermine Ettrich
Gesellschaft m.b.H.

*auch*
*federico de Berzeviczy-Pallavicini*
*auch*
*federico Pallavicini*

»Unternehmen Dora«: Den Demel für 18 Millionen gekauft

ste sind verständlich: Käme nämlich die Finanzbehörde in die Lage, ihm die Eigentümerschaft an der *Lylac AG* nachzuweisen, so könnte sie ihn mühelos der Steuerhinterziehung in Millionenhöhe überführen.

Tatsächlich allerdings gehört die *Lylac AG* Proksch nicht nur, er hat sie vielmehr sogar persönlich gegründet. Der diesbezügliche Auftrag an seinen Schweizer Treuhänder Max Peterhans erging im Spätherbst 1970 im Proksch-Büro in der Wiener Walfischgasse 12.

Das Gründungskapital in der Höhe von 50 000 Franken wurde in Zürich bei der *Schweizerischen Bankgesellschaft* hinterlegt, wo zufällig auch die Gräfin Cecily Salm-Reifferscheidt ein Konto unterhielt.

Am 11. Juli 1983 gab Max Peterhans anläßlich seiner Einvernahme durch die Kripo in Salzburg den wahren Sachverhalt zu Protokoll. »Die Firma sollte *Lylac AG* heißen und sich im weitesten Sinn mit Werbeaufgaben beschäftigen«, führte der Berufstreuhänder aus, um schließlich zu gestehen: »Ich habe dann im Dezember 1970 diese Firma in Zug in der Schweiz namens des Udo Proksch gegründet.«

Rund ein Jahr später ging auch Österreichs renommiertester und traditionsreichster Gastronomiebetrieb, die weltbekannte Wiener *Konditorei Demel*, auf mysteriöse Weise in den Besitz der schweizerischen Briefkastenfirma *Lylac AG* über.

Ob es die *Wiener Sängerknaben* oder die *Lipizzaner* sind, die als altösterreichische Institutionen die größere Bedeutung haben, mag umstritten sein. Gleich danach aber rangiert jedenfalls das Tortenparadies am Wiener Kohlmarkt 14: *Ch. Demel's Söhne*, k.u.k. Hofzuckerbäcker und Hoflieferant.

Mehr als hundert Jahre lang war die von Christoph Demel 1857 gegründete Café-Konditorei Treffpunkt der Creme der Wiener Gesellschaft und wurde einst von weiland Kaiserin »Sisi« ebenso wie späterhin von einem Bruno Kreisky frequentiert. Und heute noch ist die gespreizte Sprache des Bedienungspersonals ebenso belächelte wie vielgerühmte Tradition: »Küss' die Hand, Herr Graf. Haben schon gewählt? – Das Beste lassen stehen?«

Die letzte »Prinzipalin«, die noch den alten Namen trug, war Klara *Demel* – verheiratet mit Baron Friedrich Ludwig Berzeviczy. Der homophile Aristokrat zog es jedoch schon bald vor, sich seinen Lebensunterhalt in New York unter dem Namen Federico de Pallavicini als Maler, Dekorateur und Auslagenarrangeur zu verdienen. Naturgemäß war die Ehe auch kinderlos geblieben.

Als Klara Demel im Jahr 1956 starb, trat Berzeviczy – widerwillig – seine Erbschaft an und bewies auch in der Folge bei der Führung des

Betriebes keine glückliche Hand. Bald sah er sich gezwungen, den *Demel* zu verkaufen.
Schon im Spätsommer 1971 bot sich erstmals der »Schweinehirt« als Käufer an, doch der Baron war keinesfalls gewillt, die altehrwürdige Institution einer ebenso dubiosen wie traditionslosen Figur wie Udo Proksch zu überlassen, worauf dieser sein »Unternehmen Dora« startete: Mit Cecily Salm-Reifferscheidt, spekulierte er, würde Berzeviczy wohl verhandeln.
Baron und Gräfin waren sich bald einig, nachdem diese sich gegenüber dem verkaufswilligen *Demel*-Herrn als Vertreterin einer schweizerischen Interessentengruppe ausgegeben hatte. Im Verlauf einer Begehung des Objekts wurde auch gleich ein Inventarverzeichnis angefertigt, und Gräfin Salm, mit einer Machthabervollmacht der *Lylac AG* ausgestattet, händigte Herrn Berzeviczy einen Scheck über 150 000 Schweizer Franken als Anzahlung aus.
Am 6. März 1972 wurde das »Unternehmen Dora« schließlich in den Räumen einer Rechtsanwaltskanzlei am Wiener Neuen Markt perfekt gemacht. Vier Herren gaben dabei Udo Proksch die notwendige Hilfestellung: Der aus der Schweiz angereiste Proksch-Treuhänder und »Präsident« der *Lylac AG*, Max Peterhans, Proksch-Rechtsvertreter Jakob Zanger sowie die zwei bekannten Wiener Wirtschaftstreuhänder Erich Hofbauer und Emil Ettrich.[16]
Zunächst schritt man in der Advokatur von Jakob Zanger zur Gründung der *Hermine Ettrich Ges.m.b.H.*, von deren Gesellschaftsanteilen neunzig Prozent nunmehr die *Lylac AG* übernahm. Den Rest zeichnete Hermine Ettrich als Treuhänderin für Udo Proksch, und die Geschäftsführung übernahm Max Peterhans.
Der Kaufvertrag wurde fünf Wochen später abgeschlossen und am 19. April 1972 zwischen Friedrich Berzeviczy als Verkäufer und Max Peterhans im Namen der *Hermine Ettrich Ges.m.b.H.* als Käuferin besiegelt. Als Kaufpreis für die Liegenschaft einschließlich Gebäude, Inventar, Warenlager, Kundenstock, Rezepten sowie allen Firmenrechten vereinbarte man einen Betrag von 18 Millionen Schilling.
Unmittelbar nach dem Vertragsabschluß trat Hermine Ettrich ihren Firmenanteil noch am selben Tag an Udo Proksch ab, und die Firma

---

[16] Um welche Leute es sich bei diesen Proksch-Gehilfen handelte, wird im Detail im zweiten Abschnitt dieses Buches im Kapitel »Udo Proksch ist kein Spion« beschrieben. Die Tatsache, daß sie alle bei der österreichischen Staatspolizei nachrichtendienstliche Vormerkungen aufweisen, nährt schon seit Jahren den Verdacht, beim *Demel*-Kauf durch Udo Proksch könnten auch Ost-Geheimdienstinteressen eine Rolle gespielt haben.

Landesgendarmeriekommando
für SALZBURG
Kriminalabteilung
5081 Anif, Neu-Anif Nr. 87
(Kopfstempel)

Beilage 17

GZ P-1048/83 Anif, am 11. Juli 1983

# Niederschrift

aufgenommen mit Maximilian PETERHANS, geboren am 05121938

in Fislisbach, Kanton Aargau, Beruf: Kaufmann,

wohnhaft: CH-6317 Oberwil, Kanton Zug, Rebmatt Nr. 3, Telefon: 054222/1962,

als Auskunftsperson

Beginn der Vernehmung um 2155 Uhr.

Mit dem Grund der Befragung vertraut gemacht, gibt er (sie) freiwillig folgendes an:

"Ich bin Schweizer Bürger und Inhaber des schweizerischen Reisepasses Nr. 3966594, ausgestellt am 22091980 von der Staatskanzlei in Zug, gültig bis 22091985. Mit diesem Paß habe ich mich auch vor meiner Einvernahme dem Vernehmungsbeamten ausgewiesen. Ich bin heute völlig freiwillig mit Swissair Flug 442 ab Zürich 1950 Uhr, an Salzburg ca. 2040 Uhr nach Österreich gekommen um in Sache Zapata bzw. Proksch, Daimler, Fischer auszusagen. Der Grund meiner Befragung ist mir bekannt.

Glaublich im Oktober/November 1970 trat Udo Proksch anläßlich eines meiner geschäftlichen Besuche in Wien, in seinem Büro in der Walfischgasse, an mich heran und ersuchte mich eine zweite Firma für ihn in der Schweiz zu gründen. Die Firma sollte Lylac heißen und sich im weitesten Sinne mit Werbeaufgaben beschäftigen. Ich habe dann im Dezember 1970 diese Firma in Zug/Schweiz namens des Udo Proksch gegründet. Auch in diesem Fall betrug das Gründungskapital 50.000.- sfr. Auch bei dieser Firma war ich einziger Verwaltungsrat, sprich Chef.
Im Frühjahr 1974 ist Herr Proksch anläßlich eines Besuches in Zug an mich herangetreten und wollte mich zur Umgehung der Lex Furgler (damals Lex von Moos) überreden. Gegenstand seiner Bestrebungen war einerseits der Kauf einer Burg

sie entsprechen der vollen Wahrheit und ich bin jederzeit bereit auch vor Gericht auszusagen." Ende: 12071983, 0155 Uhr

V o r m i r: Gelesen und einverstanden:

(Mayer) (Maximilian Peterhans)

Der wahre Inhaber der Lylac AG heißt Udo Proksch

LYLAC AG · LYLAC SA · LYLAC Inc. · LYLAC Ltd.

Aktienkapital sfr 50.000,–, eingeteilt in 500 Inhaberaktien im Nominalwert von je sfr 100,–

1000 sfr

AKTIENZERTIFIKAT

1000 sfr

Nr. 50

über zehn Inhaberaktien Nr. 491 bis 500 im Gesamtwert von nominal sfr 1000,– (eintausend sfr) volleinbezahlt.

Der Inhaber dieses Zertifikates ist mit den darin bezeichneten Aktien an unserer Aktiengesellschaft mit allen gesetzlichen und statutarischen Rechten und Pflichten beteiligt.

Zug, 11. Dezember 1970

Namens des Verwaltungsrates

SPEZIAL-VOLLMACHT

betreffend "Ch. Demel's Söhne Gesellschaft m.b.H."

mit welcher die Firma Lylac AG, 6314 Unterägeri, hiemit Herrn Rudolf U. P r o k s c h , Kaufmann, Wien I, Walfischgasse 12 ermächtigt, sie in einer Generalversammlung zu vertreten, in welcher die Abänderung des Gesellschaftsvertrages vom 6. März 1972 in der Fassung vom 19. April 1972 dahingehend vorgenommen wird, dass einzelnen Geschäftsführern von der Generalversammlung auch Einzelvertretungsrecht erteilt werden kann.

Durch diese Vollmacht wird Herr Rudolf U. Proksch insbesondere ermächtigt, ausser der Aenderung des Gesellschaftsvertrages im obigen Sinne auch die Abberufung und Entlastung des bisherigen Geschäftsführers Max Peterhans vorzunehmen sowie sich selbst zum einzelvertretungsberechtigten Geschäftsführer zu bestellen und auch Frau Greta F i s c h e r zur einzelvertretungsberechtigten Geschäftsführerin zu bestellen.

Schliesslich ist er ermächtigt, die Einzelprokura des Serge Kirchhofer zu widerrufen und alle im Zusammenhang mit dieser Vollmacht erforderlichen Handelsregistereingaben und sonstigen Schriftstücke zu unterfertigen und dementsprechende Beschlüsse entgegenzunehmen.

Unterägeri, am 3. September 1974

LYLAC AG

Greta Fischer

Notarielle Bestätigung

Gefertigt als Beilage ./ 1 zu GZ. 43/1974

»Spezial-Vollmacht« zur Abberufung Serge Kirchhofers durch Udo Proksch

änderte den Namen in *Ch. Demel's Söhne Ges.m.b.H.* Max Peterhans blieb zunächst formell auch weiterhin Geschäftsführer des *Demel*, beeilte sich jedoch, einen Herrn »Serge Kirchhofer« zum Einzelprokuristen zu bestellen.

Erst im Lauf des Jahres 1974 übernahm Proksch selbst auch offiziell die *Demel*-Führung – zusammen mit seiner in der Schweiz ansässigen Geliebten, Greta Fischer, die später auch zu einer der Hauptpersonen im *Fall Lucona* werden wird.

Das »Unternehmen Dora« hatte also funktioniert: Der »Schweinehirt« war zum *Demel*-Herrn avanciert.

Nun begann sehr rasch ein neuer Wind in der ehemaligen *k.u.k. Hofzuckerbäckerei* zu wehen, nachdem Udo Proksch am Kohlmarkt 14 eingezogen war.

Ein Drittel des angestammten Personals wurde sofort entlassen, der Küchenchef, der die Gewerbeberechtigung besaß, flüchtete freiwillig in die Frühpension. Das spielte dem neuen Hausherrn jedoch keine Rolle: Österreichs berühmteste Konditorei wurde viele Jahre lang eben ohne Gewerbeberechtigung geführt.

Den *Demel*-Stammgästen kam freilich sehr bald vor, als ob der Milchrahmstrudel »hausfremd« schmecke. Auch die »ausgetrockneten Sandwiches« wurden bemängelt und die exorbitanten Preise kritisiert. Bald fing die bessere Gesellschaft an, als *Demel*-Kundschaft auszubleiben.

Proksch war auch dies egal. »Wir brauchen sie gar nicht, die Grafen, die Erbprinzen, alle die Herren«, trumpfte er auf. »Die Zeit der Herren ist vorbei!«

Dafür gingen nun andere im *Demel* ein und aus. Vorwiegend Spitzenpolitiker der SPÖ: Leopold Gratz, Helmut Zilk, Hannes Androsch, Erwin Lanc, Franz Vranitzky, Fred Sinowatz und »Charly« Blecha gerierten sich jetzt als die neuen »Herren«.

Entsprechend geschmackvoll sah bald auch das »Kaiserzimmer« aus, das Proksch nach der Übernahme des *Demel* renovieren ließ: Die Wände waren aus nacktem grauen Schalungsbeton. Bundeskanzler Kreisky höchstpersönlich nahm – per Banddurchschneidung – die Eröffnung vor.

Witzbold Udo Proksch hatte zu diesem Zweck zwei Bänder vorbereitet: Ein rot-weiß-rotes, das für den Kanzler bestimmt war, und ein schwarz-gelbes für Verteidigungsminister Lütgendorf, »denn der«, so Proksch, »ist ja ein Freiherr«. Darauf Kreisky: »Aber was, her mit der Scher'!« – und schnitt beide Bänder gleich in einem durch.

Die letzten *Demel*-Stammgäste vertrieb der »Schweinehirt«, als er es

DKFM. DR. FRANZ BAUER
BEEID. WIRTSCHAFTSPRÜFER U. STEUERBERATER
1210 Wien, Puffergasse 1/13/8

# RECHNUNGSABSCHLUSS

CH. DEMEL'S SOEHNE GES.M.B.H.

| | AKTIVA | | PROZENT | |
|---|---|---|---|---|
| **ANLAGEVERMOEGEN** | | | | |
| GRUNDWERT KOHLMARKT | 8,579,144.00 S | | 20.2 | |
| GRUNDWERT HARZWERK P. | 452,566.00 S | | 1.1 | |
| GRUNDWERT STROZZIGASSE | 776,446.00 S | | 1.8 | |
| GRUNDWERT PAASDORF | 280,592.00 S | | 0.7 | |
| GEBAUEDEWERT KOHLMARKT | 8,050,429.98 S | | 18.9 | |
| ADAPTIERUNG TRAFORAUM | 153,417.00 S | | 0.4 | |
| CLUB 45 | 488,115.44 S | | 1.1 | |
| GEBAEUDEWERT HARZWERK P. | 373,603.00 S | | 0.9 | |
| GEBAEUDEWERT STROZZIGASSE | 875,084.00 S | | 2.1 | |
| GEBAEUDEWERT PAASDORF | 1,263,282.00 S | | 3.0 | |
| GARDEROBEN 3 STOCK | 928,167.60 S | | 2.2 | |
| KELLERUMBAU 1980 | 620,896.17 S | | 1.5 | |
| KUECHE INKL.KUEHLRAUM | 518,422.07 S | | 1.2 | |
| SPEISENAUFZUG | 337,377.30 S | | 0.8 | |
| BONBONMAGAZIN | 53,454.30 S | | 0.1 | |
| PAPIERMAGAZIN | 205,709.61 S | | 0.5 | |
| BESCHLIESSEREI KELLER | 52,963.49 S | | 0.1 | |
| MASCH.U.MASCH.ANLAGEN | 108,919.00 S | | 0.3 | |
| BACKFORMEN | 32,970.00 S | | 0.1 | |
| BETRIEBSAUSSTATTUNG KOHLMARKT | 1,660,176.64 S | | 3.9 | |
| B U G PIESTING | 34.00 S | | 0.0 | |
| FAHRZEUGE | 403.00 S | | 0.0 | |
| BUEROEINRICHTUNG | 135.00 S | | 0.0 | |
| DEMEL ANTIQUITAETHEN | 1,683,270.00 S | | 4.0 | |
| UMBAU KOHLMARKT | 2,009,666.44 S | | 4.7 | |
| FIRMENWERT | 1.00 S | | 0.0 | |
| WERTPAPIERE D.ANLAGEVERM | 240,495.00 S | 29,745,740.04 S | 0.6 | 70.0 |
| | 29,745,740.04*S | | | 70.0 * |
| **UMLAUFVERMOEGEN** | | | | |
| ROHSTOFFE | 164,425.31 S | | 0.4 | |
| GETRAENKE | 82,970.81 S | | 0.2 | |
| FERTIGWARE | 65,189.00 S | | 0.2 | |
| FERTIGWARE MARMEL. | 92,212.00 S | | 0.2 | |
| VERR. SERGE KIRCHHOFER | 589,339.77 S | | 1.4 | |
| VERR KTO PINOSA GESMBH | 4,289,351.65 S | 8,622,795.34 S | 10.1 | 20.3 |
| | 8,622,795.34*S | | | 20.3 * |
| **VERLUST** | | | | |
| VERLUSTVORTRAG | 2,044,205.45 S | | 4.8 | |
| JAHRESVERLUST 1982 | 2,081,483.77 S | 4,125,689.22 S | 4.9 | 9.7 |
| | 4,125,689.22*S | | | 9.7 * |
| SUMME DER AKTIVA | | 42,494,224.60 S | | 100.0 * |

| | PASSIVA | | PROZENT | |
|---|---|---|---|---|
| **KAPITAL** | | | | |
| STAMMKAPITAL | 100,000.00 H | | 0.2 | |
| FREIE RUECKLAGEN | 119,138.00 H | 219,138.00 H | 0.3 | 0.5 |
| | 219,138.00*H | | | 0.5 * |
| **WERTBERICHTIGUNGEN** | | | | |
| WERTBER.A.FORDERUNGEN | 2,214,109.42 H | 2,214,109.42 H | 5.2 | 5.2 |
| | 2,214,109.42*H | | | 5.2 * |
| **VERBINDLICHKEITEN** | | | | |
| SPK INNSBRUCK HALL DARLEHEN | 4,000,000.00 H | | 9.4 | |
| HYPOTH. BAWAG 07/04760 | 625,444.00 H | | 1.5 | |
| SEPTO I | 3,600,000.00 H | | 8.5 | |
| SEPTO II | 4,000,000.00 H | | 9.4 | |
| SEPTO III | 1,000,000.00 H | | 2.4 | |
| LAENDERBANK 256-113-446/00 | 6,427,104.47 H | | 15.1 | |
| WUESTENROT DARL 1109120-2414 | 589,029.40 H | | 1.4 | |
| DECI 590-00454-101 | 8,558,664.77 H | | 20.1 | |
| DECI 590-00454-301 | 3,283,581.44 H | | 7.7 | |
| LIEFERVERBINDLICHKEITEN | 3,065,721.58 H | | 7.2 | |
| SONSTIGE VERBINDLICHKEITEN | 947,865.39 H | 36,958,249.18 H | 2.2 | 87.0 |
| | 37,438,589.18*H | | | 88.1 * |
| SUMME DER PASSIVA | | 42,494,224.60 H | | 100.0 * |

sich nicht nehmen ließ, zur »Feier« des Jahrestages der russischen Oktoberrevolution einen brennenden Winterpalast aus Marzipan und ein Lenin-Porträt in die Auslage zu stellen. Der Schriftsteller Alexander Lernet-Holenia reagierte angemessen: Er spuckte dem neuen *Demel*-Herrn ins Lokal und wurde im einstigen kaiserlich-königlichen Tortentempel niemals wieder gesehen.
Offen blieb jetzt nur noch die Frage, wie es dem »Schweinehirten« tatsächlich gelungen war, den Kaufpreis für den Erwerb des *Demel* aufzubringen.
Die Kaufsumme betrug, wie erwähnt, 18 Millionen Schilling: 15 Millionen für die Liegenschaft und drei Millionen für die restliche Firma. Die Schätzungsgutachten wurden von den Experten der *Bundesländer-Versicherung* erstellt.
Eine Anzahlung von 150 000 Schweizer Franken – das entsprach rund einer Million Schilling – hatte die Gräfin Salm ausgelegt, so daß noch ein Restbetrag in der Höhe von 17 Millionen Schilling offen blieb. Laut Kaufvertrag hatte die Bezahlung bis zum 31. Mai 1972 zu erfolgen.
Einige Herren der *Bundesländer-Versicherung* brachten Udo Proksch nun mit dem Generaldirektor der österreichischen *Girozentrale*, dem späteren ÖVP-Obmann Josef Taus, zusammen, der als Repräsentant eines Hauptaktionärs der Versicherungsanstalt zu helfen versprach.
Als Gegenleistung hatte sich Udo Proksch zu verpflichten, in Hinkunft natürlich nicht nur den *Demel* bei der *Bundesländer* versichern, sondern auch alle seine anderen Polizzen auf dieses Institut umschreiben zu lassen. Nachdem dies geschehen war, wurde er an die in der *Österreichischen Länderbank AG* sitzenden ÖVP-Vorstandsdirektoren mit dem Ersuchen weitergereicht, dem Politikergünstling für den vollen Kaufpreis des *Demel* ein Hypothekardarlehen zu gewähren.
Am 10. Mai 1972 eröffnete Udo Proksch beim *Österreichischen Credit-Institut (ÖCI)*, einem Tochterunternehmen der *Länderbank*, zwei Darlehenskonten. Über das Konto 590-00454-101 wurden ihm sofort 8,4 Millionen und über das Konto 590-00454-301 noch einmal 5,6 Millionen, zusammen also exakt 14 Millionen Schilling ausgezahlt. Die noch fehlenden 3 Millionen Schilling schoß am 15. Mai 1972 die *Länderbank* selbst über das Darlehenskonto 256 113 446 zu.
Udo Proksch war es auf diese Weise möglich, den weltberühmten Konditoreibetrieb *Demel* in Besitz zu nehmen, ohne auch nur einen Schilling dafür auszugeben.
Zurückzahlen konnte und mußte er diese Darlehen in der Folge eben-

falls nicht. Im Gegenteil. Die Kredite wurden mehrmals um Millionenbeträge erhöht. Schließlich gelang es ihm sogar, durch viele Jahre hindurch nicht einmal die Zinsen für seine Millionendarlehen bedienen zu müssen.
Die *Demel*-Jahresabschlüsse wurden – natürlich – von der *Consultatio* des Finanzministers Hannes Androsch und später von dessen Partner, dem aus dem AKH-Skandal bekannten Franz Bauer, erstellt.
Laut Bilanz vom 31. Dezember 1982 waren allein die Bankschulden bereits auf mehr als 32 Millionen Schilling angewachsen und lagen damit höher als der Jahresumsatz. Und Udo Proksch schaffte es überdies, mit dem *Demel* pro Jahr im Durchschnitt einen Betriebsverlust von rund 2 Millionen Schilling zu produzieren.
Seither mußte sich auch noch die Gewerkschaftsbank BAWAG mit einem Darlehen in der Höhe von 3 Millionen Schilling und die *Länderbank* mit noch einmal 2,4 Millionen einstellen. Ein von der öffentlichen Hand gefördertes Darlehen im Rahmen der ERP-Ersatzaktion in der Höhe von 7,6 Millionen Schilling kam im Jahre 1984 dazu, und schließlich gewährte dem Proksch-Unternehmen auch noch die bekannt risikofreudige *Sparkasse Innsbruck-Hall* insgesamt weitere 10,4 Millionen Schilling Kredit.
Nervös wurden die Banken erst, als über Udo Proksch im Februar 1985 erstmals wegen des *Falles Lucona* die Untersuchungshaft verhängt wurde. Als Trostpflaster durfte er sich dafür unmittelbar nach seiner Enthaftung gegen Gelöbnis beim Magistrat Wien eine von der sozialistischen Gemeinderatsfraktion bewilligte Subvention in der Höhe von 3,7 Millionen Schilling abholen.
Die sozialistische Politprominenz hatte allen Grund, dankbar zu sein. Immerhin war es Udo Proksch, der den *Demel*, unmittelbar nachdem ihm dieser durch seine ÖVP-Freunde verschafft worden war, zum Sitz einer Vereinigung namens *Club 45* ausbauen ließ.
Heute weiß man: Der *Club 45* diente in den siebziger Jahren nicht nur einer Gruppe aufstrebender SPÖ-Politiker zur gezielten Übernahme der politischen Macht. Die »österreichische P 2« gedieh vielmehr schon sehr bald auch zu einer Schaltstelle für den illegalen Waffenhandel, Erpressung, dubiose Parteifinanzierungsaktionen und organisierte Korruption.

# Die »rote Loge« von Wien

»Der *Club 45* ist mein Schutzwall gegen die Intrigen, die man gegen mich spinnt«, sagt Udo Proksch. Dies ließe den Schluß zu, daß er tatsächlich auch der Initiator für die Gründung dieses Machtkartells war, das im Jahre 1972 als schlichter »Geselligkeitsverein« bei der Vereinsbehörde angemeldet wurde und dessen Sitz seit nunmehr fünfzehn Jahren das *Demel*-Haus am Wiener Kohlmarkt 14 ist.

Genau weiß heute freilich niemand mehr, wer damals wirklich als erster die Idee hatte und wem daher die Ehre zusteht, als Spiritus rector der Klubgründung zu gelten.

Schon gegen Ende der sechziger Jahre hatte der junge sozialistische Abgeordnete und SPÖ-Zentralsekretär Leopold Gratz eine Gruppe von Freunden um sich geschart, die allesamt aus dem Verband der sozialistischen Studenten kamen und deren berufliche Laufbahn nach 1945 ihren Anfang nahm.

Man schwor einander »Lebensfreundschaft« und wechselseitige bedingungslose Unterstützung bei der persönlichen Karriereplanung. Das Ziel: Politischer Einfluß, Macht, Erfolg und Geld.

Aber auch Hannes Androsch trug sich mit bedeutenden Ideen. Im Jahr 1969 hatte ihn Bruno Kreisky für ein Jahr auf die *Havard Universität* geschickt, wo man ihn bald nur noch in den Seminaren des Politologieprofessors, US-Präsidentenberaters und späteren Außenministers Henry Kissinger antraf. Das Vorlesungsthema, das den jungen Androsch so faszinierte, hieß: »Organisation und Handhabung der Macht«.

Nach seiner Rückkehr glaubte er zu wissen, was zu tun war. Man müsse, ließ Androsch ein paar Freunde wissen, innerhalb der SPÖ eine Art von spezieller Freimaurerorganisation gründen. Auf diese Weise könne eine kleine Gruppe verhältnismäßig rasch und leicht die Macht zunächst in der Partei und anschließend im Staat erringen.

Der dritte Mann beschloß, die Ideen der beiden ehrgeizigen »jungen Löwen« in der SPÖ zu einer Symbiose zu verbinden. Darüber hinaus hatte Udo Proksch natürlich auch noch eigene Vorstellungen.

Ihm schwebte eine Organisation nach dem Muster der geheimen italienischen Freimaurerloge *Propaganda Due* (P 2) vor, deren Organisationschef und spätere *Meister vom Stuhl*, der Toskaner Licio Gelli, für ihn offenkundig ein leuchtendes Vorbild war.

Der Matratzenfabrikant aus Arezzo hatte ein bewegtes Leben hinter sich: Zuerst war er als Legionär im Spanien-Einsatz, danach stand er in Italien als Faschist im Dienste Mussolinis. Gegen Ende des Zweiten Weltkrieges kämpfte er für die deutschen Nazi-Truppen in Italien gegen kommunistische Partisanen, ließ sich in der Folge aber »umdrehen« und betätigte sich kurz entschlossen als Spion für die Sowjetunion.

In Argentinien diente Licio Gelli später dem General Juan Peron, um sich jedoch nach dessen Sturz sofort auch mit der rechten Junta zu verbünden. Nach seiner Rückkehr spionierte er weiter für die Sowjetunion und für Rumänien, betätigte sich aber auch als Zuträger für den italienischen Nachrichtendienst und die CIA, ehe er sich anschickte, hauptberuflich in den internationalen Waffenhandel einzusteigen.

Nachdem Licio Gelli der römischen Loge des *Grande Oriente d'Italia* »Romagnosi« beigetreten und ihm schließlich die Führung der P2 übertragen worden war, gelang es ihm, innerhalb weniger Jahre ein geheimes Machtkartell von ungeheurer Effektivität zu schaffen.

Wer in Italien politische und wirtschaftliche Macht besaß, war in den siebziger Jahren Mitglied der P2. Der Geheimloge gehörten Regierungsmitglieder und Abgeordnete an, Wirtschaftskapitäne, Topmanager, die Spitzen der Finanzwelt und der staatlichen Verwaltung sowie des Verlags- und Pressewesens, bekannte Künstler und Spitzendiplomaten, führende Staatsanwälte und hohe Richter, die Chefs der Geheimdienste, Generäle sowohl des Heeres wie auch der Polizei.

Dazwischen: Steuerhinterzieher großen Stils, abgeurteilte Korruptionisten und bekannte Mitglieder der *Mafia*: vom sizilianischen Bankier und Finanzberater des Vatikans, Michele Sindona, der später im Gefängnis durch Zyankali starb, bis zum *Mafia*-Finanzier Roberto Calvi, den man schließlich unter der *Blackfriars Bridge* in London erhängt fand.

Nachdem die Geheimloge im Frühjahr 1981 aufgeflogen und die komplette italienische Regierung über diesen Monsterskandal gestürzt war, stellte sich heraus, daß die Geschäfte der P2 von der direkten Beeinflussung der Politik über politische Erpressung, Spionage, Korruptionskoordinierung und dem illegalen Waffenhandel bis hin zum organisierten Drogenschmuggel und der Beteiligung an Terroranschlägen reichten.

Der *Club 45* wird seit dieser italienischen Affäre, durch die eine

Staatskrise ausgelöst worden war, immer wieder als die »österreichische P 2« bezeichnet, weil er nach ähnlichen Prinzipien funktioniert. Mit einem wesentlichen Unterschied: Während dem italienischen Vorbild Politiker aus allen Lagern angehörten, sind im *Club 45* ausschließlich Sozialisten unter sich.
Offiziell gegründet wurde die »rote Loge« von Wien unmittelbar nachdem Udo Proksch, der freilich bestenfalls als eine Taschenbuchausgabe von Licio Gelli angesehen werden kann, den Wiener *Demel* in Besitz genommen hatte.
Während die P 2 auf mehr als tausend Mitglieder zählen konnte, blieb der *Club 45* bei rund dreihundert »hochanständigen honorigen Persönlichkeiten« (Bruno Kreisky) stehen.
Viele Jahre lang blühte das Klubleben der »roten Loge« im Verborgenen. Still und von der Öffentlichkeit unbemerkt baute das Machtkartell rund um den *Club 45* seine Positionen immer weiter aus, bis unter der Hausherrenschaft von Udo Proksch ein kleiner Staat im Staat entstand. Tatsächlich wurde und wird Österreich zeitweilig vom *Club 45* und vom *Café Demel* aus regiert. Es gab auch Zeiten, in denen niemand ein Ministeramt erlangen konnte, der nicht *Club-45*-Mitglied war.
Nachfolgend angeführte SPÖ-Politiker traten in den letzten fünfzehn Jahren ihren Weg in die Regierung über ihre Zugehörigkeit zur »roten Loge« an: Franz Vranitzky (heute Bundeskanzler), Fred Sinowatz (Ex-Kanzler), Hannes Androsch (Ex-Vizekanzler), Leopold Gratz, Karl Blecha, Heinz Fischer, Helmut Zilk, Karl Sekanina, Günther Haiden, Herbert Salcher, Franz Kreuzer, Willibald Paar, Gerhard Weissenberg, Karl Lausecker, Ernst-Eugen Veselsky, Karl Lütgendorf und Erwin Lanc.
Natürlich gehör(t)en dem *Club 45* auch die Spitzen der österreichischen Finanzwelt (Walter Flöttl, BAWAG; Karl Vak, Zentralsparkasse der Gemeinde Wien; Hannes Androsch, Creditanstalt; Helmut Kienzl, Nationalbank, Theodor Mellich, Girozentrale; Otto Binder und Erich Göttlicher, Wiener Städtische Versicherung u. v. a.), Spitzenmanager vorwiegend der verstaatlichten Industrie (von Walter Fremuth, Verbundgesellschaft, Kurt Meszaros, ÖMV, über Heribert Apfalter, VOEST, bis Johann Buchner, Chemie Linz), führende Medienleute wie *Kronen-Zeitung*-Chefredakteur Friedrich Dragon oder ORF-Generalintendant Teddy Podgorski, Künstler la Alfred Hrdlicka sowie zahlreiche Spitzenbeamte, bekannte Ärzte, Anwälte und Richter (Karl-Heinz Demel, Gerhard Hellwagner u. a.), der Leiter der Informationsabteilung im *Heeres-Nachrichtenamt* Walter Matal oder etwa auch der Wiener Polizeipräsident Karl Reidinger an.

Daß es Udo Proksch von Anfang an hervorragend verstand, sich diese Konzentration von Einfluß, Macht und Geld nicht nur als Hausherr und als Vorstandsmitglied des *Club 45* nutzbar zu machen, versteht sich ganz von selbst. Und ebenso, daß er dabei natürlich nicht allein blieb.

So wie einer der Geschäftszweige der P 2 die Korruptionskoordinierung war, wurde daher auch aus dem *Club 45* bald eine Schlüssel- und Schaltstelle für eine Vielzahl von illegalen Geschäften. Die Räume in den oberen Stockwerken des *Demel* waren in der Tat der Ort, an dem nachweisbar sämtliche größeren Korruptionsaffären in Österreich während der letzten eineinhalb Jahrzehnte geplant und ausgebrütet, abgewickelt und koordiniert worden sind.

Und schließlich lag es in der Natur der Sache, daß der *Club 45* auch eine ideale Drehscheibe für den illegalen Waffenhandel abgab. Nicht umsonst schloß Udo Proksch vor allem Verteidigungsminister Lütgendorf in alle seine Pläne ein.

Offiziell bestritt der *Demel*-Chef natürlich immer, jemals ein Waffengeschäft getätigt zu haben. Vom *Heeres-Nachrichtenamt* wurde er jedoch bereits im Jahre 1976 erstmals als illegaler Waffenhändler geführt, und am 1. Juni 1976 legte schließlich auch das *Heeres-Beschaffungsamt* unter der Zahl 84-Verschl-HBeschA/76 einen Verschlußakt über eine Liste von »Personen, die im Zusammenhang mit dem illegalen Waffenhandel genannt wurden«, an. Diese Liste umfaßte genau fünfzig Namen. An 25. Stelle war Udo Proksch (Serge Kirchhofer) vermerkt.[1]

Schlimmer war indes, wessen man den Hausherrn des *Club 45* im Frühjahr 1978 zu verdächtigen begann: Wieder einmal war zu dieser Zeit aus der ČSSR ein Waffentransport für die italienische Terrororganisation *Rote Brigaden* abgegangen.

Westliche Geheimdienste begannen daraufhin in Zusammenarbeit mit den italienischen Behörden nachzuforschen, welchen Weg das Mordwerkzeug genommen hatte. Die Spur führte nach Österreich, und auch Vermittlernamen wurden kolportiert.

Am 19. April 1978 seien 150 tschechische Maschinenpistolen des Typs Skorpion in Niederösterreich an einer Proksch-Anschrift zwischengelagert worden, ehe sie weiter nach Italien gegangen seien.

Wenig später ermordete ein Killerkommando der *Roten Brigaden* den entführten italienischen Ministerpräsidenten Aldo Moro, der auch Vorsitzender der Christlich-demokratischen Partei war. Die Täter

---

[1] Faksimile auf Seite 16.

wurden ein Jahr später verhaftet, und man fand auch die Tatwaffe: eine Maschinenpistole vom Typ Skorpion.
»Herr Proksch, sind Sie ein Ostspion und Waffenschieber«, fragte kurz darauf ein Wiener Journalist den *Demel*-Chef erstmals ganz unverblümt, »und wie erklären Sie sich, daß Sie im deutschen *Bundeskriminalamt* gehandelt werden als Mittelsmann für tschechische Handfeuerwaffen, die an italienische Terroristen geliefert wurden? Es ist bekannt, daß Aldo Moro mit einer solchen Waffe erschossen wurde.«[2]
Prokschs kühle Antwort: »Mir ist das wurscht, was mit dem Aldo Moro passiert ist, kein Freund von mir . . . Mich interessiert das nicht! Ich kenne keinen einzigen italienischen *Rote-Brigaden*-Mann.«
Noch drastischer drückte er sich im *Club 45* anläßlich einer Diskussion darüber aus, an der auch Klubmitglied Alexander Maculan teilnahm. Prokschs lapidarer Kommentar zum Thema Aldo Moro: »Ich habe kein Mitleid mit dem Pfaffenknecht!«

---

[2] *Kurier* vom 25. November 1979.

# II.

## Ost-Spionage und Technologietransfer:

# DECKNAME »PROKURIST«

*Der Mann, der sich hinter dem Decknamen »Prokurist« verbarg, heißt mit Klarnamen Udo Proksch.*

Oberleutnant Werner Stiller,
in den Westen übergetretener MfS-Offizier

*Rudolf Wein ist seit Anfang der siebziger Jahre unter dem Decknamen »Prokurist« Agent des MfS (DDR-Ministerium für Staatssicherheit). Er wird von Hauptmann Dr. Hans-Peter Bertag, Referatsleiter 1 der Abteilung XIII der »Hauptverwaltung Aufklärung« (HVA) des MfS, nachrichtendienstlich geführt.*

Republik Österreich
Bundesministerium für Inneres
Staatspolizeilicher Dienst
Aktenzahl: 153.343/2-II/7/80

# Spionagezentrum Österreich

Die Rolle, die Österreich als internationaler Tummelplatz für Spione und Agenten spielt, ist schon seit Jahren evident, obwohl diese Tatsache von Österreichs Staatsschützern im Innenministerium hartnäckig bagatellisiert, wenn nicht sogar gänzlich geleugnet wird.

Nicht ohne Grund wird selbst in den Erläuterungen zum Spionageparagraphen des Strafgesetzbuches ausdrücklich darauf hingewiesen: »Österreich ist durch seine geographische Lage besonders geeignet, Stützpunkt für Nachrichtendienste zu sein, die für die Republik und ihre Auslandsbeziehungen auch dann abträglich sind, wenn sie nicht zum Nachteil Österreichs eingerichtet oder betrieben werden.«

Die Zahl der zur Zeit in Österreich von Ost- und West-Geheimdiensten hauptberuflich eingesetzten Agenten wird von den Sicherheitsbehörden auf fünf- bis achttausend Personen geschätzt. Nur die wenigsten von ihnen scheinen freilich in den Akten unserer »Spionageabwehr« auf, ganz zu schweigen von Tausenden weiteren Personen, die in Österreich neben irgendeiner zivilen Berufstätigkeit als freie Mitarbeiter, Zuträger und Konfidenten für die örtlichen Geheimdienst-Residenturen tätig sind.

Während ihre österreichischen Gehilfen in fast allen Berufssparten zu finden sind, werden die meisten hauptberuflich tätigen Spione als »Diplomaten« getarnt und bleiben so von vornherein vor einem allfälligen Behördenzugriff weitgehend geschützt.

In Wien leben derzeit etwas mehr als tausend Kreml-Diplomaten und sowjetische Beamte. Die sowjetische Botschaft in der österreichischen Hauptstadt hat insgesamt mehr »Diplomaten« aufzuweisen als jene in der US-Metropole Washington. Nach den Erkenntnissen der Sicherheitsbehörden ist freilich jeder dritte Botschaftsangehörige in Wahrheit Offizier des KGB.

Keineswegs anders ist diese Verhältniszahl bei den sowjetischen Handelsmissionen, in den Büros der Fluggesellschaft *Aeroflot*, bei den *Intourist*-Reisebüros und in den Zweigstellen der Presseagenturen *Novosti* und TASS. Gelegenheit für eine rege Spionagetätigkeit bietet daneben auch noch die sowjetische UNO-Mission in Wien. Auch von den Hunderten sowjetischen Beamten der UNIDO (Internationale Entwicklungsorganisation) sind mehr als ein Drittel als KGB- oder GRU-Männer bekannt.

Einen besonderen Schwerpunkt für die Aktivitäten des sowjetischen Geheimdienstes bilden das Laxenburger *Institut für angewandte Systemanalyse* und die *Internationale Atomenergie-Kommission* in Wien. Hier arbeiten sie nicht nur getarnt als Dolmetscher und Übersetzer, auch von fast allen Sekretären in den Hauptabteilungen ist längst bekannt, daß sie vom KGB besoldet werden.

Als neues Zentrum geheimdienstlicher Aktivitäten wird die vom früheren KGB-Chef Jurij Andropow in Auftrag gegebene und in Wien – nahe der UNO-City – auf einem rund 40 000 $m^2$ großen Gelände errichtete sowjetische Wohnsiedlung angesehen, die von einem drei Meter hohen und mit Überwachungskameras reichlich bestückten Zaun umgeben ist.

In der Tat baut das sowjetische Regime in Österreich auch weiterhin zielstrebig und systematisch seine Vertretungen für Zwecke der Aufklärung aus. Das jüngste Beispiel: Vor den Augen der arglosen österreichischen Behörden bauten die Sowjets ihr kleines, als diplomatische Mission völlig bedeutungsloses Konsulat in Salzburg zu einer mächtigen lokalen Geheimdienst-Residentur aus.[1]

Das Konsulat der Sowjets in der nachrichtendienstlich-strategisch bedeutsamen Salzach-Stadt – als der am weitesten nach Westen vorgeschobene und direkt an der Grenze zum NATO-Staat Deutschland liegende Stützpunkt im Alpenraum – verfügt nach einem Zukauf nun über zwei stattliche Gebäude und ein ausgedehntes Parkgrundstück zwischen der Bürgelsteinstraße und dem Gisela-Kai. Der Personalstand kann sich sehen lassen, obwohl dem »Generalkonsul« nicht einmal erlaubt ist, Visa auszustellen.

Aber nicht nur die Lage Österreichs als neutraler Kleinstaat an der Nahtstelle zwischen Ost und West, die Nähe zum Eisernen Vorhang oder der sich in unser Land in regelmäßigen Abständen ergießende Flüchtlingsstrom sind schuld daran, daß wir zum Eldorado für Spione wurden – auch durch die Gesetzeslage finden Agenten in Österreich ideale Bedingungen vor.

Unter Strafdrohung nach § 319 StGB wird zunächst nur »das Einrichten, Betreiben und Unterstützen eines militärischen Nachrichtendienstes für eine fremde Macht« gestellt. Die Höchststrafe: zwei Jahre Freiheitsentzug.

---

[1] Werner Kahl, »Spionage in Deutschland heute« (»Spionage-Drehscheibe Österreich«), Nymphenburger Verlagshandlung, München, 1986.

Durch § 254 StGB wird wiederum lediglich »die Ausspähung von Staatsgeheimnissen« verpönt, die vorsätzlich und »in der Absicht, die Landesverteidigung der Republik der Gefahr eines schweren Nachteils auszusetzen«, einer fremden Macht zugänglich gemacht werden müssen (Strafrahmen: bis zu fünf Jahren Haft).
Und § 256 (»Geheimer Nachrichtendienst zum Nachteil Österreichs«) schließlich bestimmt: »Wer zum Nachteil der Republik Österreich einen geheimen Nachrichtendienst einrichtet oder betreibt oder einen solchen Nachrichtendienst wie immer unterstützt, ist mit Freiheitsstrafe bis zu drei Jahren zu bestrafen.«
Neunundneunzig Prozent aller in Österreich aktiv tätigen Spione können daher von Gesetzes wegen völlig unbehindert ihr Gewerbe ausüben, denn es wird ihnen kaum je wirklich nachzuweisen sein, daß ihre Tätigkeit gegen Österreich gerichtet ist.
Zuletzt liegt aber auch die Spionageabwehr Österreichs im argen. Genaugenommen verfügt Österreich selbst überhaupt nur über einen sogenannten »Dienst«, das *Heeres-Nachrichtenamt* (HNA), das zwar im Rahmen des Bundesministeriums für Landesverteidigung eine eigenständige Abteilung mit eigener Verwaltung und Personalhoheit bildet, seinen Sitz im Gebäude des Armeekommandos in der Wiener Hütteldorfer Straße 126 hat, oft hervorragende Arbeit leistet, mit seinen kaum mehr als fünfzig hauptamtlichen Mitarbeitern jedoch ausschließlich militärische Abwehr, nicht aber offensive Aufklärung betreiben darf.[2]
Einen zivilen Nachrichtendienst gibt es in Österreich nicht. Die Spionageabwehr wird von der *Staatspolizei* besorgt, die organisatorisch zweigeteilt ist. Im Innenministerium existiert die Gruppe C als sogenannter *Staatspolizeilicher Dienst*, in dessen Zuständigkeit unter anderem auch die »Wahrnehmung staatsfeindlicher Vorgänge« fällt.
Die staatspolizeiliche Exekutivgewalt hingegen wird im Rahmen der örtlichen Polizeidirektionen wahrgenommen, wo die *Staatspolizei* jeweils als *Abteilung I* firmiert. Daß die *Stapo* beim Enttarnen von Agenten überfordert ist, geht allein schon aus der beispielhaften und bei weitem nicht vollständigen Aufzählung einiger Angelegenheiten aus ihrem Zuständigkeitsbereich hervor: Dieser reicht von Vereins- und Presseangelegenheiten über fremdenpolizeiliche Belange bis zur Demonstrantenüberwachung und Verhinderung einer allfälligen NS-

---

[2] Im Jahre 1985 wurde das *Heeres-Nachrichtenamt* »dezentralisiert«. Die Abwehrabteilung wurde aus dem HNA sowohl organisatorisch als auch räumlich herausgelöst und firmiert seither als eigenständiges *Abwehramt* in der Wiener Hetzgasse 2.

Wiederbetätigung. Die *Staatspolizei* beschützt Politiker und Parlament, muß Extremisten observieren und ist für Waffenhandel, Bombenanschläge und Terrorismus gleichermaßen zuständig wie für die Bekämpfung der Pornographie.
So erfolgreich Österreichs *Stapo* nun oftmals bei der Bekämpfung etwa des Terrorismus auch agiert, so kläglich versagte sie seit jeher in der Spionageabwehr. Oft wurde (und wird) sie dazu aber auch aus politischer Rücksichtnahme gezwungen.
Ein anderer Grund für die Inaktivität der *Stapo* insbesondere hinsichtlich der Tätigkeit von Ost-Geheimdiensten in Österreich liegt schlicht darin, daß viele unserer »Agentenjäger« in Wahrheit selbst Agenten fremder Mächte sind.
Schon Ende der sechziger Jahre war es gleich zu einer ganzen Serie von Spionagefällen in Österreich gekommen: Die zwei spektakulärsten Affären betrafen den Ex-Staatspolizisten Johann Ableitinger sowie Alois Euler, den Pressereferenten des damaligen Innenministers Franz Soronics. Der 1968 in Wien abgesprungene Presseattaché der tschechoslowakischen Botschaft und StB-Mann[3] Ladislav Bittmann hatte den Ministersekretär als Mitarbeiter des tschechischen Geheimdienstes enttarnt.
Im Laufe des Jahres 1969 flog ein weiterer Spionageskandal auf: Alois Kahr, ein Beamter der Chiffrierabteilung im österreichischen Außenministerium, hatte zehn Jahre lang für das KGB gearbeitet und sämtliche Geheimberichte österreichischer Botschaften an das Außenamt dem sowjetischen Geheimdienst zugänglich gemacht.
Ein aus Anlaß dieser Fälle eingesetzter parlamentarischer Untersuchungsausschuß kam zur Auffassung, daß in Österreich eine jahrelange »Durchsetzung von Ämtern, Organisationen und Verbänden aller Bereiche durch Mitarbeiter ausländischer Nachrichtendienste« vorliegt, die dazu geführt habe, daß die Sicherheit österreichischer Staats- und Wirtschaftsgeheimnisse als »sehr niedrig« einzustufen sei. »Mit Besorgnis«, stellte der Ausschuß schließlich auch noch fest, »daß die Tätigkeit ausländischer Nachrichtendienste in Österreich offenbar besonders intensiv ist und daß es diesen sogar gelingen konnte, mittelbar in den staatspolizeilichen Apparat einzudringen.«
Die Unterwanderung insbesondere der Wiener *Stapo* hatte freilich nicht nur eine lange Tradition, sondern auch eine historische Ursache, deren verheerende Folgen bis heute noch nicht gänzlich überwunden sind: Der Kommunist Franz Honner hatte 1945 als KPÖ-Innenmini-

[3] StB (Státni Bezpecnost) = Geheimdienst der ČSSR.

ster seinen kommunistischen Parteifreund Heinrich Dürmayer zum Leiter der *Staatspolizei* und diese damit zu einer Filiale von zahlreichen Ostgeheimdiensten gemacht.
Als 1955 Österreich den Staatsvertrag erhielt und die sowjetischen Besatzungstruppen abzogen, verschwanden zwar schlagartig auch rund dreißig Beamte der *Staatspolizei* von ihren Dienststellen und verließen zugleich mit den Russen unser Land, vom kommunistischen Einfluß befreit war die *Stapo* damit aber noch lange nicht.
Anstatt rigorose Säuberungen vorzunehmen, ließ man auch späterhin die Wölfe im Schafspelz oft gewähren. Gelegentlich entschloß man sich, kabarettreife Abwehrstrategien zu entwickeln: So wurde 1970 im Innenministerium eine Liste aller jener Staatspolizeibeamten aufgelegt, die einer Spionagetätigkeit für fremde Geheimdienste verdächtigt wurden.
Diese Liste wurde nun mit Absicht so schlampig verwahrt, daß jedermann leicht Einblick nehmen konnte. Man rechnete damit, daß auch die Verdächtigen rasch von der Existenz dieser Aufstellung Kenntnis erlangen, und gab sich der Hoffnung hin, daß diese ihre Tätigkeit danach aus freien Stücken einstellen würden.
In anderen Fällen wurden die Probleme einfach durch Beförderungen und/oder Versetzungen gelöst, wie etwa im Fall des legendären *Mister Seven*, der jahrelang von tschechischen Überläufern genannt worden war und der auch lange Zeit hindurch als ungelöster Fall die Medien in Österreich beschäftigte.
Auch der Ex-StB-Agent Ladislav Bittmann hatte ihn in seinem Buch »Geheimwaffe D« erwähnt: »Die österreichische Polizei und Spionageabwehr waren weitgehend von osteuropäischen Agenten unterwandert. Sogar auf höchster Ebene der österreichischen Sicherheitstruppen saß ein tschechischer Geheimdienstagent, den meine Kollegen ›Herr Sieben‹ nannten.«
Als mutmaßlicher *Mister Seven* wurde schließlich von den eigenen Kollegen der Spitzenbeamte im Bundesministerium für Inneres, Ministerialrat Alfred Petrovic, enttarnt. Angeblich reichten die Beweise allerdings für eine Anklage nicht aus. So wurde Petrovic in eine andere – weniger wichtige – Sektion des Innenministeriums versetzt, wo er bis heute tätig ist.
Als Spitzel für den tschechischen Geheimdienst StB war in den siebziger Jahren auch der Wiener Polizeibeamte Alois Lyzy tätig. Er lieferte über eine große Anzahl von Personen Informationen an unser nördliches Nachbarland. Der tschechische Geheimdienst hatte vor, diese Personen als Mitarbeiter anzuwerben.

Auf der Lyzy-Liste standen unter anderem eine Angestellte der US-Botschaft in Wien, je ein Beamter des österreichischen Finanzministeriums, des Handelsministeriums und des Verteidigungsministeriums sowie auch zwei Staatspolizisten: der für die persönliche Sicherheit des damaligen Bundeskanzlers Bruno Kreisky verantwortliche Polizist Franz Ehrenreich sowie ein leitender *Stapo*-Beamter namens Josef Csernanski.

Bei Csernanski hätten sich die Tschechen freilich ihre mühevolle Vorbereitungsarbeit für eine Anwerbung ersparen können – er stand ohnedies bereits im Dienste des rumänischen Geheimdienstes. Als solcher wurde Csernanski allerdings nicht von seinen eigenen Kollegen enttarnt, sondern von Florian Rotaru, einem Chiffrierbeamten der rumänischen Botschaft in Wien und Mitarbeiter der rumänischen *Securitate*, als dieser in den Westen überlief.

Rotarus Absprung war sogar wortwörtlich zu verstehen: Er entkam seinen Landsleuten, indem er unter Mitnahme eines mit Unterlagen vollgefüllten Postsackes am 23. November 1980 aus einem Botschaftsfenster sprang.

Rotarus Flucht hatte zur Folge, daß drei weitere Rumänen blitzartig aus Österreich in Richtung Bukarest verschwanden: der Erste Botschaftssekretär der rumänischen Botschaft in Wien Theodor Iles, der Zweite Botschaftssekretär George Marin sowie der Erste Sekretär der rumänischen Handelsmission Vasilie Constanda, der in Wahrheit die Position des Residenten des rumänischen Geheimdienstes in Wien innegehabt hatte.

Aber auch unter österreichischen Staatsbürgern verfügten und verfügen die Rumänen über ein weitverzweigtes Spionage- und Agentennetz. Ein rundes Dutzend Österreicher wurde von Rotaru namentlich genannt, darunter ein Beamter des Bundesministeriums für Justiz, ein Beamter des Bundesministeriums für Wissenschaft und Forschung, drei Beamte des Außenministeriums und zwei Beamte der *Staatspolizei*: der Leiter der Fremdenpolizei Hofrat Edgar Berger sowie der erwähnte Josef Csernanski.

Der *Stapo*-Mann Csernanski war ursprünglich KPÖ-Mitglied, wechselte danach zur *Sozialistischen Partei* und wurde schließlich bei der *Stapo* ausgerechnet zum Leiter der *Gruppe Ost* ernannt. Damit war der Abwehrspezialist just auf jenen rumänischen Geheimdienst angesetzt, dem er selbst angehörte.

Überläufer aus dem Osten trachten nicht zuletzt aus solchen Gründen, jeweils möglichst rasch aus Wien zu verschwinden, noch ehe sie ein österreichischer Staatspolizist erwischt – sonst könnte ihr Schick-

sal allenfalls bereits besiegelt sein. Absprungswillige Geheimdienstleute aus dem Osten sind offenbar noch immer durch den *Fall Lapusnyk* traumatisiert, der in den sechziger Jahren in Budapest begonnen hatte und im Wiener Polizeigefängnis später tragisch endete.
Der Mitarbeiter des ungarischen Geheimdienstes AVO, Leutnant Bela Lapusnyk, war am 9. Mai 1962 aus Ungarn geflüchtet und auf abenteuerliche Weise nach einem Schußwechsel mit ungarischen Grenzsoldaten bei Nickelsdorf nach Österreich gelangt. In seinem Mantel hatte er eine komplette Liste aller AVO-Agenten, die im Westen tätig waren, eingenäht.
In Wien wurde der AVO-Leutnant, der sofort gebeten hatte, nach Amerika gebracht zu werden, mehrere Wochen lang – zu seinem Schutz – im Polizeigefängnis auf der Roßauer Lände festgehalten und mehrmals täglich von der *Staatspolizei* verhört.
Am 3. Juni wurde Lapusnyk plötzlich von heftigen Halsschmerzen befallen und in das Wiener *Allgemeine Krankenhaus* überstellt. Auch dort bewachten ihn rund um die Uhr zwei Mitarbeiter der *Staatspolizei*. Am Morgen des 4. Juni 1962, als US-Beamte bereits unterwegs waren, um ihn abzuholen, war Lapusnyk tot. Bevor er starb, kritzelte er noch rasch in ungarischer Sprache auf einen Zettel: »Bitte Magen auspumpen!«
Eine gerichtsmedizinische Untersuchung ergab angeblich keinerlei Hinweis auf eine Vergiftung, als Ursache für den plötzlichen Tod des ungarischen AVO-Mannes wurde vielmehr offiziell eine »toxische Schädigung des Herzens durch eine Mandelentzündung« festgestellt.
Die Wahrheit kam erst Jahre später ans Tageslicht, als der in London abgesprungene AVO-Agent Laszlo Szabo vor einem Untersuchungsausschuß des amerikanischen Repräsentantenhauses in Washington aussagte, daß Bela Lapusnyk in Wien – vor den Augen der österreichischen *Staatspolizei* und möglicherweise gar mit deren Mitwirkung – von einem tschechischen Geheimagenten ermordet worden sei.

# Die Techno-Bandits und der »Wiener Ring«

»Die Republik büßt ihre Würde ein!« titelte das deutsche Nachrichtenmagazin *Der Spiegel* im August 1985 – und hatte in diesem Fall nicht die von Flick gekaufte Bundesrepublik, sondern den kleinen Nachbarn Österreich gemeint.

Mehr als die Hälfte der Geschichte widmete der Autor des Hamburger Magazins, der gebürtige Österreicher Siegfried Kogelfranz, dem *Fall Lucona* und Udo Proksch.

»Die Wiener G'schichten anno '85 haben's in sich«, hatte *Der Spiegel* resümiert: »Ein Riesenrad von Korruption und Skandalen dreht sich. Die Kloakenatmosphäre des Dritten Mannes mieft in halbseidene Klubs, in denen Neureiche fein werden wollen und zu Parvenüs geraten, wo Affären ausgebrütet werden, allesamt so miteinander verwoben, daß sie weder politisch noch juristisch zu bereinigen sind.«

Wieder einmal wurde also im Zusammenhang mit Udo Proksch auch Harry Lime bemüht – jener als »Meisterspion« der Wiener Nachkriegsszene weltberühmt gewordene *Dritte Mann* aus dem gleichnamigen Film, für den Graham Greene das Drehbuch schrieb. Worauf die Legende allerdings den Blick verstellt: Harry Lime, die Filmfigur, war in Wirklichkeit gar kein Spion, sondern nur ein mieser kleiner Schieber.

Die Grenzen zwischen Schiebern und Spionen haben sich inzwischen freilich längst verwischt. Neben den klassischen Formen von Spionage – der Ausspähung militärischer Geheimnisse und politisch-ideologischer Agententätigkeit – bekam im Lauf der letzten zwei Jahrzehnte insbesondere für die Geheimdienste der Ostblockstaaten die Technologie- und Wirtschaftsspionage immer größere Bedeutung.

Oft wird der illegale Schmuggel von Hochtechnologie allerdings gar nicht als Spionagetätigkeit im engen Sinn, sondern im schlimmsten Fall als bloßer Ausfluß von besonderer kaufmännischer Tüchtigkeit gesehen. De jure mag das manchmal sogar stimmen. Durch einen Blick auf die Organisationsstruktur des größten Ost-Geheimdienstes, des sowjetischen KGB, wird man de facto allerdings rasch eines Besseren belehrt: Spionage im industriellen und wissenschaftlich-techni-

schen Bereich nimmt heute längst schon eine Spitzenstellung ein, im zivilen wie im militärischen Bereich.
Der Ostblock verfügt bereits über mehr als 160 Waffensysteme, die sich allesamt ausschließlich auf Technologien stützen, die sich der Kreml und seine Verbündeten mittels ihrer Geheimdienste in Westeuropa und Amerika besorgen ließen: Flugabwehrringe rund um Moskau werden von IBM-Computern gesteuert, die aerodynamischen Entwürfe der sowjetischen *Backfire*-Fernbomber wurden von *Boeing* gestohlen, und die SS-20-Atomraketen werden von Mikrokugeln in ihr Ziel gelenkt, die auf Maschinen aus dem US-Bundesstaat Vermont geschliffen wurden.
Ebenso gelang es den sowjetischen Agenten, die Entwurfszeichnungen des französischen Kampfflugzeugs *Mirage* zu beschaffen. Dazu kommen die Radar- und Flugabwehrelektronik des *Thompson*-Konzerns, das Laser-Gyroscop der amerikanischen Firma *Honeywell* sowie der Panzermotor des deutschen *Leopard I*.
Industriespionage ist aber auch für den Zivilbereich ein wesentliches Werkzeug der kommunistischen Wirtschaftspolitik.
Schon die zu Ende gehenden sechziger Jahre waren im gesamten Westen durch den Beginn eines stürmischen Forschungsfortschritts auf dem wirtschaftspolitisch ebenso wie militärisch bedeutsamen Gebiet der Mikroelektronik gekennzeichnet. Im Osten aber hinkte man den neuen revolutionären technischen Entwicklungen um Jahre nach.
Der sowjetische Ministerpräsident Kossygin hatte die strategische Brisanz der Situation natürlich längst erkannt, als er am 14. Februar 1968 in Minsk die Führungsspitze der sowjetischen Elektronikindustrie zusammenrief, um auf den für den Ostblock gefährlichen Technologievorsprung des Westens hinzuweisen. Es folgte ein Beschluß des Zentralkomitees der KPdSU, die Mikroelektronik-Forschung sowohl im eigenen Bereich durch finanzielle Maßnahmen entscheidend zu forcieren, als auch durch auszuweitende Handelsbeziehungen mit westlichen Ländern in den Besitz des zukunftsträchtigen Technologie-Know-hows zu gelangen. Und was nicht über westliche Lizenzen und Patente auf offiziellem Weg erwerbbar sei, sollte durch den gezielten und weltweit gesteuerten Einsatz der Geheimdienste für die RGW-Staaten beschafft werden.
Im Jahr 1970 ließ der spätere sowjetische Staats- und Parteichef Jurij Andropow – noch in seiner Eigenschaft als KGB-Chef – am südwestlichen Rand der sowjetischen Hauptstadt einen riesigen Glas- und Beton-Palast erbauen, nachdem die KGB-Zentrale am Moskauer Dserschinskij-Platz für seine neunzigtausend Mitarbeiter schon zu

klein geworden war. In das neue Gebäude zogen die Auslandsaufklärer der *Ersten Hauptverwaltung*, der zweitgrößten Dienststelle des KGB, ein.
Eines der drei Direktorate der *Ersten Hauptverwaltung* wurde *Direktorat T* genannt – zuständig für Wissenschafts- und Technikspionage.[4]
Die Mitarbeiter, bestens ausgebildete und hochspezialisierte Wissenschaftler und Techniker der verschiedensten Fachrichtungen, wurden durch das KGB von den Elite-Universitäten rekrutiert. Zusammen mit den Außenmitarbeitern der Spezialabteilung, deren weltweiter Einsatz in Zusammenarbeit mit den Geheimdiensten der Satellitenstaaten in der sogenannten *Linie X* koordiniert wird, sind in der Zwischenzeit schon mehr als zwanzigtausend qualifizierte Ostspione einzig und allein damit beschäftigt, illegal Hochtechnologie zu transferieren und westliches Know-how zu stehlen. Zehntausende Hobby-Spione und skrupellose westliche Geschäftemacher helfen den Sowjets und ihren kommunistischen Verbündeten dabei.
Eine besondere Rolle im Rahmen des illegalen Technologietransfers fiel gemäß dem Moskauer ZK-Beschluß der DDR zu. Dementsprechend ausgebaut wurde der Sektor Wissenschaft und Technik auch in der ostdeutschen KGB-Filiale, dem *Ministerium für Staatssicherheit* (MfS), wo Generaloberst Markus Johannes Wolf als Chef der *Hauptverwaltung Aufklärung* (HVA) mit rund dreißigtausend hauptamtlichen Mitarbeitern residiert. Im Westen nannte man »Mischa« Wolf jahrzehntelang nur den »Mann ohne Gesicht«, weil es trotz aller Bemühungen unmöglich schien, den legendären und gefürchteten Ostberliner Agentenchef jemals zu identifizieren.
Erst im Jahre 1982 gelang es schließlich einigen Mitarbeitern westlicher Geheimdienste, Generaloberst Wolf anläßlich eines kurzen Privataufenthaltes in Stockholm zu fotografieren.[5]
Für den Technologiediebstahl sind in Ost-Berlin gleich vier Abteilungen der HVA zuständig: Über die Abteilungen XIII, XIV und XV wird »beschafft«, und in der Abteilung V findet die wissenschaftliche Auswertung statt.
Tausende scheinbar selbständige und unabhängige westliche Firmen, Export-Import-Unternehmen, Investitionsbüros und technisch-wis-

---

[4] John Barron, »KGB heute – Moskaus Spionagezentrale von innen«, Scherz Verlag, Bern und München, 1984.
[5] Nachdem im Jahre 1982 in Moskau Viktor Tschebrikow als neuer KGB-Chef inthronisiert worden war, kam es immer häufiger zu Spannungen zwischen dem MfS und dem KGB. »Mischa« Wolf wurde in der Folge schrittweise entmachtet und im Februar 1987 schließlich überraschend seines Amtes enthoben.

senschaftliche Laboratorien betreiben in Zusammenarbeit mit diversen Ostgeheimdiensten in aller Welt dieses einträgliche Geschäft, das dem Ostblock Jahr für Jahr Milliarden an Entwicklungskosten sparen hilft.

Österreich ist freilich kaum direktes Ziel für solche nachrichtendienstliche Aktivitäten – von Ausnahmefällen abgesehen, wie etwa jenem DDR-Agentenring, der in den sechziger Jahren in Österreich mit Blickrichtung auf Industriespionage aufgezogen worden war.

Als armer Ost-Flüchtling getarnt, wurde damals die attraktive und als Geheimagentin ausgebildete Helga Wanka, genannt die »schöne Helga«, in die ÖVP-Bundesparteileitung eingeschleust, wo sie dann jahrelang als Sekretärin tätig war. Verheiratet war sie mit einem unter der Legende eines biederen Vertreters arbeitenden Major des ostdeutschen MfS.

Gemeinschaftlich wurden von den beiden bei der VOEST, bei *Semperit* und in den *Plansee-Werken Reutte* in Tirol neue Technologien ausspioniert und in die DDR verschafft.

Insbesondere wird Wien aber seit Jahren als Drehscheibe für den illegalen Technologieverschub von West nach Ost benutzt.

Im Herbst 1984 erschien im Bostoner Verlag Houghton-Mifflin das in Gemeinschaftsarbeit von je zwei britischen und amerikanischen Autoren[6] verfaßte Buch »Techno-Bandits – How the Soviets are steeling America's high-tech future«, das den illegalen Hochtechnologietransfer an Hand zahlreicher konkreter Beispiele beschreibt.

Ein eigenes Kapitel ist in dem Buch der »Drehscheibe Österreich« und jenem »Wiener Ring« gewidmet, der aus Udo Proksch und seinem Freundeskreis besteht.

Doch erst als auch die Grazer *Kleine Zeitung* die in dem Buch erhobenen Vorwürfe gegen die »Clique um den Demel-Konditor Udo Proksch« aufgriff und auf die Gefährlichkeit derartiger Machenschaften für die Republik hinwies, wurde das Parlament aktiv.

Am 12. Juli 1985 richteten einige Abgeordnete unter der Führung von Andreas Khol umfangreiche parlamentarische Anfragen an Innenminister Karl Blecha, Außenminister Leopold Gratz und Justizminister Harald Ofner.

Tenor der Anfragen: Werden aufgrund des in dem Buch »Techno-Bandits« geschilderten Sachverhalts endlich auch Maßnahmen gegen Udo Proksch und seinen Freundeskreis ergriffen?

Zwei Monate später kam die Antwort der Minister. Justizminister Of-

---

[6] Nick Anning, David Hebditch, Linda Melvern und Mark Hosenball.

ner versprach, die Oberstaatsanwaltschaft Wien um eine Sachverhaltsprüfung zu bitten. Innenminister Blecha teilte mit, man müsse ihm das Buch erst übersetzen.

Nur Außenminister Gratz kannte den Inhalt schon. »Die Ergreifung von Maßnahmen« erschien ihm jedoch »nicht geboten«. Begründung: Zwar habe die US-Regierung Österreich bereits mehrmals Vorhaltungen gemacht, weil über unser Land und mit Hilfe österreichischer Tarnfirmen im großen Umfang Technologieschmuggel betrieben wird, der Name Udo Proksch und dessen Firmen befänden sich jedoch nicht darunter.

Hier hatte sich der österreichische Außenminister – und Proksch-Intimfreund – allerdings geirrt: In Wahrheit weist die von den NATO-Staaten angelegte »schwarze Liste« jener Firmen und Personen, die des illegalen Technologietransfers beschuldigt werden, gleich eine ganze Reihe von Unternehmungen auf, die mit dem Demel-Chef assoziiert sind:

- Die Firma *Kibolac Ges.m.b.H.* mit Sitz in Wien (Inhaber Udo Proksch und Rudi Wein).
- Die *Rudolf Sacher Ges.m.b.H.*, Wien.
- Das *Treuhandbüro Max Peterhans* in Zug in der Schweiz.
- Und schließlich die Firma *Lylac AG*, Zug, die offizielle Mehrheitseigentümerin der *Ch. Demel's Söhne Ges.m.b.H.*, Wien.

Udo Proksch persönlich scheint gleich zweimal – einmal unter seinem bürgerlichen Namen und einmal als »Serge Kirchhofer« – auf der aktuellsten Liste der von Wien aus operierenden Techno-Banditen auf.

# Udo Proksch ist »kein Spion«

Schon vor Jahren waren in informierten Wiener Kreisen gelegentlich Gerüchte aufgetaucht, wonach von US-amerikanischen und deutschen Spionageabwehrdiensten gegen den prominenten *Demel*-Chef ermittelt werde. Eine Wiener Tageszeitung hatte die Gretchenfrage schließlich an den Zuckerbäcker selbst gestellt und diesen öffentlich gefragt: »Herr Proksch, sind Sie ein Ostspion?«

Die aufschlußreiche Antwort des Konditors: »Das geht keinen Menschen etwas an. Wir sind ein neutraler Staat. Bei uns können Agenten aus- und eingehen, solange sie nicht österreichische Staatsgeheimnisse verkaufen!«

Wenig später schien es ihm indessen opportun zu sein, sein allzu freimütiges Geständnis rasch zu dementieren. Seither weist er jedweden Zusammenhang mit Spionage weit von sich. »Leider«, so wird Udo Proksch nunmehr nicht müde, blauäugig immer wieder zu versichern, »bin ich kein Spion, obwohl ich es gelegentlich sogar sehr gerne wäre.«

Differenzierter fiel die Antwort aus, die Prokschs Vater, selbst ehemaliger Berufsspion, dem Autor dieses Buches auf die Schlüsselfrage gab: Er glaube »eher nicht«, daß Udo ebenfalls nachrichtendienstlich tätig sei, denn hiefür sei sein Sohn wohl allzu »undiszipliniert«.

Österreichische Dienststellen beschäftigen sich demgegenüber freilich schon seit gut einem Jahrzehnt mit Udo Proksch und seinem engsten Freundeskreis. Erstmals begann sich im Oktober 1975 – nachdem ein vom *Demel*-Chef gegründeter Verein mit dem ominösen Titel »CUM« (»Civil« und »Militär«) seine konstituierende Versammlung abgehalten hatte – das *Heeres-Nachrichtenamt* für ihn zu interessieren. Die HNA-Abwehrabteilung legte ihren ersten Akt über den Zuckerbäcker mit den seltsamen Hobbies an. Routinemäßig richtete Oberst Alexander Kragora als damaliger Abwehrchef auch ein Ersuchen um Bekanntgabe allfälliger Vormerkungen an die Kollegen des *Staatspolizeilichen Büros.*

Die Erkenntnisse, die zum damaligen Zeitpunkt im *Stapo*-Akt des Udo Proksch aufschienen, waren allerdings noch mehr als dürftig. Sie umfaßten nur drei Punkte:

- »Nahm an den *Weltspielen der Jugend* in Moskau im Jahr 1957 teil.«
- »Wird verdächtigt, in den Jahren 1973 und 1974 über eine Firma in Liechtenstein Kriegsausrüstung in den Nahen Osten verkauft zu haben.«
- »Steht in Verbindung mit dem deklarierten Kommunisten Rudolf Wein, geb. 19. 5. 1930, der den Prominenten-*Club Gutruf* in Wien 1, Milchgasse 1, führt und wegen nachrichtendienstlicher Tätigkeit vorgemerkt ist.«

Penibel ist im *Stapo*-Akt auch noch vermerkt, daß Rudolf (Rudi) Wein außer mit Udo Proksch auch mit dem inzwischen zum Wiener Bürgermeister avancierten Helmut Zilk sowie mit dem im Juli 1986 von der Regierungspartei in einem handstreichartigen Verfahren zum Generalintendanten des ORF bestellten Sportreporter Thaddäus (Teddy) Podgorski besonders eng befreundet ist.

Als weitere Stammgäste im Privatklub Rudi Weins fielen den Wiener *Stapo*-Leuten neben einigen bekannten Journalisten auch der *Kronen-Zeitung*-Inhaber Hans Dichand sowie vor allem noch ein weiterer sehr prominenter SPÖ-Minister – und zwar ihr eigener Ressortchef – auf: Demnach gehört dem Kreis von »Haberern« rund um den DDR-Kenner und Ost-Experten Rudi Wein Innenminister »Charly« Blecha höchstpersönlich an.

Mit Wein zusammen hatte Udo Proksch bereits im Jahre 1966 – wie beschrieben – die Firma *Kibolac Ges.m.b.H.* gegründet, über welche fortan »illegal Patente und Erfindungen in den Ostblock verschafft« wurden (*Staatspolizei*-Diktion).

Anläßlich der Gründung dieser Firma traten auch zwei Wiener Rechtsanwälte in Erscheinung: Jakob Zanger und Karl Zerner. Zanger trat danach auch beim Kauf der Konditorei *Demel* als juristischer Berater auf, und Advokat Karl Zerner wiederum sollte rund zehn Jahre später zu einer der Schlüsselfiguren im *Fall Lucona* werden.

Um die finanztechnischen und steuerrechtlichen Belange bei der *Kibolac Ges.m.b.H.* hatte sich just derselbe Erich Hofbauer gekümmert, der später auch die Firma *Optico* vertrat und der kurzfristig auch als Proksch-Strohmann und Auftraggeber von Max Peterhans im Rahmen der *Zapata*-Gründung in Erscheinung trat. Hofbauers Kompagnon, mit welchem er zusammen eine Wirtschaftstreuhänder-Kanzlei betrieb, hieß Emil Ettrich, dessen Hilfe schließlich dafür ausschlaggebend war, daß Udo Proksch in den Besitz des *Demel* kam.

Es kann nur Zufall sein, daß über sämtliche Genannten bei der österreichischen *Staatspolizei* – völlig unabhängig voneinander – mehr oder minder umfangreiche Akten existieren:

**Dr. Karl Zerner** wird im *Stapo*-Akt als »deklarierter Kommunist« beschrieben, der als Anwalt vorwiegend Staatsbürger aus Ostblockländern vor Gericht vertritt.

Für die am 14. Februar 1969 in Zug in der Schweiz an der Anschrift von Max Peterhans gegründete Firma *Delta Technik AG*, die »technische Beratung und andere Dienstleistungen auf dem Gebiet von Industrie und Handel« betreibt, firmiert Karl Zerner als Machthaber.

In der Wiener Auhofstraße hat wiederum die am 15. März 1969 gegründete Firma *Delta Industrieberatung Ges.m.b.H.* ihren Sitz, von deren Gesellschaftsanteilen 99 Prozent im Eigentum der *Delta Technik AG*, Zug, stehen. Das restliche eine Prozent gehört Karl Zerner selbst.

Als Geschäftsführer der *Delta Industrieberatung*, deren Unternehmenszwecke »Wirtschaftsberatung unter besonderer Berücksichtigung der Anlagenexport- und Finanzierungsberatung, Betriebsberatung und Repräsentanzen« sind, fungierten anfangs Wladlen Stalin Badian, Prokschs Moskau-Freund von 1957, sowie Fritz Jergitsch (Dissertationsthema: »Das Geld in der Planwirtschaft«), dessen Bekanntschaft Proksch in Moskau ebenfalls schon Ende der fünfziger Jahre gemacht hatte.

Ab 1975 zeichnete Advokat Karl Zerner selbst als Geschäftsführer der Wiener *Delta*. Der gebürtige Russe Wladlen Stalin Badian managt dafür nun eine Firma *H. Novoexport*, die ein Zweigbüro in Moskau aufzuweisen hat und deren Repräsentantin wiederum die Firma *Delta* ist.

Den finanziellen Überblick über einen solchen Wust von Schachtelfirmen hat vermutlich nur noch ein Mann: Erich Hofbauer, der auch für die Firma *Delta* als Steuer- und Finanzberater tätig ist.

**Dr. Erich Hofbauer** hat selbstverständlich einen eigenen Akt bei der *Staatspolizei*: Er ist als »deklarierter Kommunist« und Vorstandsmitglied sowohl der *Österreichisch-Tschechoslowakischen Gesellschaft* als auch des *Österreichischen Friedensrates* vorgemerkt.

Der *Österreichische Friedensrat* ist ein Zweigverein des im Jahr 1950 in Paris gegründeten *Weltfriedensrates*, einer kommunistischen Vorfeldorganisation, die dem sowjetischen Geheimdienst KGB als weltumspannende Tarnorganisation für die verschiedensten politischen Desinformations-Kampagnen dient.

Im Jahre 1951 wurde der *Weltfriedensrat* bereits wegen subversiver Tätigkeiten aus Frankreich ausgewiesen, ging dann kurzfristig nach Prag, um im Jahr 1954 seinen Sitz nach Wien zu verlegen, von wo er allerdings drei Jahre später ebenfalls wegen nachrichtendienstlicher

Aktivitäten ausgewiesen wurde. Seit 1968 hat der WFR nun seinen Sitz in Helsinki, wo er geduldet werden muß.

**Dr. Emil Ettrich**, wie Hofbauer Wirtschaftsprüfer von Beruf und »deklarierter Kommunist«, war seinerzeit Gesellschafter jenes AZET-Verlages, in dem das sogenannte *Wiener Magazin* erschienen ist, das auch der Anwerbung von DDR-Agenten diente. Bei der *Staatspolizei* ist Emil Ettrich, der auch auf der Lohnliste der Konditorei *Demel* steht, nachrichtendienstlich vorgemerkt.

**Dr. Jakob Zangers** *Stapo*-Akt ist umfangreich. Der Rechtsanwalt, der Udo Proksch in allen Firmenangelegenheiten wie auch privat vertritt, war schon während des Zweiten Weltkrieges, als er sich in Holland, Belgien und in Jugoslawien im Partisaneneinsatz befand, als sowjetischer Agent aktiv.

Nachdem in Österreich im Jahre 1945 das KPÖ-Mitglied Heinrich Dürmayer zum *Stapo*-Chef ernannt worden war, wurde auch Jakob Zanger Beamter der *Staatspolizei*.

Im *Stapo*-Akt heißt es über den Ex-Kollegen: »Der Genannte ist deklarierter Kommunist, kam bei Kriegsende mit dem sogenannten 2. Österreichischen Bataillon nach Wien, war dann Beamter der Staatspolizei, betätigte sich sowohl als kommunistischer Aktivist als auch als Konfident des sowjetischen Besatzungselementes und übt(e) in folgenden Organisationen der KPÖ Funktionen aus: *Mieterschutzverband, Internationale Vereinigung demokratischer Juristen, Österreichischer Friedensrat.*«

Im Jahr 1971 initiierte Zanger die Gründung der *Gesellschaft Österreich – DDR*, deren Vizepräsident er bei der konstituierenden Generalversammlung am 30. Oktober 1971 im Figaro-Saal des *Palais Palffy* in Wien wurde. Für die Funktion des Präsidenten gewann Zanger den parteilosen »Bewunderer der DDR« und Vorstand des *Österreichischen Patentamtes*, Hofrat Friedrich Epstein. Der Zweck der Gründung der Gesellschaft war: Österreich sollte das erste westliche Land sein, das die DDR diplomatisch anerkennt.

Heute liegt das Hauptziel der Gesellschaft darin, in Österreich »die Wahrheit über die kommunistischen Errungenschaften der DDR« zu verbreiten. Im Jahr 1985 traten drei neue Vizepräsidenten ihr Amt an: Klaus Czempirek, der als VOEST-Vorstandsdirektor für den Industrieanlagenbau zuständig war, bis er im Herbst 1985 im Zuge des VOEST-Skandals entlassen wurde; *Volksstimme*-Redakteur Artur West und der SPÖ-Abgeordnete zum Nationalrat Herbert Tieber.

Einzig und allein der Schweizer Staatsbürger **Max Peterhans** war für die österreichischen Spionageabwehr-Dienststellen zum damaligen Zeitpunkt noch ein völlig unbeschriebenes Blatt.

Für Peterhans begann sich erst im Spätherbst 1978 die US-Bundespolizei FBI zu interessieren, nachdem sein Name im Zusammenhang mit einer spektakulären Spionage- und Technologie-Diebstahlsaffäre im kalifornischen *Silicon Valley* aufgetaucht war.

Die CIA entsandte daraufhin einen ihrer Spezialagenten in die Schweiz, wo dieser bald entdeckte, daß Max Peterhans von seinen Adressen in Zug und Rebmatt aus mit einem halben Dutzend Angestellten ein Imperium repräsentiert, das mehr als 160 Briefkastenfirmen mit zahlreichen Tochterunternehmen in der ganzen Welt umfaßt. Zahlreiche Indizien schienen dem CIA-Mann darauf hinzuweisen, daß Max Peterhans hinsichtlich eines großen Teiles dieser Firmen lediglich als Treuhänder für kommunistische Staatsstellen und als Schaltstelle für Ost-Geheimdienste fungiert.

Was schließlich Udo Proksch betrifft, so wäre es trotz des »Pedigrees« seiner Geschäftspartner und engsten Freunde ganz sicher verfehlt, ihn als »Spion« im klassischen Sinn zu bezeichnen. Daß er aber im Zusammenwirken insbesondere mit Rudi Wein seit mehr als fünfzehn Jahren unter anderem auch die Interessen von Ostblock-Geheimdiensten vertritt und finanziell an deren Einsätzen in Österreich partizipiert, steht fest und kann an Hand konkreter Fälle ohne jeden Zweifel nachgewiesen werden.

Einer dieser Fälle, die in den nachfolgenden Kapiteln ausführlich beschrieben werden, ist schon seit Jahren bruchstückhaft bekannt. Es gab in Österreich sogar mehrjährige gerichtliche Erhebungen wegen des dringenden Verdachtes der Ost-Spionage gegen eine ganze Reihe von Personen aus dem Proksch-Bekanntenkreis.

Die gerichtlichen Verfahren verliefen allerdings im Sand. Es wurden niemals Anklagen erhoben, geschweige denn Urteile über die Verdächtigen gefällt.

Die Affäre, die im Jahre 1968 ihren Anfang nahm und die bis heute – nicht zuletzt wegen des Zusammenhanges mit dem *Fall Lucona* – die österreichische *Staatspolizei* beschäftigt, zeigt überdies in anschaulicher Weise auf, wie Ost-Geheimdienste in Österreich agieren.

## Zielobjekt: Das Radium-Institut

Ohne zu zögern hatte Helmut Gansterer, Chefredakteur eines bekannten Wiener Wirtschaftsmagazins, einst zugegriffen, als ihm ein smarter junger Mann ein Interview anbot. Schon in der nächsten Ausgabe des *trend* erschien tatsächlich ein Porträt des offenbar außergewöhnlich erfolgreichen Geschäftsmannes, in dem unter anderem zu lesen war:

»Maßgeschneiderte Anzüge und handgearbeitete Schuhe, ein exklusives Uhrenmodell von Patek-Philippe, das teuerste Massivgoldfeuerzeug von Dunhill sowie ein Anflug von Schönbrunn-Wienerisch zieren den Mittdreißiger, wenn er sich zur Besinnung in die vornehm-düstere Barockbar des Hotels Imperial zurückzieht.

In den USA garagiert er für den allfälligen dortigen Gebrauch einen Lincoln Continental MK IV – bevorzugtes US-Präsidentenauto und noch vor Cadillac der Rolls-Royce Amerikas –, den er sich kaufte, ›weil der Verkäufer so nett war, über Lächerlichkeiten wie PS und Geschwindigkeit kein Wort zu verlieren, sondern vielmehr die eingebaute Quarzuhr von Cartier und die von Tiffany gelieferte Silberverzierung des hinteren Seitenfensters pries‹.«

In Wien logierte dieser Mann im eigenen Stadthaus in der Baumannstraße 3. Wählte man jedoch zu jener Zeit die Nummer seines Telefonanschlusses, so konnte man zumeist nur eine Tonbandstimme hören: »This is Mister Pfneudls office – automatic answering service – please leave your message now!«

Der »Mittdreißiger«, der Karl-Heinz Pfneudl hieß, war ständig in aller Welt unterwegs. Vornehmlich in den USA – und danach regelmäßig entweder in Moskau oder Ost-Berlin.

Kleinere Nebengeschäfte tätigte er selbstverständlich auch in Österreich. Als Geldbeschaffer für André Hellers *Circus Roncalli* war Karl-Heinz Pfneudl allerdings wenig Erfolg beschieden – das Unternehmen ging bald in Konkurs. Später wurde derselbe Mann auch als Zeitungsherausgeber bekannt. Zusammen mit einem ehemaligen Kärntner ÖVP-Jungfunktionär, dem Journalisten Harald Irnberger, der kurz zuvor wegen linker Umtriebe aus dem Redaktionsteam des *Kurier* entlassen worden war, stellte Pfneudl eine ultralinke Monats-

zeitschrift auf die Beine. Die graue Eminenz im Hintergrund und einer der Geburtshelfer des *Extrablatt* war Udo Proksch.
Finanziert wurde das neue Blatt am Anfang in der Hauptsache durch SPÖ-Institutionen und in Form von Inseratenbeiträgen von verstaatlichten Betrieben, aber bald floß auch schon Geld aus Jugoslawien, aus Libyen und der DDR.
Karl Zerner war Gesellschafter der *Extrablatt Verlagsges.m.b.H.*, und als Herausgeber umriß Proksch-Freund Karl-Heinz Pfneudl im Editorial der ersten Ausgabe die Linie des neuen Medienprodukts: »Im Meinungsspektrum der Redakteure soll *Extrablatt* liberal das Gewissen der fortschrittlichen Menschen in diesem Land vertreten.«
Gleich in der ersten Ausgabe wurde das österreichische *Heeres-Nachrichtenamt* vom *Extrablatt* des »Landesverrats« angeklagt. Dies war die Revanche des Udo Proksch, weil sich die Staatsschützer des Bundesheeres kurz zuvor erneut der seltsamen Geschäfte des *Demel*-Hofkonditors angenommen hatten. Dann trat als *Extrablatt*-Autor auch Warner Poelchau in Erscheinung, der in der Bundesrepublik für die vom DDR-Geheimdienst mitbegründete Zeitschrift *Konkret* schrieb, und es folgten Interviews mit dem aus der CIA entlassenen und dann vom KGB unter Vertrag genommenen Agenten Philip Agee.
Aber auch weltpolitisch hatte das Blatt höchst »liberale« Ansichten zu bieten: Während sich die gesamte zivilisierte Welt einhellig über den brutalen Überfall sowjetischer Truppen auf Afghanistan empörte, schrieb *Extrablatt* über die Lage in dem bis heute unterdrückten und besetzten Land: »Wir müssen beten, daß die Russen bleiben!«
Begonnen hatte Karl-Heinz Pfneudls Aufstieg allerdings schon mehr als zehn Jahre zuvor – kurz nachdem Udo Proksch und Rudi Wein die *Kibolac Ges.m.b.H.* gegründet hatten. Der junge Mann studierte damals noch Atomphysik und war während seines Studiums als eine Art Werkstudent im *Atomforschungszentrum Seibersdorf* beschäftigt.
Privat war Pfneudl mit der überzeugten Kommunistin und ORF-Mitarbeiterin Elisabeth Toni Spira, einer Nichte von Karl Zerner, liiert. So blieb nicht aus, daß der Atomphysikstudent auch mit dem Onkel seiner Verlobten bald Bekanntschaft machte.
Eines Tages traf man sich im weltberühmten Wiener *Café Hawelka*. In Zerners Begleitung war Proksch-Partner Rudi Wein erschienen. Als Wein von Pfneudls Studienfach und dessen Tätigkeit im *Atomforschungszentrum Seibersdorf* erfuhr, stürzte er sich förmlich auf den jungen Mann. Es gelang ihm, Pfneudl noch an Ort und Stelle anzuwerben. Weins erster Auftrag an den jungen Physiker: Dieser solle alles daransetzen, um in Seibersdorf an Forschungsunterlagen heranzu-

kommen. Alles, was er in die Finger kriegen könne, habe er ihm zu beschaffen.

Pfneudl entschloß sich schnell. Entweder, so überlegte er, der Mensch nimmt Risiken in Kauf und führt ein interessantes Leben – oder er bleibt für alle Zeit ein Durchschnittsbürger. Er entschied sich für das Leben mit Risiken. Wein machte Pfneudl bald darauf mit Udo Proksch bekannt.

Außer seiner Tätigkeit in Seibersdorf hatte Karl-Heinz Pfneudl aber auch noch etwas anderes zu bieten: Er kannte viele Studienfreunde, die ebenfalls Atomphysik studierten und am Wiener *Institut für Radiumforschung und Kernphysik* wissenschaftlich tätig waren. Das *Radium-Institut*, der *Österreichischen Akademie der Wissenschaften* angegliedert, war für den technisch-wissenschaftlichen Sektor eines Ost-Geheimdienstes ganz ohne Zweifel ein höchst interessantes Zielobjekt.

Was danach folgte, war ein klassisches Beispiel dafür, wie ein Geheimdienst auf subtile Weise Mitarbeiter anwirbt und seine potentiellen Opfer – ohne sie zunächst zu überfordern – mit der Zeit in seine völlige Abhängigkeit bringt.

Schon Anfang 1967 hatte der Wiener Elektrohändler Josef Perger, der die Generalvertretung für die deutsche *Witte-Heiztechnik* besaß und mit dem Pfneudls Mutter Sidonie nicht nur als dessen Sekretärin, sondern auch privat verbunden war, dem »Stiefsohn« eine Chance geboten, seine Fachkenntnisse als Physiker mit seinen kaufmännischen Ambitionen zu verknüpfen. Perger stellte Karl-Heinz Pfneudl Räumlichkeiten zur Verfügung, wo dieser – zusammen mit einem Studienfreund – an der Herstellung elektronischer Steuerungen für die *Witte*-Elektrospeicherheizungen zu experimentieren begann.

Der Freund hieß Rudolf Sacher, kam aus dem *Radium-Institut* und hatte ebenfalls Atomphysik studiert. Nun trat die Firma *Kibolac* von Udo Proksch und Rudi Wein auf den Plan und bot sich den Studenten als Financier und Auftraggeberin für deren Heizungstechnik-Basteltätigkeiten an. Die erste Firmengründung folgte: Das »Technische Büro für Heizungstechnik« erhielt den Namen *Sacher Technik Wien* (STW), und das junge Team wurde um zwei weitere Freunde aufgestockt.

Auch sie kamen aus dem Wiener *Radium-Institut*: Rudolf Rieder, wie Sacher Atomphysiker, und der Elektroniker Alfred Siegenfeld. Als »technischer Zeichner« und »Designer« sollte künftighin einer der Brüder Udo Prokschs – Roderich Proksch – fungieren.

Wie Rudolf Sacher allerdings sehr bald erfahren sollte, hatte die

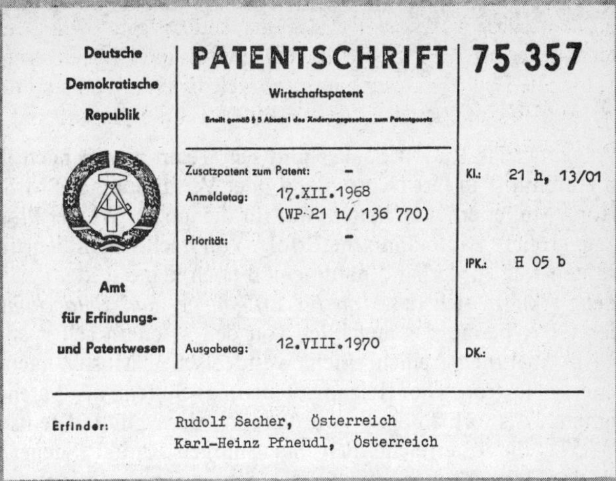
Deutsche Demokratische Republik

Amt für Erfindungs- und Patentwesen

**PATENTSCHRIFT** **75 357**

Wirtschaftspatent

Erteilt gemäß § 5 Absatz 1 des Änderungsgesetzes zum Patentgesetz

Zusatzpatent zum Patent: –

Anmeldetag: 17.XII.1968 (WP 21 h/ 136 770)

Priorität: –

Ausgabetag: 12.VIII.1970

Kl.: 21 h, 13/01

IPK.: H 05 b

DK.:

Erfinder: Rudolf Sacher, Österreich
Karl-Heinz Pfneudl, Österreich

Zwei österreichische Atomphysiker im Dienste der DDR

Firma *Kibolac* als ihre angebliche Auftraggeberin von Anfang an nur die Rolle einer Strohfirma gespielt: In Wahrheit hatten Proksch und Rudi Wein als Abgesandte einer DDR-Institution agiert.

Zum Jahresende 1968 war es denn auch erstmals soweit: Rudi Wein nahm nicht nur Karl-Heinz Pfneudl, sondern auch Rudolf Sacher zu seinen Auftraggebern in die DDR mit, wo sie ein Mann namens Horst Winkler auf das liebenswürdigste empfing und während ihres Aufenthaltes betreute. Er organisierte das Hotel, kümmerte sich um die Visa und vereinbarte auch sämtliche Termine für die geschäftlichen Besprechungen, an welchen er auch selbst teilnahm.

Horst Winkler hatte sich den Österreichern als Beamter des *Ministeriums für Wissenschaft und Technik* vorgestellt. In Wahrheit allerdings hieß dieser Mann Horst Müller und sein Dienstgrad war Major. Er war Agent des DDR-Geheimdienstes und Führungsoffizier von Rudi Wein. Seine Dienststelle war die für die Wissenschafts- und Technikspionage zuständige Abteilung XIII der *Hauptverwaltung Aufklärung* (HVA) des Ostberliner MfS.[7]

[7] MfS (Ministerium für Staatssicherheit) = Geheimdienst der DDR.

# Die Stasi-Dependance in Wien

Das Angebot, das Rudolf Sacher und sein Team bereits nach ihrem ersten Aufenthalt in Ost-Deutschland über Vermittlung des MfS-Majors Horst Müller erhalten hatten, war für die jungen Wiener Physiker der erste größere kaufmännische Erfolg. Von nachrichtendienstlichen Aktivitäten war vorderhand naturgemäß noch keine Rede.
Vielmehr erklärte sich das *Amt für Erfindungs- und Entdeckungswesen* der DDR bereit, das angeblich von den Wienern selbst entwikkelte – in Wahrheit freilich einem westdeutschen Muster nachempfundene – elektronische Heizungssteuerungs-System als Patent anzunehmen. Als »Erfinder« wurden in der DDR-Patentschrift Nr. 75 357 »die österreichischen Staatsbürger Rudolf Sacher und Karl-Heinz Pfneudl« angeführt, die *Vereinigung volkseigener Betriebe* (VBB) *Technische Gebäudeausrüstung* in Leipzig erhielt die Generallizenz, und der *Sacher Technik Wien* wurde auch gleich ein Zwölf-Millionen-Schilling-Produktionsauftrag versprochen, für dessen Vermittlung Udo Proksch und Rudi Wein namens ihrer Firma *Kibolac* als »Provision« einen Betrag von 1,2 Millionen Schilling zugeteilt erhielten.
Um diesen Auftrag schließlich abwickeln zu können, schritt man in Wien am 5. Februar 1969 zur Gründung der *Rudolf Sacher Ges.m.b.H.* Als Gesellschafter der Firma wurden Rudolf Sacher, Karl-Heinz Pfneudl sowie die Mütter der beiden Studenten – Anna Sacher und Sidonie Pfneudl – mit je einem Zwanzig-Prozent-Anteil bedacht. Je zehn Prozent durften die Sacher-Freunde Alfred Siegenfeld und Rudolf Rieder übernehmen.
Sämtliche Gesellschafter der *Rudolf Sacher Ges.m.b.H.* traten allerdings nur scheinbar und nach außen hin als die Besitzer dieser neuen Firma auf. In Wahrheit hatte jeder einzelne von ihnen bereits vierzehn Tage vor der Firmengründung dem in Sachen DDR einschlägig bekannten Wiener Anwalt Karl Zerner jeweils eine Spezialvollmacht erteilen müssen, durch die diesem von vorneherein sämtliche aus dem Vertrag zustehenden Rechte abgetreten wurden.
Karl Zerner selbst war es daher, der von Anfang an allein alle Beschlüsse fassen konnte: Er war berechtigt, für jeden der Gesellschafter

das Stimmrecht auszuüben, er konnte die Geschäftsführer bestellen und diese selbstverständlich jederzeit auch wieder abberufen.
Dafür benötigten die vorgeblichen Firmengründer auch kein Geld. Das in die Firma eingezahlte Gründungskapital kam vielmehr direkt aus der DDR und wurde über die Wiener Niederlassung der ungarischen *Central Wechsel- und Creditbank*, wo Rudi Wein bereits ein Konto unterhielt, nach Österreich transferiert. Sämtliche finanziellen Transaktionen wurden natürlich nur nach fachkundiger und steuerrechtlicher Beratung durch den einschlägig bekannten Wiener Wirtschaftstreuhänder Erich Hofbauer durchgeführt.
Im Wiener Handelsregister ist der Betriebsgegenstand der *Rudolf Sacher Ges.m.b.H.* unter der Zahl HRB 11.108 folgendermaßen eingetragen:

- »Unterstützung in wissenschaftlicher und technologischer Weise von Produktionsbetrieben, die keine eigenen Forschungs- und Entwicklungsarbeiten durchführen können oder wollen.«
- »Entwicklung spezieller Geräte oder Systeme aus eigener Initiative sowie Bau derselben als Prototyp oder (und) Nullserie.«
- »Festlegung der gefundenen Erkenntnisse in Patenten, welche als Lizenzen angeboten und verkauft werden.«

Zu Geschäftsführern der Firma wurden in der Folge durch den DDR-Anwalt Karl Zerner Rudolf Sacher und Karl-Heinz Pfneudl bestellt. Zu reden hatten diese freilich praktisch nichts, denn die entscheidenden Befugnisse lagen in den Händen von Karl Zerner, Rudi Wein – und dessen Führungsoffizier, des DDR-Majors Horst Müller.
Nach außen hin merkte natürlich niemand, daß die *Rudolf Sacher Ges.m.b.H.* mit ihrem Sitz in der Spiegelgasse 3 im Zentrum Wiens de facto eine reine DDR-Firma und eine MfS-Geheimdienstgründung war.
In den darauffolgenden Monaten waren Sacher, Pfneudl und Kollegen bemüht, ihren ersten DDR-Auftrag – die Produktion von tausend Stück der schon erwähnten elektronischen Heizungssteuerungs-Systeme – nach bestem Können zu erfüllen. Der Auftrag sollte freilich nur als Köder dienen für eine viel weiter reichende Zusammenarbeit auf einem gänzlich anderen Gebiet.
Der DDR-Geheimdienst war vor allem an aktueller westlicher Hochtechnologie in den Bereichen Kernphysik und Mikroelektronik, an der im Westen schon weit fortgeschrittenen Beschleuniger- und Halbleiterentwicklung, an Technologien zur Herstellung von komplexen integrierten Schaltkreisen in MOS-Technik, an Ionen-Implantation

Geschäftszahl: 12/1969 Erste Ausfertigung

# Notariats-Akt

vom 5. Februar 1969

Vor mir, Doktor Kurt B i n d e r , öffentlichem Notar, mit dem Amtssitz in Wien-Währing, ist heute in meiner Amtskanzlei in Wien 18., Gymnasiumstraße 21, der mir persönlich bekannte – Herr Doktor Karl Z e r n e r , Rechtsanwalt, Wien 2., Leopoldsgasse 51, erschienen, welcher als Machthaber mit der ausdrücklichen Ermächtigung zum Selbstkontrahieren – ausgewiesen in – den diesem Notariatsakt in beglaubigten Abschriften angehefteten Vollmachten, je ausgestellt zu Wien, am 20. (zwanzigsten) Jänner 1969 (neunzehnhundertneunundsechzig) – für: ----------

a) Karl Heinz P f n e u d l , Physiker, Wien 5., Margarethenstraße 111 (Vollmacht Beilage/A), ----------

b) Sidonie P f n e u d l , Sekretärin, ebendort wohnhaft, -- (Beilage/B), ----------

c) Doktor Rudolf R i e d e r , Physiker, D-65 Mainz, Jakob Steffanstraße 14, Bundesrepublik Deutschland, (Vollmacht Beilage/C), ----------

d) Anna S a c h e r , Geschäftsfrau, Wien 23., Steinergasse 221, (Vollmacht Beilage/D), ----------

e) Rudolf S a c h e r , Physiker, Wien 23., [illegible]gasse 28, (Vollmacht Beilage/E), ----------

f) Alfred S i e g e n f e l d , Elektroniker, Wien 18., Cottagegasse 15 (Vollmacht Beilage/F), ----------

namens und für diese vor mir errichtet und zu Akt gegebenen hat den nachstehenden ----------

GESELLSCHAFTSVERTRAG

Erstens: Karl Heinz Pfneudl, Sidonie Pfneudl, Doktor Rudolf -- Rieder, Anna Sacher, Rudolf Sacher und Alfred Siegenfeld, errichten eine Gesellschaft mit beschränkter Haftung unter der Firma "Rudolf Sacher Gesellschaft m.b.H.". ----------

Abtretung aller Gesellschafterrechte an den DDR-Strohmann Karl Zerner

SACHER TECHNIK WIEN

CKD Praha
Zavod Polovodice

Budejovicka 5
14oo3 PRAHA 4

DUPLICATE

A N G E B O T

über eine komplette Anlage zur Herstellung von hochintegrierten hybriden Schaltkreisen mit analogen und digitalen Bauteilen nach der Dickfilmtechnologie einschließlich der Übertragung des erforderlichen Know - How.

SACHER TECHNIK WIEN
Technisches Laboratorium
1010 Wien, Spiegelgasse 3
Tel. 52 39 03

US-Hochtechnologie via Wien in den Ostblock

Leipzig, d. 11. 9. 1971

Protokoll

über eine Aussprache zwischen der Firma Sacher Technik und dem VEB Kombinat [illegible] am 11. 9. 1971 in Leipzig

Teilnehmer:

Herr Rudolf Sacher
Herr Karl-Heinz Pfneudel
Herr Peter Stadthaus
Herr Horst Winkler
Herr Gerhard Farleben
Herr Joachim Frischmann
Herr Rolf Schaller
Herr Dieter Colditz
Herr Joachim Müller
Herr Siegfried Sperling
Herr Roland Körner
Herr Peter Kuhnert

Geschäftsbesprechung mit MfS-Führungsoffizier Horst Müller alias Horst Winkler

und der Erprobung ionenlithographischer und ionenoptischer Systeme interessiert.
Im Lauf des Jahres 1970 ließen die DDR-Leute die Katze erstmals aus dem Sack und eröffneten den jungen Wiener Atomphysikern die zukünftige Aufgabenstellung: Der technologische Abstand der Ostblock-Elektronikindustrie zum internationalen Standard müsse unter allen Umständen und unter Einsatz aller Mittel verringert und nach Möglichkeit beseitigt werden.
Sacher und Pfneudl sowie deren Freunde aus dem Wiener *Radium-Institut* nahmen den Auftrag, nach westlichen Mustern eine »Anlage zur weitestgehend photolithographiefreien Herstellung von LSI-Schaltkreisen« nachzubauen, schließlich an. Eine *Ionen-Implantationsanlage* sollte spätestens bis zum Jahr 1975 in Wien zusammengestellt sein und danach auf Umwegen an den »volkseigenen Betrieb« *Kombinat Funkwerk Erfurt*, das Zentrum der ostdeutschen Elektronikindustrie, geliefert werden.
Zu Jahresbeginn 1971 wurden den Wiener Wissenschaftlern in Ost-Berlin im Beisein von Karl Zerner, Rudi Wein und der zwei Chefs des Sektors »Wissenschaft und Technik« im DDR-Geheimdienst, MfS-Oberst Horst Vogel (Deckname Horst Knorrig) und MfS-Oberst Willi Neumann (Deckname Willi Peter) die Vertragsbedingungen diktiert.
Am 3. Juni 1971 folgte der zweite Schritt: Im schweizerischen Städtchen Zug wurde Max Peterhans aktiv und fertigte die Satzungen einer im DDR-Auftrag gegründeten Briefkastenfirma mit dem Namen *Implama AG* aus. »Implama« sollte für *Implantationsmaschine* stehen. Als Firmenzweck wurden die »Finanzierung von Projekten auf dem Sektor der Festkörperphysik in Verbindung mit der Produktion von elektronischen Bestandteilen« sowie der »Maschinenhandel« festgelegt.
Das DDR-Tarnunternehmen in der Schweiz, als dessen alleinzeichnungsberechtigter Verwaltungsrat nach außen hin Max Peterhans aufschien, sollte in Zukunft für die »Forschungstätigkeit« der *Rudolf Sacher Ges.m.b.H.* sowohl den Auftraggeber vortäuschen als auch den »schweizerischen Financier« spielen.
Die finanziellen Mittel des DDR-Geheimdienstes für das Projekt »Ionen-Implantationsmaschine« begannen im Sommer 1971 zu fließen.[8] Als erste Tranche wurden rund 25 Millionen Schilling über die

---

[8] Insgesamt flossen im Laufe von zehn Jahren finanzielle Mittel in der Höhe von rund 400 Millionen Schilling über Betreiben des DDR-Geheimdienstes von Ost-Berlin über die Schweiz nach Wien.

schweizerische *Implama AG* nach Wien transferiert. Zehn Prozent dieses Betrages flossen natürlich wiederum dem Proksch- und Wein-Dachunternehmen *Kibolac* unter dem Titel von »Vermittlungsprovisionen« zu.

Der Restbetrag reichte der Firma *Sacher* zum Ankauf eines sechsgeschossigen Fabriksobjektes in der Wiener Apollogasse 6, wo bald darauf rund zwanzig Mitarbeiter mit nichts anderem beschäftigt waren, als nach penibler wissenschaftlicher Auswertung sämtlicher in Westeuropa und Amerika erhältlicher Fachliteratur ein erstes »Labormodell« einer Implantationsmaschine nachzubauen.

Als Beschaffer neuester und brandaktueller Forschungsunterlagen fungierte in erster Linie Karl-Heinz Pfneudl, während Rudolf Sacher – unterstützt von einem Wissenschaftlerteam, das durch zahlreiche Kollegen aus dem *Radium-Institut* erweitert wurde – vornehmlich Innendienst versah. Lediglich alle paar Wochen reiste eine kleine Abordnung der Wiener »Stasi«-Dependance[9] nach Dresden, Leipzig oder Ost-Berlin, um sich die jeweils neuesten Anweisungen zu holen.

Im April 1972 bekamen die Wiener allerdings einen neuen Führungsoffizier zugeteilt. Major Horst Müller alias Horst Winkler wurde unter der Legende eines Ersten Botschaftssekretärs als MfS-Agent an die DDR-Botschaft in Bern abkommandiert und kehrte erst im Jahre 1979 zurück, um – nunmehr bereits im Range eines Oberstleutnants – die Position des Leiters der Abteilung XIV der HVA im Ostberliner »Stasi« einzunehmen.

Der MfS-Offizier, der an Müllers Stelle die Führung der Wiener Gruppe übernahm, war der »USA-Spezialist« Hauptmann Hans-Peter Bertag, ein knapp dreißigjähriger promovierter Chemiker und Absolvent der Technischen Hochschule Merseburg, der bei seinen Auslandseinsätzen im Dienste des DDR-Geheimdienstes unter dem Decknamen »Peter Bertram« auftrat.

---

[9] »Stasi« = »Staatssicherheitsdienst«

# Silicon Valley: Der Filialbetrieb

Udo Proksch persönlich hatte sich in die Geschehnisse rund um die Wiener DDR-Tarnfirma *Rudolf Sacher Ges.m.b.H.* erstmals im Jahr 1970 eingeschaltet. Der Plan, auch seine Firma *Optico* in das Geheimdienstunternehmen einzubinden, scheiterte schließlich jedoch. Auf dem Gebiet der Innenpolitik war ihm dafür erstmals im Jahre 1971 ein erster größerer Erfolg beschieden.

Bundeskanzler Bruno Kreisky hatte bei der Zusammensetzung seines ersten Kabinetts keine glückliche Hand bewiesen. Bald nach der Regierungsübernahme mußte er auf seinen Landwirtschaftsminister Johann Öllinger verzichten, nachdem dessen prominente NSDAP-Vergangenheit ruchbar geworden war. Nach nur dreißigtägiger Amtszeit reichte der Minister notgedrungen seinen Rücktritt ein.

Der zweite Mann in Kreiskys erstem Kabinett, der durch seine NS-Vergangenheit belastet schien, war Verteidigungsminister Johann Freihsler. Im Februar 1971 schied auch er aus der Regierung »krankheitshalber« wieder aus. In Ermangelung eines Ersatzes mußte Kreisky damals sogar selbst vorübergehend auch das Amt eines Verteidigungsministers ausüben.

In dieser Situation bot sich dem Kanzler Udo Proksch an. Bei einem Abendessen in der Villa des Ex-Plastikkönigs Wilhelm Anger erhielt Bruno Kreisky von Proksch den Brigadier Karl Freiherr von Lütgendorf als künftigen Verteidigungsminister offeriert.

Daß Lütgendorf sich Proksch gegenüber in der Folge dankbar zeigen mußte, ist verständlich. Er war denn auch erst wenige Wochen im Amt, als er erstmals Gelegenheit dazu erhielt. Proksch stellte dem Verteidigungsminister seine Freunde, die DDR-Vertrauten Pfneudl und Sacher, vor. Bald danach konnten sich beide ebenso wie Udo Proksch und dessen Bruder Roderich beim österreichischen Bundesheer fast wie zu Hause fühlen.

Mit ausdrücklicher Bewilligung des frischgebackenen Ministers wurden Karl-Heinz Pfneudl schon am 7. April 1971 die neuesten militärtechnischen Entwicklungen in allen Details vorgeführt. Ganz besonderes Interesse bekundete der DDR-Agent für die Funktionsweise der Laser-Zieleinrichtungen des Panzerjägers »Kürassier«.

Wenn auch nie eindeutig geklärt werden konnte, welchen konkreten Schaden die österreichische Landesverteidigung dadurch erlitt, daß Pfneudl die gewonnenen Erkenntnisse vermutlich prompt an den DDR-Geheimdienst weitergab, so konnte man in Ost-Berlin auf jeden Fall zufrieden sein.

Auch an den Daten-Fernübertragungsanlagen des Bundesheeres zeigte man sich in der Folge interessiert. Wieder stellte Udo Proksch mit Hilfe des Ministers alle nötigen Kontakte her. An den Gesprächsrunden im Bundesministerium für Landesverteidigung nahm außer ihm selbst und seinem Bruder Roderich auch Rudolf Sacher teil.

Zuletzt versuchte Proksch sogar, Minister Lütgendorf, mit dem er später in der Tat einen blühenden illegalen Waffenhandel aufzog, zu einer direkten Zusammenarbeit mit der Firma *Optico* zu überreden. Prokschs Plan: Im Oberhöfleiner Bergwerksstollen sollte das Bundesheer unter seiner und Hans Peter Daimlers Obhut Munitionsdepots und Waffenlager anlegen.

In einer ganzen Reihe von Verschlußakten des Bundesministeriums für Landesverteidigung (Zl. 380.122-Zentr/71, Zl. 302.944-FM/72, Zl. 305.117-FM/72 und Zl. 325.125-FM/71 Verschluß) sind alle diese seltsamen Kontakte des Trios Sacher – Pfneudl – Proksch mit dem österreichischen Bundesheer dokumentiert.

Auch in der Firma *Rudolf Sacher* selbst wurden in der Zwischenzeit die ersten Fortschritte gemacht. Das von Sacher engagierte und mit DDR-Geld honorierte Wissenschaftlerteam hatte sehr bald erkannt, worum es geht, auch wenn sich manche zweifellos zunächst nicht ganz im klaren über die wahren Hintergründe ihrer Forschungstätigkeiten waren und sich fragten, »wozu das Ganze eigentlich gut sein soll«.

»Es geht darum«, wurde daher in einem internen Protokoll der Firma *Sacher* klargestellt, »eine Herstellungstechnologie für LSI-Schaltkreise in MOS-Technik zu erwerben, um mit dieser Technologie den Abstand (der DDR) zum internationalen Standard zu verringern.«

Die erste Versuchsanlage einer zu diesem Zweck erforderlichen Ionen-Implantationsmaschine wurde im Frühjahr 1972 in den Kellerräumen der Wiener »Stasi«-Dependance errichtet. Die Zeichnungen und Pläne für das tonnenschwere Monstrum steuerte Roderich Proksch bei.

Das aus Uraltteilen zusammengebastelte und teilweise grün gestrichene »Labormodell« erwies sich allerdings schon bald als völlig unbrauchbar und wurde demgemäß auch von den Sacher-Mitarbeitern fortan als »Green Monster« abgetan. Die Illusionen schwanden mit der Zeit. Zwar brachte Karl-Heinz Pfneudl von seinen »Studienreisen« in die USA laufend neueste Erkenntnisse und alle wissenschaftlichen Dokumentationen mit, derer er habhaft werden konnte, doch war man sich trotz alledem bewußt: Nach der bisherigen Methode würde »ein funktionierender Ionenprojektor frühestens im Frühjahr 1974 existieren«.

Daß die *Sacher*-Auftraggeber in der DDR mit dieser Entwicklung nicht zufrieden waren, leuchtet ein. Doch nachdem der Geldfluß kurzfristig gedrosselt und am Ende gar die Schließung des Geheimdienstunternehmens ventiliert worden war, wußten Sacher und Pfneudl, daß es nun an ihnen lag, den nächsten Schritt zu tun, um den Technologietransfer von West nach Ost zu garantieren.

Anfang 1973 wurde Karl-Heinz Pfneudl im Auftrag seines MfS-Führungsoffiziers, Hauptmann Hans-Peter Bertag, nach Amerika geschickt, um eine US-Tochterfirma der *Rudolf Sacher Ges.m.b.H.* zu gründen. Über eine Anzeige im *Wall Street Journal* fand er sehr bald einen Partner, der die erforderlichen Voraussetzungen für eine Zusammenarbeit mitzubringen schien.

Der Mann, ein Indonesier namens Puthenvitil Kesavan, genannt Peter K. Gopal, geboren in Singapur und Sproß einer Familie, die auch in fernöstlichen Rauschgiftschmugglerkreisen als erstklassige Adresse gilt, war 1968 in die USA gekommen, nachdem er zuvor in London eine Kurzausbildung als Elektroingenieur genossen hatte.

Gopal, ein schmächtiger kleiner Brillenträger, dessen auffallendstes Erkennungszeichen seine immer schußbereite »Fortyfive« war, die er ständig bei sich trug, hatte sich in einem Einfamilienhäuschen in Campbell angesiedelt und verfügte über ein kleines Büro in Sunnyvale bei Santa Clara im Zentrum des *Silicon Valley*, dem Herz der US-Mikroelektronik-Industrie.

Ehe Gopal mit dem DDR-Geheimdienst ins Geschäft gekommen war und sich selbständig gemacht hatte, war er jeweils kurze Zeit bei *Texas Instruments* in Dallas, bei *Philco Ford* in Pennsylvania und bei der *Solitron Inc.* in San Diego als Chips-Designer angestellt sowie bei *Collins Radio* in Newport Beach als Marketing-Manager tätig.

Bei *Texas Instruments* war Gopal wegen Diebstahls von Betriebsgeheimnissen fristlos entlassen worden. Eine bessere Empfehlung für den DDR-Geheimdienst und dessen österreichischen Ableger gab es nicht.

Am 1. Juni 1973 schritten Pfneudl, Sacher und Gopal zur Tat: In Santa Ana wurde vor dem Öffentlichen Notar des *County of Orange*, Barbara Clark, nach kalifornischem Recht und mit einem Kapital

Durch das
Firmenemblem enttarnt

von 75 000 Dollar die *Semiconductor Systems International (SSI) Inc.* gegründet.

Ein Drittel des Aktienkapitals hielt Peter K. Gopal, der auch Präsident des Unternehmens wurde, den Rest verwalteten namens der Wiener *Sacher Ges.m.b.H.* die beiden Österreicher Karl-Heinz Pfneudl und Rudolf Sacher, die fortan jeweils auch stolz den Titel eines »Vizepräsidenten« dieses Unternehmens führten.

Mit der Firmengründung in den USA war die entscheidenste Voraussetzung für einen ebenso kontinuierlichen wie schwunghaften illegalen Technologieverschub von West nach Ost gegeben.

Gopal stahl, erpreßte und erschlich sich im *Silicon Valley* alles, was er auf dem Gebiet der Mikroelektronik kriegen konnte, und lieferte seine Erkenntnisse nach Wien, von wo diese ihren Weg dann weiter in die DDR und auch in andere Ostblockstaaten nahmen.

Gelegentlich erwarb der kleine Indonesier von US-Firmen auch gleich komplette Anlagen. Diese wurden, falsch deklariert, nach Österreich exportiert, danach in der Firma *Sacher* einer optischen Veränderung unterzogen und schließlich als österreichische Produkte in den Ostblock weiterexpediert.

Auch der von Sacher im Jahr 1975 »vertragsgemäß« nach Dresden ausgelieferte »Prototyp« einer Ionen-Implantationsmaschine war in Wahrheit ein Produkt der Firma *Extrcon*, das von Peter K. Gopal besorgt worden war.

# Die Atomphysiker im Nachtgeschäft

Den österreichischen Nachwuchsspionen machte ihre Arbeit sichtlich Spaß. Aber auch an ihre Zukunft dachten sie. Sie wollten, falls sie ihren DDR-Job eines Tages verlieren sollten, geschäftlich auch auf eigenen Beinen stehen und gründeten zu diesem Zweck gleich eine ganze Reihe von privaten Unternehmungen:

Pfneudl leitete neben seiner Hauptbeschäftigung auch noch die *Karl-Heinz Pfneudl Ges.m.b.H.* (Handel und Vermittlung von Anlagen) sowie eine *Synchrovision Handelsges.m.b.H.* mit Sitz in Wien, die Aktivitäten im damals hochaktuellen und brandneuen Bereich der audiovisuellen Medien setzen sollte. Sogar mit Bundeskanzler Bruno Kreisky trat Pfneudl in Verhandlungen über eine Beteiligung der SPÖ.

Nachdem jedoch der flotte Maserati-Fahrer bald mit mehr als vier Millionen Schilling bei Lieferanten und bei Banken in der Kreide stand, erlitt das Unternehmen schließlich Schiffbruch. Karl Zerner und dessen DDR-Hintermänner sorgten jedoch dafür, daß dem Pleitier aus seinem kaufmännischen Unvermögen kein persönlicher Nachteil erwuchs. Die überschuldete Firma wurde kurzerhand mit der *Rudolf Sacher GmbH* verschmolzen und Pfneudl war von seinen Millionenschulden befreit.

Rudolf Sacher hatte mit seiner kaufmännischen Nebenbeschäftigung als Geschäftsführer und Teilhaber von zwei weiteren Privatfirmen desgleichen nur sehr wenig Glück. Weder die *Transfina Kunsthandel und Kreditvermittlung Ges.m.b.H.* noch die *Nevosad Ges.m.b.H.* (Handel mit Waren aller Art insbesondere mit Möbeln und Dekorationen) konnten geschäftlich reüssieren.

Auch im Autohandel versuchten sich die beiden Atomphysiker, die Tätigkeit der *Italcar Automobilhandelsges.m.b.H.* erschöpfte sich jedoch im wesentlichen darin, die Maserati-Generalvertretung und zwei Vorführwagen zu bekommen, die danach von Pfneudl und von Udo Proksch gefahren wurden.

Einzig und allein die von Max Peterhans als Treuhänder für Sacher und für Pfneudl in der Schweiz gegründete und später von einer jungen Dame namens Greta Fischer verwaltete Briefkastenfirma mit dem Namen *Cabana AG* erfüllte ihren Zweck: Über sie verschoben die

beiden Sunnyboys regelmäßig einen Teil der aus der DDR einlangenden Firmengelder in die Schweiz.
Falls plötzlich irgend etwas im Zusammenhang mit ihrem DDR-Job schiefgehen sollte, wollten sie genügend bare Mittel auf der hohen Kante haben, um erforderlichenfalls die Flucht nach Südamerika antreten und den Rest ihres Lebens sorgenfrei an der *Copacabana* zubringen zu können. Deshalb wählten sie den Namen *Cabana AG.* Man trug das Risiko mit viel Humor.
Lustig ging es oftmals auch in den Laboratorien der Firma *Sacher* zu. Manchmal sogar zu turbulent, wie eine Aktennotiz von einer Abteilungsleiterbesprechung eindrucksvoll beweist. »Aus gegebenem Anlaß«, heißt es darin, »wird ausdrücklich darauf hingewiesen, daß das Tragen und Ausprobieren von Schußwaffen in den Räumlichkeiten der STW untersagt ist.«
Der Hintergrund dieser unter »hochrangigen Wissenschaftlern« zumindest seltsam anmutenden Anweisung: Die Brüder Roderich und Udo Proksch stürmten gelegentlich wie Westernhelden mit gezückten Waffen in die Firma und ballerten dann dort – weil es so lustig ist – herum.
Auch ins Nachtgeschäft stiegen die auf der Lohnliste des DDR-Geheimdienstes stehenden Wiener Atomphysiker schließlich ein.
Heute heißt der Besitzer der Wiener Casanova-Bar Thomas Grebenicek. Seine Ex-Frau, Nadja Grey, war als internationale Nachtclubtänzerin einst auch in Wien wohlbekannt.
Daß Grebenicek in den späten sechziger Jahren in Deutschland unter anderem auch mit Diamanten und Waffen gehandelt haben soll, wird von ihm selbst mit Entschiedenheit bestritten. Sicher hat er jedoch durch den organisierten Import von Mädchen und deren Einsatz als Tänzerinnen sehr viel Geld verdient.
Nicht ganz geklärt ist, durch wessen Vermittlung Thomas Grebenicek Ende 1972 in den Besitz der Casanova-Bar kam, die im übrigen wohl das einzige Striptease-Lokal auf der Welt gewesen sein dürfte, das – als Theater deklariert – auch Anspruch auf öffentliche Förderungsmittel hatte.
Fest steht jedoch, daß als Geschäftsführer der Alpenland Gaststättenbetriebsges. m. b. H., die das bekannte City-Nachtlokal betreibt, vor Grebeniceks Auftauchen der Atomphysiker Pfneudl fungierte.
Unklar blieb lediglich, ob sich die Wiener Nachwuchswissenschaftler nur privat im Nachtgeschäft etabliert hatten, oder ob es auch hiebei um offizielle Interessen des DDR-Geheimdienstes – zum Zweck der Gesellschaftsspionage – ging.

Bemerkenswert und auffallend war immerhin, daß sich der Wiener DDR-Freundeskreis zu jener Zeit gleich mehrfach im Gastgewerbe zu engagieren begann:

- Am 17. März 1972 übernahm Karl-Heinz Pfneudl die Geschäftsführung der *Casanova-Bar.*
- Udo Proksch brachte am 19. April 1972 das *Café Demel* in seinen Besitz, wo sich in der Folge der *Club 45* etablierte.
- Am 15. Mai 1973 gründete Rudi Wein schließlich die *Rudolf Wein Ges.m.b.H.,* die seither den *Club Gutruf* betreibt.

Über einen Mangel an politischer, wirtschaftlicher, kultureller und gesellschaftlicher Prominenz unter seinen Gästen hat sich keines dieser Etablissements zu beklagen.

Daß Geheimdienste im übrigen – in Ost und West gleichermaßen – jede persönliche Schwachstelle eines Menschen, den sie in ihre Abhängigkeit bringen wollen, zu nutzen verstehen, weiß man. Und gelegentlich schreckt man, um die »freiwillige« Mitarbeit potentieller Informanten sicherzustellen, auch vor nackter Erpressung nicht zurück.

Karl-Heinz Pfneudl hatte auch diese Geheimnisse nachrichtendienstlicher Arbeitsmethoden bald durchschaut und versuchte sich in der Folge gelegentlich auch selbst auf einem vergleichbaren Gebiet.

Sein Engagement in Sachen Technologietransfer ermöglichte es dem kaufmännischen Geschäftsführer der *Rudolf Sacher Ges.m.b.H.*, in der Wiener Baumannstraße 3 ein gepflegtes mehrstöckiges Stadt-Zinshaus zu erwerben.

Als Mieterschaft hatte er bald ein sehr buntes Publikum um sich geschart. So wohnten im Pfneudl-Haus außer einem Freund, dem außenpolitischen Redakteur der Regierungszeitung AZ, Georg Hofmann-Ostenhof, und einer jungen Fotografin namens Ingrid Böhm auch der polizeibekannte Wiener Einbrecher Otto Werner Ebner alias Tosetto sowie ein amtsbekannter Transvestit namens Bernhard alias Sylvia Iresberger.

Als weitere Mieterin kam schließlich eine junge schwarzhäutige Dame mit Namen Amelia Eristal hinzu, die Karl-Heinz Pfneudl – zunächst nur als persönliche Gespielin für sich und seine Ehefrau Edith Susanne[10] – extra aus Haiti einfliegen ließ.

Eine Etage seines Hauses baute der aufstrebende junge Atomphysiker mit den Erfahrungen im Striptease- und Nachtgeschäft in der Folge zu exklusiven privaten Gesellschaftsräumen aus, in welche er danach

---

[10] Edith Susanne ließ sich später scheiden und lebt heute in Kanada. Karl-Heinz Pfneudl ehelichte danach die schwarzhäutige Amelia Eristal.

von Zeit zu Zeit seine präsumtiven Geschäftsfreunde einlud und sie dort intime Parties feiern ließ.
Was der Mitarbeiter des DDR-Geheimdienstes seinen Gästen bei solchen Gelegenheiten bot, konnte sich durchaus sehen lassen. Da war man schließlich nicht nur auf Damen aus seiner *Casanova-Bar* oder aus dem Leopoldstädter *Renz* angewiesen. Bei wichtigen Anlässen wurde auch Pfneudls glutäugiger Eigenimport aus der Karibik in den Dienst der Sache gestellt.
Was Pfneudls Gäste allerdings in der Regel nicht wußten: Das freizügige Haus war mit zahlreichen Videokameras bestückt, und jedes Schäferstündchen wurde heimlich fotografiert.
Eines Tages wurde Karl-Heinz Pfneudl seine Videoleidenschaft allerdings zum Verhängnis. Daß ihm seine diesbezüglichen Aktivitäten eine Vormerkung im Referat für Mädchenhandel und Prostitution beim Wiener Sicherheitsbüro eintrugen, störte ihn kaum. Gravierender war das Mißgeschick, das ihm mit seinen DDR-Partnern passierte:
Natürlich waren gelegentlich auch die Auftraggeber aus Ost-Berlin selbst in der Wiener Baumannstraße zu Gast. Auch sie wollten schließlich der süßen Verlockung dekadenter westlicher Vergnügungen, die ihnen ihr Wiener Partner anbot, nicht entsagen. Karl-Heinz Pfneudl drückte allerdings auch in diesem Fall auf den Knopf und schaltete die versteckten Videokameras ein.
Als das MfS vom Doppelspiel seines Wiener Mitarbeiters Kenntnis erlangte, zeigte es keinerlei Verständnis dafür. Kalt warf der DDR-Geheimdienst Karl-Heinz Pfneudl hinaus.
Der Technotransfer-Spezialist wurde aller weiteren Aufträge entbunden, verlor seine Position bei der *Semiconductor Systems International* im *Silicon Valley* und wurde am 30. März 1976 auch aus der *Rudolf Sacher Ges.m.b.H.* entfernt.
Der Video-Freak trug es mit Fassung, denn er hatte ohnedies längst – wie er dem Verfasser dieses Buches im Verlauf einer mehrstündigen »Beichte« gestand – seine Liebe zu Amerika entdeckt und eigentlich gar keine Lust mehr gehabt, noch länger in DDR-Diensten zu stehen. Im übrigen war ihm, meinte Pfneudl, im Hauptquartier des MfS in Ost-Berlin auch der Cognac zu mies.

# FBI und CIA werden aktiv

Der Technologietransfer, den der DDR-Geheimdienst über seine Wiener Tarnfirma und deren US-Ableger, die *Semiconductor Systems International Inc.*, betrieb, funktionierte schließlich auch ohne die Mithilfe Karl-Heinz Pfneudls reibungslos. Geliefert wurde längst nicht mehr nur in die DDR, sondern auch in die ČSSR, nach Polen und in die Sowjetunion.

Die finanziellen Mittel, die Peter K. Gopal als Beschaffungskosten in den USA benötigte, wurden zum größten Teil namens der Peterhans-Firma *Implama* aus der Schweiz über die *Schweizerische Bankgesellschaft* nach Kalifornien transferiert.

Ein weiteres Briefkastenunternehmen, das demselben Zweck diente, wurde in Zug am 1. Oktober 1976 gegründet. Auch für die *Optron AG* trat Max Peterhans als Treuhänder und nach bewährtem Muster als alleinzeichnungsberechtigter Verwaltungsrat auf. Schon wenige Wochen nach der Gründung wies die Filiale Zug der *Schweizerischen Bankgesellschaft* für insgesamt vier Lieferungen Peter K. Gopals an die *Optron AG* 460 000 Dollar an.

Weitere Transaktionen wurden aber auch direkt namens der Firma *Sacher* und von Wien aus abgewickelt – über ein Konto bei der *Volksbank Wien-Mitte*, von dem Rudolf Sacher in unzähligen Kleinbeträgen insgesamt Millionen Dollar zur SSI ins *Silicon Valley* fließen ließ.

Oft kam Peter K. Gopal auch auf Besuch nach Wien und reiste danach mit Rudolf Sacher nach Moskau oder Ost-Berlin. Ein *Intel*-Chip, der von Gopal in den USA gestohlen und an den schweizerischen »Briefkasten« *Optron* geliefert worden war, tauchte kurze Zeit danach in der Sowjetunion prompt als russische Entwicklung auf. Der Chip stimmte bis ins kleinste Detail mit dem US-Original überein. Es fehlten lediglich die Initialen des Konstrukteurs.

Am 6. Juni 1978 ging wieder einmal ein Fernschreiben von der Wiener Apollogasse an Peter Gopal. »Rudi« (Sacher) fragte beim »Dear Peter« an, ob er imstande sei, ein Angebot für einen »8702« zu machen. »Vierhundert Kdlrs« (im Klartext: 400 000 US-Dollar) standen Sacher dafür zur Verfügung. Beim »8702« handelte es sich um eine im Ostblock hochbegehrte Neuentwicklung eines Chips von *Texas Instruments.*

Ein wesentliches Interesse Sachers lag auch bei der *Hughes Aircraft Company,* Los Angeles. *Hughes Aircraft* nahm als einer der bedeutendsten US-Rüstungslieferanten eine Spitzenstellung in Amerika auf jenem Gebiet ein, das nach wie vor den Hauptauftrag der DDR betraf: die neueste Technologie zur Durchführung der Ionenprojektion.

Der polnische Geheimdienst *Sluzba Bezvieczenstwa* (SB) war ebenfalls schon seit geraumer Zeit hinter speziellen technischen Entwicklungen von *Hughes Aircraft* her. Ein Mitarbeiter der US-Firma, der Physiker William Holden Bell, hatte Mitte der siebziger Jahre im Auftrag seines Unternehmens zwei Jahre in Europa zugebracht und wurde auch prompt angeworben.

Als Bell im Jahre 1976 nach Los Angeles zurückkehrte, lernte er seinen neuen Nachbarn kennen: Marian Zacharski, der als Manager der Firma *Polamco* auftrat. In Wahrheit war er ein hochrangiger polnischer Geheimdienstoffizier, der Bell nun laufend mit Aufträgen versorgte.

Im September 1979 lieferte Bell erstmals geheime Forschungsunterlagen, die er bei seiner Firma in Los Angeles gestohlen hatte, persönlich in Europa ab. Zu diesem Zweck flog er zunächst in die Schweiz und reiste dann nach Innsbruck weiter, wo er im Hotel *Grauer Bär* abstieg und mit seinem Kontaktmann, dem Polen Anatoliusz Inowolski (Deckname: Paul), zusammentraf. Weitere Treffen in Genf, aber auch nochmals in Innsbruck und in Linz folgten.

Im Juni 1981 wurden William Holden Bell und dessen Führungsoffizier Zacharski von einer Spionageabwehrgruppe des FBI[11] enttarnt und vor Gericht gestellt. Das US-Bundesgericht Los Angeles sprach im Dezember 1981 die Urteile aus: Lebenslänglich für Zacharski und acht Jahre Zuchthaus für sein Werkzeug William Bell.

Auf die Spur war man den beiden durch den Hinweis eines CIA-Agenten gekommen, der als »Maulwurf« im polnischen SB in Warschau saß. Derselbe Mann klärte auch einen weiteren Fall auf, der den Polen Zdidzislaw Przychodzien betraf. Dieser trat abwechselnd als Manager der polnischen Handelsfirma *Unitra* oder als Beamter des Warschauer Ministeriums für Maschinenbau auf, war in Wahrheit aber ebenfalls Agent im Range eines Oberstleutnants beim SB.

Von Przychodzien, der seinen Mitarbeitern nur unter dem Namen »Der Minister« gegenübertrat, wurde in den USA James Harper an-

---

[11] FBI = Federal Bureau of Investigation.

geworben und betreut. Zunächst ging es um den schon üblichen Technologieschmuggel, bald aber war Harper bereit, für ein Honorar von 100 000 Dollar auch die Konstruktionspläne für die Silos der US-Atomraketen, insbesondere der Fernrakete *Minuteman*, zu beschaffen und deren Sicherungssysteme zu verraten.
Das Geschäft wurde in Genf perfekt gemacht, und am 5. Juni 1980 lieferte Harper seine Unterlagen in Warschau ab. Die Polen erhielten für ihre besondere Leistung in diesem Fall sogar ein persönliches Dankschreiben des damaligen KGB-Chefs Jurij Andropow.
Erst im Spätherbst 1983 gelang es dem FBI, James Harper zu verhaften.
»Der Minister«, Zdidzislaw Przychodzien, ging aber auch bei der *Rudolf Sacher Ges.m.b.H.* in der Wiener Apollogasse ein und aus. In regelmäßigen Abständen traf er hier mit Peter K. Gopal zusammen.
Im Herbst 1978 bekamen Rudolf Sacher und Peter Gopal als Strohmänner des im *Silicon Valley* etablierten DDR-Tarnunternehmens SSI erstmals Schwierigkeiten mit dem FBI.
Schuld war daran allerdings keineswegs der schon seit Jahren praktizierte illegale Technologieverschub von West nach Ost. Diesen hätten die Amerikaner vermutlich bis heute nicht entdeckt, wenn Peter K. Gopal nicht mit der Zeit immer unersättlicher geworden wäre und begonnen hätte, neben seiner Hauptaufgabe im Dienste der DDR auch innerhalb der USA einen schwunghaften Handel mit High-Tech-Betriebsgeheimnissen aufzuziehen.
Sechzigtausend Dollar hatte die SSI bereits im Mai 1978 an einem einzigen kleinen Deal verdient, indem sie gestohlene *Intel*-Daten nicht nur in den Ostblock transferierte, sondern diese zusätzlich auch noch an einen US-Konkurrenzbetrieb verkaufte.
Am 11. September 1978 war Gopal gerade wieder einmal bei seinem Partner Rudolf Sacher in Wien zu Besuch, während sich einer seiner Mitarbeiter, ein kleiner aus Hongkong stammender Chinese namens Andrew (Wai-Kung) Moore, mit Larry Worth, einem Manager der US-Elektronikfirma *National Semiconductor Corporation,* zum Lunch in einem chinesischen Restaurant in Campbell traf. Zwischen Haifischflossensuppe und dem Hauptgericht bot Moore seinem Gegenüber zum Preis von insgesamt 1,8 Millionen Dollar *Intel*-Betriebsgeheimnisse in Form von Daten und Bauteilen an.
Larry Worth zeigte sich interessiert, und man kam nach der Rückkehr Gopals aus Europa noch einmal zusammen. Worth ging zum Schein auf den Handel ein. Das ermunterte den Sacher-Kompagnon, Worth gleich auch noch ein »lukratives Gegengeschäft« zu offerieren: Der

**VOLKSBANK WIEN MITTE**
registrierte Genossenschaft mit beschränkter Haftung
Siebensterngasse 21, A-1071 Wien
Telefon (0222) 93 66 39 Serie
Telex 01-3384

Wien, 25.1.77 Ref.: Dev./ 7ra

**Scheckversand / Cheque remittance**
**Envol de cheque**

Anbei überreichen wir Ihnen unseren Scheck
Enclosed we hand you our cheque
Nous vous remettons ci-joint notre chèque P.05/LS.80

| Nr. / No. | über / for / de |
|---|---|
| 18-102 | US$ 13.062,- |

zur Verwendung laut nebenstehenden Angaben.
to be used as indicated.
pour application indiquée.

Beilage / Enclosure / Annexe: 1 Scheck

Hochachtungsvoll / Yours truly / Vos dévoués
**VOLKSBANK WIEN MITTE**
registrierte Genossenschaft mit beschränkter Haftung

Auftraggeber / By order of / Donneur d'ordre
Titl.
Rudolf Sacher GmbH
Apollogasse 6
1070 W i e n

Auftrag vom / Order dated / Ordre du: 19.1.77
Konto / Account / Compte: 1601/57 [illegible]/3

Zahlungsgrund / Reason for payment / Motif de paiement
Invoice no. 5016 v. 5.1.77

Bezogener / Drawee / Tiré
Manufacturers Hanover Trust
Company, New York

Adresse / Address
EINSCHREIBEN
Titl.
Semiconductor Systems Internatio
Incorporated
1030 H East Duane Avenue
Sunnyvale
California 94086 USA

ÖVV 510 20 - 1177

---

**SCHWEIZERISCHE BANKGESELLSCHAFT**
UNION DE BANQUES SUISSES
UNIONE DI BANCHE SVIZZERE
UNION BANK OF SWITZERLAND

Chargé / Registered
Semiconductor Systems
International Inc.
1030 - H East Duane Avenue
Sunnyvale, California 94086/USA

Ref.: PET/scc

6301 Zug, den / le 1.3.1977

Wir senden Ihnen in der Beilage / Messieurs, Nous vous remettons ci-joint / Dear Sirs, We have pleasure in enclosing

US$ 12'864.-- Check No 436980 o/New York
O/yourselves

Im Auftrag / d'ordre de / by order of: Implama AG Postfach 1157
6301 Zug

und für Rechnung / et pour compte de / and for account of: Ref: Invoice Number 5025, dd 2/21/77

und bitten Sie um Empfangsanzeige durch Unterzeichnung und Rücksendung der anhängenden Bescheinigung. / Veuillez bien nous en accuser réception en nous renvoyant signé le formulaire annexé à la présente. Merci d'avance. / Please sign and return attached receipt.

Beilage: / Annexe: / Enclosure: -1- Check / Chèque / Cheque

Hochachtungsvoll · Vos dévoués · Yours very truly
SCHWEIZERISCHE BANKGESELLSCHAFT
Union de Banques Suisses · Union Bank of Switzerland

Honorare für die Techno-Bandits fließen über Österreich und die Schweiz

Manager solle ihm doch aus dessen eigener Firma ebenfalls geheime Daten überlassen.

Für den Diebstahl jedes *National*-Produkts bot Peter Gopal jeweils eine Summe von 10 000 Dollar an. »I don't care how you get it«, ließ er Larry Worth zum Abschied augenzwinkernd wissen.

Anstatt zu liefern, benachrichtigte Worth jedoch die Polizei. Wenig später tappten Moore und Gopal in die Falle, die ein FBI-Sonderkommando für die beiden Techno-Banditen errichten ließ.

Am 27. September 1978 wurden Moore und Peter K. Gopal in ihren Büros verhaftet. Was bei den zugleich durchgeführten Hausdurchsuchungen gefunden wurde, ließ den Detektiven bald die Augen übergehen. In Gopals Notizbuch fanden sich nicht nur die Namen und Adressen von mehr als fünfhundert Kontaktpersonen aus allen wichtigen Bereichen der amerikanischen Mikroelektronik-Industrie, son-

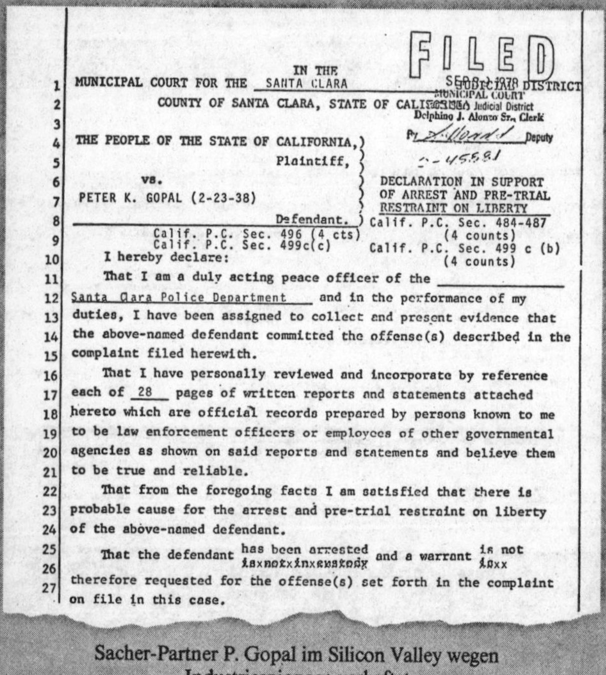

FILED
SEP 8 1978
MUNICIPAL COURT
Judicial District
Delphino J. Alonzo Sr., Clerk
By ______ Deputy

IN THE
MUNICIPAL COURT FOR THE SANTA CLARA JUDICIAL DISTRICT
COUNTY OF SANTA CLARA, STATE OF CALI

THE PEOPLE OF THE STATE OF CALIFORNIA, Plaintiff,

vs.

PETER K. GOPAL (2-23-38) Defendant.

Calif. P.C. Sec. 496 (4 cts)
Calif. P.C. Sec. 499c(c)

-45581

DECLARATION IN SUPPORT OF ARREST AND PRE-TRIAL RESTRAINT ON LIBERTY
Calif. P.C. Sec. 484-487 (4 counts)
Calif. P.C. Sec. 499 c (b) (4 counts)

I hereby declare:

That I am a duly acting peace officer of the Santa Clara Police Department and in the performance of my duties, I have been assigned to collect and present evidence that the above-named defendant committed the offense(s) described in the complaint filed herewith.

That I have personally reviewed and incorporate by reference each of 28 pages of written reports and statements attached hereto which are official records prepared by persons known to me to be law enforcement officers or employees of other governmental agencies as shown on said reports and statements and believe them to be true and reliable.

That from the foregoing facts I am satisfied that there is probable cause for the arrest and pre-trial restraint on liberty of the above-named defendant.

That the defendant has been arrested and a warrant is not therefore requested for the offense(s) set forth in the complaint on file in this case.

Sacher-Partner P. Gopal im Silicon Valley wegen Industriespionage verhaftet

dern auch die Anschriften von rund einem Dutzend in den USA ansässigen Ostblock-Bürgern sowie die Namen der Partner der SSI im Moskauer *Ministerium für elektronische Industrie.*

In einem eigenen grünen Aktenordner befanden sich Aufzeichnungen über die wichtigsten Verbindungen nach Österreich sowie in die Schweiz: Bankkonten und Geschäftspapiere ebenso wie Namen und Adressen. Auch eine interessante Wiener Telefonnummer tauchte in diesem Aktenordner auf. Es war die Nummer 66 17 17 – Udo Prokschs Anschluß im *Café Demel.*

Kein Wunder, daß auch Stanislav Nosov, »Diplomat« im sowjetischen Konsulat in San Francisco, ob der Verhaftung Gopals in Panik geriet: »Wo wurde er verhaftet? Warum wurde er verhaftet? Was wird ihm vorgeworfen? Ich kenne den Mann nicht!«

Nach einigen Tagen Haft ging Peter K. Gopal wieder frei, nachdem für ihn eine Kaution in der Höhe von 250 000 Dollar erlegt worden war. So war er in den darauffolgenden Wochen prompt imstande, seine »Geschäfte« mit dem DDR-Geheimdienst zu einem für alle Beteiligten günstigen Abschluß zu bringen.

Wie das FBI später herausfand, bot Gopal unmittelbar nach seiner Entlassung aus der Haft einem seiner Mitarbeiter 10 000 Dollar Honorar an, falls dieser bereit sei, rasch einige Koffer mit »heißer Ware« von Amerika nach Wien zur Firma *Sacher* zu bringen.

Dem Mitarbeiter war das Unternehmen zu riskant, worauf Anfang November 1978 von Österreich aus zwei Italiener in Bewegung gesetzt wurden, um Gopals letzte Lieferung aus dem *Silicon Valley* zu holen.

Zugleich mit der US-Ware, die ausschließlich aus hochaktuellen Informationen und Angaben zur Mikroelektronik-Technologie bestanden, trafen in Wien – aus der Schweiz kommend – auch zwei Ostberliner Geheimdienstler ein: Der Führungsoffizier der amerikanisch-österreichischen Gruppe, MfS-Hauptmann Hans-Peter Bertag, und dessen Mitarbeiter im Referat 1, Oberleutnant Peter Groser. Hauptmann Bertag reiste wie immer mit einem gefälschten Diplomatenpaß unter seinem Decknamen Peter Bertram.

In Wien wurde das in fünf großen Koffern verpackte Material in ein Kraftfahrzeug der Wiener DDR-Botschaft verladen, von Bertag und Groser unter dem Schutz der diplomatischen Immunität über die tschechische Grenze nach Bratislava verfrachtet und von dort mit einem Lieferwagen des MfS weiter nach Ost-Berlin transportiert. Zwei CIA-Leute, die den Materialtransport noch in Wien abfangen wollten, kamen zu spät.

# Ein Überläufer namens Stiller

Werner Friedhelm Stiller wurde am 24. August 1947 im sächsischen Weßmar nahe Merseburg in der DDR geboren und studierte von 1966 bis 1971 an der *Karl-Marx-Universität* in Leipzig Atomphysik.
Im Laufe des Jahres 1970 wurde Werner Stiller vom *Staatssicherheitsdienst* als inoffizieller Mitarbeiter, als sogenannter »IM«, rekrutiert. Nach Beendigung seines Studiums sorgte das MfS dafür, daß der Nachwuchsagent, der für den späteren Einsatz auf dem Gebiet der Wissenschafts- und Technikspionage aufgebaut werden sollte, in den Genuß einer weiteren fundierten wissenschaftlichen Ausbildung kam. Das MfS besorgte ihm eine Stellung in der *Physikalischen Gesellschaft* der DDR.
Am 1. August 1982 trat Werner Stiller hauptberuflich im Range eines Leutnants in den DDR-Geheimdienst ein und wurde dem Referat 1 der Abteilung XIII der *Hauptverwaltung Aufklärung* im MfS zugeteilt. Er erhielt den Decknamen »Werner Stahlmann«, und in seinen Zuständigkeitsbereich fiel die »wissenschaftliche Aufklärung in Fragen der Kernphysik«.
Nachdem Werner Stiller später zum Oberleutnant befördert worden war und seine ersten selbständigen Auslandseinsätze zu absolvieren hatte, bekam er noch eine weitere Identität in Form eines DDR-Diplomatenpasses auf den Namen »Werner Schilling«.
Werner Stiller alias Werner Stahlmann alias Werner Schilling brachte im MfS binnen weniger Jahre eine Blitzkarriere als Wissenschaftsagent hinter sich. Bald wurden von ihm rund zwei Dutzend in Westeuropa – vor allem in der Bundesrepublik Deutschland – eingesetzte Agenten in eigener Verantwortung und persönlich geführt.
Seinen Kollegen Hans-Peter Bertag hatte er bereits im Jahre 1972 auf der HVA-Schule, wo sie zusammen ihre nachrichtendienstliche Ausbildung genossen, näher kennengelernt. Stiller mochte ihn nicht besonders. Bertags Arroganz, übertriebene Linientreue und ideologische Scharfmacherei stießen ihn ab.
Ab April 1976 wurde Stiller und Bertag, der bald danach zum Referatsleiter aufsteigen sollte, ein gemeinsames Arbeitszimmer zugewiesen.

Etwa zur selben Zeit kam der MfS-Oberleutnant, der sich in der Zwischenzeit mit einer Ungarin verheiratet hatte, im Verlauf eines seiner Auslandseinsätze erstmals auch mit dem westdeutschen *Bundesnachrichtendienst* (BND) in Kontakt. Er ließ sich anwerben und begann darauf, das gefährliche Spiel eines Doppelagenten zu spielen, weil er darin die einzige Möglichkeit sah, irgendwann dem DDR-Staat, dessen Regime ihm im Laufe der Jahre immer verhaßter geworden war, zu entkommen.
Systematisch, wenn auch mit aller gebotenen Vorsicht, begann Stiller in der Folge, seine Kollegen im MfS zu bespitzeln, um auch über deren Arbeits- und Einsatzgebiete so viele Informationen wie möglich herauszubekommen.
Jahre später veröffentlichte er, nachdem ihm der Übertritt in den Westen gelungen war, seine Erinnerungen.[12] Über seinen Zimmerkollegen berichtete er:
»Peter Bertag ... brachte tatsächlich seinen gesamten Agentenbestand mit, sein gut plaziertes Quellennetz im Bereich Mikroelektronik, und zog zu mir ins Zimmer. Peter umgab sich mit einem Stapel Akten. Auf den Deckeln las ich die Decknamen ›Prokurist‹, ›Sander‹ und noch einige andere. Wer waren diese Leute, deren Führung Oberst Vogel persönlich beaufsichtigte?
Mit der Zeit entlockte ich Bertag einige allgemeine Angaben über den Komplex. Die Arbeit dieser sogenannten ›Wiener Residentur‹ hatte 1971 begonnen. Auf der Leipziger Messe hatte der damalige Leiter des Referates 3, Horst Müller, einen österreichischen Geschäftsmann angeworben, welcher der Kommunistischen Partei nahestand.
Nach und nach waren noch weitere Agenten dazugekommen. Bald war die Gruppe auf zehn Personen angewachsen. Im Auftrag des MfS gründeten sie miteinander verzahnte Firmen, so daß allmählich eine regelrechte DDR-Geheimdienstkolonie in der österreichischen Hauptstadt entstand. Die Fäden reichten in die Schweiz und weiter in die Vereinigten Staaten. Dort wurden auch die meisten Informationen beschafft.
Nahezu die gesamte Entwicklung der so wichtigen Mikroelektronik in der DDR hing von dieser Wiener Residentur ab ... Die dort tätigen Agenten kauften oder stahlen, was sie an Unterlagen, Mustern oder Einzelteilen bekommen konnten.
Der Schaden, der dem Westen insgesamt durch diese von dem Ge-

---

[12] Werner Stiller, »Im Zentrum der Spionage«, v. Hasc & Koehler Verlag, Mainz, 1986.

spann Vogel/Bertag geführten Gruppe zugefügt wurde, muß immens gewesen sein. Dieses Netz lieferte Informationen in Hülle und Fülle und erhielt höchste Bewertungsnoten für den Inhalt.«
Im Juni 1976 bereitete Stillers Zimmerkollege eine weitere sogenannte »Westwerbung« vor. Es ging, wie der »Maulwurf« des Bundesnachrichtendienstes im MfS bald herausfand, um den Sohn einer der Hauptfiguren der Wiener Residentur.
»Die Eltern des jungen Mannes«, berichtete Werner Stiller später in seinem Buch, »hatten bereits Vorarbeit geleistet und ihren Sprößling mit den guten Perspektiven eines MfS-Mitarbeiters vertraut gemacht. Zur Zeit Medizinstudent an der Wiener Universität, war er außerdem schon ideologisch in die Fußstapfen der Eltern getreten und sympathisierte mit dem Kommunismus. Bertag hatte ihn in die DDR eingeladen, um ihn mit den ›Errungenschaften‹ der Republik vertraut zu machen und sodann für das MfS zu gewinnen.«
Bald darauf gelang es Werner Stiller, einen Blick auf die von Oberst Vogel persönlich bestätigte Werbevorlage seines Zimmerkollegen zu werfen und den Namen des neu angeworbenen Wiener Nachwuchsagenten zu entziffern: Wolfgang Wein, Deckname »Prokop«. Damit hatte er den Anfang jenes Fadens in der Hand, mit dem er im Laufe der Zeit die gesamte Wiener Residentur aufzuspulen gedachte.
Keine konkreten Angaben vermochte sich Bertags Kollege allerdings über die Hauptfigur der Wiener Residentur zu verschaffen. Er erfuhr lediglich, daß es sich »um einen in der Wiener Prominentenszene sehr bekannten Mann handelt, der eines der berühmtesten Feinschmeckerlokale in der Wiener Innenstadt leitet und auch als Designer hervorgetreten ist«.
Seine Informationen über den Wiener Spionagering behielt Stiller vorläufig für sich. Er glaubte, sie aus Gründen seiner eigenen Sicherheit noch nicht an den BND weitergeben zu können, denn die Wiener Residentur war »so hochkarätig, für den Osten so wichtig und für den Westen wirtschaftlich wie militärisch so schädlich«, daß er befürchten mußte, man würde sich entschließen, die Arbeit der Gruppe ohne Rücksicht auf die möglichen Folgen für ihn unverzüglich zu beenden.
Im Herbst 1978 entging der Doppelagent in der Spionagezentrale der DDR erstmals knapp seiner Enttarnung, so daß sich der BND nun entschloß, ihn so rasch wie möglich in den Westen zu holen.
Der Übertritt wurde von den Herren in Pullach bei München sorgfältig vorbereitet. Einer der geplanten Fluchtwege sollte Werner Stiller mit Hilfe eines vom BND gefälschten österreichischen Reisepasses per Flugzeug von Ost-Berlin nach Wien führen.

Als zweite Variante war eine Eisenbahnreise geplant: Der MfS-Oberleutnant sollte mit falschen Papieren den Zug von Halle nach Hamburg benützen, in Magdeburg einsteigen und den Zug in Hannover wieder verlassen, wo sich seine Freunde vom BND dann um ihn kümmern würden.
Werner Stiller entschied sich schließlich für die Eisenbahnfahrt und plante seinen Absprung für den Abend des 18. Jänner 1979. Über eine Deckanschrift teilte er seinen Kollegen vom BND mittels einer Postkarte mit, daß »Onkel Paul mit dem 22.00-Uhr-Zug aus Halle ankommen wird«.
Erst im letzten Augenblick disponierte er doch noch einmal um und entschloß sich, die DDR »offiziell« in Richtung West-Berlin zu verlassen.
Zuvor gab es allerdings noch eine kleine Panne. Knapp vor seinem Abgang, so war es geplant, sollte Werner Stiller noch rasch den Sicherheitsschrank seines Abteilungsleiters in der HVA ausräumen, in dem sich eine Liste mit den Klarnamen sämtlicher im Westen eingesetzten DDR-Agenten der Abteilung XIII befand.
Einen Schlüsselabdruck hatte er schon vor Monaten seinen Kollegen im Westen zukommen lassen. Als Stiller dann allerdings mit dem vom BND angefertigten Nachschlüssel vor Oberst Vogels Aktenschrank stand, mußte er feststellen, daß in Pullach offenbar gepfuscht worden war: Der Schlüssel paßte nicht.
So mußte sich der Überläufer damit begnügen, als »Einstandsgeschenk« jene Mikrofilme und Geheimakten aus dem MfS in den Westen zu bringen, die von ihm schon seit Monaten gesammelt und für den Abtransport vorbereitet worden waren.
Mit Koffer und Aktentasche bepackt, betrat Stiller schließlich knapp vor 21.00 Uhr den S-Bahnhof Friedrichstraße in Ost-Berlin. Ein Sonderausweis, der ihn als MfS-Offizier mit einem dienstlichen Auftrag auswies, ermöglichte ihm, wenig später durch eine Hintertüre und einen tunnelartigen Gang, der vom MfS als »Gepäckschleuse« benützt wird, unbehelligt in den Westteil des Bahnhofes zu gelangen, wo er in die U-Bahn einstieg, die ihn nach West-Berlin bringen sollte.
Wenig später war es geschafft: Von der U-Bahn-Station Reinickendorfer Straße fuhr Stiller mit dem Taxi zum Flughafen Tegel, ging zur Polizeiwache, legte seinen Dienstausweis auf den Tisch und erklärte den verblüfften Beamten: »Ich bin Offizier des *Ministeriums für Staatssicherheit* der DDR und gerade aus Ost-Berlin übergetreten. Verständigen Sie bitte den *Bundesnachrichtendienst* in Pullach. Ich werde dort erwartet!«

In den Morgenstunden des 19. Jänner 1979 wurde Werner Stiller mit einer amerikanischen Kuriermaschine nach München-Riem und von dort sofort weiter zur BND-Zentrale gebracht.
In Pullach erwarteten den Überläufer neben einem Großaufgebot an BND-Mitarbeitern auch schon die Spionageabwehrspezialisten des Kölner *Bundesamtes für Verfassungsschutz*, eine Abordnung der Staatsschutzabteilung des *Bundeskriminalamtes* und der westdeutschen *Bundesanwaltschaft*.
Bereits wenige Stunden später setzte in mehreren westeuropäischen Ländern schlagartig die erste Verhaftungswelle ein. Siebzehn DDR-Agenten wurden allein in der Bundesrepublik Deutschland noch im Laufe des 19. Jänner 1979 verhaftet, darunter Reiner Fülle, ein leitender Mitarbeiter des *Kernforschungszentrums Karlsruhe*, der bayerische SPD-Abgeordnete Friedrich Cremer, der Vorsitzende der *Deutschen Physikergesellschaft*, Robert Rompe, sowie der Institutsdirektor der Universität Göttingen, Prof. Karl Hauffe, der von Werner Stiller als DDR-Agent unter dem Decknamen »Fellow« persönlich geführt worden war.
Für fünfzehn weitere von dem Überläufer enttarnte DDR-Spione kamen die Haftbefehle allerdings schon zu spät: Sie wurden von Ost-Berlin aus blitzartig gewarnt und hatten die Bundesrepublik bereits Hals über Kopf verlassen.
Auch Reiner Fülle gelang einen Tag nach seiner Verhaftung, während er dem Untersuchungsrichter vorgeführt werden sollte, noch unter spektakulären Umständen die Flucht. Der Agent schlug sich bis zur sowjetischen Militärmission in Baden-Baden durch und wurde von den Sowjets danach in einer Holzkiste über die deutsch-deutsche Grenze in den Osten geschmuggelt.[13]
Der prominenteste Fang gelang auf Grund der Stiller-Angaben der französischen Spionageabwehr D.S.T. In Paris wurde der Kernphysiker und Hochenergielaser-Spezialist Rolf Dobbertin (Deckname: »Sperber«) verhaftet und binnen weniger Tage vor dem französischen Staatssicherheitsgerichtshof unter Anklage gestellt.
Der aus der DDR stammende Rolf Dobbertin war schon vor 22 Jahren als MfS-Agent nach Westeuropa geschickt worden und hatte es zum prominenten Mitarbeiter sowohl des *Nationalen Rates für wissenschaftliche Forschung* in Paris als auch des *Europäischen Kernfor-*

[13] Erst im Jahre 1981 kehrte der nach Ost-Berlin geflohene DDR-Agent freiwillig wieder in den Westen zurück, stellte sich den Behörden und wurde später in Stuttgart zu einer sechsjährigen Haftstrafe verurteilt.

*schungszentrums* CERN in Genf gebracht. Zwischendurch war Dobbertin als Gastprofessor am Institut für theoretische Physik auch in Innsbruck tätig gewesen.
Die komplette Sichtung und Auswertung aller von Stiller aus der DDR-Spionagezentrale mitgebrachten Geheimunterlagen und persönlichen Informationen dauerte insgesamt mehr als eine Woche lang, und auch später wurden auf Grund seiner detaillierten Hinweise noch zahlreiche weitere im Westen tätige Ostspione enttarnt, verhaftet und schließlich auch abgeurteilt.[14]
Nur in Österreich führten die Angaben des Überläufers letztlich zu keinem Erfolg. Zwar wurde auch Österreichs *Staatspolizei* vom BND seinerzeit prompt über den in Wien operierenden DDR-Agentenring informiert, dessen Spuren bis in den *Demel*-Club führten, und die Affäre wirbelte eine Zeitlang beträchtlichen Staub auf:
Es gab Ermittlungen und auch gerichtliche Voruntersuchungen, die einige Jahre lang währten, am Ende wurde dann aber doch alles unter den Teppich gekehrt.
Die wahren Hintergründe der Wiener Agentenaffäre blieben offiziell unaufgeklärt. Angeblich reichten Stillers Angaben für eine Anklageerhebung nicht aus.

[14] Der MfS-Oberleutnant selbst wurde in Ost-Berlin in Abwesenheit von einem Sondergericht zum Tode verurteilt. Der DDR-Geheimdienst setzte ein Jagdkommando auf ihn an, das den Auftrag hatte, den »Verräter«, auf dessen Kopf eine Prämie von 1 Million Mark ausgesetzt wurde, entweder in die DDR zu entführen oder ihn an Ort und Stelle zu liquidieren.

## Großeinsatz der Staatspolizei

Am 30. Jänner 1979 waren zwei Vertreter des österreichischen Innenministeriums in der Zentrale des deutschen *Bundesnachrichtendienstes* zu Gast. Noch in den Abendstunden desselben Tages kehrten die beiden Beamten der Gruppe C (*Staatspolizeilicher Dienst*) mit den ihnen in Pullach ausgehändigten Unterlagen Werner Stillers nach Wien zurück. Das mitgebrachte Material umfaßte:

- Hinweise auf ein von der DDR über die Bundesrepublik nach Österreich eingeschleustes Agentenehepaar, das die Decknamen »Heinz« und »Doris« trug. Die Klarnamen der beiden MfS-Spione sowie deren genauen Aufenthaltsort kannte Stiller allerdings nicht.
- Unterlagen über einen Wiener Physiker oder Chemiker (Klarname: Dr. Tschamler), der laufend Informationen an das MfS lieferte.
- Hinweise auf drei weitere von Österreich aus operierende Agenten mit den Decknamen »Tschech«, »König« und »Huber«, deren Klarnamen der MfS-Überläufer nicht anzugeben vermochte. Bei »Huber« war ihm nur bekannt, daß dieser offenbar in der verstaatlichten *Österreichischen Mineralölverwaltung* (ÖMV) tätig war.
- Recht exakte Angaben über einen MfS-Mitarbeiter in Wien mit dem Decknamen »Emsig«, der im Jahre 1975 vom DDR-Geheimdienst angeworben worden war.
- Unterlagen über den Wiener Medizinstudenten und Sohn Rudi Weins, Wolfgang Wein, der unter dem Decknamen »Prokop« agierte.
- Und schließlich ein umfangreiches Aktenkonvolut über die illegale Wiener Residentur des DDR-Nachrichtendienstes, die auf Wissenschaftsspionage und Technologietransfer spezialisiert war und von Werner Stillers Zimmerkollegen im MfS, Hauptmann Hans-Peter Bertag, geführt wurde.

In einer Niederschrift (Aktenzahl: Z-C 30 006/79), die Beamte des BND am 25. Jänner 1979 mit Werner Stiller aufgenommen hatten, gab dieser unter anderem zu Protokoll:

»Die Wiener Residentur wurde meines Wisens zu Beginn der siebziger Jahre durch Major Horst Müller, damals HVA-Abteilung XIII, geworben. Horst Müller müßte unter Horst und Deckname als Nach-

name aufgetreten sein.[15] Als Legende wurde wahrscheinlich das *Ministerium für Wissenschaft und Technik* gewählt...
Bei der Wiener Residentur handelt es sich um einen absoluten Spitzenvorgang des Sektors Wissenschaft und Technik, der vom Leiter des Sektors, Oberst Horst Vogel, und dem Stellvertreter, Oberst Willi Neumann, persönlich geführt worden ist.
Hauptarbeitsgebiet der Residentur ist die Beschaffung grundlegender, umfangreicher und für den gesamten RGW-Bereich außerordentlich bedeutsamer Informationen und Unterlagen zu Fragen der Mikroelektronik... Die Informationen werden in den USA beschafft und über mehrere Firmen in den Ostblock weitergeleitet.
Die Akten zum Vorgang selbst werden von Hauptmann Peter Bertag, Leiter des Referates 1, geführt. Der Nutzen für den Ostblock geht in die Milliarden.«
Werner Stillers Hinweise auf den personellen Hintergrund dieser Wiener Residentur erschienen zunächst freilich eher diffus. Formell wurden zum Zeitpunkt seines Übertritts in den Westen nur zwei ihm auch mit ihren Klarnamen bekannte Personen aus diesem Bereich vom MfS als Agenten geführt:
Rudolf Sacher, in der Ostberliner Geheimdienstzentrale unter dem Decknamen »Sander« registriert, und Rudolf Wein, eine der Hauptfiguren der Wiener Gruppe, die passenderweise den Decknamen »Prokurist« trug.
Im übrigen konnte der MfS-Überläufer nur noch mit einem Wiener Autokennzeichen und der schon erwähnten Beschreibung eines weiteren Hintermannes dienen: Ein »prominenter Wiener Designer und Leiter eines weltberühmten Feinschmeckerlokals«.
Zweifellos konnte es sich hiebei nur um Udo Proksch handeln. Im BND war man – auf Grund gänzlich anderer Quellen – sogar lange Zeit überzeugt, daß der *Demel*-Chef selbst den MfS-Decknamen »Prokurist« trug.[16]
Trotz der insgesamt eher vagen Angaben Werner Stillers wußte Österreichs *Staatspolizei* rasch Bescheid, handelte es sich doch in fast allen Fällen um »alte Bekannte«.

---

[15] Tatsächlich nannte sich der MfS-Major, der die Wiener Gruppe bis 1972 geführt hatte, wie berichtet, Horst Winkler.

[16] In Werner Stillers im Jahre 1986 erschienenem Buch »Im Zentrum der Spionage«, das vom BND redigiert wurde, heißt es in diesem Zusammenhang erneut: »Der Mann, der sich hinter dem Decknamen ›Prokurist‹ verbarg, heißt mit Klarnamen Udo Proksch...« Wie aber schließlich auch die Wiener Staatspolizei herausfand, war der »Prokurist« in Wahrheit doch der Proksch-Kompagnon Rudi Wein. Der *Demel*-Chef selbst agierte auf einer wesentlich höheren Ebene.

Buch:

Z – C 30. 006/79

Datum: 31. Jänner 1979

Betr.: N. WEIN und Dr. SACHER;
Verdacht der nachrichtendienstlichen
Tätigkeit zugunsten der DDR

Bezug: Ohne

Der übergelaufene Oberleutnant des Ministeriums für Staatssicherheit Werner STILLER hat am 25.1.1979 nachstehende Angaben gemacht:

Hierbei handelt es sich um die sogenannte Wiener Residentur (von ihr geprägter Begriff zur Bezeichnung einer Personengruppe). Die Wiener Residentur wurde meines Wissens anfangs der 70er Jahre durch den Mitarbeiter, damals HVA-Abteilung XIII Horst MÜLLER, damals Major geworben. Meines Wissens nach war bei einem Messebesuch dieser Leute in LEIPZIG Horst MÜLLER müßte unter Horst und Deckname als Nachname aufgetreten sein. Als Legende wurde wahrscheinlich das Ministerium für Wissenschaft und Technik gewählt. Horst MÜLLER selbst arbeitete anschließend 5 Jahre lang von 1973-78 als Resident des MfS an der Botschaft der DDR in der schweizerischen Eidgenossenschaft in der Funktion eines 1. Botschaftssekretärs. Nach seiner Rückkehr 1978 wurde er stellvertretender Abteilungsleiter der Abteilung XIV der HVA im Range eines Oberstleutnants. Meines Wissens wird er ab Februar 1979 zum Abteilungsleiter der Abt. XIV berufen. Bei der sogenannten Wiener Residentur handelt es sich um einen absoluten Spitzenvorgang des Sektors

| versendet am : | REF. | LB |
| --- | --- | --- |
| | videat | KANZLEI |
| | Chef | Pos. |
| | EVIDENZ ausw. | EA. Block einlegen |
| | | Frist |
| | | Ref. zurück |

MfS-Überläufer Werner Stiller informiert den BND über den Wiener DDR-Spionagering und die Gruppe um Udo Proksch

Selbstverständlich erkannte die Stapo sofort in der *Kibolac Ges.m.b.H.* die von Stiller genannte Firma, die den Wiener Techno-Bandits als »operatives Dach« diente und als deren Geschäftsführer Rudi Wein fungierte.

Der zweite Mann, Udo Proksch, war der Gründer und Mitgesellschafter der *Kibolac Ges.m.b.H.*, aus der schließlich die *Rudolf Sacher Ges.m.b.H.* mit ihren nominellen Geschäftsführern Rudolf Sacher und Karl-Heinz Pfneudl hervorging.

Insgesamt wurden von der österreichischen *Staatspolizei* Ende Jänner 1979 auf Grund der Hinweise des MfS-Überläufers innerhalb weniger Stunden acht Wiener als mutmaßliche DDR-Agenten identifiziert.

Am 31. Jänner 1979 verfaßte der *Staatspolizeiliche Dienst* eine dreiseitige Information für den Innenminister, der sich daraufhin zu einem Gipfelgespräch mit dem Justizminister traf.

Schon um 15.30 Uhr desselben Tages fand im Innenministerium eine Konferenz statt, an der der Leiter des *Staatspolizeilichen Dienstes*, Armin Hermann, der *Stapo*-Chef Adolf Hejkrlik, der Leiter der Oberstaatsanwaltschaft, Eugen Pausa, sowie Sektionschef Hermann Fleisch vom Bundesministerium für Justiz teilnahmen. Nachdem die Minister Lanc und Broda grünes Licht gegeben hatten, wurde der Grundsatzbeschluß zum Einschreiten gefaßt.

Um 17.00 Uhr beantragte Journalstaatsanwalt Robert Schindler bei der Journalrichterin am Landesgericht für Strafsachen Wien, Grete Kloyber, die Ausstellung richterlicher Hausdurchsuchungsbefehle für acht Personen an vierzehn verschiedenen Adressen.

In den Morgenstunden des 1. Februar 1979 begannen die Amtshandlungen. Durchgeführt wurden sie von Dutzenden Beamten, die keinerlei Informationen besaßen, worum es überhaupt ging. Wonach sie zu suchen hatten, wußten sie ebenfalls nicht. Und schließlich wurden sie – offenbar ganz bewußt – zum Teil auch an die falschen Adressen geschickt.

So hatte Werner Stiller im Fall Sacher ausdrücklich darauf hingewiesen, daß etwa eine Hausdurchsuchung in dessen Privatwohnung vermutlich zu keinem Erfolg führen würde. Die Beweise für Rudolf Sachers nachrichtendienstliche Aktivitäten lägen in den Geschäftsbüchern seiner Firma.

Die Folge dieses Hinweises war, daß bei Rudolf Sacher eine Hausdurchsuchung justament nur an dessen Privatanschrift in der Wiener Zieglergasse 3 durchgeführt wurde, die Firma *Sacher Ges.m.b.H.* hingegen blieb völlig unbehelligt. Beschlagnahmt wurde lediglich das pri-

vate Telefonverzeichnis Sachers, für seine Firmenbücher interessierte sich niemand.
Im übrigen ging ein eiserner Vorhang des Schweigens über die Ereignisse nieder. Innenminister Erwin Lanc verhängte noch am selben Tag eine Nachrichtensperre, beeilte sich jedoch, noch bevor die ersten Einvernahmen der Verdächtigen überhaupt abgeschlossen waren, zu berichten, die Aktion habe sich als »Schlag ins Wasser« erwiesen. Der ostdeutsche Überläufer Werner Stiller habe offensichtlich eine völlig korrekte Geschäftstätigkeit mit nachrichtendienstlichen Aktivitäten verwechselt.
Am Abend desselben Tages legte ein leitender Beamter der *Staatspolizei* in seinem Büro am Wiener Schottenring eine Aktennotiz für sein Privatarchiv an. Er faßte darin die Ereignisse der vergangenen 24 Stunden zusammen und schloß: »Die Aktion wurde gezielt von Anfang an so durchgeführt, daß sie zum Scheitern verurteilt wird.«

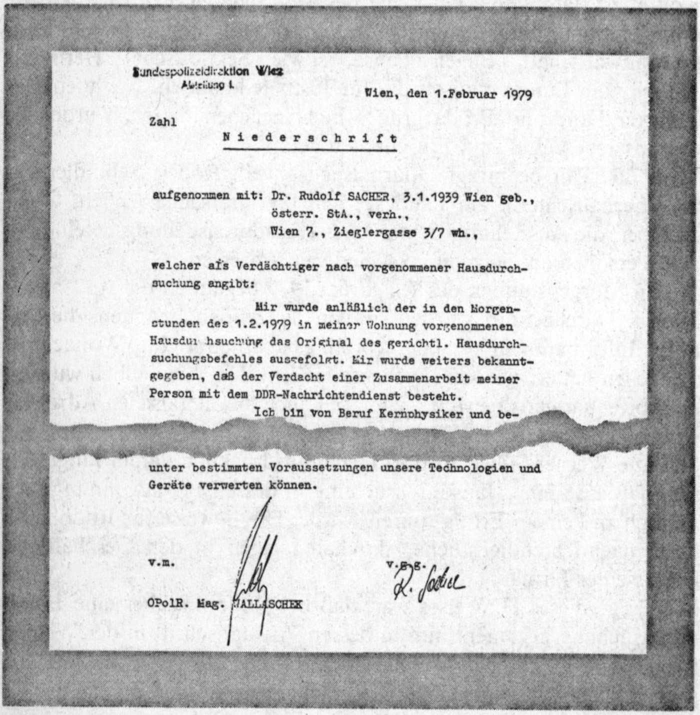
Bundespolizeidirektion Wien
Abteilung I.

Wien, den 1.Februar 1979

Zahl

Niederschrift

aufgenommen mit: Dr. Rudolf SACHER, 3.1.1939 Wien geb., österr. StA., verh., Wien 7., Zieglergasse 3/7 wh.,

welcher als Verdächtiger nach vorgenommener Hausdurchsuchung angibt:

Mir wurde anläßlich der in den Morgenstunden des 1.2.1979 in meiner Wohnung vorgenommenen Hausdurchsuchung das Original des gerichtl. Hausdurchsuchungsbefehles ausgefolgt. Mir wurde weiters bekanntgegeben, daß der Verdacht einer Zusammenarbeit meiner Person mit dem DDR-Nachrichtendienst besteht.

Ich bin von Beruf Kernphysiker und be-

unter bestimmten Voraussetzungen unsere Technologien und Geräte verwerten können.

v.m.

OPolR. Mag. GALLASCHEK

v.g.g.
R. Sacher

# »Emsig« für die DDR

»Gegen Udo Proksch« habe sich aus den Mitteilungen des Überläufers Werner Stiller »kein Anhaltspunkt für eine strafbare Handlung ergeben«, teilte Innenminister Erwin Lanc am 5. April 1979 dem österreichischen Parlament mit.
Gegen acht andere österreichische Staatsbürger wurden die Erhebungen wegen Spionageverdachtes allerdings noch eine Zeitlang weitergeführt. Zum Teil gab es sogar Voruntersuchungen durch das Gericht. In den meisten Fällen verliefen die Ermittlungen allerdings bald im Sand.
Der von Werner Stiller als DDR-Agent genannte »Physiker oder Chemiker« Dr. Tschamler wurde von der *Staatspolizei* als der Lehrbeauftragte an der *Technischen Universität* Wien und Leiter des *Österreichischen Kunststoffinstitutes*, Hubert Tschamler, identifiziert.
Zwar hatte er nach seinen eigenen Angaben verschiedentlich Vortragsreisen in der DDR absolviert und es sei zu diversen Kontaktgesprächen in Leipzig gekommen, seine Gesprächspartner hätten sich jedoch als Vertreter des *Ministeriums für Außenhandel* vorgestellt. Vom DDR-Nachrichtendienst sei er, so sagte Tschamler, nie kontaktiert worden. Für die *Staatspolizei* war der Fall damit erledigt.
Der in der ÖMV tätige DDR-Spion mit dem Decknamen »Huber« konnte nicht ausgeforscht werden. Stillers Angaben waren diesbezüglich zu vage.
Gegen Edith Wein, die geschiedene Gattin Rudi Weins, wurden kurzfristig ebenfalls Vorerhebungen durchgeführt. Sie gab zu, wiederholt in die DDR gereist zu sein, um mit Hauptmann Peter Bertag Kontakt aufzunehmen. Auch Zusammenkünfte in Wien, die Rudi Wein heftig bestritt, räumte sie ein, doch behauptete selbstverständlich auch sie, nicht gewußt zu haben, daß »Peter« dem DDR-Nachrichtendienst angehörte.
Außerdem interessierte sich die *Staatspolizei* auch noch für finanzielle Transaktionen, die Edith Wein zugunsten der *Kommunistischen Partei Israels* durchgeführt hatte. Doch auch in diesem Fall biß die *Stapo* letztlich auf Granit.
Frau Wein wollte lediglich manchmal Geldbeträge in der Größenord-

nung von 20 000 US-Dollar von Freunden zur Aufbewahrung erhalten haben, die sie dann jeweils nach einiger Zeit einem Bekannten ihres Mannes ausgefolgt habe. Mit der israelischen Kommunistischen Partei habe dies alles jedoch nichts zu tun gehabt.

Ein langes Versteckspiel gab es auch um den von Werner Stiller als MfS-Mitarbeiter bezeichneten Wiener, der unter dem Decknamen »Emsig« operierte.

Am 30. Juni 1980 – eineinhalb Jahre nach dem Übertritt des »bislang wichtigsten Überläufers aus dem DDR-Geheimdienst« – zog die Grazer *Kleine Zeitung* über die Agentenaffäre ein vorläufiges Resümee: »Es war gelungen«, schrieb das Blatt, »zahlreiche Spione zu enttarnen. Viele flohen in den Osten. Doch einige Ostspione behielten die Nerven und verrieten sich nicht. Stiller kannte von ihnen nur den Decknamen und ihren Einsatzort. Das schienen sie zu wissen. Eines ist sicher: In Österreich hat ein Spion mit dem Decknamen ›Emsig‹ gearbeitet.«

Auf eine dem Zeitungsbericht folgende parlamentarische Anfrage des Abgeordneten Felix Ermacora teilte Innenminister Erwin Lanc am 23. Juli 1980 dem *Hohen Haus* mit, einer jener Spione, die Stiller nur dem Decknamen nach bekannt waren, sei tatsächlich identifiziert. Es handle sich dabei um einen österreichischen Staatsbürger. Die Beantwortung aller weiteren Fragen lehnte der Innenminister jedoch ab, denn dadurch »könnten die noch im Gang befindlichen polizeilichen Erhebungen beeinträchtigt werden«.

Die Sorge des Innenministers war völlig unbegründet, denn das Strafverfahren gegen jenen Herrn »Emsig«, der da laut Stiller so emsig für den DDR-Geheimdienst gearbeitet hatte, war zu diesem Zeitpunkt in Wahrheit längst eingestellt.

Wer der Mann war, erfuhr die Öffentlichkeit jedoch nie, denn zu seinen engsten politischen Freunden in Österreich zählte auch ein Regierungsmitglied: Sozialminister Alfred Dallinger.

Hinter dem Decknamen »Emsig« verbarg sich ein junger Wiener Wissenschaftler namens Peter Fleissner, der auch der Öffentlichkeit durch seine zahllosen Fernsehauftritte – etwa im *Club 2* – wohlbekannt ist.

Peter Fleissner hatte an der Technischen Universität in Wien Nachrichtentechnik und am *Institut für Höhere Studien* Ökonomie studiert. Im Jänner 1973 wurde er als wissenschaftlicher Mitarbeiter an der *Österreichischen Akademie der Wissenschaften* angestellt und ist seither auf dem Gebiet der Sozialkybernetik tätig.

Seine Dienststelle ist das *Institut für sozio-ökonomische Entwicklungs-*

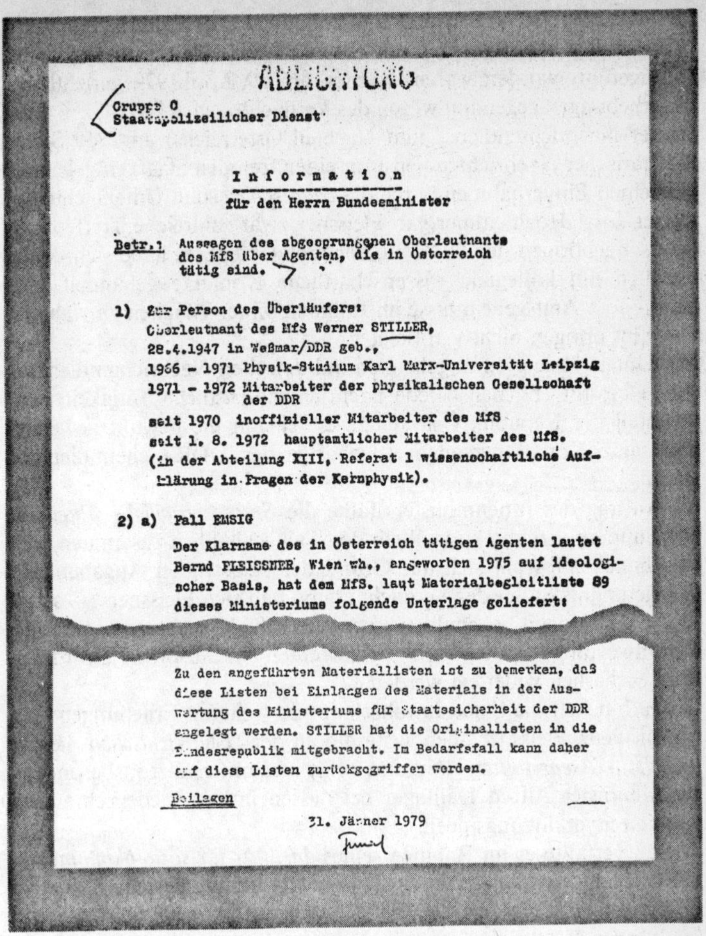

ABLICHTUNG

Gruppe C
Staatspolizeilicher Dienst

**Information**

für den Herrn Bundesminister

Betr.: Aussagen des abgesprungenen Oberleutnants des MfS über Agenten, die in Österreich tätig sind.

1) Zur Person des Überläufers:
Oberleutnant des MfS Werner STILLER,
28.4.1947 in Weßmar/DDR geb.,
1966 – 1971 Physik-Studium Karl Marx-Universität Leipzig
1971 – 1972 Mitarbeiter der physikalischen Gesellschaft der DDR
seit 1970 inoffizieller Mitarbeiter des MfS
seit 1. 8. 1972 hauptamtlicher Mitarbeiter des MfS.
(in der Abteilung XIII, Referat 1 wissenschaftliche Aufklärung in Fragen der Kernphysik).

2) a) Fall EMSIG

Der Klarname des in Österreich tätigen Agenten lautet Bernd FLEISSNER, Wien wh., angeworben 1975 auf ideologischer Basis, hat dem MfS. laut Materialbegleitliste 89 dieses Ministeriums folgende Unterlage geliefert:

Zu den angeführten Materiallisten ist zu bemerken, daß diese Listen bei Einlagen des Materials in der Auswertung des Ministeriums für Staatssicherheit der DDR angelegt werden. STILLER hat die Originallisten in die Bundesrepublik mitgebracht. Im Bedarfsfall kann daher auf diese Listen zurückgegriffen werden.

Beilagen

31. Jänner 1979

*forschung*, nebenbei war er auch am *Internationalen Institut für angewandte Systemanalyse* in Laxenburg engagiert.

Laut Stiller war Peter Fleissner seit dem Jahr 1975 Mitarbeiter des DDR-Geheimdienstes, nachdem er auf ideologischer Basis angeworben worden war. Die Trefforte Fleissners mit Offizieren des MfS, wo laut Stiller die jeweilige Übergabe von Informationen und die Bezahlung erfolgte, waren Preßburg, Budapest und Ost-Berlin.

Nachdem in seinen Wohnungen in Wien (Praterstraße 78 und Wied-

ner Hauptstraße 19) sowie in der Wohnung seiner Tante in Hainburg, Carnuntumstraße 23, am 1. Februar 1979 Hausdurchsuchungen durchgeführt worden waren, wurden am 19. April 1979 gerichtliche Vorerhebungen gegen ihn wegen des Verdachtes nach §§ 124, 256 (Geheimer Nachrichtendienst zum Nachteil Österreichs) und 319 StGB (Militärischer Nachrichtendienst für einen fremden Staat) eingeleitet.
Bei seinen Einvernahmen durch die *Staatspolizei* und Untersuchungsrichter Josef Hochleithner gab Fleissner zwar zahlreiche Treffen mit Staatsangehörigen der DDR zu, behauptete aber, es habe sich dabei lediglich um kollegiale wissenschaftliche Kontakte gehandelt. Betriebs- oder Amtsgeheimnisse im Rahmen seiner Tätigkeit zu wahren, sei er im übrigen nicht verpflichtet.
Die Unterstützung eines geheimen militärischen Nachrichtendienstes (MfS) bestritt er, ebenso jede nachrichtendienstliche Tätigkeit zum Nachteil der Republik Österreich. Es sei ihm nie bewußt gewesen, daß seine Kontaktpersonen Angehörige des DDR-Geheimdienstes waren.
Im Auftrag des Innenministers faßte die *Staatspolizeiliche Abteilung* der Bundespolizeidirektion Wien den Fall schließlich zusammen und berichtete: »Obwohl sich auf Grund der belastenden Angaben des Oberleutnants Stiller der Verdacht ergibt, daß sich Fleissner ... strafbare Handlungen zuschulden kommen ließ, kann seine leugnende Verantwortung ... nicht mit der für einen Schuldspruch erforderlichen Sicherheit widerlegt werden.«
Daraufhin ließ die Staatsanwaltschaft alle weiteren Erhebungen einstellen. Peter Fleissner blieb weiterhin an der *Österreichischen Akademie der Wissenschaften* aktiv und berät und unterstützt insbesondere Sozialminister Alfred Dallinger bei dessen immer wiederkehrenden Arbeitszeitverkürzungsideen.
Zuletzt verfaßte er im Rahmen seines *Instituts für sozio-ökonomische Entwicklungsforschung* eine »wissenschaftliche Studie«, durch die der Nachweis erbracht werden sollte, daß bei sofortiger Einführung der 35-Stunden-Woche bei vollem Lohnausgleich schlagartig 350 000 neue Arbeitsplätze entstünden.
Emsig agitiert Fleissner auch weiterhin im politischen Bereich: Die vom linksintellektuellen Braintrust des Sozialministers in Zusammenarbeit mit Jungsozialisten, einigen marxistisch orientierten katholischen Priestern und prominenten KPÖ-Funktionären gegründete Aktionsgruppe »Arbeitszeitverkürzung jetzt!« wurde von Peter Fleissner alias »Emsig« mitinitiiert.

# Deckname: »Prokurist«

Nicht ganz so rasch wurden Rudolf Sacher und Rudi Wein vom Spionageverdacht exkulpiert.

Bei seiner ersten Vernehmung durch die *Staatspolizei* schilderte der Wiener Atomphysiker durchaus wahrheitsgemäß, wie er über seinen Freund Karl-Heinz Pfneudl mit Rudi Wein und anschließend mit Udo und Roderich Proksch bekanntgemacht worden sei.

Dann erzählte er von den DDR-Geschäften, die ihm die *Kibolac Ges.m.b.H.* vermittelt habe, wie man den Entschluß gefaßt habe, unter seinem Namen eine eigene Firma zu gründen, und wie er in Ost-Berlin schließlich auch mit »Peter Bertram« bekanntgemacht worden sei. Daß dieser in Wahrheit Hans-Peter Bertag hieß und MfS-Geheimdienstoffizier war, habe er, so schwor Sacher, jedoch nie geahnt. Für »seine« Firmen in Wien und im *Silicon Valley* interessierten sich die Behörden in Österreich immer noch nicht.

Im März 1979 schlug in Kalifornien allerdings ein Sonderkommando des FBI zu: Sachers Partner in der *Semiconductor Systems International Inc.*, Peter K. Gopal, wurde auf Grund der inzwischen auch den Amerikanern zugekommenen Stiller-Aussagen sofort wieder verhaftet, bald danach unter Anklage gestellt und vom *Superior Court of the County of Santa Clara* schließlich unter der Aktenzahl 70 499 wegen Diebstahls von US-Hochtechnologie in dreiundzwanzig nachgewiesenen Fällen zu einer mehrjährigen Gefängnisstrafe verurteilt.

Ein wenig half dabei sogar Sachers und Gopals Wiener Ex-Kompagnon Karl-Heinz Pfneudl mit. Als dieser nämlich Ende Jänner 1979 vom Übertritt eines MfS-Agenten aus der Abteilung XIII erfuhr, wurde ihm sofort klar, daß nun nicht nur die Wiener *Sacher Ges.m.b.H.*, sondern auch die SSI in Sunnyvale als Drehscheibe des illegalen Technologietransfers auffliegen würde.

Daß auch seine eigene frühere Rolle in diesem Spiel durch den Überläufer aus dem MfS sehr bald offengelegt werden würde, schien unvermeidlich zu sein. Was Österreich betraf, war Karl-Heinz Pfneudls Sorge allerdings unbegründet. Hier hatte er nichts zu befürchten. Man warf ihm seine langjährige Tätigkeit im Dienste des DDR-Geheimdienstes niemals offiziell vor.

Nur der vormalige Generaldirektor der österreichischen Verstaatlichten-Holding ÖIAG, Oskar Grünwald, mit dem Pfneudl Anfang der achtziger Jahre gerade in Geschäftsbeziehungen stand, erhielt eines Tages den vertraulichen Hinweis, daß sein Geschäftspartner bei der *Staatspolizei* als DDR-Agent geführt werde.
Pfneudl wußte sich allerdings rasch zu helfen. Vom Chef des *Staatspolizeilichen Dienstes* erbat und bekam er am 25. Februar 1980 unter der Aktenzahl 7.449/1-II/C/80 eine schriftliche Bestätigung des Bundesministeriums für Inneres, durch die ihm bescheinigt wurde, »daß die Sicherheitsbehörden gegen Sie weder in der Vergangenheit Ermittlungen im Hinblick auf eine Agententätigkeit geführt haben, noch derzeit Anlaß zu irgendwelchen Untersuchungen gegen Sie besteht. Mit vorzüglicher Hochachtung: Dr. Hermann«[17].
Bei den Amerikanern mußte Karl-Heinz Pfneudl allerdings mehr tun, als nur um einen »Persilschein« zu bitten. Nach dem Stiller-Übertritt meldete er sich sofort bei einem an der Wiener US-Botschaft residierenden CIA-Mitarbeiter und bot seine Mithilfe bei der Überführung seines amerikanischen Ex-Partners an. Als Gegenleistung wollte er auch weiterhin jederzeit in die USA einreisen dürfen, ohne seine Verhaftung befürchten zu müssen.
Die Amerikaner akzeptierten den Deal. Karl-Heinz Pfneudl wurde zur US-Spionageabwehr an das FBI-Hauptquartier in New York weitergereicht und stellte sich schließlich auch dem gegen Peter K. Gopal ermittelnden kalifornischen Staatsanwalt als »kooperativer« Informant zur Verfügung. Kein Wunder, daß Rudi Wein seinen ehemaligen Schützling und Schüler seither haßt wie die Pest.
Auch in Wien wurde – nach der Festsetzung Gopals im fernen Sunnyvale – gegen Rudolf Sacher und Rudi Wein am 19. April 1979 schließlich doch noch eine gerichtliche Voruntersuchung eingeleitet.
Am 10. Mai 1979 mußte Rudolf Sacher anläßlich seiner ersten Beschuldigtenvernehmung durch Untersuchungsrichter Josef Hochleithner zugeben, auch den von Werner Stiller als den Werber der Wiener Gruppe bezeichneten MfS-Agenten Oberstleutnant Horst Müller alias Horst Winkler seit 1969 persönlich zu kennen.
Gegen die Einleitung der Voruntersuchung brachte Sachers Partner und Anwalt, der DDR-Freund Karl Zerner, am 22. Juni 1979 bei der Ratskammer eine Beschwerde ein und verlangte die sofortige Einstel-

---

[17] Armin Hermann wurde im April 1985 zum Sektionschef befördert und zum Leiter der Sektion III im Bundesministerium für Inneres bestellt. Sein Nachfolger als Leiter der Gruppe C *(Staatspolizeilicher Dienst)* wurde mit 1. 4. 1985 Anton Schulz.

lung aller Ermittlungen. Begründung: Es sei höchst zweifelhaft, ob die Angaben der *Staatspolizei* über die Agententätigkeit seines Mandanten überhaupt von einer offiziellen Dienststelle stammen.
Die Ratskammer wies die Beschwerde zurück, wogegen Karl Zerner neuerlich Einspruch erhob. Als letzte Instanz stellte das Oberlandesgericht Wien schließlich fest, daß die Voruntersuchung gerechtfertigt sei und führte unter anderem auch aus:
»Die aus den Akten hervorgehende Organisation und konspirative Arbeitsweise (Verwendung von Decknamen usw.) des *Staatssicherheitsdienstes* der DDR charakterisieren diesen als ›geheimen Nachrichtendienst‹ im Sinne des § 256 StGB, wobei ... im Hinblick auf die militärischen Dienstgrade der Führungsoffiziere und der Konzeptsbeamten in der Zentrale *(Ministerium für Staatssicherheit)* die Bedeutung der Kernphysik und der Mikroelektronik für die modernen strategischen Planungen und die Waffentechnik und den behaupteten Nutzen für den Ostblock in Milliardenhöhe das Vorliegen der Voraussetzungen eines ›militärischen Nachrichtendienstes‹ im Sinne des § 319 StGB indiziert ist.«
»Daß den Mitteilungen des Herrn Sacher an Personen in der DDR ein äußerst hoher, ja zum Teil höchster militärischer Wert zukommt«, wurde schließlich auch in einem vom Wiener Landesgericht eingeholten und von Oberstleutnant Werner Lackner verfaßten Gutachten des *Heeres-Nachrichtenamtes* festgestellt.
Rudolf Sacher und Rudi Wein leugneten jedoch weiter hartnäckig, sich als Agenten der DDR einer strafbaren Handlung schuldig gemacht zu haben, und die Untersuchungen schleppten sich lustlos dahin, bis der Akt im Jänner 1980 für die Dauer eines halben Jahres gleich zur Gänze im Justizministerium verschwand.
Am 30. Juni 1980 mußte das *Heeres-Nachrichtenamt* seinen gesamten Bestand an Geheimakten, die in bezug auf die Aktivitäten von Udo Proksch und die *Rudolf Sacher Ges.m.b.H.* im Bereich des Verteidigungsministeriums angelegt worden waren, der Wiener Staatsanwaltschaft übermitteln.
Gegen einige Verdächtige wurden danach über Weisung des Ministers, Christian Broda, die Ermittlungen eingestellt. Auch eine für Juni 1980 geplante Einvernahme Udo Prokschs durch die *Staatspolizei* mußte abgesagt und auf August verschoben werden. Im August wurde sie neuerlich abgesagt und für September in Aussicht genommen.
Immerhin schon am 8. Oktober 1980 war es dann aber wirklich soweit: Knapp zwei Jahre nach den Enthüllungen Werner Stillers durfte

die *Staatspolizei* Udo Proksch erstmals vernehmen. Als »Auskunftsperson«. Die Vernehmung führte der Stapo-Beamte Ernst Wallaschek durch.

Etwa zur selben Zeit langte bei der Staatsanwaltschaft Wien auch das Ergebnis einer von dieser vor allem im Hinblick auf Rudolf Sacher und Rudi Wein erbetenen neuerlichen zeugenschaftlichen Befragung des Ex-MfS-Offiziers Werner Stiller ein.

Unter der Aktenzahl 153 343/2-11/7/80 teilte der *Staatspolizeiliche Dienst* des Bundesministeriums für Inneres der Staatsanwaltschaft am 29. September 1980 mit, »daß Oberleutnant Werner Stiller zu dem aufgeworfenen Fragenkomplex einer ergänzenden Vernehmung unterzogen wurde, wobei er folgende Angaben machte«:

- »Rudolf Wein war seit Anfang der siebziger Jahre unter dem Decknamen ›Prokurist‹ Agent des MfS. Er wurde von Hauptmann Peter Bertag, Referatsleiter 1 der Abteilung XIII der *Hauptverwaltung Aufklärung* (HVA) des MfS, nachrichtendienstlich geführt. Wein war mit der Beschaffung von Sachinformationen zum Komplex Mikroelektronik befaßt.«
- »Rudolf Sacher war seit Anfang der siebziger Jahre Agent des MfS. Sein Führungsoffizier war ebenfalls Hauptmann Peter Bertag. Sacher hatte den Decknamen ›Sander‹. Sacher war zu Beschaffung von Sachinformationen auf dem Sektor Mikroelektronik eingesetzt.«

Dennoch entschloß man sich bald darauf, sämtliche Strafverfahren gegen die von Werner Stiller enttarnten Agenten der DDR kurzerhand einzustellen. Man mußte es nicht zuletzt auch »aus Gründen der Staatsräson« tun.

Im Jahre 1978 – wenige Monate bevor die Spionageaffäre durch den Übertritt Stillers geplatzt war – hatte Österreichs ehemaliger Bundeskanzler, Bruno Kreisky, als erster Regierungschef eines westlichen Landes der DDR die Ehre eines Staatsbesuches erwiesen.

Bei dieser Gelegenheit wurden ihm für die kommenden Jahre Milliardenaufträge der DDR für Österreichs Wirtschaft in Aussicht gestellt, wofür sich der Kanzler nach seiner Rückkehr auch gebührend als »Arbeitsplatzretter« feiern ließ.[18]

---

[18] Insbesondere wurde damals auch der Grundstein für die ruinöse »Zusammenarbeit« zwischen der DDR und der verstaatlichten österreichischen Stahlindustrie gelegt, die – um die DDR-Finanzierungsprobleme zu lösen – unter anderem die Gründung jener VOEST-Tochterfirma *Intertrading Ges.m.b.H* erforderlich machte, deren Hasardgeschäfte einige Jahre danach zu einer der Hauptursachen für den Beinahe-Bankrott der VOEST wurden.

REPUBLIK ÖSTERREICH
BUNDESMINISTERIUM FÜR INNERES
GENERALDIREKTION
FÜR DIE ÖFFENTLICHE SICHERHEIT
1014 Wien, Postfach 100

Sachbearbeiter:
ARat AHNINGER,
Tel. 66 26/214 Dw.

Zahl: 153.343/2-II/7/80

Bei Beantwortung bitte angeben

Betr.: Aussage des im Jänner 1979 übergetretenen Offiziers des Ministeriums für Staatssicherheit (MfS), Oblt. Werner STILLER, im Hinblick auf Agenten, die in Österreich tätig sind;

hier: WEIN Rudolf, 19.5.1930 geb., u.a.

Bezug: 15 St 4101/79

Staatsanwaltschaft Wien
Eingel. am 2 ... 19.. Uhr...
1 fach, mit — Beilg. 1
— Halbschriften

An die
Staatsanwaltschaft Wien

Landesgerichtsstraße 11
1082 Wien

Das Bundesministerium für Inneres teilt in Entsprechung des do. Ersuchens vom 29.5.1980 mit, daß Oblt. Werner STILLER zu dem aufgeworfenen Fragenkomplex einer ergänzenden Vernehmung unterzogen wurde, wobei er folgende Angaben machte:

1) WEIN Rudolf,
war seit Anfang der 70er Jahre unter dem Decknamen "PROKURIST" Agent des MfS. Er wurde von Hptm. Dr. Hans-Peter BERTAG, Referatsleiter 1 der Abteilung XIII der Hauptverwaltung Aufklärung (HVA) des mfS, nachrichtendienstlich geführt. WEIN war mit der Beschaffung von Sachinformationen zum Komplex Mikroelektronik befaßt.

SACHER Dr. Rudolf,
war seit Anfang der 70er Jahre Agent des MfS. Sein Führungsoffizier war ebenfalls Hptm. Dr. Hans-Peter BERTAG. SACHER hatte den Decknamen "SANDER". SACHER war zur Beschaffung von Sachinformationen auf dem Sektor Mikroelektronik eingesetzt.

WEIN Rudolf und SACHER Dr. Rudolf,
hatten regelmäßig ca. alle zwei Monate in Berlin-Ost Treffs. Ihr Treffpartner war Hptm. Dr. Hans-Peter BERTAG. Bei diesen Treffs waren häufig auch Oberst VOGEL, Leiter des SWT der HVA des MfS, und Obert NEUMANN, stellvertretender Leiter des SWT der HVA des MFS, anwesend.

Wien, am 29. September 1980
Für den Bundesminister:
MR. Dr. SCHULZ

Für die Richtigkeit
der Ausfertigung:

**REPUBLIK ÖSTERREICH**
BUNDESMINISTERIUM FÜR INNERES
GENERALDIREKTION
FÜR DIE ÖFFENTLICHE SICHERHEIT
1014 Wien, Postfach 100

Zahl: 7.449/1-II/C/8o — Wien, am 25.Februar 198o

Bei Beantwortung bitte angeben

Sehr geehrter Herr Karl Heinz PFNEUDL !

In einem von Ihnen am 12.2.198o im Bundesministerium für Inneres deponierten undatierten Brief teilen Sie mit, daß geschäftliche Verhandlungen, die Sie bis Anfang Jänner 1979 mit Vertretern der Österreichischen Industrieverwaltungs-AG geführt haben, deshalb nicht zu Ihrer Zufriedenheit verlaufen seien, weil Vertretern der Österreichischen Industrieverwaltungs-AG gerüchteweise, bzw. vertraulich bekannt geworden sei, daß Sie von der Staatspolizei als "Agent der DDR" bezeichnet worden seien.

Hiezu stellt das Bundesministerium für Inneres fest, daß die Sicherheitsbehörden gegen Sie weder in der Vergangenheit Ermittlungen im Hinblick auf eine "Agententätigkeit" geführt haben, noch derzeit Anlaß zu irgendwelchen Untersuchungen gegen Sie besteht.

Mit dem Ausdruck der vorzüglichen Hochachtung

Min.Rat Dr.Hermann

Herrn
Karl Heinz PFNEUDL
Margaretenstraße 111
<u>1o5o W i e n</u>

Im Jahr 1980 erwiderte der Staatsratsvorsitzende der DDR, Erich Honecker, Kreiskys Visite und suchte nun seinerseits Österreich heim. Einer der inoffiziellen Verhandlungspunkte: Entweder die peinliche Spionageaffäre werde unter den Teppich gekehrt, oder die VOEST könne die erhofften »Milliardenaufträge« vergessen.
Bald nach Honeckers Abreise wußte auch die weisungsgebundene Staatsanwaltschaft, was zu tun war. In ihrem Schlußbericht, in dem sie begründete, warum die Strafverfahren nun endgültig eingestellt werden sollten, faßte sie sich sehr kurz und führte unter anderem aus: Weder hätten aus den vom *Heeres-Nachrichtenamt* übermittelten Akten über Rudolf Sacher und Udo Proksch »konkrete Anhaltspunkte für ein gerichtlich strafbares Verhalten eines der Beschuldigten entnommen werden (können)«, noch habe die ergänzende Vernehmung des Werner Stiller einen neuen Gesichtspunkt ergeben.
Die Ermittlungen der *Staatspolizei* in bezug auf Karl-Heinz Pfneudl faßte die Staatsanwaltschaft in beeindruckender Nüchternheit folgendermaßen zusammen: »Aus den Erhebungsergebnissen geht hervor, daß Karl-Heinz Pfneudl ein Physiker ist, der Gesellschafter in Firmen des Rudolf Sacher war und auch eigene Firmen besessen hat.«
Nicht minder erschöpfend schienen auch die Recherchen im Hinblick auf die von Stiller erwähnten Firmenverflechtungen gewesen zu sein: »Über die Person des Peter Gopal konnte nichts festgestellt werden. Über die Firmen *Semiconductor Systems International*, *Implama* und *Optron* konnten gleichfalls weder im Handelsregister noch bei der Handelskammer Wien oder bei der Bundeskammer der gewerblichen Wirtschaft Feststellungen getroffen werden.«
Kein Wunder: Die SSI war bekanntlich in Kalifornien und die *Implama* sowie die *Optron AG* waren in der Schweiz registriert.
Nur ein einziger Mann hätte den Akteuren und Regisseuren in diesem Vertuschungsspiel am Ende beinahe einen Strich durch die Rechnung gemacht: der Sohn Rudi Weins.
Der Medizinstudent und Absolvent der noblen Wiener *Theresianischen Akademie*, der bald nach der Matura der linksradikalen *Gruppe revolutionärer Marxisten* (GRM) beigetreten war, hatte sich – über Vermittlung des Vaters – ebenfalls vom MfS anwerben lassen und wurde durch den Übertritt Stillers in den Westen enttarnt.[19]

[19] Wolfgang Wein, in der Zwischenzeit zum Doktor der Medizin promoviert, distanziert sich heute ausdrücklich von seiner »Jugendtorheit« und legt auf die Feststellung wert, daß er in Zukunft »ausschließlich den Wunsch (habe), ein gutbürgerliches Leben zu führen«.

Werner Stillers Aussage in bezug auf das jüngste Mitglied der DDR-Geheimdienstkolonie in Wien war kurz, klar und bündig:
»Wolfgang Wein war seit 1976 unter dem Decknamen ›Prokop‹ Agent des MfS. Er wurde von Hauptmann Peter Bertag geworben. Die Werbung erfolgte auf politisch-ideologischer Basis in Karl-Marx-Stadt. Die Zuführung erfolgte durch Wolfgang Weins Vater. Wolfgang Wein erhielt bis 1978 eine Nachrichtendienst-Ausbildung durch Leutnant Ekkehard Frenz, Angehöriger des Referates 1 der Abt. XIII der HVA.«
Auch Zeitpunkt und Orte, wann und wo Wolfgang Wein jeweils mit anderen Mitarbeitern des DDR-Geheimdienstes Kontakte hatte, konnte Stiller detailliert angeben. Die Trefforte waren Ost-Berlin, Karl-Marx-Stadt (DDR), Budapest, Györ (Ungarn) und Bratislava (ČSSR).
Wolfgang Wein beging nun einen unverzeihlichen Fehler, der für die Vertuschungsstrategie der gesamten Affäre fatal war: Während alle anderen von Stiller Genannten brav leugneten, legte Wolfgang Wein ein Geständnis ab. Zu allem Überfluß stimmten seine eigenen Angaben auch noch haargenau und bis ins Detail mit den Stiller-Aussagen überein. Die Gefahr war evident, denn damit waren ja automatisch auch die letzten Zweifel an der Richtigkeit aller übrigen Stiller-Aussagen beseitigt.
Im Frühjahr 1980, nachdem Wolfgang Wein sein Geständnis längst abgelegt und unterzeichnet hatte, wurde der Leiter der *Staatspolizeilichen Abteilung* in der Bundespolizeidirektion Wien, Adolf Hejkrlik, von Innenminister Lanc beauftragt, zu seinem persönlichen Gebrauch auf Regierungsebene einen Bericht über den Stand der Erhebungen vorzulegen. In sachlicher Nüchternheit schilderte Hejkrlik in diesem zehnseitigen Bericht den Sachverhalt. In bezug auf den geständigen Wolfgang Wein führte er aus:
Wolfgang Wein, geboren am 25. 5. 1954, gab an, erstmals im Jahr 1967 mit seinem Vater Rudolf Wein in die DDR gereist zu sein. Im Jahr 1976 kam er mit Angehörigen des Geheimdienstes der DDR in Kontakt und lernte durch Vermittlung seines Vaters den MfS-Füh-

rungsoffizier Hauptmann Bertag kennen. Nach einem längeren Gespräch eröffnete ihm Hauptmann Bertag, er könne für den Geheimdienst der DDR arbeiten.
Wolfgang Wein entschloß sich, das Angebot anzunehmen. Am 23. April 1976 kam es zwischen ihm und Wolfgang Wein zu einem neuerlichen Zusammentreffen in Preßburg, wo er erste Aufträge und eine »Spesenvergütung« erhielt.
Im Juni 1976 kam es zu einem Treffen in Budapest, bei welcher Gelegenheit Wolfgang Wein die von ihm gesammelten Informationen auftragsgemäß ablieferte und einen neuen Auftrag erhielt: Er sollte über einen Mann namens Carlo Milano in Rom Erhebungen durchführen. Bei weiteren Zusammentreffen mit Hauptmann Bertag im April 1977 in Preßburg und im August 1977 am Plattensee lieferte Wolfgang Wein wiederum Informationen ab. Im Februar 1978 erhielt er in Ost-Berlin einen »Personenforschungsauftrag«: Er sollte den in der Wiener Bastiengasse 56 wohnhaften Alexander Krischan[20] »abklären«. Die Informationen lieferte er bei einem vereinbarten Treffen im Jänner 1979 in Györ ab.
Das war das letzte Zusammentreffen mit Hauptmann Bertag – am 1. Februar 1979 fand die Hausdurchsuchung bei Wolfgang Wein statt und es wurde die gerichtliche Voruntersuchung gegen ihn eingeleitet. »Wolfgang Wein«, so Hejkrlik abschließend wörtlich, »gab an, er habe sich in die Angelegenheit aus jugendlichem Leichtsinn und Abenteuerlust eingelassen.«
Nun war guter Rat teuer. Es war längst beschlossene Sache, aus Gründen der »Staatsräson« für eine Einstellung dieser Spionageverfahren zu sorgen. Zu diesem Zweck mußte jedoch das dumme Geständnis verschwinden. Das Problem wurde folgendermaßen gelöst:
Die *Staatspolizei* erhielt den Auftrag, einen neuen Bericht vorzulegen. Dieser zweite Bericht, von derselben Schreibkraft auf derselben Schreibmaschine geschrieben, umfaßte zwölf Seiten. Unter Punkt H

[20] Alexander Krischan, für den sich der DDR-Geheimdienst interessierte, ist Direktor der Firma *Hoechst Austria AG* und Vorstandsmitglied mehrerer politisch und wirtschaftlich ausgerichteter Vereine, darunter auch der *Österreichischen Gesellschaft für Außenpolitik*, der *Südosteuropa-Gesellschaft* und des *Donaueuropäischen Instituts*, zu dessen führenden Organen namhafte Persönlichkeiten des öffentlichen Lebens, so auch Mitglieder der Bundesregierung, gehören. Der Name Krischan schien laut Erhebungen der *Staatspolizei* bereits einmal in den Notizen einer Person auf, die für den Osten nachrichtendienstlich tätig war, scheint selbst aber über jeden Verdacht erhaben zu sein. Aus welchen Gründen sich der DDR-Geheimdienst für ihn offenkundig massiv interessierte, blieb unbekannt.

wurde der Fall Wolfgang Wein nunmehr kurz und bündig so dargestellt:
»Der unbescholtene Wolfgang Wein bekannte sich gleichfalls keiner strafbaren Handlung schuldig. Er behauptete, nicht gewußt zu haben, daß es sich bei ›Peter Bertram‹, mit dem er in der DDR Kontakte unterhalten hatte, um einen Beamten des *Staatssicherheitsdienstes* der DDR handelt. Dieser habe sich als Funktionär der SED ausgegeben und mit ihm nur ideologische Gespräche geführt.
Die Voruntersuchung förderte keine Beweismittel zutage, die geeignet wären, die leugnende Verantwortung des Beschuldigten Wolfgang Wein zu widerlegen.«
Die Angelegenheit war damit endgültig bereinigt, und alle Spionageverfahren konnten eingestellt werden.
Einen Schuldigen fand man am Ende aber doch. Es war ein Journalist, Erich Grolig, dem die Tatsache des abgelegten Geständnisses von Rudi Weins Sohn zu Ohren gekommen war und der es gewagt hatte, darüber in der Tageszeitung *Die Presse* andeutungsweise zu berichten.
Da Erich Grolig einen Zipfel der Hintergründe dieser Affäre erfahren hatte, mußte – so schloß man messerscharf – ein Beamter des Innenministeriums oder der *Staatspolizei* ein Dienstgeheimnis ausgeplaudert haben. Prompt warf man dem Journalisten das Verbrechen der »Anstiftung zum Geheimnisverrat« vor und leitete gegen ihn Erhebungen ein, während man den mutmaßlichen Ostspionen Persilscheine auszustellen begann.
Rudi Wein, der Hauptverdächtige in der ganzen Affäre und laut Stiller der illegale Resident des DDR-Geheimdienstes in Österreich, hatte dieses Kunststück zuwege gebracht.
Er war imstande, daß auf Knopfdruck von ihm und in Zusammenarbeit mit ihm ein Heer von Staatspolizisten zu Ermittlungen gegen den Journalisten ausrückte. »Den Grolig hab' ich verhaften lassen!« triumphiert Wein heute noch. Das stimmte zwar nicht ganz, doch stellte er immerhin unter Beweis, über welchen Einfluß und welche Macht er verfügt.
Nachdem Rudi Wein erfahren hatte, daß Grolig Informationen über das Geständnis seines Sohnes besaß, beauftragte er sofort seinen persönlichen Freund und Einsatzleiter bei der Wiener *Staatspolizei*, Oberst Maximilian Baries, gegen den Journalisten einzuschreiten.
Oberst Baries reagierte prompt: Erich Grolig wurde im Wiener Innenstadt-Café *Korb* sofort von mehreren Staatspolizisten zu observieren begonnen. Dann veranlaßte Wein die *Staatspolizei*, Telefongespräche, die der Journalist von der Redaktion aus führte, zu überwachen und –

selbstverständlich ohne Wissen des Betroffenen – illegale Tonbandmitschnitte zu machen.
Schließlich gelang es Rudi Wein sogar, den Generaldirektor für die öffentliche Sicherheit im *Bundesministerium für Inneres*, Robert Danzinger, zu mobilisieren:
Gegen Erich Grolig wurde Anzeige wegen §§ 12 und 310 StGB erstattet, und er wurde zu staatspolizeilichen Einvernahmen geschleppt. Und das alles, wunderte sich der Journalist über den staatspolizeilichen Aufwand, just während der Zeit, da die *Stapo* offenbar nicht genug Personal hatte, um ein weiteres in Österreich eingesetztes DDR-Agentenehepaar zu überwachen und an der Flucht ins Ausland zu hindern.
Tatsächlich war es der *Staatspolizei* zu jenem Zeitpunkt gerade gelungen, den Aufenthaltsort des von Stiller ebenfalls genannten, vom DDR-Geheimdienst nach Österreich eingeschleusten Ehepaares mit den Decknamen »Heinz« und »Doris« ausfindig zu machen. Die beiden Agenten lebten unter den Namen Herbert und Irene Ruth Beutler in der Wiener Rizygasse 4a.
Als die Polizei allerdings mit dem Haftbefehl ausrückte, hatte sich das Pärchen bereits in Richtung DDR abgesetzt. Begründet wurde diese Panne später mit »Personalmangel«: Man habe nicht genügend Beamte gehabt, um die Spione, deren Identität bereits festgestellt war, zu überwachen.
So ungeschickt sind unsere Staatspolizisten freilich nicht. Sie hatten vielmehr die Weisung, auch dieses Agentenpärchen rechtzeitig flüchten zu lassen. In einem knapp gehaltenen Aktenvermerk, der bei der *Staatspolizei* am Wiener Schottenring aufliegt, ist dieser Sachverhalt dokumentiert.
Somit war der Stiller-Übertritt in Österreich endgültig ohne Konsequenzen geblieben. Zu einem Köpferollen kam es dafür bald darauf unter den leitenden Beamten der österreichischen Spionageabwehr im *Heeres-Nachrichtenamt*. Ganz kräftig hatte dabei Udo Proksch seine Hände im Spiel.
Schon zwanzig Jahre zuvor hatte der Ostspezialist Udo Proksch erstmals versucht, HNA-Chef Alexander Buschek (der den Moskauer AUA-Flugzeug-»Absturz« geklärt hatte), von seinem Amt zu entfernen, indem er dem damaligen ÖVP-Verteidigungsminister Georg Prader mit Hilfe obskurer »Informationen« den absurden Floh ins Ohr setzte, Buschek selbst sei in Wahrheit ein Ostagent.
Prader beauftragte daraufhin den HNA-Mitarbeiter Heinrich Bradl mit Recherchen über Buschek. Weil Bradl jedoch sofort seinen Chef

über den vom Minister erhaltenen Auftrag unterrichtete, ging das Unternehmen letztlich schief.

Der nächste Verteidigungminister, den Udo Proksch durch Jahre hindurch und so lange für seine Zwecke benutzte, bis dieser zuerst sein Amt und danach sein Leben verlor, war General Lütgendorf.

Am 8. Juni 1977 übernahm Otto Rösch das Ressort. Auch er hatte für die Einflüsterungen Udo Prokschs stets ein offenes Ohr.

Im Jahr 1978 erteilte der SPÖ-Verteidigungsminister einen Befehl, dessen Kenntnisnahme jeder einzelne HNA-Mitarbeiter persönlich unterschreiben mußte. Rösch verbot dem *Heeres-Nachrichtenamt* jede offensive Aufklärungstätigkeit gegen Mitgliedstaaten des *Warschauer Paktes.*

Anfang der achtziger Jahre nützte Proksch seinen Einfluß auf Otto Rösch dann in eigener Sache: General Buschek und der Leiter der Abwehrabteilung, Divisionär Alexander Kragora, waren ihm ein Dorn im Auge, weil das *Heeres-Nachrichtenamt* es gewagt hatte, gegen ihn zu ermitteln.

»Der österreichische Nachrichtendienst ist eine Farce, der gehört abgeschafft«, tobte Proksch. »Diese Nachrichtendienste in einer Demokratie gehören ausgerottet und vernichtet!«

Diese Meinung tat er schließlich auch seinem Freund Otto Rösch kund. Bald darauf ging es im *Heeres-Nachrichtenamt* bereits drunter und drüber, denn der Minister entschloß sich, die beiden loyalsten Beamten und wichtigsten Männer im HNA von ihren Positionen zu entfernen.

Jeweils unter Krach wurden Alexander Buschek per Juli 1980 und Alexander Kragora ein Jahr darauf über Wunsch des Ministers pensioniert, worauf die Zerschlagung des *Heeres-Nachrichtenamtes* unter dem Deckmantel einer Reorganisation und Dezentralisierung begann.[21]

Völlig unbehindert konnte hingegen die Wiener DDR-Geheimdienstdependance in Gestalt der Firma *Rudolf Sacher Ges.m.b.H.* ihrer Tätigkeit weiter nachgehen.

Nachdem gegen Rudolf Sacher die gerichtliche Voruntersuchung eingeleitet worden war, entschloß man sich sicherheitshalber lediglich, per 28. September 1979 sämtliche Gesellschaftsanteile der Firma auf Sachers Ehefrau Marianne, eine Wiener Gymnasiallehrerin, zu über-

---

[21] Der Schlußpunkt in dieser Entwicklung wurde mit Beschluß des Landesverteidigungsrates vom 1. September 1985 gesetzt: Der einstmals höchst effiziente militärische Geheimdienst Österreichs wurde in ein *Heeres-Nachrichtenamt* und ein eigenständiges *Abwehramt* geteilt.

tragen. Die schweizerische DDR-Tarnfirma *Implama AG* wurde hingegen am 11. September 1980 liquidiert.
Erst einige Jahre später strebte die seit langem bestehende Vertrauenskrise in den Beziehungen Österreichs zu den USA und anderen westlichen Industrienationen auf Grund der offenkundigen Duldung des von Ost-Geheimdiensten gelenkten illegalen Technologieschmuggels seitens der österreichischen Behörden einem neuen Höhepunkt zu.
Schließlich sah sich im Laufe des Jahres 1983 die Bundesregierung gezwungen, die gesetzlichen Maßnahmen zur Eindämmung des High-Tech-Transfers zu verschärfen.
Am 1. Jänner 1984 traten die neuen Außenhandelsbestimmungen in Kraft. Ab diesem Zeitpunkt sollte es unmöglich sein, im Westen beschaffte Hochtechnologie in den Ostblock zu bringen.
Drei Monate vor Inkrafttreten des neuen Gesetzes zog der DDR-Geheimdienst auch schon die Konsequenzen daraus.
Per 31. Dezember 1983 wurden sämtliche Mitarbeiter der *Rudolf Sacher Ges.m.b.H.* gekündigt. Und noch vor dem Jahreswechsel fuhren sechs Lastwagenzüge der staatlichen DDR-Transportfirma *Deutrans* in der Wiener Apollogasse 6 vor.
Alles, was in der Firma *Rudolf Sacher Ges.m.b.H.* nicht niet- und nagelfest war, wurde ausgeräumt, sämtliche Maschinen, Geräte und technischen Einrichtungen einschließlich zweier noch unvollständiger Ionenprojektionsanlagen (IPS 200 und IPS 300) blitzartig verladen und über die tschechische Grenze in Richtung DDR abtransportiert.
Im Laufe des Jahres 1984 wurde die Wiener MfS-Tarnfirma schließlich komplett liquidiert.
Erst im Zusammenhang mit den Erhebungen zum *Fall Lucona* – in dem die Firma *Rudolf Sacher Ges.m.b.H.* ebenfalls eine wenn auch untergeordnete Rolle spielt – rollte die *Staatspolizei* den Fall Sacher in den Jahren 1985 und 1986 über Auftrag der Staatsanwaltschaft wieder auf.

# III.

# DER FALL LUCONA IST GEKLÄRT

*Schon als Bub wollte ich Millionär werden und – wie Napoleon – die Macht über Europa haben, oder noch mehr.*

*Ich glaub', ich tät' schon hineinpassen in die Reihe von Männern wie Leonardo da Vinci. Nicht wegen seiner lächerlichen Bilder, nein, wegen seiner Erfindungen, seiner Kriegsmaschinen.*

*Wir Männer haben keine Aufgabe in dieser Welt. Wir bringen keine Kinder zustande und unsere Kreationen sind gleich Null. Das einzige, was dem Geben von Leben vergleichbar wäre, ist das Nehmen von Leben, der Mord. Nur, den mögen wir ja nicht, oder?*

Udo Proksch

# Viva Zapata!

Eine Schlüsselrolle kommt im *Fall Lucona* der in der Schweiz domizilierten Firma mit dem Namen *Zapata AG* zu, als deren Machthaber Udo Proksch zum ersten Mal bereits Anfang der siebziger Jahre auftrat.

Der Name erinnert an die mittelamerikanische Geschichte: Emiliano Zapata (1879–1919) war ein mexikanischer Indio, Anarchist und revolutionärer Bauernführer, der 1910 einen Aufstand gegen den zu jener Zeit mit US-Hilfe in Mexiko regierenden Präsidenten Porfirio Diaz anführte und der im nachfolgenden Bürgerkrieg wie Pancho Villa zum Volkshelden wurde.

Durch den im Jahre 1952 von Elia Kazan gedrehten Film »Viva Zapata!« erlangte der mexikanische Räuberhauptmann (vom jungen Marlon Brando gespielt) weltweite Bekanntheit und wurde zu einer Art Kultfigur.

Aber wer steckte hinter der Firma *Zapata*?

Da das Frachtschiff *Lucona* im Eigentum einer panamaischen Reederei stand, als deren europäische Repräsentantin das Rotterdamer Schiffahrtsunternehmen *Oost Atlantic Lijn* auftrat, recherchierte der Verfasser natürlich auch in Holland, und bei dieser Gelegenheit erfuhr er es schließlich genau:

»Wissen Sie denn überhaupt, wem die Firma *Zapata* gehört?« fragte Lennard van der Oever, Generaldirektor der *Oost Atlantic Lijn*, gönnerhaft.

Die bescheidene Antwort: »Nein, aber Sie werden es mir ja gleich sagen.«

Worauf der Holländer triumphierend verkündete, der wahre Inhaber der *Zapata AG* sei kein Geringerer als George Bush.

Der Mann hatte tatsächlich den amerikanischen Vizepräsidenten gemeint. Diese »brandheiße« Information war natürlich nicht neu, schließlich wurde ja gelegentlich auch schon das Gerücht kolportiert, wonach die *Zapata AG* in Wahrheit ein Tarnunternehmen des US-Geheimdienstes CIA sei.

War nicht in der Tat bereits unmittelbar nach dem Untergang der *Lucona* im März 1977 in Wien ein mysteriöser Mister Steven Low aufgetaucht, der sich als Vertreter »unserer Zentrale in Amerika« vorstellen ließ und der anschließend mit steinerner Miene den Verhandlungen zwischen der *Zapata AG* und der Wiener *Bundesländer-Versicherung* gefolgt war.

Eine Adresse hinterließ der »Mann aus Amerika« allerdings nicht.

Neue Nahrung gab dem alten Gerücht später auch die deutsche Zeitschrift *Trans-Atlantik*, in der ein ausführlicher Hintergrundbericht unter dem Titel »Schiffbruch mit Uran« über den Untergang der *Lucona* erschien.

Geschickt brachte der Schreiber der Geschichte, Proksch-Ghostwriter Wolfgang Maier, die »Sicherheitsdienste mehrerer Staaten« ins Spiel, »die sich für die Natur des *Zapata*-Geschäftes interessierten, das immerhin auf dem härtesten Markt der Welt getätigt worden war, dem Uran-Markt, auf den nur hin und wieder Streiflichter fallen – etwa die atomare Aufrüstung Pakistans oder die Sprengung für den Irak bestimmter atomarer Ausrüstungsgegenstände« (die dem israelischen Geheimdienst MOSSAD zugeschrieben werden).

Und wer zwischen den Zeilen zu lesen vermochte, erfuhr auch, daß offenbar eine Verbindung zwischen der schweizerischen *Zapata AG* und einer amerikanischen Prospecting-Firma bestehe, die sowohl im Uran- wie auch im Ölgeschäft tätig sei und bei der »eine gewisse Affinität zum amerikanischen Dienst CIA besteht: Die bohren überall dort nach Öl, wo wenig später was los ist«.

Eine solche Prospecting-Firma mit dem Namen *Zapata Corporation* existiert in den Vereinigten Staaten in der Tat. Es ist ein Unternehmen mit Hauptsitz in Houston, Texas, das etwa 6 000 Angestellte beschäftigt, zahlreiche Tochterbetriebe unterhält und einen Gesamtumsatz von annähernd einer halben Milliarde Dollar pro Jahr macht.

Und nun schließt sich der Kreis: Einer der Gründer und Mitinhaber der *Zapata Corporation* war seinerzeit – Anfang der fünfziger Jahre – der junge George Bush gewesen, ehe er Politiker wurde.

Am New Yorker Broadway hatte damals George Bush zusammen mit einem Geschäftsfreund und späteren Partner den Film »Viva Zapata!« gesehen. Es war reiner Zufall, daß für die beiden am selben Tag auch die Entscheidung über den Namen ihrer neu gegründeten Firma anstand. Sie beschlossen, ihr Unternehmen *Zapata Corporation* zu nennen.

Als George Bush später in die Politik ging und in den US-Senat einzog, mußte er sich gemäß den strengen amerikanischen Gesetzen von seinen *Zapata*-Anteilen trennen. Man darf freilich annehmen, daß die Firma dennoch auch weiterhin in seinem Einflußbereich blieb.

Lange bevor er im Jahr 1980 von Ronald Reagan als Vizepräsident ins *Weiße Haus* geholt wurde, war George Bush zwei Jahre lang auch Direktor der CIA. Und so mag denn auch in der Behauptung, zwischen der *Zapata Corporation* und dem US-Geheimdienst bestünde eine gewisse Affinität, durchaus ein wahrer Kern liegen.
Dennoch sind alle diese Überlegungen müßig, denn das US-Unternehmen *Zapata Corporation* und die gleichnamige schweizerische Domizilgesellschaft, die in den *Fall Lucona* involviert ist, haben in Wahrheit natürlich nicht das geringste miteinander zu tun.
Der Phantasie sind in diesem Fall aber offenbar keine Grenzen gesetzt. Und so prallen denn auch die jeweiligen Überzeugungen über die »wahren Hintergründe« des *Falles Lucona* mit einer Härte aufeinander, die gelegentlich schon an die Unerbittlichkeit von Religionskriegen gemahnt.
Während viele von der Unglücksversion überzeugt sind und meinen, die *Lucona* sei zufällig untergegangen, tippen zahlreiche Insider auf Sabotage mit hochpolitischem Hintergrund.
Andere wiederum sehen im *Fall Lucona* schlicht einen der größten Betrugsfälle in der Geschichte und eine gigantische Geldbeschaffungsaktion eines österreichisch-schweizerischen Verbrechersyndikates unter Mitwirkung der italienischen Mafia.
Woraus die *Lucona*-Fracht wirklich bestanden hatte, weiß man offiziell immer noch nicht. Für einige große Versicherungsanstalten in Österreich, Deutschland, England und der Schweiz schien nur eines gewiß: daß jedenfalls nicht die deklarierte Ladung an Bord war.
Das ergab ein weites Feld für alle möglichen Spekulationen, wie nur einige der in der Öffentlichkeit hin und wieder bereits kolportierten Versionen beweisen:

- Die *Lucona* transportierte Waffen für die chinesische Volksrepublik – und wurde von der sowjetischen Kriegsmarine versenkt.
- Sie sollte Atomtechnologie nach Taiwan bringen – was wiederum den Rotchinesen mißfiel.
- Es waren doch Waffen, die im Auftrag des KGB an fernöstliche Terroristengruppen geschickt werden sollten – was der US-Geheimdienst zu verhindern wußte.

Kein Wunder, daß daher sogar in den Vereinigten Staaten ein Autorenteam eine Dokumentation über die Hintergründe des *Falles Lucona* zu schreiben begann. Aber auch zwei britische Journalisten, David Hebditch und Nick Anning, kündigten vor zwei Jahren ein Buch an, das bis jetzt allerdings nicht erschien.
Die beiden Briten tippten bei der *Lucona*-Fracht auf High-Tech und

Atomtechnologie, die für Pakistan bestimmt war – weshalb das Frachtschiff von den Indern torpediert worden sei.

Daß bei diesem *Lucona*-Quiz natürlich auch Spitzenpolitiker mitspielen, ist nicht verwunderlich: Ex-Justizminister Harald Ofner etwa war zwar niemals bereit, den Fall durch eine gerichtliche Voruntersuchung aufklären zu lassen, aber vom Transport einer Uranfabrik war er dennoch niemals überzeugt. Vielmehr vermutete er – rein privat freilich, wie er dem Autor versicherte – einen Waffendeal.

Altkanzler Bruno Kreisky hat sich ebenfalls längst eine Meinung gebildet. Und wie immer schwebt er dabei in den Sphären der großen Weltpolitik: Auf der *Lucona* hätte mit Bestimmtheit, gab sich Kreisky im Gespräch mit dem Autor überzeugt, brisante Hochtechnologie in ein Nahost-Land transportiert werden sollen.

Hochtechnologie, mit deren Hilfe man, wie er meinte, Atombomben herstellen hätte können. Deshalb habe, so auch Kreisky, ein Geheimdienst aus dieser Region die *Lucona* versenkt.

Welcher Geheimdienst es gewesen sein könnte, darüber mochte das gebrannte Kind freilich »lieber nichts sagen«. Was da bis jetzt in den Zeitungen stünde, sei jedenfalls »alles nicht wahr«.

Allerdings: Um die volle Wahrheit zu ergründen, muß man systematisch vorgehen – und ganz von vorne beginnen.

# Der Eigentümer: Udo Proksch

Registriert ist die *Zapata AG* mit einem ausgewiesenen Aktienkapital in der Höhe von 100 000 Franken im schweizerischen Kanton Luzern. Als Präsident des Verwaltungsrates fungiert ein Berufstreuhänder namens Alex Blöchliger, wohnhaft in Unterägeri. Mit der Führung der Geschäfte ist er jedoch nicht befaßt.
Diese werden vielmehr von Frau Greta Fischer betrieben, die als einzelzeichnungsberechtigter Verwaltungsrat der Gesellschaft figuriert und in Oberdorf-Oele bei Geuensee im Kanton Luzern ansässig ist.
Dort hat auch die *Zapata AG* ihren Sitz, die laut Handelsregister den Zweck hat, »Industrieprojektierungen« durchzuführen, »Beteiligungen und Liegenschaften« zu verwalten und »Handel« zu treiben, und die schließlich auch für die »Verwertung von Schutzrechten und Know-how« zuständig ist.
Zur Abwicklung ihrer Geschäfte kommt die *Zapata AG* sowohl ohne Angestellte als auch ohne Büroräume aus. Der Firmensitz selbst entpuppt sich als ebenso schmuckes wie geräumiges Bauernhaus, und in der Tat gibt die Geschäftsführerin der *Zapata AG* als Hauptberuf »Bäuerin« an. Der landwirtschaftliche Besitz von Frau Fischer erstreckt sich auf ein Pferd und zwei Esel. Darüber hinaus gackern auch noch gezählte vier Hühner im Stall.
Im Nebenberuf betreibt Greta Fischer das Gewerbe einer »Treuhänderin«. Auch im Wiener Handelsregister ist, wie berichtet, ihr Name registriert – als Partnerin von Udo Proksch und Co-Geschäftsführerin der Zuckerbäckerei *Demel*.
So wie die nominelle (ausländische) Eigentümerin der Firma *Demel*, die *Lylac AG*, ist auch die *Zapata AG* eine Domizilgesellschaft, im Klartext also eine reine »Briefkastenfirma«.[1]
Als Verwaltungsrat kennt Greta Fischer natürlich die Aktionäre der *Zapata AG* – gibt deren Namen aber nicht preis.

---

[1] Bei der Gründung von Domizilgesellschaften in der Schweiz müssen zwei Pflichtaktien von Schweizer Bürgern gezeichnet werden, alle übrigen Aktien dürfen nur in ausländischem, d. h. nichtschweizerischem Besitz sein, wobei für den oder die Eigentümer ein »Verwaltungsrat« als Treuhänder auftritt. Zu versteuern ist lediglich das Aktienkapital. In der Schweiz selbst darf eine solche Briefkastenfirma allerdings keine Geschäfte ausüben.

Schon zweimal wurde sie vergeblich vor österreichischen Gerichten als Zeugin befragt, und im Oktober 1985 reisten der Wiener Untersuchungsrichter Wilhelm Tandinger, Staatsanwalt Wolfgang Mühlbacher und der Kripo-Abteilungsinspektor Franz Reitter sogar in die Schweiz, um an einer Einvernahme von Greta Fischer im Rechtshilfeweg teilzunehmen.

Doch Greta Fischer gibt stereotyp immer die gleichen Antworten zu Protokoll: »Die Firma *Zapata* hat Inhaberaktien. Da ich als Treuhänderin für diese tätig bin, muß ich nach meiner Auffassung über die Namen der einzelnen Aktionäre keine Auskunft geben.«

Das muß sie tatsächlich nicht, doch hat sie dafür in der Schweiz in der Zwischenzeit als Beteiligte selbst ein Strafverfahren wegen des Verdachtes des Betruges, der Urkundenfälschung und der falschen Zeugenaussage am Hals.

Im Verlauf einer Vernehmung verriet sich Greta Fischer schließlich doch. Zuerst fragte sie der Richter, ob ein Herr X. Aktionär der *Zapata AG* sei. Die Antwort war ein klares und deutliches »Nein«. Auf die nächste Frage, ob vielleicht Udo Proksch Aktionär sei, wand sich hingegen Frau Fischer wie ein Regenwurm, bis ihr endlich einfiel: »Diese Frage möchte ich nicht beantworten!«

Schon allein aus diesem Intermezzo dürfte man schließen, daß die *Zapata AG* Udo Proksch – zumindest überwiegend – selbst gehört. Beweisen kann man es, wenn man die Geschichte der Briefkastenfirma bis zurück zu ihrem Ursprung verfolgt.

Der Kripo und ebenso seinem Richter versicherte Udo Proksch später immer wieder treuherzig – und ganz klein und bescheiden wurde er dabei: »Wie es zur Gründung der *Zapata AG* kam, weiß ich leider nicht.« Udo Proksch log, wie sich mühelos nachweisen läßt.

Die Geburtsstunde schlug der *Zapata AG*, wie schon einmal kurz erwähnt, im Sommer des Jahres 1969 – natürlich in Österreich.

Nach der endgültigen Trennung von seinem Freund Wilhelm Anger wurde dem Brillendesigner bekanntlich von seinen damaligen politischen Freunden das Betriebsgelände des seit Jahren stilliegenden Bergwerks der *Hohe Wand Steinkohle Bergbaugesellschaft* im niederösterreichischen Oberhöflein zugeschanzt, um darauf eine Brillenfabrik zu errichten.

Auf seine zukünftige Rolle als Bergwerksbesitzer und Fabrikant bereitete sich Udo Proksch sehr genau vor. Die zu gründende Firma *Optico* sollte aus Gründen der Steuerschonung als Tochterfirma einer schweizerischen Briefkastengesellschaft entstehen. Udo Proksch war in die-

Landesgendarmeriekommando
für SALZBURG
Kriminalabteilung
5081 Anif, Neu-Anif Nr. 87

(Kopfstempel)

Beilage **17**

GZ P-1048/83 Anif, am 11. Juli 1983

# Niederschrift

aufgenommen mit Maximilian PETERHANS, geboren am 05121938

in Fislisbach, Kanton Aargau, Beruf: Kaufmann

wohnhaft: CH-6317 Oberwil, Kanton Zug, Rebmatt Nr. 3, Telefon: 054222/1962

als Auskunftsperson

Beginn der Vernehmung um 2155 Uhr.

Ich habe im Jahre 1969, vermutlich im Dezember, namens des Herrn Dr. Dipl. Vw. Erich Hofbauer die Firma Zapata in Zug, Schweiz, gegründet. Zweck der Firmengründung war die Erstellung von Industrieprojekten, Beratung etc. Das Gründungskapital in Höhe von 50.000.- sfr kam entweder in bar oder über eine Bank, wenn dies der Fall war am ehesten über den schweizerischen Bankverein Zürich. Wenn ich die 50.000.- sfr als Bargeld bekommen habe, dann am ehesten von Dr. Hofbauer. Er war um diese Zeit in Zürich. Ich kann mich aber, wie bereits gesagt, nicht mehr festlegen.
Glaublich im Frühjahr 1970, auch hier kann ich das Datum nicht genau angeben, sagte mir Dr. Hofbauer anläßlich eines Besuches bei mir Zürich, ich solle mich, falls ich einmal nach Wien käme, mit Herrn Udo Proksch ins Einvernehmen setzen. Ich vermute auch, daß mir Dr. Hofbauer damals auch die Telefonnummer des Proksch's gab.
Die Konsequenz aus dieser Aussage war für mich, daß Udo Proksch, den ich zu diesem Zeitpunkt noch nicht kannte, der Geldgeber zur Gründung der Firma war.
Sollte ich irgendwann jemals nicht so klare Aussagen zur Firmengründung gemacht haben, so wollte ich dies bewußt nicht tun.

Treff in Wien mit Herrn Proksch wurde in etwa ab diesem Zeitpunkt das Firmenpapier von Herrn Proksch besorgt und auch verwendet. Dieses so entstandene Firmenpapier brachte Herr Proksch anläßlich seiner sporadischen Besuche bei Bedarf zu uns in die Schweiz. Ich bin überzeugt, daß das Original der Kopie des Briefbogens der Firma Zapata aus dem Besitze des Herrn Udo Proksch stammt.

V o r m i r: Gelesen und einverstanden:

(Mayer) (Maximilian Peterhans)

sem Punkt mit seinem persönlichen Steuerberater Emil Ettrich und dessen Kanzleikompagnon Erich Hofbauer einer Meinung.
Wie er freilich ausgerechnet auf den Namen *Zapata* kam, läßt sich nur vermuten.
Zweifellos wußte er aufgrund seiner Beziehungen zu Ostgeheimdiensten von der Existenz einer amerikanischen Firma dieses Namens ebenso wie von deren Affinität zum US-Nachrichtendienst CIA. Es entspräche der Mentalität Udo Prokschs, die Möglichkeit von Verwechslungen zwischen dem amerikanischen Großunternehmen und seiner eigenen Schwindelfirma bewußt und absichtlich heraufzubeschwören.
Außerdem kannte natürlich auch er den Film »Viva Zapata!« und hatte sich als »Schweinehirt« zweifellos mit der Filmfigur des anarchistischen Bauernführers identifiziert: Emiliano Zapata war zu Raubzügen quer durch Mexiko ausgezogen – und einem ähnlichen Zweck sollte die *Zapata AG* schließlich ebenfalls dienen.
Im Spätherbst 1969 reiste der Wiener Steuerberater Erich Hofbauer mit dem Auftrag zur Gründung der Briefkastenfirma zu dem einschlägig bekannten Treuhänder Max Peterhans nach Zug in die Schweiz. Das Gründungskapital in der Höhe von 50 000 Schweizer Franken brachte Hofbauer in bar mit und zahlte es auf ein Konto der *Schweizerischen Bankgesellschaft* ein.
Am 23. Dezember 1969 fertigte Max Peterhans die Statuten der *Zapata AG* aus und ließ die Aktien drucken, unterfertigte sie als Verwaltungsrat und übernahm als Treuhänder für seinen österreichischen Auftraggeber auch gleich das gesamte Aktienpaket.
Am 14. Jänner 1970 reiste Hofbauer erneut in die Schweiz, um sich eine von Max Peterhans unterfertigte Vollmacht für Udo Proksch aushändigen zu lassen, die diesen nunmehr als Machthaber der *Zapata AG* auswies und die Proksch benötigte, um seine österreichische *Zapata*-Tochterfirma *Optico* zu gründen.
Wenn Peterhans nächstens nach Wien käme, so ließ ihn bei dieser Gelegenheit Hofbauer wissen, möge er sich mit Udo Proksch selbst in Verbindung setzen, um die künftigen Geschäfte der *Zapata AG* zu besprechen.
Für Max Peterhans war damit sonnenklar, daß Udo Proksch selbst der Geldgeber und Auftraggeber zur Gründung der *Zapata AG* war.[2]
Kurze Zeit später machte er sich auf die Reise nach Wien, stieg wie

[2] Aussage Max Peterhans vor der Kriminalabteilung der Sicherheitsdirektion Salzburg am 11. Juli 1983.

immer im *Hotel Ambassador* ab und traf in der Folge erstmals auch persönlich mit seinem Treugeber zusammen.
Die Begegnung wurde wie in einem Agentenfilm arrangiert. Man traf sich – höchst geheimnisvoll – hinter dem *Donnerbrunnen* am Neuen Markt: Urkunden wechselten den Besitzer, Udo Proksch erhielt die Geschäftsunterlagen der *Zapata AG* ausgehändigt, und man verabschiedete sich auch schon wieder.
Drei Jahre lang fungierte Max Peterhans dann als Verwaltungsrat und als Treuhänder für Udo Proksch – und vermutlich auch für dessen Freund Hans Peter Daimler, der zu einem späteren Zeitpunkt einen Teil des Aktienkapitals der *Zapata AG* übernahm, das am 25. August 1971 von 50 000 auf 100 000 Schweizer Franken aufgestockt wurde.
Die Sekretärin von Max Peterhans hieß Greta Fischer. Sie war im *Peterhans Treuhandbüro* angestellt und unter anderem auch für die Bearbeitung des *Zapata*-Aktes zuständig. So hatte sie auch Udo Proksch kennen- und schätzen gelernt. Der kleine Napoleon-Verschnitt gefiel ihr. Er revanchierte sich und machte sie bald auch zu seiner Geliebten.
Die Rolle einer Verwaltungsrätin und Domizilgeberin für die *Zapata AG* sollte Greta Fischer freilich erst wesentlich später zu spielen beginnen, als Udo Proksch von Max Peterhans nach einem Streit vor die Tür gesetzt worden war. Dies geschah jedoch erst im Jahr 1974.

# Der zweite Mann: Hans Peter Daimler

Von seinen Freunden wird er liebevoll »Teddy« genannt. Trotz seiner geringen Körpergröße strotzt er vor Selbstsicherheit. Er weiß sich in Szene zu setzen: Gepflegte Erscheinung, fester Händedruck, wache Aufmerksamkeit hinter feinen Goldrandbrillen und ausgesuchte, vielleicht um eine Spur zu glatte Höflichkeit.
Auf den ersten Blick wirkt er nicht unsympathisch und versprüht genau jenen burschikosen Charme, der erst auf den zweiten Blick stutzig macht.
Gar nicht ungern stellte er sich Anfang des Jahres 1985 dem Verfasser für ein erstes mehrstündiges Interview zur Verfügung. Das Gesprächsthema: natürlich die Natur des *Zapata*-Geschäftes und der *Fall Lucona.*
Hans Peter Daimler erzählt bereitwillig, was er zu erzählen für nützlich hält, redet viel und sagt wenig, will wortreich Unmögliches erklären, wird unsicher, ist plötzlich irritiert, weil er merkt, wie wenig überzeugend er ist. Schließlich beginnt er, sich in Widersprüche zu verwikkeln, bis dem Autor die Geduld reißt.
Dieser will es jetzt endlich genau wissen und zieht einen großen Bogen Papier aus der Tasche, auf dem alle Firmenverästelungen und Querverbindungen graphisch dargestellt sind. Namen, Daten und Fakten stehen daneben.
Für Hans Peter Daimler genügt schon ein kurzer Blick auf diese Skizzen. Plötzlich verengen sich seine Augen zu unsympathischen, schmalen Schlitzen. Sein Blick wird eiskalt und die Stimme schneidend: »Ich sage kein Wort mehr. Sie haben kein Recht, mich hier zu verhören. Ich rede nur noch beim Untersuchungsrichter!«
Wenige Tage später hatte »Teddy« Daimler Gelegenheit dazu: Untersuchungsrichter Wilhelm Tandinger ließ ihn verhaften.
Obwohl Max Peterhans in ihm eher geringschätzig immer nur einen »Handlanger des Udo Proksch« sah, war Daimler als Projektleiter des Fernost-Urangeschäftes zweifellos der zweitwichtigste Mann dieses Unternehmens, als dessen »Gehirn« der *Demel*-Konditor fungierte, der wohl auch die großen Linien vorgab. Daimler hingegen oblag die konkrete Ausführung des Projektes.

Jedenfalls waren Udo Proksch und Hans Peter Daimler in Sachen *Zapata* immer ein unzertrennliches Paar, auch wenn man gelegentlich stritt. Steven Low, der später in Paris als Zeuge auftrat, mag schon recht gehabt haben, als ihm in bezug auf die beiden immer nur »Tom und Jerry« einfiel.
Daß neben Udo Proksch auch Hans Peter Daimler Mitbesitzer und Aktionär der *Zapata AG* war, steht unzweifelhaft fest. Während jener jedoch nur von seinem Ex-Treuhänder Peterhans überführt wurde, verriet »Teddy« Daimler sich selbst.
In einem dreiseitigen Brief, den er am 8. Mai 1973 an die *Optico*-Geschäftsführer Baron Drasche-Wartinberg und Udo Proksch schrieb, plauderte er unbedachterweise die für ihn später sehr peinliche Tatsache schwarz auf weiß aus.
Es gab damals Streit. Drasche hatte seinen sofortigen Rücktritt als *Optico*-Direktor verlangt. Daimler war prinzipiell einverstanden und schrieb: »Dies setzt jedoch eine einvernehmliche Abschichtung meiner Person als Gesellschafter der *Zapata AG* voraus ...«
Zu jener Zeit vergaß er auch nie, bei jeder sich bietenden Gelegenheit mit pompösen Geschäftskarten aufzutrumpfen, durch die er sich gar als »Vice-President of Zapata SA, Suisse«, auswies. Damit habe er sich seinerzeit bloß »wichtig machen wollen«, versuchte Daimler später, den reumütigen Sünder zu spielen. Unterstützt wurde seine Version natürlich von Proksch, der als Zeuge erklärte, man habe diese Geschäftskarten damals nur aus »taktischen Motiven« und für ganz andere Zwecke gedruckt.
Auch bei der technischen Durchführung des *Zapata*-Projektes hatte Daimler offenbar eine entscheidende Rolle gespielt.
Als nach dem Untergang der *Lucona* der Berner Rechtsanwalt Beat Müller-Roulet als einer der Rechtsberater der *Zapata AG* bei der *Helvetia-Versicherung* in St. Gallen vorsprach, um die Auszahlung der Versicherungssumme für die *Lucona*-Fracht zu monieren, wies er nicht nur mit Nachdruck darauf hin, daß seine Mandantschaft »den höchsten Regierungskreisen in Österreich nahesteht«, sondern gab auch bekannt, von wem die aufwendige technische Entwicklung der verlorengegangenen Uranerz-Aufbereitungsanlage durchgeführt worden sei: von »Ingenieuren der *Zapata AG*« sowie deren Tochterfirma in Österreich. »Maßgeblich beteiligt« sei daran ein »Ingenieur Daimler aus der Dynastie *Daimler-Benz*« gewesen.
»Der Mann heißt nicht nur so, sondern ist tatsächlich der letzte Sproß der Autobauer-Dynastie Daimler, deren Geschäft heute sehr erfolg-

reich von *Daimler-Benz* in Stuttgart betrieben wird«, berichtete auch die Zeitschrift *Trans-Atlantik.*

Gar so imposant ist die Lebensgeschichte des »kleinen drahtigen Typs mit der Figur eines Jockeys« in Wahrheit allerdings nicht. Und natürlich sind auch seine diskreten Hinweise, ein Abkömmling der berühmten Daimler-Familie zu sein, nichts als Hochstapelei.

Der deutsche Staatsbürger Hans Peter Daimler wurde am Silvestertag des Jahres 1934 in Mannheim als Sohn von Kurt Helmuth und Else Daimler geboren und kam schon in jungen Jahren nach Österreich, um sein Glück an einer Salzburger Handelsakademie zu versuchen. Den Schulabschluß schaffte »Ingenieur Daimler« jedoch nicht.

Trotzdem stellte er später beruflich seinen Mann und brachte es bald zum Lastautovertreter bei der Salzburger Niederlassung der Firma *Mercedes.* Der unaufhaltsame Aufstieg »Teddy« Daimlers begann im Jahr 1962, als ihn Udo Proksch, mit dem er schon von Jugend an eng befreundet war, als Plastikmaschinen-Vertreter zur Firma *Anger* mitnahm.

Seine Unschuld im *Fall Lucona* begründet Hans Peter Daimler am liebsten mit dem knapp formulierten Satz, der für ihn Ausdruck seiner persönlichen Lebensphilosophie zu sein scheint: »Was brauch' ich werden kriminell, solange es gibt a' Handelsspanne!«

Daß er diese Einstellung offenbar nicht immer hatte, geht aus einigen Vorstrafen Daimlers hervor, die ihm freilich nicht einmal mehr im Fall eines Strafprozesses vorgehalten werden dürfen, denn sie sind abgetan und schon seit langem getilgt. In den sogenannten P.I.-Akten der Salzburger Polizei sind sie dennoch bis zum heutigen Tag registriert:

Daimlers erste gerichtliche Verurteilung geht schon auf den 6. Oktober 1955 zurück und war zu Aktenzahl U 75/55 durch das Bezirksgericht St. Gilgen wegen § 335 StG (Vergehen gegen die Sicherheit des Lebens) erfolgt. Am 12. Oktober 1959 stand er in Salzburg (Aktenzahl 6 U 1783/59) wegen § 461 StG (Veruntreuung und Betrug) vor Gericht.

Nach dem Ende der Firma *Anger* verschlug es Daimler nach Mailand, wo er in der Zeit von August 1969 bis März 1971 am Monte di Pieta 1a seinen ordentlichen Wohnsitz unterhielt. Dort wurde er bald mit einigen italienischen Rauschgifthändlern bekannt.

Zusammen mit einem weiteren früheren *Anger*-Verkäufer namens Enrico Tucci übte Daimler in Italien während dieser Zeit eine nicht näher zu definierende »Marktforschungstätigkeit« aus, erhielt am 30. Juli 1970 aber auch einen Kurzzeitvertrag mit der Münchner Maschinenhandels- und Waffenfirma *Krauss-Maffei AG.*

Enrico Tucci, ein smarter Italiener mit schweizerischer Staatsbürgerschaft und Neffe einer vermögenden Pharma-Fabrikantin, entstammte ebenfalls der Clique um Udo Proksch, dessen zweite Ehefrau Erika Pluhar einst zusammen mit der aus Graz-Wetzelsdorf stammenden Ex-Klosterschülerin Maria Moitzi in Wien die Schauspielschule besuchte.

Unter dem Künstlernamen Marisa Mell brachte es die Grazer Vorstadtschönheit Mitzi Moitzi später nicht nur zu Filmruhm in Italien, sondern auch zu Hollywood-Ehren und zu Filmtiteln wie »Venusberg«, »Nackt über Leichen«, »Liebe, Laster und Ganoven« oder »Casanova 70«.

Ihrem Film-Image entsprechend legte sie sich auch häufig wechselnde Ehemänner zu. Einer von ihnen war Enrico Tucci.

Marisa Mell versicherte dem Verfasser, keine Ahnung davon gehabt zu haben, daß Tucci auch Rauschgifthändler war und in Italien deshalb prompt vor Gericht kam. Nachdem er später auch noch wegen Uhren- und Goldschmuggels Schwierigkeiten mit der italienischen Justiz bekam, zog Tucci es vor, Europa zu verlassen und nach Amerika zu emigrieren.

Hans Peter Daimler war wesentlich klüger als sein Freund und ehemaliger Geschäftskollege. Er hatte Italien schon im Jahr 1971 den Rücken gekehrt und lebte danach eine Zeitlang in unbekannten Geschäften in München, bis es ihn 1973 wieder nach Salzburg zurückzog, wo er eine neue Karriere als Gastwirt und Nachtklub-Besitzer begann.

Das erste Lokal, das Daimler in Salzburg zusammen mit dem Schauspieler Robert Scheich (Künstlername: Robert Hofmann) eröffnete, war »Das Café«. Es entwickelte sich unter Daimlers umsichtiger Führung sehr bald zu einer polizeibekannten Spelunke und einem Zentrum für Rauschgifthandel und Prostitution.

Nach dem ersten Toten, den man im WC seines Lokals fand (ein Gast hatte sich an Ort und Stelle eine Überdosis injiziert), mußte Daimler »Das Café« schließen. Später machte er daraus die »Sonderbar« und eröffnete auch noch einige andere Lokale: Den Homosexuellen-Treffpunkt »El Greco«, eine Bierstube (»Der fidele Affe«) und zuletzt gar ein feines Speiselokal namens »Daimler's«, das erst im Jahre 1986 – inzwischen verpachtet – in Konkurs ging.

Seine Ersparnisse hatte Daimler ab Anfang der siebziger Jahre zusammen mit Proksch in die *Zapata AG* investiert. Daß er sich zwischendurch eine Zeitlang auch als Brillenfabrikant versucht und die Firma *Optico* als deren »Direktor« in die Pleite geführt hatte, ist schon be-

kannt. Danach folgte das Projekt-Management für die Uranfabrik der *Zapata*.
Just während dieser Zeit mußte das Allround-Genie am 3. Juni 1976 in Salzburg erneut wegen vorsätzlicher Körperverletzung (§ 83 StGB) vor Gericht: »Teddy« Daimler hatte ein junges Mädchen verprügelt. Nachdem das Opfer die Anzeige wieder zurückzog, wurde das Gerichtsverfahren (Aktenzahl 15 U 840/76) jedoch eingestellt. Es sei besser so für sie, hatte Daimler in branchenüblicher Weise der Mißhandelten nahegelegt.
Der letzte diesbezügliche Vorfall ereignete sich im Dezember 1978, als Hans Peter Daimler in einem Salzburger Lokal die 22jährige Michaela Wagner »dadurch verletzte, indem er ihr eine brennende Zigarette auf die Wange drückte« (Polizeiprotokoll).
Unmittelbar darauf war der charmante Salzburger Nachtlokalboß zum prominenten Wahlhelfer der sozialistischen Regierungspartei avanciert und wurde im Wahljahr 1979 als einer der Präsentatoren der wegen ihrer dunklen Finanzierung sogar zu Parlamentsausschußehren gelangten »Geschichten vom Dr. Kreisky« österreichweit bekannt.
Mit mehr oder weniger wirren Worten hatten damals in einer von *Club-45*-Schriftführer Heinz Damian organisierten und von anonymen Geldgebern finanzierten Inseratenkampagne Prominente und solche, die es gern werden wollten, ihre Begeisterung für Bruno Kreisky zum Ausdruck gebracht. Darunter natürlich Udo Proksch mit allen seinen in den *Fall Lucona* verwickelten Freunden.
Der Texter der »Geschichten vom Dr. Kreisky« (wiederum Wolfgang Maier) bewies übrigens feinen Humor. Dem mutmaßlichen *Lucona*-Mittäter und Proksch-Freund Hans Huber zum Beispiel legte er den vieldeutigen Satz in den Mund: »Bruno Kreisky bedeutet für mich Sicherheit!«
Hans Peter Daimler wiederum ließ er das Geheimnis des bemerkenswerten Aufstieges des gesamten Proksch-Freundeskreises erklären: »Kreisky ist mit Österreich gewachsen. Und **wir** mit Kreisky.«
Wie wahr!
Höchstpersönlich erwies danach der Bundeskanzler der Republik den Herren Proksch, Daimler & Co. für den erfolgreichen Wahlkampfeinsatz seine Reverenz bei einem Dankempfang, der am 28. September 1979 am Wiener Ballhausplatz stattfand.
Nachdem er solcherart in den Besitz allerhöchster sozialistischer Weihen gelangt war, wurde Hans Peter Daimler natürlich auch in den engsten Kreis des *Club 45* eingeführt. Dort hatte schon seit einiger

Zeit die von Daimlers Salzburger Ex-Kompagnon Robert Hofmann abgelegte Ehefrau Renate als Präsidentin des AAA-Clubs der AUA-Air-Hostessen fungiert.

Daimler heiratete Renate Hofmann, zog in die Bundeshauptstadt und freute sich, daß sich seine zahlreichen Geschäftsreisen in alle Welt fortan zumeist über AUA-Freiflüge abwickeln ließen.

Anfang der achtziger Jahre wurde Daimler Mitbesitzer des extrem linken Wiener Monatsblattes *Das Magazin* (vormals: *Extrablatt*) und wechselte bald darauf neuerlich sein Metier.

Seit 1983 betätigt er sich – zusammen mit dem Wiener Salonkommunisten und Kunsthändler Kurt Kalb – als Nobelbeisel-Wirt und stolzer Besitzer des vornehmlich von der bundeshauptstädtischen SPÖ-Schickeria frequentierten Wiener In-Lokals *Oswald und Kalb.*

Am Abend der letzten Nationalratswahl im November 1986 zog auch die gesamte sozialistische Parteispitze unter der Führung von Parteichef Fred Sinowatz und Innenminister Karl Blecha ins *Oswald und Kalb,* um ihren relativen Wahltriumph bei Hans Peter Daimler, der wenige Tage zuvor gerade wieder einmal aus der Untersuchungshaft entlassen worden war, zu feiern.

Daß die Vertreter der Regierungspartei mit der Wahl gerade dieses Lokals auch die Absicht verfolgten, ihre innere Verbundenheit mit dessen Besitzer zum Ausdruck zu bringen, ist natürlich keinesfalls erwiesen. Symbolcharakter in bezug auf die politischen Hintergründe der *Causa Lucona* hatte diese Ortswahl aber zweifellos doch.

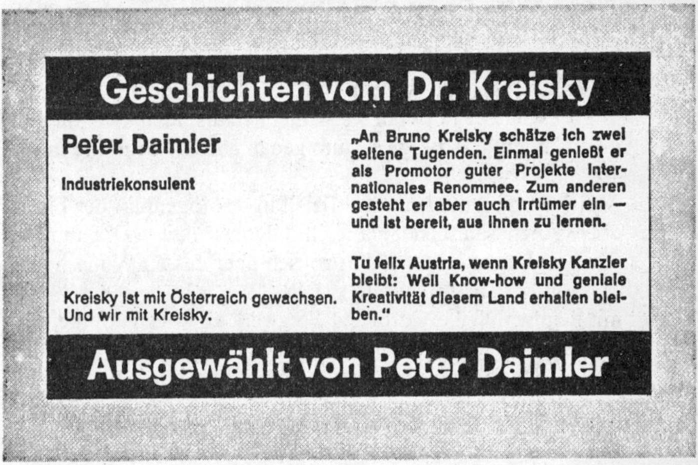

**Geschichten vom Dr. Kreisky**

**Peter Daimler**

Industriekonsulent

„An Bruno Kreisky schätze ich zwei seltene Tugenden. Einmal genießt er als Promotor guter Projekte internationales Renommee. Zum anderen gesteht er aber auch Irrtümer ein – und ist bereit, aus ihnen zu lernen.

Tu felix Austria, wenn Kreisky Kanzler bleibt: Weil Know-how und geniale Kreativität diesem Land erhalten bleiben."

Kreisky ist mit Österreich gewachsen. Und wir mit Kreisky.

**Ausgewählt von Peter Daimler**

# »Civil« und »Militär«

Der Verdacht, auf das Frachtschiff *Lucona* könnte von der *Zapata AG* anstatt einer wertvollen Uranerz-Aufbereitungsanlage und hochaktueller Atomtechnologie vielleicht doch nur ein wertloses altes Kohlenbergwerk verladen worden sein, war schon vor Jahren zum ersten Mal aufgetaucht, als bekannt wurde, daß Udo Proksch einst die Oberhöfleiner Bergwerksgründe besaß.

Jener Kaufvertrag vom 30. Juni 1971 hatte jedoch nur die Liegenschaft sowie die Verwaltungs-, Betriebs- und Werkstättengebäude des seit 1967 stillgelegten Bergwerks umfaßt. Alle Bergwerksmaschinen, Geräte und Fördereinrichtungen sowie die in einem riesigen Betonturm am Stollenausgang installierte Kohlenaufbereitungsanlage nahm man hingegen damals beim Kauf ausdrücklich aus.

In Wirklichkeit existierte freilich noch ein zweiter Vertrag, und Udo Proksch hatte die Hunderte Tonnen schweren und alten, wenn auch wenig gebrauchten, Bergwerkseinrichtungen bereits einige Wochen vorher erworben, wobei diesem Deal eine offenbar manipulierte »beschränkte Ausschreibung« voranging, in deren Verlauf die Firma *Optico* am 6. Mai 1971 den Zuschlag erhielt.

Diese Anlagen waren, da das Bergwerk bekanntlich nur kurze Zeit in Betrieb war, noch in recht gutem Zustand. Um wie viele Millionen Schilling aus Landesmitteln sie einst von der *Hohe Wand Steinkohle Bergbaugesellschaft* gekauft worden waren, ließ sich nicht mehr ermitteln. Udo Proksch aber bot man sie schließlich als »Schrott« an, und er brachte das komplette Bergwerk um genau 680 000 Schilling in seinen Besitz.

Am 19. Mai 1971 ging die Anlage offiziell in das Eigentum der Firma *Optico* über. Auch sämtliche Pläne und Konstruktionszeichnungen wurden einige Monate später Udo Proksch über dessen Wunsch ausgehändigt, worüber ein Protokoll existiert.

Was er mit dem wohlfeil erworbenen Bergwerk anfangen könnte, war dem *Demel*-Zuckerbäcker damals selbst noch nicht klar. Er war lediglich überzeugt davon, daß ihm irgendwann schon ein Weg, es einer gewinnbringenden Verwertung zuzuführen, einfallen würde. Zuerst hatte er jedoch noch ein paar wichtigere Dinge zu tun.

SICHERHEITSDIREKTION
FÜR DAS BUNDESLAND
NIEDERÖSTERREICH
1032 Wien, Oberzellergasse 1
Tel. 73 35 81
(Kopfstempel)

Beilage 000/5

GZ P 6583/83-SK/IV

Maria Enzersdorf, am 27. Jänner 1984
(Ort, Datum)

79 f.

# Niederschrift

aufgenommen mit Herr Dir. Paul WEISS, geb. am 11. März 1930

in Wien, Beruf: Angestellter

wohnhaft: 2340 Mödling, Gumpoldskirchnerstr.28-34, Tel.: 02236/84760

als Auskunftsperson *) Beginn der Vernehmung um 8.30 Uhr.

Mit dem Grund der Befragung vertraut gemacht, gibt er ~~(sie)~~ freiwillig folgendes an:

"In meiner Eigenschaft als Handelsbevollmächtigter und Leiter der Abteilung Einkauf der NEWAG und NIOGAS gebe ich betreffend Verkauf der Liegenschaft Hohe Wand - Steinkohle Bergbau GesmbH in Oberhöflein folgendes an:
Die NIOGAS war 100 %iger Gesellschafter der Hohe Wand - Steinkohle Bergbau GesmbH in Oberhöflein. Dieses Unternehmen wurde ungefähr im Jahre 1967 stillgelegt. Die Liegenschaft samt ihren Einrichtungen wurde in der Folge zum Verkauf angeboten. Hinsichtlich dieses Anbotes wurde annonciert und in der Folge trat die Firma Optico als Käufer auf. Ergänzen möchte ich, daß ich seitens der NIOGAS zum Liquidator bestellt wurde. Verhandlungspartner seitens der Firma Optico waren im wesentlichen die Herren Udo Proksch und und Peter Daimler. Es konnte eine Einigung erzielt werden und es kam zur Errichtung eines Kaufvertrages, den ich in Kopie dem Protokoll beischließe.

Es ist richtig, daß in diesem Kaufvertrag die mechanischen Einrichtungen der Trockenaufbereitungsanlage ausgeschlossen sind. Betreffend dieser Einrichtungen wurde an verschiedene Altwarenhändler etc., unter anderem auch an die Firma Optico eine beschränkte Ausschreibung gerichtet, aus der sich die Fa.Optico als Bestbieter erwies und daher den Zuschlag erhielt. Der betreffende Kaufvertrag ist in Kopie ebenfalls dem Protokoll beigeschlossen. Ob für den Kauf dieser Anlage ein besonderes Interesse bestand, kann ich heute nicht mehr sagen. Seitens der Käufer wurde ein schriftliches Anbot erstellt und im Mai 1971 kam es betreffend der Trockenaufbereitungsanlage zum Abschluß des Kaufvertrages. Eine Kopie dieses Vertrages sowie ein Übergabeprotokoll lege ich bei.

Ende der Vernehmung: 9.15 Uhr
vor mir: gelesen und einverstanden:

(Twitter, Schalhaas) (Paul Weiss)

*) Beschuldigter, Anzeiger, Verdächtigter, Auskunftsperson usw.
● Das Formblatt ist schreibmaschinengerecht (2zeilig)

Gend. Lager-Nr. 49. – Österreichische Staatsdruckerei, Verlag. 1981 2 sowo

Im Spätsommer 1971 brach er nach Vietnam auf, um sich als Vermittler in einigen Waffenhandelsgeschäften zu betätigen. Nach seiner Rückkehr schlug ihm sein Freund Karl Lütgendorf vor, die marodierende *Hirtenberger Patronen-*, *Zündhütchen-* und *Metallwarenfabrik* zu erwerben.

Udo Proksch war gleich Feuer und Flamme und ersuchte die verstaatlichte *Länderbank* um einen Kredit in der Höhe von 30 Millionen Schilling. Als Besicherung bot er ihr eine – allerdings nur auf die Dauer eines Jahres befristete – Bankgarantie der *Schweizerischen Bankgesellschaft* in Zürich über 15 Millionen Schilling an.

Erwerben wollte Udo Proksch das gesamte Aktienpaket der *Hirtenberger*, zwanzig Prozent versprach er später dem Betriebsrat zu schenken. Um auch den Bundeskanzler für seinen Plan zu gewinnen, die Waffenfirma »in die richtigen Bahnen zu bringen«, bombardierte er Bruno Kreisky mit dicken Konzepten und langen persönlichen Briefen und reiste ihm schließlich sogar in den Winterurlaub nach Lech am Arlberg nach.

In Blue jeans und Nato-Jacke stürmte er in das fashionable *Hotel Post* und bekniete den Regierungschef, diesen Deal mit ihm durchzuziehen.

Seine Vorstellungen: Das Land Niederösterreich sollte die Haftung für Investitionskredite in der Höhe von 120 Millionen Schilling übernehmen und der Bund einen ERP-Kredit in der Höhe von weiteren 80 Millionen gewähren.

Mit diesen Beträgen wollte Proksch endlich eine neue Variante seines alten *Militantprojektes* auf Regimentsunkosten verwirklichen. Dem Regierungschef diente er seine Vorstellungen nunmehr unter der Bezeichnung »P.P.C.M.–S.K.« (Plastik-Projekt »Civil« und »Militär« – Serge Kirchhofer) an.

Hätte ihn Kreisky damals doch mehr unterstützt – die *Hirtenberger* wurde dann doch der verstaatlichten VOEST angegliedert –, so besäße Österreich heute schon längst eine Panzerarmee, die jeden Feind sofort in die Flucht schlagen würde, denn Udo Proksch hatte vor, für das Bundesheer ungeheure Mengen von Panzerattrappen zu produzieren. Die Idee war ebenso köstlich wie skurril:

Man nehme einen echten Panzer und belege ihn mit einer Folie, die gut verschweißt und anschließend mit einer Plastikmasse überspritzt wird. Danach wird die erhärtete Form der Länge nach aufgeschnitten, abgehoben und auf einen Jeep oder Haflinger montiert.

Es ist wohl nicht allzu schwer vorstellbar, wie die »Amis« und auch die »bolschewistischen Horden« gleichermaßen ganz gewiß augen-

blicklich Reißaus nehmen würden, wenn da im Ernstfall Zehntausende solcher Plastikgefährte auf sie zugerollt kämen.
Da es Udo Proksch nicht vergönnt war, die Idee seiner Potemkinschen Armee mit Hilfe von Steuergeldern zu verwirklichen, tröstete ihn Karl Lütgendorf gleich nach seinem Amtsantritt als Verteidigungsminister, indem er eine größere Anzahl von echten Bulldozern, Planierraupen und anderem Militärgerät zu unentgeltlichen Dauereinsätzen nach Oberhöflein abkommandierte, um dem Militärfanatiker wenigstens bei der privaten Fortführung seiner Versuche behilflich zu sein.
Aber auch für zivile Bereiche hatte Udo Proksch in sich immer schon die Berufung zum »Erfinder« gefühlt. Und Anfang der siebziger Jahre, als der Baubeginn für das erste (und einzige, später zwar auch wirklich fertiggebaute, aber dann doch nie in Betrieb genommene) österreichische Kernkraftwerk in Zwentendorf langsam reale Gestalt anzunehmen begann, machte sich der Wiener Zuckerbäcker auch schon seine ersten Gedanken um die Entsorgung des Atommülls.
Seine fabelhafte Idee: Man müßte die radioaktiven Abfälle mittels einer von seinem einstigen Freund Wilhelm Anger entwickelten Plastikextrusionsanlage doch auch in Bitumen einbetten können, um so die Sicherheit bei der Lagerung und Beseitigung des Atommülls zu erhöhen.
Natürlich war Udo Proksch ganz versessen darauf, den Eintritt Österreichs in das Zeitalter der Kernenergie keinesfalls vorübergehen zu lassen, ohne nach besten Kräften daran mitzuverdienen – und sei es auch nur durch Schaumschlägerei.
Mochte seine Idee von der Atommüll-Beseitigung mittels Extrusion in Wirklichkeit auch eine veritable Schnapsidee sein, so konnte man damit allenfalls unter dem Vorwand einer »Forschungsförderung« wenigstens wieder einmal an öffentliche Gelder gelangen – Udo Prokschs Spezialität.
Zwischendurch vergaß er aber auch keineswegs, sich immer wieder ernsthaft Gedanken über eine möglichst profitable Verwertung seines Kohlenbergwerkes zu machen.

# Ein Schmugglerkönig im Tessin

Den Entschluß, auch das Oberhöfleiner Kohlenbergwerk in gewohnter Manier irgendeinem Entwicklungsland als »überholte West-Technologie« anzudrehen, hatte Udo Proksch schon im Frühjahr 1972 gefaßt.

Zu diesem Zweck mußte jedoch zuerst ein kleines Problem gelöst werden: Die Bergwerksanlagen schienen offiziell in der Buchhaltung der Firma *Optico* als deren Eigentum auf. Also mußten sie zunächst – mit Hilfe eines Scheinverkaufs – aus den Firmenbüchern verschwinden.

Ein geeigneter Partner für diesen Handel schien dem *Demel*-Chef ein im Tessin ansässiger Schweizer Staatsbürger und alter Bekannter zu sein.

Leo Tannaz war zum Zeitpunkt, als er mit Udo Proksch ins Geschäft kam, bereits siebzig Jahre alt und schon längst »Pensionist«. Aber noch während der sechziger Jahre war der Italo-Schweizer, der in San Nazzaro am Lago Maggiore die leicht baufällige Villa »Casa alla Riva« bewohnt, in allen einschlägigen Kreisen als »Schmugglerkönig vom Tessin« bekannt.

Vom Schmuggel, vor allem mit Photoapparaten und Zigaretten, lebte in den fünfziger und sechziger Jahren so mancher Bewohner des italienisch-schweizerischen Grenzgebietes, und einen mehr oder weniger großen Nebenverdienst schufen sich damit damals viele Tessiner.

Erst mit Beginn der siebziger Jahre hörte für die Tessiner das Schmuggeln auf, eine Art Volkssport zu sein. Dem lag vor allem der Umstand zugrunde, daß die norditalienische Mafia ab diesem Zeitpunkt systematisch die Kontrolle über diesen Geschäftszweig zu übernehmen begann. Seither ist der Schmuggel zwischen Italien und der Schweiz ein beinhart durchorganisiertes Geschäft, das heute ausschließlich Profis betreiben.

Seinerzeit hatte laut eigener Aussage auch Leo Tannaz eine Organisation für den Massenschmuggel mit Photoapparaten, Zigaretten und dergleichen aufgebaut, am Ende allerdings mit einigen Mafia-Familien sehr schlechte Erfahrungen gemacht – »mit Erpressungen und so Sachen«, wie er sich allenthalben beklagte. Aber: »Rauschgift mache ich nicht!«

Heute ist Tannaz, in dessen Wohnung überall Patronenhülsen herumliegen (»damit jeder weiß, daß hier scharf geschossen wird!«), ein schon recht schrulliger, sehr alter Mann. Nur das Mißtrauen, die Vorsicht und Schläue des »Professionellen« zeichnen ihn immer noch aus.

Sein Motto, das er seinerzeit – allerdings vergeblich – auch seinem Freund Udo Proksch anempfahl: »Man darf nie zuviel durcheinander machen. Je weniger Leute bei einem Theater dabei sind, desto besser und einfacher ist es. Wenig Leute, wenig Namen, wenig Zeugs, dann haben die anderen keinen Griff!«[3]

Dieser Mann also stellte sich Udo Proksch für das geplante Geschäft mit dessen Kohlenbergwerk zu Verfügung, indem er es am 14. April 1972 zum Schein von der Firma *Optico* um den Preis von 850 000 Schilling erwarb. Als Verkäufer unterzeichnete den Scheinkaufvertrag Udo Proksch.

Der angebliche Käufer aber hütete sich, seine Adresse anzugeben und blieb anonym. Der Kaufpreis wurde in der Filiale der *Österreichischen Länderbank* in Bregenz unter Verwendung einer offensichtlich verfälschten Unterschrift von einem »Herrn Leo Tannaz, derzeit Bregenz« in bar hinterlegt.

Sollte es späterhin einmal für ihn zu gefährlich werden, so behielt sich der »Schmugglerkönig vom Tessin« damit die Möglichkeit vor, sein Engagement unter Hinweis auf seine verfälschte Unterschrift einfach zu leugnen.

»Die Käufer der Bergwerksanlage sind Bregenzer«, log auch Udo Proksch seinem Partner Richard Drasche in einem Brief vom 27. April 1972 vor, nachdem die 850 000 Schilling bei der *Optico* eingelangt waren, die vermutlich er selbst kurz zuvor in Bregenz zur Bank gebracht hatte.

Keinem Außenstehenden sollte es auf diese Weise später jemals gelingen, der Identität dieses Mannes auf die Spur zu kommen. Als dessen Name dann doch eines Tages im Zusammenhang mit dem *Fall Lucona* auftauchte, leugnete Proksch vor Gericht, einen Mann namens Leo Tannaz zu kennen.[4]

Als Leo Tannaz am 4. Juni 1986 auf dem Rechtshilfeweg für das Wie-

---

[3] Aufzeichnung eines auf Tonband mitgeschnittenen Gesprächs.

[4] Der Schweizer Privatdetektiv Dietmar Karl Guggenbichler forschte ihn zehn Jahre später dennoch aus. Er stöberte nicht nur Tannaz selbst im Tessin auf, sondern wurde auch alter Fotos habhaft, die mehrfache traute Zusammenkünfte des Trios Proksch, Daimler und Tannaz – unter anderem auch in Hongkong – dokumentieren.

TICINO

Giudice istruttore
della Giurisdizione sopracenerina
Bellinzona

Locarno 4 giugno 1986

Avanti all'avvocato Fausto Celio

Giudice istruttore della Giurisdizione sopracenerina, sedente

nel proprio ufficio di Palazzo Pretorio

ed assistito dal sottoscritto segretario Roberto Bontà

Citat o , compare

TANNAZ Leo, fu Emilio e fu Antonietta nata Stadelmann, nato il 10.1.1902 originario di Cudrefin/VD, dom. a San Nazzaro, Casa alla Riva, pensionato, coniugato

il quale dichiara :

prendo atto di essere interrogato come teste su richiesta del Landgericht di Vienna, presso il quale è in corso un procedimento penale nei confronti di Udo Rudolf Proksch e Peter Daimler, per il titolo di truffa.

Letto, approvato e firmato.

Tannaz Leo dott. Karl Zerner

ÖSTERREICHISCHE LÄNDERBANK [redacted]

Bareinzahlung für (Empfänger mit Anschrift)
Österreichische Länderbank AG
Filiale Wr. Neustadt

Konto-Nr. des Empfängers — bei — oder auf ein anderes Konto des Empfängers
508-007

Verwendungszweck (Nur für Mitteilungen an den Empfänger)
Do.Ink.Nr.88-4888 73-4674
w/Optico Forschungs-und Vertriebs-gesellschaft m.b.H. Ober-Höflein

S 850.000.--

Betrag in Worten (unter S 100,— entbehrlich. Bitte freies Feld durchstreichen.)
-Achthundertfünfzigtausend-----

Kontrollstempel:

Einzahler
Herr Leo Tannaz, dzt. Bregenz

LÄNDERBANK
14.4.72.KH
BREGENZ

Soll die Überweisung auf ein anderes Konto ausgeschlossen sein, so sind die Worte „oder auf ein anderes Konto des Empfängers" durchzustreichen.

Unterschrift des Einzahlers

Prokschs »Alibi«: Scheinverkauf seiner schrottreifen Bergwerksmaschinen

ner Straflandesgericht in Locarno von Untersuchungsrichter Fausto Celio einvernommen wurde, konnte sich der mittlerweile Vierundachtzigjährige freilich an rein gar nichts mehr erinnern, obwohl er von der *Zapata*-Verwaltungsrätin Greta Fischer für seine Einvernahme vorsorglich präpariert worden war.
Er habe den Eindruck, gab Leo Tannaz schließlich zu Protokoll, von Udo Proksch »betrogen worden zu sein«.
Dies könnte in gewisser Hinsicht sogar stimmen, da ihm die Rendite für seine Investition von 850 000 Schilling, die er sich erhofft haben mag, letztlich bis heute entging. Andererseits muß sich Leo Tannaz aber auch nicht beklagen, denn Udo Proksch zahlte ihm inzwischen auf Umwegen den Preis für seine Hilfe ohnedies mit Zinsen und Zinseszinsen zurück.
Immerhin flossen am 27. Dezember 1978 genau 1,3 Millionen Schilling von Wien – aus der Firma *Demel* – in den Tessin. In der Bilanz der Hofzuckerbäckerei wurde dieser Betrag als Betriebsausgabe geltend gemacht und als Entgelt für die angebliche Lieferung einer »Demel-Sammlung« ausgewiesen, die aus nicht näher definierten Kunstgegenständen bestand.
In Empfang genommen und quittiert wurden die 1,3 Millionen von einer Dame namens Elena Tannaz. Angegebener Wohnort: Lugano.
Elena Tannaz hieß auch die – freilich längst verstorbene – Schwester des »Schmugglerkönigs vom Tessin«, der sein sechs Jahre zuvor zum Schein erworbenes Kohlenbergwerk natürlich niemals in Besitz nahm.
Dafür ist erwiesen, daß Udo Proksch selbst im Herbst 1972 mit einer Gruppe von Freunden und persönlichen Mitarbeitern, zu welchen auch der als Fallschirmspringer bekannt gewordene frühere *Anger*-Angestellte Hans Huber gehörte, mit der Demontage des Oberhöfleiner Kohlenbergwerks begann. Zusätzlich wurden für die schwierigen Abbrucharbeiten auch noch ein paar Helfer aus der Umgebung engagiert.
So erinnern sich der in Mollram bei Neunkirchen wohnhafte gelernte Koch Erwin Winkler ebenso wie der Kraftfahrer Josef Adrigan aus Grünbach, monatelang an der Demontage »einer Unmenge von Rohren, Förderbändern, Turbinen, Getrieben, Schnecken, Motoren, Rüttelsieben, Luftsetzmaschinen und Gebläsen sowie riesiger trichterförmiger Behälter und schwerer Eisenkonstruktionen« beteiligt gewesen zu sein.
Für die Demontage einer Steinbrechanlage wurde schließlich sogar die freiwillige Feuerwehr aus dem Ort eingesetzt.

Auch dem ehemaligen Bergwerksaufseher Johann Weinberger blieb nicht verborgen, was in Oberhöflein im Verlauf der Wintermonate 1972/73 vor sich ging. Er beobachtete mit Befremden, wie die einzelnen Teile der Bergwerksanlage von völlig unqualifizierten Hilfskräften zum Teil mit Brachialgewalt und unter Zuhilfenahme von Schneidbrennern demontiert wurden, so daß am Ende die gesamte Anlage tatsächlich nur noch Schrottwert besaß.[5]
Dennoch wurde jedes einzelne Stück penibel mit »Buchstaben und Zahlen« numeriert, ehe die nunmehr größtenteils wertlosen Anlageteile auf dem Gelände der Firma *Optico* in unmittelbarer Nähe des Förderturmes und auf den angrenzenden Wiesengrundstücken gelagert wurden.
Franz Steiner aus Zweiersdorf, der bis zur Schließung des Kohlenbergwerks in Oberhöflein als Lagerleiter fungiert hatte, wußte ebenfalls über die Vorgänge Bescheid. Er war später auch bei der *Optico* angestellt und unterrichtet seit deren Pleite als Musiklehrer an der Musikschule in Wiener Neustadt.[6]
Insgesamt zwei Jahre lang – bis zum Winter 1974/75 – lagerte die komplette zerlegte und zerschnittene Kohlenaufbereitungsanlage in der Folge im Freien in Oberhöflein und rostete langsam vor sich hin.
Mit umso größerem Erstaunen nahmen daher die *Optico*-Angestellten eines Tages den Ankauf großer Mengen von Bauholz und die Vorbereitungen zur Herstellung »seefester Kisten« zur Kenntnis, in die dann die Kohlenaufbereitungsanlage verpackt werden sollte, um sie, wie sich bald herumsprach, »nach Afrika« zu verschiffen.
Realisiert wurde dieser Plan schließlich aber doch nicht. Udo Proksch ließ die begonnene Arbeit wieder stoppen, denn er war in der Zwischenzeit bei einem ganz neuen Projekt engagiert.

---

[5] Bereits wenige Monate nach dem Untergang der *Lucona* teilte Johann Weinberger seine Beobachtungen auch dem Wiener Privatdetektiv Walter Penk-Lipovsky mit, der schon damals im Auftrag der Wiener *Bundesländer Versicherung* ermittelte.
[6] Sein Wissen gab Franz Steiner am 9. Jänner 1984 auch bei der Kripo niederschriftlich zu Protokoll.

# Teddy Podgorski: »A b'soffene G'schicht!«

Begonnen hatte es ganz und gar harmlos, als der Wiener Zuckerbäkker und Hofkonditor Udo Proksch, der sich aus Spaß an Abenteuern aller Art in den USA einst als »Ranger« ausbilden ließ und das Fallschirmspringen erlernt hatte, eines Tages, im Hochsommer des Jahres 1973, plötzlich auch seine Liebe zu Jagdflugzeugen und Düsenbombern entdeckte.

Es traf sich, daß das österreichische Bundesheer seit 1961 etwa fünfzehn Stück *Vampire*-Düsentrainer vom Typ *De Havilland D. H. 115* in seiner »Luftflotte« hatte und über Empfehlung des Verteidigungsministers bereit war, eine dieser Maschinen aus Altersgründen auszuscheiden.

Karl Freiherr von Lütgendorf, der seine Position bekanntlich Udo Proksch zu verdanken hatte, war diesem ja schon von Beginn seiner Ministerschaft an völlig hörig. Der Militärfanatiker konnte damit auch über das Bundesheer fast so verfügen, als wäre es seine ganz persönliche und private Armee.

Am 19. September 1973 erklärte sich das Heeres-Beschaffungsamt bereit, ihm die gewünschte *Vampire D. H. 115*, die als Wrack (ohne Triebwerk, ohne Navigationssystem und ohne Bordwaffen) deklariert worden war, zum Schrottpreis von 11 000 Schilling zu überlassen. Unter der Aktenzahl HBeschA 50.002/73 vom 2. 10. 1973 wurde der Verkauf der *Vampire* »ohne Zubehör« amtlich bestätigt.

Zugestellt erhielt Udo Proksch den Düsenbomber dann in Wahrheit freilich komplett. Flugtauglich und völlig einsatzbereit: mit Triebwerk und Hoheitszeichen, allen Navigations- und Funkeinrichtungen, sämtlichem Zubehör – und sogar mit vier Bordkanonen bestückt. Die entsprechende Weisung war vom Minister persönlich per Handzettel und außerhalb des Dienstweges ergangen.

Am 14. Mai 1974 wurde die *Vampire* (Kennzeichen: 5C-YB) »im Rahmen der Ausbildung« vom Fliegerhorst Hörsching nach Wien-Aspern überstellt, wo der Waffenfreak Udo Proksch von der Gemeinde Wien (Bürgermeister Leopold Gratz) das Gelände des aufge-

lassenen ehemaligen Flughafens Aspern[7] für seine Hobbys und Kriegsspielereien zur Verfügung gestellt erhielt.
Mit einem einzigen Düsenbomber gab sich Udo Proksch dann natürlich nicht zufrieden, was seinen Minister vor nicht geringe Probleme gestellt haben mag, denn selbstverständlich verbot es das Gesetz, einer Privatperson funktionierendes Kriegsmaterial zur Verfügung zu stellen. Immerhin wäre es Udo Proksch theoretisch möglich gewesen, mit seiner *Vampire D. H. 115* jederzeit irgendwo »Bombenangriffe« zu fliegen.
Bald fand der findige Bursche die Lösung für dieses Problem: Man beschloß erstens, einen Verein zu gründen, und gab zweitens vor, im Rahmen dieses Vereins auch ein »Militärmuseum« errichten zu wollen. Einem solchen Verein, so versprach Lütgendorf, könne er alle Arten von (ausgeschiedenen) Kriegsmaterialien, sogar völlig gratis, zur Verfügung stellen.
Mit ausgeheckt wurde diese Idee unter anderem auch von einem Mitglied der Proksch-Partie, das es zu einiger Prominenz gebracht hat: Thaddäus »Teddy« Podgorski, als ORF-Generalintendant Herr über die mächtigste Medienorgel des Landes und ein fast ebenso großer Militärfan und »Spaßvogel« wie der *Demel*-Chef selbst.
Ihr Stammlokal hatte die »Proksch-Bande« im *Club Gutruf* des gemeinsamen Freundes Rudi Wein. Dort, wo der Alkohol oft in Strömen floß und der Schmäh rannte, war auch quasi die Offiziersmesse von »Udos Privatarmee«, als deren »Oberbefehlshaber und General« der Verteidigungsminister fungierte.
Sogar »militärische Ränge« wurden da im Rahmen feuchtfröhlicher Feste regelmäßig vergeben. Proksch-Adlatus Hans Huber wurde von Lütgendorf beispielsweise zum »Hauptmann« befördert. Seither ist der Mann allgemein nur als »Hauptmann Huber« bekannt, obwohl er es in Wirklichkeit als Reservist des österreichischen Bundesheeres freilich nur bis zum Gefreiten gebracht hat.
Teddy Podgorski wiederum erreichte sogar den Rang eines »Majors«. Diese Beförderung war allerdings »illegal«, denn sie erfolgte in Abwesenheit des Ministers durch Udo Proksch ganz allein, worauf Podgorski von Lütgendorf später in einer beeindruckenden Zeremonie wieder »degradiert« wurde.
Dafür nahmen Proksch & Co. eines Tages, unmittelbar vor einem of-

[7] Erst im Verlauf des Jahres 1978 mußte Udo Proksch den Flughafen Aspern räumen, denn auf dem ausgedehnten Gelände wurde später das umstrittene österreichische *General-Motors*-Werk gebaut.

fiziellen Empfang, dem Minister dessen (echte) Generalskappe weg, um sie gründlich in einer Waschmaschine zu waschen. Unverdrossen trat Lütgendorf daraufhin seinen dienstlichen Auftrag eben barhäuptig an.

Auch der Verein, der es Udo Proksch in der Folge ermöglichen sollte, am laufenden Band militärische Güter aus den Beständen des österreichischen Bundesheeres zu beziehen, wurde in Rudi Weins *Gutruf* gegründet.

Es war, wie immer, eine sehr fröhliche Runde. Anwesend waren, neben Udo Proksch selbst, unter anderen: Minister Lütgendorf, Teddy Podgorski sowie Hans Pusch, engster Vertrauter und Ex-Kabinettschef von Bundeskanzler Fred Sinowatz. Gemeinsam wurde ein geeigneter Name gesucht.

»Ich hab's«, schrie Udo Proksch plötzlich, sprang auf und brüllte: »CUM« – »das heißt ›Civil und Militär‹« durchs Lokal.[8]

Die Begeisterung aller war groß, und Proksch ging auch gleich daran, die künftigen Funktionäre des neuen Vereins unter seinen schon mehr oder minder volltrunkenen Freunden zu bestimmen.

»Du bist der Vizepräsident«, rief er seinem Freund Teddy Podgorski zu. »Waaßt eh, damit hast du die größte Verantwortung!«

»Selbstverständlich!« lallte dieser und nahm den Befehl – pflichtgemäß salutierend – entgegen.

Der ebenfalls anwesende Proksch-Freund Roman Schliesser, als »Adabei« der *Kronen-Zeitung* Wiens erfolgreichster Klatschkolumnist, wehrte sich zuerst gegen eine Funktion, denn mit »Militär« wolle er »nix zu tun haben«.

»In Ordnung«, beschied Proksch ihm darauf, »dann bist du eben ›civil‹!«

Dem Verfasser dieses Buches schwor der Generalintendant des ORF, Teddy Podgorski, er habe den Verein »CUM« aber immer nur als eine »lustige Wirtshausblödelei« und als »b'soffene G'schicht« aufgefaßt.

Udo Proksch freilich meinte es absolut ernst: Am 23. Oktober 1973 wurde unter der Aktenzahl 122.796/1-22/73 das Innenministerium mit den Statuten des Vereins »CUM« befaßt, dessen offizieller Titel schließlich aus einem ebenso langen wie konfusen Satzungetüm bestand: »Verein zur Förderung des republikanischen Staatsbewußtseins im Sinne der immerwährenden Neutralität zum Zwecke der For-

[8] Michael Siegert, *profil*, 10. Februar 1986.

schung und Entwicklung auf dem Gebiet des civilen und militärischen Umweltschutzes«.
Damit brachte der *Demel*-Chef gleich auch sämtliche Aktivitäten im Zusammenhang mit seinem *Militantprojekt* ebenso wie seine »Forschungstätigkeit« zur Entwicklung einer Atommüllbeseitigungsmaschine unter einen gemeinsamen vereinsrechtlichen Hut.
Ministerialbeamte und die für eine derartige Vereinsgründung zuständige *Staatspolizei* stießen sich jedoch bald sowohl am Namen als auch an den dubiosen Zwecken von »CUM«. Zwei Monate lang wurde daraufhin verhandelt und hin und her überlegt, bis sich Udo Proksch am 9. Jänner 1974 entschloß, einen neuen Namen und neue Satzungen vorzulegen, so daß sich schließlich die *Generaldirektion für die öffentliche Sicherheit* am 1. Februar 1974 in der Lage sah, den Bescheid auf Nichtuntersagung zu erlassen.
Der neue Name lautete: »Verein zur Förderung ziviler und militärischer Bestrebungen hinsichtlich einer Intensivierung der Forschungs- und Entwicklungsarbeit auf dem Gebiet des Umweltschutzes«.
Die konstituierende Generalversammlung dieses seltsamen Vereins fand am 25. Oktober 1975 statt, und es spielte danach eine ganze Reihe von zum Teil höchst prominenten Personen als Funktionäre und Vorstandsmitglieder bei den dubiosen Proksch-Aktivitäten mit:

- Die Funktion des Präsidenten übernahm Udo Proksch selbst.
- Als Vizepräsident stellte sich, auch noch nachdem er zweifellos schon wieder nüchtern war, ORF-Generalintendant Teddy Podgorski zur Verfügung.
- Zum Schriftführer ließ sich der »Nichtmilitarist« Roman Schliesser ernennen.

Als weitere Vorstandsmitglieder fungierten:

- Verteidigungsminister Karl Lütgendorf.
- Hans Pusch, Kabinettschef von Bundeskanzler Fred Sinowatz.
- Friedrich Franz Eder, der mittlerweile verstorbene Generaldirektor des *Vorwärts-Verlages*, Schriftführer einer *»Österreichisch-afrikanischen Gesellschaft«* und ehemaliger Steuerberater Bruno Kreiskys.
- Erika Habliczek, Proksch-Sekretärin und Prokuristin der *Ch. Demel's Söhne Ges.m.b.H.*
- Ein naturalisierter Schweizer Staatsbürger namens Österreicher, der als internationaler Waffenhändler bekannt ist.
- Und schließlich der staatspolizeibekannte Proksch-Gehilfe in allen Steuer- und Finanzfragen Emil Ettrich.

Als im Laufe des Jahres 1986 erstmals in der Öffentlichkeit Gerüchte über eine mögliche Verbindung zwischen dem Verein »CUM« und dem *Fall Lucona* auftauchten und sich das Parlament mit dem »gewaltigen Skandal« beschäftigen mußte, hätten einige Vorstandsmitglieder von »CUM« ihr Engagement selbstverständlich sehr gerne nachträglich wieder ungeschehen gemacht. So verbreitete etwa das Bundeskanzleramt die Behauptung, Hans Pusch, des Kanzlers Kabinettschef, sei zur Funktion eines »Vorsitzenden des Forschungsbeirates« im Verein »CUM« ohne sein Wissen und gegen seinen Willen gekommen.

Demgegenüber hatte dieser allerdings, wie der *Demel*-Chef nachweisen kann, den betreffenden Vorstandsbeschluß sogar eigenhändig unterschrieben. Er ahnte damals nur noch nicht, daß es wegen dieses Vereins eines Tages parlamentarische Anfragen geben würde.

Was »CUM« konkret zu bedeuten gehabt habe, beschreibt Udo Proksch in seiner unnachahmlichen präzisen Ausdrucksweise so: »C und M macht CUM. Dieser Verein war eine eher, sagen wir, eine positiv dem Bundesheer, äh, also der Landesverteidigung gegenüberstehende Sache, denn wir sind der Meinung gewesen, daß ›Civil‹ und ›Militär‹ eigentlich eh die gesamte Sache umfaßt. Und wir wollten ein Land machen, ein sogenanntes CUM-Land, wo wir in Aspern unten, wo wir eben verschiedene Flugzeugtypen, diese Flugzeuge wollten wir also erhalten, oder? Weil Flugzeuge, ideologisch gesehen, ja Kunstwerke sind.«

Verteidigungsminister Karl Lütgendorf erwies sich als außerordentlich großzügiger »Kunstmäzen« und überließ seinem Freund »ideologische Kunstwerke« in großer Zahl. Alles gratis, versteht sich. Als »Leihgabe« an den Verein »CUM«, dem er als Vorstandsmitglied selbst angehörte.

Am 10. Mai 1974 wurde unter der Aktenzahl 465.430-LEFM/74 ein Jagdbomber *Saab J 29 F* von Hörsching auf Prokschs Privatflughafen Wien-Aspern überstellt, nachdem Lütgendorf per Handzettel angeordnet hatte, »zu beachten, daß das bereits ausgebaute Triebwerk dieser Maschine mitüberstellt wird«.

Danach kamen Panzer, Raketenwerfer und Selbstfahrlafetten sowie allerlei anderes Kriegsgerät an die Reihe. Am 29. Mai 1974 trudelten in Aspern unter anderem zwei M7B2-Panzer und eine ganze Flotte von Militär-Lastkraftfahrzeugen ein, darunter mehrere Kranwagen, zahlreiche GMC, Dodge, sowie der erste einer nach und nach folgenden ganzen Flotte von Jeeps.

Jeweils am 21. Juni 1974 und am 30. September 1974 bewilligte der Verteidigungsminister die nächsten Lieferungen: einen weiteren Jagdbomber vom Typ *Saab J 29 F*, eine zweite *Vampire*, zwei AMX-Jagd-

panzer französischer Provenienz, eine Anzahl Raketenwerfer und Panzerabwehrkanonen, einen Hubschrauber *Alouette II*, einen *Centurion*-Panzer, zwei weitere Panzer M7B2, einen *Continental*-Flugmotor, einen US-Feuerwehrwagen, zahlreiche große Heeres-Schlauchboote, Fallschirme und sonstiges Militärgerät.
Mit den Leihgaben des Ministers an Udo Proksch hätte man bald eine kleine Armee auf die Beine stellen können. Allein seine »Airforce« bestand in den siebziger Jahren aus mindestens acht Kriegsflugzeugen: zwei Düsentrainer *Vampire D. H. 115*, zwei Jagdbomber *Saab J 29 F* (»Fliegende Tonne«), eine *Fouga Magister*, eine *Pilatus* und schließlich noch zwei alte Überschall-Abfangjäger *Starfighter*.
Selbst dem *Heeres-Nachrichtenamt* war das Ausmaß dieser illegalen Verschiebungen von Kriegsgeräten verborgen geblieben.
Erst nachdem etwa zehn Jahre später der *Fall Lucona* virulent wurde und die Staatsanwaltschaft Wien nach Hinweisen durch die *Lucona*-Ermittler am 21. November 1983 unter der Aktenzahl 36 St 49.803/83 kriminalpolizeiliche Erhebungen über den Verbleib des »CUM«-Waffenlagers angeordnet hatte, bequemte sich in der Zwischenzeit auch das österreichische Bundesheer zu einer internen Untersuchung über diesen Skandal, der nie an die Öffentlichkeit gelangt war.
Der 70seitige Untersuchungsbericht vom 22. Februar 1984 liegt seither unter der Aktenzahl 57.220/254-4.11/84 im Bundesministerium für Landesverteidigung unter Verschluß. Das Ergebnis dieser Untersuchung war freilich mehr als dürftig.
Nur ein Bruchteil der von Minister Lütgendorf seinem *Club-45*-Genossen überlassenen Rüstungsgüter konnte aktenkundig gemacht werden. Wohin alles andere verschwunden sein könnte, war bis jetzt weder das Bundesheer noch die Kriminalpolizei in der Lage zu klären. Es gibt nur Indizien dafür. Udo Proksch selbst beteuerte nur, man habe ihm »leider alles gestohlen«.
Einige Heeres-LKW tauchten später laut Zeugenaussagen im Nahen Osten wieder auf, der US-Feuerwehrwagen wurde in Kairo gesichtet, und im allernächsten Umfeld der »Proksch-Bande« wird noch heute von jenen »wahrhaft lebensgefährlichen Abenteuern« geschwärmt, als man altersschwache Flugzeuge im Tiefflug (um den Radarsystemen zu entgehen) von Österreich aus über das Mittelmeer bis in die westliche Sahara gebracht haben will.
Tatsächlich wurde die west-saharauische »Befreiungsorganisation« *Frente Polisario* von Udo Proksch jedenfalls propagandistisch von allem Anfang an unterstützt: Manchmal logierte der *Polisario*-»Informationsminister« gleich wochenlang im Wiener *Demel* und entfaltete

von den Räumen des *Club 45* aus seine europaweite Propagandatätigkeit für die »Bewegung«. Und Anna Proksch, eine Tochter des *Demel*-Chefs aus seiner Ehe mit Erika Pluhar, pflegt als »österreichische Delegierte« an *Polisario*-Kongressen teilzunehmen.
Heute hat es die *Frente Polisario* freilich längst nicht mehr nötig, sich ausrangierte österreichische Bundesheerbomber zu organisieren, denn mittlerweile wird sie nicht nur von Oberst Gaddafi, sondern im Auftrag des KGB auch von nordvietnamesischen, ostdeutschen und kubanischen Söldnern »beraten« sowie von sowjetischen MIG-Kampfflugzeugen militärisch unterstützt.
Demnach wurde von Udo Proksch seinerzeit, wenn nicht alle Anzeichen trügen, ein großer Teil der ihm vom österreichischen Bundesheer kostenlos zur Verfügung gestellten Kriegsgüter offenbar als »Second-hand-Waffen« ins Ausland verschoben und dort verkauft.
In diese Zeit geht im übrigen auch die innige Freundschaft und Geschäftspartnerschaft des *Demel*-Chefs mit einem Salzburger Waffenhändler namens Günther Voglstätter zurück, der auch als Schrott- und Alteisenhändler seit Jahren blendende Geschäfte mit dem österreichischen Bundesheer macht und der im *Fall Lucona* ebenfalls noch eine bedeutende Rolle – als wichtigster »Entlastungszeuge« für Udo Proksch – spielen wird.
Ungeklärt blieb allerdings, in welchem Zusammenhang der in Wien gegründete Verein »CUM« mit einer danach in der Schweiz aus der Taufe gehobenen Aktiengesellschaft namens *Cum AG* steht. Verwaltet wurde auch diese Briefkastenfirma von Greta Fischer, und als ihren Geschäftszweck gab man an:
»Durchführung von Industrieprojektierungen auf dem Gebiet des zivilen und militärischen Umweltschutzes. Forschung und Projektierung von Strahlenschutzanlagen und Anlagen für die Gewinnung von Uran und nichteisenhaltigen Erzen, sowie die museale Archivierung des technischen Entwicklungsprozesses auf dem Gebiet der Aeronautik. Charterung und Vermietung von Flugzeugen und Vermittlung von Flügen.«
Der Gleichklang der Worte verblüfft immerhin, und in der Tat liest sich auch der Firmenzweck wie die wenig später erstellte Ladeliste des Schiffes *Lucona*.
Eine von Udo Proksch durchaus kommerziell geführte weitere Firma, deren Betriebsgegenstand unter anderem in der »Erzeugung von Anlagen für den zivilen und militärischen Umweltschutz« bestand, wurde aber auch in Österreich unter dem Namen *Pinosa Ges.m.b.H.* als Tochterunternehmen der schweizerischen *Zapata AG* installiert.

Und zur selben Zeit erwarb die Konditorei *Demel* im niederösterreichischen Marktflecken Piesting nahe Wiener Neustadt ein stattliches Industrie-Areal, das danach als »Erzeugungs- bzw. Endmontageort« einer Uranfabrik gedient haben soll.
Bei der Beschaffung dieser Liegenschaft gab Udo Proksch zur Abwechslung wieder einmal seinen alten ÖVP-Freunden die Ehre, ihn unterstützen zu dürfen. Wie dies geschah, ist freilich eine Geschichte für sich.

S T A T U T E N

des "Vereines

ZUR FÖRDERUNG ZIVILER UND MILITÄRISCHER BESTREBUNGEN HINSICHTLICH EINER INTENSIVIERUNG DER FORSCHUNGS- UND ENTWICKLUNGSARBEIT AUF DEM GEBIET DES UMWELTSCHUTZES."

§ 1

Name, Sitz und Tätigkeitsbereich

Der Verein führt den Namen "VEREIN ZUR FÖRDERUNG ZIVILER UND MILITÄRISCHER BESTREBUNGEN HINSICHTLICH EINER INTENSIVIERUNG DER FORSCHUNGS- UND ENTWICKLUNGSARBEIT AUF DEM GEBIET DES UMWELTSCHUTZES"und hat seinen Sitz in Wien.

Er erstreckt seine Tätigkeit auf das gesamte Bundesgebiet. Die Errichtung von Zweigstellen, dieses ohne Vereinscharakter, allenfalls von Zweigvereinen in den Bundesländer ist beabsichtigt.

§ 2

Zweck

Der Verein, dessen Tätigkeit nicht auf Gewinn gerichtet ist, bezweckt Aufklärungstätigkeit und Schaffung von Möglichkeiten zur Intensivierung der Forschungs-und Entwicklungsarbeit auf dem Gebiet des Umweltschutzes; in diesem Zusammenhang sollen die bestehenden Bestrebungen in zivilen und militärischen Bereichen, dem allgemeinen Sicherheitsbedürfnis grundsätzlich durch erhöhte Anstrengungen Rechnung zu tragen, besonders unterstützt werden.

# Waffen statt Marmelade

In Piesting hatte es schon seit der Jahrhundertwende (genau. seit 1904) eine *Landwirtschaftliche Genossenschaft zur Verwertung von Harzprodukten in Piesting m.b.H.* gegeben, deren Wirtschaftlichkeit seit jeher zu wünschen übrig ließ. Immer tiefer war sie zuletzt in die roten Zahlen geraten, so daß im November 1971, unter der Aufsicht der *Raiffeisen-Zentralkasse Niederösterreich-Wien*, deren Liquidation verfügt werden mußte. Zum Liquidator wurde *Raiffeisen*-Prokurist Erwin Weissenberger bestellt.

Die Harzgenossenschaft besaß in Piesting, Harzwerkstraße 19, ein ausgedehntes, rund 15 000 m² großes Areal – ein zum Teil als Wiese und Ackerland gewidmetes Grundstück, auf dem sich aber auch eine alte, desolate Fabrik zur Herstellung von Harzprodukten und Straßenbelägen befand.

Anfang 1972 war die Harzfabrik der Genossenschaft endgültig stillgelegt und die rund fünfzig Beschäftigten entlassen worden. Auf Fabriksgebäuden und Liegenschaft hatte natürlich die *Raiffeisen-Zentralkasse* die Hand, da bei ihr die Genossenschaft mit einigen Millionen Schilling in der Kreide stand.

Die Liegenschaft war mit insgesamt 4,5 Millionen Schilling grundbücherlich belastet, weitere zwei Millionen hatte die *Raiffeisenkasse* dem Piestinger Bauern und Obmann der Genossenschaft, Franz Körrer, knapp vor der Liquidation noch zum Ankauf neuer Maschinen und als unbesicherten Betriebsmittelkredit ausbezahlt.

Nachdem 1973 im Zuge des neuen niederösterreichischen Raumordnungsgesetzes die Piestinger Liegenschaft zur Gänze in Bauland und Industriegebiet umgewidmet worden war, schien sich der Verlust durch die Liquidation der Genossenschaft für die *Raiffeisen-Zentralkasse* zunächst eher in Grenzen zu halten, denn der Liegenschaftswert stieg durch die Umwidmung ohne Zweifel enorm.

Dann schlug allerdings Udo Proksch zu. Nachdem sich bei seiner *Optico* in Oberhöflein bereits deutlich der nahe Konkurs abzuzeichnen begann, mußte er sich schon beizeiten um ein Ersatzobjekt umschauen. Und natürlich sollte es wieder ein ehemaliger Pleitebetrieb

sein, den er zwecks »Sanierung« übernehmen würde. Das Piestinger Harzwerk erkannte er sofort als für seine Zwecke ideal.
Der Handel wurde inoffiziell gegen Jahresende 1973 beschlossen, und bald danach erfolgte eine abenteuerliche finanzielle Transaktion. Die *Raiffeisen*-Zentraldirektion veranlaßte am 15. Jänner 1974 plötzlich und scheinbar ohne jeden ersichtlichen Grund, denn es war kein einziger Schilling der Kredite zurückgezahlt worden, die Löschung der zu ihren Gunsten im Grundbuch intabulierten Pfandrechte.
Damit war die Harzgenossenschaft in der Lage, ihre nunmehr völlig unbelastete Liegenschaft zu einem Vorzugspreis an die *Konditorei Demel* des Herrn Udo Proksch zu verkaufen.
Freilich hatte dieser zuvor in den Verhandlungen alle nur erdenklichen Schmähregister gezogen, indem er etwa den örtlichen Politikern den Umbau der Harzfabrik in eine Erzeugungsstätte für Dauerbackwaren und Marmelade versprach. Die Gesprächspartner des Zuckerbäckers waren entzückt, zumal dieser von riesigen Exportgeschäften zu fabulieren begann und natürlich auch nicht das Argument »Arbeitsplatzbeschaffung« vergaß.
Am 31. Mai 1974 erstand die *Ch. Demel's Söhne Ges.m.b.H.* die Piestinger Liegenschaft samt Harzfabrik und allen Fahrnissen um den Spottpreis von – alles in allem – 2,3 Millionen Schilling.
Um Grunderwerbsteuer zu hinterziehen, wurde der im Kaufvertrag festgesetzte Preis sogar noch ausdrücklich geteilt: In 1,4 Millionen Schilling als Preis für die Fahrnisse und nur 900 000 Schilling als Preis für die Liegenschaft, die einige Monate vorher noch für immerhin 4,5 Millionen belehnt war.
Welch blendendes Geschäft Udo Proksch damit einmal mehr im Dunstkreis der hohen Politik machen durfte, mag der Umstand erhellen, daß die Firma *Demel* auf dieselbe Liegenschaft bald danach von der *Österreichischen Länderbank* mühelos ein Hypothekardarlehen in der mehrfachen Höhe des Kaufpreises erhielt. Bald war das Piestinger Grundstück mit 5 520 000 Schilling belehnt.
Für die *Raiffeisen-Zentralkasse* schlug sich dieses Geschäft allerdings weniger günstig nieder. Knapp fünf Millionen Schilling wurden von der Bank als Verlust aus dieser Transaktion abgebucht.
Der zweite Streich folgte per Notariatsakt vom 27. September 1974: Die Piestinger Harzgenossenschaft war auch noch hundertprozentige Anteilseignerin der in Wien domizilierten und mit einem Grundkapital von 350 000 Schilling ausgestatteten Handelsfirma *Pinosa Ges.m.b.H.*.
Für 80 000 Schilling überließen die Genossenschafter auch dieses Un-

## LÖSCHUNGSERKLÄRUNG

Im Lastenblatte der Liegenschaft EZ 828, Katastralgemeinde Markt Piesting, Gerichtsbezirk Wiener Neustadt als Haupteinlage und der EZ 359 desselben Grundbuches als Nebeneinlage, sind folgende Pfandrechte einverleibt:

Die Niederösterreichische landwirtschaftliche Genossenschafts-Zentralkasse, registrierte Genossenschaft mit beschränkter Haftung bzw. Niederösterreichische Genossenschafts-Zentralkasse registrierte Genossenschaft mit beschränkter Haftung, nunmehr Raiffeisen-Zentralkasse Niederösterreich-Wien registrierte Genossenschaft mit beschränkter Haftung erteilt ihre ausdrückliche Einwilligung, daß ohne ihr weiteres Wissen und Einvernehmen, aber nicht auf ihre Kosten, die Löschung der oben bezeichneten Pfandrechte im Höchstbetrage von S 2,800.000,-- (Schilling zwei Millionen achthunderttausend) und S 1,700.000,-- (Schilling eine Million siebenhunderttausend) in Ansehung der Haupt- und Nebeneinlage einverleibt werde.

Wien, am 15.Jänner 1974

RAIFFEISEN-ZENTRALKASSE
NIEDERÖSTERREICH - WIEN
registrierte Genossenschaft mit
beschränkter Haftung

ppa. ppa.

**B.Z. 139/1974**

**Die Echtheit vorstehender Gesamtfirmazeichnung der Herren Zentraldirektor Dr.Karl G r u b e r und Direktor Dipl.Vw.Ernst K a r n e r , beide als Gesamtprokuristen der " Raiffeisen - Zentralkasse Niederösterreich - Wien registrierte Genossenschaft mit beschränkter Haftung " in W i e n , 1., Seilergasse 6, wird bestätigt.- W i e n , am sechzehnten Jänner Tausendneunhundertsiebzigvier.----------------**

Dr. RICHARD REA
ÖFFENTLICHER NOTAR
Wien - Innere Stadt

ternehmen Udo Proksch. Sämtliche Gesellschaftsanteile der Firma gingen in das Eigentum der schweizerischen *Zapata AG* über.
Geschäftsführer der *Pinosa Ges.m.b.H.* wurde Udo Proksch selbst und ließ in der Folge als deren zusätzlichen Betriebsgegenstand neben der schon erwähnten »Erzeugung von Anlagen für den zivilen und militärischen Umweltschutz« auch noch »Fördertechnik, Assembling und Veredelung, Consulting und Engineering« ins Handelsregister eintragen.
In der Wiener Schäffergasse besaß die neue Proksch-Firma *Pinosa* jedoch lediglich zwei kleine Lagerräume und hatte damit wohl unzweifelhaft zuwenig Platz sowohl für den geplanten »zivilen und militärischen Umweltschutz-Anlagenbau« wie auch für des Zuckerbäckers Assembling- und Veredelungsvorhaben.
Die *Konditorei Demel* verpachtete der *Pinosa* daher die Piestinger Liegenschaft samt Fabrik. Dort hielten sich ohnedies bereits seit dem Frühjahr 1974, also noch ehe das Fabriksgebäude gekauft worden war, sporadisch und zumeist an den Wochenenden einige Männer aus dem engsten Proksch-Freundeskreis unter der Führung von Hans Huber und dem jüngeren Proksch-Bruder Rüdiger auf, um erste Aufräumungsarbeiten zu erledigen.
Zunächst wurde rund um die Liegenschaft aus vielen Hunderten, auf dem Gelände lagernden Blechfässern eine Mauer errichtet, um die Einsicht zu erschweren. Der größte Teil dieser Fässer, die noch aus der Zeit stammten, da die Harzgenossenschaft eine Bitumenproduktion versucht hatte, war mit giftigen Chemikalien und Abfallstoffen gefüllt.
Später tummelten sich in den Abendstunden häufig auch »Männer in Tarnanzügen« auf dem Gelände, was die Anrainer der Fabrik mit der Zeit zu beunruhigen begann. Der Bürgermeister von Piesting, Walter Zimper, wurde von einigen Ortsbewohnern mit Anfragen, was denn hier eigentlich vor sich gehe, bombardiert.
Zimper aber wußte offensichtlich Bescheid: Zwar hatte auch er zunächst große Hoffnungen in die von Proksch versprochene Produktion von *Demel*-Marmelade in Piesting gesetzt, doch wußte er nun zu berichten, daß es sich der Konditor anders überlegt habe.
Der *Demel*-Chef übe jetzt auf dem Gelände »Forschungsarbeiten in Zusammenarbeit mit dem österreichischen Bundesheer« aus und werde in Hinkunft für das Militär auch »Bunker und Verteidigungsanlagen« bauen. Aus diesem Grund seien alle Vorgänge auf dem Piestinger Fabriksareal natürlich »streng geheim«.

# Chih-ma heißt »die Bombe«

Von »Forschungsarbeiten in Zusammenarbeit mit dem österreichischen Bundesheer« konnte in Piesting in Wahrheit natürlich gar keine Rede sein, und es wurden dort auch weder jemals »Verteidigungsanlagen« noch »Bunker« gebaut.

Bei den »Männern mit Tarnanzügen« hatte es sich bloß um einige Mitglieder der »Proksch-Bande« gehandelt. Sie spielten mit den von Karl Lütgendorf dem Verein »CUM« überlassenen Militärgeräten und Heeresfahrzeugen auf dem Fabriksgelände nur gelegentlich »Krieg«.

Ernst wurde es erst, als Udo Proksch eines Tages die größte Idee seines Lebens gebar.

Der »geniale Phantast« war es schon seit geraumer Zeit leid, immer wieder nur neue 08/15-Projekte zu entwickeln, die sich danach aber doch niemals durchführen ließen, so daß ihm jeweils nur Spott und Hohn blieben.

Er hatte die Herstellung diverser Attrappen aus Plastik versucht, Erfahrungen aber auch schon im Handel mit echten Waffen gesammelt, er besaß alte Jagdbomber und hatte Geschäfte im Zusammenhang mit Atomtechnologien im Sinn. In Piesting gehörte ihm eine Fabrik, in der es ein chemisch-technisches Labor gab, und in Oberhöflein schließlich rostete immer noch sein unverwertbares Kohlenbergwerk vor sich hin.

In dieser Situation ließ Udo Proksch wieder einmal seine exzessive Phantasie spielen – und plötzlich ging ihm ein Gedankenexperiment durch den Kopf:

Könnte man nicht mit Hilfe von Bergwerksmaschinen anstatt Kohle im Prinzip auch Uranerz abbauen? Und aus Uranerz gewinnt man durch den Einsatz von Chemie doch auch *Yellow Cake*,[9] das die Grundlage für die Herstellung spaltbaren Materials – und somit letztlich sogar der Atombombe – ist.

Natürlich dachte der Zuckerbäcker aus Wien nicht im Ernst daran, er

[9] *Yellow Cake* ist eine schwach radioaktive Substanz, die entsteht, nachdem Uranerz mechanisch zerkleinert und mit Natronlauge oder Ammoniak behandelt worden ist. Chemische Formel: $U_3 O_8$ (Uranoxyd).

könne eines Tages vielleicht wirklich eine kleine Atombombe bauen, seine Ideenspielerei wies ihm vielmehr nur den Weg zu einer optimalen Verwertung seiner Bergwerksanlagen.
Der Grundgedanke war nicht nur naheliegend, sondern geradezu simpel: Mit einem devastierten alten Kohlenbergwerk war schließlich heutzutage so oder so kein Staat und schon gar kein Geschäft mehr zu machen.
Auch im zivilen Bereich war längst die Zeit des technologischen Aufbruchs in Richtung Kernenergie angebrochen. Kohle war »out«, Uranerz hingegen war »in«.
Kurz gesagt: Udo Proksch und Hans Peter Daimler beschlossen, ihre Kohlenaufbereitungsanlage in eine Uranerz-Aufbereitungsanlage umzulackieren. Mit ein wenig Phantasie schien beides ohnehin fast das gleiche zu sein.
Aber wenn Udo Proksch etwas macht, so macht er es gründlich. Er geht dann in seinen Ideen so auf und beginnt sich mit seiner Vorstellungswelt in einem solchen Ausmaß zu identifizieren, daß er mit der Zeit den Unterschied zwischen Phantasie und Wirklichkeit tatsächlich selbst nicht mehr erkennt.
Prompt tauchte der *Demel*-Zuckerbäcker daher eines Tages mit einem kleinen Fläschchen in der Hand auf, in dem sich eine geringe Menge eines gelbfarbenen Sandes befand.
»Das ist *Yellow Cake*!« begeisterte er sich gegenüber seinen Freunden und trug seine Uranerz-Probe als Symbol seiner Königsidee ab sofort ständig bei sich. Und wem immer er in der Folge begegnete, dem zeigte er stolz sein *Yellow Cake* und ließ dabei auch gleich sein Fachwissen spielen.
»Wenn Sie«, gab sich der *Demel*-Chef kompetent, »dieses Fläschchen immer in Ihrer Hosentasche tragen, dann haben Sie nach zehn Jahren keine Hoden mehr!«
Bald begann der Plan konkrete Gestalt anzunehmen. Als Projektbezeichnung, die bei Udo Proksch immer eine sehr wichtige Rolle spielt, wurden für das beabsichtigte Jahrhundertgeschäft drei aus Ziffern- und Buchstabenkombinationen bestehende Kürzel gewählt. Der Urananlagen-Handel sollte unter dem Codenamen »UPP 101/XP-19/Chih-ma« über die Bühne gehen.
»UPP« stand für »Uranium-Plant-Project«, und unter dem Titel »XP-19« waren in letzter Zeit auch schon Udo Prokschs Plastikprojekte für den »zivilen und militärischen Umweltschutz« gelaufen.
Den interessantesten – doppeldeutigen – Hinweis auf die Natur des geplanten Geschäftes sollte hingegen das Kürzel »Chih-ma« geben

und zugleich des *Demel*-Chefs kindliche Freude an der Mystifikation seiner Tätigkeit dokumentieren.
»Chih-ma« klingt zwar wie ein chinesischer Name, tatsächlich heißt so jedoch ein großer champignonartiger Pilz, der in einigen arabischen Landstrichen, vor allem im Süden des Irak, wächst. Allerdings unter der Erdoberfläche, wie die Kartoffel. Im übertragenen Sinn kann damit auch ein »Atompilz« gemeint sein.
Mitte der siebziger Jahre schrieb der britische Romanschriftsteller Gerald Seymour einen seiner Agententhriller mit dem Titel »The Glory Boys«.[10]
Die Story könnte auch Udo Proksch gekannt haben: Zwei Terroristen, ein Palästinenser und ein IRA-Mann, hatten nach dem Yom-Kippur-Krieg im Oktober 1973 von der PFLP den Auftrag angenommen, einen in einer als Textilfabrik getarnten Uranerz-Aufbereitungsanlage tätigen israelischen Atomwissenschaftler zu töten, um damit das israelische Forschungsprogramm zur Entwicklung der Atombombe zum Stillstand zu bringen. Die Operation lief unter dem Codenamen »Chih-ma«. Für Seymours Romanfiguren hieß »Chih-ma« denn auch schlicht »die Bombe«.
In irgendeiner Weise schien an Udo Prokschs Urananlagen-Jahrhundertprojekt im übrigen auch ein großkalibriger österreichischer Politiker, der damalige Wiener Bürgermeister, spätere Außenminister und heutige Nationalratspräsident Leopold Gratz, von Anfang an beteiligt gewesen zu sein. Ein Filmporträt des ORF über Udo Proksch mit dem Titel »Lachend sterben«, das am 12. September 1973 im Rahmen der Sendereihe »Panorama« ausgestrahlt wurde, lieferte jedenfalls einen solchen Hinweis.
Zusammen mit seinem Freund hatte Leopold Gratz vor dem Stolleneingang des Oberhöfleiner Kohlenbergwerks für die ORF-Kameras posiert, und Proksch begann bereits damals von »unserem Projekt XP-19« zu erzählen. Näheres über seine konkreten Pläne erfuhren die österreichischen Fernsehzuseher damals freilich nicht.
Diese Ehre wurde nur dem Proksch-Treuhänder und *Zapata*-Verwaltungsrat Max Peterhans in der Schweiz zuteil, mit dem er ab Beginn des Jahres 1974 die Kontakte zu intensivieren begann. Zunächst jedoch noch aus gänzlich anderen Gründen:
Der *Demel*-Chef hatte seine Lebensgefährtin, die Gräfin zu Salm, davon überzeugen können, daß ihnen eine standesgemäße, von ihr fi-

---

[10] Das Buch wurde in einer BBC-ZDF-ORF-Koproduktion im Jahre 1983 verfilmt. Der deutsche Titel: »Handlanger des Todes«.

nanzierte Villa im Tessin Freude bringen würde. Sein Freund, Leo Tannaz, hatte auch schon ein geeignetes Objekt am Lago Maggiore ausfindig gemacht: die Villa »Buenos Aires« in San Nazzaro, nur einen Steinwurf von seinem eigenen Anwesen entfernt.
Um den Kauf unter Zuhilfenahme der *Zapata AG* problemlos über die Bühne zu bringen[11], ersuchte Proksch seinen Treuhänder Peterhans, den Behörden gegenüber die Falschaussage zu tätigen, wonach die *Zapata AG* schweizerisch beherrscht sei. Da sich dieser damit aber der Gefahr einer Gefängnisstrafe ausgesetzt hätte, spielte er zum ersten Mal bei einem Proksch-Vorschlag nicht mit.
Die Villa wurde dann später mit Hilfe eines anderen, hochrangigen und einflußreichen Schweizer Freundes, des CVP-Politikers und Präsidenten der *Schweizerischen Bundesbahnen* Hans Fischer, des Vaters von Greta Fischer, erworben.
Ein zweites Proksch-Projekt in der Schweiz betraf ein kulturhistorisches Juwel: das vom Verfall bedrohte, siebenhundert Jahre alte, einzigartige eidgenössische Wasserschloß Wyher in Etiswil im Kanton Luzern.
Aus dem Schloß könne man »etwas Rassiges machen«, verkündete Proksch und schloß mit der kantonalen *Stiftung Schloß Wyher* einen 100jährigen Nutzungsvertrag. Massive Bürgerproteste verhinderten allerdings eine Umgehung der Gesetze und hatten zur Folge, daß der auch in der Schweiz wohlbekannte österreichische »Bürgerschreck« (laut eidgenössischer Medienmeinung rein äußerlich »eine Mischung zwischen Orson Welles, Salvador Dali und Napoleon«) am Ende doch nicht als innerschweizerischer Schloßherr zu reüssieren vermochte.
Im Frühsommer des Jahres 1974 sprach sich Udo Proksch noch einmal mit seinem Treuhänder Max Peterhans aus und deutete ihm sein geplantes Jahrhundertgeschäft im Zusammenhang mit seinem Kohlenbergwerk an, das er über die *Zapata AG* abzuwickeln gedachte.
Nun ist Peterhans in der Schweiz zwar weithin als Mann bekannt, der »für Geld fast alles zu tun bereit ist«, doch mußte er als Verbindungsmann und Vertrauensperson für gewisse Ostblock-Geheimdienstinteressen bei einer offenkundig rein privaten Aktion Vorsicht walten lassen.
Schon bald nach den Eröffnungen des Udo Proksch und seines

---

[11] Ausländern war der Grunderwerb in der Schweiz schon seit 1972 durch die Lex von Moos (heute: Lex Furgler) streng untersagt.

»Handlangers Hans Peter Daimler« bekam Max Peterhans ein »ungutes Gefühl«. Und als er schließlich hörte, »daß sich da etwas tut, daß die etwas planen mit einem Schiff«, bekam er Angst und stieg aus:

»Ich habe ihnen gesagt, wenn ihr solche Geschichten macht, dann, bitte, tut es mir leid. Ich ersuchte Udo Proksch, seine Akten abzuholen und mich nicht mehr weiter zu belästigen. Mit anderen Worten: Ich habe ihn rausgeschmissen!« formulierte Max Peterhans später seinen Bruch mit den beiden Wienern.

Heute ist er, sagt Peterhans, glücklich darüber, denn »ich will nichts dagegen sagen, daß man eine Versicherung bescheißt, aber mit Menschenleben zu spielen, das stört mich«[12].

Wortlos packte Udo Proksch nach dem Hinauswurf die Akten seiner beiden Firmen, *Zapata* und *Lylac AG*, und verließ Peterhans' Treuhandbüro. Dessen Sekretärin, seine Geliebte Greta Fischer, nahm er gleich mit.

In ihr fand der *Demel*-Chef auch gleich eine neue Treuhänderin für seine Briefkastenfirmen. In Unterägeri[13] hatte er weiters den Berufstreuhänder Alex Blöchliger kennengelernt, der prompt die Stelle eines nominellen Präsidenten des Verwaltungsrates für seine *Zapata AG* übernahm.

Am 30. Juni 1974 wurde Greta Fischer in einer a. o. Generalversammlung zur allein zeichnungsberechtigten Verwaltungsrätin der *Zapata AG* bestellt und sollte somit in Hinkunft nach außen hin für die Firma, die nun auch in Fischers Bauernhaus in Oberdorf-Oele bei Geuensee domiziliert war, die Hauptrolle spielen.

Ihre Weisungen freilich erhielt Greta Fischer von Udo Proksch, der offiziell ab sofort als »Bevollmächtigter und Beauftragter der Aktionäre« auftrat, worüber natürlich keinerlei schriftlicher Vertrag existiert.

Diese Konstruktion war sehr geschickt. So konnte der Zuckerbäcker aus Wien darangehen, sein »Bombenprojekt« endlich zu realisieren, und Greta Fischer, das damals 36jährige Fräulein aus bestem schweizerischem Haus, half ihm dabei. Die Politiker- und *Bundesbahnen*-Präsidententochter plagten die Skrupel ihres Ex-Chefs Max Peterhans offenbar nicht.

---

12 Tonbandaufzeichnung eines Telefongesprächs zwischen Max Peterhans und dem Privatdetektiv Dietmar K. Guggenbichler vom 28. Juni 1983.

13 In Unterägeri war auch die Tochter von Erika Pluhar und Udo Proksch, Anna Proksch, in einem Nobelinternat untergebracht.

# Ein Nachtwächter und der Demel-Hausinstallateur

Im Spätherbst des Jahres 1974 stand die amtswegige Schließung der Firma *Optico* unmittelbar bevor. So blieb Udo Proksch keine Zeit mehr, sein Jahrhundertprojekt von Oberhöflein aus in Angriff zu nehmen, sondern er mußte das Kohlenbergwerk nun so rasch wie möglich auf das rund zwanzig Kilometer entfernte ehemalige Harzwerkgelände nach Piesting überstellen.

Der Transport der tonnenschweren Güter begann im November 1974, und wiederum glaubten die Piestinger Ortsbewohner Fahrzeuge des österreichischen Bundesheeres zu erkennen, doch die Heeres-LKW hatten durchwegs private polizeiliche Kennzeichen.

Meistens kamen diese Lieferfahrzeuge erst in den späten Nachmittagsstunden oder gar erst am Abend, als es schon dunkel war, an. Dann wurde jeweils bis spät in die Nacht hinein abgeladen.[14]

Am darauffolgenden Morgen konnten die Anrainer der Fabrik, die von ihren Wohnhäusern aus zum Teil einen sehr guten Einblick auf das *Pinosa*-Gelände besaßen, die auf dem Fabriksvorplatz abgeladenen Materialien sehen.

Die angelieferten Güter wurden übereinstimmend als »diverse schwere Alteisenteile«, als »große trichterförmige Rohre«, »Förderbänder« und dergleichen erkannt. Einige der Anrainer vermuteten in den abgeladenen Geräten und schweren Maschinenteilen »Bestandteile eines alten Schotterwerks«.

Augenzeugen dieser Anlieferungen waren unter anderen der Piestinger Tischlermeister Ernst Stix, der Leiter der örtlichen *Raiffeisenkasse* Josef Zodl, die Ordinationshelferin Friederike Widmer und Ing. Schmutzer, Professor an der HTL Wiener Neustadt.

Von ihnen allen wurden die danach monatelang vor ihren Augen lagernden Materialien schlicht und ergreifend als »Eisengerümpel« bezeichnet. Alles war »alt, stark verrostet und devastiert«.

Lediglich einer der Anrainer, Edgar Lichtenberger, Diplomingenieur

---

[14] Zwischen November 1974 und Februar 1975, so werden Jahre später die Vertreter der *Zapata AG* vor Gericht behaupten, seien die ersten Anlieferungen der »Uranerz-Aufbereitungsanlage« nach Piesting erfolgt.

und Bergbaufachmann, war imstande, den in Piesting abgeladenen Eisenschrott als »alte Bergwerksmaschinen« zu identifizieren.
Der Mann, der heute bei der Wiener Firma *Austromineral – Österreichische Gesellschaft für Lagerstättenerschließung, Bergbau und Mineralwirtschaft Ges.m.b.H.* als Projektmanager tätig ist, war zweifellos ein Spezialist auf diesem Gebiet.
Edgar Lichtenberger erkannte unzweifelhaft die einzelnen Teile einer Kohlenaufbereitungsanlage, die irgendwo unsachgemäß mittels Schweißbrennern demontiert worden waren: »Eine demontierte Entstaubungsanlage, ein Kreisschwenksieb, Steinbrecher und Förderanlagen.«
Der Bergbauingenieur hatte sich vor allem deshalb alles sehr genau angesehen, da er ursprünglich sogar überlegt hatte, eventuell Teile der Uraltanlage für die *Gumpoldskirchner Schotterwerke*, wo er damals beschäftigt war, zu erwerben. Er mußte jedoch feststellen, daß keine der Maschinen mehr verwendungsfähig oder instandsetzbar war. Aufgrund seiner beruflichen Erfahrung war er in der Lage, die angelieferte Anlage »als reinen Schrott« zu erkennen.[15]
Woher die alte Kohlenaufbereitungsanlage stammte, wußten die *Pinosa*-Anrainer vorerst natürlich nicht. Erst als der Piestinger Tischlermeister Stix eines Tages von einem alten Bekannten aus Oberhöflein, einem ehemaligen Bergwerksarbeiter, besucht wurde, erkannte dieser die verrosteten Anlagen eindeutig wieder: Die alten Bergwerksmaschinen waren einstmals bei der *Hohe Wand Steinkohle Bergbaugesellschaft* in Oberhöflein in Betrieb.
Die schwersten Teile des Bergwerks wurden schließlich in den Monaten Jänner und Februar 1975 nach Piesting gebracht. Die Proksch-Leute hatten das mit ihren Heeres-LKW und Militär-Transportern nicht geschafft, und sie mußten daher zusätzlich auch noch ein Privatunternehmen engagieren: die Firma Hans Schlager aus Willendorf, die mit Tiefladern insgesamt elf Schwertransporte durchführte.[16]
Zur gleichen Zeit verstärkte sich die Betriebsamkeit auf dem Piestinger Harzwerkgelände. Männer kamen und gingen. Von den Nachbarn wurden immer häufigere Besuche des Herrn »Serge Kirchhofer« registriert, dessen luxuriöser Maserati ihnen auffiel. Aber auch der »braun-beige Mercedes mit Salzburger Kennzeichen«, den Hans Pe-

---

[15] Aussage vom 14. Jänner 1984 vor der Kriminalabteilung der niederöster reichischen Sicherheitsdirektion.
[16] Der Transport von rund zweihundertachtzig Tonnen »Alteisen« von Oberhöflein nach Piesting ist mittlerweile unzweifelhaft nachgewiesen und durch die Rechnungen des Transportunternehmens dokumentiert.

SICHERHEITSDIREKTION
FÜR DAS BUNDESLAND
NIEDERÖSTERREICH
1032 Wien, Oberzellergasse 1
Tel. 73 35 81
(Kopfstempel)

409

00742

Beilage ______

GZ 6583/83-SK/IV

Wien, am 14. Jänner 1984
(Ort, Datum)

# Niederschrift

aufgenommen mit Dipl.Ing. Edgar LICHTENBERGER, geb. am 26.7.1940

in Wr. Neustadt, Beruf: Projekt Manager,

wohnhaft: 1030 Wien, Untere Viaduktg 23/1/4, Tel.: 7374054,

als Auskunftsperson *) Beginn der Vernehmung um 09.30 Uhr.

Mit dem Grund der Befragung vertraut gemacht, gibt er (sie) freiwillig folgendes an:

"Ich bin seit 3 1/2 Jahren bei der Fa. AUSTROMINERAL, Österr. Gesellschaft für Lagerstättenerschließung, Bergbau und Mineralwirtschaft GesmbH, 1040 Wien, Prinz Eugen Str. 8-10, beschäftigt. Aus diesem Grunde habe ich Kenntnis über Förder- und Aufbereitungsanlagen und gebe über die Vorkommnisse auf dem Firmengelände der ehemaligen Harzgenossenschaft in Piesting folgendes an:

Kaserne in Baden gehandelt hatte. Nach Beendigung dieser Arbeiten wurden Eisenteile angeliefert und auf dem Firmengelände gelagert. Aus meiner beruflichen Erfahrung bezeichne ich diese Gegenstände als reinen Schrott. Mir war schon damals bekannt, daß es sich um Teile der in Ober-Höflein demontierten Aufbereitungsanlage gehandelt hatte. Hervorstechend ist ein Kreisschwingsieb im Ausmaß von ca. 4 m Länge und 1 1/2 m Breite. Ich war zu

Der Eisenschrott, herrührend aus Oberhöflein, war plötzlich auch verschwunden. Ob diese Eisenteile ebenfalls in Container verladen wurden , kann ich nicht sagen. Die von mir schon beschriebenen Trichter wurden blau-gelb gespritzt. Die Spritzarbeiten wurden ohne jede Entrostung oder Grundierung vorgenommen. Hinsichtlich der Vorkommnisse

Ende der Vernehmung: 11.15 Uhr

vor mir: gelesen und einverstanden:

(Reitter)

(Schalhaas)

(Edgar LICHTENBERGER)

ter Daimler zu jener Zeit fuhr, wurde in regelmäßigen Abständen auf dem *Pinosa*-Gelände gesichtet.

Gelegentlich – »vier- oder fünfmal« – fuhr späterhin auch ein großer silbergrauer, chauffeurgesteuerter Fiat mit italienischem Kennzeichen und zwei weiteren Insassen vor. Die beiden »Italiener verwegenen Aussehens«, die in dem Augenzeugen dieser Besuche, Edgar Lichtenberger, den Eindruck von »Mafia-Bossen« erweckten, benutzten jeweils nur den Hintereingang der Fabrik und verschwanden kurz darauf wieder mit ihrem Chauffeur.

Anfang Februar 1975 ging der Betrieb bei der Firma *Pinosa Ges.m.b.H.* in Piesting richtig los.

Bei der Wiener Gebietskrankenkasse wurden insgesamt acht Personen als Angestellte gemeldet:

- Udo Proksch als Geschäftsführer der *Pinosa Ges.m.b.H.*
- Hans Peter Daimler als weiterer »leitender Angestellter« mit der Funktionsbezeichnung »technischer Direktor.«
- Erika Habliczek, Sekretärin. Sie war (und ist) eine persönliche Proksch-Mitarbeiterin und als Prokuristin auch bei der Zuckerbäkkerei *Demel* tätig.
- Rüdiger Proksch, der jüngere Bruder von Udo Proksch, dessen erlernter Beruf Schriftsetzer ist.
- Hans Huber, Gold- und Silberschmied, war seinerzeit schon bei der Firma *Anger* und später in Udo Prokschs *Studio für Werbegestaltung* beschäftigt.
- Alfred Kleissner, von Beruf Graveur, kam ebenfalls über die Firma *Anger* zum *Studio für Werbegestaltung*, wo er als Designer von Brillenfassungen tätig war.
- Heinrich Haras, gelernter Installateur und in der Firma *Ch. Demel's Söhne* in Wien als Hausinstallateur angestellt.
- Fayez Clache, geboren am 26. 12. 1937 in Syrien, ehemaliger Angestellter der *Österreichischen Wach- und Schließgesellschaft*, wurde erst am 1. März 1975 der Wiener Gebietskrankenkassse als Piestinger Mitarbeiter gemeldet.

Eines hatten alle Angestellten der *Pinosa Ges.m.b.H.* gemeinsam: Sie waren jeweils mit einer zweiten Lohnsteuerkarte gemeldet, die sie als Teilzeitbeschäftigte auswies.

Hauptberuflich waren sie alle (außer Daimler, der in Salzburg seine Nachtlokale betrieb) bei der Zuckerbäckerei *Demel* in Wien angestellt.

Zu Beginn ihrer Tätigkeit hatten natürlich sowohl Udo Proksch als auch Hans Peter Daimler nur sehr vage Vorstellungen, wie eine echte

Uranerz-Aufbereitungsanlage funktioniert, aus welchen Maschinen sie besteht, welches Gewicht und welchen Wert sie haben könnte.
Als technischem Direktor und Projektleiter fiel daher Hans Peter Daimler die Aufgabe zu, sich blitzartig das erforderliche Fachwissen anzueignen. Schon zu Jahresbeginn hatte er begonnen, bei verschiedenen Fachverlagen Zeitschriften und Bücher zu bestellen. So ließ er sich auch eine alte Ausgabe des *Canadian Mining Journal* zusenden, in welchem ein ausführlicher Beitrag über Urangewinnung und Aufbereitung abgedruckt war.
Von seiner Sekretärin Lindsay Wyatt[17] ließ Daimler diesen Artikel kurzerhand abschreiben, setzte den beeindruckenden Titel »Zapata AG – Uranium Research« darüber und knallte je einen Stempel mit dem Projektkürzel »XP-19« und dem Hinweis »Confidential« (»Vertraulich«) auf das Deckblatt.
Schließlich entschloß sich die *Zapata AG*, nicht nur so zu tun, als würde sie lediglich einige simple Maschinen zur mechanischen Erzaufbereitung verkaufen. Vielmehr wollte man zumindest das Know-how und die Konstruktionspläne für eine komplette *Yellow-Cake*-Anlage liefern.
Den nächsten Schritt setzte zu diesem Zweck Udo Proksch selbst, indem er – wie schon erwähnt – mit 1. März 1975 auch den aus Damaskus stammenden Fayez Chlache als weiteren Teilzeitangestellten in sein Piestinger »Ingenieurs-Team« berief.
Der Syrer, damals 38 Jahre alt, lebte schon seit 1959 in Österreich und studierte an der *Technischen Universität Wien* seit fünfzehn Jahren Chemie. Hauptberuflich war er ursprünglich für die *Österreichische Wach- und Schließgesellschaft* tätig gewesen und mehrere Jahre lang für die Konditorei *Demel* als Nachtwächter eingesetzt.
Als Udo Proksch die *k.u.k. Hofzuckerbäckerei* kaufte, übernahm er Fayez Chlache in den Personalstand des *Demel*, wobei der Syrer auch weiterhin als Nachtwächter angestellt blieb.
Bald hatte er freilich bestimmte Spezialaufgaben für ihn, denn sein Nachtwächter war ein Mann mit interessanten Verbindungen. Chlaches Vater war Kommandant der Militärakademie in Damaskus, zu deren Absolventen einst auch der syrische Kriegsminister Mustafa Tlass gezählt hat.
Prompt organisierte daraufhin Udo Proksch einen Wien-Besuch einer Delegation syrischer Generäle, mit Mustafa Tlass an der Spitze, und

---

[17] Lindsay Wyatt, gebürtige Kanadierin, heißt heute Lindsay Strobl und wohnt im bayerischen Surheim bei Saaldorf (BRD).

brachte diese mit seinen Freunden Lütgendorf, Weixelbaumer, Leopold Gratz und selbst mit Bundeskanzler Bruno Kreisky zusammen. Was folgte, ist österreichische Zeitgeschichte der siebziger Jahre: Minister Lütgendorf, Proksch und der Waffenhändler Alois Weichselbaumer fädelten über Vermittlung des *Demel*-Nachtwächters im *Club 45* jenes berühmt gewordene illegale Waffengeschäft mit Syrien ein (2 000 Scharfschützengewehre und 400 000 Schuß Munition), das dem österreichischen Verteidigungsminister im Mai 1977 politisch den Kopf kosten sollte.

Lütgendorf mußte sich opfern und seinen Rücktritt erklären, was Fayez Chlache bis heute nicht versteht, denn immerhin hätten doch »alle davon gewußt – auch Leopold Gratz, Karl Blecha und sogar Kanzler Kreisky persönlich«.

Nach Bagdad und Kuwait wurde der *Demel*-Nachtwächter ebenfalls häufig geschickt, wo er im Einvernehmen mit Bürgermeister Gratz auch eine »Österreich-Informationswoche« organisierte. Danach beabsichtigten Proksch und Daimler, den Arabern bei ihren Müllbeseitigungs-Problemen zu helfen und ihnen das Wiener Know-how zur Verfügung zu stellen. Mit einem Wort: Man plante, die Proksch-, Gratz- und Prutscher-Erfindung des desaströsen Wiener *Rinter*-Mistzeltes auch nach Kuwait zu exportieren.

Auch Kontakte zum libyschen Revolutionsführer Muammar al Gaddafi stellte Fayez Chlache, der von der österreichischen Staatspolizei schon seit langem als mutmaßlicher illegaler Waffenhändler observiert wird, für seinen Chef her.

Nach seinem Einsatz bei der Firma *Pinosa* machte sich der Nachtwächter selbständig und gründete die *Fayez Chlache & Co. Ges.m.b.H.* mit dem reichlich umfangreichen Geschäftszweck: »Export, Import, Handel mit Waren aller Art, technisches Büro, Reisebüro, Handelsagentur, Betrieb von Tankstellen, Garagierungsgewerbe und Gastgewerbe aller Art«.

Als 5-Prozent-Kompagnon in dieser Firma, die angeblich nur LKW und Baumaschinen in den Nahen Osten exportiert haben will, wies sich anläßlich der Gründung ein Mann mit dem von der Bezirkshauptmannschaft Baden ausgestellten Waffenschein Nr. 093221, lautend auf den Namen Wolfgang Leschanz, aus. Der gelernte Zuckerbäcker Leschanz[18], der seine Gesellenzeit im *Hotel Sacher* verbracht hatte, war natürlich ebenfalls schon seit Jahren in der *Konditorei De-*

---

[18] Wolfgang Leschanz' Bruder, Herbert Leschanz, ist als Wiener Redaktionsleiter bei der *Tiroler Tageszeitung* beschäftigt.

*mel* angestellt, wo er zuletzt die Position eines Küchenchefs einnahm, bis ihn Udo Proksch Anfang 1985 nach Los Angeles schickte.
Ab März 1975 wurde Fayez Chlache von Udo Proksch indes nicht als Vermittler für Waffengeschäfte, sondern in seiner Eigenschaft als langjähriger Chemiestudent (Fachrichtung: Feuerungs- und Gastechnik) benötigt. Immerhin hatte der Syrer nach fünfzehn Jahre dauerndem Studium gerade glücklich die Zweite Staatsprüfung hinter sich gebracht und schien damit prädestiniert zu sein, das Know-how und den Gesamtplan einer *Yellow-Cake*-Anlage einschließlich des Fließschemas für die (komplizierte) chemische Uranerzaufbereitung zu erstellen.
Dieses Problem, für das internationale Großunternehmen im Anlagenbau mit einem Stab von hochqualifizierten Technikern, Ingenieuren und Chemikern in der Regel zwei bis drei Jahre benötigen, meisterte der chemisch vorgebildete *Demel*-Nachtwächter im Alleingang innerhalb weniger Monate bravourös.
Als erstes setzte er sich mit der *Montanistischen Hochschule* in Leoben in Verbindung und suchte die *Internationale Atomenergie-Agentur* in Wien auf, wo er sich das im Jahr 1967 erschienene Buch der IAEA mit dem Titel »Processing of Low-Grade Uranium Ores« besorgte, um daraus einige technische Zeichnungen zu kopieren.
Danach reiste er zu einer staatlichen Apparatebaufirma nach Ungarn und holte auch bei der Firma *Lurgi* in der BRD Auskünfte ein, um zu erfahren, welche Geräte, Maschinen und Anlagen zur Gewinnung von *Yellow Cake* notwendig sind und um sich einen Überblick über deren Preise zu verschaffen.[19]
Seine Erkenntnisse setzte der *Demel*-Nachtwächter schließlich in einen 40seitigen »technischen Bericht« um, welcher der *Zapata AG* – nach Übersetzung in die englische Sprache – als Beschreibung einer *Yellow-Cake*-Anlage diente, die sie später wirklich verkauft haben will.
Von Udo Proksch selbst hatte Fayez Chlache auch Prospektmaterial sowie technische Beschreibungen einiger kanadischer und australischer Firmen bekommen. So konnte er sich bei der Erstellung des Mühlen- und Laugenflußschemas jeweils einer Vorlage der *Faraday Uranium Mines Ltd.* und der *Rio Algom Mines Ltd.* bedienen. Auch diese Daten zeichnete und schrieb er einfach ab.

---

[19] Die Firma *Lurgi* hatte knapp zuvor eine Gold-Aufbereitungsanlage nach Südafrika geliefert, und Chlache nahm an, daß ähnliche Bedingungen auch für die Uranerz-Aufbereitung zutreffen.

Aktenzeichen 28b Vr 8924/84

# Zeugenvernehmung

Gericht: LANDESGERICHT für STRAFSACHEN WIEN

Tag und Stunde des Beginnes der Vernehmung: 24. Juni 1985 um 13.00 Uhr

Strafsache: gegen Udo Rudolf P r o k s c h und andere

Vor- und Familiennamen: Dipl.-Ing. Fayez C h l a c h e

Geburtsdatum: 26.12.1937

Beruf: Geschäftsmann

Wohnort: 17., Geblergasse 114/17.

Verhältnis zum Beschuldigten oder zu anderen bei der Untersuchung Beteiligten: fremd

Während meines Studiums habe ich im 1. Bezirk zweimal wöchentlich im "DEMEL" gearbeitet, als Nachtwächter. Das war noch zu einer Zeit, bevor Udo Rudolf P r o k s c h die Fa. "DEMEL" gekauft hat. Ich war damals angestellt bei der Fa

im Sommer 1976 stattgefunden haben.-Außerdem habe ich für die "PINOSA" "Know how"(Kochrezept) für die "Uranerzaufbereitungsanlage" geschrieben.

Abschließend möchte ich angeben, daß ich den jeweils fertigen technischen Bericht Udo Rudolf P r o k s c h übergeben habe.

Zu D a i m l e r habe ich überhaupt keinen Kontakt mehr, Udo Rudolf P r o k s c h sah ich letztmalig vor 2 Monaten und sehe ihn sonst nur sehr selten.

Ende: 15.30 Uhr

v.g.g.

Wesentlich weniger fix war er allerdings rund zehn Jahre später, als ihn Untersuchungsrichter und Kriminalpolizei einzuvernehmen versuchten. Fayez Chlache stellte sich taub und leistete den Vorladungen der Sicherheitsdirektion keine Folge.
Noch ehe sich danach die Wiener *Staatspolizei* des scheinbar verschollenen Syrers annahm, hatte ihn der Autor dieses Buches als nunmehr stolzen Besitzer des als Anarchistentreffpunkt bekannten Wiener *Café Tunnel* und Mitbesitzer einiger weiterer gastwirtschaftlicher Betriebe, so auch des *Café Merkur* in der Wiener Josefstadt, entdeckt.
»Ja, ich habe das ›Kochrezept‹ für Udos *Yellow-Cake*-Anlage geschrieben!« gestand Fayez Chlache schließlich und gab zu, sämtliche technischen Beschreibungen von kanadischen und australischen Vorlagen abgeschrieben und abgezeichnet zu haben.[20]

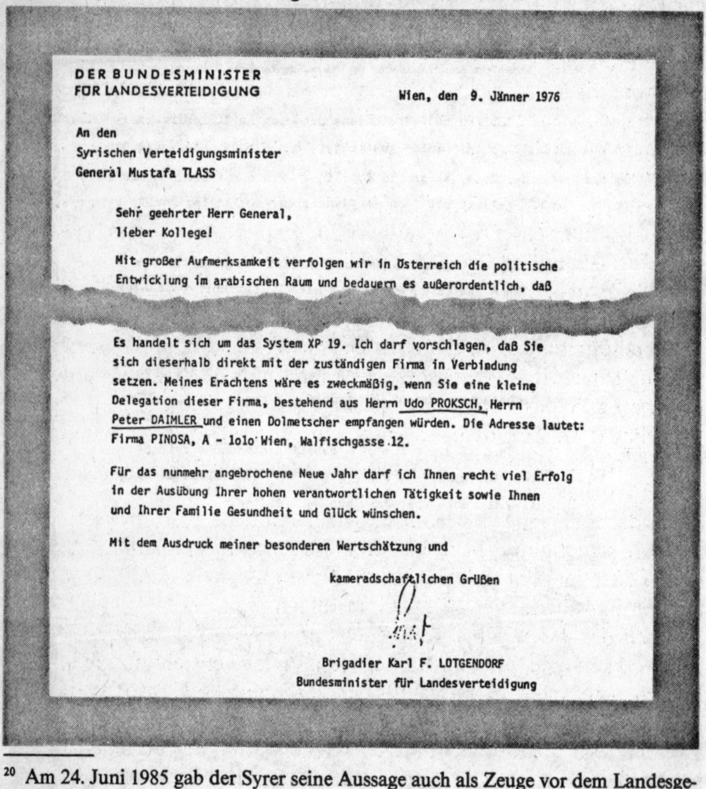

DER BUNDESMINISTER
FÜR LANDESVERTEIDIGUNG

Wien, den 9. Jänner 1976

An den
Syrischen Verteidigungsminister
General Mustafa TLASS

Sehr geehrter Herr General,
lieber Kollege!

Mit großer Aufmerksamkeit verfolgen wir in Österreich die politische Entwicklung im arabischen Raum und bedauern es außerordentlich, daß

Es handelt sich um das System XP 19. Ich darf vorschlagen, daß Sie sich dieserhalb direkt mit der zuständigen Firma in Verbindung setzen. Meines Erachtens wäre es zweckmäßig, wenn Sie eine kleine Delegation dieser Firma, bestehend aus Herrn Udo PROKSCH, Herrn Peter DAIMLER und einen Dolmetscher empfangen würden. Die Adresse lautet: Firma PINOSA, A - 1010 Wien, Walfischgasse 12.

Für das nunmehr angebrochene Neue Jahr darf ich Ihnen recht viel Erfolg in der Ausübung Ihrer hohen verantwortlichen Tätigkeit sowie Ihnen und Ihrer Familie Gesundheit und Glück wünschen.

Mit dem Ausdruck meiner besonderen Wertschätzung und

kameradschaftlichen Grüßen

Brigadier Karl F. LÜTGENDORF
Bundesminister für Landesverteidigung

---

[20] Am 24. Juni 1985 gab der Syrer seine Aussage auch als Zeuge vor dem Landesgericht für Strafsachen Wien zu Protokoll.

# In Linz beginnt's

Nachdem das »Kochrezept« für Udo Prokschs »*Yellow-Cake*-Anlage« durch den *Demel*-Nachtwächter erstellt worden war, kamen die »Konstruktion« und »Erzeugung« der maschinellen Einrichtungen für die mechanische Uranerzaufbereitung an die Reihe.
Die Vorbereitungen in diesem Punkt waren einfach und schwierig zugleich. Schließlich würde man später sicherlich – möglicherweise sogar vor Gericht – einen Nachweis dafür erbringen müssen, daß diese Uranfabrik tatsächlich einmal existiert hat.
Keine Probleme ergaben sich beim Einkauf, da der *Demel*-Chef jene Bergwerkseinrichtungen, die bei oberflächlicher Betrachtung eine nicht zu leugnende Ähnlichkeit mit den auch für den Uranerzabbau benötigten Maschinen aufweisen, ohnehin schon seit Jahren besaß.
Konstruiert und erzeugt hatte seine Kohlenaufbereitungsanlage einst die deutsche Stahlbaufirma WEDAG *Westfalia Dinnendahl Gröppel AG* in Bochum (BRD), die mittlerweile vom Kölner KHD-Konzern (*Klöckner-Humboldt-Deutz AG*) geschluckt worden ist.
Am 18. Oktober 1962 hatte die WEDAG der *Hohe Wand Steinkohle Bergbaugesellschaft* in Oberhöflein das Angebot zur Errichtung der Aufbereitungsanlage unterbreitet. Die niederösterreichische Landesgesellschaft hatte damals rasch zugegriffen, und die Anlage wurde bereits im Laufe das Jahres 1963 geliefert und installiert.
Mitgeliefert wurden natürlich auch eine komplette Beschreibung sowie die technischen Zeichnungen und Konstruktionspläne jedes einzelnen Anlageteiles.
Nach der Stillegung des Kohlebergwerks brachte Udo Proksch nicht nur, wie schon hinreichend bekannt, die maschinellen Anlagen in seinen Besitz, sondern ließ sich am 8. November 1971 auch alle Zeichnungen und Pläne der WEDAG ausfolgen.
Als sich der *Demel*-Chef schließlich zur Verwandlung seines Kohlebergwerks in eine Uranerz-Aufbereitungsanlage entschloß, sah er sich freilich gezwungen, natürlich aus den vorhandenen Konstruktionsplänen auch den Namen der Erzeugerfirma zu eliminieren.
Die erste »Bearbeitung« sämtlicher technischer Zeichnungen nahm im Laufe des Jahres 1974 Udo Prokschs Bruder Roderich in seinem

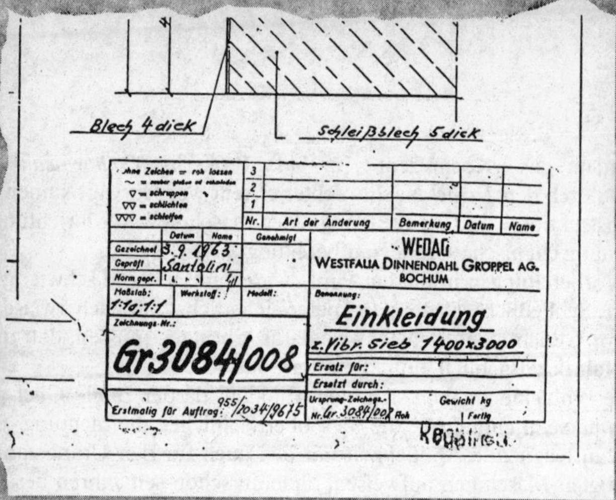


Aus den alten WEDAG-Plänen von Prokschs Kohlenbergwerk wird ...

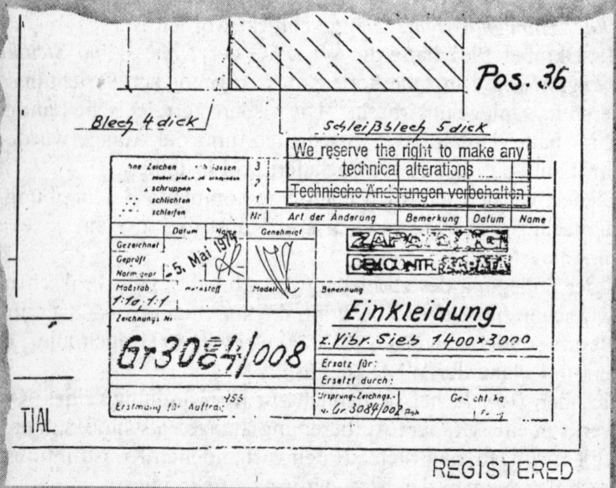


... durch einfache Manipulation ein Beweis für die Existenz ...

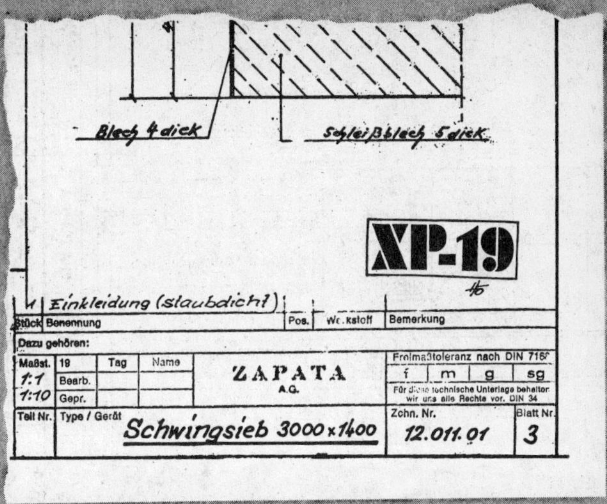


. . . Uranerz-Aufbereitungsanlage der Zapata.

ZAPATA A.G. | CONFIDENTIAL | PROJECT UPP101 XB1975 CHIH-MA | 1

LIST OF DRAWINGS SUPPLIED

| | |
|---|---|
| 12.001 A1 | YELLOWCAKE FLOWSHEET (SCHEMATIC) |
| 12.002.A2 | MULTIPLE SCREW BITUMEN EXTRUDER |
| | CENTRE SCREW BITUMEN EXTRUDER |
| | RADIAL SCREW BITUMEN EXTRUDER |
| 12.006 | GENERAL LAYOUT $U_3O_8$ PLANT |
| 12.006 B1 TO B11 | $U_3O_8$ PLANT SECTIONAL DRAWINGS |
| 12.007.03-1/5 | CONSTRUCTION PARTS |
| 12.008.01/1 | FEED ROLL |
| 12.010.10-1/8 | CONVEYOR |
| 12.010.11/-1/2 | UPPER & LOWER ROLLS |
| 12.011.01-1/3 | VIBRATORY SCREEN |
| 4 X | BALL MILLS (SCHEMATIC) |
| 13.06.000-1/20 | PROPELLER AGITATOR & DOSING UNIT (BITUMEN EXTRUDER) |
| 13.11.000-1/25 | VENTING SECTION (BITUMEN EXTRUDER) |
| 13.12.000-1/34 | NOZZLE & RESERVOIR (BITUMEN EXTRUDER) |

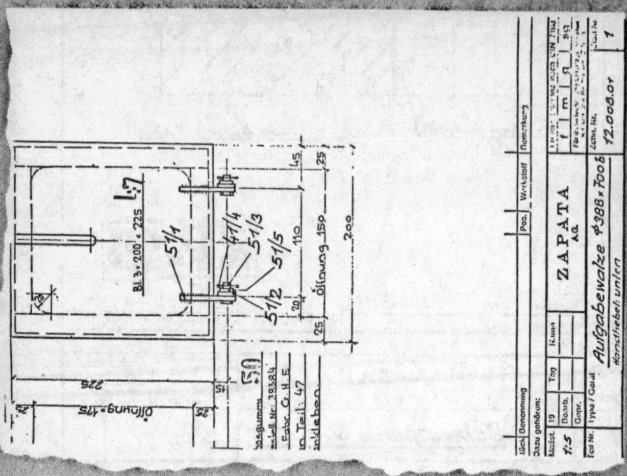


Die Arbeit war für den »Konstrukteur« Georg Wendelin »nicht sehr schöpferisch«: Er mußte unzählige Pläne abpausen oder nachzeichnen und sie mit einem neuen Plankopf der Zapata AG versehen.

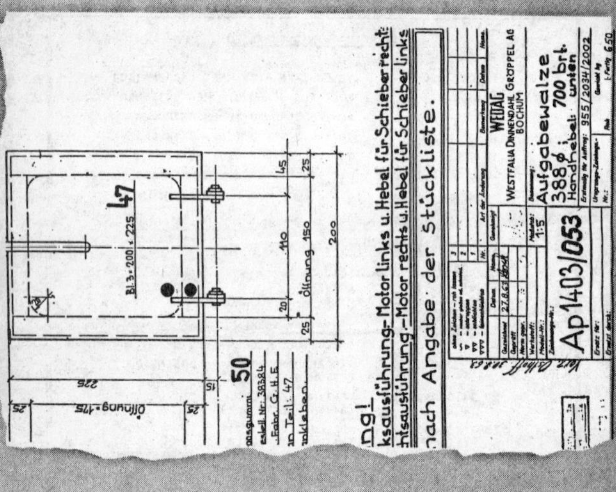

Aktenzeichen 28b Vr 8024/84

# Zeugenvernehmung

Gericht: LANDESGERICHT für STRAFSACHEN WIEN

Tag und Stunde des Beginnes der Vernehmung: 29. August 1985, um 9.30 Uhr

Strafsache: gegen Udo Rudolf PROKSCH und andere

---

Vor- und Familiennamen Ing. Georg W e n d e l i n

Geburtsdarum 29.11.1937

Beruf Maschinenbauingenieur

Wohnort 4040 LINZ, Am Hartmayrgut 5
0 732 (Linz) - Tel: 52 175 (Fa.) - 2601085 (priv.)

Verhältnis zum Beschuldigten oder zu anderen bei der Untersuchung Beteiligten fremd

Im Winter 1972 / 1973 kam ich von meinem Aufenthalt in MÜNCHEN nach LINZ zurück und lernte etwa um diese Zeit Udo Rudolf P r o k s c h persönlich kennen. Ich kannte vom

---

den Auftrag, Pläne abzuzeichnen oder durchzuzeichnen und war das eine Arbeit, mit der ich nicht viel Freude hatte, weil es sich um keine schöpferische Arbeit handelte. Udo Rudolf P r o k s c h brachte mir einen Stoß Zeichnungen (der Zeuge zeigt mit der Hand in einer Höhe vom Boden entfert von ca. 75 cm), es waren mehrere Pakete von Plänen, die übereinandergestellt, die von mir gezeigte Höhe ergeben. Über die Anzahl der Pläne kann ich über-

---

Antwort: "In der Regel fertigte ich ein Original an und übergab es Udo Rudolf P r o k s c h bzw. Hans Peter D a i m l e r oder habe es übersandt. Gelegentlich stellte ich d.h. ich stellte ein Original her und ließ die Pausen anfertigen, ~~über Auftrag mehrere Ausfertigungen her~~. Pausen stellte ich mangels eines geeigneten ~~Gerätes~~ in meinem Büro ~~nicht~~ her."

Frage: "Haben Sie auf den von Ihnen hergestellten Konstruktionsplänen oder auch Abzeichnungen mit ihrem Namen oder Namenszeichen unterfertigt?"

Antwort: "Das wurde mir von Herrn Udo Rudolf P r o k s c h generell verboten.

---

Ende: 16.45 Uhr

v,g,g

Architekturstudio vor. Konkret ging dies – greift man etwa als Beispiel die Konstruktionszeichnungen eines Vibrationssiebes heraus – so vor sich:
Diese Zeichnung war von der WEDAG unter der Zeichnungsnummer Gr 3084/008 am 3. September 1963 angefertigt worden und wies auf dem Plankopf als Prüfzeichen den Namenszug Santolini auf.
Von dieser Zeichnung wurde nun im Hause Proksch kurzerhand eine Fotokopie hergestellt. Selbst der Plankopf blieb hiebei zunächst völlig unverändert. Lediglich das Zeichnungsdatum, der Stempelaufdruck »Registriert 18. Juni 1957«, der Namenszug »Santolini« sowie der Firmenaufdruck »WEDAG *Westfalia Dinnendahl Gröppel AG*, Bochum« wurden zuvor fein säuberlich abgekratzt und entfernt.
Statt dessen prangten danach auf dem Plankopf die Stempelaufdrucke *»Zapata AG«* , »Registered« und »Confidential« und als Zeichnungsdatum der 5. Mai 1974. Unverändert war die WEDAG-Zeichnungsnummer Gr 3084/008 geblieben, in der Rubrik »Genehmigt« schien dafür die eigenhändige Unterschrift von Udo Proksch auf.
Im Frühjahr 1975 schien die Zeit reif für den zweiten Manipulationsschritt zu sein. Udo Proksch packte sämtliche von seinem Bruder bereits vorpräparierten Pläne und Zeichnungen ein und fuhr mit diesen nach Linz, wo er einen alten Bekannten aufsuchte: Georg Wendelin, dem nunmehr die Rolle zugedacht war, den »Konstrukteur« der mechanischen Teile seiner »Uranerz-Aufbereitungsanlage« zu spielen.
Georg Wendelin wurde in Bratislava in der ČSSR geboren und wohnt heute in der oberösterreichischen Landeshauptstadt, Am Hartmayergut 5. Nachdem er das ehrbare Handwerk eines Maschinenschlossers erlernt hatte, arbeitete Wendelin bereits in den sechziger Jahren für die Firma *Anton Anger* in Linz, wo er natürlich auch Udo Proksch und Hans Peter Daimler kennenlernte.
Nach dem Verkauf des gesamten *Anger*-Konzerns fand Georg Wendelin für kurze Zeit eine Beschäftigung bei der *Marley*-Extrusionstechnik in Ansfelden, entschloß sich danach jedoch bald, sein weiteres Glück in Deutschland zu versuchen.
Tatsächlich kam Georg Wendelin als technischer Zeichner bei der Waffenfirma *Krauss-Maffei* unter und pendelte in der Folge drei Jahre lang von Linz über die Grenze nach München.
Im Jahr 1973 verzichtete er auf den anstrengenden Job und probierte zum ersten Mal mit seiner Firma *Rollplast* im niederösterreichischen Ennsdorf die berufliche Selbständigkeit aus.
Das Experiment ging freilich schon sehr bald schief, worauf Georg

Wendelin den Versuch unternahm, in Linz ein kleines Konstruktionsbüro zu eröffnen.[21] Aufträge hatte er kaum, und es ging ihm eher schlecht, bis eines Tages Udo Proksch bei der Tür hereinschneite und ihm den erwähnten Auftrag zur »Konstruktion« der Uranerz-Aufbereitungsanlage anbot.
Als der Autor dieses Buches im Zuge seiner Recherchen auf Georg Wendelin stieß und ihn Anfang März 1985 in Linz fand, war dieser so überrascht, daß er sofort ein De-facto-Geständnis ablegte und erst danach seinen Freund Udo Proksch alarmierte.
Ja, so gab Wendelin zu, der *Demel*-Chef sei damals mit einem riesigen Stoß technischer Zeichnungen zu ihm gekommen, die er – Stück um Stück – noch einmal abpausen mußte. Er zeichnete »Brecher«, »Förderbänder« und »Rüttelsiebe« ab und konnte sich auch noch an »eine Menge Fließschemen von Erzaufbereitungs-Werdegängen« erinnern.
Auf sämtlichen Zeichnungen, die ihm Proksch und später auch Hans Peter Daimler brachten, mußte der Linzer jeweils mit einer ihm zur Verfügung gestellten Stampiglie einen neuen Zeichnungskopf mit der Firmenbezeichnung *»Zapata AG«* sowie eine neue Zeichnungsnummer anbringen.
Der Konstruktionsplan des WEDAG-Vibrationssiebes der Kohlenaufbereitungsanlage erhielt zum Beispiel auf diese Weise anstatt der Original-Zeichnungsnummer GR 3084/008 nunmehr die Zeichnungsnummer 12.011.01 und diente ab sofort unter der Bezeichung »Schwingsieb« (»Vibratory Screen«) als technische Beschreibung eines Bestandteils einer »Uranerz-Aufbereitungsanlage«, die später in den Tiefen des Indischen Ozeans versank.[22]
Mehr als ein Jahr lang, von August 1975 bis Ende 1976, verdiente sich Georg Wendelin mit dieser papiermäßigen Herstellung der »*Yellow-Cake*-Anlage« seinen Unterhalt, obwohl er, wie er sich heute beklagt, über den Job gar nicht sehr glücklich gewesen sein will. Wendelin wörtlich: »Der Auftrag, Pläne abzuzeichnen oder durchzuzeichnen,

---

[21] Heute ist Georg Wendelin bei der Firma *Erema Ges.m.b.H.* in Leonding bei Linz beschäftigt, an der er nach eigenen Angaben auch beteiligt ist.

[22] Die Identität der von Wendelin abgepausten Konstruktionspläne mit jenen, die von der *Zapata AG* später als »Beweis« für die Existenz ihrer Uranfabrik den Gerichten vorgelegt wurden, ist in der Zwischenzeit unwiderlegbar erwiesen. Wendelins Vorlagen wurden von der Kripo bei Udo Proksch und Hans Peter Daimler am 18. Juli 1984 gefunden und sichergestellt. Die deutsche KHD schließlich, mit welcher der Autor erstmals im Dezember 1984 Kontakt aufnahm, stellte die WEDAG-Originalpläne am 11. Juni 1985 dem Landesgericht für Strafsachen Wien als Beweisstücke zur Verfügung.

war eine Arbeit, mit der ich nicht viel Freude hatte, weil es sich um keine schöpferische Arbeit handelte.«[23]
Honoriert wurde die Tätigkeit des Künstlers Wendelin, auch wenn sie »nicht schöpferisch« war, gar nicht schlecht. Er selbst weiß natürlich nicht mehr, wie hoch die finanziellen Zuwendungen waren, die er für seine Mitwirkung erhielt, da er sicherheitshalber »alle Unterlagen vernichtet (hat)«, als sich auch das Strafgericht für den *Fall Lucona* zu interessieren begann.
Aus den Kontoauszügen des *Zapata*-Kontos bei der Luzerner Landbank in Sursee gehen freilich ohnedies alle Überweisungen aus der Schweiz an Georg Wendelin unmißverständlich hervor: Eine erste Teilzahlung in der Höhe von genau 56 788 Schilling wurde am 17. September 1975 veranlaßt, und weitere vierzehn Überweisungen folgten.
Insgesamt erhielt der technische Zeichner mehr als 600 000 Schilling als Honorar aus der Schweiz auf sein Linzer Bankkonto überwiesen.

---

[23] Zitat aus dem Einvernahmeprotokoll des Landesgerichtes für Strafsachen Wien vom 29. August 1985 – Zeugenaussage Georg Wendelin.

# Piesting – das Zentrum der »Uranindustrie«

Schon ab Mitte Februar 1975 waren auf dem Piestinger Harzwerkgelände erstmals auch ausländische Arbeitskräfte aufgetaucht. Sie wurden in kleinen jeweils wechselnden Gruppen in einem Kleinbus nach Piesting gekarrt und nach einem Arbeitseinsatz von meistens nur einigen Tagen wieder weggebracht.

Einige dieser Arbeiter nächtigten anfangs einige Tage lang im Piestinger *Hotel Taus* und nahmen in den umliegenden Gaststätten ihre Mahlzeiten ein. Aber schon nach kurzer Zeit verbot man ihnen, das Harzwerkgelände zu verlassen, und sie wurden in einem der Objekte innerhalb der Fabrik einquartiert. Ihre Mahlzeiten bekamen sie ab diesem Zeitpunkt durch einen Verpflegungsbus der Konditorei *Demel* aus Wien.

Bei den Ausländern, für die weder um eine Arbeitsbewilligung eingereicht wurde noch eine Anmeldung bei der Gebietskrankenkasse erfolgte, handelte es sich ausnahmslos um italienische Staatsbürger: Luigi Giacobbe und Renzo Stefanato aus Casale del Sile, Salvatore Strazzanti aus Torre di Fina, Ottorino Gasparini, Piero Parpinel, Romano und Ivano Pagnin aus Treviso, Armando Catto und Raffaele Voltarel aus Caorle, Giuseppe Bragatto aus Olasalute, Graziano Gobboto aus Venedig sowie Gianni Vangelista aus Pontelongo.

Einige brachten sogar ihre Ehefrauen und kleinen Kinder nach Piesting mit: Neben Romano Pagnin und Gianimo Busetto waren auch Eugenio Mallegni aus Torre de Lago sowie Guido Fuga aus Fona Santi samt Familie nach Piesting gekommen.

Von den Anrainern, die trotz aller Vorkehrungen teilweise mit den Italienern in Kontakt kamen, wurden diese – nicht zu Unrecht – als eher unqualifizierte Hilfskräfte, als »Maurer« und »Bauhilfsarbeiter« betrachtet.

Zu Beginn ihrer Tätigkeit versuchten die »Gastarbeiter« – nicht ganz fachgerecht – einen Teil des Fabrikshofes zu betonieren. Danach kam der Bau einer rund zwei Meter hohen Ziegelmauer rund um das Fabriksgelände an die Reihe, um die immer noch vorhandenen Einblicksmöglichkeiten neugieriger Nachbarn zu verhindern.

Während in der Folge ein Teil des italienischen Arbeitertrupps die de-

vastierten Fassaden einiger Fabrikshallen zu tünchen hatte, begann für die anderen die Haupttätigkeit:
Penibel wurde von den auf dem Fabriksvorplatz lagernden Eisenkonstruktionen und Bergwerksmaschinen der Rost abgekratzt.[24]
In der Zwischenzeit war auch Udo Proksch, der den Italienern nach jeweils jedem Arbeitseinsatz persönlich ihren Lohn auszahlte, nicht zur Gänze untätig geblieben.
Schon im Herbst 1974 hatte er namens seines Vereins »CUM« in der *Heeres-Materialabteilung* in Wien um die Überlassung größerer Mengen von »Anstrich- und Rostschutzmaterial« ersucht, worauf Verteidigungsminister Karl Lütgendorf per Handzettel am 30. September die persönliche Anweisung gab, den Wunsch seines Freundes Udo Proksch zu erfüllen.
Am 30. Jänner 1975 ersuchte das »Studio Serge Kirchhofer« erneut um die Überlassung von Kunstharzlack und größeren Mengen von Kunstharzverdünnung.
Das Ansuchen wurde vom *Heeres-Materialamt* unter der Aktenzahl 2654-FzGer/75 vom 30. Jänner 1975 bewilligt.
Eine erste Lieferung von exakt 100 kg Kunstharzlack und einer entsprechenden Menge Kunstharzverdünnung erhielt das Studio Kirchhofer gegen Bezahlung von genau 2 387,16 Schilling – abzüglich »Behördenrabatt« – am 13. Februar 1975 ausgefolgt.
Das Anstrichmaterial des österreichischen Bundesheeres wurde nach Piesting transportiert, und schon wenige Tage später begann eine Gruppe der italienischen Arbeiter mit der Neulackierung der entrosteten Teile der alten Höfleiner Kohlen-Aufbereitungsanlage.
Erst etwa neun Jahre später gelang es über *Interpol*, die meisten dieser italienischen Arbeiter auszuforschen und zu verhören.
Wenn auch manche von ihnen vorgaben, sich an ihre Arbeitseinsätze in Piesting nicht mehr so genau erinnern zu können, so konnte Interpol Rom doch schon am 24. Juli 1984 unter der Aktenzahl 1 153 381/3-II/10/B an das österreichische Innenministerium berichten:
»Luigi Giacobbe, Piero Parpinel, Romano Pagnin und Ivano Pagnin reinigten und lackierten Maschinenteile. Renzo Stefanato und Luigi Giacobbe reinigten und polierten Maschinen, die zerlegt worden wa-

---

[24] Laut einem von Rechtsanwalt Damian mehr als zwei Jahre später dem Wiener Handelsgericht vorgelegten »Montagevertrag« zwischen der *Zapata AG* und dem angeblichen Lieferanten einer »Uranerz-Aufbereitungsanlage« war in Piesting ein »ausländisches Technikerteam bestehend aus einem Chefmonteur und neun Monteuren« zwecks »Montage und Endfertigung« der Uranfabrik eingesetzt.

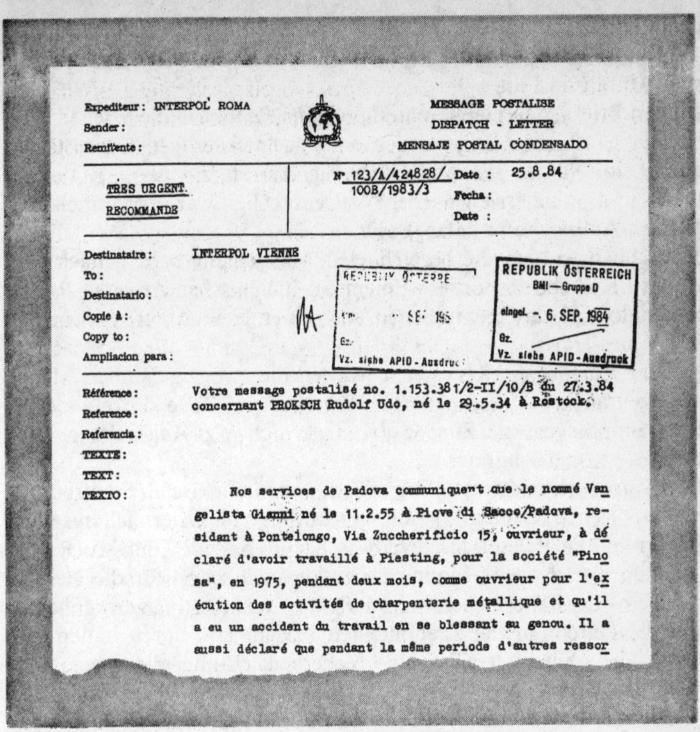

Expediteur: INTERPOL ROMA
Sender:
Remitente:

MESSAGE POSTALISE
DISPATCH - LETTER
MENSAJE POSTAL CONDENSADO

TRES URGENT.
RECOMMANDE

Nº 123/A/424828/100B/1983/3
Date: 25.8.84
Fecha:
Date:

Destinataire: INTERPOL VIENNE
To:
Destinatario:
Copie à:
Copy to:
Ampliacion para:

REPUBLIK ÖSTERREICH
BMI — Gruppe D
eingel. – 6. SEP. 1984
Gz.
Vz. siehe APID-Ausdruck

Référence:
Reference:
Referencia:
Votre message postalisé no. 1.153.381/2-II/10/B du 27.3.84 concernant PROKSCH Rudolf Udo, né le 29.5.34 à Rostock.

TEXTE:
TEXT:
TEXTO:

Nos services de Padova communiquent que le nommé Vangelista Gianni né le 11.2.55 à Piove di Sacco/Padova, residant à Ponteiongo, Via Zuccherificio 15, ouvrieur, à déclaré d'avoir travaillé à Piesting, pour la société "Pinosa", en 1975, pendant deux mois, comme ouvrieur pour l'exécution des activités de charpenterie métallique et qu'il a eu un accident du travail en se blessant au genou. Il a aussi déclaré que pendant la même periode d'autres ressor

ren und die bereits in Kohlengruben eingesetzt gewesen sein dürften, weil sie Kohlestaubspuren aufwiesen.«

Später begannen dieselben Arbeiter – jeweils unter Anleitung von Hans Huber und Heinrich Haras – auch aus den alten baufälligen Objekten der Piestinger Harzfabrik, deren Dächer zum Teil bereits eingestürzt waren, alles Brauchbare zu demontieren: zahlreiche Tanks, Rohrleitungen, Kessel, tonnenschwere Rührwerke und Dampfgeneratoren. Auch diese Maschinen und Anlagen wurden gereinigt und danach, teils in den Hallen, teils im Freien, neu gespritzt.

Die italienischen »Gastarbeiter« bewährten sich in Piesting. Schon nach etwa drei Monaten war eine erste Partie von Maschinen und Geräten mit einem Gesamtgewicht von rund 20 Tonnen neu lackiert. Zwar lugte da und dort noch der Rost durch, doch sollte das vorderhand keine besondere Rolle spielen.

Am 14. Mai erstattete Hans Peter Daimler nach einer letzten persönli-

chen Inspektion an Ort und Stelle von Salzburg aus seinem *Pinosa*-Geschäftsführer Udo Proksch schriftlich Bericht und kündigte den ersten Abtransport an.
In dem Brief[25], den Daimler an das *Studio Proksch* in die Wiener Walfischgasse schicken ließ, wurden die einzelnen fertigen Gegenstände auch beim Namen genannt: Gleitwellen für Harzsortierer, Rüttelsortierer und Brecherwellen (der Walzenbrecher war Bestandteil der Kohlen-Aufbereitungsanlage) usw.
Tatsächlich wurden die bezeichneten Anlagenteile bald danach von einem LKW abtransportiert. Einem der italienischen Arbeiter, Renzo Stefanato, fiel das Kennzeichen aus seiner Heimat auf: es war ein LKW aus Treviso.
Bei der Ausfuhr aus Österreich wurden die zwanzig Tonnen Metall als »gebrauchte Maschinen zum Brechen und Teile davon« deklariert. Empfänger: die *Zapata AG* in der Schweiz. Angegebener Warenwert: 40 000 Schilling.
Der Transport, mit dessen Organisation ein italienischer Staatsbürger namens Renzo Vianello betraut wurde, ging von Österreich aus über Italien in die italienischschweizerische Grenzstadt Chiasso. Renzo Vianello war derselbe Mann, der zuvor auch schon für die Herbeischaffung der italienischen Fremdarbeiter nach Piesting gesorgt hatte.
Für die Durchfuhr der »gebrauchten Maschinen« durch Italien verlangte der italienische Zoll eine Sicherheitsleistung, die Renzo Vianello bezahlte.[26]
Nachdem die »gebrauchten Maschinen und Teile davon« in Chiasso eingelangt waren, erhielt die *Zapata*-Verwaltungsrätin Greta Fischer ihren ersten konkreten Arbeitsauftrag: Sie veranlaßte die Spedition *Gmür & Co. AG* in Luzern, die Lieferung in Empfang zu nehmen und für deren Weitertransport nach Zürich zu sorgen, wo die rund zwanzig Tonnen Frachtgut der *Internationalen Spedition Panalpina* überantwortet wurden, die sie im Auftrag einer *Zapata AG* mit angeblichem Sitz in Genf per Eisenbahn wieder nach Wien schicken sollte.
Greta Fischer ging bei dieser heiklen Aufgabe keinerlei Risiko ein, vielmehr konnte sie mit den Leuten der Firma *Gmür & Co.* zweifellos

---

[25] Dieses Schreiben gehörte natürlich zur »internen Korrespondenz« und war keinesfalls für Außenstehende bestimmt. Rüdiger Proksch hatte es jedoch irrtümlicherweise aufgehoben und abgelegt. Es wurde anläßlich einer Hausdurchsuchung am 18. Juli 1984 gefunden.
[26] Mit Datum vom 27. Mai 1975 fand sich Jahre später tatsächlich noch ein Beleg: »Kaution für Carnet-Erstellung beim italienischen Zoll, 20 000 Schilling«. Empfänger des Betrages: Renzo Vianello.

ganz offen reden, denn auch als Verwaltungsrat der Luzerner Spedition figurierte Hans-Peter Fischer – der Bruder der *Zapata*-Chefin.
Nunmehr kurz als »Steinbrechanlage« bezeichnet, kamen die zwanzig Tonnen, die wenige Wochen zuvor von Piesting aus über Italien auf eine lange Rundreise geschickt worden waren, mit dem Frachtbrief 00382 am 18. Juli 1975 glücklich wieder in Österreich an und wurden in der Zollfreizone in Wien eingelagert.
Die Zollfreischreibung erfolgte am 21. Juli 1975. Als Ursprungsland hatte die »Steinbrechanlage« laut Warenerklärung nunmehr die Schweiz.
Im Wiener Zollfreilager blieben die Maschinenteile, fein säuberlich auf Paletten gepackt, danach erst einmal lange Zeit liegen, denn für Udo Proksch und Hans Peter Daimler ergab sich zunächst die Notwendigkeit, einige weitere Vorbereitungen zu treffen, ehe die Weiterführung des Projektes XP-19 in Angriff genommen werden konnte.
Erst fast ein volles Jahr später erfolgte die Auslagerung der »Steinbrechanlage« aus der Zollfreizone Wien – durchgeführt von der *Spedition Pirnat.* Danach wurde sie ein zweites Mal per LKW in zwei Fuhren (am 11. und 18. Mai 1976) nach Italien – aber diesmal in den Hafen Chioggia – transportiert.
Ihren Namen hatte die »Steinbrechanlage« inzwischen allerdings auf recht unverfängliche Weise geändert. Sie hieß nun: »Teile einer Anlage zur Aufbereitung von Mineralien«.
Selbstverständlich erfuhr mit dieser Namensänderung auch der Wert der Ware eine kleine Korrektur.
Während für die »gebrauchten Maschinen zum Brechen« noch ein Wert von 40 000 Schilling deklariert worden war, schrieb die *Zapata AG* für dieselbe Ware nunmehr eine Rechnung in der Höhe von 1 905 600 Schweizer Franken – rund 16 Millionen Schilling – aus.
Die einzige Frage, die bis dahin offenblieb und auf die auch dem Autor weder der *Demel*-Nachtwächter noch Georg Wendelin oder sonst irgend jemand eine schlüssige Antwort zu geben vermochte, war:
Was, um alles in der Welt, hatte Udo Proksch mit einer »Uranfabrik« eigentlich vor, die nur in seiner Phantasie existierte und die in Wahrheit aus unbrauchbar gewordenen, frisch gestrichenen Teilen eines alten Kohlenbergwerks bestand?
Eine Firma in Hongkong, so sagte Udo Proksch, habe seine Uranerz-Aufbereitungsanlage erworben. Die Namen der Käufer allerdings, behauptet er stereotyp, habe auch er selbst »leider niemals erfahren« – »Wahrscheinlich waren es Chinesen!«

# Hongkong: Der Kaufvertrag mit den »Chinesen«

»Mein Finanzamt steht in Hongkong!« hatte auch Proksch-Freund Niki Lauda, Österreichs weltberühmtes Autorennsport-Idol, in einem Interview mit der Zeitschrift *Playboy* einst triumphiert.
Den österreichischen Steuerfahndern gegenüber bestritt der inzwischen zum Flugkapitän und wohlbestallten Luftfahrt-Unternehmer avancierte Ex-Weltmeister später freilich hartnäckig jede persönliche Verbindung mit einer Hongkonger Briefkastenfirma, die seinen prominenten Namen trug. Er kenne, so beteuerte er, die Inhaber der im Jahr 1974 in Hongkong gegründeten *Niki Lauda Ltd.* nicht.
Dafür wurde später im Zuge des Wiener Monsterskandals um das *Allgemeine Krankenhaus* (AKH) aktenkundig, daß die *Niki Lauda Ltd.* in der Schweiz fleißig »Werbeverträge« just mit solchen österreichischen Firmen abschloß, die zur gleichen Zeit beim Wiener Spitalsbau von der öffentlichen Hand lukrative Bauaufträge erhielten.
Auch der wohlbekannte AKH-Auftragnehmer Christoph Prutscher wurde am 16. November 1977 in Zürich vertraglich verpflichtet, auf ein Konto mit der Nr. 748 950 bei der *Schweizerischen Bankgesellschaft* einen Betrag von 5 Millionen Schilling zu überweisen.[27] Kontoinhaberin war die *Niki Lauda Ltd.*, Hongkong, als deren »Bevollmächtigter« und für diese Zeichnungsberechtigter niemand anderer als ein gewisser Herr »Serge Kirchhofer, Zürich« auftrat.
Die Gründung der *Niki Lauda Ltd.* war in Hongkong natürlich nicht Udo Prokschs einzige geschäftliche Tätigkeit geblieben. Vielmehr verfügte der *Demel*-Chef bereits über hinreichende kommerzielle und persönliche Beziehungen, als er im Jahr 1975 wieder einmal in Hongkong einritt, um einen »Käufer« für seine Uranerz-Aufbereitungsanlage zu suchen.
Die Firma, die – wie natürlich erst viel später aktenkundig werden sollte – als Empfängerin der nach Hongkong zu liefernden »*Yellow-*

[27] Die Millionenüberweisungen von AKH-Auftragnehmern auf Konten von Briefkastenfirmen nach Liechtenstein und in die Schweiz wurden später auch mit der Wahlkampf-Finanzierung 1979 der sozialistischen Regierungspartei in Zusammenhang gebracht. Aber selbst einem parlamentarischen Untersuchungsausschuß gelang es nicht, einen Rückfluß dieser Gelder in die Kassen der SPÖ mit letzter Sicherheit nachzuweisen.

*Cake*-Anlage« auftrat, hatte den beeindruckenden Namen *North Pacific Trading Ltd.*

Von Udo Proksch und seinen Freunden wurde sie später denn auch gebührend als »jene große Schaltstelle in Hongkong« mystifiziert, die auf den Kauf großer Industrieanlagen im asiatischen Raum geradezu spezialisiert sei.

Auch aus Zeitungsberichten konnte man schon erfahren, daß die *North Pacific Trading Ltd.* (NPT) einem Konzern angehöre, der »seine Mitarbeiter an vielen Standorten beschäftigt und seine Fühler über den ganzen asiatischen Raum streckt«[28].

Demgegenüber hatte sich die international tätige Auskunftei *Schimmelpfeng* allerdings schon vor Jahren vergeblich bemüht, wenigstens Spuren einer Geschäftstätigkeit dieses imposanten Unternehmens zu entdecken. Allein: In der Hongkonger Geschäftswelt war und ist die NPT völlig unbekannt.

Wohl ist eine *North Pacific Trading Ltd.* im Handelsregister der britischen Kronkolonie unter File Nr. 37 215 eingetragen, doch existiert dieses Unternehmen, dessen eingezahltes Aktienkapital exakt zwanzig (!) Hongkong-Dollar beträgt und als dessen Geschäftszweck vorwiegend der »Handel mit Textilien, T-Shirts, Strumpfhosen, Krokodilleder-Gürteln, Handtaschen und Accessoires« angegeben ist, offenkundig nur auf dem Papier.

Untrennbar verknüpft ist die Geschichte der *North Pacific Trading Ltd.* allerdings mit einem in Hongkong ansässigen engen persönlichen Freund Udo Prokschs, dem australischen Staatsbürger Owen William Corrigan, der auch als Geschäftsführer der NPT figuriert.

Der heute 49jährige Australier, einst ein bekannter Rugby-Spieler, kam schon im Jahr 1965 nach Hongkong und begann seine Karriere als Einkäufer für Tuchwaren und Modeartikel und als Vertreter der holländischen Firma *Jacobsen van den Berg.*

Bald lernte Owen Corrigan eine junge chinesische Hotelrezeptionistin kennen: Alice Lee Sze-ping, Tochter des Hongkonger Textilhändlers Lee Kum-leung. Die Gelegenheit, in ein florierendes Textilhandelsunternehmen einzuheiraten, ergriff der junge Corrigan im August 1968 beim Schopf.

Mit dem Geld seines Schwiegervaters und einigen Kompagnons gründete der australische Immigrant in Hongkong das Import- und Exportunternehmen *Samalco Ltd.* Nach kurzer Zeit schieden sowohl Owen Corrigans Schwiegervater als auch zwei weitere Aktionäre, Da-

---

[28] Wolfgang Maier in der Zeitschrift *Trans-Atlantik.*

vid K. C. Wong und George K. S. Wong, aus der *Samalco Ltd.* aus, so daß Owen Corrigan und seine junge Frau alleinige Firmeninhaber waren.

Die Textil- und Lederwarenhandelsgeschäfte der *Samalco Ltd.*[29] liefen gut, und Owen Corrigan war in Hongkong bald ein verhältnismäßig vermögender und in Geschäftskreisen angesehener Mann.

Neben einem Bürohaus im Hafenviertel des Hongkonger Stadtteils Kowloon, wo an der Adresse 1411 Star House, Tsishatsui, auch seine Firma domiziliert ist, besitzt Owen Corrigan eine gepflegte, geräumige Wohnung in der Shouson Hill Road, die gut und gerne ihre 500 000 Hongkong-Dollar wert ist.

Außerdem nennt er auch noch eine Dschunke mit Namen »Oroton« (32 Fuß 6 Inch lang) sein eigen. Und wenn er nicht gerade eine Geschäftsreise nach Europa absolviert oder rasch in seine australische Heimat fliegt, um den Export seiner *Julius-Marlow*-Schuhe und *Whitmont*-Hemden anzukurbeln, pflegt er Mittwoch nachmittags regelmäßig eine Partie Golf zu spielen – im *Royal Hongkong Golf Club*, wo er ebenso Mitglied wie im *Hongkong Country Club* ist.

Mit Österreich verbinden Owen Corrigan schon seit vielen Jahren verwandtschaftliche Beziehungen: Die Zwillingsschwester seiner chinesischen Frau, Violet Lee Sze-ping, ist seit fast zwanzig Jahren mit dem Wiener Fotografen Harry Redl verheiratet – mit just demselben Harry Redl, der auch schon bei der österreichischen *Zapata*-Tochterfirma *Optico* als Udo Prokschs Kompagnon mit dabei war.

Harry Redl, der heute in Phoenix in Arizona lebt, war es denn auch, der den Mann seiner Schwägerin mit Udo Proksch bereits Anfang der siebziger Jahre bekannt gemacht hat.

Als nun der *Demel*-Chef zu Beginn des Jahres 1975 darangehen mußte, irgendwo in einem möglichst entlegenen Winkel der Welt eine Firma zu gründen, die die Funktion einer Käuferin seiner »*Yellow-Cake*-Anlage« übernehmen sollte, war es für ihn naheliegend, seinen Freund Owen Corrigan um Mithilfe zu bitten. Der Ferne Osten schien ihm als fiktives Ziel der beabsichtigten Lieferung bestens geeignet zu sein, und auch inaktive Firmenmäntel gibt es in einer Stadt wie Hongkong ja genug.

Corrigans Rechtsanwälte, die *Deacons Solicitors*, waren tatsächlich im Besitz zweier unbenötigter und schon seit längerem brachliegender

---

[29] Der Name *Samalco* setzte sich aus den Anfangsbuchstaben der ursprünglichen Inhaber, Samuel Hau Ching-yee, Alice Lee Sze-ping und Corrigan zusammen.

Firmenmäntel mit den Namen *Plaza Securities Ltd.* und *North Pacific Trading Ltd.* (NPT).[30]

Im Juni 1975 reiste Udo Proksch nach Hongkong und veranlaßte seinen Freund, die beiden Firmen zu erwerben.

Zuerst kauften daraufhin Owen Corrigan und seine chinesische Frau die Firma *Plaza Securities Ltd.*, deren Zweck in der Folge allein darin bestand, sich an der NPT, die ebenfalls den Besitzer wechselte, zu beteiligen.

Das stolze Eigentum an den insgesamt zwei NPT-Aktien verteilte sich daraufhin wie folgt: Eine Aktie zu 10 Hongkong-Dollar erwarb Owen Corrigan, und die zweite Hälfte der Firma ging auf die *Plaza Securities Ltd.* – also auf Corrigan und seine Ehefrau – über.

Owen Corrigans nomineller Gesamtanteil von 75 Prozent an der NPT gehörte ihm freilich nicht selbst, sondern er fungierte hiebei nur als Treuhänder für Udo Proksch.

Schon vor Jahren hatte die Hongkonger Detektei *T. M. Associates* festgestellt, daß die »unbekannte Person«, von der die NPT »Ende Juli oder Anfang August 1975« gekauft worden war, »in Europa lebt« und sich des in Hongkong ansässigen Australiers nur zur Führung der Geschäfte bediente.

Aber erst am 20. August 1986, als ihn Detective A. S. Couldrake vom Commercial Crime Bureau der *Royal Hong Kong Police Force* über Auftrag der *Interpol* schon zum zweiten Mal im Zusammenhang mit dem *Fall Lucona* verhörte, gestand schließlich auch Owen Corrigan selbst, von Udo Proksch zum Kauf der NPT veranlaßt worden zu sein.[31]

Unklar blieb indes bis zum heutigen Tag, welche Rolle einer hochadeligen jungen Dame aus Österreich bei der Inbesitznahme der NPT durch den *Demel*-Chef zukam.

Theresa Gräfin von Abensperg und Traun war als innigste Jugendfreundin von Cecily Gräfin zu Salm natürlich auch mit deren langjährigem Lebensgefährten seit vielen Jahren engstens vertraut und hatte auch als Taufpatin für eines der Kinder des *Demel*-Konditors fungiert (Taufpate des zweiten Proksch- und Salm-Sprößlings ist Nationalratspräsident Leopold Gratz).

---

[30] Die *North Pacific Trading Ltd.* war ursprünglich schon am 12. Februar 1974 im Auftrag der Hongkonger Versicherungsanstalt *North Pacific Insurance Company* gegründet worden, wurde von dieser danach aber doch nicht aktiviert.

[31] Owen Corrigans wörtliche Aussage: »Proksch kam daraufhin im Juni 1975 nach Hongkong, und wie hier üblich, war es möglich, ›shelf companies‹ unter den Namen ... zu erwerben« (Report Nr. CCB/MRB 674/85 der Hongkonger Polizei).

**T. M. Associates** 9

This information is furnished in strict confidence and is not to be published or revealed to any other party in whole or in part. The information is compiled from sources which are deemed reliable, but we cannot offer any guarantee, warranty or undertaking as to its accuracy, and we will not be responsible for the consequences of its use.

4/9/4

NORTH PACIFIC TRADING (HK) LTD. — **COMPANY SUMMARY**

*Address:* Rm-1411 Star House, Salisbury Rd, Kowloon.
*Phone:* 3-682578
*Cable/Telex:* –
*P.O. Box:* –

*Legal form:* Ltd. Liability Corp
*Formation date:* 1974
*Paid Capital:* HK$20.-
*Net Worth:* not divulged
*Functions:* Inactive up to present, registered as a general merchant
*Turnover:* not available
*Employs:* none
*Credit Record:* unknown
*Reputation:* unknown

**REGISTRATION**

*Legal form:* Ltd. Liability Corp.
*Registration date:* 12/2/1974
*Previous fo*[illegible] none
*Previous na*[illegible] -
*Authorised ca*[illegible] HK$100,000 *consisting of* 10,000 *shares of* $10.- *each.*
*Paid ca*[illegible] HK$20.-
*Related interes*[illegible] SAMALCO (HK) LTD. under similar management or ownership
The shareholders are nominee companies of DEACONS SOLICITORS
*Registration number:* 37215
*Latest filing date:* 5/6/1975
*Unpaid calls:*

NORTH PACIFIC TRADING (HK) LTD. — **OWNERSHIP & MANAGEMENT** 3

| The present directors and shareholders are:- | *Director?* | *Shares held* |
|---|---|---|
| DESCONA LTD. at 601 Union House Hongkong | | 1 |
| SECONDA LTD. at the above add. | | 1 |

Mr. CORRIGAN, Director who is currently the managing director of SAMALCO (HK) Ltd.

NORTH PACIFIC TRADING (HK) LTD. — **ACTIVITIES**

*Total employees:* NONE AT PRESENT
*Premises Occupied:* Sharing its office with an associate which occupies an office of about 1,500 sq. ft. in a good commercial location in Hongkong.

*Memberships:* none

PURPOSES & ACTIVITIES

The subject is a general trading company. According to our source the subject was bought by an unknown party in late July to early Aug. 1975. Up to now the company remains inactive and no physical transactions of any type was made.
The subject does not have a formal office or staff in Hongkong but shares its facilities with SAMALCO (HK) LTD. which is a general trader dealing mostly in textiles.
From our observations, the person who bought the subject is now in Europe and the current affairs are handled by Mr. Corrigan.
In view of the ltd. information we can obtain we are unable to comment further.

NORTH PACIFIC TRADING (HK) LTD. — **CREDIT RECORD**

| Supplier code | Trading since | Terms | High credit | Average credit | Past due | Remarks |
|---|---|---|---|---|---|---|

ROYAL HONG KONG POLICE FORCE

STATEMENT/REPORT

Report No. CCB. MRB. 674/85 Commercial Crime Bureau ..... Station.

Name of informant/witness ... Owen William CORRIGAN ....... age 4.6.37 sex M ......

Address 30 Shouson Hill Road, Hong Kong

Tel. No. 5-538510 ........... Occupation Company Director

Nationality and dialect ........ Australian /H.K.I/D XA900807

Taken by ....... D/CIP A.S. Couldrake ......... in ........................ language

at 1100 ..... hours on ... 10 August 1985 ........... at (Place) Samalco (HK) Ltd.

Interpreter ..............................................................

States: —

I am Owen William CORRIGAN, Australian subject, born on 4 June, 1937. I am the Managing Director of Samalco (Hong Kong) Limited, 1501 Tung Ying Building, 100 Nathan Road, Kowloon, Hong Kong. I arrived in Hong Kong on 5 January 1965 and was employed by a Dutch company, Jacobsen Van Den Berg (Hong Kong) Limited. In August 1968 I married Chinese female LEE Sze-ping, Alice. My wife was born in Shanghai, China on 1 December 1944 and she came to Hong Kong when she was around 8 years old.

2. In September to October 1968, I started my own business, incorporated as SAMALCO (Hong Kong) Limited, trading in textiles, leather goods and import/export.

Q : How was payment to be made?

A : Payment would have been made on the spot by myself to ZAPATA. I would probably have received the sum by telegraphic transfer.

Q : How did you learn of the ship's sinking?

A : I was informed by PROKSCH in person at the Bau-Au-Lac Hotel. He appeared very upset and spoke initially, in German, to DAIMLER and then to myself.

Q : Prior to the meeting in Zurich were you in Vienna or Salzburg?

A : I cannot be sure but I believe I was.

8. This statement consisting of 10 pages in the English language, each signed by me, has been read by me. It is true to the best of my knowledge and belief and I have made it knowing that the making of a false statement is a criminal offence under Section 33 of the Crimes Ordinance.

(A.S. Couldrake)CIP (O.W. Corrigan)

Zu welchem Zweck sich die ledige 42jährige Aristokratin[32] just in den Jahren 1975 und 1976 in Hongkong niederließ, wo sie in der Folge sehr enge Kontakte zu Owen Corrigan pflog und in der Robinson Road 97-B ein Appartement unterhielt, das auch Udo Proksch als Hongkonger Adresse und als gelegentliche Absteige diente, wollte sie dem Autor unter keinen Umständen verraten.

Bei der Polizei sagte sie aus, sie habe in Hongkong nur versucht, »die chinesische Hochsprache Mandarin zu erlernen«, mit Udo Prokschs Urananlagengeschäften habe sie hingegen nicht das geringste zu tun. Daß diese Aussage nicht der Wahrheit entsprach, steht in der Zwischenzeit fest, denn immerhin erhielt Theresa Traun monatlich exakt 5 000 Franken von der *Zapata AG* aus der Schweiz überwiesen.

Insgesamt flossen der »Gräfin von Hongkong« während der Zeit ihres Aufenthaltes in der fernöstlichen Hafenstadt über das *Zapata*-Konto umgerechnet rund 800 000 Schilling an Honorar oder Spesenvergütungen zu, wobei die erste Zahlung in der Höhe von 25 000 Schweizer Franken am 30. Juli 1975 erfolgt war.

Genau zur selben Zeit nahm Udo Proksch in Hongkong auch seine neue Briefkastenfirma NPT in Besitz.

Als Firmendomizil wurde die Adresse der Corrigan-Firma *Samalco* gewählt, und Owen Corrigan wurde auch zum Geschäftsführer bestellt, worauf schon am 21. Juli 1975 zwischen der schweizerischen *Zapata AG* und der Hongkonger NPT ein Vertrag über die »Lieferung einer *Uranium Milling Plant*« abgeschlossen werden konnte.

Für die *Zapata AG* unterschrieb den »Liefervertrag« die Proksch-Treuhänderin Greta Fischer – und für die NPT der Proksch-Treuhänder Owen Corrigan.

Mehr als gelegentlich seine Unterschrift auf Dokumente und Briefe zu setzen, mußte Corrigan als »Geschäftsführer« der NPT auch in Hinkunft nicht tun. Konzipiert und formuliert wurden sämtliche Korrespondenzen indes nicht in Hongkong, sondern in Österreich.

Hatte späterhin beispielsweise die Hongkonger Urananlagen-Käuferfirma NPT – was bei so großen Geschäften natürlich gelegentlich vorkommen soll – eine Anfrage an die schweizerische Verkäuferfirma *Zapata AG* zu richten, dann ging das in der Regel folgendermaßen vor sich:

Hans Peter Daimler verfaßte in Salzburg einen Entwurf und schickte

---

[32] Theresa Traun, mittlerweile bei der UNIDO in Wien angestellt, ist die Schwester des niederösterreichischen Großgrundbesitzers und Schloßherrn von Petronell, Carl Graf von Abensperg und Traun.

ihn nach Wien. Wenn Udo Proksch mit dem Textvorschlag einverstanden war, setzte er sein »O.K.« auf das Blatt und ließ es nach Hongkong expedieren. Dort schrieb Owen Corrigan dann den vorgeschriebenen Brieftext – natürlich in sauberem Englisch – auf NPT-Geschäftspapier um, setzte seine Unterschrift darunter und sandte die Nachricht in die Schweiz, wo sie Greta Fischer namens der *Zapata AG* in Empfang nahm.

In der Zwischenzeit hatte Hans Peter Daimler natürlich auch schon die Antwort konzipiert, die – wiederum nach Genehmigung durch Udo Proksch – nunmehr nach Geuensee geschickt wurde. Jetzt war Greta Fischer an der Reihe. Auch ihr fiel die Aufgabe zu, den ihr vorgegebenen Text auf *Zapata*-Briefpapier zu übertragen und die Antwort, von ihr unterschrieben, sogleich an Owen Corrigans NPT nach Hongkong zu senden, wobei diesem in Wahrheit freilich völlig egal war, was sein Freund Udo Proksch auf diese höchst komplizierte Weise immerfort an sich selbst schrieb.

Der einzige Fehler, der bei diesem Korrespondenz-Ringelspiel zuletzt unterlief: Rüdiger Proksch, Udos »kleiner« Bruder, hatte in seiner Einfalt von Daimlers Entwürfen immer brav Kopien angefertigt und diese im *Studio Proksch* in der Wiener Walfischgasse 12 aufgehoben und fein säuberlich abgelegt.

Dort fand sie Jahre später die mit einem richterlichen Hausdurchsuchungsbefehl ausgestattete Kripo und stellte sie sicher, womit der unwiderlegbare Nachweis erbracht ist, daß Udo Proksch eine »Uranerz-Aufbereitungsanlage« im behaupteten Wert von mehr als zweihundert Millionen Schilling in Wahrheit nur an sich selbst verkauft hat.

# Kurt Ruso – Versichern beruhigt!

»Wenn dieser Herr ein Betrüger sein sollte, hat er sich diese Versicherung nicht umsonst ausgesucht«[33], mutmaßte Jahre später der Direktor eines großen Hamburger Seefracht-Versicherungsinstitutes, nachdem ruchbar geworden war, daß Udo Proksch ausgerechnet die Wiener *Versicherungsanstalt der österreichischen Bundesländer*, kurz *Bundesländer-Versicherung* genannt, ausgewählt hatte, um seine »Uranfabrik« für den Transport von Europa nach Hongkong versichern zu lassen.

In Österreich ist seit Jahrzehnten fast alles den Interessen der großen politischen Machtblöcke untergeordnet. Nicht nur die verstaatlichte Wirtschaft, die Banken und alle öffentlichen Institutionen, sondern auch die Versicherungswirtschaft wird demnach als parteipolitisches Beutegut angesehen.

So wie in diesem Land daher selbst die Schulen und Kindergärten, die Autofahrerklubs und die Sportvereine fein säuberlich in »rote« und »schwarze« aufgeteilt sind, halten die »staatstragenden« politischen Parteien natürlich jeweils auch »ihre« Versicherungsinstitute besetzt.

Die *Wiener Städtische* und deren Tochterbetriebe etwa »gehören« den Sozialisten, hingegen hat die ÖVP die *Bundesländer-Versicherung* »im Besitz«.

Mit einer Bilanzsumme von mehr als 20 Milliarden und einem Prämienaufkommen von rund 10 Milliarden Schilling pro Jahr ist die *Bundesländer* nicht nur Österreichs zweitgrößte Assekuranz, sondern zugleich auch einer der mächtigsten und finanzstärksten Wirtschaftskörper des Landes, von dessen Aktienbesitz genau 25,273 Prozent der *Genossenschaftlichen Zentralbank* – also dem Raiffeisensektor und damit dem ÖVP-Bauernflügel – gehören.

Ein um eine Spur größeres Aktienpaket, das einem Gesamtanteil von weiteren 26,41 Prozent entspricht, hält seit 1986 ein in einem Syndikat zusammengefaßtes Konglomerat von Gesellschaften, deren Eigentümer sich hinter Namen wie *ÖBLV-Beteiligungsges.m.b.H.*, *ÖBLV-Vermögensverwaltungsges.m.b.H.*, *Eigentumswohnungserrichtungs- und*

---

[33] *Die Zeit* (Dossier: »Wien ahoi!«), Hamburg, 31. Mai 1985.

*Verwaltungsges.m.b.H.* und *ÖBLV-Holdingges.m.b.H.* verstecken und die durch verwirrende gegenseitige Schachtelbeteiligungen nur mit großer Mühe identifizierbar sind.
Die Federführung im Syndikat kommt jedenfalls der *Girozentrale* zu, die an der *Bundesländer* – entwirrt man das komplizierte Beteiligungsknäuel – letztlich insgesamt zehn Prozent hält. Außer ihr sind noch die *Niederösterreichische Landes-Landwirtschaftskammer*, die *Niederösterreichische Brandschaden-Versicherung* sowie die *Oberösterreichische* und die *Grazer Wechselseitige Versicherungsanstalt* mit dabei.
Den verbleibenden Rest von knapp der Hälfte des Aktienkapitals der *Bundesländer* teilen sich neben einigen schwarzen Landesversicherungen und der *Oberösterreichischen Landes-Landwirtschaftskammer* die vorwiegend von der ÖVP beherrschten Bundesländer, an deren Spitze wiederum das Land Niederösterreich mit einem Aktienanteil von exakt 14,887% steht, gefolgt von der Steiermark (5,3%), Tirol (4,087%), Salzburg (3,22%), Oberösterreich (3,11%) und Vorarlberg (2,59%). Die sozialistisch regierten Bundesländer Burgenland und Kärnten halten immerhin 2,843 bzw. 0,13 Prozent.
Zuletzt ist an der *Bundesländer-Versicherung* auch noch die katholische Kirche mit einem Aktienanteil von genau fünf Prozent beteiligt, den die *Superiorenkonferenz der männlichen Ordensgemeinschaften Österreichs* hält.
Im Länderkuratorium und im Aufsichtsrat dieser Versicherung sitzen praktisch ausschließlich ÖVP-Honoratioren, von Oberösterreichs Landeshauptmann Josef Ratzenböck bis zu Ex-Vizekanzler Fritz Bock. Als Präsident fungiert der niederösterreichische Alt-Landeshauptmann Andreas Maurer, der von zwei Aufsichtsrats-Vizepräsidenten, dem ehemaligen ÖVP-Kassier und *Raiffeisen*-General Hellmuth Klauhs sowie dem Bundeswirtschaftskammerpräsident und Wirtschaftsbund-Chef Rudolf Sallinger, unterstützt wird.[34]
Von der Partei wurde natürlich auch immer die Zusammensetzung des Vorstands bestimmt, der bis zum Beginn der achtziger Jahre eine uneinnehmbare Domäne des CV war. Herbert Cretnik, ehemaliger Sekretär des legendären ÖVP-Kanzlers Leopold Figl, lenkte die Geschicke der *Bundesländer-Versicherung* bis 1980 mit starker parteipolitischer Hand.

---

[34] Der steirische Alt-Landeshauptmann Friedrich Niederl zog sich im Laufe des Jahres 1986 aus dem Aufsichtsrat der *Bundesländer-Versicherung* zurück, nachdem bekannt wurde, daß er sich und seinen Söhnen auch für private Zwecke mit Hilfe fingierter Schadensmeldungen 4,8 Millionen Schilling auszahlen ließ.

Aber schon ab Anfang der siebziger Jahre wurde Kurt Ruso, ehemals Lehrer für Deutsch und Geschichte an der Mödlinger Handelsakademie und Kurzzeit-Finanzreferent des niederösterreichischen ÖAAB[35], als Cretniks präsumtiver Nachfolger aufgebaut.
Im Jahr 1973 wurde Ruso zum Generalsekretär und 1975 zum Vorstandsdirektor bestellt, ehe er am 1. Jänner 1981 die Generaldirektion der *Bundesländer-Versicherung* übernahm und in der Folge sukzessive auch alle anderen mit dieser Funktion traditionellerweise verbundenen Pfründe übertragen bekam.
Dazu gehörten unter anderem die Vizepräsidentschaft im *Verband der Versicherungsunternehmungen Österreichs*, die Würde eines Vorstandsdirektors einiger weiterer Firmen und Institutionen, die Mitgliedschaft in insgesamt elf Aufsichtsräten (von der *Österreichischen Länderbank* bis zum *Kurier-Zeitungsverlag*), der Aufsichtsratsvorsitz in vier Unternehmungen der Versicherungswirtschaft, die Funktion eines Vorstandsdirektors im *Kuratorium für Verkehrssicherheit*, die Mitgliedschaft im Beirat der *Creditanstalt-Bankverein* und der *Ersten österreichischen Spar-Casse* sowie die Position eines Generalrats der *Oesterreichischen Nationalbank*.
Die Probleme, die Ruso seit vielen Jahren mit Alkohol hatte, kümmerten offenbar niemanden, obwohl sein Wodka-Tageskonsum zuletzt, so wurde berichtet, bereits mehr als eine Flasche betrug. »Nur ein einziges Mal«, versicherte hingegen der niederösterreichische Weinbauer und *Bundesländer*-Präsident Andreas Maurer dem Autor treuherzig, habe er persönlich im Verlauf einer Aufsichtsratssitzung bemerkt, daß Kurt Ruso »ein bißchen andudelt« war.
Daß die *Bundesländer-Versicherung* seit ihrem Bestehen für die ÖVP als Instrument der direkten und indirekten Parteifinanzierung gedient hat, versteht sich von selbst, ebenso wie sich der Konzern der *Wiener Städtischen* natürlich als Unterstützungsverein für SPÖ-Funktionäre auf Kosten seiner Versicherungsnehmer versteht, wobei man diese jedem Insider des österreichischen Parteiensystems selbstverständlich bekannte Tatsache freilich hüben wie drüben entrüstet zurückweist.
Anfang des Jahres 1986 kam bei der *Bundesländer-Versicherung* allerdings – nicht ganz ohne Zusammenhang mit dem *Fall Lucona* – ein Skandal erster Ordnung ans Licht.
Es hatte seit vielen Jahren zu den Usancen des Managements der Versicherungsanstalt gehört, Schadensfälle zu fingieren, um auf diese

---

[35] ÖAAB = Österreichischer Arbeiter- und Angestelltenbund – Teilorganisation der ÖVP.

Weise zu Geldbeträgen in der Höhe von Dutzenden Millionen Schilling pro Jahr zu gelangen und diese »in bestimmte Richtungen lenken zu können«[36].

Kurt Ruso, dessen Mitarbeiter Walter Bachmayer sowie der Ex-Abt des steirischen Zisterzienserstiftes Rein bei Graz, Paulus Rappold, befinden sich seither in Haft. Es gelang in der Folge jedoch sehr rasch, das wahre Ausmaß des *Bundesländer*-Skandals – insbesondere seine politische Dimension – mit Erfolg zu vertuschen.

Der burgenländische Landesdirektor der Versicherung, Friedrich Preissegger, erschoß sich am 18. März 1986, so wie sich einige Jahre zuvor auch schon der steirische Landesdirektor, Erich Klauser, auf einem Autobahnparkplatz in der Nähe von Graz unmittelbar vor einem gerichtlichen Einvernahmetermin, bei dem es um einen 80-Millionen-Skandal im Dunstkreis der steirischen ÖVP ging, das Leben genommen hatte. »Bevor ich einen Meineid schwöre«, stand in seinem Abschiedsbrief, »wähle ich diesen Ausweg.«

In einem Wald in der Nähe von Klosterneuburg wurde am 9. März 1986 schließlich auch der Organisationsleiter der Wiener Zentrale der *Bundesländer-Versicherung*, Valentin Prapotnik, mit einem Nylonseil an einem Jagdstand erhängt aufgefunden.

Zehn Jahre zuvor hingegen, im Frühjahr 1976, als Udo Proksch darangin, für seine »wertvolle Uranfabrik«, die er an sich selbst zu verkaufen gedachte, einen möglichst günstigen Transportversicherungsvertrag abzuschließen, war für die *Bundesländer-Versicherung* die Welt noch in Ordnung gewesen.

Der *Demel*-Chef, obwohl längst ein Liebkind der SPÖ und Geschäftsfreund zahlreicher sozialistischer Regierungsmitglieder, war bekanntlich ein alter Stammkunde der ÖVP-Assekuranz.

Von seinen Betriebs-, Auto- und Wohnungsversicherungen angefangen bis hin zu seiner persönlichen Lebensversicherung hatte Udo Proksch in wahrer großkoalitionärer Gesinnung immer alle Geschäfte seinen politischen Gegnern zukommen lassen, und pikanterweise war selbst der rote *Club 45* bei der schwarzen *Bundesländer* versichert, der auch jenes Haus in der Walfischgasse gehört, in dem das *Studio Proksch* domiziliert war. Erst im Jahr 1985 warf man den *Demel*-Chef dort hinaus.

Kurt Ruso, der erst kurz vorher zum Vorstandsdirektor avanciert war, empfand daher natürlich nur Freude, als ihm Udo Proksch im Früh-

[36] Aussage Kurt Rusos vor der Wiener Wirtschaftspolizei

jahr 1976 signalisierte, daß er geneigt sei, der *Bundesländer* nunmehr ein weiteres überaus interessantes Geschäft zu verschaffen.
Die ersten persönlichen Besprechungen fanden auf neutralem Boden statt. Die Ortswahl übernahm Udo Proksch, und da er wußte, daß Kurt Ruso ein gottesfürchtiger Mann war, schlug er vor, sich zum Mittagessen im Restaurant »Zur frommen Helene« zu treffen.
Der *Demel*-Chef erzählte dem Versicherungsmann von seiner *Zapata AG* in der Schweiz, von deren Piestinger Tochterfirma *Pinosa* und vertraute ihm an, daß von dort aus in Kürze eine Yellow-Cake-Anlage in den italienischen Hafen Chioggia bei Venedig transportiert werden müsse.
Anschließend werde die Fabrik, die einen Wert von rund dreißig Millionen Franken, mehr als 200 Millionen Schilling, repräsentiere, nach Hongkong verschifft, und er wolle sie sowohl für den Land- als auch für den Seetransport bei der *Bundesländer* versichern.
Das Geschäft sei allerdings politisch hochbrisant und müsse daher unter strengster Geheimhaltung vor sich gehen. Dies erfordere äußerste Diskretion auch von seiten der Versicherung, andernfalls würde das Geschäft platzen.
Die »Uranfabrik«, fabulierte Udo Proksch weiter, käme aus der ČSSR, einzelne Teile würden auch aus der Bundesrepublik Deutschland zugeliefert. Das Assembling fände in Piesting statt.
Kurt Ruso war beeindruckt, glaubte Udo Proksch alles und sagte die erbetene Diskretion zu. »Aber in Chioggia«, meinte er, »müssen wir uns die Ladung ansehen.«
Der *Demel*-Chef seinerseits versprach, bei kulanter Abwicklung dieses Falles, der *Bundesländer-Versicherung* in der Folge den ganz großen Einstieg in das lukrative internationale Seetransport-Versicherungsgeschäft zu vermitteln.
Bald trafen Ruso und Udo Proksch ohne Scheu auch im *Club 45* zusammen. Einmal nahm an einer solchen Begegnung sogar der bekannte Wiener Schriftsteller und Publizist Alexander Vodopivec teil. Man aß Schinkenfleckerln und war sehr freundlich zueinander. Zu diesem Zeitpunkt waren Proksch und Ruso auch schon längst miteinander per Du.
Keine Bestätigung fanden hingegen die von einigen Medien kolportierten Vermutungen, wonach im Zusammenhang mit dem *Fall Lucona* an Repräsentanten der Versicherung »nützliche Aufwendungen« in der Höhe von drei Millionen bezahlt worden seien. Die Kripo fand im Zuge einer Hausdurchsuchung bei Udo Proksch lediglich ein

Papier, aus welchem sich ein Kontakt zwischen ihm und Ruso herauslesen ließ.
Zwei Tage nach seiner Verhaftung am 4. März 1986 nahm den Ex-Generaldirektor der *Bundesländer-Versicherung* deshalb auch *Lucona*-Untersuchungsrichter Wilhelm Tandinger ins Gebet und konfrontierte ihn mit einer bei Proksch sichergestellten Notiz, auf der es hieß: »Dr. Ruso – wie besprochen!«
Ruso leugnete, mit dem *Zapata*-Beauftragten im Zuge des Versicherungsabschlusses je über finanzielle Zuwendungen gesprochen zu haben. Später – als die *Zapata AG* mit der Versicherung schon seit Jahren im gerichtlichen Clinch lag – wurden mit Udo Proksch jedoch mehrfach Gespräche über die Möglichkeiten einer außergerichtlichen Einigung im Versicherungsfall *Lucona* geführt. Einmal trafen Ruso und Proksch zu einem solchen »Vergleichsgespräch« sogar auf dem Pissoir des Wiener Handelsgerichtes zusammen.
Tatsächlich spricht jedoch nichts dafür, daß Repräsentanten der Versicherung bereits zum Zeitpunkt des Versicherungsabschlusses gewußt

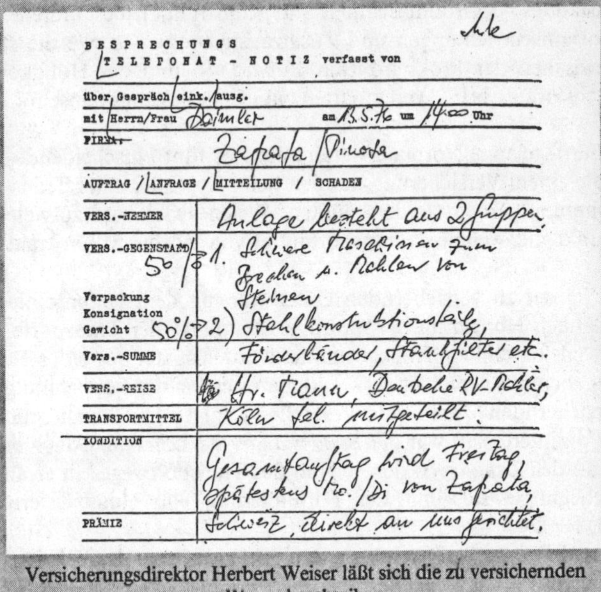
BESPRECHUNGS
TELEFONAT - NOTIZ verfasst von

über Gespräch einl./ausg.
mit Herrn/Frau Daimler am 13.5.76 um 14.00 Uhr
FIRMA: Zapata / Pinota
AUFTRAG / ANFRAGE / MITTEILUNG / SCHADEN

| | |
|---|---|
| VERS.-NEHMER | Anlage besteht aus 2 Gruppen. |
| VERS.-GEGENSTAND 50% | 1. Schwere Maschinen zum Brechen u. Mahlen von Steinen |
| Verpackung Konsignation Gewicht 50% | 2) Stahlkonstruktionsteile, |
| Vers.-SUMME | Förderbänder, Staubfilter etc. |
| VERS.-REISE | Hr. Franz, Deutsche RV-Makler, |
| TRANSPORTMITTEL | Köln tel. mitgeteilt: |
| KONDITION | Gesamtauftrag wird Freitag, spätestens Mo./Di von Zapata, |
| PRÄMIE | Schweiz, direkt an uns gerichtet. |

Versicherungsdirektor Herbert Weiser läßt sich die zu versichernden Waren beschreiben

haben könnten, daß keineswegs eine wertvolle Uranerz-Aufbereitungsanlage nach Hongkong verschifft werden würde.
Als am 6. Mai 1976 schließlich Hans Peter Daimler in der *Bundesländer-* Zentrale erschien, um mit dem stellvertretenden Leiter der Transportabteilung, Herbert Weiser, die konkreten Verhandlungen zu beginnen, war man lediglich – ganz im Sinne von Rusos Versprechen – nicht an Details interessiert.
Daimler stellte sich als »Vizepräsident der *Zapata AG*« vor. Eine zweite Visitenkarte wies ihn als »Industrial Consultant« mit Firmensitz in Salzburg-Hellbrunn aus. Seine Wünsche waren präzise:
Die Versicherung sollte unter Einschluß aller Risken einschließlich der Kriegs- und Minengefahr erstens den Landtransport von »Maschinen für die Verarbeitung von nichteisenhältigen Mineralien ab Haus Österreich, ČSSR und BRD bis Chioggia«, zweitens die dortige Zwischenlagerung und schließlich den Seetransport bis Hongkong (»kaigestellt«) umfassen. Die ersten Teillieferungen sollten bereits wenige Tage danach, am 12. Mai 1976, beginnen.
Zwei Tage vorher übermittelte Daimler der Versicherung ein Blankomuster eines Liefervertrages, der eine vage Umschreibung des Liefergegenstandes – »Großmaschinen und Konstruktionsbestandteile, Laboratoriumseinrichtungen und Zusatzausrüstung« – sowie die strengen zwischen der Proksch-Firma *Zapata AG* und der Hongkonger Proksch-Firma NPT vereinbarten »Geheimhaltungsklauseln« enthielt.
Der Bluff gelang. Normalerweise wären es fünf entscheidende Fragen, die einem Versicherungskunden beim Abschluß einer Transportversicherung gestellt werden müßten: Welches Gut wird zu welchem Zeitpunkt mit welchem Transportmittel von wo bis wohin transportiert?
Das Ziel der zu versichernden Güter war mit dem Hafen Chioggia und danach Hongkong bekannt. Der Zeitpunkt der Transporte und die jeweils gewählten Transportmittel wurden später vor jeder Teillieferung ebenfalls gemeldet, während man sich bei der Bezeichnung der zu versichernden Ware schon wesentlich weniger deutlich ausdrückte. Völlig desinteressiert war die *Bundesländer-Versicherung* jedoch offenbar, von der *Zapata AG* den Beginn des Transportweges zu erfahren. Man begnügte sich mit der Formulierung »ab Haus Österreich, ČSSR, BRD«.
Niemand fragte, von welchem Ort an Prokschs »Uranfabrik« der Versicherungsschutz gewährt werden müsse. Ab Prag oder ab Brünn, ab Hamburg oder vielleicht nur ab Freilassing?

Luzerner-Landbank-AG, Sursee — Fr.-Konto — XB19T75

VERTRAULICH

CONFIDENTIAL

74.– 1 mio

ZAPATA AG, GEUENSEE

AUFTRAG UPP/101-XP19/75

-1-

| D.-NR. | DATUM | TEXT | SOLL | FR | HABEN | SALDO FR |
|---|---|---|---|---|---|---|
| 1975 | 30,01 | CHIH-MA BAREINZAHLUNG | 500.000,00 | | | |
| | 5,02 | CHIH-MA VERGUETUNG | 400.000,00 | | | |
| 1975 | 13,11 | EIBL & WONDRAGK OESCH 75.000,00 | | | 10.945,00 | |
| | 14,11 | BARBEZUG | | | 600.000,00 | |
| | 17,11 | CHIH-MA VERGUETUNG | 500.000,00 | | | |
| | 18,11 | CHIH-MA VERGUETUNG | 100.000,00 | | | |
| | 25,11 | BARBEZUG | | | 800.000,00 | |
| | 27,11 | WENDELIN ZAP 5 OESCH 35.905,24 | | | 5.209,25 | |
| | 28,11 | NPT VERGUETUNG REF MA.LEE | 40.000,00 | | | |
| | 1,12 | PINOSA OESCH 689.655,00 | | | 100.015,00 | |
| | 17,12 | SAEGEREI FISCHER - LAGER,HOLZ ETC | | | 2.400,00 | |
| | 18,12 | CHIH-MA | 600.000,00 | | | |
| | 23,12 | WENDELIN ZAP 6 OESCH 25.108,80 | | | 3.586,00 | |
| | 31,12 | ZINSEN & SPESEN PER 31 12 75 | 5.087,70 | | | 663.233,00 |
| 1976 | 12,01 | GURTNER GES M B H 29.928,00 | | | 4.273,75 | |
| | 29,01 | WENDELIN ZAP 6 17.220,80 | | | 2.450,00 | |
| | 3,02 | BANKKOMMISSION | | | 20,00 | |
| | 3,02 | UEBERTRAG OESCH-KONTO OESCH 621,50 | 73,75 | | | |
| | 3,02 | PINOSA OESCH 350.385,00 | | | 50.015,00 | |
| | 5,02 | BARBEZUG | | | 80.000,00 | |
| | 5,02 | BARBEZUG | | | 50.000,00 | |
| | 6,02 | T TRAUN | | | 10.000,00 | |
| | 17,02 | PINOSA OESCH 355.113,00 | | | 50.015,00 | |
| | 17,02 | BUC DRUCKEREI SEITENBERG 15.570,00 | | | 2.198,00 | |
| | 25,02 | WENDELIN ZAP/7 OESCH 33.228,80 | | | 4.678,00 | |
| | 26,03 | PINOSA OESCH 214.592,25 | | | 30.015,00 | |
| | 2,04 | WENDELIN ZAP/8 28.170,20 | | | 3.941,00 | |

ZAPATA AG

»Confidential«: das Konto der Zapata AG bei der Luzerner Landbank

**Luzerner Landbank**
AKTIENGESELLSCHAFT
SURSEE

Telefon 045 - 21 22 83
Postcheckkonto 60 - 825

ZAPATA AG
Oberdorf-Oele
6232 Geuensee

Gutschriftsanzeige

Wir haben Ihrem Konto gutgeschrieben:

6210 Sursee, 27. März 1975/mz

| Haben Fr. | Wert | Betrifft: |
|---|---|---|
| *400,000.— | 27.3. | Vergütung von Chih-Ma Ltd. 20, Kennedy Terrace, Hongkong |

Mit freundlichen Grüssen
LUZERNER LANDBANK
Aktiengesellschaft

Stewo 3.74 15 000

Phantasiefirma »Chih-Ma Ltd. Hongkong«: Anzahlungen vorgetäuscht

Und niemand kam schließlich je auf die Idee, irgendwann einmal in Piesting nachzusehen, ob dort die mehr als 200 Millionen Schilling teuren Maschinen wohl auch pfleglich behandelt würden.
Staatsanwalt Wolfgang Mühlbacher, der im *Fall Lucona* später zu ermitteln hatte, fand für das Verhalten der *Bundesländer-Versicherung* denn auch nur drei mögliche Erklärungen: »Trägheit, Dummheit oder grobe Fahrlässigkeit!«
Am 30. Juni 1976 wurde schließlich die Transportversicherungs-Polizze mit der Nummer 37.062 ausgestellt. Die Versicherungssumme sollte insgesamt 31 360 725 Schweizer Franken betragen, was nach dem damaligen Kurswert rund 212 Millionen Schilling entsprach. Die von der *Zapata AG* in vier Raten zu bezahlende Versicherungsprämie wurde mit 281 275 Schweizer Franken – genau 1 968 825 Schilling – bestimmt.
Zuletzt wurden die Repräsentanten der Versicherung von Udo Proksch noch gefragt, welche Belege die *Zapata AG* denn im Falle eines Schadens wirklich vorlegen müsse. Die beruhigende Antwort ließ eine kulante und unbürokratische Vorgangsweise erwarten: »Die Rechnung genügt!«
Udo Proksch wollte jedoch auf Nummer Sicher gehen und hatte daher freilich schon längst mit der Vortäuschung eines regen Zahlungsverkehrs zwischen der *Zapata AG* und der Hongkonger NPT begonnen, um später noch zusätzliche Beweise für die Realität des Geschäftsfalles vorlegen zu können.
Rund ein Drittel des Kaufpreises, insgesamt etwa 80 Millionen Schilling, habe die NPT, so würde man später mit Hilfe gefälschter Zahlungsbestätigungen nachweisen, bereits als Anzahlung für die zu liefernde »Uranfabrik« an die *Zapata AG* überwiesen.
Mit dem ihm als Startkapital für sein Unternehmen zur Verfügung stehenden Bargeldbetrag in der Höhe von rund 1,8 Millionen Franken fiel es Udo Proksch leicht, diesen Nachweis durch ein simples Geldringelspiel zu erbringen.
Am 14. November 1975 wurden beispielsweise vom *Zapata*-Konto bei der *Luzerner Landbank* 600 000 Franken in bar abgehoben. Dann ging man mit diesem Geldbetrag einige Tage lang spazieren und zahlte am 17. November 500 000 Franken und am 18. November die restlichen 100 000 Franken unter dem Titel »Vergütung Chih-ma« auf dasselbe Konto in bar wieder ein.
Einige Wochen später konnte das Spiel von vorne beginnen, bis schließlich der gesamte von der NPT angeblich akontierte Betrag auf dem Konto der *Luzerner Landbank* eingezahlt war.

# Siebenhundert Tonnen Ballast

Mit den Vorbereitungen für den Abtransport und die Verschiffung einer »Anlage zur Herstellung von *Yellow Cake*« hatte Hans Peter Daimler bereits lange vor dem Abschluß des Versicherungsvertrages begonnen.

Schon im August 1975 hatte er zwecks Kalkulation der Transportkosten mit rund einem Dutzend Speditionsunternehmungen brieflich Kontakt aufgenommen.

»Als Projektierungs- und Assembling-Firma werden wir«, schrieb Daimler auf Briefpapier der *Pinosa Ges.m.b.H.*, »in Kürze im Auftrag eines Schweizer Exporteurs von unserem Sammellager in der Nähe von Wiener Neustadt einen großen Transport von Maschineneinrichtungen zur Aufbereitung von Mineralien nach Übersee zu versenden haben.«

Danach wurde Daimler konkret und nannte die zu versendenden Waren beim Namen: »Großvolumige Belegteile, Elektromotoren mit Getrieben, Förderbänder, Gebläseeinrichtungen, Gesteinsbrecher, Laugenbottiche, Rührwerke usw.«

Damit hatte der *Pinosa*-Direktor im großen und ganzen schon ziemlich genau sowohl die Höfleiner Kohlenaufbereitungsanlage als auch die alten Einrichtungen der Piestinger Harzfabrik beschrieben. Aber erst etwa neun Monate später konnte der Countdown für deren Abtransport in den italienischen Hafen Chioggia beginnen:

Als erstes kamen die in der Wiener Zollfreizone immer noch lagernden Teile des Kohlenbergwerks an die Reihe, die bereits eine Rundreise von Piesting über Italien und die Schweiz bis zurück nach Wien hinter sich gebracht hatten.

Den nunmehr endgültigen Abtransport zum italienischen Hafen Chioggia nahm die Transportabteilung der niederösterreichischen Firma *Metall und Erz* in zwei LKW-Fuhren am 11. und 18. Mai 1976 vor.

Noch heute kann sich der Kraftfahrer Ignaz Wallner aus Hainfeld, der den LKW lenkte, an diese »Steinbrechanlage« erinnern, die »dem Aussehen nach einen schlechten Eindruck« auf ihn hinterließ:

»Die Ware hat auf mich den Eindruck gemacht, als ob sie schon ein oder zwei Jahre oder noch länger im Freien gelegen ist, und sie war teilweise entsprechend verrostet[37].«

Für alle weiteren Transporte sparte man sich allerdings den komplizierten und finanziell aufwendigen Umweg über die Schweiz. Die restlichen Teillieferungen gingen vielmehr auf direktem Weg von Piesting bis zum Einschiffungshafen Chioggia. Zuvor mußten Udo Proksch und Hans Peter Daimler jedoch noch zwei weitere potentielle Mittäter gewinnen.

Einer von ihnen hieß Otto Kölbl. Der aus Rechnitz im Burgenland stammende »Spezialist für Verzollungsangelegenheiten« war schon in den fünfziger Jahren bei der *Internationalen Transport AG Kirchner & Co.* tätig gewesen und im Jahr 1964 als Zolldeklarant zur Firma *Wilhelm Anger* gekommen. Seit damals hatte er mit Udo Proksch und Hans Peter Daimler im Rahmen der Unternehmungen des »Plastikkönigs« bereits mehrfach Geschäfte gemacht. Später wurde Otto Kölbl auch von der *Anger*-Nachfolgefirma *Cincinnati Milacron AG* als Zolldeklarant übernommen.

Anfang des Jahres 1975 weihten Hans Peter Daimler und Udo Proksch ihren alten Freund in ihr Vorhaben mit der »Uranerz-Aufbereitungsanlage« ein, und der damals 44jährige Zolldeklarant erklärte sich zur Mithilfe bereit.

Otto Kölbls Aufgabe sollte in erster Linie in der Abwicklung der Zollformalitäten bestehen, worin er noch aus Angers Zeiten genügend Erfahrung besaß.

Daneben half Kölbl aber auch für ein vergleichsweise bescheidenes Honorar bei den laufenden Versandvorbereitungen, wie etwa bei der späteren Anmietung von Containern, tatkräftig mit.

Zusammen mit Daimler fuhr Otto Kölbl im Frühsommer 1976 nach Piesting, um die »*Yellow-Cake*-Anlage« zu besichtigen. Kölbl später: »Ich sah dort Maschinen, Maschinenteile und Eisentrümmer lagern. Die Lagerung erfolgte im Freien, am Werksgelände. Die von mir besichtigten Maschinen und Maschinenteile lagerten lose, sie waren weder in Kisten verpackt noch mit irgendwelchen Plastikhüllen abgedeckt.«[38]

Zur Herstellung der für den Transport vorgesehenen Holzkisten und Verschläge fanden Proksch, Daimler und Otto Kölbl bald einen geeig-

---

[37] Wörtliche Zitate aus dem Einvernahmeprotokoll des Landesgerichtes für Strafsachen Wien vom 12. August 1985 – Zeugenaussage Ignaz Wallner.

[38] Wörtliches Zitat aus dem Einvernahmeprotokoll des der Mittäterschaft Verdächtigten vom 27. Juli 1984 vor der Kriminalabteilung der niederösterreichischen Sicherheitsdirektion.

neten Mann, den gelernten Tischler Johann Schoderböck, der seinerzeit ebenfalls schon bei der Firma *Anger*, zuerst in der Tischlerei und später im Auslieferungslager, angestellt war. Auch er war danach von der Firma *Cincinnati Milacron* übernommen worden.
Im Juni 1976 vermittelte Otto Kölbl seinem Arbeitskollegen den Piestinger Wochenendjob. Anfangs bekam dieser zwei weitere Mitarbeiter, die Brüder Steinkellner, ebenfalls ehemalige Arbeitskollegen aus dem *Anger*-Auslieferungslager, für die Kistenherstellung zugeteilt. Nachdem diese jedoch mehr tranken als arbeiteten, warf sie Udo Proksch bald hinaus und teilte statt dessen einige seiner Piestinger »Fremdarbeiter« als Tischlereigehilfen für Johann Schoderböck ein, dessen Tätigkeit mit 3 000 Schilling pro Wochende honoriert wurde.[39]
Just zur selben Zeit, da die Transporte nach Chioggia begannen, erhielt die *Pinosa*-Mannschaft im Piestinger Harzwerk einen Besuch, der ihnen äußerst ungelegen und unangenehm war.
Schon seit Monaten hatte die ganze Umgebung unter immer zahlreicher werdenden Ratten gelitten, die aus dem verwahrlosten Gelände der Harzfabrik kamen. Nun stand im Juli 1976 plötzlich Rudolf Kumbein, Inhaber einer Wiener Neustädter Schädlingsbekämpfungsfirma, mit zwei Mitarbeitern und im amtlichen Auftrag der Gemeinde vor dem *Pinosa*-Fabrikstor und begehrte Einlaß, um in dem alten Harzwerk Rattengift auszulegen. Zuerst wehrte man sich, doch nach Rudolf Kumbeins Ankündigung, mit der Gendarmerie wiederkehren zu müssen, ließ man ihn doch ein.
Sein Auftrag zwang den Rattenvernichter in der Folge nicht nur, das gesamte Fabriksareal abzugehen, sondern gab ihm auch Gelegenheit, die Betriebstätigkeit der *Pinosa* aus nächster Nähe und in allen Einzelheiten zu sehen. Hans Huber begleitete ihn auf seinem Rundgang.
Rudolf Kumbein beobachtete in der Tischlerei die Herstellung der hölzernen Verschläge, er sah die demontierten Anlagen der alten Harzfabrik und die zum Teil schon in Kisten gepackten Gegenstände. Er erinnert sich an vier auf dem Boden liegende alte Flugzeugtriebwerke und an tonnenweise über das gesamte Areal verstreutes und in den Hallen liegendes »Gerümpel, Alteisenteile und Schrott«.
»Was habt ihr mit diesen Unmengen von Klumpert[40] denn vor?« fragte Kumbein aus purer Neugierde seinen Begleiter.

---

[39] Das für die Kistenherstellung erforderliche Holz lieferte in der Zeit zwischen Juli und Oktober 1976 das Piestinger Sägewerk R. Navratil.
[40] Klumpert = österr. Dialektausdruck für: wertloses Zeug.

»Das«, verriet ihm Hans Huber daraufhin, »wird alles für Filmaufnahmen gebraucht!«
Ein Film wurde in Piesting dann allerdings doch nicht gedreht. Es begannen vielmehr die Transporte nach Italien.
Als »Generalunternehmer« hatte man die *Internationale Speditions KG Walter Pirnat* engagiert, mit deren Inhaber Udo Proksch schon seit den fünfziger Jahren bekannt war. Auch Kommerzialrat Walter Pirnat war seinerzeit zu den kommunistischen *Weltspielen der Jugend* mit nach Moskau gepilgert.
Heute existiert die Speditionsfirma nicht mehr. Mit Zahl S 25/83 eröffnete das Wiener Handelsgericht am 25. Jänner 1983 über sie den Konkurs.
Ein Großteil der ehemaligen Angestellten der *Spedition Pirnat* war übrigens branchenintern schon seit Jahren als »Spezialisten« für die Abwicklung dubioser Import- und Exportgeschäfte bekannt. Erst im Jahr 1983 stand ein rundes Dutzend ehemaliger *Pirnat*-Spediteure wegen Beteiligung an einer gigantischen Textilschmuggelaffäre in Wien vor Gericht.
In Zusammenarbeit mit der Speditionsfirma *Transylvania* des Bulgaren Iwan Bojankin und der DDR-Firma *Textilcommerz* hatte ein internationales Schmugglersyndikat Textilien (Hemden, Nato-Jacken, Schals und Blue jeans) im Wert von mehr als 35 Millionen Schilling aus Japan, Hongkong und Korea nach Österreich geschmuggelt.
Lieferant eines Teiles der Billigprodukte aus dem Fernen Osten war auch die österreichische *Barter-Trading Handelsges.m.b.H.*, eine Tochterfirma der *Steyr-Daimler-Puch AG.* Die Waren wurden von einer schweizerischen Briefkastenfirma übernommen, sollten Österreich im Transit durchqueren und nach Rumänien exportiert werden. Mit Hilfe gefälschter Zoll- und Transportpapiere täuschte man aber die Ausfuhr aus Österreich lediglich vor. Als zehn Eisenbahnwaggons in Rumänien ankamen, waren sie leer. Die Schmuggelware kam in Österreich auf den Markt.
Der Leiter der Exportabteilung und Prokurist der Speditionsfirma *Pirnat* hieß Jakob Bartos. Er übernahm im Jahr 1976 für Udo Proksch und Hans Peter Daimler die Organisation der Transporte von Piesting nach Chioggia. Zu diesem Zweck war er schon im Frühjahr 1976 zusammen mit dem Kranfahrer seiner Speditionsgesellschaft, dem aus Leibnitz in der Steiermark stammenden Heinrich Puschnik, auf das Harzwerkgelände nahe Wiener Neustadt gefahren.
»Es handelte sich um ein Firmenareal, das sich in einem sehr desolaten Zustand befand«, erinnert sich Puschnik an diese Besichtigung

der nach Italien zu transportierenden Uranerz-Aufbereitungsanlage. »Die Maschinen- und Eisenteile waren verrostet, alt und gebraucht. Ich würde diese Teile als Gerümpel bezeichnen.«[41]

Dreihundertzwanzig Tonnen dieses »Gerümpels« wurden danach – laut Angaben der Versender – per Eisenbahn nach Chiogga gebracht. Tatsächlich waren es zwar nur rund 180 Tonnen, denn Hans Peter Daimler als der für den Abtransport Verantwortliche ließ, wie sich später auf Grund von Dokumenten herausstellen sollte, teilweise weit überhöhte Gewichte in die Transportpapiere eintragen.

Weitere – angeblich – 380 Tonnen (auch diese Gewichte waren nur geschätzt, denn es gab in Piesting überhaupt keine Waage) wurden im Laufe von sechs Monaten in insgesamt 21 Fuhren mit Tiefladern und LKW-Zügen nach Chioggia gebracht.

*Pirnat*-Prokurist Jakob Bartos engagierte für die Transporte mehrere Sub-Unternehmer. Unter anderem die schon erwähnte Firma *Metall und Erz*, deren Transportabteilung bald danach aufgelöst wurde, sowie das Wiener Neudorfer Transportunternehmen *Johann Freylinger.* Auch diese Firma wurde inzwischen liquidiert.

Nicht liquidiert wurden jedoch die Kraftfahrer, die die »*Yellow-Cake*-Anlage« aufluden und über die Grenzstation Thörl-Maglern bis nach Chioggia brachten.

Für die Firma *Johann Freylinger* fuhr der Wiener Kraftfahrer Karl Franz Schirak, der heute als Stadtbahnfahrer bei den *Wiener Verkehrsbetrieben* angestellt ist. Er transportierte hauptsächlich »Gebläse und trichterförmige Teile«. Die Transportgüter waren teilweise in Holzkisten verpackt, andere lagerten »lose und unverpackt auf einem wüsten Platz«. Die Verladung, die mit Hilfe eines alten Bundesheerkrans vorgenommen wurde, dauerte oft stundenlang.

Karl Franz Schirak erinnert sich noch gut daran, daß bei den »gelben, trichterförmigen Eisenteilen die Farbe offensichtlich schlecht gehalten hat«. »Es bildeten sich Luftblasen unter der Farbe.« Als Ursache vermutete der LKW-Fahrer eine »schlechte Entrostung«: »Ich hatte den Eindruck, daß es sich um alte Ware handelte, die überstrichen worden ist.« Schirak und seine Kollegen waren der Meinung, daß es sich um »altes Klumpert« gehandelt hatte, das »überhiaselt[42] worden ist«[43]

---

[41] Wörtliches Zitat aus dem Einvernahmeprotokoll der Kriminalpolizei vom 5. März 1984 – Zeugenaussage Heinrich Puschnik.

[42] Österr. Dialektausdruck für: schlampig und unsachgemäß mit Farbe überstreichen.

[43] Wörtliche Zitate aus dem Einvernahmeprotokoll des Landesgerichtes für Strafsachen Wien vom 18. Juli 1985 – Zeugenaussage Karl Franz Schirak.

Für die Firma *Metall und Erz* fuhren abwechselnd zwei Fahrer. Ignaz Wallner aus Hainfeld in Niederösterreich, der auch schon die Auslagerung der Steinbrechanlage aus der Wiener Zollfreizone vorgenommen hatte, transportierte vor allem »Rohre, Bleche, Ventilatoren und Getriebeteile«, die im Freien gelagert waren und von einigen Fremdarbeitern unter der Anleitung von Hans Peter Daimler und Hans Huber direkt auf seinen LKW-Zug aufgeladen wurden. Von Udo Proksch höchstpersönlich erhielt er einmal 150 Schweizer Franken als Trinkgeld zugesteckt, was ihn sehr beeindruckt haben mag.
Weniger Eindruck hinterließ allerdings die Ladung auf ihn: »Ich kann mich mit Sicherheit daran erinnern, daß mittels Schablone während der Ladetätigkeit einige Male Nummern aufgespritzt oder gestrichen wurden und auch nicht entrostete Teile mit Farbe gespritzt wurden.«[44]
Wallners damaliger Kollege Johann Mainz, der den zweiten LKW-Zug fuhr, ist heute selbständiger Transportunternehmer in Kleinzell bei Hainfeld. Er transportierte vor allem »Rohre, Elektromotoren, Gebläse, verschiedene Kessel« sowie »alte Relaiskästen« von einem Platz in Piesting ab, der »in einem verwahrlosten Zustand (war)«.
»Die Gegenstände müssen irgendwo furchtbar lange gelegen sein, sie waren teilweise stark angerostet«, konstatierte Johann Mainz und konnte auch beobachten, daß einige Male »die verladene Ware noch unmittelbar vor der Verladung gespritzt worden war und die Farbe erst abtrocknen mußte«[45].
»Nachdem die Gegenstände gespritzt worden waren«, machten sie allerdings »einen schönen Eindruck« auf ihn.
Als damaliger Fuhrparkleiter und Geschäftsführer der Transportabteilung der Firma *Metall und Erz* war Karl Wochner, wohnhaft in Rohrbach an der Gölsen, für die Einteilung der beiden Kraftfahrer zuständig. Bei einigen Abtransporten aus Piesting war er persönlich dabei. Sein Eindruck von der Ladung war, »daß es sich um gebrauchte und rostige Eisenteile handelt«.
Karl Wochner ärgerte sich, daß das Beladen oft einen ganzen Tag in Anspruch nahm, weil die »Harzanlage«, die seine Fahrer nach Italien zu transportieren hatten, teilweise erst »während des Beladens ober-

---

[44] Wörtliche Zitate aus den Einvernahmeprotokollen des Landesgerichtes für Strafsachen Wien und der Kripo vom 7. April 1984, 12. April 1984, 17. Juni 1985 und 12. August 1985 – Zeugenaussage Ignaz Wallner.
[45] Wörtliche Zitate aus den Einvernahmeprotokollen der Kripo und des Landesgerichtes für Strafsachen Wien vom 28. Mai 1984 und 13. August 1985 – Zeugenaussage Johann Mainz.

flächlich gereinigt und mit einem schnelltrocknenden Lack gestrichen (wurde)«. Karl Wochner erinnert sich auch an Gespräche mit seinen Fahrern: »Es war uns unerklärlich, daß man so altes Klumpert so weit transportiert.«
Der Fuhrparkleiter glaubte allerdings, die Ware würde nur bis Italien transportiert. Daß das »Klumpert« danach sogar nach Hongkong verschifft werden sollte, hätte seine Verwunderung zweifellos noch gesteigert.

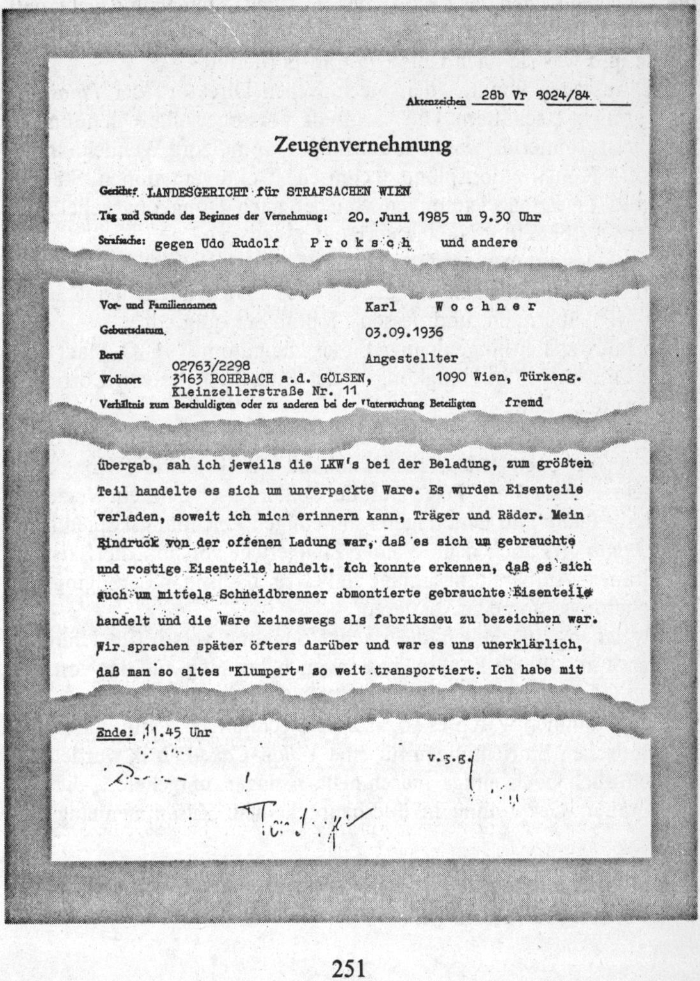

Aktenzeichen 28b Vr 8024/84

Zeugenvernehmung

Gericht: LANDESGERICHT für STRAFSACHEN WIEN

Tag und Stunde des Beginnes der Vernehmung: 20. Juni 1985 um 9.30 Uhr

Strafsache: gegen Udo Rudolf P r o k s c h und andere

Vor- und Familienname: Karl W o c h n e r

Geburtsdatum: 03.09.1936

Beruf: Angestellter

02763/2298

Wohnort: 3163 ROHRBACH a.d. GÖLSEN, Kleinzellerstraße Nr. 11 — 1090 Wien, Türkeng.

Verhältnis zum Beschuldigten oder zu anderen bei der Untersuchung Beteiligten: fremd

übergab, sah ich jeweils die LKW's bei der Beladung, zum größten Teil handelte es sich um unverpackte Ware. Es wurden Eisenteile verladen, soweit ich mich erinnern kann, Träger und Räder. Mein Eindruck von der offenen Ladung war, daß es sich um gebrauchte und rostige Eisenteile handelt. Ich konnte erkennen, daß es sich auch um mittels Schneidbrenner abmontierte gebrauchte Eisenteile handelt und die Ware keineswegs als fabriksneu zu bezeichnen war. Wir sprachen später öfters darüber und war es uns unerklärlich, daß man so altes "Klumpert" so weit transportiert. Ich habe mit

Ende: 11.45 Uhr

v.g.g.

Gelassen und kühl reagierte Hans Peter Daimler später bei jedem Verhör durch Kriminalpolizei und Untersuchungsrichter, wenn man ihm die Zeugenaussagen der LKW-Fahrer vorhielt: »Ich glaube nicht, daß die LKW-Fahrer beurteilen konnten, was in Piesting eingepackt wurde und was sie nach Chioggia transportierten.«
Diese Aussagen konnten den »technischen Direktor« der *Pinosa* in der Tat nicht erschüttern. Die getroffene Vorsorge sollte sich nunmehr bewähren: Immerhin waren ja unzählige – von Georg Wendelin angefertigte – Konstruktionspläne, technische Dokumentationen, Stücklisten und Ersatzteilzeichnungen von der nach Hongkong gelieferten Uranerz-Aufbereitungsanlage vorhanden gewesen.
Siebzig Kilogramm wog das Paket mit allen technischen Zeichnungen, das Owen Corrigan am 22. Oktober 1976 namens der Käuferfirma NPT übernahm und dessen Empfang er quittierte.
Noch Jahre später hingen einige dieser Diagramme (»$U_3O_8$ Plant Sectional Drawings«) in Hongkong in der Eingangshalle von Corrigans Büro an der Wand.
Er selbst habe diese technischen Unterlagen der mit der *Lucona* dann leider versunkenen Anlage zusammen mit Udo Proksch in Hongkong übergeben, sagte Hans Peter Daimler später aus.[46] Und ein Verzeichnis dieser Pläne und Unterlagen samt einigen Zeichnungskopien legte die *Zapata AG* auch dem Wiener Zivilgericht vor, um die Existenz der Uranerz-Aufbereitungsanlage zu beweisen, als man daranging, die Versicherungssumme zu kassieren.
Aus welchen Einzelteilen die nach Hongkong verschiffte Uranerz-Aufbereitungsanlage konkret bestanden habe, ging aus der von der *Zapata AG* nach Hongkong übermittelten Rechnung hervor.
Genaugenommen waren es sogar zwei Rechnungen, denn außer den mechanischen Einrichtungen für eine *Yellow-Cake*-Fabrik wurden zusätzlich auch noch einige maschinelle Anlagen mitgeliefert, die mit der Uranerz-Gewinnung in überhaupt keinem Zusammenhang stehen.

---

[46] Einvernahmeprotokoll der Kriminalabteilung des Landesgendarmeriekommandos für Salzburg vom 20. Juli 1983.

ZAPATA
A.G.

COPY

IMPORTANT: Always state our Invoice Number with all your payments.

MESSRS

NORTH PACIFIC TRADING (H.K.) LTD
1411 STAR HOUSE
HARBOUR CENTRE
KOWLOON
HONG KONG

| | |
|---|---|
| INVOICE No. | 011076 — PAGE 1 |
| DATE | 2.10.76 |
| DELIVERY DATE | Dec. 1976 |
| YOUR ORDER No. | UPP101 XB19 CHIH-MA |
| DELIVERY TO | HONGKONG PORT |
| PER | SHIP |

| SHIPPING MARKS | ITEM DESCRIPTION | QTY | UNIT PRICE SFR | TOTAL PRICE SFR |
|---|---|---|---|---|
| SEE PACK. LIST | EQUIPMENT FOR $U_3O_8$ MILLING PLANT, AS FOLLOWS: | | | |
| | Sections 1,2,10 & 11 | | | |
| | Complex Conveying Equipment, Zapata Design. Incl. complete Housing, Construction and Foundation Steel, Reduction Gears and Motors, plus 3% Spare Parts: | | | |
| | Bucket Conveyor 500 x 28000 | 1 | | |
| | Belt Conveyor 500 x 6800 | 1 | | |
| | Belt Conveyor 500 x 10000 | 4 | | |
| | Belt Conveyor 500 x 13000 | 1 | | |
| | Belt Conveyor 500 x 16200 | 2 | | |
| | Belt Conveyor 500 x 17000 | 1 | | |
| | Belt Conveyor 500 x 18500 | 2 | | |
| | Belt Conveyor 500 x 19500 | 1 | | |
| | Belt Conveyor 500 x 21000 | 2 | | |
| | Belt Conveyor 500 x 25500 | 2 | | |
| | | 17 | | 10.264.200, |
| | Complex Dust Collection System, Zapata Design, for operation in connection with Conveying system, Crushers and Vibratory Screens: | | | 2.332.800, |
| | Carried fwd to Page 2: | | | 12.597.000, |

ZAPATA A.G. · CH-6232 GEUENSEE (LUZ) OBERDORF-OELE · TEL [illegible]

So fakturierte Udo Proksch eine »Uranerz-Aufbereitungsanlage« an seine eigene Firma in Hongkong . . .

ZAPATA A.G. INVOICE No. 011076

| SHIPPING MARKS | ITEM DESCRIPTION | QTY | UNIT PRICE SFR. | TOTAL PRICE SFR |
|---|---|---|---|---|
| | **From Page 1:** | | | 12.597.000, |
| | <u>Section 1</u> | | | |
| | Double-Deck Vibratory Screens, size 3000 x 1400, Zapata Design for fine-screening, complete with 5,5 kW electric motor, 15000 rpm and including 3% Spare Parts: | 3 | | 874.000, |
| | <u>Section 2</u> | | | |
| | Heavy Ball Mills, 9' x 12' of proven design, suitable for 600 h.p. motors (motors not supplied), including gears and 3% Spare Parts: | | | 6.980.000, |
| | <u>Section 11</u> | | | |
| | Crushing Rolls Unit, according to specifications with complete cast-iron crushing assembly and including 3% Spare Parts: | | | 360.000, |
| | <u>Sections 2,3,4,5,6,8,9 & 10</u> | | | |
| | Soft Rubber Lined Pumps complete with overhead base, V-Belt Drive and Drive-Guard and incl. 2 sets spare Seals and Bearings per Pump. As per specifications: | 66 | | 976.000 |
| | | | SFR | 21.787.000, |
| | ALL PRICES AS PER OUR QUOTATION No. UPP101/02 (Amended), P.13 | | | |
| | PAYMENT CONDITIONS AS PER CONTRACT SZ/001 (AMENDED) | | | |

... und wollte damit die Versicherungssumme kassieren.

Die erste Rechnung mit der Nummer 011076 vom 2. Oktober 1976 beinhaltete das »Equipment for $U_3O_8$ Milling Plant« zum Preis von 21 787 000 Schweizer Franken, was damals rund 155 Millionen Schilling entsprach. Fein säuberlich war diese Rechnung in insgesamt acht verschiedene Positionen unterteilt.
Demnach habe man erstens ein »Complex Conveying Equipment, incl. complete Housing, Construction and Foundation Steel« (Stahlbau-Konstruktionsteile für die Fundamente und Traggerüste der kompletten Aufbereitungsanlage) geliefert – alles im »Zapata-Design«, wie die Rechnung ausdrücklich vermerkt.
Die nächste Position umfaßte ein Gurtbecherwerk, bestehend aus einem Zellensteilgurtband sowie sechzehn Muldenförderbändern (ein »Bucket Conveyer« und sechzehn »Belt-Conveyers«).
Weitere Rechnungspositionen bestanden aus einem Walzenbrecher (»Crushing Rolls Unit«), zwei »Complex Dust Collection Systems« (Entstaubungsanlagen) und drei »Double-Deck Vibratory Screens« (Schwing- oder Vibrationssiebe), selbstverständlich alles ebenfalls im »Zapata-Design«.
Für diese Maschinen und Geräte, bei welchen selbst einem technischen Laien allein schon durch die Beschreibung deren offenkundige Identität mit der Oberhöfleiner Kohlenaufbereitungsanlage auffällt, wurden insgesamt 13 831 000 Schweizer Franken (damals rund 100 Millionen Schilling) in Rechnung gestellt.
Erworben hatte Udo Proksch dieselben Anlagenteile Jahre zuvor zum Schrottpreis von exakt 680 000 Schilling. Im seinerzeitigen Kaufvertrag wurden die Bestandteile seines Bergwerks auch beschrieben: »Großvolumige Eisenkonstruktionen, eine Brecheranlage, Trog-, Band- und Steilförderer, Vibrations- und Kurbelschwingsiebe, zwei Entstaubungsanlagen (Luftsetzmaschinen) inklusive zahlreicher Rohre, Trichter, Gebläseeinrichtungen, Motoren, Lesebänder, Kettenbahnen und Kipper«.
Damit ist wohl geklärt und hinreichend erwiesen, woraus der bisher beschriebene Teil der nach Hongkong verschifften Anlagen in Wahrheit bestand.
Auf der ersten Zapata-Rechnung gab es jedoch noch zwei weitere Positionen: zwei Kugelmühlen (»Heavy Ball Mills«) sowie 66 Stück SRL-Trübepumpen (»Soft Rubber Lined Pumps«), für die man weitere 7 956 000 Schweizer Franken (rund 55 Millionen Schilling) verrechnete.
Diese Liefergegenstände existierten in Wahrheit überhaupt nicht, und Udo Proksch und Hans Peter Daimler besaßen auch nichts, was sol-

chen Maschinen wenigstens irgendwie ähnlich gesehen hätte. Man »erzeugte« sie daher – auf dem Papier:
Am 28. Jänner 1976 beauftragte Hans Peter Daimler in Salzburg seine Sekretärin Lindsay Wyatt, auf Pinosa-Briefpapier den amerikanisch-kanadischen Konzern *Denver Equipment Division* (Denver, New York, Toronto, Vancouver) anzuschreiben.
Die *Pinosa* gab vor, eine Planungsstelle mit guten Kontakten zu Afrika und dem Fernen Osten zu sein. Man sei im Besitz einer interessanten Anfrage und ersuche daher um Übersendung von Broschüren, technischen Beschreibungen und Preislisten für Kugelmühlen.
Wunschgemäß wurden daraufhin schon am 20. Februar 1976 die erbetenen Unterlagen über den britischen *Denver*-Zweigbetrieb in Epsom, Surrey, nach Wien übersandt.
Unmittelbar darauf kam wieder der technische Zeichner Georg Wendelin an die Reihe.
Hans Peter Daimler beauftragte ihn, vier schematische Darstellungen einer Kugelmühle aus dem Denver-Prospekt abzuzeichnen und neu zu beschriften. Wegzulassen hatte er den Hinweis »Denver Mill«, statt dessen bekamen die Zeichnungen wiederum den Stempel »Zapata AG« aufgedrückt.[47]
Anfang September 1976 war dann der Zeitpunkt gekommen, da man darangehen mußte, die nicht vorhandenen *Denver*-Kugelmühlen fachgerecht zu verpacken, um sie auf die Reise nach Hongkong zu schikken.
Zu diesem Zweck nahm Hans Peter Daimler über seinen Salzburger Fernschreibanschluß (63033 cumpin) neuerlich mit der Firma *Denver* Kontakt auf, um sich über die Modalitäten der Verpackung von Kugelmühlen zu erkundigen und zu erfahren, auf welche Weise sie transportiert werden könnten. Mehrere Fernschreiben gingen in den darauffolgenden Tagen zwischen der *Denver Equipment Division* und Salzburg hin und her
Am 10. September 1976 wußte Hans Peter Daimler Bescheid, worauf noch am selben Tag über die Speditionsfirma *Kirchner* die Anmietung von zwölf CTIU-Containern organisiert wurde.
Zwischen dem 13. und 17. September überstellte ein Kraftfahrer der *Spedition Kirchner*, Karl Gschwindl, die Leihcontainer von Wien nach Piesting, wo die aus Hans Huber, Rüdiger Proksch, Heinrich Haras

[47] Die *Denver*-Originalvorlage für die »Konstruktionszeichnungen« der Kugelmühlen wurde anläßlich der Hausdurchsuchung bei Hans Peter Daimler in Salzburg am 18. Juli 1984 von der Kriminalpolizei sichergestellt.

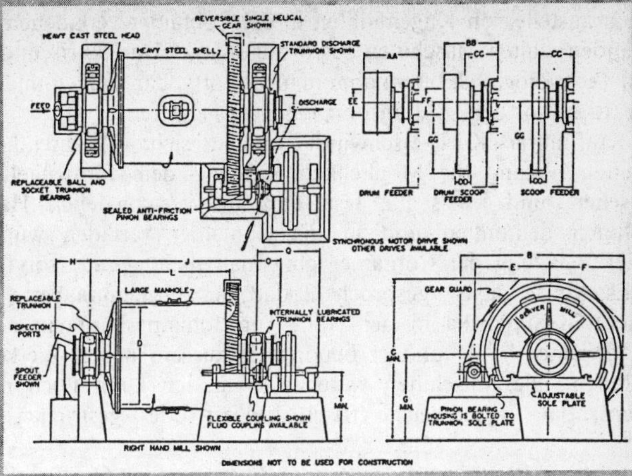


Aus einem Prospekt der Firma Denver kopiert:

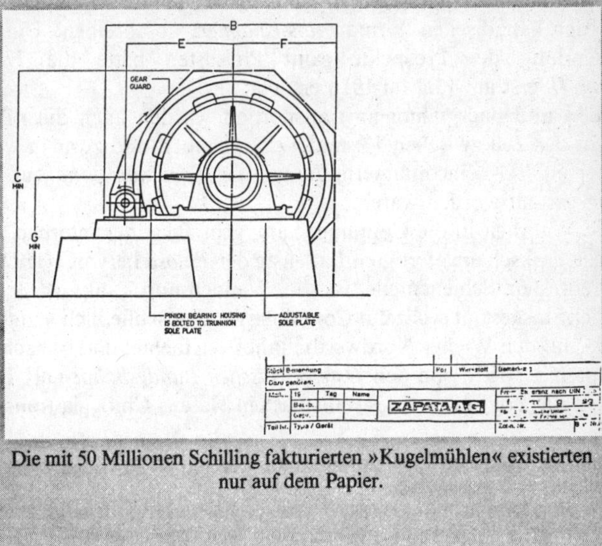


Die mit 50 Millionen Schilling fakturierten »Kugelmühlen« existierten nur auf dem Papier.

und Alfred Kleissner bestehende *Demel*-Manschaft jeweils sofort mit dem Beladen begann.
Bei den anstelle von Kugelmühlen in die Container verladenen Gegenständen – alten Maschinen aus der Piestinger Harzfabrik und anderem Technologieschrott – nahm man sich offenbar nicht einmal die Mühe, diese vor dem Abtransport frisch zu lackieren.
Der Kraftfahrer Karl Gschwindl erinnert sich: »Während der Stehzeiten bestand die Möglichkeit, sich auf dem Firmengelände umzusehen, und ich stellte fest, daß aus verschiedenen Hallen Maschinen demontiert und in die Container verladen wurden. Bei der Beladung der Container ging man nicht gerade sorgfältig um. Es wurde davon gesprochen, daß der Firmeninhaber (Udo Proksch) in Südafrika in der Nähe von Johannesburg ein neues Werk errichten wolle und er benötige in diesem neuen Werk die Maschinen. Die Maschinen waren alle alt, ich kann mich nicht erinnern, daß irgendwelche frisch lackiert oder gestrichen waren.«[48]
Bei der letzten Position auf der *Zapata*-Rechnung, den 66 Stück SRL-Trübepumpen, ging man schließlich genauso vor: Auch sie existierten nur auf dem Papier.
Die für die Lieferpapiere benötigten technischen Beschreibungen und Spezifikationen der Pumpen ließ Hans Peter Daimler von einem Prospekt der kanadischen Firma *Allis-Chalmers* abschreiben. Um die Übersendung der Prospekte samt Preislisten hatte die *Pinosa Ges.m.b.H.* erst am 13. Mai 1976 ersucht.
Verladen und nach Chioggia transportiert wurden auch die »Pumpen« in der Zeit zwischen 13. und 17. September, und zwar in weiteren vier NCLU-Leihcontainern, die von der *Spedition Pirnat* zur Verfügung gestellt worden waren.
Was in Wahrheit in die Container kam, geht aus einer internen, von Rüdiger Proksch angefertigten Ladeliste der *Pinosa* hervor: »Trichter, Motorenkisten, Schienenteile, Bleche, Wannen und Tanks.«[49]
Sämtliche insgesamt sechzehn Container wurden schließlich – gut versperrt – auf den Wiener Nordwestbahnhof verfrachtet und danach am 21. September 1976 von den *Österreichischen Bundesbahnen* als Transitgut in die Zollfreizone des italienischen Hafens Chioggia transpor-

---

[48] Wörtliches Zitat aus dem Einvernahmeprotokoll der Kriminalpolizei vom 20. April 1984 – Zeugenaussage Karl Gschwindl.
[49] Auch diese Ladeliste wurde versehentlich von Rüdiger Proksch aufgehoben und in der Wiener Walfischgasse 12 abgelegt, wo sie von der Kriminalpolizei im Zuge einer Hausdurchsuchung später sichergestellt werden konnte.

tiert, wobei noch zu berichten sein wird, wie es gelang, den österreichischen Zoll zu düpieren.
Nachweislich fest steht in der Zwischenzeit jedenfalls, daß die sechzehn Container in Piesting mit rund 180 Tonnen Schrott beladen wurden, dort mit Hilfe der Wiener Neustädter Kranfirma *Leopold David* auf die LKW-Züge der *Spedition Kirchner* und eines Sub-Frächters gehievt, anschließend direkt zum Wiener Bahnhof transportiert und auf ÖBB-Bahnwaggons verladen wurden, die danach in Richtung Venedig abfuhren.
Dennoch setzte sich Hans Peter Daimler am 22. September 1976 zum Fernschreiber und verständigte die Wiener *Bundesländer-Versicherung* von dieser Teillieferung: »Sechzehn Container per Bahn von der ČSSR aus im Transit nach Chioggia unterwegs.«
Als die Container dort ankamen, hatten sie tatsächlich Aufkleber mit folgender Aufschrift montiert: »Zapata SA – Rostock – ČSSR – Vienna – Chioggia – Hongkong.«
Monatelang rätselte später die Kriminalpolizei, was es mit dieser angeblichen Transitlieferung aus der ČSSR, die in Wahrheit nie stattfand, auf sich haben könnte. Sogar ein geschickt inszenierter Waffenschmuggel von der ČSSR nach Italien wurde am Ende vermutet. Tatsächlich werden ja über die tschechische Staatshandelsfirma *Omnipol* regelmäßig die italienischen Terrorkommandos der »Roten Brigaden« mit tschechischen und sowjetischen Waffen versorgt.
Im Falle der gegenständlichen sechzehn Container ist die Wahrheit allerdings ebenso harmlos wie simpel zugleich: Die Container waren niemals in der ČSSR. Und die Aufkleber mit dem Hinweis auf Rostock – die Geburtstadt von Udo Proksch – sollten einerseits nur zur Verwirrung dienen und andererseits den Spaß dokumentieren, den die »Proksch-Bande« bei der Durchführung ihres Jahrhundert-Coups empfand.

# Die »Atom-Wundermaschine«

Der Beweis, daß die auf die *Lucona* verladene »Uranerz-Aufbereitungsanlage« in Wahrheit ausschließlich aus den Altteilen des Oberhöfleiner Kohlenbergwerks bestand, ist erbracht.
Doch die Hongkonger NPT hatte auch noch einige andere »wertvolle« Anlagen und maschinelle Einrichtungen »gekauft«, die mit einer *Yellow-Cake*-Fabrik in gar keinem Zusammenhang standen.
Für dieses »Independent Equipment« stellte die *Zapata AG* am 2. Oktober 1976 eine Rechnung mit der Nummer 021076 über einen Betrag in der Höhe von 7 478 500 Schweizer Franken (damals rund 54 Millionen Schilling) – ohne Verpackungs- und Transportkosten – aus. Diese Rechnung beinhaltete vier verschiedene Lieferpositionen.
Mit einem vergleichsweise kleinen Betrag von nur 738 800 Franken (rund 5,5 Millionen Schilling) wurden zwei »Gas Heated Steam Generators, Fast Developing Models« fakturiert. Zu deutsch: zwei gasbetriebene Dampfgeneratoren (Schnelldampferzeuger), mit einer angeblichen Leistung von 6 000 kg Dampf pro Stunde und einem Nettogewicht von zusammen 12 Tonnen. Der Abtransport von Piesting aus erfolgte am 7. September 1976, und verpackt waren die zwei Schnelldampferzeuger in zwei selbstverfertigten Kisten aus Holz mit den auf den Delivery-Notes (Lieferscheinen) angegebenen Maßen 360 × 200 × 220 bzw. 420 × 210 × 230 cm.
Die mangelnde technische Vorbildung Hans Peter Daimlers wirkte sich in diesem Fall besonders schlecht aus: Es gibt nur Schnelldampferzeuger mit einer Leistung von höchstens 3 500 kg. Dampfgeneratoren in herkömmlicher Bauweise wiederum würden, wenn sie eine Leistung von 6 000 kg hätten, pro Stück weit über 10 Tonnen wiegen und wesentlich größer als die angeblich gelieferten sein. In die in Piesting angefertigten Kisten hätten sie unter keinen Umständen gepaßt.
Vergeblich bemühte man sich nach dem Untergang der *Lucona* denn auch, die Herkunft dieser beiden Dampfgeneratoren zu erklären. Zuerst wurden gefälschte Lieferpapiere eines angeblichen Schweizer Zulieferanten dem Gericht vorgelegt, und später brachte man gar mit Hilfe des damaligen österreichischen Außenministers eine vom rumänischen Geheimdienst gefälschte Bestätigung bei, wonach die zwei

Schnelldampferzeuger von einem rumänischen Handelsunternehmen nach Piesting geliefert worden seien.
Die wahre Herkunft der beiden Geräte ist allerdings rasch erzählt: Schon in der zweiten Hälfte der sechziger Jahre hatte die Piestinger Harzgenossenschaft zum Zweck der Terpentinerzeugung bei der *Leobersdorfer Maschinenfabrik AG* zwei Schnelldampferzeuger der Marke Vaporax 2000 S 15 zum Stückpreis von je rund 240 000 Schilling bestellt. Wie sich durch Dokumente leicht nachweisen läßt, ging der erste – ölbetriebene – Dampfkessel am 3. April 1968 und der zweite – mit Gasfeuerung – am 16. April 1969 im Piestinger Kesselhaus in Betrieb.
Rund drei Jahre später wurde die Produktion des Piestinger Harzwerkes eingestellt und der Betrieb liquidiert. Als die Konditorei *Demel* im Jahr 1974 das Gelände samt Fabriksgebäuden und maschinellen Einrichtungen äußerst preiswert erwarb, waren die beiden Schnelldampferzeuger natürlich immer noch installiert.
Schon zu Jahresbeginn 1974, also noch ehe die Fabrik in seinen Besitz überging, ließ Udo Proksch die beiden Dampfkessel fein säuberlich reinigen und am 1. März 1974 vom Wiener Photographen Karoly Varga zu Dokumentationszwecken fotografieren.[50]
Wenig später wußte im engeren Proksch-Freundeskreis jedermann, daß auch die beiden Geräte eine längere Reise vor sich haben würden. Im Laufe des Jahres 1975 wurden sie dann tatsächlich, wie Anrainer bezeugen, aus dem Kesselhaus demontiert und mit Minium neu überspritzt.
Verzweifelt bemüht sich Udo Proksch heute, den Verbleib seiner zwei alten Dampfkessel zu erklären. Der Schrotthändler Ferdinand Zierhofer aus Berndorf habe, so behauptete man zuerst, sämtliche alten Einrichtungen des Piestinger Harzwerkes demontiert. Aber Zierhofer hat nicht. Zwar war er nach dem Auslaufen der *Lucona* eingeladen worden, die kärglichen Schrottreste abzumontieren und zu kaufen, doch nahm er den Auftrag nicht an.
Später fiel Udo Proksch ein, er habe die beiden Generatoren an die Firma *Krems Chemie Ges.m.b.H.* weiterverkauft. Aber auch das ist nicht wahr. Zwar erwarb diese Firma im Jahr 1977 um exakt 150 000 Schilling einige Tonnen jenes in Piesting verbliebenen

[50] Für die Durchführung dieses Auftrages erhielt Karoly Varga von Udo Proksch anstelle eines Honorars einen Jeep des österreichischen Bundesheeres, d. h. eine jener Leihgaben des Ministers Lütgendorf an die Vereinigung CUM, die angeblich ausschließlich aus alten und unbrauchbaren Heeresgütern bestanden. Karoly Varga fährt mit diesem Jeep heute noch.

ZAPATA
A.G.

COPY

IMPORTANT: Always state our Invoice Number with all your payments.

MESSRS

NORTH PACIFIC TRADING (H.K.) LTD
1411 STAR HOUSE
HARBOUR CENTRE
KOWLOON
HONG KONG

| | |
|---|---|
| INVOICE No. | 021076 |
| PAGE 1 | |
| DATE | 2.10.76 |
| DELIVERY DATE | Dec. 1976 |
| YOUR ORDER No. | UPP101 XB19 CHIH-MA |
| DELIVERY TO | HONG KONG HARBOUR |
| PER | SHIP |

| SHIPPING MARKS | ITEM DESCRIPTION | QTY | UNIT PRICE SFR | TOTAL PRICE SFR |
|---|---|---|---|---|
| SEE PACK. LISTS | INDEPENDENT EQUIPMENT AS PER QUOTATION No. UPP101/02, P.14 | | | |
| | System of Doping Equipment for L.E.D. Display, Infra-Red Diodes and other Semi-Conductor Devices with IIs-HC High current Ion Source, designed according to your requirements for use in pilot plant and high volume production. Incl. 3% Spare Parts: | 1 | | 1.378.500, |
| | Kerosene Turbine Generators according to confidential specifications and including 3% Spare Parts: | 4 | | 2.512.000, |
| | Gas Heated Steam Generators, Fast Developing Models. 6000kg per hour, 20 atm, 30 kw 47 [illegible] over 95% Steam, plus 3% Spare Parts: | 2 | | 738.800, |
| | Machinery for Imbedding of Radioactive Wastes in Bitumen: by means of Multiple Screw Extruder, plus all auxiliary equipment and 3% Spare Parts: | 1 | | 2.849.200, |
| | PAYMENT CONDITIONS AS PER CONTRACT SZ/001 (AMENDED) | | SFR | 7.478.500, |

Die zweite Rechnung an die NPT: Vermischte »High-Tech«-Produkte ohne jeden Zusammenhang mit einer Uranerz-Aufbereitungsanlage

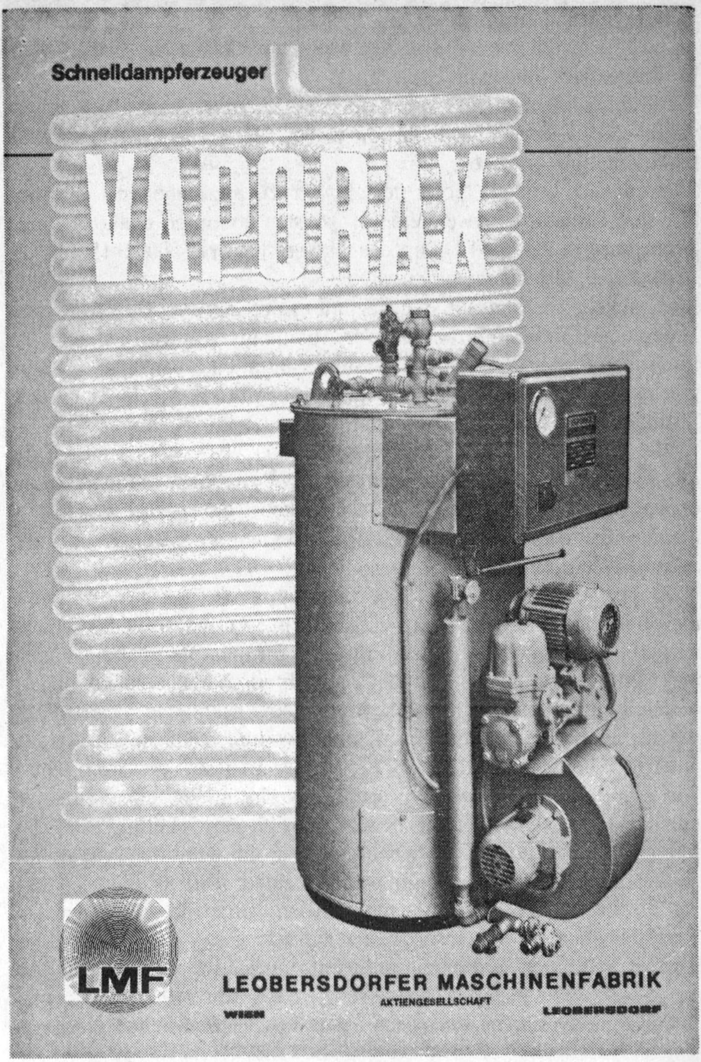


Mit der Lucona versunken: zwei »Vaporax« (Baujahr 1969) aus Leobersdorf

Schrotts, für den selbst Udo Proksch keine Verwendungsmöglichkeit sah – unter anderem die Reste der alten Harz-Leimanlage. Das Gerümpel lagert noch heute in der Kremser Hafenstraße im Freien, wo man es besichtigen kann. Von den zwei Dampfkesseln ist freilich auch in Krems weit und breit keine Spur.

Tatsächlich wurden sie – wie Udo Proksch selbstverständlich genau weiß – am 7. September 1976 von einem LKW der *Spedition Pirnat* nach Chioggia geführt.

Die auf den Delivery Notes der *Zapata AG* angegebenen Maße der für den Transport verwendeten Holzkisten stimmten exakt mit den Abmessungen der zwei Dampfdruckkessel Vaporax 2000 S 15 der *Leobersdorfer Maschinenfabrik* überein.

Die nächste Position auf der Rechnung der *Zapata AG* betraf eine Anlage zur Einbettung radioaktiver Abfälle in Bitumen (»Machinery for Imbedding of Radioactive Wastes in Bitumen, by means of Multiple Screw Extruder«). Der Rechnungsbetrag: 2 849 200 Schweizer Franken – rund 20 Millionen Schilling.

Diese Anlage – so sagte Udo Proksch später vor Gericht aus – habe die *Pinosa Ges.m.b.H.* selbst produziert. Die »Kronen-Zeitung« wußte es sogar ganz genau. Am 17. März 1985 ließ Udo Proksch das Kleinformat über seine etwa 6 Meter lange und mehr als 8 Tonnen schwere »Atom-Wundermaschine« berichten:

»Mit der Extrusionsanlage hoffte die Gruppe um Proksch, 1976 international in das gewinnträchtige Geschäft mit Atomkraftwerken einzusteigen. Damals gab es weltweit nur zwei Firmen, die solche Anlagen zur Neutralisierung von radioaktivem Abfall produzieren konnten.«

Danach gab Udo Proksch selbst eine äußerst gelungene Probe seines schauspielerischen Talents ab: »Damals wollte ich eine solche Anlage auch für das Atomkraftwerk Zwentendorf bauen.[51] Weltweit waren vor acht Jahren vierhundert Atomkraftwerke in Betrieb. Wenn nur ein Teil der Betreiber bei mir diese zehn Millionen Schilling teure Maschine gekauft hätte, wären wir für zwanzig Jahre mit der Produktion in Piesting ausgelastet gewesen.« Aber leider: »Meine Pläne, damit ein Millionengeschäft zu machen, wurden durch die Affäre *Lucona* zerstört!« Fast zu weinen begann er dabei.

Daß es »Bitumen-Einbettungsanlagen« tatsächlich gibt, steht außer

---

[51] Mit der Beseitigung von »Atommüll« (etwa abgebrannten Brennstäben) hat eine Bitumen-Einbettungsanlage in Wirklichkeit allerdings nur sehr wenig zu tun. Es werden mit einer derartigen Anlage lediglich ganz schwach radioaktive Abfälle wie Putzlappen, Waschwasser, Asche, Reinigungsmittel u.ä. mit Bitumen vermischt und in Fässer gefüllt, um diese danach gefahrlos lagern zu können.

Frage. Erzeugt werden sie unter anderem von der deutschen Firma *Werner & Pfleiderer* sowie von der *Deutschen Kraftwerks-Union* (KWU).

Von diesen beiden Unternehmungen hatten Udo Proksch und Hans Peter Daimler denn auch eine Handvoll Prospekte und Konstruktionszeichnungen organisiert und ihrem technischen Zeichner Georg Wendelin ausgehändigt. Dieser machte sich daraufhin also wieder einmal an seine »wenig schöpferische Arbeit« und pauste die Zeichnungen ab. Nach einigen Stunden Kopierarbeit kamen die Stampiglien »XP-19« und »Zapata AG« zum Einsatz – und fertig waren die Konstruktionspläne für Udo Prokschs »Atom-Wundermaschine«.

Nach Chioggia zum Versand gebracht wurden danach als Bestandteile der »Bitumen-Einbettungsanlage« zwei alte Öltanks aus der Piestinger Harzfabrik (Länge: 5,8 m; Durchmesser: 2 m), verschiedene Rohrleitungen, ein altes Vakuumaggregat sowie das Herzstück der »Wundermaschine« – ein Extruder.[52]

Die spätere Aussage Udo Prokschs vor Gericht, wonach mit der *Lucona* ein »Vierschneckenextruder« versunken sei, erleichterte dem Autor dieses Buches die Lösung des Rätsels um die »Atom-Wundermaschine« enorm, denn es gab davon auf der ganzen Welt nur ein einziges Exemplar – in Form eines Prototyps.

Für einen Mehrschneckenextruder wurde viele Jahre zuvor vom *Österreichischen Patentamt* unter der Nummer 300 316 ein Patent ausgestellt. Als Patentinhaber ist in der Patentschrift eine schweizerische Firma namens *Dorplastex AG* mit Sitz in Zug, Alpenstraße 12, angeführt.

Diese Adresse ist identisch mit der Anschrift der *Peterhans & Weber Treuhand AG.* Alwin Rolf Weber war einst ein Mitarbeiter der österreichischen Plastikfirma *Anger*, und in der Tat war die *Dorplastex AG* nichts anderes als eine Briefkastenfirma, die dem einstigen »Plastikkönig« Wilhelm Anger gehörte. Über sie waren zum Zweck der Gewinnverschiebung in die Schweiz die Patente für sämtliche *Anger*-Plastikmaschinen angemeldet worden.

In den Papieren der italienischen und französischen Patentämter fand der Autor aber auch den Namen des Erfinders jenes Extruders vermerkt, der im Indischen Ozean später versank. Er hieß Wilhelm

[52] Extruder sind Plastikverarbeitungsmaschinen, mit deren Hilfe die verschiedensten Plastikprodukte (Rohre, Profile, Platten, Folien) hergestellt werden. Die Funktionsweise eines Extruders ähnelt der einer überdimensionalen »Faschiermaschine«. Der wesentlichste Bestandteil ist die sogenannte »Schnecke«. Es gibt Einschnecken-, Zweischnecken- und Mehrschneckenextruder.

Hanslik und war – bekannt als der österreichische »Schneckenpapst« – der Chefkonstrukteur der Firma *Wilhelm Anger.*
»Schneckenpapst« Hanslik hatte diesen Extrudertyp schon im Jahr 1968 konstruiert und am 18. November 1968 routinemäßig zur Patentierung angemeldet. Im Jahr 1969 wurde in der Plastikmaschinenfabrik *Anger* ein Prototyp erzeugt. Doch stellte sich – wie der Erfinder ohne falsche Scham eingesteht – die Maschine sehr bald als Fehlkonstruktion heraus. Das war bei vielen solcher Versuche einer technischen Neukonstruktion immer wieder passiert.
Als unbrauchbares Einzelstück stand die Maschine danach lange Zeit in der Wiener Lützowgasse herum, ging mit dem Verkauf der *Anger*-Betriebe erst mit auf die *Bemis-Corporation* und zuletzt in das Eigentum der Firma *Cincinnati Milacron* über.
Im Dezember 1971 schließlich veranlaßte der für den technischen Bereich zuständige, ehemalige Vorstandsdirektor der *Cincinnati Milacron AG*, Franz Alber, daß der mißglückte Prototyp in das Firmenschrottlager kam.
Dort entdeckte ihn Udo Proksch, ließ ihn sich für Spielereien mit seinem *Militantprojekt* »kostenlos zur Verfügung stellen« und transportierte die Maschine mit Hilfe des österreichischen Bundesheeres im Februar 1972 in sein Bergwerk nach Oberhöflein.
Im Jahr 1974 wechselte der Extruder erneut seinen Standort und wurde – wiederum mit einem LKW des österreichischen Bundesheeres – nach Piesting transportiert, wo Udo Proksch einige Male ein paar Dutzend Kilogramm Bitumen durch die Maschine fließen ließ, ehe sie als »Atom-Wundermaschine« ihre unvollendet gebliebene Reise nach Hongkong antrat.
Erst Jahre später wurde vom Generaldirektor der Firma *Cincinnati Milacron*, dem Proksch-Freund und Kreisky-Bewunderer Kurt Wayd, gefälligkeitshalber ein mit 3. Februar 1972 datiertes Schreiben an die *Zapata AG* angefertigt, wonach »die von uns zur Verfügung gestellte Ausrüstung einen Handelswert von rund 1,35 Millionen DM (hat)«.
Eine Rechnung über diesen Betrag bekam die *Zapata AG* freilich nie, was zumindest den Autor dieses Buches nicht weiter verwundert. Denn er suchte und fand den Konstrukteur und Erfinder der »Wundermaschine«.
»Schneckenpapst« Wilhelm Hanslik wörtlich: »Ja, es ist richtig, daß mein Vierschneckenextruder, der leider eine Fehlkonstruktion und daher wertlos war, auf die *Lucona* kam. Der Metallwert betrug etwa 10 000 Schilling.« Und trocken fügte er hinzu: »Acht Tonnen wog meine Maschine – acht Tonnen Ballast!«

# Das »Green Monster« – Sachers »Hochtechnologie«

»Ich glaube ja, daß dies der brisanteste Teil der Fracht war«, wies Udo Proksch im Mai 1985 die deutsche Wochenzeitung *Die Zeit* auf ein weiteres *Lucona*-Ladegut hin: eine Anlage zur Produktion von Halbleiterelementen – »eine Weltneuheit« –, die sein Freund Rudolf Sacher »mit Forschungsgeldern aus der DDR und technischem Wissen aus den Vereinigten Staaten entwickelt hatte«.

Tatsächlich schien auf der Zapata-Rechnung Nr. 021076 vom 2. Oktober 1976 auch eine mit 1 378 500 Schweizer Franken (damals rund 10 Millionen Schilling) fakturierte Ionen-Implantationsanlage[53] auf. Als Zulieferant wurde später die Wiener Firma *Rudolf Sacher Ges.m.b.H.* angegeben.

Daß es sich bei diesem Unternehmen der Proksch-Freunde Rudolf Sacher und Karl-Heinz Pfneudl um eine österreichische Tarnfirma des DDR-Geheimdienstes MfS handelte, wurde schon im II. Abschnitt dieses Buches beschrieben. Stand der Untergang der *Lucona* demnach also doch mit dem illegalen High-Tech-Transfer von West nach Ost im Zusammenhang?

Gewiß nicht. Sowohl die amerikanische Spionageabwehr als auch das Ostberliner *Ministerium für Staatssicherheit* können völlig beruhigt sein: Auf der *Lucona* wurde weder strategisch wertvolle US-Hochtechnologie in den Ostblock geschmuggelt, noch hat Rudolf Sacher seine östlichen Auftraggeber betrogen, indem er mit DDR-Geheimdienstgeldern beschafftes Mikroelektronik-Know-how heimlich und hinter dem Rücken des MfS mit Hilfe von Udo Proksch an Rot-China verkaufte.

In Wahrheit ist die Geschichte viel simpler und leider auch wesentlich weniger spannend:

Das ostdeutsche MfS war in den ersten Monaten des Jahres 1972 noch nicht sehr spendabel gewesen, und der Geldfluß des DDR-Ge-

---

[53] Für Mikroelektronik-Experten verursacht bereits die von Hans Peter Daimler ins Englische übersetzte Bezeichnung der angeblich nach Hongkong verkauften Anlage den ersten Lachreiz: »System of Doping Equipment for L.E.D. Display, Infra-Red Diodes and other Semi-Conductor Devices with IIS-HC High current Ion Source, designed according to your requirements for use in pilot plant and high volume production.«

heimdienstes über dessen schweizerische Tarnfirma *Implama AG* (Treuhänder: Max Peterhans) tröpfelte anfangs nur sehr spärlich nach Wien, denn man wollte Rudolf Sacher & Co. ja erst »testen«.

Die auf dem Gebiet der Atomphysik ambitionierten Wiener Studenten waren daher gezwungen, ihre allererste Versuchsanlage zur Herstellung von Dioden durch Ionenimplantation mit sehr unzureichenden technischen Mitteln im wahrsten Sinne des Wortes zusammenzubasteln.

So entstand nach ein paar Wochen ein erstes »Labormodell« einer einfachen Implantationsmaschine, die zum Teil aus tonnenschweren, grüngestrichenen und gebraucht erworbenen Uralt-Geräten wie etwa einer alten Vakuumpumpe von *Leybold* bestand und die bald danach – liebevoll das »Green Monster« genannt – in die Firmengeschichte der *Sacher-Technik* einging.

Dennoch freuten sich die Studenten damals naturgemäß sehr, daß schon dieser erste Versuch im Prinzip funktionierte: Die Maschine war, wie aus einem internen Sitzungsprotokoll der Firma Sacher vom 1. Februar 1972 hervorgeht, zur Durchführung »einfachster Implantationsvorgänge« (Zink auf Gallium-Arsenid implantiert) geeignet und »konnte sicher kontinuierlich einige Stunden arbeiten«[54].

Der Erfolg wurde gebührend gefeiert, und Udo-Proksch-Bruder Roderich erhielt den Auftrag, bis zum 1. März 1972 die Ansichts- und Grundrißzeichnungen dieser Anlage fertigzustellen, was dieser auch prompt erledigte.

Schon nach einigen Monaten wurde das »Green Monster« allerdings nicht einmal mehr für Laborzwecke benutzt und stand daraufhin im Keller der *Rudolf Sacher Ges.m.b.H.* in der Wiener Apollogasse 6 als museales Erinnerungsstück herum. Die brauchbaren Teile wurden im Laufe der Zeit demontiert und für weitere Versuchsanlagen[55] verwendet, die Reste zerlegt, teilweise verpackt – und im Keller vergessen. Daß das »Green Monster« später nicht auf einem Schrotthaufen landete, war weniger seinem Wert als vielmehr seinen monströsen Abmessungen und seinem Gewicht zuzuschreiben.

Nicht zuletzt durch seinen Bruder Roderich kannte natürlich auch Udo Proksch Sachers »Green Monster«, und als im Laufe des Jahres 1975 seine »Uranerz-Aufbereitungsanlage« in Piesting in »Produktion« ging, fand er, daß dieses Museumsstück ausgezeichnet zu seiner

---

[54] Zeugenaussage vor dem Landesgericht für Strafsachen Wien.

[55] Den ersten Prototyp einer tatsächlich produktionsreifen Ionen-Implantationsmaschine konstruierte die *Rudolf Sacher Ges.m.b.H.* erst im Jahr 1979 – drei Jahre nachdem (!) sie an die *Zapata AG* eine solche geliefert haben will.

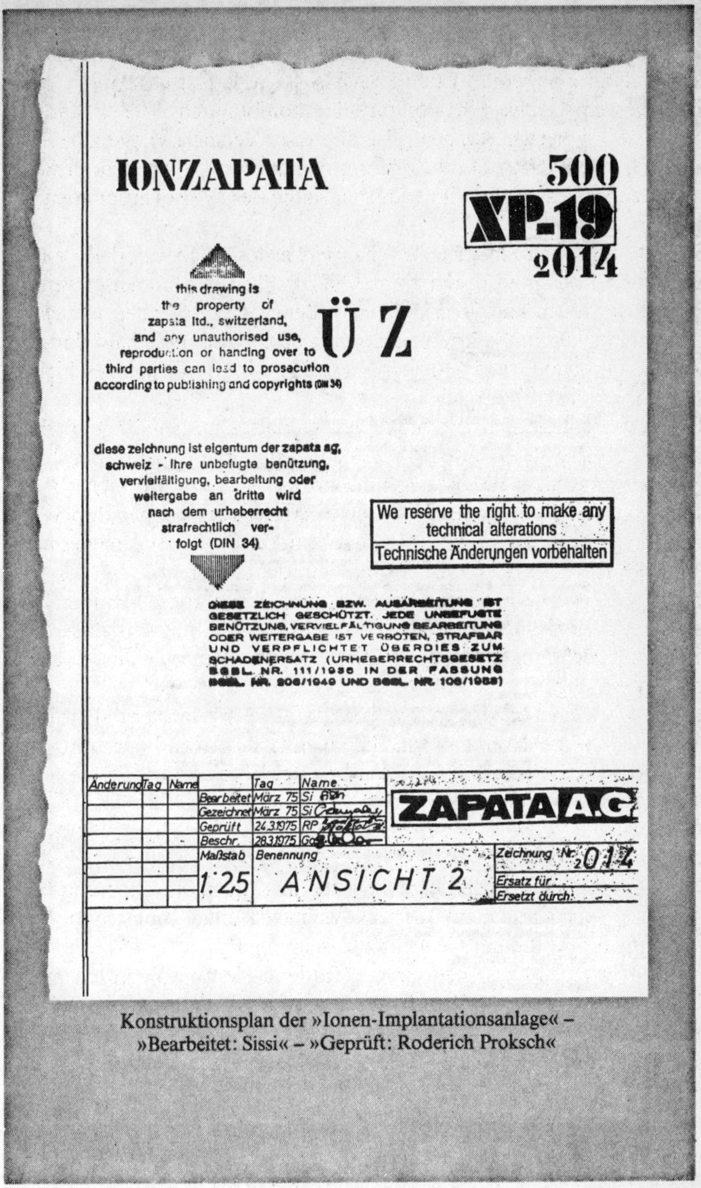
IONZAPATA

500
XP-19
2014

this drawing is
the property of
zapata ltd., switzerland,
and any unauthorised use,
reproduction or handing over to
third parties can lead to prosecution
according to publishing and copyrights (DIN 34)

Ü Z

diese zeichnung ist eigentum der zapata ag,
schweiz - ihre unbefugte benützung,
vervielfältigung, bearbeitung oder
weitergabe an dritte wird
nach dem urheberrecht
strafrechtlich ver-
folgt (DIN 34)

We reserve the right to make any technical alterations

Technische Änderungen vorbehalten

DIESE ZEICHNUNG BZW. AUSARBEITUNG IST GESETZLICH GESCHÜTZT. JEDE UNBEFUGTE BENÜTZUNG, VERVIELFÄLTIGUNG BEARBEITUNG ODER WEITERGABE IST VERBOTEN, STRAFBAR UND VERPFLICHTET ÜBERDIES ZUM SCHADENERSATZ (URHEBERRECHTSGESETZ BGBL. NR. 111/1936 IN DER FASSUNG BGBL. NR. 206/1949 UND BGBL. NR. 106/1958)

| Änderung | Tag | Name | | Tag | Name |
|---|---|---|---|---|---|
| | | | Bearbeitet | März 75 | Si |
| | | | Gezeichnet | März 75 | Si |
| | | | Geprüft | 24.3.1975 | RP |
| | | | Beschr. | 28.3.1975 | Go |

ZAPATA A.G

Maßstab: 1:25
Benennung: ANSICHT 2
Zeichnung Nr. 2014
Ersatz für:
Ersetzt durch:

Konstruktionsplan der »Ionen-Implantationsanlage« – »Bearbeitet: Sissi« – »Geprüft: Roderich Proksch«

SACHER TECHNIK WIEN

Firma
Z A P A T A AG
Oberdorf - Oele
CH 6232 Geuensee

Wien, 1974-09-16

Ihre Nr. UPP 101 XP 1975 CHIH-Ma
Auftragsbestätigung

Sehr geehrte Herren!

Wir danken für Ihren Auftrag vom 26. Aug. 1974 und bestätigen diesen wie folgt:

Entwicklung und Bau eines Ionen Implantations Systems mit Hochstromionenquelle (IIS - HC) gemäß den Ihnen mit unserem Angebot vom 7. Juni 1974 übergebenen Spezifikationen

Abnahme des IIS - HC in unserem Haus mit einem 5-tägigen Dauertest

Übergabe sämtlicher Konstruktionszeichnungen und Werkstattzeichnungen sowie der elektrischen Schaltpläne und der Betriebsanleitung in deutscher Sprache je zweifach anläßlich der Unterzeichnung des Abnahmeprotokolls

zum Fixpreis von .................... öS 1,100.000,--
===============

Der Preis versteht sich netto ab unserem Werk Wien, exclusive Mehrwertsteuer, unverpackt, unversichert.

Lieferzeit: 16 - 18 Monate

Zahlung: Ausnahmsweise und ohne Präjudiz für Folgeaufträge nehmen wir von einer Anzahlung Abstand.
Wir ersuchen Sie daher, folgende Zahlungsbedingungen vorzumerken:
S 100.000,-- prompt nach Abnahme in unserem Werk,
Rest je 1/2 30 bzw. 60 Tage nach Abnahme

Bei allfälligen weiteren Aufträgen müssen wir jedoch auf entsprechende Anzahlung bei Auftragserteilung bestehen und ersuchen Sie, dies schon jetzt zur Kenntnis zu nehmen.

Übernahme- und Versandbereitschaft:
wird von uns 30 Tage vorab gemeldet.

Gewährleistung:
12 Monate für Fabrikations- und Herstellungsfehler (kostenloser Ersatz der defekten Teile, jedoch nicht bei Verschleißteilen)
Reisespesen gehen zu Ihren Lasten

Wir werden alles daran setzen, daß wir diesen Auftrag zu Ihrer vollsten Zufriedenheit ausführen und verbleiben

mit freundlichen Grüßen

SACHER TECHNIK WIEN

R. Sacher

Dr. Rudolf Sacher

Hongkong-Lieferung passe. Auch Rudolf Sacher war zweifellos froh, daß sich jemand fand, der das tonnenschwere Technologie-Abfallprodukt zu verwerten und wegzuschaffen versprach.
Zum Nachweis, daß die *Rudolf Sacher Ges.m.b.H.* exklusiv für die *Zapata AG* eine hochtechnologische Ionen-Implantationsanlage entwickelt und produziert habe, wurden später natürlich wiederum sämtliche – angeblich aus dem Jahr 1975 stammende – Konstruktionszeichnungen dem Gericht vorgelegt.
In Wahrheit waren diese Zeichnungen allerdings völlig identisch mit den schon im März 1972 von Roderich Proksch angefertigten Plänen, die man einfach kopierte und mit einem neuen Zeichnungsdatum – März 1975 – versah.[56] Zusätzlich wurden die im Zeichenstudio von Roderich Proksch manipulierten Konstruktionszeichungen lediglich noch mit ein paar beeindruckenden Urheberrechtshinweisen, dem Projektzeichen XP-19 sowie mit einem Stempelabdruck der *Zapata AG* versehen.
Am 16. September 1976 ging der Abtransport des »Green Monsters« aus dem Keller der *Rudolf Sacher Ges.m.b.H.* in der Wiener Apollogasse 6 über die Bühne. Der Proksch-Vertraute Hans Huber führte mit Hilfe eines Military-Kastenwagens den Transport nach Piesting durch, von wo die technisch nicht uninteressant aussehenden Alteisenteile in der Folge unter dem Namen einer Ionen-Implantationsmaschine ihren weiteren Weg nach Chioggia nahmen.
Beim Aufladen des Technologie-Schrotts halfen auch zwei Angestellte der Firma Sacher tatkräftig mit: Nicht nur Gustav Dittrich, der eine Art Hausmeisterrolle im Betrieb innehatte, sondern auch ein Abteilungsleiter: Gottfried Weißensteiner, der als Chef der Mechanik der Firma *Rudolf Sacher Ges.m.b.H.* ohne jeden Zweifel erkannte, was er da in Wahrheit verlud.[57]
Für die Überlassung des »Green Monsters« bekam Rudolf Sacher von Udo Proksch einhunderttausend Schilling in bar.
Die Zahlung von zusätzlich einer Million Schilling versprach der *Demel*-Chef seinem Freund für dessen weitere Mitwirkung an dem Deal. Immerhin mußte man ja auch noch verfälschte Lieferpapiere, Stücklisten und technische Beschreibungen fabrizieren. Zahlbar sollte die Million, so schrieb Rudolf Sacher später auf seine Rechnung, drei

---

[56] Die unverfälschten Originalzeichnungen wurden anläßlich der Hausdurchsuchung bei Udo Proksch am 18. Juli 1984 von der Kriminalpolizei gefunden und sichergestellt.
[57] Gottfried Weißensteiner hat seine diesbezügliche Aussage in der Zwischenzeit bei der Wiener Staatspolizei deponiert.

Monate nach dem erfolgten Export sein. Innerhalb dieses Zeitraums hoffte Udo Proksch, die Versicherungssumme lukrieren zu können. Es klappte dann allerdings alles nicht so, wie es vorgesehen war. Im Juni 1977 mußte die *Zapata AG* gegen ihren ursprünglichen Willen den Namen der Firma *Sacher* als Lieferantin der angeblichen Ionen-Implantationsmaschine bekanntgeben. Und als »Beweis für die Realität des Geschäftes« wurden dem Gericht in der Folge auch zahlreiche Korrespondenzen zwischen der *Rudolf Sacher Ges.m.b.H.* und der *Zapata AG* vorgelegt:
Eine Anfrage vom 16. April 1974, ein Angebot der Sacher Ges.m.b.H. vom 7. Juni 1974, ein Auftragsschreiben vom 26. August 1974, eine Auftragsbestätigung vom 18. September 1974, Korrespondenzen über »Lieferverzögerungen« und über angebliche »Probeläufe« usw. – alles mit falschen Daten versehen und nachträglich zu Betrugszwecken gefälscht.[58]
Das größte Problem war ab Juni 1977 allerdings der DDR-Geheimdienst für Udo Proksch, denn durch die Bekanntgabe der *Rudolf Sacher Ges.m.b.H.* als angebliche Lieferantin einer »Ionen-Implantationsanlage« rief man natürlich auch die wahren Herren dieser Firma in Ostberlin auf den Plan. Udo Proksch sah sich gezwungen, mit ihnen – über den Verwaltungsrat der schweizerischen *Sacher*-Mutter *Implama AG* (Max Peterhans) – ein Arrangement zu treffen.
Namens der *Zapata AG* bot der Demel-Chef den DDR-Herren kurz entschlossen eine Beteiligung an und versprach, für die »Abtretung der Nutzungsrechte« an Sachers »Ionen-Implantationsanlage«, einen Betrag von 520 000 Schweizer Franken an die *Implama AG* zu bezahlen – falls alles klappt und er die Versicherungssumme lukriert haben würde.

---

[58] Nachdem die Fälschungen nicht mehr zu leugnen waren, gab Udo Proksch vor Untersuchungsrichter Wilhelm Tandiger zu Protokoll: »Es stimmt, daß zum Zeitpunkt der Auftragserteilung und der Auftragsbestätigung durch die Firma *Sacher-Technik* vom 16. 9. 1974 der ›Prototyp‹ (das ›Green Monster‹, Anm. d. Verf.) bereits fertiggestellt war. Ich wußte darüber auch Bescheid, aber das Geschäft erforderte diese Vorgangsweise. Bei der Korrespondenz handelt es sich um eine Pro-forma-Korrespondenz.« (Einvernahmeprotokoll des Landesgerichtes für Strafsachen Wien vom 25. Februar 1985.)

# Das Bundesheer als Gebrauchsschrott-Lieferant

Der letzte angebliche Liefergegenstand der *Zapata AG* betraf – laut Rechnung – vier »Kerosene Turbine Generators« (Flugzeugtriebwerke), die mit einem Betrag in der Höhe von 2512000 Franken (rund 18 Millionen Schilling) fakturiert wurden. Eine nähere Bezeichnung der Triebwerke fand sich auf der *Zapata*-Rechnung nicht, man begnügte sich mit dem Hinweis: »According to confidential specifications«.
In den später dem Gericht vorgelegten gefälschten Papieren angeblicher Zulieferanten verzichtete man allerdings auf die Geheimniskrämerei und gab die angebliche Herkunft der Triebwerke preis: Demnach habe es sich um »Four high by pass fan turbines« vom Typ CF 6-50 A – »ready to use« – gehandelt.
Düsenstrahlturbinen CF 6-50 A werden vom US-Konzern *General Electric* erzeugt und finden in Jumbo-Jets (wie etwa dem *Air-Bus* oder in der *Boeing 747*) ebenso wie bei der amerikanischen Luftwaffe Verwendung, weshalb sie auch auf der US-Embargoliste stehen. Selbst wenn sie es gewollt hätte, wäre die *Zapata AG* nicht imstande gewesen, in den Besitz solcher Triebwerke, die sie nach Hongkong verschickt haben will, zu gelangen.
»Es waren gebrauchte Triebwerke«, sagt Udo Proksch heute aus. Davon hatte er Mitte der siebziger Jahre in der Tat eine genügende Anzahl zur Verfügung. Der Leser erinnert sich, wie die Vereinigung »CUM« mit Hilfe des damaligen Verteidigungsministers Karl Lütgendorf in den Besitz zahlreicher Militärflugzeuge aus den Beständen des österreichischen Bundesheeres gelangte.
Nachweisbar konnte der *Demel*-Chef über zumindest acht Kriegsflugzeuge verfügen, wobei nur die Herkunft einer *Fouga Magister*, einer *Pilatus* und zweier alter *Starfighter* noch nicht zur Gänze geklärt ist. Zwei Düsentrainer *Vampire D. H. 115* sowie zwei Jagdbomber *Saab J 29 F* (»Fliegende Tonnen«) schanzte der Minister persönlich seinem Freund Udo Proksch zu.
Daß es hiebei vor allem auf die Triebwerke der Maschinen ankam, geht unter anderem aus einer persönlichen Anweisung des Ministers an das Luftzeuglager-Kommando Hörsching vom 9. April 1974 her-

vor: »Die ›Fliegende Tonne‹«, schrieb Lütgendorf wörtlich, »ist auf dem Flughafen Hörsching für die Angelegenheit ›CUM‹ reserviert worden, dabei ist zu beachten, daß das bereits ausgebaute Triebwerk dieser Maschine mitüberstellt wird.«

In demselben Schreiben befahl der Minister, den Transport des Flugzeuges von Hörsching zum Flughafen Aspern »gleichzeitig mit dem bereits bewilligten Transport der *Vampire D. H. 115* vorzunehmen und auch die Extras der *Vampire*, wenn auch bereits nicht mehr verwendbar, unbedingt mitzunehmen«.

Zahlreiche Flugzeuge standen schließlich im Jahr 1975 auf dem Flughafen, über den Udo Proksch nach Belieben verfügen durfte, herum. Einige der Maschinen wurden privat regelmäßig geflogen, andere verunzierten das Gelände als Wracks.

Eines Nachts im Dezember 1975 herrschte reges Treiben auf dem Asperner Flughafengelände. Anrainer erinnern sich an die große Aufregung, als man am nächsten Morgen entdeckte, daß einige der Flugzeuge während der Nacht zerlegt und die Triebwerke fachmännisch abmontiert worden waren.

Jedem, der es hören wollte, klagte Udo Proksch in der Folge sein Leid, wonach er nun seine Pläne zur Errichtung eines Militärmuseums wohl begraben werden müsse, denn man habe ihm von den »Leihgaben« des österreichischen Bundesheeres »leider alle wichtigen Teile gestohlen«.

Einen Tag vor dem Heiligen Abend des Jahres 1975 fuhren »die Diebe« indes mit einem Militärlastkraftwagen zum Piestinger Harzwerkgelände. Zum Abladen wurde die Wiener Neustädter Kranfirma *Leopold David* zu Hilfe gerufen, deren Tätigkeit in Piesting an jenem 23. Dezember 1975 in der Rechnung Nr. 331/75 ihren Niederschlag fand: »Abladen von vier Stück Flugzeugtriebwerken von einem LKW auf das Werksgelände. Arbeitszeit inklusive Hin- und Rückfahrt: 2,5 Stunden.«[59]

Mehr als ein halbes Jahr lang kugelten die vier alten Triebwerke, provisorisch in Plastikfolien verpackt, danach in einer der Piestinger Fabrikshallen herum.

Irgendwann im Verlauf dieses Zeitraumes trat auch ein Amateurfotograf aus der Mannschaft rund um Udo Proksch in Aktion und fertigte einige Aufnahmen an, um späterhin einen »Beweis« für das tatsächli-

---

[59] Schon im September 1977 hatte der Wiener Privatdetektiv Walter Penk-Lipovsky den Zeugen Leopold David gefunden und eine Kopie dieser Rechnung sichergestellt.

che Vorhandensein der nach Hongkong verschifften »Kerosene Turbine Generators« zu besitzen.
Eine Blattkopie dieser Aufnahmen wurde Jahre später anläßlich der bei Udo Proksch durchgeführten Hausdurchsuchung von der Kriminalpolizei vorgefunden und sichergestellt: Einige Fotos wurden irgendwo in einer unbekannten Werkshalle aufgenommen und zeigen in extremer Nahaufnahme Teilansichten eines Triebwerkes von beträchtlicher Größe. Das Fabrikat ist nicht eindeutig identifizierbar, sicher ist lediglich, daß es sich keinesfalls um einen *General-Electric*-Fan CF 6-50 A handelt.
Die Triebwerksspezialisten des österreichischen Bundesheeres, welchen die Aufnahmen von schlechter technischer Qualität vom Autor dieses Buches zur Überprüfung vorgelegt wurden, tippen auf ein *Pratt & Whitney*-Triebwerk JT8D, wie es etwa in den von der AUA verwendeten DC-9-Maschinen Verwendung findet.
Neben diesen mysteriösen Aufnahmen wurden von Udo Prokschs Fotografengehilfen auf demselben Film aber auch die in Plastikfolien eingehüllten und in Piesting herumliegenden – wesentlich kleineren – Triebwerke abgelichtet, die dann später tatsächlich auf die *Lucona* verfrachtet worden sind. Selbst ein technischer Laie vermag beim Anblick der Fotos die beabsichtigte Manipulation zu erkennen.
Die in Piesting aufgenommenen und für den Abtransport nach Chioggia hergerichteten Triebwerke sind um weit mehr als die Hälfte kleiner und waren schon zum Zeitpunkt der Aufnahme, wie die Techniker der Konstruktionsabteilung des österreichischen *Amtes für Wehrtechnik* überzeugt sind, mindestens zwanzig bis dreißig Jahre alt und mit Bestimmtheit längst nicht mehr verwendungsfähig.
Daß Udo Prokschs reale und vermutlich aus Bundesheer-Beständen stammenden Uralt-Triebwerke, die mit der *Lucona* versanken, unter gar keinen Umständen jene »High by pass fan turbines« vom Typ CF 6-50 A gewesen sein konnten, wie sie auf den Lieferpapieren beschrieben wurden, geht letztlich auch noch aus den Aussagen von drei Augenzeugen hervor.
Als zwei Angestellte der *Bundesländer-Versicherung*, Josef Bürger und Willibald Zcwik, im Juni 1976 wegen des beabsichtigten Neuabschlusses einer Feuerversicherung die Fabrikshallen der *Pinosa Ges.m.b.H.* besichtigten, wurden sie von Hans Peter Daimler durch das Werk geführt.
Beide Zeugen können sich an insgesamt drei auf dem Boden einer Halle liegende und in Plastikhüllen eingepackte Triebwerke erinnern. Übereinstimmend werden die Abmessungen der drei Generatoren mit

jeweils einer Länge von rund 2,5 m und einem Durchmesser von rund einem halben Meter beschrieben.

Einige Wochen später passierte in Piesting der schon früher geschilderte Zwischenfall mit dem Inhaber einer Schädlingsbekämpfungsfirma, die den amtlichen Auftrag hatte, im Harzwerkgelände Rattengift auszulegen. Auch Rudolf Kumbein erinnert sich an die im Juli 1976 immer noch auf dem Boden liegenden drei Flugzeugtriebwerke. Auch er beschreibt sie als etwa 2,5 m bis maximal 3 m lang und mit einem Durchmesser von 50 bis 70 Zentimetern.

Rudolf Kumbein sah auch das vierte Triebwerk, das zum Zeitpunkt seiner Anwesenheit bereits in eine selbstverfertigte Holzkiste verpackt war. Lediglich der Deckel war noch nicht zugenagelt. Auch dieses Triebwerk hatte, obwohl offensichtlich ein anderes Fabrikat als die noch nicht verpackten, ähnliche Abmessungen und einen Durchmesser von wiederum nur rund einem halben Meter.

Zum Vergleich: Ein *General-Electric*-Fan, der – auf dem Papier – auf die *Lucona* verfrachtet worden sein soll, würde eine Länge von 5,4 Metern und einen Durchmesser von 2,2 Metern aufweisen.

Die vier Triebwerke waren indes noch nicht alles, was vom österreichischen Bundesheer zur *Lucona*-Fracht beigesteuert worden war. Schon zu Jahresbeginn 1975 erbat das Studio Serge Kirchhofer vom *Heeres-Materialamt* die Überlassung einiger Tonnen diverser alter Heeresmaterialien, Aggregate und Kraftfahrzeug-Ersatzteile unter der sinnigen Bezeichnung »dekorativer Gebrauchsschrott«.

Mit Zl. 5357-MatVA/75 bewilligte das *Heeres-Materialamt* am 13. Februar 1975 das Ansuchen von Serge Kirchhofer alias Udo Proksch, und am 7. März 1975 wurde eine erste Tranche im Umfang von rund 5,5 Tonnen des »dekorativen Gebrauchsschrotts« von der *Heereszeuganstalt* im Wiener Arsenal nach Piesting transportiert.

Altes und ausgeschiedenes Heeresmaterial im Umfang von weiteren fünfzig bis sechzig Tonnen verschwand vom Altlager der *Heereszeuganstalt Wien* in der zweiten Jahreshälfte 1975 und im Laufe des Jahres 1976 und diente schließlich ebenfalls – zusammen mit einem Teil der dem Verein »CUM« zur Verfügung gestellten »Leihgaben« des österreichischen Bundesheeres – als Ballast für die *Lucona*.

Zu rund zehn Prozent bestand die gesamte *Lucona*-Ladung demnach aus »Gebrauchsschrott« aus Heeresbeständen. Auf Grund des späteren »Selbstmordes« von Karl Lütgendorf ist heute freilich nicht mehr zu klären, ob der österreichische Verteidigungsminister höchstpersönlich bis zur letzten Konsequenz in die Pläne seines Freundes Udo Proksch eingeweiht war. Jedenfalls trug der *Demel*-Chef sehr ge-

schickt dazu bei, den Minister – ebenso wie dessen Kabinettskollegen Leopold Gratz – in sein Projekt einzubeziehen, indem er ihm, wie im Detail noch zu berichten sein wird, zum Dank für seine Mithilfe unter anderem zehn Inhaberaktien der *Zapata AG* überließ und damit ein Regierungsmitglied quasi zu seinem Mittäter machte.
Dem Heeresbediensteten Josef Mörixbauer, einem alten Proksch-Freund, kam als Leiter des Altlagers der *Heereszeuganstalt Wien* ebenfalls ein entscheidender Anteil am Gelingen der Schrottbeschaffungsaktion des *Demel*-Chefs zu. Obwohl Josef Mörixbauer heute natürlich jeden Eid darauf schwört, immer nur und ausschließlich »auf Befehl von oben« gehandelt zu haben, zeigte auch ihm Udo Proksch seine Dankbarkeit: Die Ehefrau des Beamten, Waltraud Mörixbauer, wurde eine Zeitlang auf die Gehaltsliste der *Konditorei Demel* gesetzt.
Dennoch lief in der Folge nicht alles nach Plan: Karl Lütgendorf hatte schon bald nach dem Untergang der *Lucona* wegen der Beteiligung an einem illegalen Waffengeschäft sein Ministeramt zurücklegen müssen. Damit war auch für Udo Proksch Feuer am Dach.
Die Amtsenthebung des Ministers war am 31. Mai 1977 erfolgt. Bereits zwei Tage später kam es zu hektischen Aktivitäten bei den betroffenen Militärdienststellen, und es wurden Aufstellungen über die in Piesting und am Flughafen Aspern noch vorhandenen Militärgeräte erstellt. Das Ergebnis: Praktisch sämtliche »Leihgaben« des Bundesheeres an Udo Proksch bzw. dessen Vereinigung »CUM« waren verschwunden.
Um die Affäre schließlich auf halbwegs seriöse Weise vertuschen zu können, ersuchte die Vereinigung »CUM« am 7. Juni 1977, exakt eine Woche nach dem Minister-Rücktritt, um Überlassung sämtlicher »Leihgaben« zum Materialwert. Dem Ansuchen wurde unter der Aktenzahl 44.050/267-4.5/77 stattgegeben, und am 10. November 1977 überwies Udo Proksch namens der Vereinigung »CUM« 68 199 Schilling an das Bundesministerium für Landesverteidigung.
Mit diesem Betrag waren sämtliche Lastkraftfahrzeuge, Kranwagen, Jeeps, Panzer und Flugzeuge also »bezahlt«. Für einen Jagdbomber *Saab J 29 F* samt Triebwerk und kompletter Navigationsausstattung wurden zum Beispiel 3 500 Schilling berechnet.
Erst im Laufe des Jahres 1986 wurde – aufgescheucht durch die Ermittlungen der Kriminalpolizei und durch parlamentarische Anfragen – auch der *Österreichische Rechnungshof* aktiv und begann, die Vorgänge im Bundesministerium für Landesverteidigung in Form einer Sonderprüfung zu durchleuchten.
Auf Grund vielfach fehlender schriftlicher Unterlagen und infolge

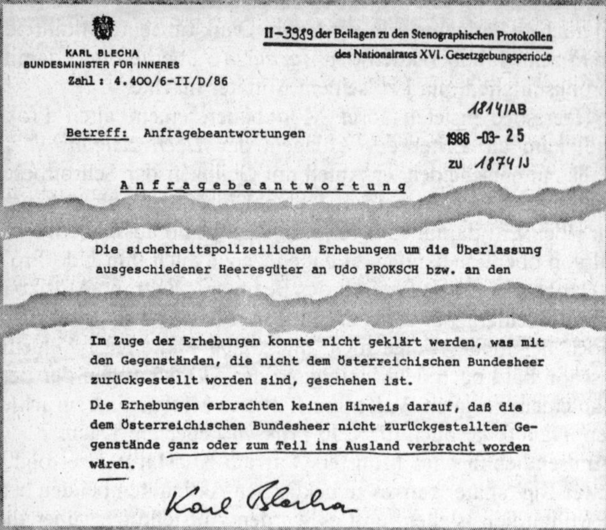

KARL BLECHA
BUNDESMINISTER FÜR INNERES

II–3989 der Beilagen zu den Stenographischen Protokollen des Nationalrates XVI. Gesetzgebungsperiode

Zahl: 4.400/6-II/D/86

1814/AB

1986 -03- 25

zu 1874/J

Betreff: Anfragebeantwortungen

A n f r a g e b e a n t w o r t u n g

Die sicherheitspolizeilichen Erhebungen um die Überlassung ausgeschiedener Heeresgüter an Udo PROKSCH bzw. an den

Im Zuge der Erhebungen konnte nicht geklärt werden, was mit den Gegenständen, die nicht dem Österreichischen Bundesheer zurückgestellt worden sind, geschehen ist.

Die Erhebungen erbrachten keinen Hinweis darauf, daß die dem Österreichischen Bundesheer nicht zurückgestellten Gegenstände ganz oder zum Teil ins Ausland verbracht worden wären.

Karl Blecha

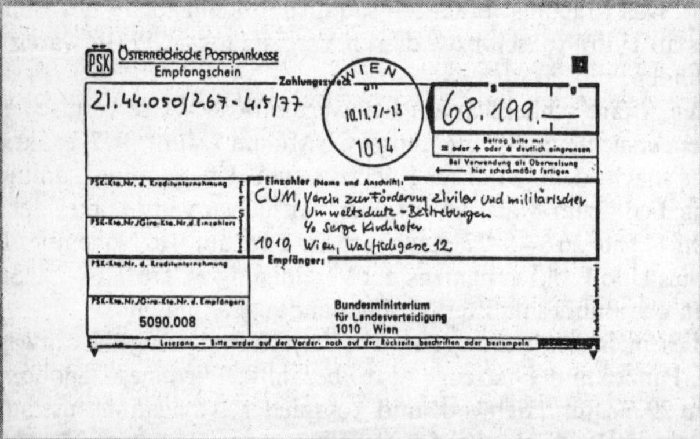

PSK Österreichische Postsparkasse
Empfangschein

Zahlungszweck: 21.44.050/267-4.5/77

WIEN
10.11.77-13
1014

S 68.199.—

Betrag bitte mit = oder + oder ⌗ deutlich eingrenzen

Bei Verwendung als Überweisung hier scheckmäßig fertigen

PSK-Kto.Nr. d. Kreditunternehmung

PSK-Kto.Nr./Giro-Kto.Nr. d. Einzahlers

Einzahler (Name und Anschrift): CUM, Verein zur Förderung ziviler und militärischer Umweltschutz-Bestrebungen
c/o Serge Kirchhofer
1010, Wien, Walfischgasse 12

PSK-Kto.Nr. d. Kreditunternehmung

PSK-Kto.Nr./Giro-Kto.Nr. d. Empfängers: 5090.008

Empfänger: Bundesministerium für Landesverteidigung
1010 Wien

Lesezone – Bitte weder auf der Vorder- noch auf der Rückseite beschriften oder bestempeln

Rund hundert Tonnen Ballast für die Lucona – vom österreichischen Bundesheer preiswert erworben

von Erinnerungslücken der betroffenen Heeresbeamten konnte das Ausmaß der Malversationen freilich nicht mehr aufgedeckt werden. Immerhin aber sah sich das Bundesministerium für Landesverteidigung zum Eingeständnis gezwungen, wonach durch »die Begleitumstände dieser Transaktionen« verschiedene Gesetze verletzt worden sind.

Unter anderem enthielt der von der Vereinigung »CUM« an das Ministerium bezahlte Betrag von 68 199 Schilling auch eine »Pauschalabgeltung« in der Höhe von sage und schreibe 1 000 Schilling für die Überlassung »diverser Kistenverschläge« durch die *Heereszeuganstalt Wien.*

Diese Kisten seien leer gewesen, schwor Josef Mörixbauer auch den Beamten des *Rechnungshofes*, und Udo Proksch gestand vor der Kripo dasselbe: Man habe die Bundesheerkisten zum Verpacken einzelner Teile der Uranerz-Aufbereitungsanlage verwendet, die nun auf dem Meeresgrund ruht.

Insgesamt verschwanden, wie aus einem internen Verschlußakt des Bundesministeriums für Landesverteidigung mit der Aktenzahl 57.220/254-4.11/84 vom 22. Februar 1984 hervorgeht, in der Zeit vor dem Auslaufen der *Lucona* exakt 256 Stück Bundesheerkisten aus dem Altlager der *Heereszeuganstalt Wien.*

Zwei Tage nach dem Untergang der *Lucona*, am 25. Jänner 1977, fertigte das *Heeres-Materialamt* eine genaue Aufstellung über den Verlust an. Demnach versanken mit der *Lucona* 38 GMC-Kisten, 113 Schaltgetriebekisten, 30 Zwischengetriebekisten, 45 GMC-Achsenkisten, 10 Jeep-Kisten sowie 20 kleinere Kisten mit diversen Kfz-Ersatzteilen.

Der Weg, den das Bundesheer-Altmaterial vom Wiener Arsenal aus nahm, ist lückenlos nachgewiesen: Die Anlieferung der Bundesheerkisten nach Piesting wurde von zahlreichen Anrainern der Harzfabrik beobachtet und registriert.

Die Augenzeugen Rudolf Kumbein, Josef Bürger und Willibald Zcwik erkannten die später in den Hallen der *Pinosa* lagernden Bundesheerkisten ebenfalls – und sahen auch deren Inhalt: »Alte Kfz-Ersatzteile, Achsen und diverse Getriebe.«

Und der Kraftfahrer Ignaz Wallner transportierte laut seiner Zeugenaussage schließlich große Mengen alter Getriebe und Getriebeteile in Bundesheerkisten nach Chioggia.

Im Altlager der *Heereszeuganstalt Wien* fand dafür nach dem Untergang der *Lucona* im Rahmen eines Versorgungsrapports vom 9. März 1978 eine Inventurberichtigung statt:

Neben »diversen GMC-Kisten, Dodge-Kisten und unbrauchbaren Schaltgetrieben« (»daher konnte keine Verrechnung erfolgen«) waren weitere Heeresmaterialien im Gesamtgewicht von 40,5 Tonnen – als »Eisen- und Blechschrott« deklariert – spurlos verschwunden.

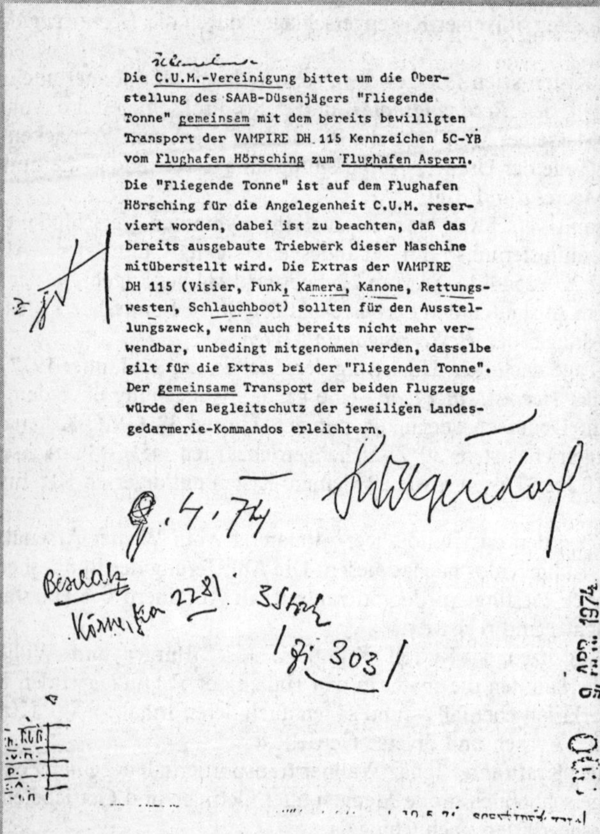

Die C.U.M.-Vereinigung bittet um die Überstellung des SAAB-Düsenjägers "Fliegende Tonne" gemeinsam mit dem bereits bewilligten Transport der VAMPIRE DH 115 Kennzeichen 5C-YB vom Flughafen Hörsching zum Flughafen Aspern.

Die "Fliegende Tonne" ist auf dem Flughafen Hörsching für die Angelegenheit C.U.M. reserviert worden, dabei ist zu beachten, daß das bereits ausgebaute Triebwerk dieser Maschine mitüberstellt wird. Die Extras der VAMPIRE DH 115 (Visier, Funk, Kamera, Kanone, Rettungswesten, Schlauchboot) sollten für den Ausstellungszweck, wenn auch bereits nicht mehr verwendbar, unbedingt mitgenommen werden, dasselbe gilt für die Extras bei der "Fliegenden Tonne". Der gemeinsame Transport der beiden Flugzeuge würde den Begleitschutz der jeweiligen Landesgedarmerie-Kommandos erleichtern.

9.4.74

9. APR. 1974

Anweisung des Ministers: »Flugzeugtriebwerke unbedingt mitgeben!«

# Die Fracht, die nirgendwo ankommen durfte

Als es nach dem späteren Untergang der *Lucona* schon bald keinen Zweifel mehr daran gab, daß auf dem Frachtschiff anstelle einer wertvollen Uranerz-Aufbereitungsanlage nur wertloser Schrott transportiert worden war, hatten Udo Proksch und Hans Peter Daimler allemal noch einen kaum zu widerlegenden Trumpf in der Hand. Sie waren guten Gewissens imstande, auf die »ordnungsgemäß erfolgte Verzollung der Anlage bei der Ausfuhr aus Österreich« zu verweisen.

Auch Rechtsanwalt Heinz Damian pochte, als er namens der *Zapata AG* die Versicherungssumme in der Höhe von 212 Millionen Schilling einzuklagen begann, auf diesen scheinbar unwiderlegbaren Beweis für die tatsächliche Existenz der von Piesting nach Italien transportierten »Hochtechnologie«.

In einem »vorbereitenden Schriftsatz« an das Wiener Handelsgericht vom 7. November 1977 führte er aus:

»Im übrigen unterlagen sämtliche versendeten Güter der Prüfung durch die österreichischen Zollbehörden beim Verlassen des Zollinlandes. Dies ergibt sich aus den Ausgangsverzollungspapieren der beteiligten Speditionsfirmen Pirnat und Kirchner. Die österreichischen Zollbehörden haben die Richtigkeit und Übereinstimmung der Güter mit der Bezeichnung in den Fakturen bestätigt und die Sendungen sodann plombiert. Diese Zollvermerke befanden sich unbeschädigt an den Behältnissen!«

Damit hatte Damian zweifellos recht: Sämtliche Zollplomben an den Containern und Kisten waren unbeschädigt, als die Ware in Italien ankam. Die italienischen Zöllner öffneten die Zollsiegel auch nicht, denn sie waren, da es sich für sie lediglich um ein Transitgut handelte, an der Beschaffenheit der »Uranerz-Aufbereitungsanlage« kaum interessiert. Wie jedoch die Ausfuhrverzollung in Österreich vor sich ging, ist ein Kapitel für sich.

Wie schon berichtet, wurde von Udo Proksch und Hans Peter Daimler für diese Tätigkeit deren alter Freund Otto Kölbl engagiert.

Für ein vergleichsweise bescheidenes Honorar in der Höhe von dreißigtausend Schilling erklärte sich Otto Kölbl bereit, für die »Verzollung« der »Uranerz-Aufbereitungsanlage« zu sorgen, ohne daß hiebei in Wirklichkeit auch nur ein einziger österreichischer Zöllner Gelegenheit haben würde, das Exportgut zu sehen. Für den erfahrenen Zolldeklaranten war die Erschleichung der erforderlichen zollamtlichen Bestätigungen auf allen Ausfuhrdokumenten offensichtlich ein Kinderspiel.

Mit Ausnahme zweier Teillieferungen, deren zollamtliche Behandlung das Zollamt Wiener Neustadt in Piesting vornahm, führte die Verzollung sämtlicher Transporte nach Chioggia das Zollamt Wien in Form von Vorabfertigungen im Rahmen von Hausbeschauen durch.

Erst Jahre später gelang es dem Abteilungsinspektor der niederösterreichischen Kriminalpolizei, Franz Reitter, nach wochenlanger Recherchearbeit jeden einzelnen Verzollungsvorgang bis ins Detail zu rekonstruieren und die Urschriften der Zolldokumente (Exportvaluta-Erklärungen und Vorabfertigungsbefunde, ausgestellt vom Zollamt Wien) sicherzustellen.

Otto Kölbls Trick war ebenso simpel wie genial: Die Verzollung der »Uranerz-Aufbereitungsanlage« wurde – auf dem Papier – im Rahmen der regelmäßig stattfindenden zollamtlichen Hausbeschauen bei der hochangesehenen Firma *Cincinnati Milacron Austria AG*, wo er als Zolldeklarant angestellt war, vorgenommen.

Dies war relativ einfach, denn bei diesem Unternehmen führt das Zollamt Wien Woche für Woche Dutzende von Ausgangsverzollungen durch, in deren Verlauf Otto Kölbl den Zollbeamten bloß gelegentlich auch eine Exportvaluta-Erklärung der *Zapata AG* und den dazu gehörigen Vorabfertigungsbefund zur zollamtlichen Bestätigung unterschob.

Die Exportware selbst befand sich, wie Kölbl am 27. Juli 1984 schließlich gestand, natürlich niemals bei der Firma *Cincinnati*. Kein österreichischer Zöllner hatte auf diese Weise Gelegenheit, die »ordnungsgemäß verzollte Uranerz-Aufbereitungsanlage« bei der Ausfuhr aus Österreich jemals zu sehen, geschweige denn die Diskrepanz zwischen dem papiermäßigen und dem tatsächlichen Wert der gelieferten »Maschinen und Maschinenteile« zu entdecken.

Faßt man die bisher lückenlos nachgewiesenen nüchternen Fakten des *Falles Lucona* zusammen, so ergibt sich folgendes Bild:

Zunächst gründeten Udo Proksch und Hans Peter Daimler über Strohmänner in der Schweiz eine Briefkastenfirma namens *Zapata AG*. Danach erwarb Udo Proksch in Österreich jeweils zum Schrottpreis mehrere hundert Tonnen »Gebrauchsschrott« in Form uralter Maschinen und maschineller Anlagen, und zwar:

- Die Einrichtungen des alten, aufgelassenen Kohlenbergwerks in Oberhöflein wurden im Jahr 1971 um 680 000 Schilling gekauft.
- Die Maschinen und maschinellen Anlagen der Piestinger Harzfabrik, die im Jahr 1974 die *Konditorei Demel* erwarb, wiesen zum Zeitpunkt der Übernahme einen bilanzmäßigen Wert in der Höhe von insgesamt 279 740 Schilling auf.
- Für das schon im Jahr 1972 unbrauchbar gewordene alte Labormodell einer Ionen-Implantationsanlage der Firma *Rudolf Sacher Ges.m.b.H.* bezahlte Proksch seinem Freund Sacher 100 000 Schilling.
- Das österreichische Bundesheer verrechnete für die Überlassung zahlreicher ausgeschiedener Heeresgüter (Flugzeuge samt Triebwerken, Panzer und alte US-Lastkraftfahrzeuge) einschließlich Dutzender von Tonnen »dekorativen Gebrauchsschrotts« (Kfz-Ersatzteile und Getriebe) exakt 68 199 Schilling.
- Den alten Prototyp einer Plastikverarbeitungsmaschine, die bereits 1971 auf dem Schrottlager der Firma *Cincinnati Milacron* lag, erhielt Udo Proksch schließlich geschenkt.

In den Jahren 1975 und 1976 wurden sämtliche Altmaterialien auf dem Piestinger Harzwerkgelände gesammelt, teilweise mit Hilfe einer Crew italienischer Hilfsarbeiter entrostet und frisch lackiert, der Rest in Container und Kisten verpackt und alles zusammen im Jänner 1977 an Bord der *Lucona* – als »Uranerz-Aufbereitungsanlage« deklariert – auf die Reise nach Hongkong geschickt.

Zuvor wurde die Schrottladung, die einen tatsächlichen Wert von maximal einer Million Schilling hatte, bei der *Österreichischen Bundesländer-Versicherung* auf (nach damaligem Kurswert) rund 212 Millionen Schilling unter Einschluß sämtlicher denkbarer Risken transportversichert. Die Versicherungsprämie in der Höhe von 1,9 Millionen Schilling stellte eine Investition dar, die den Wert der damit versicherten Ware um fast hundert Prozent übertraf.

Als Empfänger des Schrotts hätte in Hongkong, wäre die *Lucona* dort je angekommen, die *North Pacific Trading Ltd.* fungiert – eine Briefkastenfirma, deren Gründung ausschließlich für dieses »Geschäft« von Udo Proksch selbst in Auftrag gegeben worden war. Einen echten Käufer gab es für die rund 500 bis 700 Tonnen Schrott in Wahrheit natürlich nicht.

Daß die *Lucona*-Fracht unter diesen Umständen in Hongkong natürlich niemals ankommen durfte, ist klar.

Udo Proksch alias Serge Kirchhofer [1]

*Oben* Jugendfreunde: Udo Proksch, Friedensreich Hundertwasser, Hans Neuffer [2]

*Mitte* Die wilden 50er Jahre: Schieß- und Filmübungen [3, 4]

*Links* Erste Versuche: Das »Militantprojekt« im Hinterhof der Plastikfirma Wilhelm Anger [5]

Udo Proksch pilotiert eine Vampire [6]

*Rechts* Fallschirmspringen als Herausforderung [7]
*Mitte* Zweite Ehe mit Burgschauspielerin Erika Pluhar [8]
*Unten* Lieblingsbeschäftigung: Schöne Frauen und Krieg [9]

Am »Presse-Stammtisch« im Club Gutruf: Eva Deissen (Kronen-Zeitung), Alfred Sokol, Peter Allmayer-Beck und Helmut Gansterer (trend), Peter Lehner (Kronen-Zeitung), Marianne Mendt (Dialektsängerin) [10]

*Links* Gutruf-Wirt Rudi Wein mit Helmut Qualtinger [11]

*Unten links* Udo Proksch demonstriert Heinrich Heinz (ÖVP) die Russische Revolution [12]
*Unten rechts* Mit Gerd Bacher in Gesellschaft [13]

Wiener Opernball: Der »Weltbürger« bittet Imelda Marcos zum Tanz [14]

Die Demelbelegschaft trauert um den verhafteten Chef [15]

Champagner für die Freunde: Weltmeister James Hunt und Niki Lauda [16]

Bruno Kreisky auf dem Weg in den Club 45 [17]

Die Club-Gründer: Hannes Androsch und Leopold Gratz [18]

*Oben* Proksch-Gefährtin und Mutter seiner Kinder: »Cecily« Altgräfin zu Salm-Reifferscheidt [19]

*Rechts* Das Buffet in der »roten Loge« von Wien [20]

*Unten* Ein Minister und Proksch-Freund wußte zuviel: Club-45-Mitglied Karl Lütgendorf mußte sterben [22]

*Oben* Ronald Reagan und der Gründer der US-Zapata George Bush [23]

*Links* Zapata-Aktionär Steven Low beim Tanz mit seiner Wiener Ehefrau Sonja [24]

*Unten* Highlife in Gstaad: Der junge Low [25]

*Oben* Der Firmensitz von Udo Prokschs Zapata AG in der Schweiz [26]

*Rechts* Zapata-Aktionär Minister K. Lütgendorf [27]

*Unten* Leopold Gratz und Udo Proksch: Besichtigung der späteren Lucona-Fracht im Kohlenbergwerk von Höflein [28]

*Oben links* Ex-DDR-Agent Karl-Heinz Pfneudl mit Chip [29]
*Oben rechts* High-Tech für die DDR [30]

*Links* Teil der Lucona-Fracht: das »Green Monster« [31]

*Unten* Die Werkstätte der Stasi-Dependance in Wien [32]

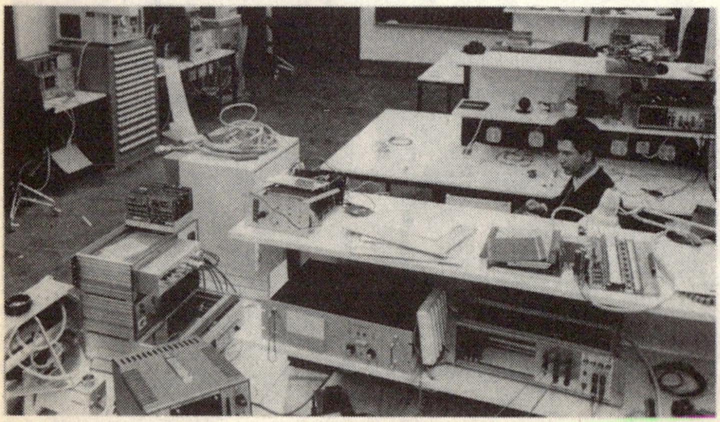

Pinosa-Werksgelände in Piesting [33]

Nach dem Abtransport der »Uranfabrik« [34, 35]

Waffenhändler Günther Voglstätter [36] und Schirmherr Innenminister Karl Blecha [37]

Privatdetektiv Walter Penk-Lipovsky:
Den Fall Lucona
bereits 1977 beinahe geklärt [38]

Geschäftsbesprechung in Hongkong: Theresa Gräfin Traun, Leo Tannaz und Hans Peter Daimler [39]

Steuer- und Schwindelfirmen-Paradies Hongkong [40]

Owen Corrigan (rechts) und sein Machthaber Karl Zerner [41]

Die »ehrenwerten Herren« von Venedig

*Oben links* Avvocato Enzo Morelli [42]

*Außen links* »Schiffssachverständiger« Giulio Meotto [43]

*Links* Zapata-Beauftragter A. Scarpa [44]

*Oben* Der Verbindungsmann zu Udo Proksch: Renzo Vianello (in der Mitte) [45]

*Rechts* Kapitän Giorgio Casagrande: Spezialist für Schiffsuntergänge [46]

*Links* Demel-Zuckerbäcker Minoru Kayanuma aus Japan: als »Kontroll-Chinese« nach Venedig abkommandiert [47]

*Unten links* Unter der Kontrolle der Mafia: Schmuggelhafen Chioggia [48]

*Oben rechts* Chioggia: Die Container mit der Zapata-Schrottfracht [49]

*Mitte rechts* Auf die Lucona verladen: wertlose alte Flugzeugtriebwerke [50]

*Unten rechts* Teile des Höfleiner Kohlenbergwerks – frisch lackiert – im Zollager von Chioggia vor der Verladung auf die Lucona [51]

NCLU
000109
Cti
Cti
CTIU
083737 9

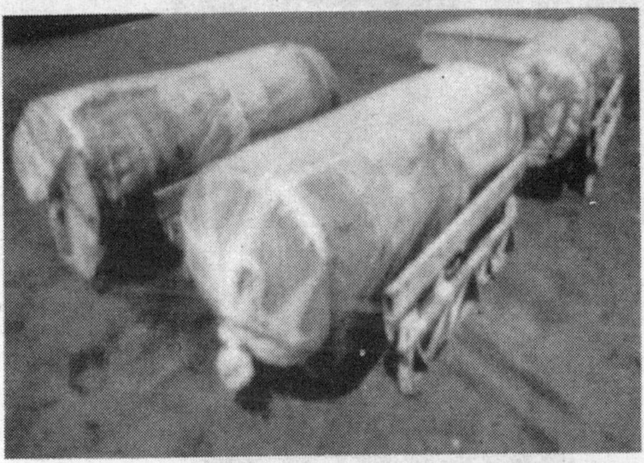

*Oben* Bundesheer-Offizier und Sprengmeister Hans Edelmaier im Gespräch mit Udo Proksch und ORF-Generalintendant Teddy Podgorski [52]

*Links* Tatort Truppenübungsplatz Hochfilzen in Tirol [53]

*Oben* »Detonationsmechanische Übungen« [54]

*Rechts* Edelmaier-Freund, Wirt und »Uraningenieur« H. P. Daimler [55]

*Unten* Udo Proksch und Hans Huber mit Hafenarbeitern im Laderaum der Lucona [56]

*Oben* Auf dem Weg nach Hongkong: Das letzte Foto der Lucona (aufgenommen im Hafen von Port Said) [57]

*Links* Lucona-Kapitän Jacob Puister [58]

Mitte rechts: Lucona-Steuermann »Joop« van Beckum [59]

*Unten rechts* An der Pazifikküste: Das neue Leben Jacob Puisters mit seiner jungen costaricanischen Frau [60]

BUNDESLÄNDER
VERSICHERUNG

*Oben rechts* Anwalt Werner Masser: Zehn Jahre Kampf im Interesse der Versicherer [64]
*Rechts* Tätertreffpunkt in Zürich nach dem Untergang: Hotel Baur au Lac [65]

*Oben links* »Das Haus« am Wiener Donaukanal [61]
*Außen links* Aufsteiger Kurt Ruso mit BLV-General Herbert Cretnik [62]
Viele »Schadensmeldungen« später: Generaldirektor Kurt Ruso [63]

Proksch-Komplize Erwin Egger: Eigenwerbung für sein Laser-Zielgerät [66]

Syriens Kriegsminister Mustafa Tlass, Waffenhändler Alois Weichselbaumer und Egger-Protegé Karl Lütgendorf [67]

Der Möchtegern-Waffenhändler E. Egger nach seiner Verhaftung in Paris [68]

Egger-Firma Decobul in Bulle: Erzeugung von Scharnieren für Schmuckkästchen [69]

*Rechts* Privatdetektiv Dietmar K. Guggenbichler: vom Proksch-Jäger zum Gejagten [69 A]

*Unten* Aufregung um ein Foto. Treffen des österreichischen Außenministers Leopold Gratz mit Udo Proksch wenige Tage vor dessen Verhaftung im Zürcher Hotel St. Gotthard [70]

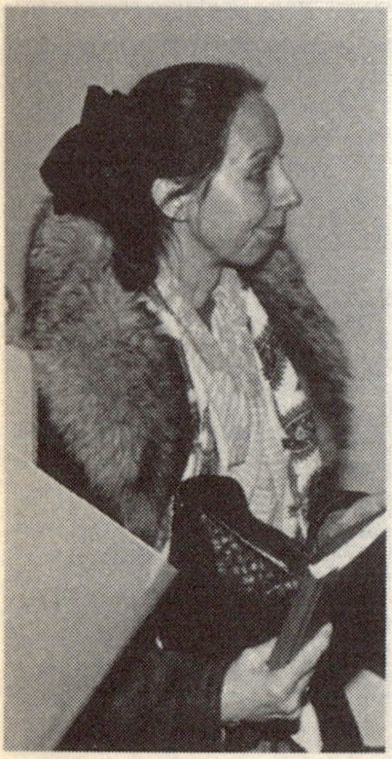

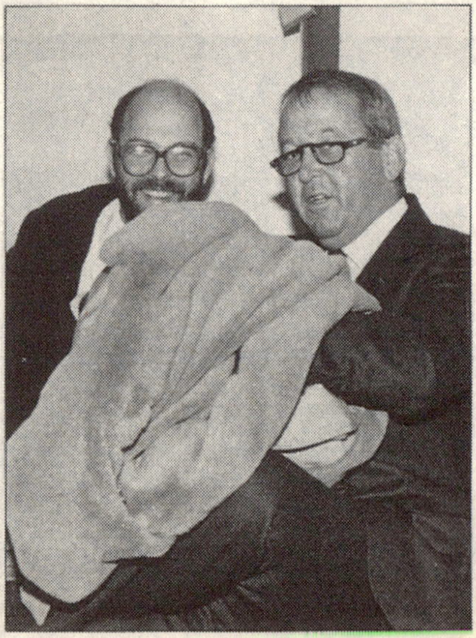

*Oben rechts* Gut behütet und stets zur Wahrheitsfindung bereit Ex-Kanzler Fred Sinowatz und Proksch-Beschützer Leopold Gratz: [74]

*Rechts:* Zehn Jahre Prozeß um 600 Millionen: NPT-Machthaber Karl Zerner – im Hintergrund die Versicherungsanwälte Werner Masser und Eduard Klingsbigl [75]

*Oben links* Proksch-Freund, Zapata-Anwalt und Club-45-Vizepräsident Heinz Damian (oben) [71]
*Außen links* Daimler-Strafverteidigerin Monika Pitzelberger (links unten) [72]
*Unten links* Proksch-Strafverteidiger Gabriel Lansky mit dessen Hongkonger Treuhänder Owen Corrigan [73]

*Oben links* Kripo-Inspektor Werner Mayer: Erste Ermittlungen im Fall Lucona in Salzburg [76]

*Oben* Kripo Niederösterreich: »Inspektor Columbo« Franz Reitter [77]

*Mitte links* U-Richter Denis Zosso: Seit vier Jahren Lucona-Untersuchung in der Schweiz [78]

*Links u. oben* Überfordert: Bezirksgericht der Sense in Tafers [79, 80]

*Oben* Wien: U-Richter Wilhelm Tandinger führt Udo P. zum Verhör [81]

*Rechts* Lucona-Staatsanwalt Wolfgang Mühlbacher: machtlos gegen Weisungen von oben [82]

*Unten* Der Strafakt Udo Proksch: 40 000 Seiten in 16 Kisten [83]

Oberstaatsanwalt Werner Wasserbauer: »Kein Verdacht« [84]

Proksch-Beschützer Otto F. Müller: Zum Generalprokurator befördert [85]

Ex-Justizminister Harald Ofner: »Bevor ich mich allzu sehr wundere, glaube ich es lieber nicht« [86]

*Oben* Der rumänische Geheimdienst paralysiert Österreichs Justiz [87]

Rechts: Leopold Gratz befreit Udo Proksch aus der Haft [88]

Nach der Enthaftung: Rosen für die Justiz (Daimler, Gattin Renate, Proksch, Lansky, Pretterebner, Zerner) [89]

Gruppenbild mit Demel-Damen: »Ich breche euch noch allen das Kreuz!« [90]

# IV.

# SECHS TOTE KLAGEN AN!

§ 75 StGB (Mord):

*Wer einen anderen tötet, ist mit Freiheitsstrafe von zehn bis zu zwanzig Jahren oder mit lebenslanger Freiheitsstrafe zu bestrafen.*

§ 173 (1) StGB
(Vorsätzliche Gefährdung durch Sprengmittel):

*Wer einen Sprengstoff als Sprengmittel zur Explosion bringt und dadurch eine Gefahr für Leib oder Leben eines anderen oder für fremdes Eigentum in großem Ausmaß herbeiführt, ist mit Freiheitsstrafe von einem bis zu zehn Jahren zu bestrafen.*

§ 173 (2) StGB [§ 169 (3) StGB]:

*Hat die Tat den Tod eines Menschen oder schwere Körperverletzung einer größeren Zahl von Menschen zur Folge oder sind durch die Tat viele Menschen in Not versetzt worden, so ist der Täter mit Freiheitsstrafe von fünf bis zu fünfzehn Jahren, hat sie aber den Tod einer größeren Zahl von Menschen nach sich gezogen, mit Freiheitsstrafe von zehn bis zu zwanzig Jahren oder mit lebenslanger Freiheitsstrafe zu bestrafen.*

# Tatort Mittelmeer: Die Mafia hilft

Im Südchinesischen Meer hat das spurlose Verschwinden von Schiffen mitsamt Ladung und Besatzung schon seit eh und je Tradition. Zwischen Hongkong und Indonesien blüht aber nicht nur, auch heute noch, die individuelle Schiffspiraterie, ein guter Teil der durchschnittlich rund fünfzig Schiffe, die in diesem Gebiet pro Jahr verschwinden, geht vielmehr auf das Konto internationaler Syndikate, die auf Versicherungsbetrug spezialisiert sind.

In Europa betrieben diesen »Geschäftszweig« vorwiegend griechische und von Zypern aus operierende Gruppen, ehe sich dem organisierten Verschwindenlassen von Schiffen und/oder deren Ladungen ab Anfang der siebziger Jahre auch die italienische Mafia anzunehmen begann.

Schon vor Jahren wurde berichtet, daß immer häufiger »hochversicherte Ladungen verlorengehen, Frachter auf mysteriöse Weise verschwinden und internationale Cliquen die Versicherungsgesellschaften um Millionen prellen«.[1]

»Wenn Schiffe brennen, untergehen oder spurlos verschwinden«, hieß es, »haben auch Kapitäne und Reeder manchmal die Hand im Spiel. Die modernen Piraten arbeiten mit gefälschten Papieren und bestochenen Besatzungen. Zwielichtige Reeder und obskure Charterfirmen schicken altersschwache Frachter mit wertvollen Ladungen auf die Reise, verschachern die Fracht und melden das Schiff als verschollen. Die angeblich gesunkenen Schiffe schwimmen jedoch häufig unter anderer Flagge mit neuem Namen und neuem Anstrich über die Meere.«

*Lloyd's*, die größte Versicherungsgruppe der Welt, setzt zur Bekämpfung der wachsenden See-Kriminalität eine eigene Detektivgruppe, den *Lloyd's Intelligence Service*, ein. Die Zahl der jährlichen »shipping frauds« geht mittlerweile bereits in die Hunderte, und *Interpol* schätzt, daß die Beute aus den international organisierten Schiffsbetrügereien einen Betrag von drei bis vier Milliarden Schilling pro Jahr übersteigt.

Im wesentlichen sind vier verschiedene Varianten von Schiffsbetrügereien bekannt. Variante 1 ist die einfachste Form simpler Piraterie:

---

[1] Bericht der Hamburger Illustrierten *Stern* unter dem Titel »Tatort Mittelmeer«

Ein Frachtschiff transportiert wertvolle Ladung. Die kriminelle Besatzung legt ohne Wissen des Schiffseigners und des Befrachters während der Reise irgendwo an. Die Ware wird auf dem Schwarzmarkt verkauft und das leere Schiff später auf dem offenen Meer versenkt. Der Mannschaft »gelingt es, sich zu retten«.

Eine kriminelle Kooperation zwischen einer Reederei, dem Kapitän und der Mannschaft erfordert die zweite Variante: Wiederum wird die wertvolle Ladung illegal verkauft, ein Schiffbruch wird jedoch lediglich vorgetäuscht. In Wahrheit erhält das Schiff einen neuen Namen und das Spiel kann von vorne beginnen. In diesem Fall wird gleich dreimal kassiert: Zuerst die Frachtrate, dann der Erlös aus dem Verkauf des Ladegutes und schließlich die Versicherungssumme für das »verlorengegangene« Schiff.

Bei der dritten Variante arbeiten Reederei und Mannschaft ebenfalls zusammen: Eine wertvolle Ladung wird auf einem schrottreifen und überversicherten Schiff transportiert. Nach dem illegalen Verkauf des Frachtgutes wird das alte Schiff im Einverständnis mit dessen Eigner vom Kapitän und den Offizieren tatsächlich versenkt.

Bei Variante 4 sind sowohl Reederei und Mannschaft als auch der Befrachter miteinander im Komplott: Ein schrottreifes Schiff transportiert eine weit überversicherte Ladung. Das Schiff wird samt Ladung versenkt. Befrachter und Reeder kassieren die Versicherungssumme. Die Besatzung erhält von den Nutznießern des Betruges Schweigegeld.

Die perfekteste Lösung, bei der es zwar Tote, aber dafür nur wenige lästige Mitwisser gibt, stellt die Variante 5 dar: Ein hochversichertes altes Schiff transportiert eine hochversicherte wertlose Ladung. Die Reederei und der Befrachter arbeiten hinter dem Rücken des Kapitäns und der Mannschaft zusammen oder sind im Idealfall sogar ident. Das Schiff wird auf die Reise geschickt und auf hoher See mitsamt Besatzung und Frachtgut versenkt.

Ausgeforscht, vor Gericht gestellt, überführt und verurteilt werden die Täter nur in wenigen Fällen. Die Tatorte liegen in internationalen Gewässern, was bereits erste Zuständigkeitsprobleme bei der Strafverfolgung aufwirft. Die Schiffe sind meist in Staaten wie Panama registriert, und bei allen beteiligten Firmen handelt es sich in der Regel um Briefkastenfirmen, deren Eigner niemand kennt. Werden die Täter darüber hinaus von internationalen Verbrechersyndikaten beraten und betreut, so sind die nationalen Sicherheitsdienststellen bei der Aufklärung hoffnungslos überfordert.

Auch neben dem *Fall Lucona* waren schon einmal zwei österreichi-

sche Firmen in einen spektakulären und letztlich bis heute nicht aufgeklärten Schiffsbetrugmit einer Schadenssumme von 70 Millionen Schilling nach dem Strickmuster der Variante 2 involviert.
Die Opfer: Die Wiener Holzagentur *Intertimber* sowie die erst jüngst wegen ihrer eigenen betrügerischen Geschäfte in Verruf geratene Linzer *Intertrading Ges.m.b.H.*, Tochterfirma des verstaatlichten österreichischen Stahlriesen VOEST-Alpine AG.
Im Sommer 1979 wurde im jugoslawischen Adriahafen Rijeka ein schon beinahe schrottreifes altes griechisches Schiff namens *Betty* mit Schnittholz im Auftrag der Wiener Holzagentur und mit 2 000 Tonnen Baustahl von der *Intertrading* beladen. Die Fracht sollte nach Dschidda in Saudi-Arabien gehen, wo die *Betty* allerdings nie ankam. Zunächst mußte der vollbeladene Kahn seine Fahrt im Hafen Pylos wegen dringender Reparaturarbeiten unterbrechen. Einige Tage danach erhielten die Befrachter eine Verständigung des griechischen Schiffseigentümers Petros Rossis, er habe die *Betty* an die zypriotische Reederei *Tanalas Shipping Company* verkauft. Mit neuer Besatzung und unter dem neuen Namen *Starfive* setzte der Frachter seine Reise schließlich fort.
Aber auch die *Starfive* erreichte Dschidda nicht, die neuen Eigner verloren angeblich jeden Kontakt mit dem Schiff. Die *Starfive* samt ihrer Millionenfracht blieb, ebenso wie die Mannschaft mit ihrem Kapitän Ioannis Noneikos, verschollen.
In Wahrheit ankerte der Frachter in der Zwischenzeit im Hafen von Aqua Marina nahe der vom Bürgerkrieg geschüttelten libanesischen Hauptstadt Beirut und wurde unter der Obhut libanesischer Falangisten entladen. Danach verschwand die *Starfive* wieder spurlos.
Erst Wochen später entdeckte die griechische Hafenpolizei Kapitän Noneikos wiederum in Piräus. Sein Schiff hieß mittlerweile *Aris* und vom Mast des schrottreifen Frachters wehte die spanische Flagge.
Sowohl das österreichische Schnittholz als auch die 2 000 Tonnen Baustahl der *Voest-Intertrading* blieben im Libanon. Die Versicherungen mußten bezahlen.
Lediglich Amateure und Einzelgänger unter den Schiffsbetrügern gehen der Kripo gelegentlich ins Netz, wie etwa der österreichische Holzhändler Otto Hermann Hlavac, Besitzer der Wiener *Lava-Holzhandelsges.m.b.H.* und dreier liechtensteinischer Briefkastenfirmen, der es vor einigen Jahren mit einer Abwandlung der vierten Variante versuchte.
Über eine seiner liechtensteinischen Scheinunternehmen verkaufte Hlavac am 15. Juli 1979 zehntausend Kubikmeter teures österreichi-

sches Weichholz um 27 Millionen Schilling an eine libysche Staatshandelsfirma in Tripolis.
Im Dezember desselben Jahres ließ der Wiener Kaufmann ebenfalls in Rijeka einen Bruchteil der zu liefernden Menge, nämlich bloß tausend Kubikmeter billiges Schnittholz, auf den altersschwachen, unter zypriotischer Flagge fahrenden Frachter *Evlogia* verladen. In Zusammenarbeit mit der Speditionsfirma wurden die Ladedokumente gefälscht, und der vom griechischen Kapitän Dimitrios Kavadas geführte Kahn ging auf Fahrt.
Am 11. Dezember 1979 stiegen Kapitän Kavadas und seine Mannschaft nordwestlich von Korfu in ein Rettungsboot um, und die *Evlogia* mitsamt der nicht vorhandenen Hlavac-Fracht versank.
Zu diesem Zeitpunkt hatte Otto Hermann Hlavac seine 27 Millionen freilich längst aus unwiderrufbaren Bank-Akkreditiven der Libyer kassiert. Immerhin vier Jahre lang konnte er sich der Millionen erfreuen.
Am 12. Februar 1985 ereilte den Wiener schließlich aber doch noch der lange Arm der Justiz. Der Holzhändler wurde über *Interpol* verhaftet, in Wien in Untersuchungshaft gesteckt, und natürlich blieb er bis zu seinem Prozeßbeginn im Gefängnis. Auch Otto Hermann Hlavac, »der kleine Herr Udo«, leugnete wie sein prominentes Vorbild bis zuletzt.
Dem Wiener Kaufmann, den kein Außenminister aus der U-Haft befreite, bei dem kein Innenminister die Kripo zurückpfiff, und dessen Richter kein Voruntersuchungsverbot vom Justizminister erhielt, blieb denn auch die gerechte Strafe für seine Tat nicht erspart.
Mitte Jänner 1987 verurteilte ihn das Landesgericht für Strafsachen Wien nach einem nur sechs Wochen dauernden, kurzen und schmerzlosen Prozeß wegen Betruges zu sechs Jahren Freiheitsentzug. Seine leugnende Verantwortung ließ das Gericht ebenso kalt wie der Umstand, daß die vorsätzliche Versenkung des Schiffes letztlich unbeweisbar geblieben war. Ein in Griechenland gegen den Kapitän eingeleitetes Strafverfahren hatte schließlich eingestellt werden müssen.
Auch der kleine italienische Adriahafen Chioggia unweit von Venedig gilt spätestens seit Anfang der siebziger Jahre als hervorragend geeigneter Ausgangspunkt für das organisierte Verbrechen und als Ort mit perfekter krimineller Infrastruktur. Waffen- und Drogenschmuggel sowie der von der norditalienischen Mafia gesteuerte organisierte Versicherungsbetrug blühen.
Im Raum Chioggia – Venedig hat man zu diesem Zweck alles zur Hand: Kriminelle Speditionsunternehmer und Kapitäne, bestochene

Zöllner und Versicherungssachverständige ebenso wie die von der Mafia finanzierten Schiffsagenturen und Reedereien.
Erst im März 1985 machte der »Schmuggelhafen Chioggia« Schlagzeilen, nachdem es dem italienischen Richter Gianfranco Mafferi aus Bergamo gelungen war, einen im Auftrag der Mafia von Chioggia aus operierenden Schmugglerring zu zerschlagen.
Zweiundzwanzig Mitglieder des Syndikats, darunter ein Richter, mehrere Speditionsunternehmer, Handelsagenten und zahlreiche Zollbeamte wurden binnen weniger Tage verhaftet, nachdem von der *Guardia di Finanza*, Italiens gefürchteter Finanzpolizei, Tonnen von Schmuggelware, vor allem Fotoapparate und elektronische Geräte, in Chioggia sichergestellt worden waren. Zur selben Zeit beschlagnahmten die Fahnder auch in Domodossola knapp fünfzehn Tonnen Zigaretten.
Einige Bandenmitglieder, darunter ein österreichischer Spediteur aus Villach, flüchteten Hals über Kopf in die Schweiz, wo Schmuggler auf Grund der schweizerischen Gesetze kaum verfolgt werden können. In Basel lebt auch schon seit Jahren völlig unbehelligt das zu den führenden Köpfen der »Chioggia-Bande« zählende Brüderpaar Patrick und Gilbert Laurent, nachdem es nach einem Haftbefehl der französischen Polizei seinen Standort von Marseille in die Schweiz verlegen hatte müssen.
Um einige Grade härter gestaltete sich eine andere Affäre um den Schmuggelhafen, die Richter Carlo Palermo zu klären versuchte: Im Februar 1982 hatte der syrische Waffen- und Drogenhändler Henry Arsan mehr als 800 kg Rohmorphium auf einem Schiff namens *Mami*, das in Chioggia vor Anker ging, nach Italien geschmuggelt. Arsans Partner bei dem Deal, dem auch der Frachter gehörte, hieß Bekir Celenk – der türkische Mafiaführer, der jahrelang unter dem Schutz der bulgarischen Regierung agierte und von dem Ali Agca mit dem Attentat auf Papst Johannes Paul II. beauftragt worden war.[2]
Es gibt nichts, was in Chioggia nicht möglich wäre. Es schien daher keineswegs Zufall gewesen zu sein, daß auch die für Hongkong bestimmte »Uranfabrik« des Wiener *Demel*-Chefs Udo Proksch ihre Reise von Chioggia aus antrat.

---

[2] Zwei Jahre lang beschützte die bulgarische Regierung den Drogenhändler und Mafiaführer und verhinderte dessen Auslieferung an die italienische Justiz. Nachdem Bekir Celenk später – in der Türkei inhaftiert – erste Einzelheiten über die Zusammenarbeit zwischen der Mafia und dem bulgarischen Geheimdienst DS auszupacken begann, wurde er im Gefängnis ermordet.

## Renzo Vianello – Der »Kaufmann von Venedig«

Ein Faible für Venedig und seine Umgebung hatte Udo Proksch immer schon gehabt, ebenso wie sein prominenter Freund Leopold Gratz, der immer wieder die Gelegenheit zu einem Abstecher in die Lagunenstadt wahrnahm, wenn er – auch schon in den siebziger Jahren meist mehrmals pro Jahr – im nahen Abano Terme zur Kur weilte.

Der *Demel*-Chef selbst wiederum hatte einst sogar vor, sich in Venedig ein eigenes Objekt zuzulegen, um für den Empfang seiner Freunde und Geschäftspartner ein angemessenes Ambiente zur Verfügung zu haben: Proksch wollte den Palazzo Dario am Canale Grande erwerben, dessen Vorbesitzer von einem Diener mit einem silbernen Kerzenleuchter erschlagen worden war.

Mit dem Kauf klappte es schließlich doch nicht, so daß Proksch und seine Freunde weiterhin gezwungen waren, jeweils in Hotels zu logieren. Gelegentlich freilich verbrachte man auch schon einmal eine Nacht gemeinsam in Venedigs berühmtem *Palazzo Grassi* – einem Etablissement, das auch für private »Künstlerfeste« angemietet werden kann –, wo der Wiener Konditor von einem venezianischen Freund namens Renzo Vianello eingeführt worden war – und wo seither auch der österreichische Spitzenpolitiker Leopold Gratz gut bekannt ist.

Eine Schlüsselrolle hat der italienische Staatsbürger Vianello aus Murano auch im *Fall Lucona* gespielt: Er war es, der Udo Proksch den Hafen Chioggia als Ausgangspunkt für die Verschiffung der *Zapata*-Schrottfracht empfahl.

Selbst Udo Prokschs schweizerischer Geschäftspartner Leo Tannaz, der mit Leuten aus dem Dunstkreis der Mafia persönliche Erfahrungen besaß, hatte den *Demel*-Chef damals vergeblich vor dem Italiener gewarnt. »Das ist mein Business«, schlug Proksch jedoch alle Vorbehalte des »Schmugglerkönigs vom Tessin« in den Wind.

Renzo Vianello sei ein ebenso ehrbarer wie erfolgreicher venezianischer Kaufmann und Reedereibesitzer mit Wohnsitzen in Venedig, Genf, Zürich und Wien, versichert Udo Proksch. Und jener sei nicht nur mit ihm, sondern auch mit »dem Poldi« (Leopold Gratz) schon seit Jahren eng befreundet.

Vianello selbst renommiert demgegenüber gelegentlich auch mit seinen Erfahrungen, die er im internationalen Waffenhandel besitzt.[3]
Als Waffenhändler scheint ein Renzo Vianello auch in den Akten des deutschen BND (Bundesnachrichtendienst) und des italienischen Geheimdienstes SISMI auf. Die weiteren Erkenntnisse sind indes eher vage: Der Mann soll im Zusammenhang mit verschiedensten Mafia-Aktivitäten stehen, Mitinhaber einer in Genf domizilierten Textilfirma sein, die Waffen- und Drogenhandel betreibt, und er habe schließlich bei der am 10. August 1983 von der Mafia organisierten Befreiung des Großmeisters der italienischen Sonderloge P 2, Licio Gelli, aus einem schweizerischen Gefängnis eine nicht näher beschriebene Helferrolle gespielt.
Tatsächlich weist eine Firma *Coplaris* in Genf, deren Geschäftszweck allerdings nicht im Textilhandel, sondern in Versicherungsdiensten für die Hochseeschiffahrt besteht, einen Verwaltungsrat namens Renzo Vianello aus. Das Genfer Textilimport- und Exportunternehmen *Petrocom* wiederum, an dem auch die in prominenter Weise in die P-2-Affäre verwickelte Mailänder *Banco Ambrosiano* eine Beteiligung besaß, stand jahrelang im Verdacht, am Drogen- und Waffenschmuggel zwischen der Türkei und Venedig beteiligt zu sein und wurde aus diesem Grund schließlich von den schweizerischen Behörden geschlossen.
Eine offizielle Bestätigung der Identität jenes Renzo Vianello mit der Schlüsselfigur im *Fall Lucona* ist freilich weder vom italienischen Nachrichtendienst, noch von der zur Bekämpfung der Mafia-Aktivitäten in Italien eingesetzten Sonderkommission der Regierung zu erhalten.
Ein besonders »großes Licht« war und ist Proksch-Freund Renzo Vianello jedenfalls nicht, eher eine drittrangige Figur, die man vorschickt, und die zu allerlei trüben Aktionen benützt werden kann. Dies ging auch aus einer Auskunft hervor, die Hans Peter Daimler über den heute 55jährigen Venezianer, der eine Zeitlang mit einer Linzerin namens Heide Wolkerstorfer verheiratet war, am Beginn ihrer Zusammenarbeit vorsorglich einholen ließ.
»Renzo Vianello gibt als Beruf Vertreter an«, hieß es in diesem Dossier, das die Kripo später in der Wiener Wohnung Daimlers unter den

---

[3] »Renzo Vianello erzählte mir dann, daß er lange Zeit im Waffenhandel tätig gewesen sei, und ich hatte den Eindruck, daß er dies auch noch immer war. Er sprach unter anderem über Waffenlieferungen nach Vietnam und über Raketen. Auch Korea erwähnte er«. (Zeugenaussage des *Lucona*-Kapitäns Jacob Puister vom 17. März 1977 vor dem Landesgericht Rotterdam.)

*Lucona*-Akten vorfand, »und ist unfähig, sein eigenes Einkommen zu verwalten. Er ist eine unordentliche Person, die seinen Verpflichtungen nicht nachkommt. Er ist zahlungsunfähig.« Auch zahlreiche, Vianello betreffende, Wechselproteste wurden gefunden.

Mit Vianello hatte sich die *Zapata*-Crew jedenfalls einen für ihre Zwecke bestens geeigneten Mann ausgesucht. Zuvor half er Udo Proksch schon bei der Gründung der »Wiener P 2« und ging ihm bei der Einrichtung des *Club 45* zur Hand. Aber auch beim Grinzinger Villenneubau des Wiener Starjournalisten Roman Schliesser hatte Vianello über Vermittlung des *Demel*-Chefs mitgewirkt. »Es war alles Pfusch!« empört sich der »Adabei« der *Kronen-Zeitung* allerdings noch heute.

Mit den Vorbereitungen für den Jahrhundertcoup der *Zapata AG* im Jahr 1975 hatte danach der unaufhaltsame Aufstieg des Renzo Vianello begonnen. Seine erste Aufgabe bestand darin, jenes runde Dutzend italienischer Bauhilfsarbeiter zur Durchführung der Entrostungs- und Lackierungsarbeiten an Udo Prokschs altem Kohlenbergwerk illegal über die Grenze nach Piesting zu karren und als deren »Vorarbeiter« zu fungieren.[4]

Für seine Dienste wurde der Italiener, der ab April 1976 in Wien, Linzer Straße 202, sogar seinen Wohnsitz aufschlug, von Udo Proksch mit erheblichen Geldbeträgen belohnt. Insgesamt floß ihm unter den verschiedensten Titeln (»Reinigung Maschinen«, »Spesenbeitrag«, »Darlehen« oder schlicht »Sache Pinosa«) rund eine Million Schilling zu. Die entsprechenden Zahlungsbelege wurden anläßlich von Hausdurchsuchungen bei Udo Proksch sichergestellt.

Der Autor dieses Buches hatte den weißhaarigen Venezianer erstmals bereits im November 1984 anläßlich eines mit dem *Demel*-Chef vereinbarten Interview-Termins im *Club 45* angetroffen und erhielt von ihm sogar artig einen Sherry serviert. Udo Proksch und dessen Club-Freund und Anwalt Heinz Damian bestritten bei dieser Gelegenheit jedoch noch energisch, den Italiener, der im *Club 45* wie der Stellvertreter des Hausherrn auftrat, zu kennen.

Erst ein paar Monate später lief Vianello dem Autor erneut – im *Club Gutruf* des Rudi Wein – über den Weg. Ein zweitesmal konnte er dem Verfasser freilich nicht mehr entkommen. Obwohl er bereits von Venedig aus jedes Gespräch kategorisch abgelehnt hatte, wurde Renzo

---

[4] Später wurden Vianellos Hilfstruppen von Udo Proksch und Hans Peter Daimler dem Wiener Gericht als »ausländisches Technikerteam« verkauft, das in Piesting im Auftrag angeblicher Zulieferanten die Endfertigung der angeblichen Uranerz-Aufbereitungsanlage vornahm.

STUDIO AVVOCATO MORELLI
CASTELLO, CAMPO SS. FILIPPO E GIACOMO 4512 · TEL. 23226 36556
30122 VENEZIA

Nuovi nn. Tel.
5236558
5223228

/ms

AVV. ENZO MORELLI
AVV. PAOLO CROVATO
· DOTT. PROC. CRISTIANO ALESSANDRI

Venedig den 23. Juli 1985

Herrn Untersuchungsrichter
Magister Tandinger
Landesgericht für Strafsachen
Landesgerichtsstrasse, 11

A – 1080 WIEN

EINSCHREIBEN

Landesgericht für Strafsachen
Wien
Eingel. am 26. JULI 1985 ___ Uhr ___ Min.
___ fach, mit ___ Blg. ___ Akten
___ Halbschriften

Sehr geehrter Herr Magister,

ich vertrete Herrn Renzo Vianello, der erfahren hat, dass Sie ihn als Zeugen zu befragen wünschen.

Herr Vianello ist zur Zeit ständig in Venedig, so dass ich bitte seine Vernehmung im Rechtshilfeweg in Venedig vorzunehmen.

Die Ladung bitte ich an meine Kanzleianschrift richten zu lassen.

Hochachtungsvoll

Dr. Enzo Morelli

| | |
|---|---|
| Sonstige zur Ermittlung dienliche Anhaltspunkte (z. B. letzte Unterkunft). Bei Minderjährigen: Namen und Beruf der Eltern. | Eingel. am ... ___ fach, mit ___ Blg. ___ Akten ___ Halbschriften |
| Auskunft der Polizeidirektion Wien Zentralmeldeamt vom 25. Juni 1985 | 25.1.1932 Murano geb., Stbg. italien, zuletzt 22., Pirquetgasse 6/4/7, am 17.6.1985 nach Italien abgemeldet |

Renzo Vianello als U-Boot in Wien

Vianello nunmehr für ein Interview über die Rolle seiner italienischen Auftraggeber im *Fall Lucona* gestellt.
Der Effekt: Zunächst ein verunsicherter, nervöser und über den Wissensstand seines Gesprächspartners sichtlich beunruhigter Vianello, danach ein einstündiges eisernes »No comment« und am Schluß eine mehr als deutliche Warnung:
Der Autor möge in Österreich recherchieren und tun, was er wolle, jedwedes weitere Interesse an den italienischen Verbindungen zum *Fall Lucona* hingegen würde »der Gesundheit« des Verfassers mit Bestimmtheit »nicht gut tun«. Die italienischen Hintergründe seien »völlig uninteressant«.
Dennoch befiel in der Folge Renzo Vianello offensichtlich die größere Angst, denn unmittelbar darauf meldete er sich von seinem letzten Wiener Wohnsitz Hals über Kopf ab und verschwand. Untersuchungsrichter Wilhelm Tandinger, der naturgemäß ebenfalls darauf brannte, Vianello gerichtlich einzuvernehmen, kam mit seiner Vorladung exakt um drei Tage zu spät.
Am 20. Juni 1985 beauftragte das Landesgericht für Strafsachen die Wiener Polizeidirektion mit der Ausforschung des Aufenthaltsortes des Venezianers in Wien – aber schon am 17. Juni hatte sich dieser vorsorglich nach Italien abgemeldet. Und am 23. Juli erhielt Richter Tandinger Post vom venezianischen Anwalt der *Zapata AG*, Avvocato Enzo Morelli, der sich auch als Rechtsbeistand Vianellos vorstellte und ausrichten ließ, sein Mandant kehre nicht mehr nach Österreich zurück. Für Einvernahmewünsche des Wiener Gerichtes stünde der Rechtshilfeweg zur Verfügung. Aus. Basta.
Was der Richter nicht zeitgerecht wußte: Vianello war in Wahrheit keineswegs wieder nach Italien übersiedelt, sondern lebte währenddessen auch weiterhin ungeniert – als U-Boot – in Wien. Immerhin hatte er sich hier schon im Jahr 1981 eine Existenz als Drittelinhaber und alleiniger Geschäftsführer einer Firma namens *Vetreria Artistica San Marco Warenvertriebsges.m.b.H.* aufgebaut, die in der Wiener Rauhensteingasse 10 eine gut frequentierte Luster- und Glaswarenhandlung mit Murano-Glas betrieb.
In Venedig weiß übrigens jedes Kind, daß die berühmten Murano-Glasmanufakturen, zu denen auch jeder Tourist – ob er will oder nicht – geschleppt wird, unter der Kontrolle der Mafia stehen und dieser als Geldweißwaschunternehmen dienen.
Bei der Preisgabe seiner wahren Aufenthaltsorte schien Vianello schon immer sehr zurückhaltend zu sein. Auch im Wiener Handelsregister (HRB 26.222) ist die Identität des wohlbestallten Wiener Fir-

meninhabers mit italienischer Staatsbürgerschaft durch den von Vianello selbst angegebenen Hauptwohnsitz Zürich, Dreikönigsstraße 12, nachgewiesen. Eine Wohnung existiert an dieser Anschrift – einem Bürohaus – freilich nicht.
Dem Beispiel war auch Vianellos Partner im Wiener Glashandel gefolgt: Der Mann namens Alberto Natolli gab eine Londoner Anschrift bekannt, die ebenfalls nicht existiert. Dies ist indes insofern ohne Belang, da für Natolli ohnehin ein bekannter junger Wiener Anwalt als »Machthaber« auftrat: Georg Zanger, Sohn des Proksch-Rechtsberaters Jakob Zanger und offizieller KPÖ-Anwalt.
Bis Mitte November 1985 gelang es dem Wiener Untersuchungsrichter danach nicht, Renzo Vianellos habhaft zu werden. Der Mann blieb wie vom Erdboden verschluckt – bis der Autor durch Zufall entdeckte, daß der »Kaufmann von Venedig« unweit seiner Glashandlung, wo er sich freilich eisern verleugnen ließ, im Wiener City-Kaffeehaus *Frauenhuber* regelmäßig seinen Vormittagskaffee einzunehmen pflegte.
Nach einigen Tagen bekam dann das *Café Frauenhuber* auch noch weiteren Gästezuwachs. Beamte der Wiener *Staatspolizei* legten sich mit Erfolg auf die Lauer und wußten nach kurzer Observation auch sehr bald, wo sich Renzo Vianello versteckt hielt: in der Wohnung seiner Geschäftsführerin und Freundin, Monika Pasch, in Wien 22, Pirquetgasse 6.
Als Vianello am Morgen des 20. November 1985 seinen Unterschlupf verließ, erwarteten ihn schon zwei *Stapo*-Beamte vor der Tür und nahmen ihn fest. Spät aber doch konnte damit seine richterliche Vernehmung stattfinden. Vianello, der gleich auch Reisepaß, Autoschlüssel und Führerschein los war, wurde unter Polizeigewahrsam dem Untersuchungsrichter vorgeführt.
Natürlich schlug der Venezianer postwendend zurück: schrie nach dem italienischen Konsul, beklagte sich über die bei seiner Festnahme in Anschlag gebrachten Dienstwaffen und behauptete, er habe sich »bedroht« gefühlt und »gefürchtet, gekidnappt zu werden«.
Wesentlich weniger forsch trat er dann allerdings dem Untersuchungsrichter gegenüber und war schließlich ein »Zeuge« mehr, der sich an alle entscheidenden Fakten des *Falles Lucona* nicht mehr zu erinnern vorgab.
Dabei war Renzo Vianello es selbst, der als »Generalbevollmächtigter« der Reederei *Coco del Mar* auch für die Organisation des Seetransportes des *Zapata*-Schrotts zuständig war.

# Lugano: Lauter »ehrenwerte« Herren

Mitte der siebziger Jahre war Renzo Vianellos offizieller Hauptberuf noch Vertreter gewesen. Er hatte Schwimmbecken für die in der Via Monte Bianco 29 in Favaro-Veneto etablierte Firma *Tecno Piscine* und außerdem auch Keramikartikel, insbesondere Fliesen, auf Rechnung einer Firma namens *Union Industries Export* (Unindex), die auch heute noch ihren Sitz in der Via Baglioni 12 in Mestre hat, verkauft.
Seine beiden Auftraggeber und Chefs, Giulio Meotto und Amorino Scarpa, hatten sich jedoch bereits im Jahr 1975 entschlossen, ihre Geschäftstätigkeit um das Seetransportgewerbe zu erweitern. Nachdem sie in Udo Prokschs Pläne eingeweiht worden waren, stellten sie ihrem neugewonnenen Wiener Partner die für die Vollendung von dessen Jahrhundertcoup nötige Infrastruktur zur Verfügung.
Amorino Scarpa, ehemaliger Kapitän bei der italienischen Kriegsmarine, funktionierte kurzerhand seinen Schwimmbeckenhandel in Favaro in eine »Schiffsagentur« um und mutierte ebenso wie der Keramikexporteur und Ex-Kapitän Giulio Meotto zum »Gutachter und Sachverständigen für Schiffs- und Güterversicherungen«.
In dieser Eigenschaft erhielten die beiden ehrenwerten Venezianer von der *Zapata AG* Anfang 1976 den offiziellen Auftrag, die Anlieferungen von Udo Prokschs Industrieschrott in Chioggia zu überwachen und für dessen späteren Weitertransport in Richtung Hongkong zu sorgen.
Die Verantwortung für die Zwischenlagerung in einem Zollfreilager auf dem *Adria-Dock* des Hafens Chioggia übernahm die italienische Speditionsfirma *Gosped* (*Spedizioni internazionali e Agenzia marittima*), die unmittelbar zuvor, am 2. Dezember 1975, mit Unterstützung von Scarpa und Meotto und einem Kapital von 20 Millionen Lire gegründet worden war.
Zum Präsidenten der *Gosped* wurde der bis dahin als Speditionsarbeiter tätig gewesene Luciano Godino aus Savona bestellt, und sein Sohn, Giuliano Godino, erhielt gleichfalls eine leitende Position.
Somit ergaben sich bei der Einlagerung der ab Mai 1976 laufend aus Österreich einlangenden Kisten und Container keinerlei Probleme.

Selbstverständlich auch nicht mit der Hafenzollwache von Chioggia, deren Leiter, Antonio Lomascola, ein Freund von Meotto und Scarpa war. Die Zöllner interessierte das Transitgut aus Österreich nicht.
Auch für die reibungslose Abwicklung des Seetransportes sorgten die rührigen venezianischen Partner Udo Prokschs vor. Nach deren ursprünglichen Plänen sollte der österreichische Industrieabfall nämlich keineswegs mit der *Lucona* versinken, sondern mit einem eigenen Schiff. Also legten sich Scarpa, Meotto und Udo Proksch auch eine Reederei zu.
Der beste Platz hiefür schien ihnen jenseits der italienischen Grenze im schweizerischen Lugano zu sein, wo man bei der *Unione di Banche Svizzera* (UBS) schon lange schwarze Konten unterhielt.[5] Außerdem hatte man im Tessin einen weiteren willfährigen Verbindungsmann sitzen:
Der Generalkonsul der Republik Panama in Venedig hieß zu jener Zeit George Panay. Auch er war Meotto und Scarpa durch vielerlei Geschäfte verbunden, und schon im Sommer 1975 war es ihm mit Hilfe einflußreicher Freunde gelungen, seinen 28jährigen Sohn, Roosevelt Eduardo Panay, einen weithin bekannten Filou, als panamaischen Konsul in Lugano zu inthronisieren.
Kaum im Amt, begann der junge Panay im großen Stil die Gründung zahlreicher Briefkastenunternehmungen zu organisieren, welchen er mit Hilfe seines Amtssiegels die Rechtspersönlichkeit von panamaischen Firmen verlieh. Und so hatte in Lugano denn auch bald eine Reederei mit dem blumigen Namen *Coco del Mar* ihren Sitz, die in der Folge um 380 000 Dollar einen ausgedienten alten Frachter (Baujahr 1953) namens *Beatrix* (frühere Namen: *Virna* und *Ariana*) erwarb.
Reederei und Charterfirma sind naturgemäß die wichtigsten Angelpunkte, wo man bei der Aufklärung eines Schiffsunterganges ansetzen muß. Deshalb war auch Renzo Vianello eine entscheidende Schlüsselfigur, trat er doch als Repräsentant der *Coco del Mar* in Erscheinung. Alle weiteren Fakten und Unterlagen waren zunächst jedoch mehr als dürftig gewesen. Erst im Zuge der Hausdurchsuchungen bei Udo Proksch fand die Kriminalpolizei einige interessante Schriftstücke der mysteriösen Tessiner Reederei vor.
Zunächst war einmal auf dem kunstvoll gestalteten Briefpapier der

---

[5] Sogar Hans Peter Daimler verfügte in Lugano über eine persönliche Kontoverbindung für seine »Marktforschungsgeschäfte«, die er von Italien aus so lange betrieben hatte, bis einige seiner Freunde wegen Rauschgifthandels vor Gericht gestellt worden waren (Konto Nr. A 275710A bei der Banca della Svizzera Italiana).

»offizielle« Firmenwortlaut abgedruckt: *Inmobiliaria Coco del Mar Pacifico S.A. Panama.* Handelte es sich demnach um eine panamaische Reederei? – Mitnichten: Im Handelsregister der Republik Panama war eine Firma dieses Namens im fraglichen Zeitraum – 1976 – nicht registriert. Eine »Sociedad« *Inmobiliaria Coco del Mar S.A.* mit Sitz in Panama wurde erst am 28. März 1979 von Antonio Gonzales Revilla und Angela Rosania de Gonzales Revilla gegründet (Registernummer 037376).

Zum Glück fanden sich auf den verschiedenen Schriftstücken der *Coco del Mar* aber auch noch einige andere Hinweise, eine Bankverbindung, ein Name – Alfonso Paar – sowie als Adresse: Lugano, Corso Elvezia 7.

Natürlich stellte sich, als der Autor im April 1985 erstmals in Lugano zu recherchieren begann, rasch heraus, daß auch dieser Firmensitz nur eine Scheinanschrift war. Die Reederei, die den Seetransport der *Zapata*-Fracht organisierte, war auch in Lugano niemals registriert.

Aber immerhin: Am Corso Elvezia 7, einem der wenigen Häuser des Finanzzentrums der italienischen Schweiz, das keine Bank beherbergt, war einst das panamaische Konsulat sowie eine *Panafleet S.A.* domiziliert – als Verwaltungs- und Treuhand-Dachgesellschaft für sämtliche Schwindelfirmen von Señor Roosevelt Eduardo Panay.

Als Verwaltungsrat dieses Dachunternehmens hatte die Italoschweizerin Luisa Paparelli fungiert – die Sekretärin von Panay. Ihre Auskunftsbereitschaft hielt sich freilich in Grenzen, denn »in Wahrheit« habe eine Reederei *Coco del Mar* ja »niemals existiert«, sondern es waren »alles Schwindelfirmen«, mit denen sie nichts mehr zu tun haben wolle, denn sie habe »mit dieser verdammten Betrügerbande schon genug Ärger gehabt«.

Immerhin gab Signora Paparelli schließlich den Namen des Präsidenten der Scheinfirma preis: Pietro Zanetti, Direktor der *Overland Trust-Banca* in Lugano, wo Roosevelt Eduardo Panay in den Jahren 1975 und 1976 sein Privatkonto unterhielt.

»Ja, ich habe mich über Ersuchen des Konsuls«, gibt Zanetti freimütig sofort zu, »als Präsident der *Coco del Mar* und als Treuhänder für deren Aktionäre, Giulio Meotto und Amorino Scarpa, zur Verfügung gestellt«.

Pietro Zanetti unterschrieb die Gründungspapiere der Firma, von der er danach jedoch nie wieder etwas gehört hat. Eine Geschäftstätigkeit wurde tatsächlich nie ausgeübt und die verschiedenen Unterschriften auf den bei Udo Proksch in Wien sichergestellten Korrespondenzen der *Coco del Mar* erkannte Zanetti als »eindeutig gefälscht«.

KOPIE

**COCO DEL MAR PACIFICO S.A.**

PANAMA

Lugano, 10 August 1977

Messrs
ZAPATA A;G. Suisse
Geuensee
SWITZERLAND

S/S BEATRIX/ M/V LUCONA

Voyage : Chioggia - H.Kong

Re. the last meeting in Wien and relative talking with our representatives, we ask to you if is possible to close the last freight rates amunting to US$ 150,000 (Onehundredfiftythousand).
The summ would be paid to :

INM. COCO DEL MAR PACIFICO SA
Care of Union des Banques Suisse Lugano
Attn. Mr. Paar

Please confirm addressing to:

mr. A.SCARPA
via M.Bianco,29 Favaro
VENEZIA - Italy

Thanking in advance, we remain
faithfully yours
INM. COCO DEL MAR PACIFICO
Spec. Attorney

IMMOBILIARIA COCO DEL MAR PACIFICO INM. S.A. • CH-6900 LUGANO • CORSO ELVEZIA 7 • TESSIN • TEL. 091/53647/53950 • TELEX 73907
UNIONE DI BANCHE SVIZZERA — LUGANO

Alphons Graf Paar: »Finanzreferent« von Prokschs Scheinreederei Coco del Mar

Im Mai 1980 verschwand dann Konsul Panay plötzlich über Nacht unter Zurücklassung hoher Schulden, das Konsulat am Corso Elvezia wurde geschlossen, und auch die Italiener, Meotto, Scarpa und Vianello, wurden später nie wieder in Lugano gesehen.
Der Hintergrund der überstürzten Abreise Panays: Der »Diplomat« hatte zahlreiche Schweizer Geschäftsleute um hohe Summen geprellt, die ihm für Firmengründungen anvertrauten Beträge unterschlagen und natürlich auch die von ihm eingesetzten Treuhänder um deren Honorare betrogen.
Die Öffentlichkeit erfuhr freilich nie etwas über den dubiosen Konsul von Panama in Lugano. Der Skandal wurde im Einverständnis mit dem *Eidgenössischen Departement für auswärtige Angelegenheiten* vertuscht.
Ein weiterer Anknüpfungspunkt für die Recherche im Tessin war die Filiale der UBS-Bank in Lugano und der Name Alfonso Paar als »Inkassant« der angeblichen Reederei *Coco del Mar.*
In Wirklichkeit hieß der Mann Alphons Graf Paar: ein österreichischer Aristokrat, den es schon vor langer Zeit nach Lugano verschlagen hatte.[6] Noch Anfang der achtziger Jahre war Paar als Bankdirektor bei der UBS-Bank angestellt, in der Zwischenzeit jedoch ebenfalls »verschwunden« und an seiner Adresse in Lugano unauffindbar Man hatte ihn schon seit Jahren nicht mehr gesehen.
»Bis wann genau«, fragte der Autor den Chef der UBS schließlich kurzerhand, »war Alphons Graf Paar in Ihrer Bank angestellt?« Die verblüffende Antwort des Direktors Sebastian Meier: »Bis ich ihn am 2. Februar 1981 hier in der Bank verhaften ließ!«
Kurze Zeit später saß der Autor dem Ex-Bankier in der Wohnung von dessen Mutter in Savosa gegenüber. Alphons Graf Paar hatte tatsächlich in der Zwischenzeit eine dreieinhalbjährige Haftstrafe wegen Dokumentenfälschung und Betruges mit einer Schadenssumme von sieben Millionen Franken verbüßt.
Lugano galt immer schon als Dorado für die Anleger von »schwarzem« Geld, das vor allem aus Italien über die nahe Grenze kam. Insbesondere für die Mafia sind die Banken von Lugano eine erste Adresse, was nicht zuletzt durch jene Rauschgiftaffäre ruchbar wurde,

---

[6] Die Grafen von Paar, ursprünglich aus Böhmen stammend, lebten lange Zeit in Graz. Die Mutter von Alphons Paar (Sophie Gräfin Paar) besitzt noch heute die österreichische Staatsbürgerschaft, der Vater liegt im Familiengrab in Hartberg in der Steiermark begraben, wo die Familie ausgedehnte Güter besaß. Ein zweiter Sohn, Karl (Graf) Paar, lebt in Wien.

die unter dem Namen »Pizza-Connection« in die internationale Kriminalchronik einging.
Eine amerikanisch-italienische Drogenmafia hatte innerhalb von zehn Jahren Heroin im Wert von rund einer Milliarde Dollar[7] umgesetzt, und achtzehn Mafiosi wurden im März 1987 in New York zu Haftstrafen bis zu zwanzig Jahren verurteilt.
Auch Alphons Graf Paar verwaltete in seinem Schreibtisch Schwarzgeldkonten von rund fünfhundert italienischen Kunden, die naturgemäß ihren Banken oft völlig ausgeliefert sind, weil der Transfer illegal erfolgt ist. Paar konnte der sich daraus ergebenden Gelegenheit eines Tages nicht mehr widerstehen und begann, mit Hilfe eines italienischen Komplizen, Millionenbeträge durch Jahre hindurch auf Privatkonten umzuleiten, bis seine Malversationen durch puren Zufall bankintern eines Tages aufgedeckt wurden.
Eines der von Alphons Paar verwalteten Konten war auch das der Schwindelfirma *Coco del Mar.* Daher hatte er natürlich auch mit Renzo Vianello viel zu tun. Und dieser erzählte ihm eines Tages auch unter dem Siegel der Verschwiegenheit, daß er in der Angelegenheit *Coco del Mar* in Wahrheit im Auftrag eines Österreichers tätig sei. Den Namen hatte Vianello allerdings nicht genannt. Alphons Paar reimte es sich dennoch zusammen: Der Österreicher konnte nur Udo Proksch sein.
Alphons Paar selbst war im *Fall Lucona* weder ein Mitwisser noch ein Komplize, sondern – wie viele andere auch – nur ein kleiner »nützlicher Idiot«.
Am 18. Juni 1976 bot Renzo Vianello, der als »Generalbevollmächtigter« der *Coco del Mar* an die Front geschickt worden war, der *Zapata AG* offiziell das kurz zuvor erworbene Frachtschiff *Beatrix*, einen typischen »Seelenverkäufer«, für den Schrott-Transport an und verlangte dafür eine »Frachtgebühr« in der Höhe von 300 000 Dollar.
Am 7. November 1976 wurde der Chartervertrag unterzeichnet. Als Kapitän sollte der Italiener Giorgio Casagrande aus Mestre fungieren, dem, wie Vianello in den Schachspielen der italienischen Gruppe um Meotto und Scarpa, die Rolle eines Bauern zukam.[8] Auch er war zuvor als Vertreter für die Schwimmbeckenfirma *Tecno Piscine* tätig

[7] Die Untersuchungen der Staatsanwaltschaft ergaben, daß allein in den Jahren 1981 und 1982 Mafia-Gelder in der Höhe von rund 800 Millionen Schilling über Bankkonten in Lugano weißgewaschen worden waren.
[8] Bei der süditalienischen *Camorra* wurden Leute wie Renzo Vianello und Giorgio Casagrande »Schiafotti« genannt, weil sie es sind, die an die Front geschickt werden und die – wenn etwas schiefgeht – für ihre Chefs die »Ohrfeigen« beziehen.

gewesen und werkte zwischendurch auch als Autoübersteller für das internationale Leihwagenunternehmen *Hertz*.
Dennoch verfügte Giorgio Casagrande auch als Kapitän über hinreichende Erfahrungen: Ein Schiffsuntergang im Marmarameer war ihm schon geglückt.
Schließlich aber kam alles ganz anders als geplant, denn die letzten Schrottanlieferungen aus Österreich verzögerten sich um ein paar Wochen – und der Frachter *Beatrix* überlebte die Wartezeit nicht.
Um die Zeit nicht ungenützt verstreichen zu lassen, hatte man zwischendurch einen Düngemitteltransport von Rijeka nach Tekirdag in der Türkei durchgeführt – und dabei geschah das Unglück: Die *Beatrix* überstand die Fahrt nicht und kam Anfang Dezember 1976 so schwer beschädigt nach Venedig zurück, daß sie die für den Transport der *Zapata*-Fracht nötige Klassifikation nicht mehr erhielt.
Ihre Eigentümer ergriffen daraufhin die Gelegenheit beim Schopf, ließen den Kahn gleich verschrotten und machten auch dabei noch ein sehr gutes Geschäft. Das Schiff war natürlich weit überversichert gewesen, so daß man einmal von der Versicherung 430 000 Dollar erhielt und darüber hinaus auch noch einen Schrottwert in der Höhe von 170 000 Dollar erzielte.
Für den Hongkong-Transport mußte die Reederei *Coco del Mar* nun natürlich ein Ersatzschiff beschaffen. Schließlich entschloß man sich, ein fremdes Schiff zu chartern. So kam – erst im letzten Augenblick – die *Lucona* ins Spiel.

Zürich, 20th December 1976

for Inmobilaria Coco del Mar Pacifico S.A.

for ZAPATA AG



Renzo Vianello zeichnet auch für die Coco del Mar

# »Detonationsmechanische Übungen«

Bis zum Sommer des Jahres 1976 hatte sich erst rund die Hälfte des nach Hongkong zu verschiffenden Schrotts im Zollager des Hafens Chioggia befunden. Etwa 300 Tonnen lagerten immer noch in Piesting. Dennoch entschlossen sich Udo Proksch und Hans Peter Daimler ohne jeden erkennbaren Grund, die laufenden Anlieferungen über die Sommermonate zu unterbrechen. Dies wurde mit Schreiben der *Zapata AG* vom 23. Juni 1976 auch der Transportversicherung mitgeteilt.

Bedeutung erlangte dieses auf den ersten Blick scheinbar unwichtige Detail allerdings erst im Herbst 1984, als der Autor dieses Buches aus der unmittelbaren Umgebung des *Demel*-Geschäftsführers und seines Partners Daimler einen brisanten Hinweis erhielt:

Bereits mehr als ein halbes Jahr vor dem Untergang der *Lucona* habe man, so der Informant, die entscheidenden Vorbereitungen für die Versenkung des Frachters getroffen und die Wirkungsweise des verwendeten Sprengstoffes auch in der Praxis erprobt.

Beweise für seine Behauptungen legte der Informant nicht vor, wußte jedoch zu berichten, daß in diesem Zusammenhang insbesondere die Frage diskutiert worden sei, wo Versuche mit Sprengstoff am ehesten durchgeführt werden konnten, ohne daß die Gefahr der Entdeckung bestand.

Man habe sich schließlich entschlossen, das Training an einem Ort vorzunehmen, wo Sprengübungen am allerwenigsten auffallen würden: auf einem Gelände des österreichischen Bundesheeres und möglichst unter offizieller Beteiligung des Militärs.

Tatsächlich hatten Proksch und Daimler die Unterbrechung der Transporte Ende Juni 1976 keinesfalls veranlaßt, um ungestört einen Sommerurlaub genießen zu können. Ganz im Gegenteil: Es kam zu hektischen Aktivitäten, allerdings nicht in Piesting, sondern nunmehr in Westösterreich.

Schon in den Wochen zuvor kam es zu regelmäßigen Treffen Udo Prokschs, Daimlers und des *Pinosa*- und *Demel*-Angestellten Hans Huber mit einem gemeinsamen alten Freund, der als Offizier des österreichischen Bundesheeres irgendwo in Salzburg oder Tirol nahe

der bayerischen Grenze stationiert zu sein schien. Die Tatsache dieser Zusammenkünfte war auch Daimlers damaliger Lebensgefährtin, der Salzburgerin Michaela Wagner, nicht verborgen geblieben.[9]
Den Zweck dieser Treffen erfuhr sie jedoch ebensowenig wie den Namen des Offiziers. Sie wußte damals lediglich, daß er den Rang eines Hauptmannes hatte, und den Standort seiner Kaserne vermutete sie in St. Johann in Tirol.
Tatsächlich sind Daimler und die zwei Hobby-Militaristen, Udo Proksch und Hans Huber, seit Jahrzehnten mit einem Mann eng befreundet, der Berufssoldat und überdies geprüfter und autorisierter Pioniersprengmeister ist. Im Jahre 1976 bekleidete er den Rang eines Hauptmannes. Sein Name: Hans Edelmaier.
Im Jahre 1970 besuchten Hans Edelmaier und Hans Huber gemeinsam einen Jagdkommandokurs des österreichischen Bundesheeres, wo sie eine Ranger- und Nahkampfausbildung erhielten.
Auf dem in der Nähe von St. Johann in Tirol liegenden Truppenübungsplatz in Hochfilzen, einem Übungsgelände des Bundesheeres, das sich über ein Gebiet von mehr als 1 200 Hektar erstreckt, übt Hans Edelmaier seit vielen Jahren die Funktion des Sicherheitsoffiziers aus.
Durchschnittlich sechzigtausend Soldaten pro Jahr absolvieren in diesem ausgedehnten militärischen Sperrgebiet am Rande der Kitzbüheler Alpen ihre Ausbildung, zu der natürlich auch der Umgang mit Sprengmitteln gehört. Fast jeden Tag sind demnach auf dem Truppenübungsplatz irgendwelche Sprengübungen angesetzt, und auch heute noch obliegt die Aufsicht darüber dem in der Zwischenzeit zum Major beförderten Sicherheitsoffizier Hans Edelmaier, der überdies auch für die Verwaltung des Sprengstofflagers von Hochfilzen zuständig ist.[10]
Diesen Truppenübungsplatz nahmen im Juli 1976 Udo Proksch und seine Mannschaft in Besitz, nachdem vom damaligen Bundesminister für Landesverteidigung, dem Proksch-Intimus Karl Lütgendorf, auf dem Erlaßweg angeordnet worden war, das Gelände und die militärischen Einrichtungen seinem Freund für persönliche Zwecke zur Verfügung zu stellen. Die offizielle Begründung: Udo Proksch wollte auf dem Truppenübungsplatz einen Film drehen.

---

[9] Niederschriftliche Aussage von Michaela Wagner vom 7. Juli 1983 vor der Kriminalabteilung der Sicherheitsdirektion Salzburg.
[10] In der Zwischenzeit schied Hans Edelmaier als Berufsoffizier aus dem österreichischen Bundesheer aus und trat – nunmehr Major der Reserve – als Zivilbeamter in den Heeresdienst ein. Seine Funktion blieb jedoch dieselbe.

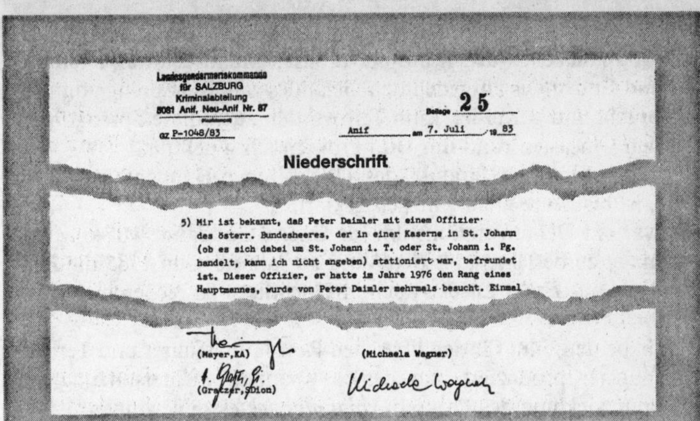

Landesgendarmeriekommando
für SALZBURG
Kriminalabteilung
5081 Anif, Neu-Anif Nr. 87

Beilage 25

GZ P-1048/83

Anif am 7. Juli 19 83

Niederschrift

5) Mir ist bekannt, daß Peter Daimler mit einem Offizier des österr. Bundesheeres, der in einer Kaserne in St. Johann (ob es sich dabei um St. Johann i. T. oder St. Johann i. Pg. handelt, kann ich nicht angeben) stationiert war, befreundet ist. Dieser Offizier, er hatte im Jahre 1976 den Rang eines Hauptmannes, wurde von Peter Daimler mehrmals besucht. Einmal

(Mayer,KA)

(Michaela Wagner)

(Gratzer,SDion)

Spur nach Hochfilzen: Daimlers Ex-Freundin gibt ersten Hinweis

Zuvor hatte die Wiener Speditionsfirma *Pirnat* bereits einige LKW-Ladungen »Geräte und Materialien« von Piesting nach Hochfilzen gebracht. Nach Beendigung der »Dreharbeiten« auf dem Truppenübungsplatz wurde wieder alles zurück transportiert, wofür die Spedition der Firma *PinosaGes.m.b.H.* am 22. Juli 1976 auch ordnungsgemäß eine Rechnung über den Betrag von 32 804 Schilling zukommen ließ.[11]

Ein Film wurde auf dem Gelände vom Trio Proksch, Daimler und Hans Huber wirklich gedreht, und die gesamte in Hochfilzen stationierte Truppe stellte sich – vom Kommandanten des Truppenübungsplatzes, Oberst Helmut Kaltner, angeführt – als Komparserie zur Verfügung.

Zuerst reaktivierte der *Demel*-Chef wieder einmal die uralte Idee seines *Militantprojektes* und ließ im Gelände mit Hilfe einer Kunststoff-Extrusionsmaschine Kampfdeckungen, Bunker und Schützengräben errichten. Danach folgten verschiedene »Festigkeitstests«.

In der ersten Phase ließ Oberst Kaltner Udo Prokschs Plastik-Kampfdeckungen von Heerespanzern überrollen. »Nur zum Spaß«, wie er heute betont, denn diese Veranstaltung habe ja mit dem Dienstbetrieb »überhaupt nichts zu tun gehabt«.

---

[11] Die Rechnung für die Transporte Piesting–Hochfilzen und zurück wurde 1984 im Konkursakt des Masseverwalters der in der Zwischenzeit liquidierten Speditionsfirma entdeckt.

Dann trat Hans Edelmaier in Aktion: Unter seiner fachkundigen Leitung und Aufsicht wurden mit der Proksch-Mannschaft an allen Ekken und Enden des ausgedehnten Geländes zahllose Sprengladungen angebracht und gezündet. Zum Teil wurden auch diese Sprengungen von den Cineasten rund um Udo Proksch eifrig gefilmt.
Wozu das filmische Produkt des Hochfilzener Happenings dienen sollte, ist bis heute nicht gänzlich geklärt.
»Es war ein Demonstrationsfilm für Oberst Gaddafi«, wußte Major Edelmaier zu berichten, als der Autor zu Jahresbeginn 1985 die Hintergründe des *Falles Lucona* auch in Hochfilzen zu recherchieren begann.
Man habe den Film für den libyschen Revolutionsführer und Terroristenfinancier produziert, um dessen finanzielle Unterstützung zur Weiterentwicklung des Proksch-*Militantprojektes* zu gewinnen.[12]
Auch die Tatsache der von seinem »langjährigen Freund« Udo Proksch auf dem Truppenübungsplatz im Sommer 1976 initiierten Sprengstoffversuche im Rahmen der Dreharbeiten gab der Sicherheitsoffizier ohne Umschweife zu. Er habe ohnehin schon seit Jahren damit gerechnet, daß ihn der Staatsanwalt, das Gericht oder die Polizei eines Tages vorlädt, um ihn über jene »detonationsmechanischen Übungen« zu befragen.
Die Auskunftsbereitschaft des Offiziers und staatlich befugten Sprengmeisters endete indes unvermittelt und jäh, als der Autor von ihm wissen wollte, worin später seine Aufgabe in Venedig bestand – just zur selben Zeit, da die Vorbereitungen zur Beladung des Frachters *Lucona* begannen?
Zunächst leugnete Major Edelmaier, jemals in Chioggia oder Venedig gewesen zu sein, und schon gar nicht im Zusammenhang mit der *Lucona*. Erst als ihm der Autor Beweise vorhielt, gab er zu, von Udo Proksch in der fraglichen Zeit zu einem »Urlaub« nach Venedig eingeladen worden zu sein. Jede weitere Antwort verweigerte er, bevor er nicht von seinem Vorgesetzten die Erlaubnis zur Auskunftserteilung erhalten habe.
Major Edelmaiers »Chef« schien in diesem Fall jedoch keineswegs Oberst Kaltner als Kommandant des Truppenübungsplatzes zu sein, denn als der Autor das Interview am nächsten Tag fortsetzen wollte, war der Offizier aus Hochfilzen verschwunden. Er hatte sich überra-

[12] Oberst Gaddafi bekam den Film allerdings nie zu Gesicht. Einzelne unzusammenhängende Teile des Negativmaterials blieben jedenfalls unverwendet bei Udo Proksch liegen, wo sie am 18. Juli 1984 die Kriminalpolizei fand.

schend für einen Tag frei genommen und war Hals über Kopf nach Wien abgereist, wo er sich mit Udo Proksch traf.
Daß sich der Sprengstoffspezialist just in den Tagen vor dem Auslaufen der *Lucona* vom Bundesheer Urlaub genommen hatte, mußte schließlich auch der Kommandant des Truppenübungsplatzes bestätigen. Major Edelmaier sei jedoch »sicher nicht offiziell bei der Beladung der *Lucona* mit in Venedig gewesen«, und »bitte, was einer in seinem Urlaub macht, ist seine Angelegenheit, wir leben in einer Demokratie!«
Den erbetenen Einblick in die zwischen Juli 1976 und Jänner 1977 geführten Aufzeichnungen über die damals in Hochfilzen verwendeten Sprengmittel und die jweiligen Sprengstoff-Lagerbestände gestattete Oberst Kaltner dem Autor dieses Buches jedoch nicht. Er glaube nicht, daß anläßlich der »detonationsmechanischen Übungen« Udo Prokschs, den auch er sehr gut kenne, aus Hochfilzen größere Sprengstoffmengen verschwanden.
Als jedoch am 15. Februar 1985 über den *Demel*-Chef und über Hans Peter Daimler zum erstenmal die Untersuchungshaft verhängt wurde, beunruhigte dies offensichtlich auch den Hochfilzener Sprengstoffspezialisten und seinen Helfer bei den »detonationsmechanischen Übungen« so sehr, daß sich die beiden vorsorglich an einen Wiener Strafverteidiger wandten:
Major Edelmaier und Hans Huber fürchteten, ebenfalls verhaftet zu werden. Ihre Sorge war freilich unbegründet, denn auch Proksch und Daimler waren schon nach 14 Tagen wieder frei.
Drei Wochen später, am 19. März 1985, meldete sich jener Rechtsanwalt, der von Edelmaier und Huber in die Vorgänge auf dem Truppenübungsplatz in Hochfilzen eingeweiht worden war, bei dem bekannten Wiener *profil*-Journalisten Alfred Worm.
»Es steht für mich völlig außer Zweifel«, gab der Anwalt[13] dem Journalisten im Verlauf einer persönlichen Unterredung bekannt, »daß die *Lucona* gesprengt worden ist.« Dann erklärte er die Zusammenhänge, berichtete von den Sprengübungen in Hochfilzen und nannte die Namen der beiden Personen, die seiner Überzeugung nach an der Sprengung der *Lucona* aktiv mitgewirkt hatten.
»Ich kann es«, schloß der Anwalt, »mit meinem Gewissen nicht mehr länger vereinbaren, meinen Informationsstand zu verschweigen!«

---

[13] Der Name des Rechtsanwaltes, der seinerzeit ebenfalls – zusammen mit Edelmaier und Huber – den Jagdkommandokurs des Bundesheeres absolviert hatte, wurde dem Redaktionsgeheimnis unterstellt.

Noch am selben Tag ersuchte Alfred Worm daraufhin Untersuchungsrichter Wilhelm Tandinger um eine Unterredung, die am 25. März 1985 in dessen Dienstzimmer im Wiener Landesgericht im Beisein des ermittelnden Kriminalbeamten der niederösterreichischen Sicherheitsdirektion, Franz Reitter, stattfand.
Die Informationen, die der *profil*-Journalist, als Zeuge unter Wahrheitspflicht stehend, in der Folge zu Protokoll gab, liegen seither im Gerichtsakt. Um die weiteren amtlichen Ermittlungen nicht zu behindern, hatte sich Alfred Worm über Ersuchen des Gerichtes sogar verpflichtet, auf jede Veröffentlichung des ihm bekannten Sachverhalts zu verzichten.
Worms Bereitschaft zur Diskretion war allerdings völlig umsonst. Weitere Ermittlungen fanden nicht statt. Weder bekam die weisungsgebundene Staatsanwaltschaft die Erlaubnis, die nötigen Schritte zu veranlassen, noch erhielt das Gericht die Gelegenheit, im Rahmen einer Voruntersuchung auch ohne Antrag der Staatsanwaltschaft von sich aus entsprechende Maßnahmen zu treffen.
Erst als sich eineinhalb Jahre später – Mitte Oktober 1986 – Udo Proksch zum zweitenmal für einige wenige Tage in U-Haft befand, wagte es schließlich die *Staatspolizei*, den Wiener Hans Huber bezüglich der Vorgänge in Hochfilzen einzuvernehmen. Zu einer Untersuchung des Falles durch die *Stapo* in Hochfilzen hätte allerdings das Innenministerium die Zustimmung geben müssen. Sie wurde niemals erteilt.
In der Zwischenzeit recherchierte das *Heeres-Nachrichtenamt* in Hochfilzen und stellte fest, daß im Sommer 1976 – wenige Monate vor der Beladung der *Lucona* – für Udo Prokschs »filmische Zwecke« offenbar sehr große Mengen von Sprengstoff benötigt worden sind. Nicht nur TNT, sondern auch Dynamit sowie »Plastiksprengstoffe« aller Art.
Ob allerdings wirklich die gesamte in Anspruch genommene Sprengstoffmenge auf dem Truppenübungsplatz auch versprengt wurde, kann nur der Untersuchungsrichter der *Lucona*-Affäre, Wilhelm Tandinger, klären.
Über Antrag von Staatsanwalt Wolfgang Mühlbacher wurde Major Hans Edelmaier am 24. Juli 1987 erstmals gerichtlich vernommen.
Die Rolle, die der Hochfilzener Sicherheitsoffizier als Sprengstoffspezialist um die Jahreswende 1976/77 in Venedig gespielt hat, verriet er dem Richter jedoch nicht. Er bestritt vielmehr plötzlich, während dieser Zeit überhaupt in Italien gewesen zu sein.

# Chioggia: »Adabei« Leopold Gratz

Ursprünglich hätte nach den Plänen von Proksch und Daimler der Abtransport der Schrottfracht aus Chioggia schon im August 1976, unmittelbar nach dem Abschluß der »detonationsmechanischen Übungen«, stattfinden sollen. Aus Gründen, die bis heute nicht aufgeklärt sind, kam es jedoch immer wieder zu Verzögerungen im weiteren Ablauf, und man mußte den Verladetermin von Monat zu Monat verschieben. Erst im Dezember traten die Vorbereitungen für den Seetransport der angeblichen »Uranfabrik« in die Endphase ein.

Zwischen Weihnachten und Silvester 1976 verlagerten Udo Proksch und Hans Peter Daimler ihr Hauptquartier nach Venedig. Mit dabei: Renzo Vianello als »Bevollmächtigter« der Schwindel-Reederei *Coco del Mar*, weiters der Wiener *Pinosa*-Angestellte Hans Huber sowie der jüngste Bruder des *Demel*-Chefs, Rüdiger Proksch, dessen Aufgabe vor allem darin bestand, die im Zollager von Chioggia eingelagerten Kisten, Container sowie einzelne unverpackte und frisch gestrichene Maschinenteile zu fotografieren. Schließlich wollte man später ja beweisen können, daß es die »Uranfabrik« tatsächlich gab.

Daß etwa zur selben Zeit auch Major Hans Edelmaier über Einladung von Udo Proksch einen »Urlaub« in Venedig verbrachte, wurde schon erwähnt.

Sicher ist ebenfalls, daß zwischendurch auch das prominenteste Mitglied der Proksch-Gruppe, Leopold Gratz, damals noch Bürgermeister der österreichischen Bundeshauptstadt, in die Lagunenstadt angereist kam.

Der Politiker wurde von seinen Freunden in den Hafen von Chioggia und in jene Lagerhallen geführt, wo die *Zapata*-Fracht zum Abtransport bereit lag. Gratz würde später der gewichtigste »Zeuge« für die Existenz der »Uranfabrik« sein. Und damit er nicht etwa eines Tages auf die Idee kommen könnte, seine Anwesenheit in Chioggia lieber doch zu vergessen, wurde der Politiker von Rüdiger Proksch bei seinem Rundgang zur Sicherheit eifrig von allen Seiten fotografiert.

Auch die Wiener *Bundesländer-Versicherung* erhielt in dieser Zeit Post aus Venedig: Kartengrüße von Udo Proksch an die mit dem *Zapata*-Versicherungsfall befaßten Personen mit den besten Wünschen für ein

»glückliches neues Jahr«, die Leopold Gratz beflissen eigenhändig mit unterschrieb. Der Versicherungsangestellte Josef Bürger, der den Gruß aus Venedig zugestellt erhielt, fühlte sich geehrt. Der Hohn, der in diesem Wunsch lag, wurde ihm freilich erst nach dem Untergang der *Lucona* bewußt.

Von italienischer Seite nahmen außer Renzo Vianello noch drei weitere Proksch-Bekannte an den Abtransportvorbereitungen teil: Die beiden Vianello-Chefs und wahren Miteigentümer der »Reederei« *Coco del Mar*, Giulio Meotto und Amorino Scarpa, wurden von der *Zapata AG* offiziell engagiert und beauftragt, den Verladevorgang nicht nur zu organisieren, sondern auch zu »überwachen« und als »Gutachter und Sachverständige für Schiffs- und Güterversicherungen« darüber ein Gutachten zu erstellen. Der glücklose *Beatrix*-Kapitän Giorgio Casagrande sollte schließlich die Rolle eines »Staumeisters« spielen.

Schon Mitte Dezember hatte man sich entschieden, den Seetransport – nachdem der dafür vorgesehen gewesene eigene Frachter *Beatrix* ausgefallen war – von einem fremden Schiff durchführen zu lassen. Als das von der holländischen *Oost Atlantic Lijn* gemanagte Frachtschiff *Lucona* am 14. Dezember 1976 über die Genueser Schiffsagentur Hugo Trumpy als »ab Ende Dezember frei« angeboten wurde, griff Udo Proksch zu.

Die *Zapata AG* trat freilich keineswegs selbst in Erscheinung, sondern beauftragte mit der Charterung die Schwindelfirma *Coco del Mar*, die von Meotto und Scarpa in Lugano gegründet worden war, und für welche Renzo Vianello als »Bevollmächtigter« auftrat.

Für die erforderlichen Verhandlungen schlüpfte der Ex-Marinekapitän Amorino Scarpa zuvor noch rasch in die Rolle einer Schiffsagentur und vermittelte die *Lucona* auf diese Weise an sich selbst.

Da den Holländern die angebliche Reederei *Coco del Mar* allerdings völlig unbekannt war, verlangten sie vorsichtshalber eine Bankgarantie. Dies erledigte schließlich namens der *Schweizerischen Bankgesellschaft* in Lugano auf kurzem Weg Alphons Graf Paar, der zu jener Zeit noch nicht inhaftiert war. Am 16. Dezember unterschrieb Renzo Vianello den Chartervertrag.

Der 1200-Bruttoregistertonnen-Frachter *Lucona* (75 m lang und 11 m breit) war im Jahr 1966 unter dem Namen *Steinberg* gebaut worden. Später erhielt das Schiff den Namen *Niolon*, und schließlich kreuzte es unter dem Namen *Atlantic Progress* zwischen Miami und Trinidad in der Karibik.

Erst Anfang 1976 kam das Schiff wieder nach Europa zurück, wurde

in einer holländischen Werft generalüberholt und neu klassifiziert, ging in den Besitz der Reederei *Lumin Compania Naviera S.A.* über und wurde auf den neuen Namen *Lucona* getauft. Als Eigentümer der in Panama registrierten Reederei, die den Frachter von der Rotterdamer *Oost Atlantic Lijn* managen ließ, trat der in Heide-Kalmhout in Belgien lebende Geschäftsmann Johannes Albertus Vrolijk auf.
Der Kapitän der *Lucona* hieß Jacob Puister und war, ebenso wie sein Steuermann und 1. Offizier Jacobus Nicolaas van Beckum, holländischer Nationalität.
Aus Zypern kommend, traf die *Lucona* in den frühen Morgenstunden des 1. Jänner 1977 in Chioggia ein und ging zunächst außerhalb des Hafens vor Anker, bis man sie schließlich nach drei Tagen in den inneren Hafen vorließ. Danach kamen als erstes mit einem Boot drei Männer zum Schiff und gingen an Bord: Udo Proksch, Hans Peter Daimler und Renzo Vianello. Sie brachten anschließend Kapitän Puister an Land und zeigten ihm die Ladung, die jener durchaus nicht beeindruckend fand:
»Die Ladung lag teilweise unter Überdachungen, teilweise im Freien in der Nähe von Schuppen. Die Ladung bestand zum Teil aus Containern. Ich glaube, daß es 28 Container waren. Weiters waren da zwei große Lattenkisten mit je ca. 12,5 Tonnen pro Stück. Es waren noch mehr Lattenkisten da, aber die waren kleiner. Und weiters war da noch eine Menge von losem Kram ...«[14]
Am Ende der Besichtigung versicherte Udo Proksch dem Kapitän, daß die gesamte Fracht »ungefährlich und lawful« sei und daß es sich dabei um Teile einer »dismantled« (zerlegten) »Secondhand-Uranfabrik« handle.
Jacob Puister nahm die Erklärung zur Kenntnis. Das Ladegut schien ihm, soweit er selbst sehen konnte, tatsächlich mehr als harmlos und ungefährlich zu sein. »Die unverpackte Ware war alt«, sagte der *Lucona*-Kapitän später vor Gericht aus, jedoch »teilweise mit grauer Farbe gestrichen«.[15]
Seltsam erschien dem Kapitän lediglich die Mitteilung, wonach der Bestimmungsort dieser »Secondhand-Uranfabrik« noch nicht bekannt sei. Hongkong, erfuhr Jacob Puister von den Herren der *Zapata AG*, würde lediglich eine Zwischenstation sein, von wo aus die *Lucona* – nach Erhalt neuer Frachtdokumente – noch weiterfahren

---

[14] Zeugenaussage des Kapitäns Jacob Puister vom 17. März 1977 vor dem Landesgericht Rotterdam.
[15] Zeugenaussage vom 22. Mai 1986 vor dem Landesgericht für Strafsachen Wien.

müsse. Das endgültige Ziel würde von Hongkong aus in etwa fünf bis sechs Tagen erreicht sein.
In welchem Land und in welchem Hafen die *Lucona* letztendlich ihre Fracht löschen sollte, erfuhr der Kapitän indes nicht. Diese Vorgangsweise empfand Jacob Puister nicht nur reichlich dubios, vielmehr schien ihm die Geheimniskrämerei darüber hinaus auch völlig sinnlos zu sein:
Am Ende würden er und seine Mannschaft zwangsläufig ja doch das Ziel ihrer Reise erfahren. Daß die *Lucona* in Wahrheit schon in Hongkong niemals ankommen sollte, ahnte er freilich zu diesem Zeitpunkt noch nicht.

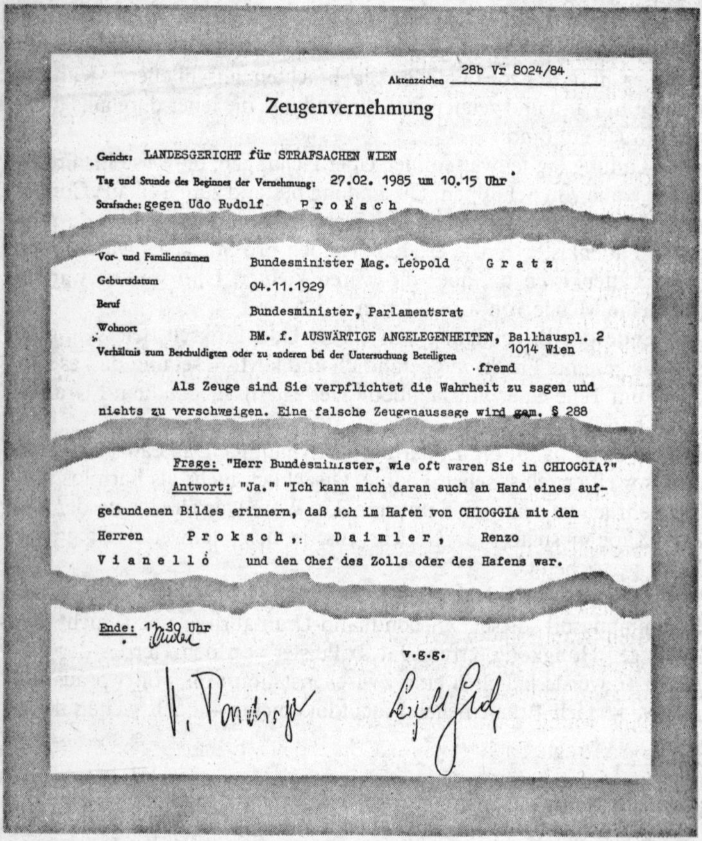
Aktenzeichen 28b Vr 8024/84

Zeugenvernehmung

Gericht: LANDESGERICHT für STRAFSACHEN WIEN
Tag und Stunde des Beginnes der Vernehmung: 27.02. 1985 um 10.15 Uhr
Strafsache: gegen Udo Rudolf P r o k s c h

Vor- und Familiennamen: Bundesminister Mag. Leopold G r a t z
Geburtsdatum: 04.11.1929
Beruf: Bundesminister, Parlamentsrat
Wohnort: BM. f. AUSWÄRTIGE ANGELEGENHEITEN, Ballhauspl. 2, 1014 Wien
Verhältnis zum Beschuldigten oder zu anderen bei der Untersuchung Beteiligten: fremd

Als Zeuge sind Sie verpflichtet die Wahrheit zu sagen und nichts zu verschweigen. Eine falsche Zeugenaussage wird gem. § 288

Frage: "Herr Bundesminister, wie oft waren Sie in CHIOGGIA?"
Antwort: "Ja." "Ich kann mich daran auch an Hand eines aufgefundenen Bildes erinnern, daß ich im Hafen von CHIOGGIA mit den Herren P r o k s c h, D a i m l e r, Renzo V i a n e l l ó und den Chef des Zolls oder des Hafens war.

Ende: 1[illegible].30 Uhr

v.g.g.

# Die »Zeugen« der Verladung

Das endgültige Ziel der *Lucona*-Fracht selbst nicht gekannt zu haben, behaupten bis zum heutigen Tag steif und fest auch Udo Proksch und Hans Peter Daimler. Daß ihr Lebenswerk in Gestalt einer angeblich 212 Millionen Schilling teuren »Uranfabrik« auf diese Weise sozusagen eine Fahrt ins Blaue antreten sollte, schien sie jedoch nicht im geringsten zu stören.

Umso intensiver hatten sie sich allerdings um möglichst zahlreiche geeignete Zeugen für die Verladung in Chioggia bemüht. Leopold Gratz wurde schon erwähnt. Ihm gelang es mit Hilfe seiner späteren Zeugenaussage sogar, seine beiden Freunde im Februar 1985 aus der gerichtlichen Untersuchungshaft zu befreien. In Wahrheit allerdings hatte der danach zum Außenminister und inzwischen gar zum Parlamentspräsidenten avancierte Politiker in Chioggia von einer Uranfabrik ebensowenig gesehen wie alle übrigen Anwesenden.

Seitens der österreichischen Versicherungsanstalt war schon Monate vor Beginn der Verladearbeiten ein Angestellter der Agentur *Christoforo David* in Triest als Havariekommissar bestellt und mit der Überwachung des technischen Verladevorganges beauftragt worden. Dieser Mann namens Pino Rebulla erfüllte seine Aufgabe auftragsgemäß.

Den *Zapata*-Leuten genügte dies jedoch nicht. Über ihre Empfehlung engagierte der Havariekommissar zusätzlich auch noch den venezianischen Versicherungssachverständigen Alfredo Salvadori, der den Verladevorgang – auf Rechnung der *Bundesländer-Versicherung* – ebenfalls überwachte und ein Gutachten über dessen »Ordnungsmäßigkeit« erstellte.

Der »Zufall« hatte es gewollt, daß die Wiener Versicherung mit dieser indirekten Beauftragung von Salvadori just auf einen weiteren Freund und Partner von Giulio Meotto und Amorino Scarpa, der beiden venezianischen Schlüsselfiguren beim *Zapata*-Deal, stieß.

Jedenfalls waren damit einmal zwei von der Versicherungsanstalt selbst beauftragte Sachverständige da, die den ordnungsgemäß erfolgten Ablauf der Verladetätigkeit in Chioggia bestätigen konnten.

Für die Art und Beschaffenheit des Ladegutes interessierten sich die

beiden Gutachter natürlich ebensowenig wie für den Inhalt der vom Zoll versiegelten Kisten und Container.
Nach dem Untergang der *Lucona* luden Hans Peter Daimler und der Wiener *Zapata*-Anwalt, Heinz Damian, den Havariekommissar der Versicherung allerdings zu einem Skiurlaub nach Österreich ein. Zuvor hatte man ihn bloß mit *Demel*-Torten verwöhnt. Im Kitzbüheler *Parkhotel* versuchte man schließlich, ihn zur »Zusammenarbeit« mit der *Zapata AG* zu überreden.
Pino Rebulla blieb aber offenbar standhaft. Als er Jahre später im Wiener Landesgericht für Strafsachen als Zeuge aussagen mußte, gab er an: »Die Ladung schien mir nicht sehr wertvoll zu sein.«
Über den Inhalt der verpackten Teile konnte Rebulla naturgemäß keine Angaben machen. Diese Aufgabe fiel den von der *Zapata AG* zusätzlich beauftragten »unabhängigen Gutachtern« zu. Als solche stellten sich der Einfachheit halber wieder einmal Giulio Meotto und Amorino Scarpa zur Verfügung, wobei vor allem Meotto in seinem nach dem Untergang der *Lucona* verfaßten »Sachverständigenbericht« auch den angeblichen Inhalt der rund vierhundert Kisten und sechzehn Container beschrieb und am Ende gar schwor, die Wahrheit – und nichts als die Wahrheit – geschrieben zu haben.
In der Zwischenzeit ist jedoch nachgewiesen, daß er deren Inhalt überhaupt nicht gesehen haben konnte, da die italienische Zollbehörde die Zollplomben nachweislich nicht entfernt hat. Darüber hinaus wurde sein »Gutachten« nicht einmal von ihm selbst formuliert, sondern von – Hans Peter Daimler, dessen Entwurf Giulio Meotto einfach abschrieb.[16]
Mit »eidesstattlichen Erklärungen« stellten sich zu guter Letzt auch noch der italienische Spediteur Luciano Godino und »Staumeister« Giorgio Casagrande ein, wobei auch ihnen die Texte vom venezianischen *Zapata*-Anwalt Enzo Morelli vorgeschrieben wurden.
Vor allem Casagrande gab sich in einer allerdings erst am 10. September 1979 unterfertigten »Erklärung« zur eindeutigen Falschaussage her, er habe »den tatsächlichen Inhalt« sowohl der insgesamt 412 Packstücke als auch der 16 Container »persönlich kontrolliert, indem ich die letzteren öffnete«. Auch er konnte dies, wie von der italienischen Zollbehörde klipp und klar festgestellt wurde, gar nicht tun.
Leicht schien Casagrande seine Unterschrift aber offenbar ohnedies

---

[16] Die Beweise für diese Manipulation wurden in Form der darauf Bezug nehmenden Korrespondenzen bei Hans Peter Daimler von der Kriminalpolizei sichergestellt.

ZAPATA
A.G.
ANWENDUNGSTECHNIK-ANLAGENBAU-LIZENZEN-PATENTE-PLASTIKVERARBEITUNG-CHEM.-TECHN. PRODUKTE-MINEN-U. FÖRDERTECHNIK-CIVILE U MILITÄRISCHE UMWELTSCHUTZANLAGEN

Cap. L.C.
Giulio Meotto,
S. Polo 2319,
I-30125 VENEZIA

26 August 1977

Dear Captain Meotto,

RE YOUR RELAZIONE TECNICA - "LUCONA"

Firstly, on Page 2 of your Relazione, the following corrections should be made - (see also corrections on copy attached):

The total goods arriving in Chioggia had a weight of approximately 700 tons. Please quote exactly: "no other collis than those mentioned above from Zapata A.G. were loaded on board the "Lucona" in Chioggia. The customs seals on all 16 containers as well as the locks on all 16 containers were intact. Also none of the customs seals on any of the cases were broken."

You will be receiving three separate copies of this letter plus enclosures to ensure its safe arrival. We should be very grateful if you would send the corrected pages three times.

We wish to thank you very cordially for your kind assistance and look forward to receiving your earliest reply.

With kind regards,
We remain,

Yours very truly,
ZAPATA A.G.

Signed on behalf of Zapata S.A.

ZAPATA A.G.-CH-6232 GEUENSEE (LUZ.), OBERDORF-OELE-TEL. 045/21 36 64-TELEX 72372 OELE-CH
LUZERNER LANDBANK A.G. SURSEE-UNION DE BANQUES SUISSES LUZERN

H. P. Daimler schreibt dem »Sachverständigen« Giulio Meotto Gutachten vor

Vor- und Familiennamen — Giorgio C a s a g r a n d e

Geburtsdatum — 31.01.1933

Beruf — Oberseekapitän

Wohnort — VIA FRA DELETTO 3 30172 MESTRE

Verhältnis zum Beschuldigten oder zu anderen bei der Untersuchung Beteiligten — fremd

Ausgewiesen mit Reisepaß "766840" der REPUBLIK ITALIEN, ausgestellt in MESTRE am 10.12.1985.

Über Frage:

Ich komme von den Antillen und lege das entsprechende Flugticket vor. Zum Empfang der Zeugengebühren bevollmächtige ich RA. Dr. Gabriel L a n s k y .

Über Vorhalt ON 575, daß M e o t t o die Waren in den Holzkisten und Containern selbst nicht gesehen hat:

Ich weiß nur, daß damals andere Personen anwesend waren. Ob sie woanders hingeschaut haben oder nicht, kann ich nicht sagen. Mich interessierte die Ware wegen des Staues. Sicherlich, S c a r p a und ich, die wir an dem Stau interessiert waren, haben gut hingeschaut. Was die Anderen gemacht haben, weiß ich nicht. Nach der Aussage des M e o t t o nehme ich an, daß er geschaut, aber nicht kontrolliert hat.

Ende: 19.30 Uhr (nach Übersetzung).

v.g.g.

»Schiafotto« Giorgio Casagrande von den Antillen als Zeuge nach Wien kommandiert

nicht gefallen zu sein. Schon ab Juli 1979 mußten ihm im Zusammenhang mit der Erstellung seiner »Erklärung« mehrmals Geldbeträge in unterschiedlicher Höhe ausgefolgt werden.
Einmal erhielt der italienische Zeuge Geld von »SK« (Serge Kirchhofer) direkt, am 16. Juli 1979 über Enzo Morelli und am 25. Juli 1979 von Renzo Vianello über Auftrag des *Demel*-Chefs für »Arbeiten für die Zapata«.
Genau zur selben Zeit ließ sich Casagrande, dem es bis dahin finanziell nicht gut gegangen war, in Triest plötzlich auch als stolzer Besitzer einer funkelnagelneuen eigenen Motoryacht nieder, die er um 170 Millionen Lire erwarb und die er in der Folge für Küstenfahrten an Touristen vermietete.
Als einziger Italiener blieb Casagrande aber auch noch am 23. März 1987, als er, eigens von den Antillen kommend, überraschend im Wiener Straflandesgericht erschien, um sich freiwillig von Untersuchungsrichter Wilhelm Tandinger zehn Stunden lang als Entlastungszeuge für Udo Proksch einvernehmen zu lassen, dabei:
Ein italienischer Zollbeamter, den er nicht gekannt habe, sei Ende Dezember 1976 in der Zollfreizone in Chioggia mit den Containerschlüsseln erschienen und habe bei einigen Containern auch die Zollplomben entfernt. Danach habe er also noch vor dem Auslaufen der *Lucona* zusammen mit Meotto, Vianello und »Commandante« Scarpa den Inhalt dieser Container »inspiziert« und dabei die eingeladenen Güter »gesehen«. »Ich glaube sagen zu können«, versicherte er dem Wiener Richter blauäugig, »daß das Material neu war.«
Als Casagrande allerdings erfuhr, daß seine drei Begleiter bei der angeblichen »Inspektion« in ihren eigenen Zeugenaussagen vor dem Wiener Gericht im Gegensatz zu ihm bereits zugeben mußten, den Containerinhalt doch »nicht selbst gesehen« zu haben (Meotto und Vianello) und von einer zollamtlichen Öffnung nichts zu wissen (Scarpa), war er sichtlich konsterniert.
»Sie wollen sich eben nicht exponieren«, stellte er resignierend fest und erkannte, daß er wieder einmal dazu ausersehen worden war, die Rolle eines »Schiafotto« zu spielen.
Damit hatte die *Zapata AG* ihr Pulver freilich noch längst nicht zur Gänze verschossen. Udo Proksch und Hans Peter Daimler waren vielmehr in der Lage gewesen, den Gerichten noch einen weiteren »hundertprozentigen Beweis« für die Existenz ihrer Uranfabrik anzubieten.
Vor Beginn der Verladetätigkeit habe ein Techniker der Hongkonger Käuferfirma NPT den Zustand, die Beschaffenheit und die Qualität

der in Chioggia lagernden Uranerzanlage kontrolliert. Dieser Inspekteur, ein Mann von chinesischer Nationalität, sei extra aus Hongkong angereist und habe am 3. Jänner 1977 im Beisein von Proksch und Daimler die gesamte Fracht in den Lagerhallen penibel geprüft und den Inhalt der einzelnen Packstücke mit den Ladelisten verglichen.
Tatsächlich war am 3. Jänner 1977 ein asiatisch aussehender jüngerer Herr in Chioggia erschienen und wurde von Proksch und Daimler eine Zeitlang im Hafen spazieren geführt. Das Ergebnis jener Qualitätsprüfung schlug sich danach in einem zweiseitigen schriftlichen »Report on Inspection of Goods« nieder, in dem schwarz auf weiß stand, daß die Käuferfirma NPT mit der Beschaffenheit der Uranerzanlage – von einigen unwesentlichen Verpackungsmängeln abgesehen – sehr zufrieden gewesen sei.
Der Inspekteur der Ware bekräftigte dies, indem er – in chinesischen Schriftzeichen – seinen Namen unter den Inspektionsbericht setzte: Feng Kuoa Wei.
In einem chinesischen Gutachten wurde in der Zwischenzeit festgestellt, »daß die Person, die diese Schriftzeichen schrieb, der Verwendung der chinesischen Schrift nicht mächtig war. Die Schriftzeichen sehen aus, als wären sie Strich für Strich kopiert worden oder als hätte eine ungeübte Kinderhand sie gesetzt«.
»Mit Sicherheit«, schloß die Gutachterin, Frau Pestal-Lai Mei-Yu, »stammt der Schriftzug nicht von einem Chinesen, sondern von einer Person, die sich ohne Erfahrung in der Imitation chinesischer Schriftzeichen versuchte.«
Nachdem dieser angebliche Urananlagenexperte wieder aus Chioggia abgereist war, beeilten sich Proksch und Daimler, die stattgefundene Inspektion sofort dem Geschäftsführer der NPT, Owen Corrigan, per Telex zu melden: »Wie sich Ihr Inspekteur überzeugen konnte ...«, kabelte Greta Fischer von der Schweiz aus am 7. Jänner 1977 nach Hongkong.
Owen Corrigan hätte nach Erhalt dieser Nachricht eigentlich höchst verwundert sein müssen, denn natürlich gab es in Wahrheit weder bei der NPT einen Mann namens Feng Kuoa Wei noch hatte Corrigan irgendeinen anderen chinesischen Herrn als Inspekteur nach Europa geschickt.[17]
In Wirklichkeit war der Name des »chinesischen Inspekteurs« weder

[17] Die NPT hatte überhaupt keine Angestellten, gab Owen Corrigan anläßlich seiner späteren Vernehmung durch Untersuchungsrichter Wilhelm Tandinger am 4. Februar 1987 in Wien zu.

NORTH PACIFIC TRADING (HONG KONG) LIMITED

北太平洋(香港)有限公司

REPORT ON INSPECTION OF GOODS

ORDER CONTRACT UPP101 XB19 CHIH-MA

NORTH PACIFIC TRADING LTD - ZAPATA A.G. SUISSE

The undersigned has today inspected the goods stored in the Port of Chioggia. The goods have been found well-stored and all under-cover with the expection of the steel containers and two wooden cases, in the customs depot section, in the warehouses of Messrs Gosped.

Apart from the abovementioned corrections to be made by Zapata A.G. before loading, the packing and marking of the goods in general has been carried out correctly, and all goods are hereby declared in order for loading and shipment.

Loading will be effected as soon as weather and port conditions permit.

Chioggia, 3 January 1977.

for Zapata Suisse ______________

for North Pacific Trading ______________

Japanischer Demel-Schaumrollenbäcker spielt in Chioggia chinesischen Kontrollor

Feng Kuoa Wei noch war der Mann ein Chinese. Er hieß vielmehr Minoru Kayanuma und war – Japaner. Er war auch nicht von der NPT geschickt worden, sondern von Udo Proksch selbst. Und er kam nicht aus Hongkong angereist, sondern aus Wien, wo der »Uranerzfachmann« schon seit dem Jahr 1972 in der Konditorei *Demel* als Zuckerbäcker angestellt und dort für die Herstellung von Schaumrollen zuständig war.

Am 3. Jänner 1977 aber mußten die verwöhnten *Demel*-Gäste frische Schaumrollen entbehren, denn Kayanuma war im Auftrag seines Chefs auf »Dienstreise« nach Chioggia unterwegs, um seine Rolle als »Kontroll-Chinese« zu spielen. Der bald nach seinem Auftritt in Chioggia wieder in seine japanische Heimat zurückgekehrte Schaumrollenbäcker beichtete in der Zwischenzeit: »Udo Proksch hat gesagt: ›Du bist jetzt ein Chinese!‹« – »›Ein Kontroll-Chinese‹, hat er gesagt.«[18]

In gebrochenem Deutsch, aber dennoch gut verständlich, schilderte Minoru Kayanuma dann noch, wie ihm »Udo« einen chinesischen Namen verpaßt habe (»Ging oder Tschang oder Di oder so«) und mit ihm im Hafen von Chioggia einen Spaziergang unternahm. Am Schluß mußte der kleine Japaner mit seinem neuen chinesischen Namen noch ein Schriftstück unterzeichnen, ehe er wieder in die Backstube nach Wien zu seinen Schaumrollen zurückkehren durfte. Für Minoru Kayanuma war das Ganze natürlich ein großer Spaß. Wozu der Scherz gut sein sollte, hat er freilich nicht begriffen.

Den Ernst der Lage erkannte er erst, nachdem die *Wochenpresse* seine Aussage am 9. Juli 1985 veröffentlicht hatte. Bereits wenige Stunden später hatte ihn der lange Arm Udo Prokschs auch im fernen Japan schon erreicht.

Am 13. Juli wurde der ehemalige *Demel*-Angestellte vor einem Notar in Tokio zur Abgabe einer schriftlichen Erklärung veranlaßt, wonach er das in der *Wochenpresse* abgedruckte Geständnis niemals abgelegt habe und am 3. Jänner 1977 keineswegs als »Kontroll-Chinese« zusammen mit Udo Proksch, sondern ganz allein als Tourist in Venedig gewesen zu sein.

Am 10. Jänner 1986 vernahm das Wiener Landesgericht für Strafsachen Minoru Kayanuma als Zeugen. Vor der Vernehmung trank er im *Demel* »mit seinem Chef einen Kaffee«.

---

[18] Schon im Juli 1985 war es dem stellvertretenden Chefredakteur der Wiener *Wochenpresse*, Gerald Freihofner, gelungen, Minoru Kayanuma, der in der Zwischenzeit in Tokio eine *Konditorei Österreich* betrieb, in Tokio aufzustöbern und ihn telefonisch zu interviewen.

Unterstützt von Proksch-Anwalt Gabriel Lansky versuchte er danach auch vor Gericht, seine Rolle in Chioggia zu leugnen. Nachdem ihm jedoch eine Tonbandaufzeichnung von seinem Geständnis vorgespielt worden war, blieb ihm nichts mehr anderes übrig, als zuzugeben, daß er die Aussage wirklich gemacht hat. Die gegenteilige Erklärung für den Tokioter Notar fertigte er an, weil er »nach und nach daraufgekommen« sei, daß dies »für meine Zukunft besser sein würde«, da es eine »wichtige Angelegenheit« war.

Warum er nunmehr, als Zeuge vor Gericht, seine Aussage wieder zurückziehen wollte, konnte sich Minoru Kayanuma am Ende auch selbst nicht erklären. So entschied er sich, dem Richter ins Zeugenprotokoll zu diktieren, »daß es öfters in meinem Kopf zu einer Konfusion kommt«.

Als letzten Zeugen, der später die Verladung einer »Uranfabrik« auf die *Lucona* bestätigen sollte, hätte Udo Proksch natürlich am allerliebsten auch noch einen leitenden Angestellten der *Bundesländer-Versicherung* gehabt. Nicht umsonst wurde später auch in der Öffentlich-

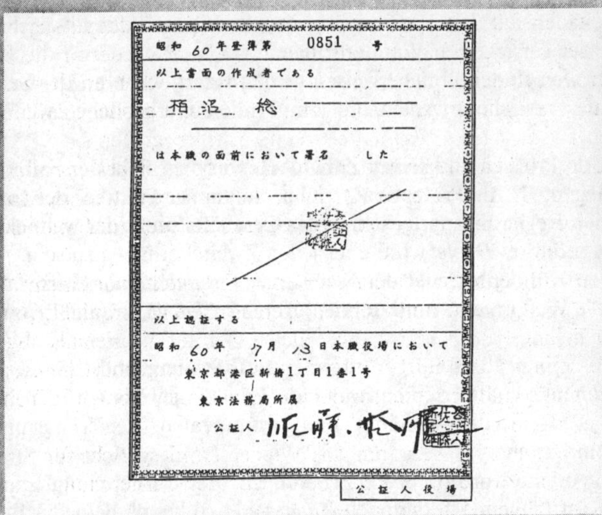

昭和 60 年登簿第 0851 号

以上書面の作成者である

栢沼 稔

は本職の面前において署名 した

以上認証する

昭和 60 年 7 月 13 日本職役場において

東京都港区新橋1丁目1番1号

東京法務局所属

公証人

公 証 人 役 場

Widerruf der Aussage des »Kontroll-Chinesen« vor Tokyoter Notar

keit immer wieder der Aspekt diskutiert, warum sich denn eigentlich keiner der Herren der Versicherungsanstalt die Mühe gemacht hat, sich die auf 212 Millionen Schilling versicherte »Uranfabrik« des Wiener Zuckerbäckers einmal anzusehen, bevor sie unter Deck der *Lucona* verschwand.

Viele sehen in diesem Versäumnis nicht zu Unrecht eine Art Mitschuld der Versicherung am Betrug. Und auch Udo Proksch selbst greift diese Frage natürlich gern auf und münzt die Tatsache, daß es der Versicherung theoretisch jederzeit möglich gewesen wäre, die Container öffnen zu lassen, in einen »klaren Unschuldsbeweis« für sich selbst um: »Glaubt man wirklich«, argumentiert er mit scheinbar zwingender Logik, »daß ich, wenn ich einen Versicherungsbetrug begehen will, der Versicherung Gelegenheit gebe, diesen Betrug aufzudecken, indem sie bloß bei mir anruft und sagt, sie wünsche die Fracht zu besichtigen? Hält man mich wirklich für so dumm?«

Doch Udo Proksch wußte natürlich schon immer genau, daß dieses Risiko denkbar gering war, denn tatsächlich ist es im internationalen Transportversicherungsgeschäft keineswegs üblich, jedes versicherte Frachtgut vor Transportbeginn zu besichtigen. Dafür muß der Kunde im Schadensfall den Nachweis für den Verlust und den tatsächlichen Wert der versicherten Ware erbringen.

Kontrollen finden üblicherweise nur dann statt, wenn an der Seriosität eines Versicherungsnehmers von vornherein erhebliche Zweifel bestehen.

Bei Udo Proksch und seiner *Zapata AG* war dies nicht der Fall. Ganz im Gegenteil: Als Protegé zahlreicher ranghoher Politiker der sozialistischen Regierungspartei schien der Geschäftsführer der weltbekannten Konditorei *Demel* wohl über jeden Zweifel erhaben zu sein. Auch für den Kundenbetreuer der »schwarzen« *Bundesländer-Versicherung* war die Welt im und rund um den »roten« *Club 45* im Jahr 1976 noch völlig heil.

Wann immer Josef Bürger zu einer Besprechung über das *Zapata*-Millionengeschäft erschien, war Udo Proksch jeweils von den höchsten SPÖ-Parteifunktionären und prominenten Regierungsmitgliedern umgeben:

Wohlwollend wurde dem Versicherungsmann von Verteidigungsminister Karl Lütgendorf, der auch *Zapata*-Aktien besaß, bei jeder Begegnung auf die Schulter geklopft, der Zentralsekretär der Regierungspartei und heutige Innenminister, Karl Blecha, zwinkerte ihm immer freundlich zu, und Leopold Gratz scharwenzelte als der engste Vertraute von Udo Proksch sowieso ständig um diesen herum.

Anlaß für ein wie immer geartetes Mißtrauen bestand daher für die kleinen Versicherungsdirektoren natürlich nicht. Vielmehr hatte der *Demel*-Chef selbst von Beginn an geplant, den damaligen Leiter der Transportabteilung der *Bundesländer-Versicherung*, Franz Gehberger, bei den Verladearbeiten in Chioggia zusehen zu lassen.
Franz Gehberger hatte sein Kommen auch versprochen, als es jedoch am 4. Jänner 1977 nach mehrmaligen Verschiebungen des Verladetermines endlich soweit war, entschloß er sich doch, darauf zu verzichten, da es von Wien nach Venedig gerade keinen günstigen Linienflug gab und ihm eine Bahnreise zu beschwerlich erschien.
Doch Udo Proksch wollte den *Bundesländer*-Direktor unbedingt dabei haben und bot ihm in mehreren Telefonaten am Ende sogar die Charterung eines Privatflugzeuges an. Aber Franz Gehberger winkte ab, denn er hatte das vor ihm liegende lange Feiertagswochenende schon verplant.
Durch seine Bequemlichkeit erwies er seiner Anstalt, ohne es zu ahnen, einen unbezahlbaren Dienst, denn zweifellos wäre es der Versicherung kaum möglich gewesen, später Zweifel an der Existenz der »Uranfabrik« anzumelden und die Auszahlung der Versicherungssumme zu verweigern, wenn die Fracht zuvor von ihrem eigenen Direktor »kontrolliert« worden wäre.
Wie diese »Kontrolle« vor sich gegangen wäre, kann man sich denken. Udo Proksch hätte in bewährter Manier eine beeindruckende Show abgezogen: Empfang des Versicherungsdirektors durch den *Demel*-Chef in Begleitung von Leopold Gratz, der zu diesem Zweck abkommandiert worden wäre. Danach gemeinsames Mittagessen bei Gratz' Amtskollegen, dem Bürgermeister von Venedig. Am Nachmittag gemeinsames Sightseeing in der Lagunenstadt mit anschließender Fahrt in den Hafen Chioggia mit großem Bahnhof für den Wiener Versicherungsmann durch Udo Prokschs italienische Sachverständigenschar.
Der *Demel*-Chef selbst wäre es schließlich gewesen, der am Ende darauf gedrängt hätte, jetzt aber doch seine »Uranfabrik« zu kontrollieren, und man hätte Franz Gehberger die vom Zoll versiegelten Container und Kisten gezeigt, deren tatsächliche Öffnung eine aufwendige zollamtliche Prozedur erforderlich gemacht hätte.
Man konnte jeden Betrag darauf wetten, daß der kleine Versicherungsdirektor nicht im Traum daran gedacht hätte, tatsächlich auf eine penible Nachschau zu bestehen – zumal, wenn sein eigener Bürgermeister neben dem Ladegut steht.

# »Es riecht nach Verbrechen«

Mit der Beladung der *Lucona* wurde am Abend des 4. Jänner 1977 begonnen – die Arbeit jedoch nur in der Nacht durchgeführt. Im Morgengrauen mußte der Frachter den Hafen wieder verlassen. Er ankerte tagsüber außerhalb des Hafengebietes in der offenen See. Erst wieder nach Einbruch der Dunkelheit wurden die Verladearbeiten am nächsten Tag fortgesetzt und in den Morgenstunden des 6. Jänner beendet. Es ging alles überraschend schnell. Obwohl sogar Proksch und Daimler mit einer Verladezeit von insgesamt fünf Tagen kalkuliert hatten, war man schon nach zwei Nächten fertig.
Das Stauen wurde von Giulio Meotto und Georgio Casagrande und unter der Oberaufsicht von Udo Proksch persönlich organisiert, der auch einen vorbereiteten »Stauplan« besaß. Die Arbeit, die seitens der *Lucona*-Mannschaft von deren 1. Offizier Jacobus Nicolaas van Beckum beaufsichtigt wurde, ging größtenteils ohne Probleme vor sich.
Lediglich beim Einladen zweier Gegenstände kam es zu einem heftigen Streit, so daß schließlich sogar der Kapitän der *Lucona* geweckt werden mußte. Udo Proksch hatte verlangt, zwei schwere, gelbe, zylindrische Stahlbehälter, die jeweils eine Länge von etwa fünf Metern und einen Durchmesser von annähernd zwei Metern aufwiesen, unter allen Umständen an einer von ihm ausgewählten, ganz bestimmten Stelle im Laderaum unterzubringen. Dorthin waren sie jedoch nur unter großen Schwierigkeiten und unter der Gefahr einer Beschädigung des Schiffes zu bringen.
Udo Proksch bestand jedoch auf dem von ihm vorgesehenen Platz für die beiden tonnenschweren Zylinder – und setzte sich schließlich durch: Die beiden Gegenstände wurden mittschiffs im Zwischendeck, knapp über der Wasserlinie, einer backbord und einer steuerbord an der Schiffsaußenwand und unmittelbar am Schott, das den hinteren vom vorderen Laderaum trennt, festgezurrt.
Sowohl *Lucona*-Kapitän Jacob Puister als auch der 1. Offizier van Beckum waren später felsenfest davon überzeugt, daß sich der Sprengstoff, mit dem die *Lucona* versenkt wurde, in diesen beiden zylinderförmigen Behältern befand.

Durch deren Unterbringung just an diesem Punkt war selbst dann, wenn diese Zylinder auch nur eine relativ geringe Sprengstoffmenge beinhaltet hätten, die Gewähr gegeben, daß das Schiff nach einer Zündung praktisch sofort in der Mitte auseinanderbrechen und riesige Wassermengen in Sekundenschnelle in beide Laderäume eindringen würden.[19]

Die zweite Auseinandersetzung an Bord der *Lucona* fand in der Nacht vom 5. auf den 6. Jänner statt. Knapp vor Beendigung der Verladearbeiten erschien Amorino Scarpa beim Kapitän und übergab ihm einen Reisepaß und ein Bündel von Dokumenten, lautend auf den Namen Giorgio Casagrande. Dieser selbst kam bald darauf mit einem kleinen Koffer in der Hand an Bord und ersuchte Jacob Puister um eine Kabine. Er habe, erklärte er, den Auftrag, die Fracht als »Cargo-Surveyor« und als Vertrauensmann der *Zapata AG* bis nach Hongkong zu begleiten. Im übrigen, ließ Casagrande Puister wissen, sei auch er selbst Kapitän.

Jacob Puister weigerte sich jedoch ganz entschieden, den ungebetenen Gast auf der *Lucona* mitzunehmen. Erstens gab es keinerlei objektive Notwendigkeit für den Einsatz eines Cargo-Surveyors (es wurden ja weder lebende Tiere noch sonstwie empfindliches Ladegut transportiert), zweitens stand hievon kein Wort im Chartervertrag, wo dies jedenfalls hätte festgelegt werden müssen, und drittens war dem *Lucona*-Kapitän dieser Mann einfach unsympathisch.

Aus verständlichen Gründen sieht es grundsätzlich kein Kommandant sonderlich gern, wenn sich auf seinem Schiff noch ein weiterer Kapitän herumtreibt und sich wichtig zu machen versucht.

Nach der Weigerung Puisters erschienen jedoch erneut Proksch und Daimler an Bord und erklärten dem Kapitän, Casagrande müsse die Fracht unter allen Umständen begleiten. Die Frachtversicherung, logen sie, habe seine Mitfahrt ausdrücklich verlangt. Nach einer kurzen Debatte versprachen sie, mit der Versicherung noch einmal reden zu wollen, und verschwanden.

Um vier Uhr früh kehrten die beiden mit der Nachricht zurück, die Versicherung sei nicht bereit, auf Casagrandes Mitfahrt zu verzichten. Kapitän Puister blieb jedoch stur und erklärte, mit der *Lucona* den Hafen nicht eher verlassen zu wollen, bis die Streitfrage durch die *Oost Atlantic Lijn* offiziell geklärt worden sei.

---

[19] Nachgewiesen ist, daß es sich bei diesen beiden Behältern um alte Öltanks aus der Piestinger Harzfabrik gehandelt hatte. Sie wurden in Piesting von der Proksch-Mannschaft gelb gespritzt und im Dezember 1976 als letzte Lieferung nach Chioggia transportiert.

Proksch und Daimler verließen das Schiff noch einmal, kehrten aber schon bald danach mit der Mitteilung zurück, die Versicherung sei jetzt doch bereit, auf die Mitfahrt des Cargo-Surveyors zu verzichten. In Wahrheit hatte die *Bundesländer-Versicherung* freilich niemals dergleichen verlangt.
Diese von Proksch und Daimler inszenierte Komödie war in der Folge jahrelang immer wieder Anlaß zu Spekulationen aller Art. Vor allem Udo Proksch und seine italienischen Freunde wurden nach der Katastrophe nicht müde, gerade den Umstand, daß ein Mitglied ihrer eigenen Gruppe die Seereise mitmachen sollte, als »klaren Beweis« dafür ins Treffen zu führen, daß der Untergang nicht geplant gewesen sein konnte.
Aber angenommen, der »Cargo-Surveyor« hätte über das Schicksal, das der *Lucona* zugedacht war, Bescheid gewußt und Jacob Puister hätte ihn mitgenommen? – Es wäre gewiß kein Problem gewesen, nach einiger Zeit mit dem Kapitän einen heftigen Streit zu provozieren und das Schiff zeitgerecht bei einem Zwischenstop wieder irgendwo zu verlassen.
Auf jeden Fall hätten die Befrachter danach noch viel mehr Argumente zu ihren Gunsten und überdies die fabelhafte Gelegenheit gehabt, dem Kapitän und der Mannschaft ein dubioses Verhalten und damit die Schuld am späteren »Verschwinden« der *Lucona* in die Schuhe zu schieben.
Zuletzt trat der »Agent« der Befrachter, Amorino Scarpa, an Jacob Puister mit einer weiteren äußerst ungewöhnlichen Anweisung heran. Der Italiener ließ ihn ein Schriftstück unterschreiben, in dem von ihm verlangt wurde, was ihm noch niemals zuvor passiert war:
Der *Lucona*-Kapitän wurde verpflichtet, während der Reise nach Hongkong täglich ein Funktelegramm an Amorino Scarpas Anschrift in Favaro-Veneto zu senden und diesem den jeweiligen genauen Standort, die Geschwindigkeit und den exakten Kurs der *Lucona* zu melden.
Ganz hielt sich Jacob Puister in der Folge zwar nicht an diese ihm lachhaft erscheinende Forderung, gab aber immerhin etwa jeden zweiten Tag die gewünschten Daten bekannt. Scarpa übermittelte diese danach jeweils sofort an Giulio Meottos Anschrift in Mestre, von wo aus sie Renzo Vianello per Telex an Udo Proksch in dessen Studio in der Wiener Walfischgasse weitergab.
Im *Studio Proksch* stellte die Kriminalpolizei Jahre später auch eine Seekarte sicher, in der penibel jede einzelne Position der *Lucona* und

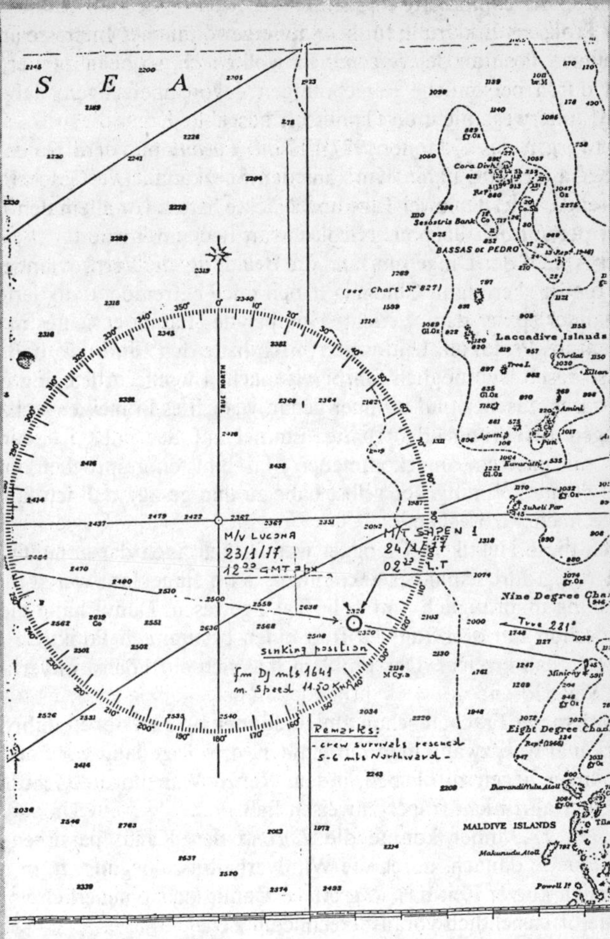


Seekarte aus dem Jahr 1977 mit eingezeichneter Untergangsstelle der Lucona – von der Kripo im Studio Proksch sichergestellt

ihre Route genau bis zu jenem Punkt eingetragen war, an dem das Schiff später explodierte und sank.
Udo Prokschs Erklärung für sein außergewöhnliches Interesse an der jeweiligen Position der *Lucona*: Er wollte sich, so behauptet er, laufend durch persönliche Berechnungen davon überzeugen, daß dem Schiff unterwegs nicht der Treibstoff ausgeht.
Am Morgen des 6. Jänner 1977 lief die *Lucona* aus dem Hafen von Chioggia aus und nahm Kurs auf den Suezkanal. Die Geschehnisse während der letzten zwei Tage und Nächte hatten vor allem den 1. Offizier der *Lucona*, Jacobus Nicolaas van Beckum, irritiert.
»Der Ablauf der Dinge rund um die Beladung, die Verproviantierung und die Bunkerung in Chioggia haben mich befremdet«, diktierte der Holländer später dem Gerichtsschreiber des Landesgerichtes in Rotterdam ins Protokoll. Und weiter: »Ich hatte den Eindruck, daß man uns so rasch wie möglich fahrbereit machen wollte. Alles ging etwas sehr rasch, rascher und weniger genau, als ich es in meiner sechzehnjährigen Erfahrung erlebt hatte. Einmal auf See habe ich darüber noch mit unserem umgekommenen Maschinisten gesprochen, und er teilte meine Meinung. Ich selbst habe zu ihm gesagt, daß ich fand, es rieche nach Verbrechen.«
Durch diese Hektik in Chioggia war freilich auch der gesamte Zeitplan völlig durcheinander gekommen, denn eingeplant waren für die Beladung ursprünglich fünf volle Tage gewesen. Damit hätte die *Lucona* schon um drei Tage zu früh einen bestimmten Punkt im Indischen Ozean erreicht. Das Problem ließ sich auf höchst unverfängliche Weise lösen:
Nachdem der Frachter schon am 10. Jänner 1977 an der Einfahrt zum Suezkanal war, zwang man ihn einfach, drei Tage lang vor Port Said vor Anker liegen zu bleiben, indem Renzo Vianello die Gebühr für die Überfahrt nicht früher anweisen ließ.
Erst am 13. Jänner konnte die *Lucona* den Kanal passieren und durchquerte danach, durch die Windverhältnisse begünstigt, in ungewöhnlich kurzer Zeit das *Rote Meer*. Damit lag sie neuerlich vor der für sie offensichtlich vorausberechneten Zeit.
Wäre die *Lucona* mit dieser Geschwindigkeit weiter gefahren, dann hätte sie am Tag X die größten Meerestiefen des Indischen Ozeans bereits hinter sich gehabt – und läge heute in den seichten Gewässern rund um die Malediven.
*Lucona*-Kapitän Jacob Puister freilich war damals sehr überrascht, als er von den italienischen Charterern am 17. Jänner 1977 plötzlich die

Anweisung erhielt, den ostafrikanischen Hafen Djibouti anzulaufen, um die – ohnedies noch fast vollen – Treibstofftanks aufzufüllen.[20]
Während des Bunkerns kamen über Auftrag einer Agentur namens *Savon & Ries* in Djibouti auch einige Männer an Bord, um ein Service an der Radaranlage des Schiffes vorzunehmen. Später fiel dem Kapitän auf, daß mit der Funkantenne der *Lucona* irgendetwas passiert war. Die Kontrollampe leuchtete nach Djibouti seltsamerweise auch dann, wenn kein Funkverkehr stattfand.
Nachdem die *Lucona* nach einigen Stunden Aufenthalt in Djibouti die ostafrikanische Küste wieder hinter sich ließ und in den folgenden Tagen ohne jeden Zwischenfall durch das Arabische Meer glitt, ging offenbar alles nach Plan. Es gab keinerlei ungewöhnliche Anweisungen mehr.
Zu hektischen Aktivitäten kam es während dieser Tage lediglich unter den am *Zapata*-Coup beteiligten Personen im Länderdreieck Italien – Österreich – Schweiz, die sich unter anderem auch in einem regen wechselseitigen Fernschreibverkehr zwischen Wien (Udo Proksch), Salzburg (Hans Peter Daimler), dem *Zapata*-Sitz Obendorf-Oele (Greta Fischer) und Lugano (Renzo Vianello) in der Schweiz einerseits, und dem italienischen Fernschreibanschluß 41332 unindex (Giulio Meotto) andererseits niederschlug.
Für Außenstehende schienen die einzelnen Nachrichten freilich fast keinen Sinn zu besitzen, denn sie waren mehr oder minder verschlüsselt. So kabelte etwa die *Zapata AG* am 18. Jänner nach Italien: »wir sind sehr besorgt wegen djibouti. bitte uns sofort mitzuteilen, wann die lucona djibouti in ordnung verlassen hat. bitte halten sie uns auf dem laufenden. wir stimmen der bezahlungsankündigung zu und bereiten überweisung an die u.b.s. lugano vor.«
Noch mysteriöser war der Text, der am Abend desselben Tages um genau 20.41 Uhr vom Wiener FS-Anschluß 11625 pinosa an 41332 unindex in Mestre abgesetzt wurde: »renzo vianello: sind jetzt studio anwesend.«
Ein Teil dieses Fernschreibverkehrs wurde zwar in der Zwischenzeit von den Untersuchungsbehörden an den verschiedensten Adressen sichergestellt, ein schlüssiger Nachweis, wann jeweils wer welche konkreten Handlungen setzte, gelang bisher jedoch nicht.
Sicher ist nur: Der Tag X wurde offenbar für Sonntag, den 23. Jän-

---

[20] Die *Lucona* hätte auch ohne Nachbunkerung mit Leichtigkeit Singapur erreicht. Aber wenn man schon unbedingt nachbunkern wollte, so hätte man dies im Normalfall wohl eher in Aden getan, denn das Anlaufen von Djibouti bedeutete einen Umweg von fast einem Tag.

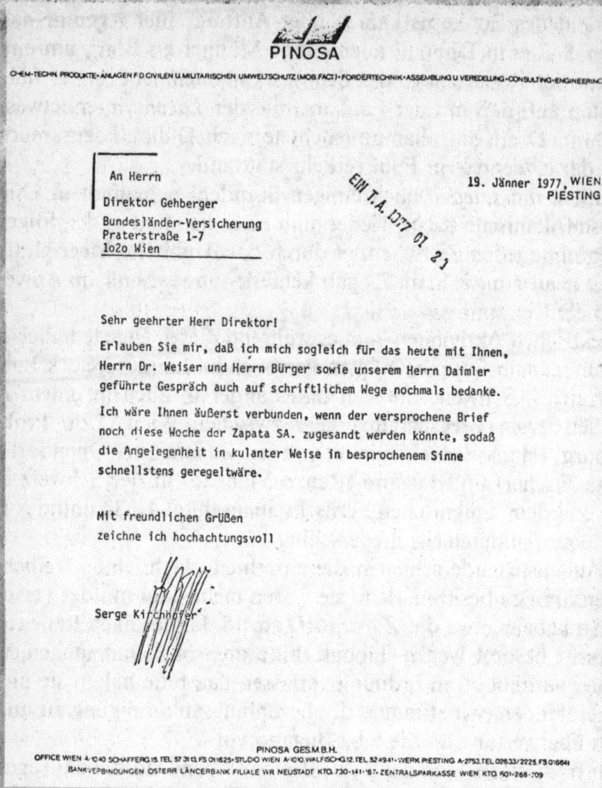

PINOSA

CHEM-TECHN. PRODUKTE · ANLAGEN F. D. CIVILEN U. MILITARISCHEN UMWELTSCHUTZ (MOB. FACT.) · FORDERTECHNIK · ASSEMBLING U. VEREDELUNG · CONSULTING · ENGINEERING

An Herrn

Direktor Gehberger

Bundesländer-Versicherung
Praterstraße 1-7
1o2o Wien

EIN T.A. 1977 01 21

19. Jänner 1977, WIEN PIESTING

Sehr geehrter Herr Direktor!

Erlauben Sie mir, daß ich mich sogleich für das heute mit Ihnen, Herrn Dr. Weiser und Herrn Bürger sowie unserem Herrn Daimler geführte Gespräch auch auf schriftlichem Wege nochmals bedanke.

Ich wäre Ihnen äußerst verbunden, wenn der versprochene Brief noch diese Woche der Zapata SA. zugesandt werden könnte, sodaß die Angelegenheit in kulanter Weise in besprochenem Sinne schnellstens geregeltwäre.

Mit freundlichen Grüßen
zeichne ich hochachtungsvoll

Serge Kirchhofer

PINOSA GES.M.B.H.
OFFICE WIEN A-1040 SCHAFFERG.15. TEL. 57 31 13. FS 011625 · STUDIO WIEN A-1010 WALFISCHG.12. TEL. 52 49 41 · WERK PIESTING A-2753 TEL. 02633/2225. FS 016641
BANKVERBINDUNGEN ÖSTERR. LÄNDERBANK FILIALE WR. NEUSTADT KTO. 730-141-167 · ZENTRALSPARKASSE WIEN KTO. 601-268-709

Drei Tage vor dem Untergang: Bitte um schriftliche Bestätigung der Versicherung, daß der Warenwert akzeptiert wird

ner 1977 bestimmt. Und für den Tag danach wurde ein Treffen der Schlüsselpersonen des *Zapata*-Geschäftes in Zürich vereinbart.
Zuvor wollte man jedoch offenbar noch einmal sicherstellen, daß die Wiener Versicherung tatsächlich keine Möglichkeit haben würde, sich nach dem Eintritt des Schadensfalles der Bezahlung der vollen Versicherungssumme aus irgendwelchen Gründen zu entziehen.
Zunächst hatte die *Zapata AG* der *Bundesländer-Versicherung* schon

an dem Tag, als die *Lucona* den Suezkanal überquerte, ohne Aufforderung Kopien ihrer Rechnungen an die Hongkonger NPT übermittelt. Zugleich wünschte die *Zapata AG* eine nochmalige detaillierte Aufstellung des berechneten Prämiensatzes, aus dem hervorgehen sollte, daß jeder aus welchen Gründen auch immer entstehende Schaden (einschließlich der Kriegs- und Minengefahr) gedeckt sei. Am 17. Jänner kam die *Bundesländer-Versicherung* diesem Wunsch nach. Die letzte Absicherung erfolgte am 19. Jänner: Udo Proksch bat die beiden *Bundesländer*-Direktoren, Franz Gehberger und Herbert Weiser, noch einmal in den *Club 45* und ersuchte um eine schriftliche Bestätigung, daß die Versicherung den Wert der auf dem Weg nach Honkong befindlichen Fracht gemäß den vorgelegten Rechnungskopien zur Kenntnis genommen und diesen in der Höhe von 212 Millionen Schilling akzeptiert habe.
Noch am selben Tag wiederholte Udo Proksch seinen Wunsch auch in Form eines Briefes und bat, die versprochene Bestätigung unter allen Umständen und unbedingt noch vor Ablauf der Woche an die *Zapata AG* zu übermitteln. Der Wortlaut der Bestätigung sei mit Hans Peter Daimler auf telefonischem Weg zu akkordieren.
Der Zeitplan funktionierte: Am Donnerstag, dem 20. Jänner schrieb die Transportabteilung der *Bundesländer-Versicherung* – nach Genehmigung des Textes durch Daimler – wunschgemäß an die *Zapata AG*: »Wir danken für Ihr Schreiben ... und haben zur Kenntnis genommen, daß sich der CIF-Wert der gesamten Sendung nunmehr auf sfrs 31 360 750 beläuft. Wir werden diesen Wert als Grundlage zur endgültigen Prämienabrechnung heranziehen.«
Noch am Freitag, dem 21. Jänner, hatte Hans Peter Daimler plangemäß eine an ihn direkt übermittelte Kopie dieser Bestätigung in der Hand. Die Versicherung hatte den angeblichen Millionenwert der *Lucona*-Fracht schriftlich anerkannt. Was immer nunmehr auch geschehen würde, so meinte man, die Versicherung könnte der Bezahlung von 212 Millionen Schilling nicht mehr entgehen.
Die *Lucona* näherte sich zur selben Zeit jenen Gebieten im Indischen Ozean, wo das Meer bis zu sechstausend Meter tief ist. Um 17.30 Uhr gab Jacob Puister wieder einen Funkspruch mit seiner Positionsmeldung und seinem Kurs an die italienische Anschrift von Amorino Scarpa in Favaro, Via Monte Bianco 29, durch: »Position 10.30 Nord, 61.00 Ost; Kurs: 100 Grad; Geschwindigkeit: 10,7 Knoten.«
Dies war das letzte Lebenszeichen der *Lucona*. Achtundvierzig Stunden später explodierte sie und versank samt ihrer »wertvollen« Ladung.

# Die Lucona explodierte und sank

Die *Lucona* war kein »Seelenverkäufer«, wie Seeleute ausgediente, schrottreife Frachter nennen, sondern ein erst zehn Jahre altes, gut gepflegtes und mit allen technischen Finessen ausgestattetes Hochseeschiff.

Auf der Brücke: Echolot, Funkpeilung und eine Decca-Radaranlage. Elektrische Luftzufuhrventilatoren in jedem Laderaum, moderne Feuerschutzeinrichtungen und selbstverständlich auch mit einer hochempfindlichen Rauchortungsanlage an Bord.

Die Besatzung bestand aus zehn Mann. Auf der Fahrt nach Hongkong waren aber außerdem auch noch zwei weibliche Passagiere mit dabei: die Frau des Kapitäns und die Verlobte des Chefmaschinisten.

Jacob Puister, 35 Jahre alt, war ein erfahrener Kapitän, der schon seit zwanzig Jahren zur See fuhr. Sein Kapitänspatent für die Hochseeschiffahrt besaß er seit 1971, und niemals zuvor hatte es einen Unfall oder auch nur den kleinsten Zwischenfall mit einem seiner Schiffe gegeben.

Daheim in Holland besaß der Kapitän zusammen mit seiner Frau, Adriana Huberdina Puister van der Leer, im Städtchen Den Briel ein schönes Eigenheim. Schon oft aber hatte die Kapitänsfrau, die von allen »Janette« genannt wurde, ihren Mann auch auf dessen Seereisen begleitet.

Zum erstenmal in ihrem Leben machte hingegen die Holländerin Beatrix van der Hoeven, die Verlobte des Chefmaschinisten Caspar Borbely, eine Schiffsreise mit.

Der gebürtige Ungar, den seine Freunde kurz »Boris« riefen, hatte als Jugendlicher im Revolutionsjahr 1956 aus seinem Heimatland flüchten müssen. In Holland wurde er später von seinen Zieheltern adoptiert und erhielt damit die holländische Staatsbürgerschaft.

Nach der Rückkehr aus Hongkong hatte Boris geplant, seinen Seemannsberuf an den Nagel zu hängen. Er und »Trix« wollten heiraten und auf die Kanarischen Inseln übersiedeln, wo Borbely schon ein Angebot für eine Tätigkeit als Marineingenieur hatte.

Auch der 1. Offizier und Steuermann der *Lucona*, Jacobus Nicolaas van Beckum, 31 Jahre alt, war holländischer Staatsbürger und kam

aus Den Haag. »Joop« van Beckum fuhr ebenfalls schon seit seinem fünfzehnten Lebensjahr zur See.
Die übrige Mannschaft bestand größtenteils aus Seeleuten aus Kap Verde mit portugiesischer Staatsbürgerschaft: Der 1. Assistent-Maschinist Jorge Osvaldo da Cruz, der 2. Assistent-Maschinist Emanuel Jesus de Correira, der Schiffskoch Martiniano Gomes de Brito und schließlich die beiden Matrosen Carlos A. Medina und Vito Marcos Fortes.
Zwei weitere Matrosen kamen aus dem karibischen Inselstaat Barbados: Andrew Davids und Tyrone Silvester Roberts. Beide waren auch früher schon, ebenso wie der Steuermann »Joop« van Beckum, auf Schiffen mit Kapitän Puister gefahren.
Am Sonntag, dem 23. Jänner 1977, hatte die *Lucona* um die Mittagszeit im Indischen Ozean auf der Höhe der Malediven die Position 08.50° Nord, 70.30° Ost erreicht. Mit einem Kurs von 104 Grad hielt der Frachter auf die Südspitze der Insel Minicoy zu. Die Wetterbedingungen waren optimal: Strahlender Sonnenschein, das Meer vollkommen ruhig. Nur eine leichte Brise aus Nordost milderte die tropische Temperatur, die die Quecksilbersäulen auf dem Schiff nach Mittag auf 38 Grad klettern ließ.
Die *Lucona* fuhr schon den ganzen Tag über mit automatischer Kurssteuerung. Da Sonntag war, hatten die Matrosen dienstfrei. Ein paar von ihnen zogen sich daher gleich nach dem Mittagessen in ihre Kabinen zurück und legten sich zu einem Mittagsschlaf hin. Die anderen gingen an Deck und nahmen ein Sonnenbad. Der beste Platz hiefür war genau über den hinteren Ladeluken.
Auch Chefmaschinist Borbely hatte nach Mittag keinen Dienst mehr und genoß den prachtvollen Tag zusammen mit »Trix« van der Hoeven an Deck.
Jacob Puister verließ seine Wache um Punkt 14.00 Uhr Ortszeit und wurde im Steuerhaus von »Joop« van Beckum abgelöst, der nun das Kommando über die *Lucona* übernahm. Für eine Zeitlang setzte sich der Kapitän danach noch zu seiner Frau, die auf der Brücke – wie alle anderen fast zur Gänze entkleidet – ein Sonnenbad nahm. Dann zog sich auch Puister in seine Kajüte zurück, duschte und legte sich in seine Koje, wo er alsbald einschlief.
Gegen 16.00 Uhr Ortszeit (12.00 Uhr GMT[21]) hält im Maschinenraum der diensthabende Assistent-Maschinist Jorge Osvaldo da Cruz die Stellung. Alles ist normal. Die Maschine läuft gut. Da Cruz nimmt die

[21] GMT = Greenwich Meantime

Temperaturen auf – sie sind alle in Ordnung – und trägt sie in ein Buch ein.
Auch der Schiffskoch Gomes de Brito ist beschäftigt. Er hat in der Kombüse zu tun.
Die Frau des Kapitäns sitzt immer noch auf der Brücke, genießt den herrlichen Tag und näht zwischendurch. Sie steht auf, geht ins Steuerhaus und sucht einen Zwirn. Janette Puister fertigt gerade Babykleider an. Die junge Ehefrau eines der *Lucona*-Matrosen, Tyrone Roberts, erwartet – daheim auf Barbados – ihr erstes Kind.
Steuermann »Joop« van Beckum macht einen routinemäßigen Rundgang auf der Brücke und hält Ausschau: Kein einziges Schiff ist in weitem Umkreis zu sehen.
Das Wetter ist unverändert strahlend und klar. Keine Wolke trübt den prachtvollen Tag. Die See ist spiegelglatt. Keine Dünung, kein Wellenschlag. Van Beckum beschließt, die genaue Position der *Lucona* zu bestimmen, und geht in den Kartenraum.
Plötzlich zerreißt ein ohrenbetäubender Knall die idyllische Stille. Zwei in Sekundenbruchteilen aufeinanderfolgende Explosionen erschüttern das Schiff.
Die Druckwelle reißt die Lukendeckel über den Laderäumen aus ihrer Verankerung und schleudert sie in die Höhe. Holz splittert, aus dem Zwischendeck schießt ein Feuerball, und eine grau-gelbe Rauchsäule steigt über dem Mittelschiff auf.
Die Matrosen, die über den Ladeluken ihr Sonnenbad nehmen, sind sofort tot.
Auf der Brücke läßt die Druckwelle der Explosion sämtliche Fensterscheiben bersten. Glassplitter und Gegenstände wirbeln durch die Luft.
Steuermann van Beckum bekommt durch den Schock in den ersten Sekunden kaum mit, was geschieht. Erst viel später wird er bemerken, daß seine Rippen gequetscht sind.
Auch die Funkkabine ist nur noch ein Trümmerfeld, der Radiofernsprecher geborsten, so daß keine Möglichkeit mehr für einen S.O.S.-Ruf besteht.
Innerhalb von Sekunden ist die *Lucona* von einer grau-gelben Rauchwolke eingehüllt, und zugleich ergießen sich offenbar riesige Wassermengen in das Vorder- und Mittelschiff.
Van Beckum hastet aus dem Steuerhaus und glaubt, vor einer dichten Nebelwand zu stehen.
Überall ist Rauch. Er kann kaum ein paar Meter weit sehen. Über die

Backbordstiege versucht er, das Achterdeck zu erreichen, wo sich ein *Dingey*[22] befindet.
Durch die Wucht der Explosion wird auch Kapitän Jacob Puister aus seiner Koje geschleudert. Als er zu sich kommt, befindet er sich im Salon. Er weiß nicht, was passiert ist, erkennt nur sofort, daß etwas ganz Schreckliches geschehen sein muß.
Unbekleidet, wie er ist, jagt er die Treppe von seiner Kajüte zur Brücke hinauf. Im Steuerhaus kauert seine Frau und ruft gellend um Hilfe.
Janette fiel durch die von der Explosion ausgelöste Erschütterung über den Tisch und der Flaggenkasten auf sie. Sie ist schwer verletzt: Ihr Brustkorb ist gequetscht und ihr nackter Körper von Glassplittern übersät.
Der Kapitän sieht, daß die Bedienung der Hauptmotoren noch völlig intakt ist. Der Hebel steht auf »Volle Kraft voraus«. Puister stellt ihn auf »Langsam voraus« und ruft nach dem Steuermann.
In diesem Augenblick läßt ihn ein gräßliches ächzendes Geräusch darauf schließen, daß das Schiff bereits seine Festigkeit zu verlieren beginnt. Es folgt eine Schlagseite nach backbord und bald darauf nach steuerbord. Gleichzeitig neigt sich das Schiff stark vorne über. Puister erkennt, daß die *Lucona* – obwohl seit der Detonation noch nicht mehr als maximal eine Minute vergangen sein kann – schon zu sinken beginnt.
Unter Deck geht das Licht aus. Dem Hilfsmaschinisten Emanuel de Correira gelingt es trotzdem noch, über einen Korridor und eine Treppe nach oben zum Achterdeck zu gelangen, wo er auf den Steuermann trifft. Er ist am rechten Auge verletzt.
Emanuel blickte gerade aus dem Fenster seiner Kajüte auf das Deck, als die Bombe detonierte. Die Abdeckung einer Ladeluke wurde in die Höhe und gegen das Deckhaus geschleudert, und er sah, wie es den Körper eines Matrosen zerfetzte. Zugleich barsten die Scheiben und ein Glassplitter drang ihm ins Auge.
Ebenso wie Jorge Osvaldo da Cruz, der nach dem Explosionsknall vom Maschinenraum aus auf der Backbordseite des Schiffes an Deck läuft, kann sich auch der Schiffskoch noch aus dem Unterdeck retten. Sein linker Arm weist schwere Brandwunden auf. Er wurde durch die furchtbare Wucht der Explosion senkrecht in die Höhe geschleudert und fiel auf den heißen Ofen.

---

[22] Dingey = kleines Beiboot oder Rettungsfloß aus Kunststoff, das sich automatisch aufbläst.

An Deck trifft de Brito auf den Kapitän. Das gesamte Vorder- und Mittelschiff ist in diesem Augenblick bis zur Höhe des Mittelmastes bereits unter Wasser.
Hunderte Tonnen an Ladegut stürzen unter großem Getöse in den Laderäumen abwärts durch das von der Explosion offenbar riesige in den Schiffsrumpf geschlagene Leck, und die Berührung glühend-heißen Metalls mit dem Meerwasser erzeugt ein eigentümlich zischendes Geräusch.
Und noch immer ist überall schmutzig-weißgrauer Rauch. Man kann kaum ein paar Meter weit sehen. Über den Brückenflügel hallt der Hilferuf eines Matrosen: »Captain! Lifeboats, lifeboats!« – »No time«, schreit Puister zurück, »jump, jump!«
Auf der Steuerbordseite des Achterschiffes versuchen de Correira und der Steuermann zuvor noch, ein Rettungsfloß aus der Vertäuung zu lösen und über Bord zu bringen. Schließlich gelingt es: Sie werfen das *Dingey* ins Meer und springen auch selbst über Bord.
Sekunden später schlägt das Wasser über den Brückenflügel, erfaßt den Kapitän und spült auch ihn regelrecht über Bord. Als Jacob Puister im Meer wieder über Wasser kommt, ist er an einem Bein schwer verletzt.
Von der *Lucona* ist nur noch das Achterschiff ab der Vorderseite des Schornsteins zu sehen. Die Schiffsschraube ragt aus dem Wasser und dreht sich noch immer.
Um nicht vom Sog des untergehenden Wracks mit in die Tiefe gerissen zu werden, versuchen die Überlebenden jetzt mit aller Kraft vom Schiff wegzuschwimmen, aus dem noch ein kurzer markerschütternder Schrei an die Ohren der entsetzten Geretteten dringt. Wenig später ist die *Lucona* samt einigen noch um ihr Leben kämpfenden Menschen zur Gänze unter der Wasseroberfläche verschwunden.
Auch die Frau des Kapitäns ist noch im Schiff, als es wegsinkt. Sie erlitt einen Schock und ist ihrem Mann nicht gefolgt, als dieser aus dem Steuerhaus auf den Brückenflügel hinauslief.
Erst als plötzlich überall Wasser ist, kommt Janette Puister zu sich. Vergeblich versucht sie jetzt, den über sie stürzenden Wassermassen zu entkommen. Sie schlägt überall an im Steuerhaus und weiß: »Jetzt ertrinke ich, denn ich bin noch herinnen.«
Später wird sie sich erinnern, wie sie auf einmal irgendwo mit einem Bein eingeklemmt war. Mit letzter Kraft kann sie sich wieder befreien, dann verliert sie das Bewußtsein. Aber Janette Puister hat unvorstellbares Glück. Eine Wasserwelle trägt sie hinaus, und wie durch ein

Wunder taucht sie – von einem Holzbalken an die Oberfläche katapultiert – wieder auf.
Sie kommt zu sich und sieht, wie in unmittelbarer Nähe ein *Dingey* kieloben vorbeitreibt, auf dem der 1. Hilfsmaschinist sitzt. Janette beginnt zu schwimmen, Jorge da Cruz kommt ihr entgegen und zieht sie auf das umgedrehte Boot, worauf sie erneut das Bewußtsein verliert. Später wird sie sich nur noch daran erinnern, wie ihr jemand immer wieder ins Gesicht schlägt, bis sie sehr viel Wasser herauszubrechen beginnt.
De Correira und der Kapitän erreichen ein zweites Rettungsfloß. Es ist zwar beschädigt, auf einer Seite ist die Luft ausgegangen, aber vorläufig bietet es Schutz. Sie helfen erst dem verletzten Koch hinein, den schon die Kräfte zu verlassen drohen, danach klettern sie auch selbst in das Boot.
Van Beckum will ebenfalls auf dieses *Dingey* zuschwimmen. Da hört er verzweifelte Hilfeschreie und sieht einige Augenblicke lang noch jemanden im Wasser treiben. Es ist der Matrose Roberts. Er ist Nichtschwimmer.
Mit aller Kraft schwimmt der Steuermann auf ihn zu und versucht ihn zu retten, doch Tyrone Roberts verschwindet unter Wasser und ertrinkt, ehe van Beckum ihn erreicht.
Danach sieht man nur noch Wrackholz auf dem Wasser treiben. Auch die grauweißen Rauchschwaden über der Stelle, wo die *Lucona* soeben versank, lösen sich auf und sind bald zur Gänze verschwunden.

Eintragung in Lloyd's »Lost Book« in London:
»Lucona exploded and sank . . .«

## Sechs Tote im Indischen Ozean

Nur sechs Menschen hatten, zum Teil schwer verletzt, die Explosion auf der *Lucona* und deren Untergang – vorläufig – überlebt.
Keine Chance, vielleicht doch noch gerettet zu werden, war weiteren sechs Personen geblieben: Tyrone Silvester Roberts und Andrew Davids, den beiden Matrosen aus Barbados; den Portugiesen Carlos Medina und Vito Marcos Fortes, der jungen Holländerin Beatrix van der Hoeven und dem Chefmaschinisten der *Lucona*, Caspar »Boris« Borbely. Sie alle erlitten am 23. Jänner 1977 inmitten des Indischen Ozeans einen qualvollen und schrecklichen Tod.
Zehn Stunden lang trieben die sechs Überlebenden danach hilflos im Meer: Ohne Kleider, frierend, drei von ihnen schwer verletzt, alle völlig erschöpft.
Unter großen Anstrengungen war es ihnen nach dem Untergang der *Lucona* gelungen, in das intakte kleine Plastikboot umzusteigen, das erst umgedreht hatte werden müssen. Mit einem Tau an das ihre gebunden, schleppten sie, für alle Fälle, auch das zweite, beschädigte *Dingey* noch mit.
Im Rettungsboot gab es neben ein wenig Verbandszeug und etwas Proviant auch eine Handvoll Signalraketen, mit welchen sie nun schon seit Stunden versuchten, ein vielleicht in der Nähe vorbeifahrendes Schiff auf sich aufmerksam machen zu können – bis jetzt ohne Erfolg.
Als es noch hell war, kreuzte ein einziges Mal ein sowjetisches Handelsschiff in nur etwa vier Meilen Entfernung die Unglückstelle, doch man hatte sie offenbar nicht bemerkt.
Dann kam die Nacht, die Kälte und die Angst vor den Haien, die es in diesem Teil des Indischen Ozeans in großer Zahl gibt. Jede Stunde feuerte »Joop« van Beckum mittels Leuchtrakete einen Hilferuf ab.
Am 24. Jänner, etwa eine oder zwei Stunden nach Mitternacht, war nur noch eine einzige Rakete da. »Captain, schieß du sie ab!« bat van Beckum Jacob Puister, denn er selbst war bereits zu erschöpft.
Der Kapitän feuerte die Rakete ab, doch wieder wurde das Signal anscheinend von keinem der Schiffe, die vielleicht weit draußen – jen-

seits der Dunkelheit - an ihnen vorbeifuhren, bemerkt. So würde ihnen, fürchteten sie, nur die Hoffnung bleiben, daß man sie vielleicht doch noch durch Zufall entdeckt.

*

Der Öltanker mit dem Namen *Sapen I*, der bis zum Jahresende 1976 im japanischen Hafen Tsuneishi vor Anker gelegen war, hatte einer Tokyoter Gesellschaft gehört. Am 31. Dezember 1976 wurde der Tanker jedoch an die *Samsun Petroleum Transport Inc.* in Ankara verkauft und stach noch am selben Tag in See. Unter der Leitung von drei Kapitänen, Ibrahim Mete, Murat Selimoglu und Seharettin Demiralp, fuhr die *Sapen I* – nunmehr unter türkischer Flagge - von Japan nach Bangkok und danach, mit 6 000 Tonnen Melasse beladen, die in Ravenna gelöscht werden sollten, in Richtung Europa.
Am Montag, dem 24. Jänner 1977, passierte die *Sapen I* zwischen 1.00 und 2.00 Uhr am Morgen das Gebiet, in dem die *Lucona* gesunken war.
Plötzlich bemerkte der diensthabende Offizier des Öltankers ein Notsignal in etwa fünf bis sechs Meilen Entfernung. Kapitän Selimoglu gab Befehl, Kurs in Richtung der abgefeuerten S.O.S.-Rakete zu nehmen. Nach rund einer Dreiviertelstunde waren die Umrisse eines kleinen Bootes zu erkennen.
Da drehte die *Sapen I* jedoch wieder ab und begann vorerst, in großem Abstand das Boot zu umkreisen. Die gesamte 26köpfige Mannschaft des Tankers wurde geweckt und in Alarmbereitschaft versetzt. Die Türken schlossen die Möglichkeit einer Falle nicht aus. Sie befürchteten einen Piratenangriff.
Langsam und vorsichtig kam der Öltanker näher, bis die Mannschaft mit Hilfe von Handscheinwerfern in dem kleinen Boot »eine nackte Frau und mehrere Männer« ausnehmen konnte. Die Leute riefen um Hilfe. Kapitän Selimoglu erkannte schließlich, daß es sich wirklich um Schiffbrüchige handelt, und man holte die sechs *Lucona*-Überlebenden an Bord.
Während die Verletzten versorgt wurden, erstattete Jacob Puister Kapitän Selimoglu kurz über die Geschehnisse Bericht. Über Funk wurde der Untergang der *Lucona* sofort an die Küstenradiostation von *Radio Bombay* gemeldet und diese ersucht, die Nachricht auch an die *Oost Atlantic Lijn* in Rotterdam weiterzugeben.
Die Geretteten selbst standen noch nach Tagen unter Schock und waren zunächst kaum imstande, über die Katastrophe, der sie entkom-

TO : Harbour Master of ADEN

I inform you that "M/T SAPEN-I" Turkish flag under my command, we sailed from Bangkok 14 th january 1977 at 14.00 local time, with about 5537 M/Tons Molasses cargo for Italy.

Whilst sailing on Monday, 24 th january 1977 at 02.00 local time our course was 281 degrees watch officer saw on position long. 03 50 E. Lat. 70 30 E. a signal giving by torch light S.O.S signals and signal red parachut flare in the meantime at faraway 5-6 miles from our ship at starboard side.

Upon receipt these signals watch officer notified to me, changed cou: 350 degrees to the light signal and then all officer and crew got up immediat: engine ready and our life boats are ready. When my ship approached the lights we saw a liferaft and 6 persons in. They called by voice and wanted us to hel; them. 6 persons have been saved and those are wounded and nude. These have bee taken from liferaft onboard. At once transmitting Bombay radio and all ships stations missing 6 persons and declered sunk ship and all wounded persons took care.

According to our negotiations made with them they stated that their ship named "M/V LUCONA" exploded and sunk before 10 hours of saving and added by saying the other 6 persons missed and one ship goes same courses and not help to him. Although their searching around the sunk area and controlled by projector. Sea about one mile oiling , many wouden pieces under the sea and missing personnels have not been found.

The saved personnels are Captain J.Puister and his wife Mrs.Puister, Chief officer V.Bochum, Assistent engineer Da Crus and Correra, cook Gomes de Brito.

According to the instruction from owner, ship wrecked persons mentioned above will be left to the harbour of Aden and we therefore have being entered to your harbour.

Master LUCONA's report are enclosed hereto.

Received for
Mr. Immigration
and for H./Master
29/1/77

29.1.77

Regards.

SAPEN A.Ş.

Master of "M/T SAPEN-I"
Ibrahim METE

Bericht des türkischen Tankerkapitäns Ibrahim Mete an den Hafenkapitän von Aden vom 29. Jänner 1977

men waren, zu sprechen. Erst nachdem sie den Schock überwunden hatten, begannen sie, die Geschehnisse auf der *Lucona* systematisch zu rekonstruieren und zu analysieren. Einhellig kamen sie zu folgenden Schlüssen:

- Die Ursache des Schiffsunterganges war eine gewaltige Explosion.
- Die Explosion fand in einem Laderaum statt.
- Die »Bombe« war mit Sicherheit in der Mitte des Schiffes – offenbar im Zwischendeck – deponiert.
- Die Explosion konnte sowohl durch eine Fernzündung als auch durch einen Zeitmechanismus ausgelöst worden sein.
- Überzeugt war man schließlich auch davon, daß beabsichtigt war, die gesamte Besatzung zu töten, und daß die Tat »von den Österreichern« vorbereitet und in Zusammenarbeit mit »den Italienern« ausgeführt worden war.

Am Morgen des 29. Jänner 1977 lief die *Sapen I* in den Hafen von Aden ein, wo die Geretteten an Land gebracht werden sollten. Pieter Goris als Vertreter der *Oost Atlantic Lijn*, ein Arzt, der Hafenkapitän und die Hafenpolizei kamen an Bord, um die Einreiseformalitäten zu erledigen.

Die Verletzten wurden anschließend sofort in ein Krankenhaus gebracht, die anderen bezogen ein Hotel. Alle wollten jedoch so rasch wie möglich nach Holland zurückkehren, aber die *Lucona*-Überlebenden hatten entsetzliche Angst, die Mörder ihrer Kameraden und Freunde könnten – um alle Zeugen zu beseitigen – unter Umständen auch in das Flugzeug, das sie nach Europa zurückbringen würde, eine Bombe einschmuggeln, damit es abstürzt.

Schließlich bereitete Pieter Goris den Rückflug nach Amsterdam offiziell für den 31. Jänner vor, aber noch in derselben Nacht wurden die Verletzten heimlich aus dem Spital geholt. Der Rückflug über Beirut und Paris wurde dann in Wahrheit schon um einen Tag früher angetreten, um so der Gefahr eines möglichen Attentats zu entgehen.

Die Angst um ihr Leben verloren die Geretteten aber auch in den darauffolgenden Tagen und Wochen noch nicht. Und zur Trauer um ihre ermordeten Kameraden und Freunde kam auch der Haß auf die mutmaßlichen Täter.

»Joop« van Beckum nahm sich sogar vor: Sollte ihm Udo Proksch eines Tages noch einmal gegenübertreten, so würde er nicht zögern und ihn mit seinen bloßen Händen erwürgen.

## »Mit Mördern will ich nichts zu tun haben!«

Wo Udo Proksch die Nacht vom 23. auf den 24. Jänner 1977 zugebracht hat, jene schreckliche Nacht, während der die sechs Überlebenden der *Lucona*-Besatzung hilflos in ihrem kleinen Plastikboot im Indischen Ozean trieben, ist ungewiß. In den frühen Morgenstunden war der *Zapata*-Chef jedenfalls schon in Zürich.

Zu diesem Zeitpunkt war in Europa offiziell weder die Nachricht vom Untergang der *Lucona* bekannt, noch die Tatsache der Rettung von sechs Überlebenden. Dennoch begann Udo Proksch schon die ersten Vorbereitungen für die Zusammenkunft einer illustren Gesellschaft zu treffen, die wenige Stunden später im Hotel *Baur au lac* in der Zürcher Talstraße stattfinden sollte.

An der Konferenz in dem Nobelhotel, das auch als beliebter Treffpunkt für internationale Waffenschieber bekannt ist, nahmen sämtliche an dem Hundertmillionen-Coup der *Zapata AG* in irgendeiner Form beteiligten Proksch-Freunde teil: Hans Peter Daimler und Greta Fischer ebenso wie die Italiener Scarpa, Meotto und Vianello. Aber auch Owen Corrigan, der schon ein paar Tage zuvor von Hongkong nach Österreich angereist war und das Weekend zuvor in Kitzbühel verbrachte, hatte sich in dieser Nacht in Zürich in einem kleinen Hotel in der Nähe der Bahnhofstraße, gleich hinter dem *Baur au lac*, einquartiert, um anderntags ebenfalls gleich an Ort und Stelle zu sein.

Dem Verfasser war es schon im März 1985 im Zuge der Recherchen für dieses Buch gelungen, Beweise in die Hand zu bekommen, die dieses merkwürdige Treffen und den Aufenthalt der genannten Personen im Hotel *Baur au lac* zweifelsfrei dokumentieren.

Den unwiderlegbaren Nachweis dafür, daß Zeitpunkt und Ort der Zusammenkunft sogar bereits mehrere Tage vor dem Untergang der *Lucona* zwischen den einzelnen Teilnehmern vereinbart worden waren, konnte später die Kripo erbringen.

Auch Hans Peter Daimler machte sich schon am frühen Morgen des 24. Jänner in seiner Salzburger Wohnung in Hellbrunn 22 reisefertig, um nach Zürich zu fahren. Erstaunlicherweise wußte auch er über die Geschehnisse des vorangegangenen Abends im Indischen Ozean

schon Bescheid. Er wurde durch Udo Proksch vom Untergang ihres Frachters telefonisch verständigt.
Als der Anruf kam, war auch die Salzburger Architektentochter Michaela Wagner dabei, die zu jener Zeit mit Daimler gerade Tisch und Bett teilte. Auch einen Sohn namens Benjamin hatten die beiden gemeinsam gezeugt.
Daimlers Lebensgefährtin wunderte sich, wie sie später aussagte, daß sie bei ihm »keinerlei Erregung bemerkte«, als er vom Untergang der *Lucona* erfuhr.
»Ich kann nicht sagen, daß es erwartet wurde«, gab Michaela Wagner zu Protokoll, »ich hatte aber den Eindruck, daß von Überraschung und Bestürzung nicht die Rede sein konnte«. Daimler hatte lediglich die knappe Bemerkung gemacht, daß jetzt eben »die ganze Versicherungsproblematik losgeht«.[23]
Einzig Renzo Vianello war an diesem Vormittag noch für einige Stunden in Venedig geblieben, bis die offizielle Mitteilung von der Schiffskatastrophe eintraf.
Um cirka 10.30 Uhr ging die Nachricht bei der italienischen Schiffsmaklerfirma *Hugo Trumpy* in Genua ein, und um exakt 10.38 Uhr kabelte ein noch sichtlich erregter Angestellter der Agentur an die Charterer der *Lucona*:
»guten tag, meine herren, hier ist hugo trumpy, genua, charterabteilung. teilen mit, dass wir bestuerzt sind, ihnen erhalt folgenden fs bekanntgeben zu muessen:
›m/v lucona explodierte und sank sofort am sonntag, dem 23. 1. um 12.00 gmt auf position 08.50 nord/70.30 ost. gerettet 6 personen einschliesslich des kapitaens, 6 personen vermisst. gerettet von einem türkischen tanker.‹ das ist alles, es gibt noch keine anderen dataillierteren mitteilungen.«
Cool und emotionslos wie eine Auftragsbestätigung nach erfolgter Bestellung eines Murano-Glaslusters leitete Renzo Vianello die schreckliche Nachricht eine Stunde später, um 11.36 Uhr, an Udo Prokschs Wiener Fernschreibanschluß weiter: »m/v lucona, fahrt von chioggia nach hongkong – wir benachrichtigen sie ueber den eingang des folgenden fs von hugo trumpy, genua: ›m/v lucona exploded and sank ...‹ mit freundlichen gruessen: renzo vianello, inmobiliaria coco del mar.«
Erschütterung über das »Unglück« heuchelte Renzo Vianello erst

---

[23] Auf Tonband aufgezeichnete Aussage von Michaela Wagner, Salzburg, vom 27. Juni 1983.

eine weitere Dreiviertelstunde danach, als er mit der holländischen *Oost Atlantic Lijn* Verbindung aufnahm. »haben von maklern«, kabelte 41332 unindex von Venedig nach Rotterdam, »die bestuerzende mitteilung über den verlust der lucona erhalten. hoffen, alle leute werden gerettet werden. bitte bestaetigen sie die unfassbare mitteilung und leiten sie alle diesbezueglichen nachrichten an uns weiter.«
Danach mußte sich auch Vianello beeilen, zum Treffpunkt ins Zürcher Hotel *Baur au lac* zu gelangen, wo die Proksch-Gruppe nach Mittag vollzählig war.
Nur ein Mann war nicht persönlich anwesend: Der Wiener Advokat Heinz Damian, Gründungs-, Vorstandsmitglied und Sekretär des *Club 45* und Intimfreund von Udo Proksch.
Heinz Damian hatte als juristischer Berater bei der Durchführung des *Zapata*-Schrottgeschäftes fungiert und sollte später auch eine Hauptrolle bei den Bemühungen spielen, die man unternahm, um in den Besitz der Versicherungsmillionen zu gelangen.
Eine diesbezügliche Vollmacht war Heinz Damian von der Verwaltungsrätin der *Zapata AG*, Greta Fischer, erstaunlicherweise bereits am 22. Dezember 1976 erteilt worden. Genau vier Wochen bevor durch den Untergang der *Lucona* der Schadensfall überhaupt eintrat, bevollmächtigte die *Zapata AG* den Proksch-Anwalt bereits, »in unserem Namen die Verhandlungen mit der *Bundesländer-Versicherung* in der Angelegenheit XP-19 (Transportversicherungspolizze Nr. 37 062) zu führen«.[24]
Als der Verfasser den Anwalt im März 1985 mit dieser Vollmacht konfrontierte und eine Erklärung für das seltsame Ausstellungsdatum erbat, war Heinz Damian über die Existenz dieses offenkundig kompromittierenden Schriftstücks zunächst sichtlich irritiert, hatte jedoch bald eine einleuchtende Antwort parat: Sein Freund Udo sei eben »ein vorsichtiger und weitblickender Mann«, der es gern habe, »daß ein Anwalt schon vor Eintritt eines Schadensfalles alle erforderlichen Vollmachten besitzt«.
»Nein«, daraus könne man »gar nix ableiten«, vereitelte der Anwalt schon nach kurzer Denkpause jede weitere Kombination und berichtigte sich rasch, indem er erklärte, daß an diesem peinlichen Fehler in Wahrheit »wahrscheinlich nur die blöden Weiber in meiner Kanzlei schuld (waren), denn die schreiben halt in so Vollmachten irgendwas

---

[24] Eine Kopie dieser Vollmacht wurde anläßlich der Hausdurchsuchungen bei Udo Proksch sichergestellt, und die Kripo machte sich darüber natürlich ihre Gedanken.

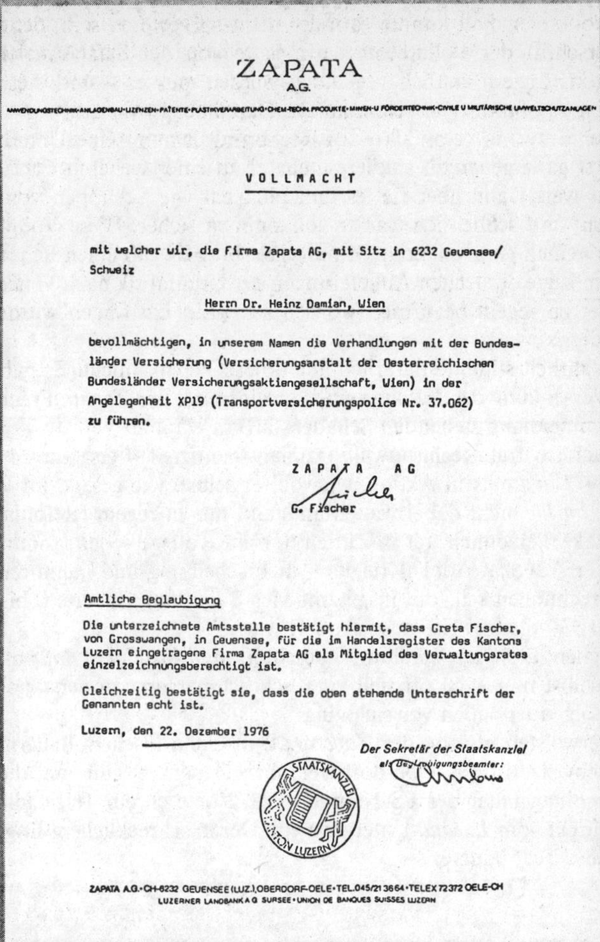

ZAPATA
A.G.

ANWENDUNGSTECHNIK · ANLAGENBAU · LIZENZEN · PATENTE · PLASTIKVERARBEITUNG · CHEM.-TECHN. PRODUKTE · MINEN- U. FÖRDERTECHNIK · CIVILE U. MILITÄRISCHE UMWELTSCHUTZANLAGEN

VOLLMACHT

mit welcher wir, die Firma Zapata AG, mit Sitz in 6232 Geuensee/
Schweiz

Herrn Dr. Heinz Damian, Wien

bevollmächtigen, in unserem Namen die Verhandlungen mit der Bundesländer Versicherung (Versicherungsanstalt der Oesterreichischen Bundesländer Versicherungsaktiengesellschaft, Wien) in der Angelegenheit XP19 (Transportversicherungspolice Nr. 37.062) zu führen.

ZAPATA AG

G. Fischer

Amtliche Beglaubigung

Die unterzeichnete Amtsstelle bestätigt hiermit, dass Greta Fischer, von Grosswangen, in Geuensee, für die im Handelsregister des Kantons Luzern eingetragene Firma Zapata AG als Mitglied des Verwaltungsrates einzelzeichnungsberechtigt ist.

Gleichzeitig bestätigt sie, dass die oben stehende Unterschrift der Genannten echt ist.

Luzern, den 22. Dezember 1976

*Der Sekretär der Staatskanzlei*
*als Beglaubigungsbeamter:*

STAATSKANZLEI
KANTON LUZERN

ZAPATA A.G. · CH-6232 GEUENSEE (LUZ.), OBERDORF-OELE · TEL. 045/21 36 64 · TELEX 72372 OELE-CH
LUZERNER LANDBANK A.G. SURSEE · UNION DE BANQUES SUISSES LUZERN

Vier Wochen vor dem Untergang: Vollmacht für Dr. Damian, die Zapata in der Versicherungsangelegenheit »Lucona-Fracht« zu vertreten.

eini – a Datum, das was gar net paßt«. Ja, so sei das eben in einer Anwaltspraxis, wurde der Verfasser belehrt.
Im konkreten Fall konnte es indes nicht so gewesen sein, denn die Unterschrift der Vollmachtgeberin hatte von der Staatskanzlei des Kantons Luzern amtlich beglaubigt werden müssen – und diese Beglaubigung fand sogar schon am 22. Dezember 1976 statt.
Dieser Einwand veranlaßte den Rechtsanwalt nun, seine Unterlagen vorerst ganz genau zu studieren, ehe er zu einer weiteren Erklärung bereit war. Dann aber fiel es ihm plötzlich wie Schuppen von den Augen, und schließlich war er vollkommen sicher. Diese Vollmacht habe »einen ganz anderen Grund« gehabt: »Es gab einen Schadensfall im Zuge der letzten Anlieferungen der Uranfabrik nach Venedig«, den er zu regeln beauftragt worden sei. »Ein Lastwagen wurde beschädigt.«
In Wahrheit stimmte natürlich auch diese Version nicht. Es gab vor der Versenkung der *Lucona* keinen einzigen mit der *Zapata*-Fracht im Zusammenhang stehenden Schadensfall.
Tatsächlich trat Rechtsanwalt Damian – offiziell – erst am 24. Jänner 1977 erstmals in Aktion, wiewohl er selbst, wie gesagt, im Hotel *Baur au lac* nicht dabei war. Man stand nur in regem telefonischen Kontakt. Persönlich trat in Zürich nur ein Kollege – der prominente Wiener Advokat Adolf Kriegler – in Erscheinung und nahm an den Besprechungen teil, die insgesamt vier Tage lang dauerten, bis die weitere Vorgangsweise ausdiskutiert war.
Zwischendurch, am 25. Jänner, beschloß man im Hotel *Baur au lac*, sich selbst nun auch offiziell vom Schiffsuntergang zu verständigen, was folgendermaßen vor sich ging:
Im verwaisten »Büro« der *Zapata AG* in Greta Fischers Bauernhaus im schweizerischen Oberdorf-Oele bei Geuensee ging an diesem Nachmittag unter der FS-Nummer 72372 oele ch ein Telex mit der Nachricht vom *Lucona*-Untergang ein. Der in schrecklichem Englisch verfaßte Text lautete:

```
please take note of the following message received from owners
m/v lucona =
m/v lucona ho 9917 exploded and sunk immediately on sunday 23th
january at 12.00 gmt on position 0850n 7030e safety 6 persons
(including master) 6 persons missing safetied by turkish tanker
regards
            immobiliaria coco del mar p.
53567z bala ch
72372 oele cho
```

Aufgegeben wurde dieses Telex von einem Fernschreibanschluß mit der Nummer 53567 bala ch. Am 20. März 1985 recherchierte der Verfasser bei den Schweizerischen Postbetrieben in Bern und stellte fest, daß sich dieser Fernschreibanschluß der »Reederei« *Coco del Mar* im Jänner 1977 mitten in Zürich befand. Genau dort, wo sowohl die Absender der Nachricht, als auch die Empfänger ohnedies schon seit zwei Tagen zusammen an einem Tisch saßen. Es war der Telexanschluß des Hotel *Baur au lac.*
Vianello, Fischer, Daimler und Proksch verständigten sich somit vom *Lucona*-Untergang selbst.
Unmittelbar nachdem das Telex abgesetzt war, setzte sich Greta Fischer ins Auto und eilte von Zürich in ihr nahes Bauernhaus, um die bestürzende Nachricht zur Kenntnis zu nehmen. Und noch am selben Tag setzte sie sich an die Schreibmaschine und verfaßte die Versicherungsmeldung, indem sie an die Wiener Transportversicherung schrieb:
»Sehr geehrte Herren, wir bedauern Ihnen mitteilen zu müssen, daß uns heute mittels Fernschreiben der Verlust der M/S Lucona und somit der gesamten versicherten Ware zur Kenntnis gebracht worden ist. Unser Vertreter in Wien ist Herr Dr. Heinz Damian, Rechtsanwalt, Linke Wienzeile 4, 1060 Wien. Wir bitten Sie um Kenntnisnahme und verbleiben mit freundlichen Grüßen: *Zapata AG.*«
Am nächsten Tag wurde ein Telex an die *North Pacific Trading Ltd.* nach Hongkong gesandt, um auch deren Geschäftsführer Owen Corrigan über die Geschehnisse zu informieren. – Eine relativ sinnlose Aktivität, denn Owen Corrigan nahm ohnedies schon seit Tagen an den Besprechungen im Hotel *Baur au lac* teil und saß auch dabei, als das Telex an ihn verfaßt wurde.
Schließlich und endlich waren alle offenen Fragen geklärt. Alles weitere sollten die Rechtsanwälte erledigen.
Am 27. Jänner wurde auch der an Ort und Stelle anwesende »Herr Dr. Adolf Kriegler, Rechtsanwalt in Wien 1, Franz-Josefs-Kai 19« bevollmächtigt, in der »Causa Havarie *Lucona*« die *Zapata AG* »konsortial mit Herrn Dr. Heinz Damian zu vertreten«.
In Wien ist Adolf Kriegler als eine der schillerndsten Figuren seines Standes wohlbekannt. An sich ist der Staranwalt mit Zweitwohnsitz in Paris ein berühmter Ehescheidungsspezialist, doch wird er von Teilen der Wiener Unterwelt durchaus auch als Strafverteidiger sehr geschätzt.
Oft kommt es allerdings vor, daß nicht nur Adolf Krieglers Klientel, bei deren Auswahl er keineswegs wählerisch ist, sondern daß auch er

selbst wegen seiner manchmal unkonventionellen Honorarverrechnungsmethoden ungewollt in die Schlagzeilen der Medien gerät.
Im übrigen gilt Adolf Kriegler unter Österreichs Advokaten als das zweifellos größte Showtalent, das – nach standesgemäßer Anfahrt im Rolls Royce und im Winter zumeist in einen wallenden bodenlangen Nerzmantel gehüllt – seine großen Auftritte auch vor dem *Kleinen Bezirksgericht* zu zelebrieren versteht.
»Wenn Doktor Adolf Kriegler zum Werk schreitet«, wußte einst auch schon die Illustrierte *Basta* zu berichten, »wirkt er wie ein alternder Elton John vor einem Konzert in Las Vegas.« »Die Kanzlei, die aussieht, wie der Ausstellungsraum einer Kristall-Manufaktur, versprüht von Montag bis Mittwoch das Flair eines vielfachen Millionärs. Doch schon am Donnerstag entschwebt der Elton John der heimischen Advokatur im Jet nach Paris . . .«
Dafür wird Adolf Kriegler auch zu jenen erfolgreichen Mitgliedern der Rechtsanwaltszunft gezählt, die nicht einmal die Hand zur Begrüßung eines Rechtsbeistand suchenden neuen Klienten ausstrecken, ehe ein Akonto in der Höhe von »Dreißigtausend« erlegt ist.
Dreißigtausend (und zwar Schweizer Franken) wurden denn auch im Hotel *Baur au lac* am 27. Jänner 1977 gleich vorneweg als »Honorar- und Expensenakonto« kassiert und namens der »ARGE Rechtskanzleien Dr. Damian – Dr. Kriegler, z. Zt. Zürich, Hotel Baur au lac« von Adolf Kriegler quittiert.
Alle weiteren Aktivitäten der *Zapata*-Mannschaft verlagerten sich danach von Zürich nach Wien, wo ein weiterer prominenter Anwalt, Avvocato Enzo Morelli aus Venedig, hinzustieß, für ein paar Tage sein Hauptquartier im *Studio Proksch* in der Wiener Walfischgasse aufschlug und von hier aus seine europaweiten Verbindungen auszuspielen begann. Seine Aufgabe sollte in erster Linie darin bestehen, die Aufklärung der Ursachen des *Lucona*-Unterganges zu verhindern.
Einen vierten Rechtsfreund engagierten Proksch und Daimler wenig später auch noch in der Schweiz zur Abwicklung des *Lucona*-Versicherungsfalles: Rechtsanwalt Beat Müller-Roulet aus Bern.
Der Advokat erhielt im Laufe der nächsten zwei Jahre Honorar-Akonti in der Höhe von 75 000 Franken.
Den Rest der Honorarforderung, die schon bald die immerhin stolze Summe von 470 456 Franken und 85 Rappen betrug, konnte Proksch am Ende jedoch – nachdem er an die Versicherungssumme nicht herankam – nicht zahlen.
Erzürnt legte Müller-Roulet daraufhin am 1. August 1979 sein Man-

Rechtsanwalt
Dr. Adolf Kriegler
Verteidiger in Strafsachen
Franz Josefs-Kai 19 · Eingang Hafnersteig 2-4 · 1010 Wien · Tel. 63 57 07 Serie
Telegrammadresse Krieglersanwalt Wien · Bankverbindungen:
CA-Bankverein Kto. 47-23391 · Länderbank Kto. 222-106-954 · Bk. Kto. 7741.795

Wien, am 1985 06 24

Sehr geehrter Herr Pretterebner!

In Beantwortung Ihrer telefonischen Anfrage vom 17.6.1985 betreffend einer allfälligen anwaltlichen Tätigkeit meinerseits in dem Versicherungsfall "Lucona" halte ich auch schriftlich fest, daß ich keine wie immer geartete Stellungnahme abgebe. Ich erlaube mir aber darauf hinzuweisen, daß es völlig verfehlt wäre, aus meiner Verhaltensweise Schlüsse irgendwelcher Art zu ziehen.

Ihres Verständnisses als brillanter Redakteur gewiß zeichne ich mit dem Ausdruck meiner

vorzüglichsten Hochachtung

rec.

---

VAI

27.1.1977

ARGE/Rechtskanzleien
Dr. Damian - Dr. Kriegler - Wien
z.Zt. Hotel Baur au Lac
Zürich

**Betr. Honorar und Expensen à conto**

Wir bestätigen den Erhalt von Fr. 30.000.-- (dreissigtausend) in bar von der Zapata S.A. Suisse und nehmen hiermit die Cause betreffs XP19 - CHIMA - Vessel Luconia - BL Vertragstransportversicherung Pol. Nr. 37o62 zur rechtsanwältlichen Betreuung und bitten um gesonderte Vollmachten.

Dr. Kriegler quittiert im Hotel Baur au Lac 30 000 Franken Honorarvorschuß

dat zurück und sah sich schließlich gezwungen, ein mageres Vergleichsangebot zu akzeptieren.

Auspacken wollte der Schweizer freilich trotz alledem nicht. Er nannte für sein Schweigen über die Hintergründe des *Falles Lucona* auch ganz offen den Grund: »Ich bin ja kein Selbstmörder!«

Dasselbe – nur schon wesentlich früher – hatte sich offenbar auch der Wiener Anwalt Adolf Kriegler gedacht. Er legte sein Mandat schon nach einigen Wochen wieder zurück, ohne überhaupt jemals offiziell in Erscheinung getreten zu sein.

Ob es Skrupel waren, die ihn dazu trieben, seine weitere Mitarbeit beim Inkasso der Versicherungssumme für die versenkte Fracht zu verweigern, oder andere Gründe, darüber gehen die Meinungen allerdings auseinander.

Udo Proksch behauptet, Adolf Kriegler habe nur immer höhere Geldbeträge verlangt, »aber nichts arbeiten wollen«, und der kanadische Staatsbürger Steven Low, der – wie noch darzulegen sein wird – in den Fall ebenfalls involviert ist, meint sogar, Adolf Kriegler sei für die *Zapata AG* ein »zu unseriöser Anwalt« gewesen.

Er habe ihn, schilderte Steven Low im November 1986 einem Untersuchungsrichter, Jean-Pierre Michau, in Paris, in seinem Chalet in Gstaad kennengelernt. Da sei der Wiener Advokat »auf den Tisch gesprungen – und mir an die Gurgel«.

Adolf Kriegler selbst scheint indes nicht bereit zu sein, die wahren Gründe für seinen Rückzug aus der Proksch-Gruppe darzulegen, obwohl diese ihn zweifellos ehren. Lieber dementiert er vielmehr vorsichtshalber gleich alles.

»In Beantwortung Ihrer telefonischen Anfrage vom 17. 6. 1985 betreffend einer allfälligen anwaltlichen Tätigkeit meinerseits in dem Versicherungsfall ›Lucona‹«, ließ er den Autor wissen, »halte ich auch schriftlich fest, daß ich keine wie immer geartete Stellungnahme abgebe. Ich erlaube mir aber, darauf hinzuweisen, daß es völlig verfehlt wäre, aus meiner Verhaltensweise Schlüsse irgendwelcher Art zu ziehen. Ihres Verständnisses als brillanter Redakteur gewiß, zeichne ich ...«

Das Verständnis ist Adolf Kriegler gewiß. Denn immerhin sprach er sich wenigstens im engsten Familienkreis über den Grund aus, der ihn sein Mandat in der *Causa Lucona* zurücklegen ließ:

»Mit Mördern will ich nichts zu tun haben!« vertraute der Rechtsanwalt seiner damaligen Lebensgefährtin, einer bekannten Wiener Gaststättenbesitzerin, an.

# Rotterdam: Die Todesängste der Zeugen

Auch für die sechs Überlebenden der *Lucona*-Besatzung, die sich nach ihrer Heimkehr nach Holland in diesen Tagen langsam von ihren Verletzungen und dem erlittenen Schock zu erholen begannen, war es, wie berichtet, von Anfang an klar gewesen: Die *Lucona* war keinesfalls einem Unglücksfall zum Opfer gefallen, ihr Schiff wurde vielmehr mit Absicht versenkt.

Es gab nur eine einzige Frage, um die ihre Gedanken immer wieder zu kreisen begannen: Welche Absicht hatten die Täter verfolgt? War es ihnen »nur« um die Versenkung des Ladegutes gegangen und hatten die toten Kameraden, die sich nicht mehr rechtzeitig zu retten vermochten, nur Pech, weil im Schiff eine Spur zuviel Sprengstoff deponiert worden war?

Oder war es genau umgekehrt: Hatten sie selbst, die sie mit dem Leben davongekommen waren, nur ein unwahrscheinliches und an ein Wunder grenzendes Glück gehabt – und hätten in Wirklichkeit sie alle durch die Explosion getötet oder mit dem Wrack in die Tiefe gerissen werden sollen, damit es keine Zeugen mehr gab?

War demnach – juristisch gesehen – die Sprengung der *Lucona*, bei der sechs Menschen den Tod fanden, ein von Anfang an geplanter und kaltblütig vorbereiteter Mord, oder nahmen die Täter den Tod der gesamten Besatzung nur in Kauf?

Für die *Zapata*-Mannschaft wäre es jedenfalls wesentlich einfacher, billiger und auch bequemer gewesen, die Versicherungssumme für das verlorengegangene Ladegut der *Lucona* zu kassieren, hätten nicht ein paar Menschen das »Unglück« überlebt. Irritiert schienen insbesondere die italienischen Partner Udo Prokschs gewesen zu sein.

Schon im Zürcher Hotel *Baur au lac* hatte man sich entschlossen, mit den Überlebenden, unmittelbar nachdem sie an Land gebracht würden, Kontakt aufzunehmen. Giulio Meotto und Amorino Scarpa sollten sie, so war es geplant, gleich in Aden empfangen, und Udo Proksch schrieb an die *Oost Atlantic Lijn* einen Brief, in dem er um die Erlaubnis ersuchte, die Überlebenden sofort befragen zu dürfen, was sie über den Hergang des »Unglücksfalles« wüßten.

Einen direkten Beweis dafür, daß von Anfang an beabsichtigt war,

die Überlebenden hinsichtlich ihrer Aussagen, die sie später tätigen sollten, zu beeinflussen, gibt es allerdings nicht. Es wurden – Jahre später – lediglich Fragmente eines diesbezüglichen Fernschreibverkehrs zwischen Udo Proksch und seinen italienischen Freunden gefunden, in dem es um die geplante »Befragung« der Geretteten ging.
Am 27. Jänner 1977, zwei Tage bevor diese in Aden an Land gebracht wurden, richtete etwa Amorino Scarpa um 17.26 Uhr über den italienischen Fernschreibanschluß 41332 unindex an die *Zapata* die kryptische Frage: »Wir möchten wissen, was sie uns sagen sollen?«[25]
Im Laufe des nächsten Tages wurde dieser Plan jedoch wieder verworfen. Ein direkter Beeinflussungs– oder gar Bestechungsversuch wäre jedenfalls viel zu gefährlich gewesen. Man entschied sich stattdessen für eine unverfänglichere und dennoch wesentlich wirkungsvollere Methode, um zu erreichen, daß die Überlebenden bei ihren Aussagen über die Ursache des Schiffsunterganges Zurückhaltung üben.
Sowohl in Aden wie später auch in Rotterdam wurde plötzlich das Gerücht ausgestreut, die *Lucona* habe nicht, wie es den Anschein gehabt haben mochte, nur harmlose gebrauchte Geräte und simple Bergwerksmaschinen als Bestandteile einer Uranerz-Aufbereitungsanlage an Bord gehabt, sondern – in den zahllosen Containern, in die niemand hineinsehen konnte – in Wahrheit hochwertige Atomtechnologie nach Fernost transportiert. Deshalb habe »ein Geheimdienst« die *Lucona* versenkt.
Und dieser »Geheimdienst« – welcher immer es auch gewesen sein mochte – würde es sicher nicht zulassen, daß durch Zeugenaussagen die Ursache des Schiffsunterganges geklärt und die Urheberschaft an dem Anschlag aufgedeckt werden könnte.
Angst war schon immer das wirksamste Mittel, um Menschen zum Schweigen zu bringen.
Die Rechnung jener, die dieses Gerücht in die Welt gesetzt hatten, ging tatsächlich auf: Die Angst, von der die Überlebenden bereits unmittelbar nach dem Anschlag auf die *Lucona* erfaßt worden waren, stieg noch. Als Tatzeugen sahen sie ihr Leben in Gefahr und reagierten erwartungsgemäß.
Vor allem die beiden überlebenden Offiziere, Kapitän Jacob Puister und sein Freund »Joop« van Beckum, stellten in den Tagen nach ihrer Rückkehr nach Rotterdam immer wieder dieselben Überlegun-

[25] Dieses Fernschreiben wurde von der Kripo am 18. Juli 1984 bei Udo Proksch sichergestellt.

gen an, besprachen die ihnen drohenden potentiellen Gefahren und wurden sich schließlich bewußt, daß es für sie wohl am sichersten wäre, im Detail möglichst wenig darüber zu wissen, was auf der *Lucona* tatsächlich geschehen war.
Darüber hinaus hegten die Überlebenden aber auch noch eine Befürchtung ganz anderer Art: Auf Grund der mysteriösen Gerüchte bekamen sie Angst, auf der *Lucona* sei unter Umständen tatsächlich sogar spaltbares Material transportiert worden und sie könnten durch die Explosion daher radioaktiv verseucht worden sein.
Noch im Februar 1977 begaben sich Jacob Puister, seine Frau und der 1. Offizier der *Lucona*, van Beckum, in das *Akademische Krankenhaus* in Leiden, um sich auf Strahlenschäden untersuchen zu lassen. Das Ergebnis war – natürlich – negativ.
Unter diesen Umständen konnte man leichten Herzens auf eine persönliche Kontaktaufnahme mit den *Lucona*-Überlebenden verzichten. Dies hieß freilich keineswegs, daß die Täter an deren Aussagen und an der anschließenden Untersuchung etwa nicht interessiert waren. Ganz im Gegenteil. Sie fanden hiefür jedoch andere Wege.
Während der *Zapata*-Anwalt Heinz Damian der Wiener *Bundesländer-Versicherung* am 3. Februar 1977 kurzerhand mitteilen ließ, die Überlebenden könnten vorerst noch nicht einvernommen werden, weil sie sich in diversen holländischen Krankenhäusern befänden (was nicht der Wahrheit entsprach), begab sich in der Folge beinahe eine halbe Armee von *Zapata*-Beauftragten nach Rotterdam.
Neben Hans Peter Daimler und Heinz Damian selbst marschierten in Holland vor allem die italienischen Partner des *Demel*-Chefs, Giulio Meotto, Amorino Scarpa, Renzo Vianello, Giorgio Casagrande und der venezianische Advokat Enzo Morelli ein, um dort die Situation möglichst rasch in den Griff zu bekommen.
Ein weiterer Anwalt, P. Blussé van Oud Alblas, wurde über Morelli in Rotterdam zusätzlich engagiert. Desgleichen zwei holländische »Schiffssachverständige« sowie noch ein Jurist aus London.
Zwischendurch bemühten sich Scarpa und Meotto am 12. Februar 1977 sofort nach Ravenna, als dort der türkische Tanker eintraf, der die Überlebenden der *Lucona*-Besatzung in Aden an Land gebracht hatte. Der türkische Kapitän Ibrahim Mete wurde eingehend darüber befragt, was die Geretteten bereits alles ausgesagt hatten.
Eine Schlüsselrolle bei der Vernehmung der Überlebenden in Holland kam schließlich einem Mitglied einer in Rotterdam etablierten und aus insgesamt 46 Advokaten bestehenden »Anwaltsfabrik« zu: Herbert Ambrosius Jan Baanders, der vom *Noord Nederlandsche Pro-*

*tectieclub*, einer Interessensvertretung der holländischen Reedereien, mit der Wahrnehmung der Interessen des Schiffseigentümers beauftragt worden war. Insbesondere sollte der Anwalt ermitteln, ob die Reederei der *Lucona* allenfalls für den Verlust des Schiffes und der Ladung haftbar gemacht werden könnte.
H. A. J. Baanders begann mit der vorerst noch informellen Befragung der sechs Überlebenden unmittelbar nach deren Ankunft an Flughafen Schiphol. In den darauffolgenden Tagen wurden die Einvernahmen in seiner Kanzlei fortgesetzt.
Da sich bei einem Vorkommnis dieser Art, wie schon erwähnt, nur ein Zeuge, der möglichst wenig gesehen und gehört hat, keiner Gefahr aussetzt, beseitigt zu werden, war die Bereitschaft der Überlebenden, über das unmittelbare Geschehnis allzu detailliert zu berichten, gewiß nicht sehr groß.
Aber auch Rechtsanwalt Baanders selbst schien erstaunlicherweise nicht über die Maßen daran interessiert zu sein, von ihnen allzuviele konkrete Details über den Vorfall im Indischen Ozean zu erfahren.
Der Grund hiefür leuchtet ein. H. A. J. Baanders hatte die Interessen der Reederei zu vertreten, und diese hatte naturgemäß nur ein einziges Ziel: von ihrer Kaskoversicherung so rasch wie möglich den Schaden für den Verlust des Schiffes ersetzt zu bekommen.
Auf wessen Konto die Versenkung der *Lucona* ging, war der panamaischen Reederei dagegen vergleichsweise egal, zumal die Versicherungssumme, die erst am 1. Jänner 1977 auf 3 Millionen holländische Gulden (rund 20 Millionen Schilling) erhöht worden war, den tatsächlichen Wert des Frachters ohnehin übertraf.
Hätte man aber aus den Aussagen der Überlebenden zweifelsfrei feststellen können, daß die *Lucona* einem gezielten Sprengstoffanschlag zum Opfer gefallen war, so hätten sich naturgemäß auch die Kaskoversicherer wesentlich länger gegen die Auszahlung der Versicherungssumme gewehrt.
Es ergab sich somit, daß die Interessenslage aller Beteiligten absolut gleich war. Es gab in Holland niemanden, der sich von einer restlosen Aufklärung der Hintergründe des Schiffsunterganges einen besonderen Nutzen versprach.
Bei dieser Gelegenheit ist es im übrigen dennoch angebracht, endlich auch eine der vielen von Udo Proksch immer wieder kolportierten Legenden richtigzustellen.
Die weltberühmten und altehrwürdigen Versicherer von *Lloyd's* hätten, so wurde der *Demel*-Chef niemals müde, zu argumentieren, den 20-Millionen-Schadenersatz für das Schiff nach dem Untergang »an

standslos und sofort« ausbezahlt. Daraus könne man doch ersehen, daß die österreichische *Bundesländer-Versicherung* offenbar nur aus politischen Gründen nicht gewillt oder aus finanziellen Gründen nicht imstande sei, »ihre Verpflichtungen zu erfüllen«. Und seufzend fügte er immer wieder hinzu: »Wir hätten eben doch auch für die Frachtversicherung *Lloyd's* nehmen sollen.«

Demgegenüber haben *Lloyd's* allerdings den *Lucona*-Schaden in Wahrheit weder »anstandslos und sofort« noch überhaupt jemals bezahlt – aus dem einfachen Grund, weil *Lloyd's* gar nicht die Kaskoversicherer des Frachtschiffes waren.

Das *Lucona*-Risiko war vielmehr namens einer sehr großen Zahl der verschiedensten Assekuranzen aus zahlreichen Ländern über die Rotterdamer Versicherungsgesellschaft *H. J. Roelofs Assuradeuren B.V* eingedeckt.

Unter den Versicherern der *Lucona* waren unter anderem auch noch die holländischen Gesellschaften *Nieuw Rotterdam* und *Providentia*, Amsterdam; die französische *Union des Assurances de Paris* und *Le Monde*; die Londoner *Sphere Insurance* und die *Guardian Insurance Company* sowie die *WestminsterFire*; japanische Versicherungen von der *Dowa Fire and Marine*, Osaka, bis zur *Sumitomo Marine* und zur *Taisei Fire and Marine*, Tokyo; die Hongkonger *Lombard Insurance Company*; die schwedische *Sirius Försäkringsaktiebolaget*, Stockholm, und schließlich auch eine Reihe deutscher Institute: *Union und Rhein Versicherung*, München; *Securitas*, Bremen; *Nürnberger Allgemeine*; *Haftpflichtverband der Deutschen Industrie*, Hannover, sowie die *Deutsche Versicherungsgesellschaft* in Bremen.

Keine dieser Versicherungen zahlte ihren Anteil am *Lucona*-Schaden »anstandslos und sofort«, sondern erst im Wege eines Vergleichs, nachdem bereits die gerichtliche Klage eingebracht war.

Als Kaskoversicherer mußten sie freilich auf jeden Fall zahlen, denn sie hatten nur zu prüfen, ob die *Lucona* tatsächlich untergegangen war und ob nicht etwa die Reederei oder den Kapitän eine Schuld daran traf. Hingegen hätte nicht einmal ein Geständnis der Täter, die die *Lucona* versenkten, die Kaskoversicherer von ihrer Zahlungsverpflichtung befreit. Es gibt für sie nur die Möglichkeit eines Regresses.

Genau diesen Weg aber gehen natürlich auch die Kaskoversicherer längst, und schon seit 20. September 1983 haben sich die *Roelofs Assuradeuren* dem in Wien anhängigen Strafverfahren gegen Udo Proksch und Genossen mit einer Schadenssumme von mehr als 20 Millionen Schilling als Privatbeteiligte angeschlossen.

Die Einvernahmen der überlebenden Besatzungsmitglieder, die Rechtsanwalt Baanders im Februar 1977 in Rotterdam vornahm, dauerten jeweils viele Stunden und insgesamt mehrere Tage lang, und die Befragungen wurden auf Tonband aufgenommen.[26]

Am 10. und 11. Februar 1977 fertigte Jan Baanders von den seiner Meinung nach wichtigsten Zeugenaussagen je ein schriftliches Protokoll an und formulierte »Erklärungen«, die schließlich jedes Besatzungsmitglied unterschrieb.

Die Erklärung, die der Kapitän der *Lucona*, Jacob Puister, abgab, der während der entscheidenden Ereignisse wachfrei gehabt und sich schlafend in seiner Kajüte befunden hatte, umfaßte insgesamt dreizehn engbeschriebene Seiten. Der Explosion auf der *Lucona* und dem darauffolgenden sofortigen Untergang waren hievon nur wenige Zeilen gewidmet:

»Am Sonntag, dem 23. Jänner 1977, bin ich um 12.00 Uhr von der Wache abgegangen. Etwa um halb zwei Uhr habe ich mich in die Koje begeben. Plötzlich merkte ich, daß ich im Salon stand. Dem mußte natürlich etwas vorangegangen sein, aber ich kann mich daran nicht mehr erinnern. Auf jeden Fall war mir bewußt, daß etwas geschehen war. Ich kann sogar sagen, daß mir bewußt war, daß etwas sehr Ernstes geschehen war. Ich bin dann gleich nach oben gerannt. Als ich in das Steuerhaus kam, sah ich, daß alle Scheiben zerbrochen waren. Das Glas lag am Boden. Die Bedienung der Hauptmotoren war intakt.

Als ich auf die Brücke kam, . . . hörte ich ein gräßliches ächzendes und auch zischendes Geräusch. Meiner Ansicht nach lag das Schiff damals noch gerade. Ich sah kein Wasser, sondern nur rundherum

---

[26] Als der Autor dieses Buches Jahre später, mit einer entsprechenden Vollmacht von *Lucona*-Kapitän Jacob Puister ausgestattet, Jan Baanders ersuchte, sich diese Bänder anhören zu dürfen, bestritt dieser allerdings, solche Tonbandaufzeichnungen noch zu besitzen. Und als er am 28. Mai 1986 im Auftrag des Wiener Landesgerichtes für Strafsachen im Rechtshilfeweg vom Rotterdamer Untersuchungsrichter N. Palstra-Tinbergen als Zeuge vernommen wurde, vermochte er sich nicht einmal mehr daran zu erinnern, daß von den Aussagen der Überlebenden Tonbandaufzeichnungen hergestellt worden waren.

grauen Rauch. Ich habe dann gerufen: Steuermann! Steuermann! Ich erhielt keine Antwort. Ich konnte nicht weiter als etwa zwei Meter sehen.
Ich bin sofort zum Brückenflügel hinaus gelaufen. Im gleichen Augenblick kam eine starke Schlagseite nach Steuerbord und das Wasser kam auf den Brückenflügel. Ich kam ganz unter Wasser. Nach ein paar Tempi war ich ober Wasser. Ich schaute nach dem Schiff aus. Das einzige, was noch ober Wasser war, war das Achterschiff ab der Vorderseite des Schornsteins. Auch die Schraube stand noch ober Wasser und ich sah, daß sich diese langsam drehte.
Ein paar Augenblicke später war das Schiff ganz verschwunden. Wenn man mich fragt, was geschehen ist, dann sage ich, daß etwas in der Ladung explodiert sein muß. Es muß ein derart enorm großer Schaden an der Schiffswand und/oder am Boden entstanden sein, daß das Schiff in etwa einer Minute zur Gänze gesunken ist«.[27]
Die Frau des Kapitäns, Adriana Huberdina Puister van der Leer, erlebte laut der von Rechtsanwalt Jan Baanders formulierten Erklärung den *Lucona*-Untergang so:
»Wir haben prachtvolles Wetter gehabt . . . Ich saß nachmittags auf der Brücke knapp außerhalb der Türe der Backbordseite und sonnte mich. Ich nähte dabei. Einmal stand ich auf und ging in das Steuerhaus, um einen Zwirn zu holen. Ich habe noch gesehen, daß in weitem Umkreis kein Schiff zu sehen war. Ich nahm die Rolle Zwirn. Plötzlich verspürte ich einen kräftigen Stoß, wodurch ich zuerst nach hinten und dann stark nach vorne geschleudert wurde. Der Stoß nach hinten war geringfügig. Der Stoß nach vorne war jedoch sehr stark. Ich stand hinter dem Tisch, wo sich der Flaggenkasten befand. Als ich nach vorne fiel, bin ich mit dem Brustkorb gegen den oberen Rand des Tisches und über den Tisch hin gefallen. Viel später im *Dingey* haben wir dann erst bemerkt, daß ich starke Schmerzen an meinen Rippen hatte. Sie waren gequetscht.
Dann sah ich überall Rauch. Dieser Rauch war nicht nur vorne, sondern auch seitlich. Die Farbe des Rauchs war hellbeige. Ich erinnere mich nicht, einen Schlag gehört zu haben. Ich möchte sogar weiter gehen und sagen: Ich habe keinen Schlag gehört . . . Ich muß in dieser Zeit doch für eine gewisse Zeitdauer ein Blackout gehabt haben. . .
Dann war auf einmal Wasser da. Ich bin ganz unter Wasser gewe-

[27] Den Explosionsknall hatte Jacob Puister nicht gehört, denn er hatte ja geschlafen und kam erst zu sich, nachdem er – aus seiner Koje herausgeschleudert – »im Salon stand«.

sen ... Ich glaube, ich bin dann bewußtlos geworden ... Das Schiff selbst habe ich überhaupt nicht mehr gesehen ... Ich hatte sicher einen Schock.
Natürlich ist später viel darüber gesprochen worden. Niemand wußte genau, was sich ereignet hatte, aber alle waren sich darüber einig, daß eine Explosion im Schiff stattgefunden hatte; eine ganz schwere Explosion.«
Der portugiesische Assistent-Maschinist Jorge Osvaldo da Cruz berichtete in seiner Erklärung, die er am 10. Februar 1977 unterschrieb:
»Am 23. Jänner 1977 um cirka 15.50 Uhr befand ich mich im Maschinenraum. Alles war normal. Die Maschine lief gut. Ich trug die Temperaturen in ein Buch ein. Diese Temperaturen hatte ich gerade aufgenommen und auf ein StückPapier geschrieben. Die Temperaturen waren alle in Ordnung.
Während ich schrieb, spürte ich eine plötzliche Explosion. Ich hörte eine Detonation. Der Explosionsknall kam aus der Richtung des Vorderschiffes. Der Knall war nicht im Maschinenraum. Ich spürte auch einen Stoß. Dann bekam ich etwas auf den Kopf und bin nach vorne gefallen. Ich weiß nicht, was ich auf den Kopf bekam. Die Maschine drehte sich normal weiter.
Dann bin ich die Stiege hinaufgelaufen. Während ich hinauflief, ging das Licht aus. Als ich hinauf kam, neigte sich das Schiff über nach Steuerbord. Außerdem neigte sich das Schiff stark nach vorne.
In der Zwischenzeit habe ich gesehen, daß das Vorderschiff schon teilweise unter Wasser war. Ich bin dann über Bord gesprungen.
Als ich im Wasser lag, habe ich gesehen, daß sich die Schraube noch drehte. Ich habe gesehen, wie das Schiff wegsank. Ich habe keinerlei Ahnung, wie es zu der Explosion gekommen ist.«
Am aufschlußreichsten hätte eigentlich die Schilderung des diensthabenden Kommandanten der *Lucona* zum Zeitpunkt der Explosion, Steuermann Jacobus Nicolaas von Beckum, sein müssen. Er war von allen von Anfang an am überzeugtesten davon, daß die *Lucona* von »den Italienern« über Auftrag Udo Prokschs in die Luft gesprengt worden war.
Doch offenbar aus eben diesem Grund hatte van Beckum von allen naturgemäß auch die größte Angst, von den Tätern als unmittelbarer Augenzeuge der Geschehnisse ebenfalls noch beseitigt zu werden.
Einen Kollegen, den 2. Assistent-Maschinisten Emanuel Jesus de Correira, herrschte van Beckum nach dessen allzu detailreichen Schilderung Rechtsanwalt Baanders gegenüber sogar an: »Bist du wahnsinnig, willst du uns alle umbringen!«

Umso zurückhaltender war »Joop« van Beckum dann selbst. Ihm wäre es augenscheinlich am liebsten gewesen, wenn die Tatsache der stattgefundenen Explosion überhaupt nicht erwähnt worden wäre. Dementsprechend vage, verwirrend und teilweise mißverständlich fiel van Beckums Erklärung vom 10. Februar 1977 auch aus:
»Als ich nachmittags im Kartenzimmer beschäftigt war, fühlte ich plötzlich eine starke Fahrtverringerung des Schiffes. Ich habe dies wie folgt ausgedrückt: Es erweckte den Eindruck, als sei das Schiff gegen eine Mauer gefahren. Es lag jedoch nicht still. Man könnte vielleicht besser sagen, es schien, als würde ein Auto mit großer Geschwindigkeit pumpend gebremst werden.
Ich kann mich nicht daran erinnern, ob ich zugleich mit dem oben beschriebenen Gefühl einen Schlag oder eine Detonation gehört habe. Ich kann mich auch nicht daran erinnern, ob ich irgendwohin gefallen bin. Dies muß jedoch geschehen sein, doch bemerkte ich dies erst, als ich im *Dingey* saß. Ich hatte gequetschte Rippen.
Gerade voraus sah ich Rauch. Der Rauch hatte verschiedene Farben. Das Zentrum war rot. Rundherum war die Farbe gelbgrau.
Ich sah, daß die Scheiben nach innen hereinkamen. Dies erweckte in mir den Eindruck eines Films in Zeitlupe bis zu dem Augenblick, in dem die Scheiben in Scherben am Boden der Brücke landeten. Dadurch kam auch der Rauch herein. Ich konnte dann eigentlich nur mehr zwei bis zweieinhalb Meter vor mir etwas sehen.«
Den Tätern, die den Anschlag auf die *Lucona* ausgeführt hatten, und den Verantwortlichen der *Zapata AG* konnten diese Aussagen – alles in allem – nur recht sein, denn letztlich schien keine der Erklärungen den absolut zwingenden Schluß zuzulassen, daß die *Lucona* tatsächlich mit Absicht versenkt worden war.
Die nächste Hürde hatten sie allerdings zu überwinden, als die Wiener *Bundesländer-Versicherung* am 3. März 1977 bei der *Arrondissementsrechtbank* in Rotterdam einen Antrag auf förmliche gerichtliche Einvernahme der überlebenden Zeugen im Rahmen eines sogenannten Beweissicherungsverfahrens stellte.
Am 17. März 1977 führte der Rotterdamer Vernehmungsrichter L. F. D. ter Kuile die amtliche Vernehmung der Zeugen im Beisein von insgesamt acht Advokaten durch. Die *Zapata AG* war allein mit drei Anwälten – darunter natürlich Heinz Damian – und zwei »Schiffahrtsexperten« aufmarschiert.
Die Zeugen hatten es bei dieser Vernehmung nicht leicht, ihrer Pflicht nachzukommen, die Wahrheit zu sagen und nichts als die Wahrheit, denn sie wurden von den anwesenden Anwälten nach allen Regeln

ARRONDISSEMENTSRECHTBANK ROTTERDAM

ARRONDISSEMENTSRECHTBANK TE ROTTERDAM.

Proces-verbaal van voorlopig getuigenverhoor.

Proces-verbaal van voorlopig getuigenverhoor aan de zijde van requestrante ter terechtzitting gehouden op 17 maart 1977 ingevolge beschikking van de Arrondissementsrechtbank te Rotterdam d.d. 9 maart 1977 bepaald op heden, in het gerechtsgebouw aldaar, in de zaak requestnummer 693/77 van:

de vennootschap naar Oostenrijks recht VERSCHICHERUNGSANSTALT DER ÖSTENREICHISCHEN BUNDESLÄNDER VERSCHICHERUNGS AG, gevestigd en kantoorhoudende te Wenen,

--REQUESTRANTE--

/ procureur jhr. mr. H.P. van Beresteyn,

--tegen--

1. ZAPATA AG, kantoorhoudende te Oberdorf-Oele,(Zwitserland

2. OOST ATLANTIC LIJN B.V., te Rotterdam,

--GEREQUESTREERDEN--

**Bundesländer-Versicherung beantragt Beweissicherung durch Rotterdamer Gericht**

Den Haag, 27-2-1987.

Beste Hans,

Naar aanleiding van ons telefoongesprek zend ik je ingesloten twee fotokopieën van de body-counter, die ik op 24-2-1977 heb ondergaan in opdracht van de Oost-Atlantic Maatschappij

Hartelijke Groeten,

J. van Beckum.

**Steuermann J. van Beckum übermittelt dem Autor Krankenhaus-Untersuchungsbericht**

der Kunst eingeschüchtert und verunsichert. Jedes heiklere Wort wurde ihnen dreimal im Mund umgedreht, ehe es protokolliert werden durfte.
Sobald beispielsweise das Wort »Explosion« fiel, stürzte sich eine ganze Meute von Advokaten zugleich auf den Zeugen und »bearbeitete« ihn: »Wieso sagen Sie Explosion? Sind Sie wirklich ganz sicher, daß es eine Explosion war? Was haben Sie gesehen? Was haben Sie gehört? Haben Sie überhaupt schon einmal eine Explosion miterlebt?«
Am Schluß waren sich die Zeugen dann oft selbst nicht mehr sicher, ob sie die schrecklichen Minuten des Sinkens der *Lucona* tatsächlich wirklich erlebt oder ob sie nicht doch alles nur »geträumt« hatten.
In den Protokollen fand diese Verunsicherungstaktik gegenüber den Zeugen naturgemäß ihren Niederschlag. So hieß es schließlich etwa im Einvernahmeprotokoll Jacob Puisters: »Als ich im Salon stand, also nachdem das, was ich die Explosion nenne, stattgefunden hatte, war die erste, die ich sah, meine Frau. Im Steuerhaus war niemand mehr.«
Insbesondere war man natürlich auch bemüht, den Explosionsknall zu relativieren, den der Kapitän nicht gehört hatte, weil ihn nur »etwas« aus dem Schlaf riß, und den die Frau des Kapitäns nicht bestätigen konnte, weil sie offenbar einen Schock erlitten hatte.
Der Steuermann wiederum hatte zwar laut seiner ersten »Erklärung«, die von Baanders formuliert worden war, angeblich nicht einmal registriert, daß er durch die Wucht der Explosion gegen die Wand geschleudert wurde, so daß seine Rippen gequetscht waren. Andererseits aber wollte er vor Gericht schließlich doch nicht verschweigen, daß es natürlich eine gewaltige Detonation gab: »Beim Knall befanden sich meiner Ansicht nach zwei Matrosen in ihrer Kabine auf der Backbordseite und schliefen.«
Und van Beckum sagte auch aus: »Ich habe später ein paar Mal in Gedanken rekonstruiert, was ich zwischen dem Augenblick des Explosionsknalls und dem Untergang des Schiffes getan habe und ich habe meine Uhr zu Rate gezogen. Ich kam jedes Mal zu einem Zeitraum von einer Minute.«
Die Einsprüche der Advokaten zwangen ihn zum Schluß jedoch, den gehörten Knall wieder umzuinterpretieren: »Einen Schlag habe ich nicht gehört, wohl aber hörte ich das Krachen von Metall am Schiff, das konnte man eindeutig hören.«
Jorge da Cruz sagte ebenfalls mehrfach klar und deutlich aus: »Ich kann mich vom Augenblick der Explosion bis zu dem Zeitpunkt, zu

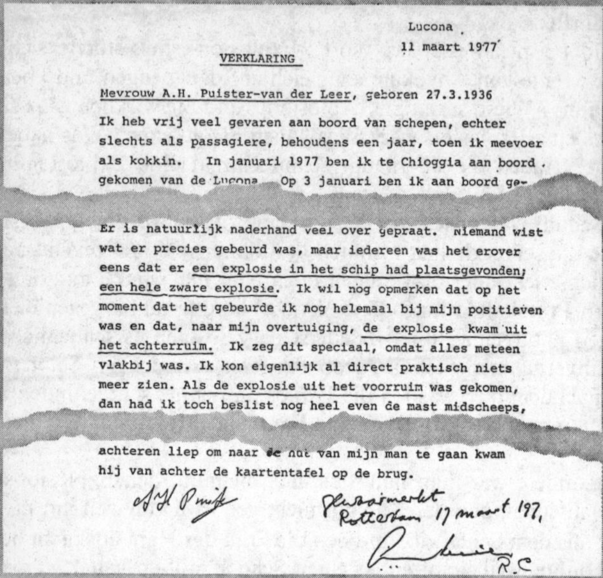

Lucona

11 maart 1977

VERKLARING

Mevrouw A.H. Puister-van der Leer, geboren 27.3.1936

Ik heb vrij veel gevaren aan boord van schepen, echter slechts als passagiere, behoudens een jaar, toen ik meevoer als kokkin. In januari 1977 ben ik te Chioggia aan boord gekomen van de Lucona. Op 3 januari ben ik aan boord ge-

Er is natuurlijk naderhand veel over gepraat. Niemand wist wat er precies gebeurd was, maar iedereen was het erover eens dat er een explosie in het schip had plaatsgevonden; een hele zware explosie. Ik wil nog opmerken dat op het moment dat het gebeurde ik nog helemaal bij mijn positieven was en dat, naar mijn overtuiging, de explosie kwam uit het achterruim. Ik zeg dit speciaal, omdat alles meteen vlakbij was. Ik kon eigenlijk al direct praktisch niets meer zien. Als de explosie uit het voorruim was gekomen, dan had ik toch beslist nog heel even de mast midscheeps,

achteren liep om naar de hut van mijn man te gaan kwam hij van achter de kaartentafel op de brug.

Original-Zeugenaussagen der Lucona-Überlebenden A. H. Puister van der Leer, M. Gomes de Brito und Jorge O. da Cruz vom 11. März 1977.

welchem ich in Sicherheit in das Gummiboot kam, von Schritt zu Schritt an alles erinnern. Den ersten Maschinisten habe ich kurz nach der Detonation bei der Tür gesehen. Außer dem Hauptmotor waren im Augenblick des Knalls ein Generator, ein Ölabscheider, eine Süßwasserpumpe für Trinkwasser und schließlich, betrieben durch den Hauptmotor, eine Salzwasserpumpe für die Kühlung in Betrieb.«
Aber auch er mußte schließlich seine Aussage unter dem Eindruck der auf ihn niederprasselnden Advokatenfragen »präzisieren«. Im gerichtlichen Zeugenprotokoll stand es dann so: »Zur Verdeutlichung meiner schriftlichen Erklärung ergänze ich noch, daß der Knall, den ich hörte, die Explosion war, von der ich gesprochen habe.«
Hinsichtlich der »dichten gelblich-grauen Rauchschwaden« wiederum, die ausnahmslos allen Überlebenden nach deren übereinstimmenden Aussagen innerhalb kürzester Zeit jede Sicht nahmen, mußte da Cruz, weil er die Farbe des Rauchs nicht mehr angeben konnte, eingestehen: »Auf mich machte es den Eindruck, als sei es Nebel.«

Statement Martiniano Gomes de Brito, cook,
born 6.10.1937 at Cabo Verde

On 23rd January, 1977, at about 15.50 h. I was in the galley. Suddenly I heard an explosion. I felt a violent movement. I was thrown high and fell down subsequently. I left the galley.

I came into a corridor. There was smoke there. I do not recollect at all whether I had any difficulty in breathin I was very upset. My hand was wounded. I then went up to the bridge. The captain was on the bridge. When I arrived on the bridge the vessel was down by the head and listing to starboard. It listed quite a bit to starboard and she was very much down by the head.

I saw that all windows had broken and I saw the glass on the floor. On the bridge I saw grey smoke too. When I came up, the bow was already quite deep in the water and

Declaração

Jorge Oswaldo da Cruz, nascido em 3 de Abril de 1951 em Cabo Verde, assistente das máquinas.

Em 6 de Outubro de 1976 entrei a bordo do "Lucona" como assistente das máquinas. Antes tinha andado 1 mês e 11

Quando estava a escrever, senti a súbita explosão. Ouvi um estrondo, vindo da direcção da proa. O estrondo não se deu na praça, das máquinas. Também senti um choque. Enquanto escrevia, estava virado para a frente.

Durante a viagem tivemos bom tempo. Também no dia da explosão o tempo estava bom e com pouco vento. Durante toda a viagem as máquinas estavam em ordem.

Não me lembro de ter visto óleo no convês, onde andei quando me atirei ao mar. Não faço a mínima ideia sobre o que originou a explosão.

a carga ou com o navio. Também não sei se depois de Hong Kong iriamos para outro porto para descarregar.

Jorge Osvaldo da Cruz

ellen smits

Gewaarmerkt,
Rotterdam 17 maart 1977

R.C.

Die Frau des Kapitäns, die sich zum Zeitpunkt der Explosion auf der Brücke befand und somit in Wahrheit zweifellos ebenfalls in der Lage gewesen wäre, genauere Angaben zu machen, blieb gleich von vorneherein unbefragt – mit der Begründung, als Frau könne sie ohnehin keinen Beitrag zur Wahrheitsfindung im Hinblick auf die Untergangsursache leisten, weil sie davon nichts verstehe.
Zwei Zeugen fehlten am 17. März 1977 vor dem Rotterdamer Gericht überhaupt. Der portugiesische Koch Martiniano Gomes de Brito und der 2. Assistent-Maschinist Emanuel Jesus de Correira wurden vom Vertreter der Reederei entschuldigt. Sie hätten der Zeugenladung nicht folgen können, denn sie befänden sich bereits wieder auf See. Anwalt Jan Baanders legte dem Gericht aber auch deren schriftliche Aussagen, die sie bereits am 10. Februar 1977 abgegeben hatten, nicht vor. Als Begründung gab der Rotterdamer Advokat dem Autor dieses Buches gegenüber im Mai 1986 an: Er habe die beiden nur deshalb nicht als Zeugen präsentiert, weil sie sich ohnedies »unter Deck befanden und gar nichts aussagen konnten«, denn sie hätten »geschlafen«.
Der Autor beschaffte sich die schriftlichen Aussagen der beiden Zeugen und wunderte sich, denn das genaue Gegenteil war der Fall: Gerade sie hätten bereits im März 1977 den eindeutigsten Nachweis für die gewaltige Explosion erbracht, die an Bord der *Lucona* stattfand.
Martiniano Gomes de Brito sagte unter anderem aus: »Am 23. Jänner 1977 befand ich mich um etwa 15.50 Uhr in der Kombüse. Plötzlich hörte ich eine Detonation und es gab eine gewaltige Erschütterung. Ich wurde senkrecht in die Höhe geschleudert und fiel dann wieder herunter. Ich bin sehr erschrocken. Meine Hand war verwundet (Anmerkung des Autors: Der Koch fiel dabei auf den heißen Ofen und erlitt schwere Brandverletungen am linken Unterarm).
Ich lief dann nach oben zur Brücke. Als ich auf die Brücke kam, lag das Schiff sowohl stark vorneüber als auch über Steuerbord. Ich sah, daß alle Scheiben zerbrochen waren und sah das Glas auf dem Boden liegen. Auf der Brücke war überall grauer Rauch.
Ich habe nicht die geringste Vorstellung, wodurch die Explosion verursacht worden ist. Nach meiner Meinung fand die Explosion im Laderaum statt. Ob die Explosion auch von außerhalb des Schiffes gekommen sein könnte, zum Beispiel durch eine Mine, kann ich nicht beurteilen. Mehr kann ich dazu nicht sagen.«
Auch die Aussage von Emanuel Jesus de Correira wurde dem Rotterdamer Gericht vorenthalten:
»Am 23. Jänner 1977 um umgefähr 15.50 Uhr befand ich mich in der

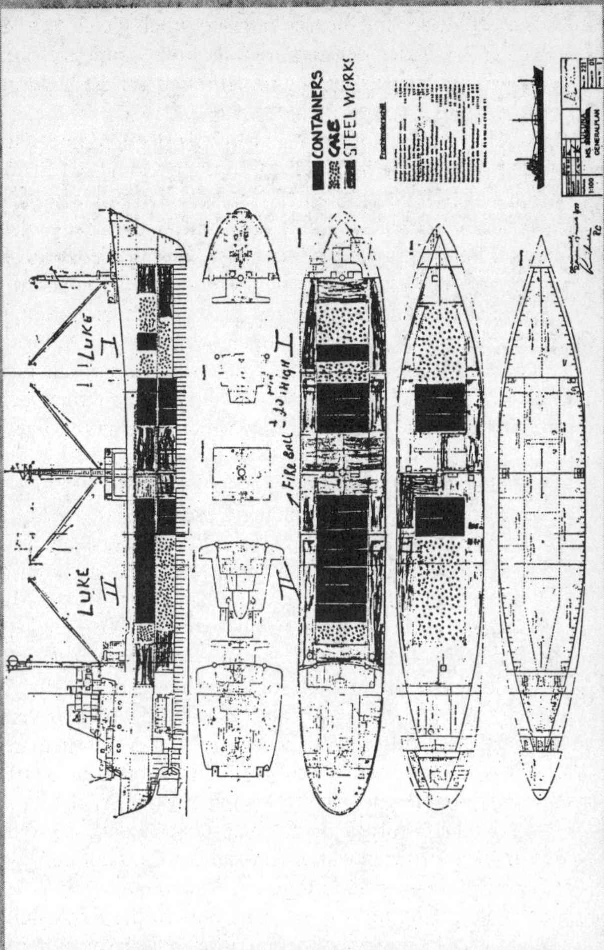


Der Stauplan mit der von Kapitän Jacob Puister eingezeichneten Stelle, wo er nach der Explosion der Lucona den »gelb-roten Feuerball« sah.

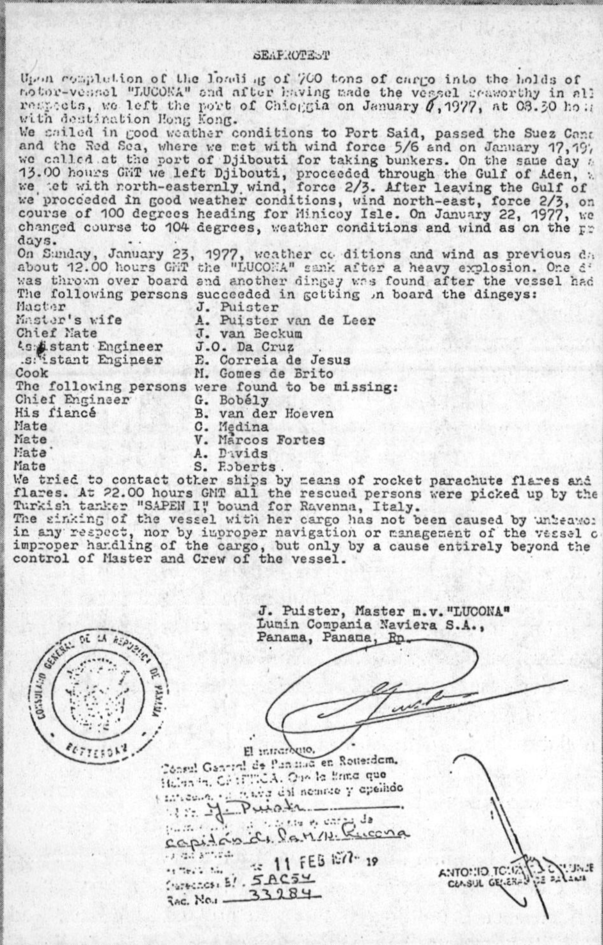

SEAPROTEST

Upon completion of the loading of 700 tons of cargo into the holds of motor-vessel "LUCONA" and after having made the vessel seaworthy in all respects, we left the port of Chioggia on January 6, 1977, at 08.30 ho with destination Hong Kong.
We sailed in good weather conditions to Port Said, passed the Suez Can and the Red Sea, where we met with wind force 5/6 and on January 17, 19 we called at the port of Djibouti for taking bunkers. On the same day 13.00 hours GMT we left Djibouti, proceeded through the Gulf of Aden, we met with north-easternly wind, force 2/3. After leaving the Gulf of we proceeded in good weather conditions, wind north-east, force 2/3, on course of 100 degrees heading for Minicoy Isle. On January 22, 1977, we changed course to 104 degrees, weather conditions and wind as on the pr days.
On Sunday, January 23, 1977, weather conditions and wind as previous d about 12.00 hours GMT the "LUCONA" sank after a heavy explosion. One d was thrown over board and another dingey was found after the vessel had The following persons succeeded in getting on board the dingeys:

| | |
|---|---|
| Master | J. Puister |
| Master's wife | A. Puister van de Leer |
| Chief Mate | J. van Beckum |
| Assistant Engineer | J.O. Da Cruz |
| Assistant Engineer | E. Correia de Jesus |
| Cook | M. Gomes de Brito |

The following persons were found to be missing:

| | |
|---|---|
| Chief Engineer | G. Bobély |
| His fiancé | B. van der Hoeven |
| Mate | C. Medina |
| Mate | V. Marcos Fortes |
| Mate | A. Davids |
| Mate | S. Roberts |

We tried to contact other ships by means of rocket parachute flares and flares. At 22.00 hours GMT all the rescued persons were picked up by the Turkish tanker "SAPEN I" bound for Ravenna, Italy.
The sinking of the vessel with her cargo has not been caused by unseawor in any respect, nor by improper navigation or management of the vessel o improper handling of the cargo, but only by a cause entirely beyond the control of Master and Crew of the vessel.

J. Puister, Master m.v. "LUCONA"
Lumin Compania Naviera S.A.,
Panama, Panama, Rp.

CONSULADO GENERAL DE LA REPUBLICA DE PANAMA ROTTERDAM

El infrascrito,
Cónsul General de Panamá en Rotterdam,
CERTIFICA: Que la firma que
... del nombre y apellido
... J. Puister
... capitán de la M/N. Lucona
... 11 FEB 1977 19
Derechos: B/. 5AC54
Rec. No.: 33284

ANTONIO ... CONSUL GENERAL DE PANAMA

Der offizielle Seeprotest des Kapitäns, erstattet am 11. Februar 1977 im Rotterdamer Konsulat der Republik Panama: »Die Lucona sank nach einer schweren Explosion.«

Kajüte eines Kollegen. Dieses Kajüte befand sich backbord am Oberdeck. Es gibt da ein Fenster, das nach vorne hinausgeht. In einem bestimmten Augenblick, es war ungefähr 15.50 Uhr, sah ich, wie der Lukendeckel des hinteren Laderaumes in die Luft flog. Die Luke wurde gegen die Vorderkante des Deckhauses geschleudert, in dem sich die Kabine befand. Die Scheibe zerbrach und ein Glassplitter verwundete mich auf dem rechten Auge.

Ich hätte eigentlich zuerst sagen müssen, daß ich einen lauten Explosionsknall gehört habe. Es dröhnte in meinen Ohren, als ich die Luke hochkommen sah. Unmittelbar darauf war alles voll Rauch.

Als ich später im *Dingey* saß, habe ich Holzstücke auf dem Wasser schwimmen gesehen. Es waren kaputte Bretter. Ich habe gesehen, daß Brandflecken darauf waren ... Ich habe keine Vorstellung, was die Explosion verursacht haben könnte.«[28]

Die Unterschlagung vor allem auch dieser beiden Zeugenaussagen trug zweifellos mit dazu bei, daß im Jahr 1977 schließlich jeder weitere Versuch unterblieb, die wahre Ursache des Unterganges auf gerichtlichem Weg zu klären. Nicht einmal die *Bundesländer-Versicherung* zeigte sich schließlich daran interessiert, das Verfahren vor dem Rotterdamer Gericht weiterzuführen, und man ließ es bei der Protokollierung der zitierten Aussagen bewenden.

Aber auch jede weitere amtliche Behandlung des *Falles Lucona* unterblieb. Wie dies Udo Proksch mit Hilfe eines halben Dutzends von Advokaten und in Zusammenarbeit mit seinen italienischen Freunden Meotto, Scarpa, Casagrande, Vianello und Enzo Morelli, dem »Consigliere« der venezianischen Gruppe, letzten Endes gelang, weiß heute naturgemäß niemand mehr.

Der holländische *Zapata*-Anwalt P. Blussé van Oud Alblas war jedenfalls schon am 2. März 1977 imstande, eine Erfolgsnachricht nach Wien weiterzuleiten:

Weder werde die holländische Schiffahrtsinspektion, so hieß es in dem an Heinz Damian übermittelten Brief, den die Kriopo Jahre später bei Udo Proksch fand, den *Lucona*-Untergang offiziell untersuchen, noch seien Ermittlungen durch die holländische Polizei oder seitens der Staatsanwaltschaft zu befürchten.

Für Udo Proksch und seine Partner war damit der Weg frei, das Inkasso der Versicherungssumme in Angriff zu nehmen.

---

[28] Eine weitere Aussage des portugiesischen Maschinisten hatte Baanders erst gar nicht ins Protokoll aufgenommen: De Correira hatte mit seinen eigenen Augen gesehen, wie durch die Explosion der Körper eines jener Matrosen, die über den Ladeluken ein Sonnenbad nahmen, zerfetzt worden war.

# V.

## Zapata AG contra »Bundesländer«:

# DAS SYNDIKAT UND DIE JUSTIZ

*Es ist nun einmal so, daß die absolute Wahrheit der menschlichen Erkenntnis (oft) verschlossen bleiben muß.*

Beschluß des Oberlandesgerichtes Wien
Zl. 1 R 243/83
vom 30. Dezember 1984

# Doktor Massers »sehr gefährliche Gedanken«

Der komplizierteste und gefährlichste Teil von Udo Prokschs »Urananlagengeschäft« war mit der Versenkung der *Lucona* überstanden. Der Abschluß und die Vollendung des Coups erschienen dagegen ein Kinderspiel zu sein. Tatsächlich hatte sich der *Demel*-Chef das Inkasso der 212 Millionen Schilling von der Versicherung relativ einfach vorgestellt.

Als Versicherungsnehmer trat das »seriöse schweizerische Unternehmen« *Zapata AG* auf, als dessen österreichischer Repräsentant sich Udo Proksch ausgab. Daß er in Wahrheit selbst der Gründer und Besitzer der *Zapata* und daß diese eine reine Schwindelfirma war, vermutete im Jänner 1977 noch kein Mensch.

Dasselbe galt auch für die Hongkonger Gesellschaft *North Pacific Trading Ltd.*, die die angebliche Uranfabrik erwarb: Niemand konnte ahnen, daß auch die NPT bloß eine zum Zwecke des Versicherungsbetruges erworbene »Briefkastenfirma« war, die Udo Proksch selbst gehörte.

Somit mußte dieser lediglich namens der *Zapata AG* einige Rechnungen ausstellen und an die NPT im fernen Hongkong adressieren. Unbestreitbar war ja, daß in der Tat Hunderte Tonnen schwere Güter in den Hafen von Chioggia angeliefert und auf die *Lucona* verladen worden waren, ehe diese nachweislich samt ihrer Fracht sank.

Niemals, so dachte sich der *Demel*-Chef, würde im nachhinein beweisbar sein, daß die gesamte Ladung lediglich aus wertlosen Geräten, industriellem Abfall, Alteisen und schlichtem Schrott bestand. Und die Versicherung, so nahm man seitens der *Zapata AG* an, würde demnach zahlen müssen, ob sie nun wolle oder nicht.

Vermutlich hätte sie es – zähneknirschend – auch sehr bald getan, wenn den Betrügern nicht am Ende doch noch ein paar folgenschwere Fehler unterlaufen wären. Psychologisch äußerst ungeschickt war zunächst schon, daß Udo Proksch, der bis dahin mit den Vertretern der Versicherung rege persönliche Kontakte unterhielt, just ab dem Zeitpunkt, da der »Schadensfall« eintrat, plötzlich von einem Tag zum anderen vollkommen von der Bildfläche verschwand:

Kein Anruf mehr, nachdem die Katastrophe eingetreten war, keine

Vorsprache und keine Anfrage, was jetzt zu geschehen habe. Statt dessen schickte der *Demel*-Chef nun seinen Freund, den SPÖ-Anwalt Heinz Damian, als Vertreter der *Zapata AG* an die Front.

Heinz Damian hatte zu jener Zeit nicht nur als offizieller Rechtsvertreter der sozialistischen Regierungspartei einen prominenten Namen, sondern war längst auch schon als »Sekretär« und Vorstandsmitglied des *Club 45* einschlägig bekannt. Sein Kanzleikompagnon wiederum, Robert Amhof, bekannter Freimaurer und ebenfalls hochrangiges *Club 45*-Mitglied, war gar der Anwalt Bruno Kreiskys, des damaligen Regierungschefs.

Daß außerdem auch noch ein zweiter von Udo Proksch bezahlter Advokat, der Wiener Anwalt Adolf Kriegler, engagiert worden war, um ihm beim Inkasso der Versicherungsmillionen hilfreich an die Hand zu gehen, ist schon bekannt. Und auch daß dieser es verzog, nachdem er erkannt hatte, worum es ging, sein Mandat rasch wieder zurückzulegen, da er »mit Mördern nichts zu tun haben (wollte)«.

Den SPÖ-Anwalt Heinz Damian hingegen plagten solche Skrupel offenbar nicht. Schon am 31. Jänner 1977, drei Tage nach Einlangen der ersten kurzen Schadensmeldung und noch ehe überhaupt ein offizieller Nachweis des *Lucona*-Unterganges vorlag, trat Damian bereits per Einschreib- und Expreßbrief an die Versicherung heran, um in recht forschem Ton einen Betrag von 15 Millionen Franken (100 Millionen Schilling) als Akonto zu verlangen.

So einfach überrumpeln ließ sich die Versicherungsanstalt natürlich nicht. Ebensowenig ging man, wie es offenbar erwartet worden war, angesichts der Politprominenz aus dem sozialistischen Regierungslager sofort in die Knie. Vielmehr wurden von der *Zapata AG*, bevor man an die Auszahlung von mehr als zweihundert Millionen Schilling schritt, routinemäßig einige Auskünfte erbeten und die Vorlage von Unterlagen verlangt: Kaufvertrag, Frachtbriefe, Lieferscheine und Packlisten sowie ein detaillierter Wertnachweis für die verschollene Ladung.

Im übrigen hatte der Auftritt von Heinz Damian natürlich zur Folge, daß sich nun die Versicherungsanstalt gleichfalls sofort juristisch beraten ließ. Daß die Wahl der *Bundesländer* hiebei auf die Rechtskanzlei der Wiener Anwälte Werner Masser, Ernst Grossmann und Eduard Klingsbigl fiel, sollte sich für Proksch und die *Zapata* indes bald als ausgesprochenes Pech herausstellen.

Diese Kanzlei gilt als eine der erfolgreichsten Wirtschaftsjuristereien des Landes, vor allem Werner Masser und Eduard Klingsbigl sind aber auch als prominente Medien-Rechtsvertreter bekannt, zu deren

Klientel das Nachrichtenmagazin *profil* ebenso zählt wie der wegen seiner Finanzkraft gefürchtete Zeitungsbesitzer Kurt Falk.
Namens des früheren *profil*-Herausgebers Peter Michael Lingens setzte Masser vor einigen Jahren bei der *Europäischen Menschenrechtskommission* in Straßburg das Recht durch, das Verhalten von Altkanzler Bruno Kreisky gegenüber Simon Wiesenthal »unmoralisch«, »würdelos« und »übelsten Opportunismus« zu nennen.
Und unter der Federführung des Medienspezialisten Klingsbigl wiederum wurde im Oktober 1987 in der »Affäre Sinowatz«, die hohe innenpolitische Wellen schlug, jener spektakuläre Freispruch für den Journalisten Alfred Worm erwirkt, auf Grund dessen nun per Gerichtsurteil feststeht, daß im Zusammenhang mit der Kampagne um Kurt Waldheims angebliche »braune Vergangenheit« Ex-Kanzler Fred Sinowatz »zweimal gelogen« und eine falsche Zeugenaussage abgelegt hat.
Vor allem die Person des Seniors der Kanzleigemeinschaft, Werner Masser, der sein Gewerbe mit Hilfe von fünf weiteren Juristen und insgesamt rund zwanzig Angestellten im eigenen Stadthaus in der Wiener City betreibt, war solcherart aber freilich mit ein Garant dafür, daß auch der *Fall Lucona* nun endgültig auf die Ebene der hohen Politik geriet. Stand doch dem sozialistisch punzierten hochrangigen *Club-45*-Funktionär Heinz Damian und Udo Proksch, dem Liebkind der SPÖ-Regierung, mit Werner Masser nunmehr als Kontrahent ein strammes ÖVP-Mitglied und ein politisch um nichts weniger standfester christlich-konservativer Kämpfertyp gegenüber.
In seiner Funktion eines Generalkonsuls der Republik Zypern, die er sowohl in Österreich als auch im Fürstentum Liechtenstein wahrnimmt, finden Werner Massers gesellschaftliche Ambitionen den angemessenen Ausdruck, während sich sein Berufserfolg in einem Maß niederschlägt, das ihn zwingt, neben seiner gutgehenden Anwaltspraxis auch noch eine zweite Kanzlei – zur Immobilienverwaltung – zu führen.
Von vielen parteipolitischen Gegnern als ideologischer Eiferer abgelehnt, von Freunden ob seiner Hartnäckigkeit und Durchschlagskraft still bewundert und von seinen Kanzleiangestellten wegen häufiger Temperamentsausbrüche und seiner Unduldsamkeit respektlos-liebevoll »Fuchti« genannt, ist der aus dem südweststeirischen Grenzgebiet um Leutschach und Eibiswald stammende engagierte CVer (*Traungau Graz* – Wahlspruch: »Christlich, deutsch und frei!«) zweifellos ein Mann, der sich der Machtmittel und des Einflusses des »CV-Kartells« ebenfalls maximal zu bedienen versteht. Werner Mas-

ser gilt als einer der heftigsten und erfolgreichsten Intervenierer in diesem Land.

Bald wurde denn auch der *Fall Lucona* mit Erfolg als bloßer Machtkampf zweier konkurrierender politischer Lager dargestellt, oder noch simpler: als Verschwörung des CV, der mittels »Kriminalisierung« eines unschuldigen Bürgers die SPÖ von der Regierungsmacht zu vertreiben versucht und darüber hinaus nur im Dienst einer »tiefschwarzen« Versicherungsanstalt agiert, die sich lediglich, wie bei Versicherungen üblich, ihrer Zahlungsverpflichtung zu entziehen versucht.

Auf genau diesen Effekt hatte die Proksch-Mannschaft auch von Anfang an gesetzt und sich damit in einer guten Ausgangsposition gewähnt.

Doch Anwalt Werner Masser, dem *Club 45* gegenüber von einem intuitiven Mißtrauen beseelt, erschien ein Urananlagengeschäft, mit dem ein Udo Proksch zu tun hatte, von Beginn an suspekt. Noch ehe es tatsächlich erste konkrete Verdachtsmomente gab, witterte der *Bundesländer*-Anwalt schon Betrug.

Bereits am 14. Februar 1977 diktierte er ein Tagebuch, wonach zu befürchten sei, es könnte sich im »Versicherungsfall *Lucona*« um eine gigantische Betrugsaffäre handeln.

Als erstes besuchte der Versicherungsanwalt einen persönlichen Bekannten: Rudolf Rometsch, der als Generalinspektor für Atomanlagen und Vize-Generaldirektor bei der *Internationalen Atomenergiebehörde* in Wien tätig war, und bat diesen, sich die von der *Zapata* ausgestellten Rechnungen anzusehen.

Das Urteil des Atomfachmannes: Diesen Fakturen konnte niemals ein wirkliches Urananlagen-Verkaufsgeschäft zugrunde liegen. Vielmehr erschienen ihm die vorgelegten Rechnungen von blutigen Laien angefertigt, unrealistisch, primitiv und lächerlich.

Die *Zapata*-Rechnungen wurden daraufhin der Amsterdamer Firma *Comprimo B.V.*, einem Spezialunternehmen für den internationalen Anlagenbau, zur Überprüfung übermittelt. Auch das weltbekannte Unternehmen schrieb sofort zurück, die vorgelegten Unterlagen erschienen in höchstem Maße dubios. Weder die Preisangaben der von der *Zapata* verrechneten Anlagenteile noch die auf den Begleitpapieren ausgewiesenen Gewichte konnten stimmen.

Nun wollten es Anwalt Werner Masser und die *Bundesländer* natürlich ganz genau erfahren. Vom Institut für Aufbereitung und Veredelung der Montanuniversität Leoben wurde ein formelles Gutachten eingeholt.

Die vom Leobner Institutsvorstand, Professor Hans-Jörg Steiner,

fachkundig und mit Akribie erstellte Expertise barg schließlich gleich mehrere Überraschungen in sich:
Zum einen handelte es sich bei dem von der *Zapata AG* auf dem Papier in Richtung Hongkong transportierten Gut durchaus nicht, wie behauptet, um eine Uranerz-Aufbereitungsanlage, die etwa zur Herstellung von *Yellow Cake* geeignet war, sondern lediglich um einige ganz und gar unkomplizierte und konventionelle technische Maschinen zur rein mechanischen Zerkleinerung eines Gesteins.
Von Spezialeinrichtungen oder gar Spezialentwicklungen konnte nicht im entferntesten die Rede sein. Die auf der *Zapata*-Rechnung angeführten Liefergegenstände waren vielmehr typische Erzeugnisse der Stahlbauindustrie, wie sie in jedem Industriestaat gefertigt werden.
Beschaffungsprobleme für solche Maschinen gab und gibt es nirgendwo auf der Welt. Im Gegenteil: Jedem, der sie haben möchte, werden diese auf dem Weltmarkt förmlich aufgedrängt. Dementsprechend einheitlich ist auch, vor allem auf Grund des Überangebotes und großer Konkurrenz, das Preisniveau. Und genau dies war der zweite Fehler in der von Hans Peter Daimler fabrizierten Rechnung der *Zapata*.
Gutachter Hans-Jörg Steiner stellte nämlich fest, daß zwischen den Rechnungsbeträgen der angeführten Liefergegenstände und deren tatsächlichem Wert »ein unüberbrückbarer Widerspruch besteht«.
Es wurde später sogar eine Reihe von Vergleichsangeboten eingeholt und festgestellt, daß etwa eine »Entstaubungsanlage«, wie sie auf der *Zapata*-Rechnung angegeben war, auf dem Markt im Durchschnitt um exakt 933 000 Schilling jederzeit erworben werden konnte, während die *Zapata* dafür den stolzen Preis von 16 Millionen Schilling ausgegeben haben will.
Die drei mit der *Lucona* auf Nimmerwiedersehen verschwundenen »Schwingsiebe« wiederum konnte sich etwa bei der VOEST jedermann um 597 000 Schilling bestellen, und der Höchstpreis anderer Anbieter betrug 679 000 Schilling. Die *Zapata AG* aber setzte in ihre Rechnung einen Preis von 6,2 Millionen Schilling ein.
Die Marktpreise für einen »Walzenbrecher« lagen zwischen 610 000 und 616 000 Schilling, nur auf der Rechnung der *Zapata* schien der gleiche Posten mit 25 Millionen Schilling auf.
Und für zwei »Kugelmühlen« schließlich, die die *Zapata* ebenfalls verkauft haben will, zahlte ein Interessent bei allen einschlägigen Produzentenfirmen zwischen 6,6 Millionen Schilling (für eine Ausführung mit Gummipanzerung) und 9 Millionen Schilling (bei Stahlpan-

zerung). Die *Zapata AG* allerdings verrechnete für zwei gummigepanzerte Mühlen satte 48 Millionen Schilling.
Zusammenfassend stellte die Montanuniversität Leoben in ihrem Wertgutachten letztlich fest, daß bei den von der *Zapata AG* fakturierten Anlagenteilen der angeblichen »Uranfabrik« der Rechnungsbetrag im Durchschnitt um das Achtfache höher lag als deren wahrer Wert.
Zuletzt fiel den Gutachtern aber auch noch der fatale Umstand auf, daß die Gewichtsangaben auf den Begleitpapieren der fakturierten Lieferung »in krassem Widerspruch zu den nach der Art der Liefergegenstände technisch möglichen Gewichten stehen«. Entweder also stimmten die Transportpapiere nicht – oder aber es konnte die Lieferung nur aus etwas gänzlich anderem als aus jenen Anlagenteilen bestehen, die in der Rechnung ausgewiesen wurden.
Für den *Bundesländer*-Anwalt Werner Masser war es damit bereits im Frühjahr 1977 eindeutig und sonnenklar, daß tatsächlich ein Versicherungsbetrug vorlag. Und er empfahl seiner Klientschaft dringend, die Versicherungssumme unter keinen Umständen zur Auszahlung zu bringen.
Untätig waren in der Zwischenzeit jedoch auch Proksch und seine Freunde nicht geblieben. Man hatte bald erkannt, daß es in erster Linie Werner Masser war, von dem die erhoffte rasche Abwicklung des »Schadensfalles« und das Lukrieren der Beute offenbar verhindert wurde. Daß Proksch daher über diesen Mann mehr in Erfahrung bringen wollte, ist verständlich: Wer ist er? Wie lebt er? Wie denkt er über diesen Fall, und was weiß er etwa gar schon alles?
Als »Spionin« wurde die junge adelige und bereits in Hongkong für die *Zapata* im Einsatz gewesene Proksch-Freundin auserkoren: Gräfin Theresa von Abensperg und Traun.
Am 22. März 1977 war Theresa Traun von der bekannten Buchhändlerfamilie Georg Prachner in deren Wohnung in der Wiener Strohgasse zum Abendessen eingeladen. Im selben Haus wohnt, eine Etage tiefer, auch der *Bundesländer*-Anwalt Werner Masser, der samt Familie mit den Prachners gutnachbarschaftliche Beziehungen unterhält.
Da Theresa Traun »den bekannten Anwalt gerne kennenlernen« wollte, wurde dieser im Verlauf des Abends auf ein Glas Wein heraufgebeten.
Nachdem man sich um etwa 1.30 Uhr wieder getrennt hatte, fuhr Gräfin Traun nach Hause und fertigte ein erstes schriftliches Kurzprotokoll über das Ergebnis ihres Nachteinsatzes an, das sie sofort am

4.4.77

7/129

WIE DAS GESPRAECH AUF HK kam fragte mcih Dr X nach verschiedenen Personen an dem oesterr. Generalkonsulat und schwenkte dann auf den Namen [redacted] um - fragte ob ich ihn kenne. Nach Identifizierung wurde es zu [redacted], den ich bestaetigte zu kennen durch meinen Freund Harry Redl, Schwager, der mich mit einigen Menschen in Hk bekannt machte. Erklaerte Verwandtschaftegrad der beiden. Er fragte einges ueber Serioesit etc von OC das ich voellig serioes und verlaesslich, solide hinstellte. Er meinte eine andere Meinung von ihm zu haben obwohl er ihn nicht kennt. Fragte ob ich glauben wuerde dass OC einige 1oo mio s auf den Tisch legen koenne. Gab an nichts ueber seine finanzielle Lage zu kennen. Dr X wusste genau ueber Verhaeltnisse OCs Bescheid - Auto und Auto von Frau, schoene Wohnung, 2 Kinder, Name ihres Vaters, Name von OC Firma. Auch fragte er ob ich den Namen [redacted] kenne oder einen Herrn [redacted], ob ich den Herren dorten begegnet bin. Verneinte alles mit der Begruendung dass ich, da Prachner weiss dass wir uns kennen, ein guter Freund von Cic bin und sicher wuesste oder du sicher bei mir vorbei geschaut haettest wenn du in HK waerest. X
Damit beendete ich die Gespraeche darueber - ausserdem aber sagte er noch auf meine Bemerkung hin dass ich deine Geschaefte nicht kenne, dass diese sehr undurchsichtig waeren. Er hat dich aber mit keinem Wort mit OC in Verbindung gebracht. Auch fragte er mich nicht nach meiner Taetigkeit in HK. Das Beisammensein dauerte von ca 9.30 bis 1.3o.
Der Mann kam mir ungeheuer schlau vor, hat mir diese Fragen aber sicher ohne Hintergrunddenken gestellt. Auf jeden Fall macht er sich gefaehrliche Gedanken.

X Er machte Bemerkung ueber Demel und wussteueber Cic Bescheid.

Gräfin Theresa Trauns Kurzbericht über Dr. Massers »gefährliche Gedanken«

Dieses Gespräch fand nur zwischen mir und Dr. Masser statt, es hat niemand dabei zugehört. Die anderen Anwesenden unterhielten sich über andere Dinge. Über meine berufliche Tätigkeit in Hongkong befragte mich Dr. Masser nicht. Zum Abschieß schenkte mir Herr Dr. Masser ein Ildefonso-Würferl und sagte, wenn ich es esse, möge ich an ihn denken.

Anwesend bei der Aufnahme dieser Information sind außer mir die Herren Proksch-Kirchhofer, und Daimler.

Wien, 23.3.1977/2/S

Zweiter ausführlicher Bericht – von Heinz Damian protokolliert

nächsten Morgen ihrem Auftraggeber überreichte.[1] Anschließend begaben sich Proksch, Daimler und Theresa Traun auch noch in die Kanzlei von Rechtsanwalt Heinz Damian, der ebenfalls ein (dreiseitiges) Protokoll[2] über das Ergebnis der Aktion anfertigen ließ. Darin berichtete die junge Gräfin unter anderem wörtlich:

»Bevor Herr Dr. Masser heraufkam, wurde von den Eheleuten Prachner über seine Person ein Statement abgegeben. Er wurde als besonders hart und zäh geschildert, jemand, der sich in eine Sache verbeißt und nicht aufgibt. Politisch wurde Dr. Masser als dem *Cartellverband* zugehörig bezeichnet.

Dr. Masser war ursprünglich sehr zurückhaltend, er wollte überhaupt nicht sprechen, war sehr wortkarg. Ich versuchte, ein Gespräch über Zypern zu führen. Schließlich kam das Gespräch darauf, daß ich in Hongkong lebe. Dieser Umstand ließ das Interesse des Dr. Masser entstehen, und er fragte mich, ob ich vielleicht einen Herrn Corrigan kenne?«

Die Gräfin schilderte jedes Detail, berichtete genau, was Masser über Proksch schon wußte und vermerkte mit Zufriedenheit, daß er hinsichtlich ihrer eigenen Person und Rolle aber völlig ahnungslos gewesen sei.

Der zweite von Theresa Traun selbst angefertigte und Proksch direkt ausgehändigte Bericht beinhaltete im wesentlichen dasselbe in Kurzform. Sie wies darauf hin, daß sie »Owen Corrigan als völlig seriös, verläßlich und solide hinstellte«, schilderte, wie Masser sie befragte, ob sie den Namen Proksch-Kirchhofer oder Daimler kenne, und ob sie diesen Herren in Hongkong schon einmal begegnet sei. Dazu bemerkte sie: »Ich verneinte alles und beendete das Gespräch darüber.«

Erst ganz zum Schluß zeigte die Proksch-Freundin ganz offen ihre Beunruhigung über den Wissensstand des *Bundesländer*-Anwaltes und verlieh ihrer Befürchtung Ausdruck, Masser könnte den Urananlagen-Schwindel bald durchschauen:

»Der Mann kam mir ungeheuer schlau vor. Auf jeden Fall macht er sich gefährliche Gedanken!«

---

[1] Das Schriftstück wurde – mit handschriftlichen Vermerken versehen – im Juli 1984 anläßlich einer Hausdurchsuchung bei der Firma *Demel* von der Kripo vorgefunden und sichergestellt.

[2] Auch das von Dr. Damian diktierte Protokoll stellte die Kripo sicher.

## Der »Pate« aus Amerika

Daß es letztlich doch nicht ganz so einfach – wie von Udo Proksch anfangs vermutet – werden würde, die Versicherungsmillionen zu kassieren, war bald klar. Es gab hiefür vor allem einen Grund:
Schon in ihrem ersten Schreiben vom 28. Jänner 1977 an die *Zapata AG* hatte die *Bundesländer*-Versicherung routinemäßig einen detaillierten Wertnachweis für die versicherte »Uranfabrik« und die Vorlage sämtlicher Zulieferantenrechnungen verlangt. Ohne es zu wissen, hatte sie mit diesem Wunsch prompt den wunden Punkt erwischt, denn wie, in drei Teufels Namen, sollten Proksch & Co. in den Besitz von Lieferantenrechnungen für eine Uranerz-Aufbereitungsanlage gelangen, die es in Wahrheit überhaupt nicht gab?
Auf ein derartiges Verlangen seitens der Versicherung war auch der *Demel*-Chef in keiner Weise vorbereitet, denn er hatte seinen juristisch ausgebildeten Beratern und Komplizen blind vertraut, und diese waren völlig überzeugt davon, daß die Versicherungsanstalt gar nicht das Recht besäße, solche Unterlagen zu verlangen. Tatsächlich hatten Proksch und Daimler allen Ernstes angenommen, sie könnten nach Vorlage von drei simplen Dokumenten schon kassieren:

- Der von der *Zapata AG* ausgestellten Rechnungen an die Hongkonger NPT – als einzigem Wertnachweis.
- Des Seefrachtbriefes (der sogenannten *Bill of Lading*) als hinreichendem Beweis dafür, daß sich der Versicherungsgegenstand tatsächlich an Bord des Frachtschiffes befunden habe.
- Und schließlich einer offiziellen Bestätigung, daß die *Lucona* mitsamt ihrer Ladung gesunken war, womit der Versicherungsfall eingetreten wäre.

Recht forsch schrieb denn auch Rechtsanwalt Heinz Damian am 3. Februar 1977 an die Assekuranz zurück: »Was Ihren Wunsch nach Übermittlung der Detailrechnungen der Zulieferanten betrifft, so erlaube ich mir die Anfrage, welche Rechtsgrundlage Sie hiefür ins Treffen führen können?«
Die Proksch-Rechtsfreunde kannten die »Allgemeinen Österreichischen See-Transportversicherungs-Bedingungen«, die dem Versicherungsvertrag zugrunde lagen, offenbar tatsächlich nicht. Doch nach

genauem Studium der einschlägigen Judikatur war Damian schließlich gezwungen, seinen Irrtum einzusehen. Zu spät erkannten Proksch und Daimler aber, daß sie sehr schlecht beraten worden waren.
*Demel*-Angestellte erinnern sich noch heute an die Heftigkeit der Schreiduelle, die es in jenen Tagen in den Räumen des *Club 45* gab, bis irgend jemandem spontan ein scheinbar rettender Gedanke kam: Man beschloß, die Übermittlung der verlangten Unterlagen mit der Begründung zu verweigern, daß dadurch Geschäftsgeheimnisse verletzt werden könnten. Die Bekanntgabe der Produzenten der Uranfabrik sei der *Zapata AG* aus diesem Grunde nicht zumutbar.
Tapfer bemühte sich Heinz Damian in den darauffolgenden Monaten, unter Hinweis auf das schwache und rechtlich selbstverständlich unhaltbare Argument »Geschäftsgeheimnis«, der Versicherung gegenüber den fatalen Umstand zu verschleiern, daß man nicht in der Lage war, Produzentenrechnungen für eine Urananlage vorzulegen, die bloß in der Phantasie der Proksch-Gruppe vorhanden war.
Unterdessen wurden Proksch und Daimler sich sehr bald bewußt, daß sich die Versicherung unter den gegebenen Umständen ganz sicher weigern würde, zu bezahlen, und daß mit ihrer Argumentation an ein Durchkommen vor Gericht gar nicht zu denken war. Wohl oder übel würde also die *Zapata AG* irgendeinen »Lieferanten« für ihre Phantasie-Urananlage präsentieren müssen. Und man entschied, deshalb auf keinen Fall gleich aufzugeben.
Nicht umsonst hatte der *Demel*-Chef immer schon die Auffassung vertreten, daß es »kein Modell gibt, reich zu werden«. Erforderlich sei lediglich »das Durchziehen der Idee«.
Mit der Lösung des Problems war Udo Proksch jedoch in diesem Fall eindeutig überfordert, zumal er samt seiner *Zapata AG* nach der Bezahlung der letzten Rate der Versicherungsprämie an die *Bundesländer* auch finanziell bereits am Ende war. Das *Zapata*-Konto Nr. 5441 bei der *Luzerner Landbank* in der Schweiz wies am 10. Februar 1977 tatsächlich nur noch einen Kontostand von mageren 6 930 Franken auf.
In dieser Situation sah sich der *Demel*-Chef gezwungen, sich mit seinen Sorgen und Problemen einem guten alten Freund anzuvertrauen, der bereit sein würde, die Rolle eines »Paten« zum Zweck der Vollendung des *Lucona*-Coups zu spielen.
Der Mann, der Udo Proksch daraufhin prompt nicht nur in finanzieller Hinsicht rasch unter die Arme griff, sondern auch imstande zu sein schien, ihm bei der Suche eines »Zulieferanten« hilfreich an die Hand zu gehen, nannte sich Steven Low.

Persönlich war der mysteriöse »Mister Low« in Wien nur ein einziges Mal aufgetaucht: Am 7. März 1977 traf er im Schlepptau von Heinz Damian und zusammen mit Hans Peter Daimler und Greta Fischer in der Zentrale der *Bundesländer*-Versicherung ein.
Außerdem hatte *Zapata*-Anwalt Damian zu diesem denkwürdigen Treffen auch noch einen Notar mitgebracht, unter dessen Aufsicht man an diesem Tag der Versicherung ein paar zur Abwicklung des Schadensfalles erforderliche Dokumente übergab. Es handelte sich um die »Bill of Lading« sowie um die Speditionsbescheinigungen der Wiener Firma *Walter Pirnat*, aus welchen hervorging, daß vom niederösterreichischen Ort Piesting aus exakt 21 LKW-Tranporte nach Chioggia durchgeführt worden waren. Übergeben wurden auch die von den Bundesbahnen ausgestellten Übergabescheine für die per Bahn von Wien nach Italien verfrachteten 16 Container.
Ganz konnte die eher lächerliche Show, die Damian mit dieser »Dokumentenübergabe unter notarieller Aufsicht« abzog, freilich nicht darüber hinwegtäuschen, daß die viel wichtigeren Produzentenrechnungen noch immer nicht vorhanden waren. Vermutlich wurde »Mister Low« – von Daimler als Vertreter »unserer US-Zentrale« vorgestellt – an deren Stelle präsentiert.
Mister Low selbst zog es vor, das Pokerface zu spielen: Mit steinerner Miene folgte er den Verhandlungen, gab vor, aus Kanada zu kommen und kein Deutsch zu verstehen, und war am Ende trotz ausdrücklichen Ersuchens weder bereit, seine Funktion bei der *Zapata* zu verraten, noch seine Adresse anzugeben. Danach verschwand Low wieder ebenso still und leise, wie er auf der Bildfläche erschienen war.
Erst vier Jahre später – zwischen der *Bundesländer* und der *Zapata AG* tobte inzwischen schon im zweiten Rechtsgang der Zivilprozeß um die Versicherungsmillionen – tauchte sein Name erneut auf. Am 9. Februar 1981 stand Udo Proksch erstmals als Zeuge vor Gericht und gab bekannt, daß Steven Low einer der wahren Hintermänner der *Zapata* und deren einziger Aktionär sei, den er persönlich kenne.
Noch deutlicher wurde der *Demel*-Chef dann noch einmal vier Jahre später, nachdem er im Februar 1985 erstmals in Untersuchungshaft genommen worden war und es bei ihm um Kopf und Kragen ging. Da stellte Proksch in seiner Not den mysteriösen »Mister Low« gar als den eigentlichen Drahtzieher des *Zapata*-Coups mit der Urananlage dar, der das Fernostgeschäft von allem Anfang an auch eingefädelt habe.
Low habe, so gab Proksch bei seinen Einvernahmen durch die Kripo und durch Untersuchungsrichter Wilhelm Tandinger an, sowohl mit

den Hongkonger Käufern die Verhandlungen geführt und den Verkaufspreis festgesetzt als auch mit den Zulieferanten konferiert. Sogar die Funktion eines »Direktors« der Zapata diente Proksch seinem Bekannten vor der Kripo schließlich an. Im übrigen sei Low kanadischer Staatsbürger und Kaufmann – auf Öl und Uran spezialisiert.
Nachdem Proksch später wiederum auf freien Fuß gesetzt worden war, ging er auch publizistisch in die Offensive und beklagte sich unter dem Titel »Ich bin kein Betrüger« im Nachrichtenmagazin *profil* sechs volle Spalten lang über die Ungerechtigkeiten, die er zu erleiden habe.
»Zu den Gesellschaftern der *Zapata AG*«, schrieb Udo Proksch in seinem Gastbeitrag für das *profil*, gehöre auch »der in Monaco lebende kanadische Milliardär Steven Low«, der es bestimmt nicht nötig habe, ein Schiff zu versenken und dabei sechs Menschen umzubringen, »um eine österreichische Versicherung um 200 Millionen Schilling zu betrügen«.
Konkreteres über den Hintergrund von Mister Low erfuhr man allerdings auch diesmal nicht. »Er hat«, so erzählte Proksch danach bloß noch, »viel Geld gemacht unter Ausnutzung seines Know-hows in der Welt des Erdöls und des Urans.« Und mit ein wenig Wehmut in der Stimme bekannte der vergleichsweise erfolglose Konditor: »Ich wollt', ich hätt' dieses Hirn!«
Aber auch Hans Peter Daimler war stets von Ehrfurcht und Bewunderung für Mister Low erfüllt, wenngleich er über den Kanadier aus Monaco noch weniger als Udo Proksch zu wissen schien. »Das ist ein Mann«, so meinte Daimler, »den man nicht fragt, woher er kommt und was er treibt.«
Die Kripo freilich wollte es genauer wissen und fing Steven Low zu suchen an – ohne Erfolg. Der Mann schien nirgends auffindbar, weder in Kanada noch in Monaco. Auch nicht in England, Frankreich oder in der Schweiz, wo er jeweils bloß die Spuren seines Wirkens hinterließ. Der »Milliardär« war auch bei keinem einzigen Finanzamt dieser Länder registriert.
Daß es ihn dennoch geben mußte, stand indessen fest. Am *Cap Martin* an der Côte d'Azur ankerte immerhin sogar eine 12-Tonnen-Motoryacht mit dem Namen »Phillipus«, als deren Besitzer sich ein Mister Steven Low aus Kanada auswies. Die Anschrift – Toronto, 108 Forest Isle Road –, unter welcher die Yacht registriert worden war, entpuppte sich jedoch als falsch. Diese Adresse gibt es in Toronto nicht.
Der Verfasser dieses Buches hatte mit seinen Recherchen schließlich

Bundesamt für Polizeiwesen
Office fédéral de la police
Ufficio federale di polizia

E X P R E S S !
*****************

Eingel. 13.FEB.1986

Ø 031/61 41 11

3003 Berne, 12.2.1986

Unser Zeichen / Notre réf. / Nostro rif. B 46659 FF

GEHT AN / TRANSMIS A :

Staatsanwaltschaft
des Kantons Luzern
6000 Luzern

Betr. Strafverfahren gegen Steven LOW, 26.5.32, wegen betrügerischen Konkurses und Betruges z.N. der BANQUE SCANDINAVE in Genf.

mit der Bitte um Einvernahme eines Verantwortlichen der Firma "ATLAS OIL" 6232 Geuensee /LU, wenn möglich in Anwesenheit der Polizeibeamten Henri TINE und Jean-Pierre CERNY aus Paris, welche am 17.2.1986 in Genf eintreffen werden. Besten Dank im voraus.

Beilagen: Gesuch von INTERPOL Frankreich vom 12.2.1986 und Rechtshilfegesuch des Untersuchungsrichters J.P. MICHAU in Paris vom 20.1.1986 mit 2 Unterlagen (Telefax).

Kopie: - Polizeikommando des Kantons Luzern, 6000 Luzern, z.K. mit Bezug auf unsere Fernschreiben und unsere telefonischen Unterredungen.

BUNDESAMT FUER POLIZEIWESEN
OFFICE FEDERAL DE LA POLICE
Schenkiger

KANTONSPOLIZEI LUZERN

| | | |
|---|---|---|
| ED | DK | FS |
| Fachgesch. | Deliktsdatum | SPA |
| | Revokation | ZSPA |

Dienststelle: LUZERN / KRIM ABT Datum 26.2.1986

Betrifft: Internationales Rechtshilfeersuchen des Cour d'Appel de Paris, Tribunal de Grande Instance de Paris, Cabinet de M. Michau, Juge d'instruction, bzw. Staatsanwaltschaft des Kantons Luzern, Hr. Dr. Winiger

in Sachen: L O W Steven, geb. 26.5.1932 in Lwow PL, kanadischer Staatsangehöriger, wft. zeitweise in Gstaad, Chalet Frontenac und in Roquebrune Cap Martin, Alpes Maritimes, F

ehemals VR-Mitglied der Fa. ATLAS OIL AG, mit Sitz in Geuensee LU

wegen: Betrug, betrügerischem Konkurs etc.

Tatort (Strasse, Objekt) Tatzeit

sei: den französischen Ermittlungsbeamten die Erlaubnis zu erteilen, die VR-Präsidentin Frau Greta Fischer, wft. Geuensee, durch den zuständigen Amtsstatthalter als Auskunftsperson einvernehmen zu lassen.

Geschädigter Versicherung Privatkläger

Befragte Person: Fischer Greta, VR-Präsidentin Fa. ATLAS OIL AG, v. Grosswangen, wft. Geuensee LU

Verfügung: Bericht geht samt Beilagen an das Statthalteramt Sursee.
Kopie an Staatsanwaltschaft des Kts. Luzern, Hrn. Dr. Winiger
Kopie an PP Sursee.

LUZERN, 26.2.1986

Kantonspolizei Luzern
Kriminalabteilung
Fahndungszentrale

Internationaler Großbetrüger: Proksch- und Fischer-Partner Steven Low

mehr Glück als selbst *Interpol*, die den Kanadier inzwischen wegen des Verdachtes von gleich einer ganzen Reihe von Straftaten ebenfalls in mehreren Staaten suchen ließ.

Im Frühjahr 1985 fand ihn der Autor in Paris: Steven Low hatte sich – natürlich ohne Aufenthaltsgenehmigung – in der Rue Las Cases Nr. 14 in einem feudalen Stadtpalais verkrochen, das bis 1982 noch im Eigentum von Nathaniel Baron de Rothschild stand.

Das Interview mit Low war freilich mehr als kurz. »Ich habe nichts zu sagen!« beschied der »Pate« aus Amerika – und blieb dabei. Er hatte just zur selben Zeit (und hat bis heute) zahlreiche andere Probleme:

- In London hat er Troubles, weil er seine Schulden bei *Harry Winston SA*, *MAM Aviation Ltd.* und bei *Lloyds of London* nicht bezahlen kann.
- In Monte Carlo trauert das Auktionshaus *Christies* um 300 000 Francs.
- In Frankreich läuft gegen Steven Low ein Strafverfahren wegen Unterschlagung und Betruges.
- In der Schweiz ermittelt die Staatsanwaltschaft des Kantons Luzern wegen betrügerischen Bankrotts gegen ihn.
- Der Untersuchungsrichter von Monaco wirft ihm Betrug mit einer Schadenssumme von 1 305 452 Dollar und überdies auch noch Scheckbetrug vor.
- In Lausanne und Genf schließlich bekäme man ihn wegen eines gigantischen Bankbetruges ebenfalls sehr gern zu fassen.

Der Proksch-Freund und *Zapata*-Aktionär hat eine Finanzgesellschaft namens *Unigestion SA* um 1,6 Millionen Dollar und schließlich die *Banque Scandinave en Suisse* in Genf um den sagenhaften Betrag von 18 Millionen US-Dollar – das sind rund 250 Millionen Schilling – geprellt.

Noch bis vor kurzem war es Udo Proksch gelungen, sowohl dem Gericht gegenüber als auch vor der Öffentlichkeit seinen Freund und Partner Steven Low als einen über jeden Zweifel erhabenen, seriösen Geschäftsmann darzustellen. In Wahrheit scheint der »Milliardär« indes eher doch nur ein internationaler Millionenbetrüger zu sein.

Dagegen ist die Rolle, die Steven Low im *Fall Lucona* wirklich spielte, vergleichsweise gering. Er stieg in das Geschäft erst ein, nachdem sich Udo Proksch für die Finalisierung seines Jahrhundertcoups allein als viel zu schwach erwies.

# Stephan Löwy alias Steven Low

In Wirklichkeit hieß er einst Stephan Löwy, und er entstammt einer deutsch-polnisch-jüdischen Familie. Der Vater: Simon Jakob Löwy. Seine Mutter: Bertha Vogelfänger. Geboren wurde er am 26. Mai 1932 in Lemberg in Galizien, das heute Lwow heißt und zur Sowjetunion gehört.[3]
In seiner Kindheit lernte Löwy, dessen Vater am Warschauer Gettoaufstand mit beteiligt war, die Leiden rassischer Verfolgung kennen. Nach Kriegsende emigrierte er als Halbwüchsiger nach Kanada.
Der junge Löwy, dem angeblich, wie er später verbreiten ließ, die Flucht aus einem österreichischen KZ gelungen sein soll, gelangte im Jahr 1948 nach Montreal, wo er an der *West Hill High School* seine Schulausbildung abschloß.
Später änderte er seinen Namen auf »Steven Low« und erhielt die kanadische Staatsbürgerschaft.
Dem Flüchtling war es in Kanada vom ersten Tag an gutgegangen, denn er erfreute sich der Fürsorge einiger der an der US-amerikanischen und kanadischen Ostküste angesiedelten, mächtigen und superreichen jüdischen Familien, die viele Immigranten unterstützen.
Zu den Förderern des jungen Löwy, der an der *McGill University* in Montreal ein Mathematikstudium begann, gehörten sowohl Mitglieder der Singer Family als auch der Milliarden Dollar schwere Whiskykönig Samuel Bronfman, der den Grundstein für sein riesiges Vermögen während der Prohibitionszeit durch den organisierten Spirituosenschmuggel zwischen Kanada und den USA gelegt hatte.[4]
Bereits als Dreiundzwanzigjähriger war der »arme« Flüchtling Steven Low imstande, in Willowdale, Ontario, ein prächtiges eigenes Haus zu beziehen. Er verheiratete sich mit einer Kanadierin und begann nun ernsthaft ins Berufsleben einzusteigen.
Seinen ersten bedeutungsvollen Job bekam er als Assistent von Joe

---

[3] Das einstige österreichische Kronland Galizien kam nach dem Zusammenbruch der Monarchie zu Polen und wurde 1939 zum Teil von den Sowjets annektiert und der Ukraine zugeschlagen.
[4] Abkömmlinge just dieser beiden Familien, Israel Singer und Edgar Bronfman, sind heute auch in ihrer Eigenschaft als Spitzenfunktionäre des Jüdischen Weltkongresses und auf Grund ihrer Anti-Waldheim-Kampagne weltbekannt.

Hirshhorn, dessen Vermögen ebenfalls auf rund 100 Millionen Dollar geschätzt wird und der in Ontario und in Mexiko auch einige Uranminen betrieb.
Seine erste eigene Firma, die *Steven Low & Co. Ltd.*, gründete der Hobbyschachspieler und Freizeitpilot im Jahre 1956, nachdem er zuvor schon in Geschäftsbeziehungen zu einem ebenfalls aus Polen stammenden jüdischen Einwanderer mit Namen John Pullman getreten war.
Seine Karriere hatte John Pullman, der später selbst zu einem der großen Financiers des *Organized Crime* in Amerika geworden war, als Mitglied des von Lucky Luciano mitbegründeten Ostküstensyndikates gemacht, dessen engstem Führungskreis er eine Zeitlang als Finanzberater und rechte Hand des legendären Mafia-Bosses Meyer-Lansky angehörte – dem seinerzeitigen großen Gegenspieler und Konkurrenten von Al Capone.
Als Chef der »Koscher Nostra«, wie die vor allem von New York aus operierende jüdische Parallelorganisation zur »Cosa Nostra« in Amerika genannt wird, hatte Meyer-Lansky die in der Zwischenzeit weltweit von allen Mafiaorganisationen nachgeahmten Methoden des »Geldweißwaschens« erfunden, dessen Grundprinzip darin besteht, einen Teil der jeweils illegal erworbenen Gelder in legale Wirtschaftsunternehmungen zu investieren.[5]
Als Ende der fünfziger Jahre Steven Lows immer steiler werdender geschäftlicher und finanzieller Aufstieg seinen Anfang nahm, war dies indes gewiß nicht nur guten Beziehungen zur »Koscher Nostra« zuzuschreiben. Vielmehr suchte Steven Low und fand zur selben Zeit auch Zugang zu den höchsten Kreisen in der Politik.
Gelegentlich war er daneben auch, wenn sich damit für ihn ein Topgeschäft verbinden ließ, für den US-Geheimdienst CIA in Kanada aktiv, ehe die Yankees dahinterkamen, daß er auf gleiche Weise auch dem KGB diente. In diese Zeit fiel auch der Tag, an dem einander Steven Low und Udo Proksch zum erstenmal begegnet waren.
Im Jahre 1960 übernahm Steven Low die Präsidentschaft einer Firma mit dem klingenden Namen *Latin American Mines Ltd.*, deren Vorstandsfunktionen er von prominenten Freunden wie dem kanadischen Ex-Außenminister Paul Martin und dem US-Politiker Harold

---

[5] Zum Zeitpunkt, da Meyer-Lansky im Jahre 1983 friedlich als alter Mann in Israel verstarb, besaß die von ihm gegründete Holding des Syndikats, wie von einer FBI-Kommission festgestellt worden war, allein »zwei Banken in den USA, zwei auf den Bahamas, eine in der Schweiz, während sie dreißig weitere Banken weltweit kontrollierte« (Hans-Georg Behr, Organisiertes Verbrechen, ECON, 1985).

Stassen besetzen ließ, der sich als Gouverneur von Minnesota einst gar um das US-Präsidentenamt bewarb.
Das einzige, was dieses tolle Unternehmen allerdings real besaß, war da und dort ein Stück wertloses Land und ein paar aufgelassene Kupferminen.
Geschickt ließ Low jedoch auf einmal das Gerücht verbreiten, daß sein Unternehmen im Besitz riesiger neuer Kupfervorkommen in Chile sei, worauf er mit den Aktien der Firma an die Börse ging. Als die betrogenen Anleger dahinterkamen, daß es in Wirklichkeit kein Stäubchen Kupfer gab, war Steven Low schon ein gemachter Mann.
Seine Methoden blieben auch späterhin im Prinzip immer dieselben: Wenn er nicht Kupfer-, Gold- oder Uranminen verkaufte, die es gar nicht gab, so führte er betrügerische Grundstückstransaktionen durch, oder er war in Spekulationsgeschäfte jedweder anderen Art involviert – zumeist im Dunstkreis von politischen Entscheidungsträgern und immer knapp am Rande, wenn nicht jenseits der Legalität.
Seinen ersten Dämpfer erhielt Low erst im Jahre 1966, nachdem sich die *US Securities and Exchange Commission* seiner annahm, eine Untersuchung der betrügerischen Machenschaften in die Wege leitete und ihn der US-Börsen verwies. Die *Ontario Securities Commission* folgte dem Beispiel im Jahre 1968, worauf Steven Low ein knappes Jahr danach sein Imperium, dem zuletzt beinahe schon ein Dutzend Schwindelfirmen angehörten, kurzerhand bankrott gehen ließ.
Im Frühjahr 1970 war er in der Folge allerdings gezwungen, Kanada Hals über Kopf zu verlassen. Frau und drei Kinder ließ er in Ontario zurück und setzte sich nach »Good old Europe« ab, wo er im schweizerischen High-Society-Bergdorf Gstaad bereits seit ein paar Jahren ein fashionables 1,5-Millionen-Franken-Haus besaß.
In seinem *Chalet Frontenac* hatte der Neo-Schweizer nichts zu befürchten, und es gelang ihm sogar, sich mit den Lokalbehörden zu arrangieren: Er versprach, als »Steuer« 25 000 Franken jährlich abzuführen – und das Problem, daß er weder eine Aufenthaltsbewilligung noch das Niederlassungsrecht besaß, war aus der Welt geschafft.
Geld aus seinen Kanada-Geschäften hatte Low noch eine Zeitlang in ausreichendem Maß, so daß er in der Lage war, auch weiterhin den »Milliardär« zu spielen.
Im *Palace-Hotel* zu Gstaad ließ er gelegentlich rauschende Feste feiern, zu welchen er Gott und die Welt einlud, wobei die Rechnung für nur eine Nacht das eine oder andere Mal durchaus die Höhe von 300 000 Franken überstieg. Low brauchte solche Verschwendungsex-

zesse ebenso wie den Umgang mit Dreiviertel-Mächtigen und Glitzerprominenz.
In seinem Chalet waren häufig die Hollywoodstars Richard Burton und David Niven, aber auch Senator Edward Kennedy zu Gast. Kim Novak gefiel sich sogar eine Zeitlang als seine Geliebte.
Ernsthafte Finanzprobleme ergaben sich aus dem aufwendigen Lebensstil für den Exilkanadier zunächst auch deshalb nicht, da er trotz der räumlichen Entfernung nach wie vor auch noch jenseits des Atlantiks bei einigen Geschäften seine Finger mit im Spiel hatte. So gab es in Kanada auch die bekannte *Aquablast*-Affäre, einen gigantischen Betrugsskandal, durch den vor allem viele europäische Anleger um ihre Vermögen gebracht worden waren.
Doch erst als die Drahtzieher und Köpfe der Bande, Robert Keyser, Robert Mitchell, »Manie« Silverman und der Low-Partner John Pullman verhaftet worden waren, ging es auch mit ihm selbst langsam bergab.
Um die Mitte der siebziger Jahre war der »Milliardär« schließlich erstmals bankrott. Eine Zeitlang lebte er auch dann noch durchaus nicht unflott auf Kredit, ließ sich sogar trotz allem sein Chalet umbauen und vergrößern – und zahlte die Handwerker nicht. Und natürlich blieb er auch die Kosten seiner Parties schuldig. Bei zahlreichen Gstaadern mußte er sich schließlich sogar jeweils 100 Franken ausborgen, um sich Benzin für seinen Lamborghini kaufen zu können.
Unangenehm wurde die Lage jedoch erst, nachdem man sich zu weigern anfing, ihn ins *Palace-Hotel* zum Abendessen einzulassen, wenn er nicht imstande war, eine Kaution für die voraussichtliche Zeche in bar auf den Tisch zu legen. Konnte er nicht, warf man ihn kalt hinaus. Bald danach wurde in Saanen wieder einmal ein Konkursverfahren gegen ihn eingeleitet, später jedoch wieder aufgehoben.
Zu den Leuten, die Low in seinen schlechten Zeiten in aller Welt um Geld anging, zählte auch Udo Proksch, der dem Freund ein paar Mal mit einigen Tausend Franken aus der Klemme half. Low revanchierte sich dafür, indem er dem *Demel*-Chef bei der Vorbereitung des *Lucona*-Coups mit guten Ratschlägen zur Seite stand.
Auch einige jener technischen Dokumentationen, die den *Zapata*-Leuten als Vorlagen zur Beschreibung der nichtexistenten Uranerz-Aufbereitungsanlage gedient hatten, stammten von Steven Low, der sie in Kanada besorgen ließ.
Ein wenig besser ging es ihm erst wieder im Jahre 1976, als ihm einige Deals mit Öl gelangen. Ein typisches Low-Unternehmen namens *Atlas Oil Company Ltd.* war schon im Dezember 1972 in Vaduz gegrün-

det worden, zu dem eine zweite Firma gleichen Namens im März 1973 mit Sitz in London kam. Die beiden Briefkästen sollten einem von Low geplanten Ölgeschäft im großen Stil in Libyen dienen, doch wurde daraus schließlich nichts.
Erst als Low einige Saudi-Prinzen kennenlernte und in der Folge auch den früheren OPEC-Erdölminister, Scheich Yamani, regelmäßig in seinem Chalet in Gstaad empfing, liefen die Ölgeschäfte wieder an: Da kein OPEC-Staat Südafrika und Israel legal mit Öl beliefern darf, bekamen sie es mit Yamanis Hilfe über Steven Low eben illegal.
Schlagartig war das Proksch-Vorbild damit wieder bei Kasse und eine Einladung zu seinen ausgelassenen Gesellschaften erneut begehrt. Aus Anlaß einer solchen heißen Party brachte eines Tages irgend jemand auch aus Österreich ein Mädchen namens Sonja Rother mit.
Die ebenso attraktive wie blutjunge Wienerin war allerdings, falls es stimmt, was in Gstaad erzählt wird, Anlaß zu einem unvorhergesehenen Eklat: Der böse Vorwurf einer angeblich im *Chalet Frontenac* geschehenen Vergewaltigung ging um. Doch ehe es zu einer offiziellen Untersuchung kam, wurde die hochnotpeinliche Affäre auf elegante Weise aus der Welt geschafft:
Der alternde, von seiner in Kanada zurückgelassenen Gemahlin längst geschiedene Steven Low reiste mit dem angeblichen Opfer einfach nach Las Vegas und ehelichte kurzerhand das in der Leopoldstädter Czerningasse herangewachsene, bildhübsche Wiener Kind.
Eine besondere Form nahmen die Kontakte zwischen Gstaad und Wien zu Jahresbeginn 1977 – zur Zeit des *Lucona*-Unterganges – an. Auch Udo Prokschs Lebensgefährtin, Gräfin Salm, hatte sich für diesen Winter ein Chalet in Gstaad gemietet, und mit ihr kam auch der Wiener Zuckerbäcker an.
Natürlich traf man sich nun häufiger mit Steven Low, und in der Folge wurde Proksch von seinem Freund auch in die örtliche »Gesellschaft« eingeführt, die allerdings an dem bekanntermaßen nicht gerade properen Erscheinungsbild des Wieners Anstoß nahm, so daß alsbald gewitzelt wurde, nun habe Low sogar einen Clochard nach Gstaad heraufgebracht.
Für Udo Proksch hingegen stellte sich das Wiedersehen mit dem »Paten« aus Amerika alsbald als wahres Glück heraus, denn als der *Zapata*-Eigentümer im Laufe des Monats Februar 1977 Steven Low in Gstaad um Hilfe bat, überblickte dieser die zur Lösung des Versicherungsproblems erforderliche Maßnahme sofort:
Man mußte eben blitzschnell einen Menschen finden, der bereit sein

würde, für die Versicherung in Wien den »Zulieferanten« der Phantasie-Uranfabrik zu spielen.
Low wußte aber nicht nur sofort Rat, sondern er konnte seinem Freund auch prompt konkret behilflich sein. Zufällig hatte er erst ein paar Wochen zuvor Gelegenheit gehabt, einen Mann kennenzulernen, der ihm als »Medium« für diese Rolle denkbar gut geeignet schien. Sein Name: Erwin Egger.
Die Firma, die der Frankoschweizer als Geschäftsführer und Mitinhaber in dem zwischen Lausanne und Fribourg gelegenen Städtchen Bulle betrieb, hieß *Decobul.*

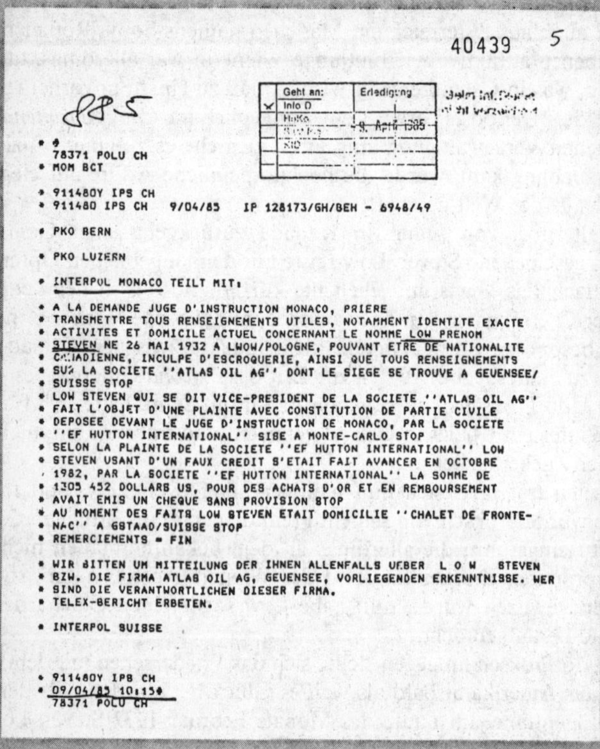

40439 5

885

| | Geht an: | Erledigung |
|---|---|---|
| ✓ | Info D | |
| | HuKo | 9. April 1985 |
| | | |
| | KID | |

78371 POLU CH
MOM BCT

911480Y IPS CH
911480 IPS CH 9/04/85 IP 128173/GH/BEH - 6948/49

PKO BERN

PKO LUZERN

INTERPOL MONACO TEILT MIT:

A LA DEMANDE JUGE D'INSTRUCTION MONACO, PRIERE
TRANSMETTRE TOUS RENSEIGNEMENTS UTILES, NOTAMMENT IDENTITE EXACTE
ACTIVITES ET DOMICILE ACTUEL CONCERNANT LE NOMME LOW PRENOM
STEVEN NE 26 MAI 1932 A LWOW/POLOGNE, POUVANT ETRE DE NATIONALITE
CANADIENNE, INCULPE D'ESCROQUERIE, AINSI QUE TOUS RENSEIGNEMENTS
SUR LA SOCIETE ''ATLAS OIL AG'' DONT LE SIEGE SE TROUVE A GEUENSEE/
SUISSE STOP
LOW STEVEN QUI SE DIT VICE-PRESIDENT DE LA SOCIETE ''ATLAS OIL AG''
FAIT L'OBJET D'UNE PLAINTE AVEC CONSTITUTION DE PARTIE CIVILE
DEPOSEE DEVANT LE JUGE D'INSTRUCTION DE MONACO, PAR LA SOCIETE
''EF HUTTON INTERNATIONAL'' SISE A MONTE-CARLO STOP
SELON LA PLAINTE DE LA SOCIETE ''EF HUTTON INTERNATIONAL'' LOW
STEVEN USANT D'UN FAUX CREDIT S'ETAIT FAIT AVANCER EN OCTOBRE
1982, PAR LA SOCIETE ''EF HUTTON INTERNATIONAL'' LA SOMME DE
1305 452 DOLLARS US, POUR DES ACHATS D'OR ET EN REMBOURSEMENT
AVAIT EMIS UN CHEQUE SANS PROVISION STOP
AU MOMENT DES FAITS LOW STEVEN ETAIT DOMICILIE ''CHALET DE FRONTE-
NAC'' A GSTAAD/SUISSE STOP
REMERCIEMENTS - FIN

WIR BITTEN UM MITTEILUNG DER IHNEN ALLENFALLS UEBER L O W STEVEN
BZW. DIE FIRMA ATLAS OIL AG, GEUENSEE, VORLIEGENDEN ERKENNTNISSE. WER
SIND DIE VERANTWORTLICHEN DIESER FIRMA.
TELEX-BERICHT ERBETEN.

INTERPOL SUISSE

911480Y IPS CH
09/04/85 10:15
78371 POLU CH

Low: wegen zahlreicher Delikte auch von Interpol Monaco gesucht

## Erwin Egger – »Monsieur Decobul«

Wie sich sehr bald herausstellen sollte, war Erwin Egger in der Tat nach ein paar Wochen Vorbereitungszeit bereit, sich mit seiner Firma *Decobul SA* als der von der *Zapata* so dringend benötigte »Zulieferant« zu präsentieren.

Daß Proksch & Co. daraufhin trotzdem nicht sofort in den Genuß ihrer Versicherungsmillionen kamen, war absolut nicht Eggers Schuld. Er spielte seine Rolle vielmehr fast perfekt.

Als er – drei Jahre später – vor dem Handelsgericht Wien erschien, um zu bestätigen, daß er eine Uranfabrik geliefert habe, beeindruckte der Schweizer Kaufmann nicht allein durch seine imposante Körpergröße und Statur, sondern vor allem durch die Nonchalance, mit der er seine falsche Zeugenaussage dem Gericht vortrug.

»Ich verfüge«, so gab sich Erwin Egger vor Gericht als Mann von Welt, »über die Firma *Decobul*, wie ich auch über andere Firmen verfüge bei der Abwicklung von Geschäften auf der internationalen Ebene.« Er sei auch nicht nur, fügte er hinzu, »auf den Anlagenbau einer bestimmten Art spezialisiert, sondern ich schalte mich auf jedem Gebiet ein, wo es mir meine internationalen Beziehungen erlauben, ein Projekt durchzuführen«.

Man sah sofort: Für diesen Schweizer Businеßman schien es zum täglichen Brot zu gehören, weltweit Geschäfte im Umfang von jeweils Hunderten Millionen Schilling abzuwickeln. Ausdrücklich bestätigte er dem Gericht denn auch, daß die *Zapata* schon im Jahre 1975 für die zu liefernde Urananlage eine Anzahlung in der Höhe von 5,2 Millionen Franken – rund 40 Millionen Schilling – an sein Unternehmen *Decobul* geleistet habe.

Die restlichen Kosten des Projektes betrugen nur noch die Kleinigkeit von etwas über hundert Millionen Schilling – und die habe vereinbarungsgemäß er selbst vorfinanziert. Egger wörtlich: »Ja, wir haben auch die Finanzierung garantiert!«

Zuletzt überraschte Erwin Egger das Gericht in Wien noch durch die Mitteilung, wonach er selbst in Wirklichkeit »der Herr dieses Geschäftes« und auch derjenige gewesen sei, der der *Zapata* außerdem

das Know-how für eine komplette Uranerz-Aufbereitungsanlage zur Verfügung gestellt und deren gesamte Planung übernommen habe.
Mit diesen Aussagen konnten die Vertreter der *Zapata* natürlich hochzufrieden sein. Den Rest besorgten die durch Udo Proksch beeinflußbaren Medien, mit deren Hilfe es dem *Demel*-Chef gelang, die Glaubwürdigkeit seines »Zulieferanten« außer Streit zu stellen, indem er diesen durch ein paar lancierte Meldungen zu einem wahren Wunderknaben der internationalen Geschäftswelt hochstilisieren ließ.
So wurde »Monsieur Egger, der seinen intellektuellen Bezugspunkt nicht in Zürich, schon gar nicht in Bern, vielmehr in Paris (hat)«[6] nicht nur als einer der ganz großen »Lobbyisten«, sondern auch als außerordentlicher »Spezialist in Wehrtechnik« gerühmt.
Außerdem verfüge er sowohl über Unsummen an »Treuhandgeldern – mit ziemlicher Sicherheit aus arabischen Quellen« als auch über ausgezeichnete Beziehungen zur internationalen Rüstungsindustrie. Alles in allem sollte man am Ende meinen, daß Erwin Egger fast so etwas wie ein eidgenössischer Kashoggi sei.
Der Wirklichkeit hielt dieses Trugbild vom millionenschweren Top-Geschäftsmann und Urananlagenexperten allerdings nicht lange stand, und es verschwand schließlich zur Gänze, als der Autor dieses Buches im Frühjahr 1985 in die Westschweiz reiste, um sich den »Tycoon« Erwin Egger einmal etwas näher anzusehen.
Die Recherche begann im Gasthaus einer kleinen Ortschaft nahe Bulle, wo der Verfasser mit einigen Freunden und Bekannten des *Decobul*-Geschäftsführers zusammentraf. Sie hätten sich, als sie erfuhren, wofür man ihren Erwin Egger in Wien allen Ernstes hielt, beinahe totgelacht.
Danach ergab sich rasch, daß der grandiose »Monsieur Decobul« in Wahrheit ein Nobody war: ein kleiner Hochstapler und Möchtegern-Geschäftemacher, dem zwar oftmals jedes Mittel recht zu sein schien, um sich hochzuboxen, den am Ende jedoch immer wieder die Fortune verließ.
Erwin Egger kam im Jahre 1937 als Sohn eines Maurers in Düdingen im Kanton Fribourg zur Welt. Seine Mutter war Fabriksarbeiterin. Nach Beendigung der Grundschule trat der Junge als Mechanikerlehrling bei der Berner Firma *Christen* ins Berufsleben ein und wurde zum Elektrowickler ausgebildet. Anschließend fand er bei verschiedenen Firmen als Mechaniker eine Beschäftigung, war allerdings schon

---

[6] Wolfgang Maier, *Trans-Atlantik*, Juli 1981

bald vom Wunsch beseelt, aus seinem Arbeiterdasein eines Tages auszubrechen.
Er sei in seiner Jugend, sagen seine ehemaligen Berufskollegen, »ein durchaus netter Kerl gewesen«, freilich mit einer sich alsbald entwikkelnden unangenehmen Neigung zur Hochstapelei. Sein Traum war schließlich, eine Frau mit etwas Geld zu finden.
Im Jahre 1958 verheiratete sich Erwin Egger mit Elysabeth Juliette Sallin, der Tochter eines recht wohlhabenden Tischlermeisters aus Villaz-St.-Pierre, und übersiedelte nach Bulle, wo er in einer Kugellagerfabrik eine Stellung fand. Erst sieben Jahre später erreichte Egger das mit dieser Heirat angestrebte Ziel: Er konnte seinen Schwiegervater überreden, den größten Teil seines Vermögens in einen Drehereibetrieb in Bulle zu investieren.
Die *Decobul SA* wurde im Jahre 1965 gegründet. Neben Jules Sallin beteiligte sich an dieser Firma auch noch dessen Freund, der Bankier und Rechtsanwalt Jean-Charles Huguet aus Rüschlikon, sowie – ein paar Jahre später – Max Piller, ein Autohändler und Garagenbesitzer aus Fribourg. Erwin Egger wurde in der Folge »Direktor« und Betriebsleiter im nunmehr schwiegerväterlichen Drehereibetrieb.
Das Fertigungsprogramm der *Decobul SA*, die etwa vierzig Mitarbeiter zählte, umfaßte feinmechanische Komponenten und Fassondrehteile aller Art: Uhrenbestandteile, Halterungen für Kugelschreiberminen und – als *Decobul*-Spezialität – Scharniere für Schmuckkästchen. Uranfabriken befanden sich hingegen nicht im Produktionsprogramm.
Die Geschäfte schienen anfangs durchaus gut zu gehen. Erst nach ein paar Jahren fanden die Folgen von Erwin Eggers Geschäftsführung im Betriebsergebnis ihren Niederschlag. Nur noch mehrfache hohe Kapitalzufuhren durch die Aktionäre konnten danach immer wieder sicherstellen, daß die Firma ihre Zahlungsfähigkeit behielt. Dies hinderte den jungen Herrn freilich keineswegs, privat auch weiterhin auf Kosten des Betriebes ein recht flottes Leben zu führen.
Drei Kinder hatte ihm Elysabeth Sallin geschenkt. Doch als das Geld des Schwiegervaters mit der Zeit zu Ende ging, hatte Erwin Egger auch mit seiner Ehefrau nichts mehr im Sinn. Statt dessen lachte er sich eine Freundin an, die im nahen Gstaad ein Nachtlokal betrieb.
Immer häufiger gab Egger sich auch seiner Trunksucht hin und verursachte mit seinem Jaguar Verkehrsunfälle, was ihm ein paar Mal hohe Geldstrafen wegen Trunkenheit am Steuer eintrug. Daß es auf diese Weise mit der *Decobul SA* noch weiter bergabgehen mußte, ist ver-

ständlich, zumal ab 1975 auch Eggers Schwiegervater und dessen Kompagnons nicht mehr bereit waren, Gelder zuzuschießen.
Die Firma selbst hatte im Laufe der Zeit ihre Produktpalette ausgedehnt und auch auf den mechanisch-optischen Bereich erweitert. Im Auftrag der schwedischen Firma *Olle Edstroem* in Ljnsdal wurden nunmehr von der *Decobul SA* auch sogenannte Diopter für Sportschützengewehre produziert.
Durch diese Geschäftsbeziehung kam Erwin Egger mit den schwedischen Geschäftsleuten Carl Oke Lindgren, Brinolf Hemming sowie Arne und Hokan Slöör in Kontakt.
Man beschloß, in Bulle nach schwedischen Patenten optische Zieleinrichtungen auch für Militärgewehre zu erzeugen und diese illegal – als Sport-Diopter deklariert – zu exportieren. Egger hoffte, damit seine Firma wieder zu sanieren.
Für die Produktion des Militärgerätes sollte Eggers *Decobul* zuständig sein, für den Vertrieb hingegen plante man, mit einem Kapital von 80 000 Franken, das die Schweden zur Verfügung stellten, am Sitz der *Decobul* eine zweite Firma namens *Dioptra SA* zu gründen.
Am 6. Februar 1976 war es soweit: Die Statuten der *Dioptra* wurden unterschrieben. Als Verwaltungsräte fungierten außer Egger selbst dessen Freund und Steuerberater Werner Spycher aus Fribourg sowie der Buchhalter der *Decobul*, Philippe Conod. Sie traten allerdings nur als Treuhänder für eine liechtensteinische Briefkastenfirma mit dem Namen *Industriehandel Vaduz* auf, die zuvor von Egger und seinen schwedischen Partnern im benachbarten Fürstentum gegründet worden war.
Die gigantischen Geschäfte, die sich Egger durch die *Dioptra SA* erhofft hatte, blieben in der Folge indes völlig aus, denn es gelang ihm nicht, einen Diopter zu erzeugen, der verkaufbar war. Das Kapital der Schweden war bald aufgebraucht, und die *Dioptra SA* produzierte im Lauf der nächsten Jahre einen Gesamtverlust von immerhin 317 000 Franken.
Eggers Partner, die sich übervorteilt fühlten, deckten schließlich, um nicht vor dem Strafrichter zu landen, ihren Anteil am Verlust ab und stiegen aus Eggers Superfirma wieder aus.[7]
Im Verlauf des Jahres 1976 verfolgte Erwin Egger aber auch noch eine andere Idee. In Gstaad lebte zu jener Zeit ein Geschäftsmann na-

[7] Seit 1981 gehört die *Dioptra SA* Erwin Egger ganz allein. Geschäft ist es jedoch bis heute keines, denn die Produkte Eggers sind nicht ausgereift und daher kaum absetzbar.

mens Hellmuth Kaelin, der mit der Tochter eines Sportartikelhändlers in dem berühmten Wintersportdorado verheiratet war.
Zwar hatte Hellmuth Kaelin ebenfalls nicht sehr viel Geld, war aber – auf welchem Weg auch immer – in den Besitz eines Patentes für ein Laser-Zielgerät gelangt, dessen Verwertung er im Frühjahr 1976 in Angriff nahm. Was er benötigte, war eine Firma, um einige Prototypen eines solchen Nachtsicht-Zielgerätes, das auch für Scharfschützengewehre geeignet schien, zu produzieren. Der Genfer Anwalt Martin Schwartz empfahl ihm Erwin Egger.
Den Rest des Jahres brachten Kaelin und der *Decobul*-Chef mit mehreren vergeblichen Versuchen zu, Financiers und Auftraggeber für ihr Laser-Zielgerät zu finden. Einige von Kaelin angeschleppte Schweizer Waffenhändler rund um die Genfer *Allfinter SA* zeigten anfangs zwar ihr Interesse, doch zogen sie sich schließlich bald wieder zurück. Ihr Eindruck von Egger & Co.: hoffnungslose Amateure. Die ersten produzierten Prototypen waren in der Praxis unbrauchbar, aber für die nötige Produktverbesserung fehlte Erwin Egger natürlich das Geld.
Auch der finanzielle Niedergang der *Decobul SA* ging unterdessen unaufhaltsam weiter. Schon im Juni 1976 hätte Egger Konkurs anmelden müssen, wäre ihm nicht buchstäblich im letzten Augenblick noch einmal die Freiburger Staatsbank mit einem Hypothekardarlehen beigesprungen. So wurde eine neuerliche Kapitalaufstockung durchgeführt, wobei nunmehr auch Egger selbst einen kleinen Anteil an den Aktien übernahm. Er mußte der Bank dafür jedoch sowohl sein Chalet in Gumefens verpfänden als auch seine Aktien als Sicherstellung hinterlegen.
Trotzdem war es um die Jahreswende 1976/77 neuerlich soweit, daß Erwin Egger kaum noch in der Lage war, den Konkurs der *Decobul SA* ein weiteres Mal abzuwenden. Der Umsatz war zuletzt auf weit unter eine Million Franken gesunken, und obwohl die Firma ohnedies nur noch ein knappes Dutzend Mitarbeiter beschäftigte, gab es schon lange Kurzarbeit.
Die finanzielle Situation der Egger-Firma war schließlich schon so ernst, daß sich die große schweizerische Handelsauskunftei *Wys, Müller & Cie.* veranlaßt sah, per Rundbrief alle ihre Abonnenten vor der Aufnahme von Geschäftsbeziehungen mit der *Decobul SA* ausdrücklich zu warnen, da die Gesellschaft »ihren Verpflichtungen nicht nachkommt und schon seit mehreren Jahren Gegenstand gerichtlich veranlaßter Schuldeintreibungen (ist)«.
Tatsächlich hatten die Gerichtsvollzieher am Firmensitz der *Decobul*

**DECOBUL SA, Bulle**

Au 31 Décembre 1975, 14 poursuites ont été ouvertes pendant l'année, à savoir:

| | | |
|---|---|---|
| 1 poursuite à la notification, sans suites, annulée de suite | Fr | 201,40 |
| 4 poursuites au commandement de payer, sans suites, | Fr | 633.-- |
| 7 poursuites au commandement de payer, avec opposition, | Fr | 62'392,25 |
| 2 poursuites traitées par commination de faillite | Fr | 2'055,50 |

Au 31 décembre 1976, 67 poursuites ont été ouvertes pendant l'année, à savoir:

| | | |
|---|---|---|
| 16 poursuites au commandement de payer, | Fr | 61'915,05 |
| 6 poursuites au commandement de payer., avec opposition, | Fr | 5'404,75 |
| ? poursuites à la saisie | Fr | 2'194,90 |
| 5 poursuites à la vente | Fr | 46'060,40 |
| 38 poursuites traitées par commination de faillite | Fr | 43'520,05 |

Au 31 Décembre 1977, 90 poursuites ont été ouvertes pendant l'année, à savoir:

| | | |
|---|---|---|
| 1: poursuites au commandement de payer | Fr | 23'257,95 |
| 6 poursuites au commandement de payer, avec opposition | Fr | 7'355,35 |
| 3 poursuites à la saisie | Fr | 3'103,30 |
| 16 poursuites à la vente | Fr | 81'31?,75 |
| 53 poursuites traitées par commination de faillite | Fr | 104'185,60 |

OFFICE DES POURSUITES DE LA GRUYÈRE
Le préposé

»Laser-Spezialist« Erwin Egger: Millionenschulden und ausgepfändet

am Chemin de Bouleyres 48 in Bulle ständig Hochbetrieb. Ob es die Leasingraten für die Fertigungsmaschinen von monatlich 6 328 Franken, die Gemeindeabgaben, die Krankenkassenbeiträge für seine Mitarbeiter, ein um 8 712 Franken überzogenes Bankkonto oder eine Lieferantenrechnung in der Höhe von 5 700 Franken für die bei der Firma *Olivetti* erworbenen Büromaschinen waren – Egger konnte absolut nichts mehr bezahlen.
Insgesamt kam es durch das Betreibungsamt (Exekutionsgericht) in Bulle allein im Zeitraum 1976/77 zur stolzen Anzahl von 156 gerichtlichen Betreibungen, Exekutionsverfahren und Pfändungen gegen die *Decobul SA.* Die Pfändungsprotokolle wiesen einen Schuldenstand, der den Eintreibungen zugrunde lag, in der Höhe von rund 380 000 Franken, das entsprach 2,7 Millionen Schilling, aus.[8]
Nicht viel besser ging es Monsieur Egger selbst. Auch er persönlich wurde laufend vom Gerichtsvollzieher wegen privater unbezahlter Rechnungen verfolgt. Das Betreibungsamt verzeichnete gegen ihm im selben Zeitraum Klagen, Pfändungen oder Verkaufsverfahren wegen insgesamt rund 60 000 Franken.
Mit weiteren 300 000 Franken stand Erwin Egger selbstverständlich nach wie vor auch bei der Staatsbank in der Kreide, wozu schließlich noch einmal 60 000 Franken kamen, die er sich noch rasch von seinem Schwiegervater geborgt hatte, ehe er dann seine Ehefrau im Mai 1977 endgültig verließ und sie mit den drei Kindern sitzenließ.
Erwin Egger wuchsen die privaten Schulden ebenso wie die Finanzprobleme seiner *Decobul* so über den Kopf, daß er mit seinem Einkommen von knapp 5 000 Franken monatlich am Schluß nicht einmal mehr imstande war, den vom Gericht mit 2 000 Franken festgesetzten Unterhaltsverpflichtungen gegenüber seinen Kindern nachzukommen.
Vor dem Handelsgericht Wien hatte derselbe Mann jedoch die Stirn, sich als jener Krösus vorzustellen, der just im Jahre 1976 fähig gewesen sei, Udo Prokschs »Uranfabrik« mit mehr als hundert Millionen »vorzufinanzieren« und dessen *Decobul* darüber hinaus vierzig Millionen Schilling als Anzahlung kassiert haben will.
In der Zwischenzeit ist freilich längst der lückenlose Nachweis dafür zu erbringen, wie und zu welchem Zweck in Wahrheit die angebliche Geschäftsbeziehung zwischen der *Zapata AG* und der *Decobul SA* zustande kam.

---

[8] Zusammenstellung des Betreibungsamtes Bulle (Office des Poursuites de la Gruyère) vom 19. Dezember 1984.

# Schweiz: Ein »Lieferant« wird gesucht

Nicht nur Erwin Eggers damalige Noch-Ehefrau erinnert sich, daß die Bekanntschaft ihres Mannes mit »den Österreichern« erst wenige Wochen bevor der *Decobul*-Direktor im Mai 1977 die gemeinsame Wohnung in Bulle verließ, zustande kam.

Daß Udo Proksch, Hans Peter Daimler und Greta Fischer dem »Lieferanten« ihrer Phantasie-Uranfabrik in Wahrheit überhaupt erst zu Beginn des Jahres 1977, nachdem die *Lucona* also schon versunken war, zum ersten Male begegneten, weiß auch Heribert Miedler, ein Österreicher, der aus Kitzbühel stammt, aber schon seit vielen Jahren in dem bekannten Schweizer Käse-Ort Gruyère ansässig ist und dort das gutgehende *Hotel St.-Georges* betreibt.

Den Winter über wohnt der Hotelier jeweils in seinem Haus in Gstaad, wo er bis zum Jahre 1976 auch den *Night-Club Chesery* besaß. Als Ehegattin war ihm eine Dame namens Regula von Gunten, Toch ter eines schweizerischen Pferdehändlers, angetraut.

Mit den Miedlers war auch Erwin Egger gut bekannt. Getrübt wurde die Beziehung allerdings, nachdem der Hotelier dahinterkam, daß »Freund« Egger mit seiner Ehefrau bereits seit vielen Jahren ein Verhältnis unterhielt.[9]

Verantwortlich dafür, wenn auch nur indirekt, daß Egger im März 1977 mit Proksch & Co. zusammenkam, war allerdings der Gstaader Kaufmann Hellmuth Kaelin, der Ende 1976, wie berichtet, immer noch finanzkräftige Partner zur Verwirklichung seiner Verkaufsidee der Laser-Zielgeräte suchte. Schließlich beschloß er, sich an Steven Low zu wenden, zu dem er schon seit langem persönliche Kontakte unterhielt.

In den Tagen zwischen Weihnachten 1976 und Neujahr erläuterte Kaelin seinem Bekannten das *LS-Scope-Projekt* und schlug ihm vor, sich daran zu beteiligen. Der Zeitpunkt schien ihm günstig, denn Low hatte gerade einen interessanten Mann bei sich in Gstaad zu Gast:

---

[9] Die Ehe der Miedlers wurde daraufhin im Jahre 1974 geschieden. Regula von Gunten trat in der Folge als Erwin Eggers »Privatsekretärin« auf, bis sich dieser im Mai 1977 ebenfalls von seiner Gattin trennte. Seither leben Egger und Regula von Gunten zusammen.

Ramsey Withers, den Chef der kanadischen Nato-Streitkräfte in Europa.
Zur selben Zeit hielt sich zufällig auch der *Decobul*-Direktor mit seiner Geliebten, Regula von Gunten, für ein paar Tage in Gstaad auf. So konnte Kaelin seinem Bekannten Steven Low auch gleich Erwin Egger als den potentiellen Fabrikanten seiner Laser-Zieleinrichtungen vorstellen.
Low war allerdings an der Bekanntschaft mit dem *Decobul*-Pleitier zunächst nur mäßig interessiert, und auch von Kaelin schien er nicht sehr viel zu halten. In seinen Augen war auch der Schwiegersohn des Gstaader Sportartikelhändlers »eine Null«.
Eine scheinbare Gesinnungsänderung trat erst ein, nachdem im Lauf des Monats Februar auch Udo Proksch wieder in Gstaad erschienen war, um sich mit seinem eben virulent gewordenen Versicherungsproblem vertrauensvoll an seinen alten Freund und Ezzesgeber Steven Low zu wenden. Die Entscheidung, den Mann aus Bulle, der bis zum Hals in finanziellen Schwierigkeiten steckte, in der Folge als den benötigten »Zulieferanten« der *Zapata AG* aufzubauen, war kein Problem.
Natürlich fiel man mit dem delikaten Vorschlag bei Erwin Egger nicht gleich mit der Tür ins Haus. Für den *Decobul*-Chef wurden vielmehr über Steven Low zunächst einmal einige Köder ausgelegt, ehe die Zeit reif sein würde, ihm in aller Offenheit die Beteiligung an der Finalisierung des größten und spektakulärsten Versicherungsbetruges zu offerieren, den es in Europa jemals gab.
So sah sich Steven Low zunächst eine Vorführung der von Egger produzierten Prototypen des Laser-Zielgerätes *LS-Scope* in dessen Werkstatt in Bulle an und brachte als »kommerziellen Berater« auch gleich den britischen Waffenhändler Jan Stach mit. Der Repräsentant der Londoner *El Sara SA* fing auch sogleich an, beim Oberkommandierenden der ägyptischen Armee, General Ismail, den Kauf einer Versuchspartie des Eggerschen Produktes zu forcieren.
Gemeinsam gründete man bald darauf mit Sitz in Douglas (Isle of Man) für den Vertrieb des *LS-Scope* eine Gesellschaft mit dem Namen *Sleckby Ltd.*, als deren Treuhänder und Repräsentant des Verwaltungsrates der Genfer Anwalt Ariel Bernheim engagiert worden war. Hellmuth Kaelin als Erfinder wurde in der Folge ausgebootet, für Egger selbst dafür auch ein Verkaufsbüro der *Sleckby Ltd.* in Murten eingerichtet. Low sorgte schließlich auch dafür, daß der *Decobul*-Direktor für sich selbst und seine Firma laufend ein bißchen Geld bekam. Freilich gerade nur soviel, daß es zum Überleben reichte.

Anfang März war Steven Low schließlich entschlossen, die Lösung des Versicherungsproblems seines Wiener Freundes auf professionelle Weise anzugehen. Als erstes wurde die geschäftliche Verschränkung zwischen Low und der *Zapata AG* vorgenommen, denn natürlich konnte die Mithilfe des Kanadiers beim Inkasso der Versicherungsmillionen nicht kostenlos erfolgen.
Die sinnvollste Form einer Beteiligung war rasch gefunden: Proksch und Daimler überließen Steven Lows Vaduzer Firma *Atlas Oil* ganz einfach jeweils einen Anteil an den Aktien der *Zapata*.
Der Handel war bereits am 2. März im wesentlichen abgeschlossen, und Greta Fischer als Verwaltungsrätin der *Zapata* stellte dem Kanadier als nunmehrigem Mitaktionär eine Vertretungsvollmacht aus. So konnte Low am 7. März bereits in seiner Eigenschaft als Aktionärsvertreter nach Wien reisen, um in Begleitung Daimlers und von SPÖ-Anwalt Heinz Damian geführt seinen schon bekannten Auftritt bei der *Bundesländer-Versicherung* zu absolvieren.
Am 9. März, unmittelbar nach seiner Rückkehr in die Schweiz, begab sich Steven Low nach Bulle, um nun auch Erwin Egger mit der ihm zugedachten Aufgabe vertraut zu machen.
Steven Low lud den *Decobul*-Chef für den übernächsten Tag nach Gstaad ein, wo er seine zukünftigen Partner Proksch und Daimler kennenlernen sollte.
Diese entscheidende erstmalige Begegnung Eggers mit den beiden Österreichern fand am Abend des 11. März 1977 in der Kellerbar des *Hotels Olden* in Gstaad statt, wo man zu einem kurzen Aperitif zusammentraf, ehe Steven Low die Gesellschaft zu sich in sein *Chalet Frontenac* bat.
Sowohl Heribert Miedler als auch Hellmuth Kaelin wurden – unabhängig voneinander – Zeugen dieses Treffens, da sie an diesem Abend zufällig ebenfalls in der *Oldenbar* anwesend waren. Beide legten in der Zwischenzeit im Zuge eines in der Schweiz wegen Dokumentenfälschung und Beihilfe zum Versicherungsbetrug gegen Erwin Egger und die *Zapata*-Verwaltungsrätin Greta Fischer anhängigen Strafverfahrens ihre diesbezüglichen Aussagen ab.[10]
Eindrucksvoll bestätigt wird der von den Zeugen nur verhältnismäßig vage zu Protokoll gegebene Sachverhalt indes auch noch durch einen zusätzlichen dokumentarischen Beweis: Dem Autor dieses Buches liegen Kopien sowohl von Erwin Eggers als auch von Regula von Gun-

---

[10] Aussage von Heribert Miedler vom 26. August 1985 und Aussage von Hellmuth Kaelin vom 10. Dezember 1985 vor der Kantonspolizei (Police de sûreté) Fribourg.

tens persönlichen Terminkalendern der Jahre 1975 bis einschließlich 1984 vor.[11]

Den Beginn des »Österreich-Geschäftes« (»Austria affaire«) hatte sich nicht nur Erwin Egger in seinem Kalender eigenhändig vorgemerkt, auch seine »Privatsekretärin«, Regula von Gunten, notierte sich am 11. März 1977: »19.30 Gstaad: Steven, Olden, app(arraissent des) Autrichiens, + E.« Zu deutsch: Um 19.30 Uhr mit Erwin (Egger) in Gstaad bei Steven (Low) im Hotel Olden; Österreicher kommen. Die Namen Prokschs und Daimlers waren zu diesem Zeitpunkt, wie man sieht, noch nicht geläufig.

Aus diesen Agendas geht unzweifelhaft hervor, daß es bis Februar 1977 keine einzige Begegnung des angeblichen Atomanlagen-Lieferanten Erwin Egger mit Proksch oder Daimler, seinen angeblichen Kunden, gab. Zu vielfältigen und laufenden Kontakten kam es erst, nachdem die Versicherung in Wien Rechtsanwalt Heinz Damian aufgefordert hatte, für die Urananlage die Zulieferantenrechnung vorzulegen.

Anhand der eigenhändigen Eintragungen in den Terminkalendern Eggers und seiner Geliebten war es in der Folge nicht besonders schwierig, bis ins Detail zu rekonstruieren, wann und wo welche Dokumente bald danach mit dem Zweck gefälscht worden sind, der Versicherungsanstalt in Wien einen »Lieferanten« der mit der *Lucona* versunkenen »Uranfabrik« zu präsentieren.

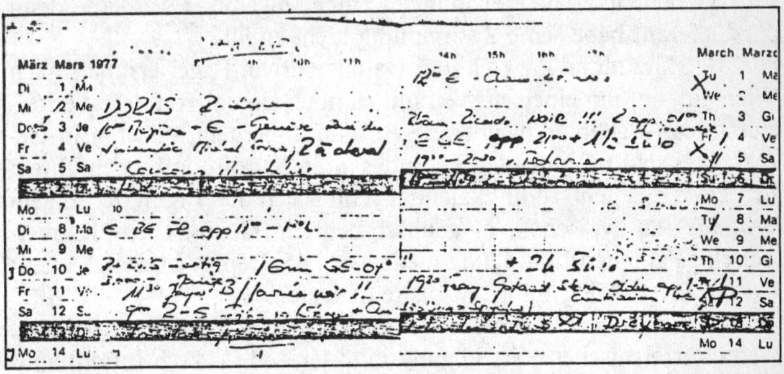


---

11 Die Original-Terminkalender Erwin Eggers wurden im Zuge einer vom Untersuchungsgericht in Tafers angeordneten und am 22. Jänner 1985 bei der Firma *Decobul* in Bulle durchgeführten Hausdurchsuchung beschlagnahmt. Die Agendas Regulas von Gunten wurden in deren Wohnung in Faoug am 24. Jänner im Verlauf einer weiteren Hausdurchsuchung vorgefunden.

# Die Dokumentenfälschungen beginnen

Schon im Lauf der ersten Konferenz der Herren Egger, Daimler, Proksch und Low am 11. März 1977 im *Chalet Frontenac* in Gstaad kam man offenbar gleich zur Sache. Dabei kristallisierte sich auch rasch das Hauptproblem heraus: Welche Buchhaltungs- und in der Folge steuerlichen Konsequenzen würden sich ergeben, wenn sich die *Decobul SA* als Lieferantin der Urananlage zur Verfügung stellte?
Um diese Fragen abzuklären, wurde bereits am nächsten Tag, einem Samstag, Eggers langjähriger Freund und persönlicher Vertrauter, der Steuerberater der *Decobul*, Werner Spycher, in seiner Kanzlei in Fribourg aufgesucht. Auch Regula von Gunten war wieder mit von der Partie. In ihrem Kalender notierte sie am 12. März: »9.00 Uhr, R(egula) + E(rwin Egger), Fribourg: Steven + Autrichiens + Spycher.«
Eine Lösung konnte vorerst nicht gefunden werden. Der Steuerfachmann Spycher riet Egger offenbar von der Fabrikation falscher Rechnungen ab, so daß Anwalt Damian am 28. März 1977 genötigt war, der *BundesländerVersicherung* mitzuteilen, es könne der *Zapata* die Vorlage der Lieferantenrechnungen »nicht zugemutet werden«, denn der Lieferant habe seine Zustimmung nicht erteilt.
Am 31. März luden Proksch und Daimler Erwin Egger erstmals nach Wien ein, um ihn einerseits vermutlich noch einmal von der »Seriosität« ihres Angebotes zu überzeugen, und außerdem, um ihm in Gestalt eines sehr prominenten Freundes ihren Background vorzuführen. In Eggers eigenem Terminkalender schlug sich der Tag in der folgenden, für ihn typischen, in englisch-deutsch-französischem Kauderwelsch gehaltenen Eintragung nieder: »11.45, Départ (Abreise) Wien: Udo & Peter; Lüggendorf, Ministre of Defense«.
Nun wurden »die Österreicher« also schon beim Vornamen genannt. Den österreichischen Verteidigungsminister und Proksch-Intimfreund »Lüggendorf« (richtig: Lütgendorf) traf Egger hingegen offenkundig zum allerersten Mal. Beim nächsten Treffen hieß der Minister freilich auch für ihn nur noch kurz »Lü«.
Der Besuch in Wien schien Egger überzeugt zu haben, denn schon zwischen 5. und 7. April trafen »Udo & Peter« wiederum in Bulle ein,

um gemeinsam und im Beisein Steven Lows und Greta Fischers noch einmal mit Werner Spycher ausführlich zu konferieren.
Am Ende war der *Decobul*-Chef auch bereit, grünes Licht für eine erste Tranche von Dokumentenfälschungen zu geben.[12] Der Plan: Man würde vorerst nur den »Nachweis« führen, daß große Teile der Uranfabrik über Auftrag der Firma *Decobul* im Juli und August 1976 nach Wien angeliefert, bei der Spedition *Walter Pirnat* eingelagert und von dieser später nach Piesting, dem Ort der angeblichen Endfertigung der Anlage, weitertransportiert worden seien (in Wahrheit hatte, wie bekannt ist, die Spedition *Pirnat* lediglich den Abtransport der Schrottlieferungen nach Italien durchgeführt).
Um diese Fälschungen durchführen zu können, benötigte man außer Erwin Egger natürlich auch noch einen Helfer bei der Spedition – und fand ihn im *Pirnat*-Prokuristen Jakob Bartos, einem langjährigen Proksch- und Daimler-Freund.
Am 28. April 1977, unmittelbar vor Eggers Rückkehr aus Manila, begann die Fälschungstätigkeit. An diesem Tag ließ Jakob Bartos den schon abgelegt gewesenen *Zapata*-Speditionsakt wieder ausheben und öffnen. Als der Akt einige Wochen später wieder ins Archiv kam, war ihm dann plötzlich auch ein »Konto Decobul« hinzugefügt.
Gemeinsam konzipierten Daimler und Bartos in den ersten Mai-Tagen des Jahres 1977 eine Aufstellung über Maschinenteile mit einem Gewicht von 247 Tonnen, die angeblich im Juli und August 1976 bei der Spedition *Pirnat* eingetroffen seien.
Der nächste Schritt bestand in der Erstellung einer Rechnung der Spedition *Pirnat* an die Firma *Decobul*, rückdatiert mit 15. Dezember 1976, über die Entladung und Einlagerung der angeblich eingelangten Lieferung, die aus 148 Kolli bestanden habe. Der Rechnungsbetrag: 49 222 Schilling.
Eine weitere mit 15. Dezember 1976 datierte Scheinrechnung an die Firma *Zapata* wurde ebenfalls gebastelt. Rechnungsbetrag: 140 824,50 Schilling für Lagergeld, Auslagerung, Verladung auf Kranwagen und Zustellung nach Piesting in Form von 22 einzelnen Transporten.
Für jeden der Transporte stellte Jakob Bartos eigenhändig natürlich auch noch jeweils einen *Pirnat*-Lieferschein mit dem Absenderver-

---

[12] Erleichtert wurde Erwin Egger seine Entscheidung zweifellos auch durch den Umstand, daß ihm zur selben Zeit eine Reise in die philippinische Hauptstadt Manila und ein Termin beim Marcos-General Almuette vermittelt worden war, um diesem sein Laser-Zielgerät für Scharfschützengewehre vorzuführen. Doch obwohl Proksch immer sehr gute Beziehungen zum philippinischen Ex-Diktator unterhielt, wurde schließlich doch nichts aus dem versprochenen Geschäft.

merk »Decobul« aus. Den angeblichen Empfang der Waren in Piesting bestätigten später mit ihrer Unterschrift zwei weitere Komplizen aus der *Zapata*-Mannschaft: der *Demel*-Angestellte Hans Huber sowie Udo Prokschs jüngster Bruder Rüdiger.
Ein Fehler unterlief den Fälschern allerdings bei dieser Gelegenheit: In einigen Fällen wurden laut den auf den Lieferscheinen angegebenen Daten bestimmte Teile der Uranerz-Aufbereitungsanlage in Piesting erst zu einem Zeitpunkt von Rüdiger Proksch und Huber angeblich in Empfang genommen, als – laut anderen Transportpapieren – dieselben Teile längst in Container eingeladen und schon auf dem Weg nach Chiogga waren.
Die beiden *Pirnat*-Rechnungen wurden von Jakob Bartos am 9. Mai in Reinschrift übertragen und per Einschreiben an Hans Peter Daimler nach Salzburg, wohin dieser in der Zwischenzeit zurückgekehrt war, übersandt.
Vom 12. bis 14. Mai 1977 hielten sich Daimler und Udo Proksch wiederum in Bulle bzw. Fribourg auf, wo Erwin Egger seine Rechnung in Empfang nahm. Nun mußte der *Decobul*-Direktor nur noch ein paar Schriftstücke unterschreiben, die von Daimler vorbereitet wurden und die den Zweck hatten, den Vorgang der angeblichen Anlieferungen abzurunden: Rückdatierte Briefe der *Decobul* an die Wiener Spedition, worin die in Wien eintreffenden Lieferungen jeweils angekündigt wurden, Anweisungen Eggers zur Einlagerung usw.
Als Schreibkraft zur Herstellung dieser Fälschungen stellte sich offenbar sehr gerne Regula von Gunten zur Verfügung.[13] Ihre Terminkalender-Eintragung vom 13. Mai 1977: »FR(ibourg), 9.00 Uhr: Corr(espondence) + P. Daimler.«
Ungeklärt ist, welches Honorar der *Decobul*-Direktor für seine Mithilfe anfangs erhielt (Geldflüsse der *Zapata* an die *Decobul* sind erst zu einem späteren Zeitpunkt nachgewiesen). Vermutlich wurde Erwin Egger zunächst ausschließlich von Steven Low bezahlt. Jedenfalls händigte ihm der Kanadier noch am selben Tag einen Scheck über 50 000 Franken aus, wovon freilich auch die Scheinrechnung der Firma *Pirnat* in der Höhe von umgerechnet 7 435 Franken (49 222 Schilling) zu bezahlen war.
Low streckte Udo Proksch im Lauf des Jahres 1977 insgesamt tatsäch-

[13] Als Regula von Gunten am 25. Jänner 1985 erstmals von der Kripo Fribourg einvernommen wurde, konnte sie sich freilich nicht daran erinnern, ob sie jemals Dokumente im Zusammenhang mit einer Urananlage geschrieben habe. Sie klagte lediglich, daß durch einige Operationen ihr Gedächtnis stark gelitten habe.

lich 1 Million Franken vor – rückzahlbar erst dann, wenn die *Zapata* die Versicherungssumme kassiert haben würde.[14]

Das Honorar, das Jakob Bartos für seine Fälscherdienste nahm, war übrigens bescheiden. Er erhielt nicht einmal volle 50 000 Schilling. Und das ging so vor sich:

Am 23. Mai 1977 langte der Rechnungsbetrag für die Faktura an die *Decobul* in der Höhe von 49 222 Schilling auf dem *Pirnat*-Konto bei der *Breisach-Pinschof-Schoeller-Bank* in Wien ein. Daraufhin ließ Bartos auch die Rechnung buchen, so daß das Konto ausgeglichen war. Einen Monat später stellte der *Pirnat*-Prokurist jedoch zugunsten der Firma *Decobul* eine Gutschrift über den ursprünglich fakturierten Betrag aus und nahm gleichzeitig für die scheinbare Rückerstattung des schon überwiesenen Betrages zwei Barschecks der Firma *Pirnat* über zusammen 49 222 Schilling in Empfang, nach deren Einlösung das »Konto Decobul« im Speditionsakt erneut ausgeglichen war.

Der auf diese Weise mit wenig Aufwand und geringem Risiko gefälschte Nachweis einer niemals stattgefundenen Anlieferung in Wien reichte allerdings auf Sicht nicht, denn nach wie vor bestand die *Bundesländer-Versicherung* auf der Vorlage von Fakturen des Lieferanten der Urananlage.

Nachdrücklich hatte Anwalt Werner Masser den *Zapata*-Vertreter Heinz Damian zuletzt am 27. Mai 1977 brieflich darauf hingewiesen, daß ohne diese Rechnungen an eine Auszahlung der Versicherungssumme nicht zu denken sei.

So mußte man denn in der Folge doch aufs Ganze gehen. Bereits zu Pfingsten reiste Daimler erneut in die Schweiz, und da die Zeit schon drängte, mußte Eggers Freundin für die erforderlichen umfangreichen Schreibarbeiten sogar den Pfingstmontag opfern. »Ganzen Tag: Arbeit Daimler« trug Regula von Gunten am 30. Mai 1977 in ihren Terminkalender ein. Folgende Dokumente wurden in diesen Tagen in der Schweiz gefälscht:

- Ein mit Datum 22. Juli 1974 versehenes »Angebot« der Firma *Decobul* an die *Zapata* zur Lieferung von Teilen einer »Mineralienaufbereitungsanlage«.
- Ein aus sieben Maschinschreibseiten bestehendes und mit 11. September 1974 datiertes Auftragsschreiben der *Zapata AG* an die Firma *Decobul*.

---

[14] Eine diesbezügliche von Greta Fischer ausgestellte Rückzahlungsvereinbarung wurde von der Kripo im Jahr 1984 bei Udo Proksch anläßlich einer Hausdurchsuchung sichergestellt.

- Ein mit 24. September 1974 datierter vierseitiger Montagevertrag.[15]
- Eine mit 15. Jänner 1976 datierte Rechnung über 7 077 000 Franken (nach damaligem Kurswert rund 50 Millionen Schilling) für »146 Tonnen Stahlprofile, ein Zellensteilgurtband und 16 Muldenförderbänder«, deren Lieferung »1974/75 frei an das von Ihnen angegebene Lager der Firma *Pinosa GmbH*, Piesting, Österreich« erfolgt sei.
- Eine ebenfalls mit 15. Jänner 1976 datierte Rechnung über weitere 4 786 645 Franken (rund 35 Millionen Schilling) für angeblich gleichfalls »1974/75« nach Piesting gelieferte »drei Schwingsiebe, zwei komplette Staubsammler-Systeme, einen Walzenbrecher und vier Hoch-BY-Pass-Turbinengeneratoren«.[16]
- Eine mit 9. September 1976 datierte Rechnung über noch einmal 6 955 884 Franken (rund 50 Millionen Schilling) für die angeblich an die Spedition *Pirnat* in Wien gelieferten »zwei Kugelmühlen, zwei Dampfgeneratoren und 66 Feststoffpumpen«.
- Und schließlich noch eine mit 25. Mai 1976 datierte »Montagevertrags-Abrechnung«. Laut diesem Vertrag seien in der Zeit von Februar 1975 bis April 1976 von der *Decobul* »neun Monteure und ein Chefmonteur« nach Piesting entsandt worden, für die der *Zapata* 740 000 Franken in Rechnung gestellt wurden.[17]

Sämtliche Verträge und Rechnungen wurden von Erwin Egger schließlich unterschrieben. Ein schlimmer Fehler unterlief jedoch auch hier. Die gefälschten Dokumente, die – wie etwa der Montagevertrag – laut Datum bereits aus dem Jahre 1974 stammen sollten, wurden auf einem Briefpapier der *Decobul SA* geschrieben, das erst im Sommer 1976 bei einer Druckerei in Bulle erstmals bestellt worden war.

Bis zur ersten Jahreshälfte 1976 hatte Eggers Firma nur über ein gewöhnliches einfarbiges Geschäftspapier ohne Signet verfügt. Erst für die am 6. April erforderlich gewordene Bestellung eines neuen Po-

[15] Allzu große Mühe machte sich Daimler bei der Abfassung des Montagevertrages allerdings nicht. Dieser wurde vielmehr fast wortwörtlich von einer Vorlage – einem Montagevertrag der Ravensburger Maschinenfabrik *Franz Josef Waeschle* – abgeschrieben.

[16] Zur Erinnerung: 1974/75 wurden tatsächlich Schwingsiebe, Staubsammler-Systeme, Walzenbrecher und jede Menge Förderbänder der alten Kohlenbergwerksanlage Oberhöflein nach Piesting transportiert.

[17] Zur Erinnerung: Während exakt dieser Zeit waren in Piesting die insgesamt rund zehn von Renzo Vianello aus Italien herbeigeschafften Hilfsarbeiter tätig, deren Aufgabe es war, die alte Bergwerksanlage und andere Maschinen zu entrosten und neu zu lackieren.

CANTON DE VAUD

JUSTICE PÉNALE

Com.Rog. 021

## Ordonnance de visite domiciliaire

Le Juge d'instruction du canton de Vaud,

vu la commission rogatoire de M. le Juge d'instruction de la Singine

ordonne qu'une visite domiciliaire soit opérée chez VON GUNTEN Regula, 1545 FAOUG

pour constater l'infraction,

en découvrir les auteurs, séquestrer tous objets et pièces pouvant intéresser l'enquête.

Lausanne, le 2. janvier 1985

Le Juge d'instruction:

### Procès-verbal de notification

Le soussigné déclare avoir notifié la présente ordonnance à Mme Von Gunten Regula, 13.5.45

le 24 janvier 1985

reçu l'original

L'agent de police judiciaire:

J 427 T.P. 8. 80. 3000

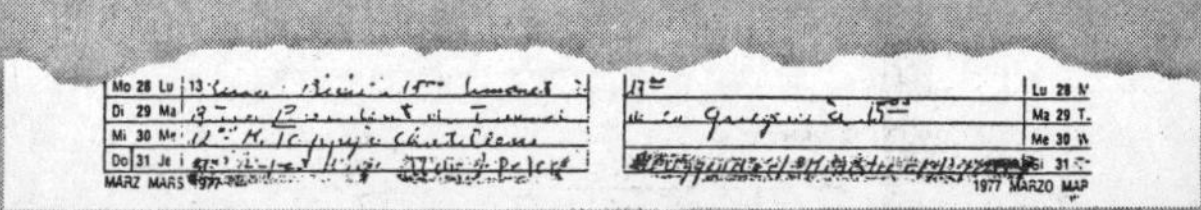


Eggers Terminkalender bei Hausdurchsuchungen sichergestellt

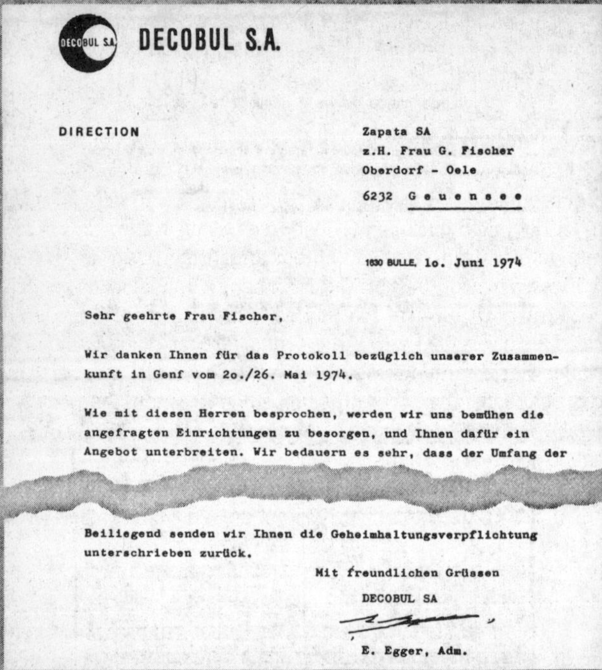

DECOBUL S.A.

DIRECTION

Zapata SA
z.H. Frau G. Fischer
Oberdorf - Oele
6232 G e u e n s e e

1630 BULLE, 1o. Juni 1974

Sehr geehrte Frau Fischer,

Wir danken Ihnen für das Protokoll bezüglich unserer Zusammenkunft in Genf vom 2o./26. Mai 1974.

Wie mit diesen Herren besprochen, werden wir uns bemühen die angefragten Einrichtungen zu besorgen, und Ihnen dafür ein Angebot unterbreiten. Wir bedauern es sehr, dass der Umfang der

Beiliegend senden wir Ihnen die Geheimhaltungsverpflichtung unterschrieben zurück.

Mit freundlichen Grüssen

DECOBUL SA

E. Egger, Adm.

Gefälschte Korrespondenz zwischen Decobul und Zapata

DECOBUL S.A.

BON A TIRER

ICOBULLE se porte garant de la bonne correction des erreurs signalées clairement.

Ne pas oublier de nous retourner manuscrits et originaux.

Remarques :

Date : 12.5.76 Signature :

Der Beweis: Briefpapier mit Firmenemblem erst 1976 entworfen und gedruckt

stens Briefpapier bei der Druckerei *Icobulle* in Bulle wurde erstmals auch ein Entwurf für ein Firmenemblem (zwei einander tangierende rote Kreise) vorgelegt. Am 12. Mai 1976 erhielt Erwin Eggers Mitarbeiter Philippe Conod den Bürstenabzug aus der Druckerei und erteilte sein »Bon à tirer« (»Gut zum Druck«), worauf das neue Geschäftspapier am 21. Mai 1976 an die *Decobul* geliefert wurde.

Daß dieses also erst im Jahr 1976 entworfene Firmenzeichen nun auch auf sämtlichen angeblich aus dem Jahre 1974 stammenden Korrespondenzen und Verträgen der *Decobul SA* mit der *Zapata* aufschien, ist demnach ein unwiderlegbarer Beweis dafür, daß diese Dokumente gefälscht und im nachhinein angefertigt worden sind.

Abgeschlossen wurde diese zweite Tranche von Fälschungen am 11. bzw. 13. Juni 1977 in Form zweier Briefe der *Zapata AG* an den »sehr geehrten Herrn Egger«, durch die Greta Fischer dem *Decobul*-Direktor in aller Form mitteilte, daß »unser Versicherer« zwecks Abwicklung des Schadensfalles »von uns die Zulieferrechnungen im Original mit zugehörigen Frachtpapieren zur Vorlage gefordert (hat)«.

»Dringend« wurde deshalb die Firma *Decobul* nunmehr ersucht, die Frachtpapiere, die die Anlieferung sämtlicher Anlagenteile nach Österreich beweisen würden, direkt an die Versicherung in Wien zu übermitteln.

Damit kam man bei Erwin Egger freilich schlecht an. Am 24. Juni 1977 schrieb er – scheinbar hoch erstaunt und kühl – zurück: »Sehr geehrte Herren, Sie sind im Besitze der Zulieferungsrechnungen und können diese zu jeder Zeit Ihrer Versicherung zur Verfügung stellen.« Die Frachtbriefe »zusammenzustellen« sei ihm jedoch »sozusagen unmöglich«, denn die Anlagen hätten verschiedene Unternehmungen transportiert.

Es sei ihm darüber hinaus, so empörte sich Monsieur Decobul, völlig »unbegreiflich, wieso Ihre Versicherung diese Unterlagen verlangt«, denn es bestünde ja »die absolute Tatsache, daß die Ware an die Firma *Pinosa* geliefert wurde«.

»Hochachtungsvoll« und mit der Bitte, »unseren Standpunkt Ihrer Versicherung mitzuteilen«, beendete der *Decobul*-Chef seinen Brief, dessen Vorlage bei der *Bundesländer* durch die *Zapata AG*, anstelle der urgierten Lieferdokumente, selbstverständlich längst vereinbart war, denn zollamtlich vidierte Frachtpapiere ließen sich im nachhinein natürlich nicht fälschen.

Sehr wohl aber konnte die behauptete Realität einer Geschäftsbeziehung *Zapata – Decobul* noch durch zusätzliche Dokumente unterstrichen werden. So rang sich Erwin Egger schließlich sogar eine Bestätigung ab, wonach die *Decobul SA* für ihre Lieferungen auch schon hohe Geldbeträge als Anzahlung erhalten habe. Insgesamt 5,2 Millionen Franken – und fein säuberlich quittierte er deren angeblichen Empfang.

Daß diese immerhin nicht kleine Summe später allerdings auf keinem Bankkonto zu finden war, störte den *Decobul*-Direktor kaum. Er habe eben, so gab er dem Gericht gegenüber an, die rund vierzig Millionen Schilling persönlich und in bar kassiert. Ein Mann, dessen Namen er nicht nennen wolle, habe ihm die Geldbeträge im Namen der *Zapata* in einem Koffer überbracht.

Bevor Erwin Egger allerdings bereit war, auch die – natürlich wiederum auf viel zu »jungem« *Decobul*-Geschäftspapier gefälschten – Quittungen tatsächlich aus der Hand zu geben, war es unbedingt erforderlich, zuvor nun endlich auch die steuerliche Seite dieser Angelegenheit zu lösen.

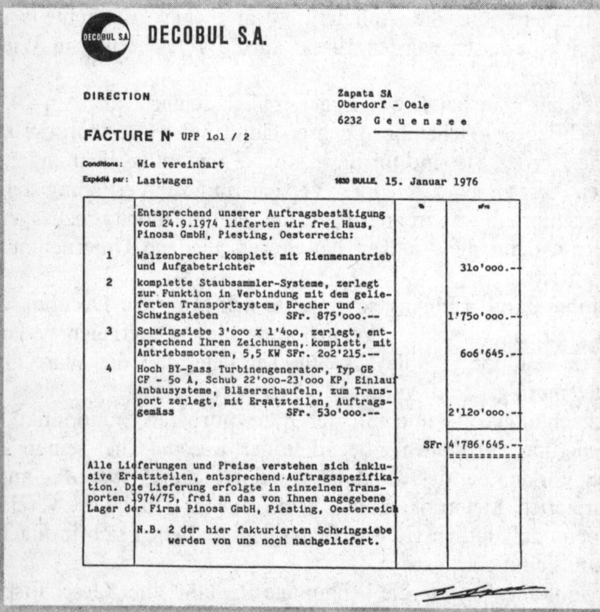

DECOBUL S.A.

DIRECTION

Zapata SA
Oberdorf - Oele
6232 G e u e n s e e

FACTURE N° UPP 1o1 / 2

Conditions: Wie vereinbart
Expédié par: Lastwagen

1630 BULLE, 15. Januar 1976

| | | % | sFrs |
|---|---|---|---|
| | Entsprechend unserer Auftragsbestätigung vom 24.9.1974 lieferten wir frei Haus, Pinosa GmbH, Piesting, Oesterreich: | | |
| 1 | Walzenbrecher komplett mit Rienmenantrieb und Aufgabetrichter | | 31o'ooo.-- |
| 2 | komplette Staubsammler-Systeme, zerlegt zur Funktion in Verbindung mit dem gelieferten Transportsystem, Brecher und Schwingsieben SFr. 875'ooo.-- | | 1'75o'ooo.-- |
| 3 | Schwingsiebe 3'ooo x 1'4oo, zerlegt, entsprechend Ihren Zeichnungen, komplett, mit Antriebsmotoren, 5,5 KW SFr. 2o2'215.-- | | 6o6'645.-- |
| 4 | Hoch BY-Pass Turbinengenerator, Typ GE CF - 5o A, Schub 22'ooo-23'ooo KP, Einlauf Anbausysteme, Bläserschaufeln, zum Transport zerlegt, mit Ersatzteilen, Auftragsgemäss SFr. 53o'ooo.-- | | 2'12o'ooo.-- |
| | | SFr. | 4'786'645.-- |

Alle Lieferungen und Preise verstehen sich inklusive Ersatzteilen, entsprechend Auftragsspezifikation. Die Lieferung erfolgte in einzelnen Transporten 1974/75, frei an das von Ihnen angegebene Lager der Firma Pinosa GmbH, Piesting, Oesterreich

N.B. 2 der hier fakturierten Schwingsiebe werden von uns noch nachgeliefert.

Der angebliche Zulieferant: nachträglich erstellte Scheinrechnungen

# Fribourg: Finanzamtshilfe für Betrüger

Als Zeuge vor Gericht in Wien log Erwin Egger: »Die Firma Decobul hat eine ordentliche Buchhaltung, und wir haben dieses Geschäft darin aktiviert!«

Als der Verfasser allerdings mit dem Hauptaktionär und Präsidenten des Verwaltungsrates der *Decobul SA*, Jean-Charles Huguet, Kontakt aufnahm, erfuhr er, daß in Wahrheit in der Buchhaltung der Firma nicht ein einziger Hinweis auf diesen Geschäftsvorgang vorhanden war und selbstverständlich »auch kein Rappen als Anzahlung in die Firma floß«.

Der zweite Aktionär der *Decobul*, Max Piller, wußte es ebenfalls genau: »So ein Geschäft hat es mit absoluter Sicherheit niemals gegeben.« Erwin Egger wäre im übrigen auch nicht befugt gewesen, ein solches ohne Wissen seiner Partner abzuwickeln, denn jedes Firmenschriftstück hätte, um rechtsgültig zu sein, von einem der beiden Herren mitunterzeichnet werden müssen. Für die Durchführung von Geschäften, die ein Volumen von nur 50 000 Franken überstiegen, bedurfte es sogar eines Beschlusses des Verwaltungsrates.

Dennoch hatte Egger für die Versicherung in Wien zusätzlich sogar auch noch eine Bestätigung »unserer Treuhandgesellschaft« angeboten, »welche, dem Gesetz entsprechend, unsere jährlichen Bilanzen prüft«. Die *Société de Contrôle Fiduciaire SA* in Fribourg, deren Inhaber der Egger-Vertraute Werner Spycher ist, würde jederzeit bezeugen, »daß sich in unseren Büchern die Rechnungen über den Einkauf der Maschinen und Einrichtungen befinden«, die danach an die *Zapata AG* weiterverkauft worden seien.

Als Werner Spycher von der Kripo später einvernommen wurde, zog er es allerdings vor, jede Kenntnis von den unsauberen Geschäften seines Freundes zunächst einmal zu leugnen. Er habe, schwor er, von dem Urananlagenverkauf an die *Zapata* erstmals aus Zeitungsberichten im Laufe des Jahres 1984 erfahren. Er kenne auch Udo Proksch und Peter Daimler nicht, habe nie mit diesen Herren Verhandlungen geführt, ebensowenig wie mit Steven Low.[18]

Erst am 4. April 1986 bequemte sich Monsieur Spycher nach einigen

[18] Aussage Werner Spycher vom 18. September 1985 vor der Kripo in Fribourg.

weiteren Einvernahmen, unter anderem auch durch Untersuchungsrichter Dennis Zosso, zu einer Entschuldigung für seine Falschaussagen. Inzwischen lagen nämlich Eggers Terminkalender dem Gericht vor, aus welchen sich Spychers fortlaufende Kontakte mit Proksch, Daimler und Low unzweifelhaft nachweisen ließen.
Natürlich befanden sich jedoch, wie sich der Autor überzeugen konnte, weder in der Buchhaltung des Jahres 1974 noch in der des Jahres 1975 oder 1976 die angeblich vorhandenen Fakturen für den Einkauf der Urananlagenteile durch die *Decobul.* Demnach hätte Erwin Egger auf einen Steuerabzugsposten in der Größenordnung von weit über hundert Millionen Schilling glatt verzichtet.
Ebensowenig schienen die im Jahre 1975 angeblich bar kassierten 40 Millionen Anzahlung in Eggers Büchern auf. Wie sollten sie auch: Zum Zeitpunkt, da die Quittungen nachträglich gefälscht worden sind, war ja die *Decobul*-Bilanz des Jahres 1975 längst schon beim Finanzamt eingereicht.
Eine besondere Rolle hatte Werner Spycher auch im Juni 1977 im Zusammenhang mit den von Erwin Egger und Hans Peter Daimler gemeinschaftlich gefälschten Zulieferantenrechnungen der *Decobul* gespielt.
Diese Quittungen und die, wie berichtet, am 30. Mai 1977 gefälschten *Decobul*-Fakturen an die *Zapata* waren denn auch der Grund für Werner Spychers nunmehr dringend gebotene Aktivität. Schließlich konnte ja nicht völlig ausgeschlossen werden, daß das Finanzamt in Fribourg von den gigantischen Geschäften der *Decobul* durch Zufall eines Tages Wind bekommt.
Also begab sich am 1. Juni 1977 um exakt 10 Uhr Werner Spycher zum Leiter des für die *Decobul* zuständigen Finanzamtes in Fribourg, Hubert Seydoux, und vertraute diesem das Problem seines Klienten Erwin Egger an. Das Gespräch konnte insofern ganz ohne Zweifel durchaus amikal geführt werden, da einander beide Herren bereits seit langem recht gut kannten. Zufällig wohnt auch der Finanzamtschef Seydoux im selben Haus wie Werner Spycher am Boulevard des Pérolles 34.
Knapp vier Wochen nach diesem Vorgespräch langte am 28. Juni 1977 beim Finanzamt ein von Erwin Egger unterzeichnetes und an Monsieur Seydoux persönlich adressiertes Schreiben der *Decobul SA* ein, worin in ein paar dürren Sätzen die Sachlage geschildert wurde: Die *Decobul* habe kürzlich auf Grund eines vertraulichen Vertrages an eine Firma *Zapata* Maschinen und »ein spezielles Know-how« verkauft. Da in der Folge das Schiff mitsamt der Ladung verschwunden

und die *Zapata* nun in einen Rechtsstreit mit einer Versicherung verwickelt sei, sei keine Sicherheit gegeben, daß der Rechnungsbetrag jemals bezahlt werde.
Die *Decobul* bitte daher um die Genehmigung, diesen Geschäftsfall nicht in die Bilanz des Jahres 1976 aufnehmen zu müssen, und die Verbuchung erst nach Beendigung des Rechtsstreits vornehmen zu dürfen.
Finanzbeamte fanden dieses Schreiben Jahre später im Steuerakt der *Decobul* vor, wo es ungefaltet abgelegt worden war – zusammen mit einer Kopie des vom Finanzamtsleiter höchstpersönlich unterzeichneten Antwortbriefes.
Wie die Kripo Fribourg zwischenzeitig feststellen konnte, wurde das Ansuchen der *Decobul* bemerkenswerterweise auf derselben Schreibmaschine wie die Antwort des Finanzamtes getippt. Entweder nahm demnach Monsieur Seydoux dem Steuerpflichtigen Erwin Egger die Mühe der Abfassung des Gesuches ab, oder die Antwort des Finanzamtsleiters wurde diesem außerhalb des Hauses vorgeschrieben.
Wie es sich letztlich konkret abgespielt hat, ist bis heute ungeklärt, denn sowohl Erwin Egger als auch Hubert Seydoux bestritten vor der Kripo mit Entschiedenheit, einander überhaupt zu kennen, geschweige denn, sich je gesehen zu haben.
Fest steht lediglich, daß noch am selben Tag, an dem der Finanzamtsleiter das *Decobul*-Ansuchen überreicht bekam, in Sursee die *Zapata*-Chefin Greta Fischer zur *Luzerner Landbank* eilte, um auf das *Decobul*-Konto bei der *Schweizerischen Bankgesellschaft* in Bulle einen Betrag von 10 000 Franken zu überweisen.
Drei Tage später, am 1. Juni 1977, ging der Betrag in Bulle ein, worauf am Nachmittag desselben Tages von Hubert Seydoux das Antwortschreiben des Finanzamtes unterfertigt und dem *Decobul*-Chef ausgehändigt wurde.
In drei knappen Sätzen erteilte der Leiter des Finanzamtes Fribourg der *Decobul SA* prompt und formlos die Genehmigung, das angebliche Urananlagen-Verkaufsgeschäft mit der *Zapata* nicht (!) in die Bilanz aufnehmen zu müssen. »Toujours à votre disposition« (»Stets gern zu Ihren Diensten«) – Unterschrift: Hubert Seydoux.
Das war zweifellos ein Service, wie es wohl auch in der Schweiz normalerweise nicht jeder Steuerpflichtige erhält: Das Recht zur Steuerhinterziehung für einen Umsatz von 140 Millionen Schilling – finanzamtlich bewilligt!
Vier Wochen nach dieser Aktion ging der Finanzamtsleiter in Pension. Inzwischen schreibt der Pensionist Seydoux an Untersuchungs-

UNTERSUCHUNGSRICHTERAMT DES SENSEBEZIRKS IN TAFERS

## PROTOKOLL

Datum: 24. März 1986 — Ort: Freiburg KRIPO

Untersuchungsrichter: Hr. D. Zosso — Sekretär: O. Blanchard, Insp.

Es erscheint: SEYDOUX Hubert, Sohn des Fernand und der Constance geb. 7. Juli 1912 in Freiburg, von Sales und Vaulruz, Verwalter, wohnhaft in 1700 Freiburg, Pérolles 34

Nachdem er auf die Wahrheitspflicht, die Beeidigungsmöglichkeit und die strafrechtlichen Folgen falscher Aussagen aufmerksam gemacht wurde, erklärt er als Zeuge:

Ich war Administrator der Steuerverwaltung bis Ende Juli 1977.

Auf Vorhalt des Schreibens der Kant. Steuerverwaltung vom 1. Juli 1977.

HS sind meine Initialen. Ich kann mich nicht an die Umstände erinnern unter denen dieses Schreiben verfasst wurde. Der Firmenname DECOBUL AG wie auch der Name EGGER Erwin, sagen mir überhaupt nichts. EGGER Erwin war auf jeden Fall nie in meinem Büro. Es ist möglich, dass ich

Schriftliche Erlaubnis des Leiters der Steuerverwaltung des Kantons Fribourg . . .

- 1 JUIL. 1977

DECOBUL SA
Ch. de Bouleyres 48

1630 BULLE

HS/HR/nc

21.17.32

Messieurs,

Nous avons bien reçu votre lettre du 28 courant dont le contenu a retenu toute notre attention.

Au vu des raisons invoquées et compte tenu des risques exceptionnels encourus dans cette affaire, nous acceptons que cette opération soit traitée dans un compte spécial ne figurant pas dans le bilan de DECOBUL SA, au 31 décembre 1976.

Par contre, sitôt la liquidation du litige connue, cette opération fera l'objet d'écritures distinctes dans votre comptabilité.

Nous espérons ainsi vous avoir donné satisfaction et, restant toujours à votre disposition, nous vous présentons, Messieurs, l'expression de nos sentiments distingués.

SERVICE CANTONAL DES CONTRIBUTIONS
L'Administrateur

. . . zur Bilanzfälschung ermöglicht Durchführung des Betruges durch . .

UNTERSUCHUNGSRICHTERAMT DES SENSEBEZIRKS IN TAFERS

## PROTOKOLL

Datum: 24. März 1986 — Ort: Freiburg KRIPO

Untersuchungsrichter: Hr. D. Zosso — Sekretär: O. Blanchard, Insp.

Es erscheint: EGGER Erwin, Personalien bekannt

Er erklärt:

Auf Vorhalt des Schreibens der DECOBUL AG vom 28. Juni 1977.

Ich weiss nicht wer dieses Schreiben verfasst hat. Nach zehn Jahren kann ich mich nicht unmöglich daran erinnern. Auf dieses Schreiben erhielten wir am 1. Juli 1977 die Antwort der Kant. Steuerverwaltung. Es ist möglich, dass ich mit Herrn SEYDOUX einige Telefongespräche geführt habe. Andere Verhandlungen gab es in dieser Sache keine. Das Schreiben vom 28. Juni 1977 wurde per Post an die Kant. Steuerverwaltung geschickt. Ein Herr ROUBATY von der Steuerverwaltung ist mir unbekannt.

Im Schreiben vom 28. Juni 1977 davon die Rede, das Geschäft mit der ZAPATA AG nicht in die Bilanz per 31.Dezember 1976 aufzunehmen.

1630 BULLE, 3.1.1975

**Betrifft: Liefervertrag UPP 1o1 / 4791-7/22 Zap**

**Q U I T T U N G**

Wir bescheinigen hiermit den Betrag von

SFrs. 1'ooo'ooo.--

(einer Million)···

als Akonto-Zahlung erhalten zu haben.

DECOBUL SA

E. Egger, Adm.

Vortäuschung einer Geschäftsbeziehung zwischen Decobul und Zapata

richter Dennis Zosso wirre Briefe, in welchen er die seinerzeitige Finanzamtshilfe beim Versicherungsbetrug einerseits mit der Begründung zu rechtfertigen versucht, daß die Forderung der *Decobul* so hoch gewesen sei, um andererseits schon im nächsten Absatz zu betonen, daß er ja keine Ahnung gehabt habe, um welche Beträge es dabei gegangen und daß der ganze Geschäftsvorgang niemals irgendwo verbucht worden sei.

Hätte er, so versichert Hubert Seydoux nunmehr zerknirscht, um die Größenordnung des Geschäftsumfanges gewußt, so würde er »die Besprechung sofort abgebrochen und den Akt der Steuerfahndung übergeben« haben, denn durch diese Vorgangsweise seien ja »sämtliche Bilanzen der *Decobul* als grobe Fälschungen anzusehen«.

C'est ça, Monsieur Seydoux!

Das Trio Egger, Proksch und Daimler konnte am 1. Juli 1977 jedenfalls zufrieden sein. Einer Vorlage der gefälschten Dokumente in Wien stand nun nichts mehr im Weg. Bereits am 5. Juli konnte Rechtsanwalt Heinz Damian der Versicherung die Firma *Decobul* als Lieferantin der Urananlage nennen und – als Beweis – die Fälschungen übergeben.

Außer der Firma *Decobul,* die – laut den gefälschten Rechnungen – die wichtigsten Teile der »Uranerz-Aufbereitungsanlage« für insgesamt 19 559 529 Franken geliefert habe, wurden am selben Tag auch noch die Namen der übrigen »Zulieferanten« preisgegeben.

So habe die mit der *Lucona* ebenfalls versunkene »Extrusionsanlage zum Einbetten von radioaktiven Abfällen in Bitumen« die österreichische *Zapata*-Tochterfirma *Pinosa Ges.m.b.H.*, deren Geschäftsführer Udo Proksch persönlich war, geliefert.

Die *Pinosa* habe diese »Atom-Wundermaschine« auch entwickelt und auf dem Areal der Konditorei *Demel* in Piesting selbst erzeugt, wobei der Hauptbestandteil der Anlage, ein Mehrschneckenextruder, von der Firma *Cincinnati Milacron AG* geliefert worden sei.

Eine Rechnung gab es freilich nicht, wohl aber eine Bestätigung auf echtem Briefpapier der Wiener Niederlassung des US-Konzerns, wonach der Extruder einen Handelswert von 1 340 690 DM (rund 10 Millionen Schilling) gehabt habe.[19]

Unterzeichnet war das Dokument bemerkenswerterweise von einem Herrn Otto Kölbl, dem Zolldeklaranten der Firma *Cincinnati*, demsel-

[19] Zur Erinnerung: In Wahrheit stammte der Extruder aus dem Schrottlager der Firma. Udo Proksch erhielt den schon von der Firma *Anger* im Jahre 1968 entwickelten, wertlosen Prototyp im Herbst 1972 geschenkt.

ben Mann, der auch schon im Jahre 1976 im Zuge des Transportes sämtlicher Maschinen nach Chioggia mitgeholfen hatte, die Zollbehörden zu düpieren.
Als weiterer Zulieferant tauchte die Firma des Proksch-Freundes Rudolf Sacher auf. Der Auftragnehmer des DDR-Geheimdienstes in Österreich, der in Wahrheit Udo Proksch nur sein »Green Monster« um heiße 100 000 Schilling überlassen hatte, stellte der *Zapata* eine Rechnung über 1,1 Millionen Schilling für die angebliche Lieferung einer »Ionen-Implantationsmaschine« aus.
Nach der Preisgabe ihrer »Lieferanten«, so dachten Proksch & Co., würde die Versicherung wohl endlich zahlen. Doch diese weigerte sich weiterhin, die Prüfung des behaupteten Schadensfalles abzuschließen. Damit blieb der *Zapata* wohl oder übel nichts mehr anderes übrig, als entweder auf die Finalisierung ihres Coups und damit auf 212 Millionen Schilling zu verzichten, oder die Gerichte zu bemühen.
Für den 7. und 8. August 1977 bat daraufhin Hans Peter Daimler rasch den *Decobul*-Chef Erwin Egger nach Salzburg, um mit ihm den Ablauf des angeblichen Geschäftsfalles zur Sicherheit noch einmal durchzuspielen und den gemeinschaftlich erstellten Unterlagen unter anwaltlicher Assistenz den letzten Schliff zu geben.
Nachdem die Salzburger Beratungen beendet waren, brachte Rechtsanwalt Heinz Damian am 9. August 1977 beim Handelsgericht Wien im Namen der *Zapata* die Klage gegen die *Bundesländer-Versicherung* auf Zahlung von 31 360 725 Franken (nach damaligem Kurswert rund 212 Millionen, nach heutigem Kurswert rund 260 Millionen Schilling) zuzüglich 10% Zinsen und Ersatz sämtlicher Kosten ein.
Als Nebenintervenientin schloß sich dem Verfahren auch die Hongkonger Käuferfirma der »versunkenen« Uranfabrik, die *North Pacific Trading Ltd.*, an, als deren Machthaber in Österreich plötzlich noch ein weiterer »alter Bekannter« auf den Plan trat: der Wiener Rechtsanwalt und Proksch-Intimfreund Karl Zerner.

## Aktenzeichen 14 Cg 81/77 – Die Zapata klagt

Natürlich hatte im August 1977, zum Zeitpunkt der Einbringung der Klage der *Zapata AG* gegen die *Bundesländer-Versicherung*, noch niemand eine Ahnung, daß praktisch der gesamte Schadensnachweis aus glatten Fälschungen bestand. Dem Versicherungsanwalt Werner Masser hatten allerdings auch schon die bis dahin bekannten Ungereimtheiten genügt, um dem Prozeßverlauf mit großer Gelassenheit entgegenzusehen.

Sicher war, daß die Begleitpapiere der gesamten Lieferung von Piesting nach Chioggia niemals stimmen konnten, da die darin enthaltenen Gewichtsangaben in einem krassen Widerspruch zu den technisch möglichen Gewichten jener Anlagenteile standen, die die *Zapata* laut Faktura geliefert haben will.

Fest stand ebenfalls der unüberbrückbare Widerspruch zwischen den von der *Zapata AG* fakturierten Preisen und dem wahren Wert von Anlagenteilen, wie sie auf den Rechnungen beschrieben wurden. Selbst wenn demnach die angegebenen Maschinen als Teile einer echten Uranerz-Aufbereitungsanlage geliefert worden wären, so hätte ihr Wert trotzdem nur einen minimalen Bruchteil dessen betragen, was von der *Zapata* an die Hongkonger NPT verrechnet worden war.

Dubios und mysteriös waren weiters die Begleitumstände, unter welchen die *Lucona* im Indischen Ozean plötzlich versunken war – auch wenn im August 1977 die wahre Untergangsursache noch keineswegs feststand.

Und letztlich kam noch der seltsame Umstand hinzu, daß man sich fast ein halbes Jahr lang dagegen gesträubt hatte, die Namen der Zulieferanten preiszugeben, weil angeblich eine vertraglich festgelegte Verpflichtung zur Geheimhaltung bestand.

Die als Bestandteil des »Liefervertrages« vom 21. Juli 1975 zwischen der *Zapata* und der Hongkonger NPT abgeschlossene Geheimhaltungsvereinbarung wurde auch dem Gericht vorgelegt.

»Der Käufer verlangt vom Verkäufer«, hieß es darin, »strengste Vertraulichkeit in bezug auf sämtliche mit diesem Vertrag im Zusammenhang stehende Einzelheiten. Dazu gehören alle finanziellen Angelegenheiten, Vorgangsweisen und Korrespondenzen, die sich auf das

Design, die Herstellung und Lieferung sämtlicher Waren bezieht, sowie die in diesem Vertrag gegebenen Informationen.
Diese Pflicht zur Geheimhaltung besteht jederzeit, das heißt vor, während oder nach Erfüllung des vorliegenden Vertrages. Die Geschäftsleitung des Verkäufers darf kein Wissen oder Know-how, das sich auf Einzelheiten dieses Auftrages bezieht, an Mitarbeiter, dritte Personen oder irgendwelche andere Personen weiterleiten.
Sämtliche schriftlichen Unterlagen, wie z. B. Anleitungshandbücher, Dokumentations- oder Montagebücher, die vom Verkäufer stammen und die einen Teil der Lieferung darstellen, müssen nach der in diesem Vertrag angeführten Vorgangsweise an den Käufer ausgehändigt werden. Außerdem müssen dem Käufer die Originale sämtlicher Unterlagen übergeben werden, so daß keine schriftlichen Unterlagen oder Zeichnungen beim Verkäufer verbleiben.
Der Verkäufer verpflichtet sich, mit seinem geschäftsführenden Personal sowie mit den Mitarbeitern, die mit der Bearbeitung der Informationen oder Waren unter diesem Vertrag in irgendeiner Weise befaßt sind, für den vorliegenden Vertrag eine spezielle Geheimhaltungsvereinbarung zu treffen.«
Freilich: Besonders glaubhaft erschien eine dermaßen überzogene angebliche Verpflichtung zur Geheimniskrämerei gerade nicht, die hier um eine Anlage betrieben wurde, die sich in Wahrheit jedermann zu jeder Zeit und auf der ganzen Welt bei jedem größeren Stahlbauunternehmen zu absolut wohlfeilen Weltmarktpreisen hätte kaufen können. Massers Mißtrauen gegenüber der *Zapata* wurde dadurch vielmehr noch gesteigert.
Daran vermochten auch die mit der Einbringung der Klage durch den bekannten sozialistischen Parteianwalt zugleich anlaufenden politischen Interventionsbemühungen von seiten einflußreicher Freunde Udo Prokschs nichts zu ändern.
Besondere Mühe gab sich der inzwischen zum Nationalratspräsidenten avancierte engste Freund des Zuckerbäckers, Leopold Gratz, um der *Zapata* zum Erhalt der 212 Millionen zu verhelfen.[20]
Bereits am 10. September 1977 schaltete Gratz durch einen persönlichen Interventionsbrief auch seinen *Club-45*-Genossen Otto Binder, den Generaldirektor der zum Konzern der *Wiener Städtischen Versi-*

---

[20] Zwar leugnete der damalige Außenminister Leopold Gratz bei einer seiner späteren Einvernahmen durch Untersuchungsrichter Wilhelm Tandinger, jemals auch schon im Laufe des Zivilprozesses interveniert zu haben, die Beweise dafür (in Form von Briefkopien) waren jedoch bei Udo Proksch im Zuge einer Hausdurchsuchung von der Kripo vorgefunden und beschlagnahmt worden.

*cherungsanstalt* gehörenden *Donau-Versicherung*, ein. Ein anderes Tochterunternehmen der sozialistisch dominierten *Wiener Städtischen*, deren Aufsichtsratsvorsitzender Leopold Gratz war, trug nämlich neben der *Bundesländer* als Mitversicherer von Prokschs Uranfabrik auch einen 5%-Anteil des Risikos.
Allen Ernstes befaßte sich daraufhin zwar sogar der mit prominenten ÖVP-Politikern besetzte Aufsichtsrat der *Bundesländer-Versicherung* mit der Frage, ob es nicht um des innenpolitischen Friedens willen besser wäre, eine außergerichtliche Einigung mit Prokschs *Zapata* anzustreben, doch setzten sich schließlich die »Falken« durch, die, dem Rat von Anwalt Masser folgend, für die Prozeßführung plädierten.
In der ersten Phase des Rechtsstreites wurde dem Gericht der Ablauf des Fernostgeschäftes nach einigen Modifikationen schließlich folgendermaßen dargestellt:
Die *Zapata AG* habe im Auftrag eines fernöstlichen Kunden die Projektierung einer kompletten Yellow-Cake-Anlage vorgenommen. Diese umfangreichen Planungsarbeiten habe die *Zapata* zum Teil »in Zusammenarbeit mit den Ingenieuren ihrer österreichischen Tochterfirma *Pinosa Ges.m.b.H.* selbst durchgeführt«, zum Teil sei auch ein Ingenieurbüro herangezogen worden.
Die Bekanntgabe von näheren Details und Namen sowie die geforderte Vorlage der Planungsunterlagen wurde unter Hinweis auf die vertraglich eingegangene Verpflichtung zur Verschwiegenheit verweigert.[21]
Nach Hongkong zu liefern habe die *Zapata* nur einen kleinen Teil der Gesamtanlage gehabt, und zwar nur »Maschinen und Stahlkonstruktionen für die rein mechanische Aufbereitung«. Alle diese Anlagenteile habe die Schweizer Firma *Decobul* an die *Zapata* zugeliefert, sie aber ebenfalls nicht selbst erzeugt, sondern zuvor bei einer dritten Firma eingekauft.
Die (gefälschten) Rechnungen der *Decobul* an die *Zapata* wurden vorgelegt. Über den Produzenten der Anlage konnten keine Angaben gemacht werden, denn dieser sei der *Zapata* selbst nicht bekannt, und

---

[21] Zur Erinnerung: Die *Zapata AG* bestand aus einem Briefkasten in einem schweizerischen Bauernhaus. Sie hatte weder ein Büro noch Personal. Mit den »Ingenieuren der *Pinosa*« wiederum waren die *Demel*-Angestellten Rüdiger Proksch, Hans Huber und Alfred Kleissner, der *Demel*-Hausinstallateur Heinrich Haras sowie der *Demel*-Nachtwächter und syrische Student Fayez Chlache gemeint, der aus diversen Büchern und Prospekten allgemeine Angaben über Yellow-Cake-Anlagen abgeschrieben hatte. Das »Ingenieurbüro« schließlich bestand aus dem Linzer technischen Zeichner Georg Wendelin, der mit seiner Arbeit wenig Freude hatte, weil sie »nicht sehr schöpferisch« war.

*Decobul*-Chef Erwin Egger weigere sich, ihr den Namen der Erzeugerfirma zu verraten.[22]

Die Endfertigung und Montage der Uranfabrik sei in Österreich auf dem von der *Pinosa* gepachteten Fabriksareal in Piesting unter der Mitwirkung eines von der *Decobul* entsandten »Teams von Technikern« erfolgt.

Der (gefälschte) Montagevertrag und eine (gefälschte) Abrechnung darüber wurden dem Gericht von der *Zapata* vorgelegt. Die Namen dieser Techniker seien der *Zapata* nie bekannt geworden, ebensowenig wie deren Nationalität.[23]

Die Anlieferung eines Teils von rund 250 Tonnen der von der Firma *Decobul* bezogenen Anlagenteile habe nach einer Zwischenlagerung in Wien die Spedition *Pirnat* nach Piesting durchgeführt, wo die Maschinen von Hans Huber und Rüdiger Proksch ordnungsgemäß übernommen worden seien.

Der Nachweis für diese Anlieferung in Piesting wurde durch die Vorlage der (gefälschten) Lieferscheine der Spedition *Pirnat* erbracht.[24]

Überhaupt kein Nachweis wurde für die Anlieferung der restlichen rund 400 Tonnen erbracht, die schon 1974/75 durch den Produzenten direkt erfolgt sei. Fracht- und Zollpapiere oder einen anderen objektivierbaren Beweis konnte die *Zapata* für keine einzige Anlieferung vorweisen, da sie solche nicht besitze.

Von Piesting aus sei schließlich auch der Abtransport der fertigen Uranerz-Aufbereitungsanlage erfolgt. In Hongkong hätte sie – wenn die *Lucona* nicht gesunken wäre – die Firma *North Pacific Trading Ltd.* (NPT) in Empfang genommen. Die NPT sei aber nicht der endgültige Käufer und der Betreiber der Uranfabrik gewesen.[25]

---

[22] »Wir lehnen es ab, irgendwelche Informationen aus der Hand zu geben, die Lieferanten des zur Debatte stehenden Materials oder dessen Herkunft nennen würden.« (Auszug aus einem Brief der *Decobul*, der am 8. August 1977 – einen Tag vor der Klagseinbringung – von Egger gemeinsam mit Hans Peter Daimler in Salzburg konzipiert und anschließend mit Datum 10. August 1977 an Rechtsanwalt Heinz Damian zur gefälligen Verwendung übermittelt worden war.)

[23] Zur Erinnerung: Die »Techniker der *Decobul*« waren arbeitslose Hilfsarbeiter aus Italien, die Renzo Vianello vermittelt hatte. Bezahlt wurden sie in Wirklichkeit von Udo Proksch privat.

[24] Erst Jahre später sollte der Prokurist der Speditionsfirma, Jakob Bartos, ein Geständnis ablegen und zugeben, daß alle diese Dokumente unter seiner Mitwirkung gefälscht worden waren.

[25] Daß auch die NPT nur eine Hongkonger Briefkastenfirma mit einem eingezahlten Aktienkapital von 20 Hongkong-Dollar und dem im Handelsregister eingetragenen Zweck war, »Handel mit Textilien, T-Shirts, Strumpfhosen, Krokodilleder-Gürteln, Handtaschen und Accessoires« zu betreiben, war dem Gericht zu diesem Zeitpunkt schon bekannt.

Wer der Endabnehmer der Uranfabrik sein sollte und in welchem Land sie installiert worden wäre, konnte die *Zapata* nicht bekanntgeben, da sie dies selbst »niemals erfahren« habe.
Somit habe sie, argumentierte die *Zapata* vor dem Handelsgericht Wien, die ihr gemäß den Versicherungsbedingungen obliegende Verpflichtung zur Auskunftserteilung voll erfüllt und sämtliche zur Schadensfeststellung erforderlichen Unterlagen, über die sie selbst verfüge, vorgelegt. Die Beschaffung und Vorlage weiterer Dokumente sei ihr nicht zumutbar. Aus. Basta. Die Versicherung möge verurteilt werden, den Schaden endlich zu ersetzen.

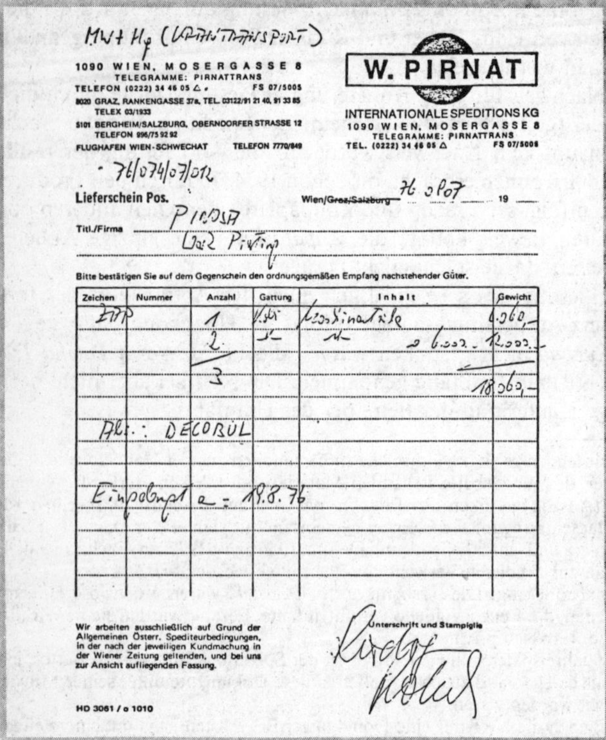

1090 WIEN, MOSERGASSE 8
TELEGRAMME: PIRNATTRANS
TELEFON (0222) 34 46 05 △ FS 07/5005
8020 GRAZ, RANKENGASSE 37a, TEL. 03122/91 21 40, 91 33 85
TELEX 03/1933
5101 BERGHEIM/SALZBURG, OBERNDORFER STRASSE 12
TELEFON 996/75 92 92
FLUGHAFEN WIEN-SCHWECHAT TELEFON 7770/849

**W. PIRNAT**
INTERNATIONALE SPEDITIONS KG
1090 WIEN, MOSERGASSE 8
TELEGRAMME: PIRNATTRANS
TEL. (0222) 34 46 05 △ FS 07/5005

· 76/074/07/012
Lieferschein Pos. Wien/~~Graz/Salzburg~~ 76 09 07 19

Titl./Firma

Bitte bestätigen Sie auf dem Gegenschein den ordnungsgemäßen Empfang nachstehender Güter.

| Zeichen | Nummer | Anzahl | Gattung | Inhalt | Gewicht |
|---|---|---|---|---|---|
| | | 1 | | | 6.060,– |
| | | 2 | | | 12.000,– |
| | | 3 | | | 18.060,– |

Abs.: DECOBUL

Eingelangt am: 18.8.76

Wir arbeiten ausschließlich auf Grund der Allgemeinen Österr. Spediteurbedingungen, in der nach der jeweiligen Kundmachung in der Wiener Zeitung geltenden, und bei uns zur Ansicht aufliegenden Fassung.

Unterschrift und Stampiglie

HO 3061 / o 1010

Fingierte Anlieferungen – bestätigt von Hans Huber und Rüdiger Proksch

## Privatermittler Penk-Lipovsky wird fündig

Da es den Versicherungsanwälten als schlichtweg undenkbar erschien, daß Udo Prokschs Urananlagengeschäft tatsächlich so abgewickelt worden sein könnte, wie die *Zapata* dies darstellte, holten sie ein Universitätsgutachten des Institutes für Aufbereitung und Veredlung der Montan-Universität Leoben ein.
Das vom Leobener Ordinarius Professor Hans-Jörg Steiner erstellte Sachverständigen-Gutachten über »Planung, Projektierung und Lieferung von Uranerz-Aufbereitungsanlagen« gab den Zweiflern in beeindruckender Weise recht, denn bei der Lieferung derartiger Anlagen ergeben sich ein paar entscheidende Besonderheiten gegenüber jedem anderen Handelsgeschäft:
Industrielle Anlagen zur Aufbereitung mineralischer Rohstoffe müssen in ihrer Konzeption und Auslegung auf den jeweils zu verarbeitenden Rohstoff zugeschnitten werden. Dies deshalb, weil die Mineralparagenese und die Verwachsungsstruktur von Lagerstätte zu Lagerstätte variiert. Dies führt zwingend zur Anpassung der Verfahrenstechnik an die lagerspezifischen Verhältnisse.
Daher ist es bereits von vornherein vollkommen ausgeschlossen, eine Uranerz-Aufbereitungsanlage zu projektieren, ohne zu wissen, wo diese in Betrieb genommen wird.
Darüber hinaus ergibt sich die Notwendigkeit zur Durchführung rohstofforientierter Untersuchungen, wofür entsprechende Laboreinrichtungen bzw. halbindustrielle Versuchsanlagen sowie entsprechend geschulte Fachkräfte mit praktischer Berufserfahrung unabdingbar sind.
Die Abwicklung von Aufbereitungsprojekten läuft grundsätzlich in vier Stufen ab:
Im ersten Planungsabschnitt geht es um die Ermittlung des Verfahrensschemas, d. h. um Versuche im Labormaßstab, nachdem Erzproben in ausreichender Menge zur Verfügung stehen. Das Ergebnis ist der Verfahrensstammbaum, der über die Art der anzuwendenden Prozeßstufen und deren Verknüpfung Auskunft gibt.
Im zweiten Abschnitt erfolgten die Maschinenauswahl, die Ermittlung der Maschinentypen und deren Baugrößen.
Dann folgt das Anlagenprojekt, bei dem über die zweckmäßigste

räumliche Anordnung der Maschinen entschieden wird. Im Zuge dieses Planungsabschnittes fallen die Vorgaben für die Gebäudekonstruktion (statischer und dynamischer Belastungsplan) an sowie die Basiswerte für die Projektierung der Betriebsmittel und die Energieversorgung.

Erst im vierten Abschnitt erfolgt die Projektvergabe, wobei wesentlich ist, daß keine Phase der Planung einer Aufbereitungsanlage unabhängig von den anderen Planungsphasen durchgeführt werden kann. So ist etwa zur Bemessung der Maschinen unbedingt die Kenntnis der im Planungsschritt 1 ermittelten rohstoffspezifischen Parameter erforderlich. Die Festlegung der räumlichen Anordnung der Maschinen ist wiederum nur in Abstimmung mit der Gestaltung der übrigen Anlagenteile möglich, wobei auch die Topologie des Geländes und die Frage der Wasser- und Energieversorgung eine wichtige Rolle spielen.

Der Transport einer Uranerz-Aufbereitungsanlage erfolgt direkt vom Herstellerwerk zum Standort. Eine Zwischenmontage oder Kontrollmontage auf irgendeinem Zwischenlagerplatz ist ganz und gar unmöglich, denn Funktionsprüfungen rein maschineller Art können nur im Herstellerwerk durchgeführt werden, weil nur dort die maschinellen Einrichtungen zur Behebung von Passungsdifferenzen vorhanden sind.

Funktionsprüfungen verfahrenstechnischer Art sind wiederum nur in der Aufbereitungsanlage selbst möglich, da nur dort die nötigen Fundamentierungen für die Maschinen vorhanden sind und das zu verarbeitende Rohgut in der erforderlichen Menge zur Verfügung steht.

Unmöglich ist schließlich auf jeden Fall, daß ein Ingenieurbüro einen Auftrag zur Planung und Entwicklung einer solchen Anlage erhält, wenn es die Herstellerfirma nicht kennt, nicht nennen kann oder nicht nennen will. Das Bergwerksunternehmen wird unter allen Umständen darauf bestehen, die zur Lieferung herangezogenen Herstellerfirmen namentlich genau zu kennen – allein schon wegen der Ersatzteilfrage, die im Lauf des späteren Betriebsgeschehens immer wieder Rückfragen an das Herstellerwerk notwendig macht.

Daß es sowohl in der Praxis wie auch theoretisch »völlig ausgeschlossen« (Prof. Dr. Hans-Jörg Steiner) war, ein Urananlagengeschäft so abzuwickeln, wie von der *Zapata* dargestellt, stand somit fest. Alle weiteren konkreten Angaben entzogen sich weitgehend jeder objektiven Überprüfbarkeit. Die einzige Ausnahme: Piesting, der Ort der angeblichen »Endfertigung und Montage« der Uranfabrik.

Diese Tätigkeit konnte in der kleinen Ortschaft in der Nähe Wiener Neustadts ja nicht gänzlich unbemerkt vor sich gegangen sein, und es

mußte sich doch irgendwie ein objektiver Nachweis für die Anlieferung und anschließend fast zwei Jahre währende Bearbeitung von rund 700 Tonnen Material erbringen lassen.
Schon am 9. September 1977, einen Monat nach der Klagseinbringung, hatte *Bundesländer*-Anwalt Werner Masser deshalb einen bekannten Wiener Privatdetektiv engagiert: den Obmann des »Österreichischen Verbandes für Berufsdetektive und Sicherheitsbeauftragte«, Walter Penk-Lipovsky.
Drei Monate lang, von September bis Dezember 1977, hatte Walter Penk-Lipovsky recherchiert. Nicht zuletzt durch die penible Befragung Dutzender Ortsbewohner und Anrainer der aufgelassenen Harzfabrik kristallisierte sich zunächst sehr bald ein lückenloses Bild von sämtlichen Aktivitäten der *Pinosa*-Mannschaft in Piesting heraus.
Das Ergebnis: Weder lagerte hier jemals eine Uranerz-Aufbereitungsanlage, noch wäre es in der fraglichen Zeit auch nur denkbar gewesen, in den Fabriksgebäuden irgendeine sinnvolle betriebliche Tätigkeit auszuführen, denn sämtliche Fabriksanlagen des seit Jahren stillgelegten Harzwerkes waren – von den frisch getünchten Außenfassaden abgesehen – vollkommen devastiert. Teilweise waren sogar die Dächer eingestürzt, und es gab weder brauchbare Betriebsanlagen für eine Montage- oder gar Fertigungstätigkeit noch existierte eine geeignete Energieversorgungsmöglichkeit.
Offiziell bestätigt wurden Penk-Lipovskys Feststellungen, als das Handelsgericht Wien am 13. Dezember 1977 den Zustand des Werkes Piesting und die Beschaffenheit der Gebäude, Räumlichkeiten und maschinellen Einrichtungen durch einen beeideten Gerichtssachverständigen, Dipl.-Ing. Dr. Walter Bruckner, überprüfen ließ.
Penibel listete der Sachverständige in seinem 64seitigen »Befund« auf, was er in der Potemkinschen Piestinger Fabrik vorfand: Hunderte leere Blechfässer (noch aus der Zeit der Harzverwertung und Bitumenproduktion), eine Anzahl alter, unbrauchbarer Elektromotoren, Altteile von aus Starfightern ausgebauten Schleudersitzen, einen zerlegten Uralt-Flugzeugmotor, einen nicht funktionsfähigen Ladekran, alte Kranwagen des Bundesheeres, Tanks, ausrangierte Lastkraftwagen, eine funktionsunfähige Waage, ein umfangreiches Altmöbellager, ein Leichenwagen, eine Halle voll mit Fliesen, Plastikrohre, Holzbretter und Baumaterial.
An zum Teil verwendungsfähigen Maschinen und Geräten fanden sich: zwei Hubstapler, zwei Schweißgeräte, eine Haid-Drehbank, eine Rollblechmaschine sowie mehrere Metallsägen, die »zwischen einem Chaos von Stahl und Schutt gelagert (waren)«.

Das einzige Objekt der gesamten Fabriksanlage, das neben einer neuerrichteten Wellblechhalle betrieblich ein Jahr zuvor noch benutzbar gewesen zu sein schien, beherbergte eine Tischlerei, in der große Mengen von Holzkisten angefertigt worden waren.
In einem weiteren Objekt war eine Farbspritzerei untergebracht, man konnte die Farbspritzer noch am Boden und an den Wänden gut erkennen. Alle übrigen Objekte befanden sich »in einem völlig zerstörten und verwüsteten Zustand«, »vollkommen verwüstet« war auch der Laborraum der Fabrik, und sämtliche Einrichtungen, die einst der Harzverwertung dienten, waren »völlig funktionsunfähig und einer sinnvollen Nutzung nicht zugänglich« (Dipl.-Ing. Dr. Walter Bruckner).
Abschließendes Zitat aus dem Befund des Sachverständigen: »Hier herrscht durch Schutt und Trümmer ein solches Durcheinander, daß die Baulichkeiten fast nicht begehbar sind.«
Daß in diesem »Werk der *Pinosa Ges.m.b.H.*« ein Jahr zuvor niemals eine Uranfabrik montiert und endgefertigt werden konnte, war somit erwiesen. Um vieles entscheidender war freilich, was der mit professioneller Routine ermittelnde Wiener Privatdetektiv darüber hinaus ebenfalls bereits im Herbst 1977 herausfand:
Walter Penk-Lipovsky erbrachte damals schon den Nachweis, daß in Piesting zwar niemals eine Urananlage aus dem Ausland angeliefert wurde, sehr wohl jedoch aus dem nur 25 Kilometer entfernten Oberhöflein die alte Kohlenaufbereitungsanlage von Udo Proksch dorthin verbracht worden war.
In Wahrheit hatte damit Penk-Lipovsky schon im Jahre 1977 im wesentlichen den Versicherungsfall aufgeklärt. Als – erst sieben Jahre später – die Kriminalpolizei mit ihren Ermittlungen begann, brauchte sie zum Teil nur noch die Berichte des Privatdetektivs quasi einer amtlichen Nachüberprüfung zu unterziehen – und der 212-Millionen-Versicherungsbetrug lag auf der Hand.
Rätselhaft blieb lediglich, warum die *Bundesländer-Versicherung* daraufhin nicht umgehend den Fall an Polizei und Staatsanwaltschaft übergab. Sie hätte sich und ihren Mit- und Rückversicherern damit unter Umständen annähernd hundert Millionen Schilling an Rechtsberatungs- und Gerichtskosten für einen zehn Jahre dauernden Zivilprozeß erspart.
Hunderte Bürger dieses Landes werden von jeder Versicherungsanstalt Jahr für Jahr – korrekterweise – sofort angezeigt, wenn sie in den Verdacht geraten, fingierte Schadensmeldungen gelegt zu haben, bei welchen es um ein paar tausend Schilling geht.

Im *Fall Lucona* aber wurden die Verdächtigten sogar von den Geschädigten geschont. Jahrelang wurde den Anwälten vom Vorstand der Versicherung sogar verboten, in ihren Schriftsätzen an das Zivilgericht auch nur den Anschein zu erwecken, als bestünde ein – in Wahrheit offenkundiger – Betrugsverdacht.
Seine Erklärung findet dieses ungewöhnliche Verhalten nur in den parteipolitischen Implikationen dieses Falles und in der seinerzeitigen innenpolitischen Machtkonstellation.
Die ÖVP-Versicherer waren überzeugt davon, daß Udo Proksch den Coup nicht als »Privatperson« geplant und durchgeführt haben konnte, sondern daß es politisch hochrangige Mitwisser, wenn nicht sogar Mittäter im Dunstkreis der SPÖ-Alleinregierungsspitze gab.
Daher hatte die *Bundesländer* schlichtweg Angst, durch eine Anzeige zwangsläufig den totalen Krieg des SPÖ-Machtapparates gegen sich selbst zu provozieren. Eine Konfrontation mit der Regierungsmacht wollte die ÖVP-Assekuranz, die außerdem – wie man inzwischen weiß – auch selbst genügend Butter am Kopf hatte, keinesfalls riskieren. Sie hatte zuviel zu verlieren.
Andererseits aber konnte es sich die *Bundesländer* auch nicht leisten, einfach zähneknirschend, still und leise auf Kosten der vorwiegend ausländischen Mit- und Rückversicherer den angeblichen Schaden zu ersetzen. Man entschied sich daher schließlich für den, wie man meinte, eleganten Weg: Man würde kein Wort von Betrug sagen, aber einen beinharten Rechtsstandpunkt einnehmen – unter extensiver Nutzung aller Möglichkeiten, die die Versicherungsbedingungen zuließen.
Der Versicherungsnehmer ist bei einem Schadensfall verpflichtet, sämtliche Belege vorzulegen und alle Auskünfte zu erteilen, die die Versicherung verlangt. Erst wenn – nach Abschluß der entsprechenden Erhebungen – feststeht, daß ein Versicherungsanspruch dem Grunde nach besteht, kann, so die juristische Spitzfindigkeit, die Fälligkeit einer Ersatzleistung eintreten.
Niemals aber, so nahmen die Versicherer an, würden die Betrüger je imstande sein, die für einen lückenlosen Schadensnachweis nötigen Belege beizubringen.
Die Phantasie von Proksch & Co. wurde jedoch bei weitem unterschätzt.

## »Ist es also tot, das Schwein!«

Am 1. Februar 1978 fällte ein dreiköpfiger Senat des Handelsgerichtes Wien unter dem Vorsitz von Richter Walter Swoboda in der Causa *Zapata AG* gegen die *Bundesländer-Versicherung* nach knapp zweistündiger Verhandlungsdauer den ersten Urteilsspruch: Die Klage wurde abgewiesen, weil »infolge nicht hinreichender Erfüllung der Auskunfts- und Belegpflicht« ein allfälliger Anspruch auf eine Versicherungsleistung noch nicht fällig sei.

Die Abtretung des gesamten Aktes an die Staatsanwaltschaft nahm allerdings auch das Zivilgericht nicht vor, obwohl bereits zu diesem Zeitpunkt ausreichende Gründe hiefür vorgelegen wären. Dadurch wurden die Betrüger freilich zur Berufung gegen das abweisende Urteil und zur Fälschung weiterer Belege für den Schadensnachweis förmlich animiert.

Im Juni landete die Causa beim Oberlandesgericht Wien und bald danach bereits zum ersten Mal beim Obersten Gerichtshof, der den Fall am 23. November 1978 mit dem Auftrag, ein förmliches Beweisverfahren einzuleiten, zur nochmaligen Verhandlung an das Erstgericht zurückverwies: Es sei zu prüfen, ob die *Zapata* tatsächlich keine näheren Auskünfte über den behaupteten Geschäftsablauf erteilen könne und ob ihr wirklich unzumutbar sei, die geforderten Belege vorzuweisen.

Am 10. Jänner 1979 begann das Handelsgericht Wien wieder von vorn. In der Zwischenzeit waren freilich auch die Hintermänner der *Zapata* nicht untätig geblieben.

Aus taktischen Gründen wurde zunächst schon vor Beginn des zweiten Rechtsganges ein optisches Signal gesetzt: Man wechselte den Rechtsanwalt. Im Hintergrund sollte zwar auch weiterhin der prononcierte Sozialist und Schriftführer des odiosen *Club 45*, Heinz Damian, alle Fäden ziehen, er wurde jedoch nach außen hin als *Zapata*-Vertreter abgelöst und durch Oskar Weiss-Tessbach, einen weithin bekannten und allseits geschätzten »bürgerlichen« Advokaten von untadeligem Ruf, ersetzt.

Als nächstes war *Decobul*-Chef Erwin Egger bereits am 3. Juli 1978 zur Unterzeichnung einer »Eidesstattlichen Versicherung« veranlaßt

worden. Mit dieser untermauerte er nicht nur vollinhaltlich die Darstellung des Geschäftsablaufes, wie ihn die *Zapata* dem Gericht geschildert hatte, sondern bestätigte auch noch einmal die Echtheit der gemeinschaftlich gefälschten Dokumente.
»In Kenntnis der Bedeutung einer eidesstattlichen Versicherung und der Strafbarkeit einer falschen eidesstattlichen Versicherung und in dem Wissen, daß diese Erklärung dem Gericht vorgelegt wird«, gab Erwin Egger schließlich auch noch an, sowohl den Produzenten als auch den Käufern der Urananlage Schmiergelder versprochen und solche »nützlichen Abgaben« in der Höhe von rund zehn Millionen Schilling in der Schweiz auch tatsächlich bezahlt zu haben. Deshalb habe sich naturgemäß der Liefergegenstand verteuert.
Anschließend wurden systematisch alle vom Gericht im Ersturteil beanstandeten Widersprüche ausgemerzt. Als besonders nützlich erwies sich hiebei für die Kläger insbesondere das Fachgutachten der Montan-Universität Leoben, das ihnen mittlerweile zugänglich geworden war, erfuhren sie daraus erstmals doch bis ins Detail, wie eine Uranerz-Aufbereitungsanlage in Wirklichkeit geplant und projektiert wird und wie man deren Bau durchführt.
Also tauchte plötzlich eine Fülle von wechselseitiger Korrespondenz zwischen Hongkong, der *Zapata* und der *Decobul SA* auf, die augenscheinlich von Hans Peter Daimler rasch in mühevoller Kleinarbeit nachträglich gebastelt wurde, um den Nachweis zu erbringen, daß die vom Gericht bezweifelte fachliche Einsicht in die komplexen technischen Zusammenhänge bei der Projektierung einer Yellow-Cake-Anlage bei den beteiligten Firmen sehr wohl vorhanden war.
Tatsächlich waren die angeblich aus dem Jahre 1973 stammenden Schriftstücke, die die *Zapata* in ihren Unterlagen plötzlich doch noch fand und die man nunmehr dem Gericht als weitere Beweisstücke vorlegte, mit zahlreichen Fachausdrücken aus dem Steiner-Gutachten gespickt. Da war von »Fließ-Schemen« und »Verfahrensstammbäumen« die Rede, von »Massenfluß-Diagrammen« und natürlich auch von den notwendigen »Erzanalysen«, die die *Zapata AG* zu beschaffen gehabt habe.
Besonders intelligent gingen die Fälscher dieser Unterlagen allerdings nicht vor, vielmehr wurden zahlreiche peinliche (Abschreib-)Fehler gemacht. So experimentierten die vermeintlichen Uranerz-Fachleute mit einer chemischen Substanz namens $NHO_3$ – die es in Wirklichkeit gar nicht gibt –, oder sie stützten sich bei ihrer Arbeit auf die vom Besteller angeblich gelieferten »geologischen Analysen des Erzkörpers«. Das hätte freilich ein echtes Bergwerksunternehmen bestimmt niemals

getan, denn für die Uranerzaufbereitung sind solche Daten irrelevant. Benötigt hätte man vielmehr die »mineralogischen Daten und Ergebnisse der Verwachsungsstrukturen«. Der kleine, aber wesentliche Unterschied war »Ingenieur Daimler« bei der Abfassung seiner Kreationen in der Hitze des Gefechtes glatt entgangen.

Einer raschen Lösung bedurfte schließlich aber vor allem das bei weitem wichtigste Problem:

Unmißverständlich hatte sich im Verlauf des ersten Rechtsganges herausgestellt, daß es vor allem im Planungsstadium unabdingbar einer außerordentlich engen Zusammenarbeit zwischen dem Besteller und dem Lieferanten einer Uranerz-Aufbereitungsanlage bedarf. Völlig ausgeschlossen war daher, daß die *Zapata AG* weder den einen noch den anderen gekannt habe.

Ein findiger Kopf innerhalb der *Zapata*-Crew fand aber auch für dieses Problem eine (fast) perfekte Lösung: Es mußte eben bewiesen werden, daß dieses Geschäft von jemand anderem und schon zu einem Zeitpunkt eingeleitet worden sei, bevor Udo Proksch als »Beauftragter der Aktionäre der *Zapata*« damit befaßt war.

Diese andere Person, so würde man behaupten, habe selbstverständlich sowohl den Produzenten als auch den Endabnehmer der Uranfabrik gekannt und sei über sämtliche Details dieses Geschäftes informiert gewesen.

Der Mann, den man für diesen Zweck zu finden hatte, mußte nur eine einzige Voraussetzung erfüllen: Er mußte schon seit langem tot sein. Und er sollte möglichst eines plötzlichen Todes gestorben sein, so daß sich keine Gelegenheit ergab, Udo Proksch, der später von den Aktionären der *Zapata* ersucht worden sei, das Urananlagen-Verkaufsgeschäft weiterzuführen, über die Hintergründe und die Identität der Käufer aufzuklären.

In der Person des Wieners Hans Neuffer fand man schließlich den Mann, der die Geheimnisse rund um die spätere *Lucona*-Fracht mit in sein Grab genommen habe.[26] Der einstige »gute Freund von Udo Proksch« war schon seit 1973 tot. Ermordet – wie Hans Neuffers echte Freunde meinen.

Hans Neuffer war Maler und hatte einst mit Proksch zusammen in Wien die *Akademie für angewandte Kunst* (Fachrichtung: Bühnen-

[26] Spätere Proksch-Aussagen vor Gericht: »Nach meinem Eindruck wurde das Geschäft im wesentlichen von Hans Neuffer . . . aufgezogen, wogegen ich für die Sache nur in Österreich zuständig war. Ich sollte nach dem Tod Neuffers das Projekt vorantreiben. Wer jedoch der tatsächliche Endabnehmer der Anlage sein sollte, habe ich niemals erfahren.«

bild) besucht. Im Jahre 1957 begleitete er seinen Studienkollegen auch zu den kommunistischen *Weltjugendspielen* nach Moskau.
Wie alle seine Bekannten brachte Udo Proksch später auch den Bühnenbildner Neuffer zur Plastikfirma Wilhelm Anger, wo dieser in das Anlagenverkaufsgeschäft einstieg, Unsummen von Geld verdiente und sowohl in Asien als auch in Afrika bald in Kontakt mit Potentaten der verschiedensten Kaliber kam.
Den Künstler, Waffenliebhaber und Frauenfreund reizte es im Laufe der Zeit zunehmend, seine Abenteuerlust durch die Beteiligung an krummen Geschäften zu befriedigen, wobei er sich am Ende auch für durchaus schmutzige Aktivitäten im nachrichtendienstlichen Bereich einspannen ließ.
Die anfängliche Freundschaft mit Udo Proksch kühlte erstmals merklich nach einem gemeinsamen Amerikabesuch ab und geriet Ende der sechziger Jahre sogar zur offenen Feindschaft, nachdem Hans Neuffer zur »anderen Seite« überlief, seinen Wohnsitz nach New York verlegte und schließlich auf eigene Rechnung auch mit dem US-Geheimdienst in geschäftliche Beziehungen trat.
Im Jahre 1970 wirkte Hans Neuffer schließlich sogar bei den von der CIA organisierten Vorbereitungen für jenen Staatsstreich in Uganda mit, durch den im Jänner 1971 Milton Obote gestürzt und Idi Amin an die Macht gebracht wurde. Die für den Putsch benötigten und unter Neuffers Mitwirkung nach Uganda gelieferten Waffen kamen aus Israel und waren vom US-Geheimdienst finanziert.[27]
Anläßlich eines späteren Ausfluges des Wiener Waffenhändlers, den dieser zusammen mit seinem Freund Kurt Kalb noch einmal nach Uganda unternommen hatte, revanchierte sich Idi Amin, indem er eines Nachts Hans Neuffer im Busch überfiel und versuchte, ihm mit einem Küchenmesser die Kehle durchzuschneiden.
Auch Udo Proksch war in der Folge auf seinen Ex-Partner nicht gut zu sprechen. Hingegen verstand sich der *Demel*-Chef ganz ausgezeichnet mit Neuffers unehelichem Sohn, einem Jungen namens Helge Braun, den er förderte und unterstützte und der sich zur selben Zeit, da sein Vater in Uganda eben indirekt auf die Weltpolitik Einfluß

---

[27] Tatsächlich hatte Amerika ursprünglich großes Interesse daran, Idi Amin in Uganda an die Macht zu bringen, weil er versprochen hatte, dem Staatschef des benachbarten Sudan, General Numeiri, bei dessen Bekämpfung kommunistischer Putschisten Unterstützung zu gewähren.
Erst als sich Idi Amin später von der Sowjetunion in Form von Milliarden-Dollar-Militärhilfen aushalten ließ, um bald eines der blutigsten Terrorregimes in der Geschichte zu errichten, begannen die USA mit der Bekämpfung ihrer eigenen »Erfindung«.

nahm, im Schlepptau von Hans Peter Daimler und Enrico Tucci in Italien herumtrieb. Als Siebzehnjähriger stand Helge Braun daraufhin in Rom erstmals wegen Rauschgifthandels vor Gericht.
Weil sich der junge Braun auch in der Folge nicht davon abhalten ließ, mit Udo Proksch enge persönliche Beziehungen zu unterhalten, verstieß Neuffer seinen Sohn und enterbte ihn schließlich sogar. Lediglich eine 600 000-Schilling-Eigentumswohnung im sogenannten Leopold-Figl-Hof am Franz-Josefs-Kai 33 in Wien fiel ihm nach dem Tod des Vaters in Form eines Pflichtteils zu.
Heute lebt der Neuffer-Sohn in Kairo, wo er als »Konsulent« für alle möglichen Geschäfte und unter anderem auch im Waffenhandel tätig ist. Sein Wiener Domizil veräußerte er gegen eine Zeitrente von 5 000 Schilling monatlich an seinen väterlichen Freund und Mentor Proksch, der das Objekt danach einige Jahre lang von speziellen Gästen als konspirativen Unterschlupf benützen ließ.
Unter anderem beherbergte der Zuckerbäcker mit den hervorragenden nachrichtendienstlichen Beziehungen in dieser Wohnung zwischen April und September 1978 auch eine Polin namens Theresia Palka, die 1977 von Mistovice nach Wien gekommen war und durch eine Blitzheirat mit einem pensionierten Richter namens Kurt Wustl die österreichische Staatsbürgerschaft erhalten hatte. Noch am Tag der Hochzeit verabschiedete sie sich wieder von ihrem Ehemann, um eine Stelle als Dolmetscherin in der Waffenabteilung der Steyr-Werke anzutreten.
Erst nachdem sich für die Dame die Staatspolizei zu interessieren anfing, wurde Theresia Wustl-Palka im September 1978 von Steyr gekündigt und verschwand wieder genauso unauffällig, wie sie zuvor auf der Bildfläche erschienen war.
Im April 1981 entschloß sich Udo Proksch zu einer Art privater Jugendförderungsaktion, indem er das Wohnobjekt im Figl-Hof zu einem Preis, der weit unter den Anschaffungskosten lag, einem 19jährigen Studenten namens Georg Gratz überließ. Der Sohn des damaligen Wiener Bürgermeisters verkaufte die Proksch-Gabe später weiter und erzielte damit einen ansehnlichen Gewinn. Helge Braun selbst kam in den letzten Jahren nur noch zu gelegentlichen Stippvisiten nach Wien, um beispielsweise rasch mit Udo Proksch und unter Mitwirkung des Bundesheeres ein Waffengeschäft abzuwickeln.
Zuletzt gab er seiner Heimatstadt am 15. März 1986 die Ehre eines Kurzbesuches, bei welcher Gelegenheit er in der Wiener Echo-Bar am Passauer Platz um 3 Uhr früh zu randalieren begann. Nachdem die Polizei gerufen worden war, um den Gewalttäter zur Räson zu brin-

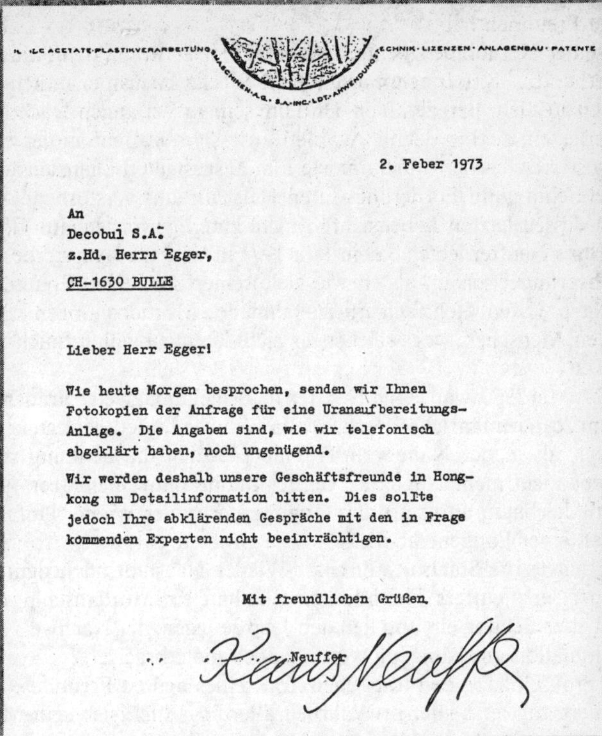

ACETATE·PLASTIKVERARBEITUNG MASCHINEN-A.G.·S.A.·INC.·LDT.·ANWENDUNGSTECHNIK·LIZENZEN·ANLAGENBAU·PATENTE

2. Feber 1973

An
Decobul S.A.
z.Hd. Herrn Egger,
CH-1630 BULLE

Lieber Herr Egger!

Wie heute Morgen besprochen, senden wir Ihnen Fotokopien der Anfrage für eine Uranaufbereitungs-Anlage. Die Angaben sind, wie wir telefonisch abgeklärt haben, noch ungenügend.

Wir werden deshalb unsere Geschäftsfreunde in Hongkong um Detailinformation bitten. Dies sollte jedoch Ihre abklärenden Gespräche mit den in Frage kommenden Experten nicht beeinträchtigen.

Mit freundlichen Grüßen

Neuffer

Ein Toter als »Initiator« des Urananlagengeschäftes

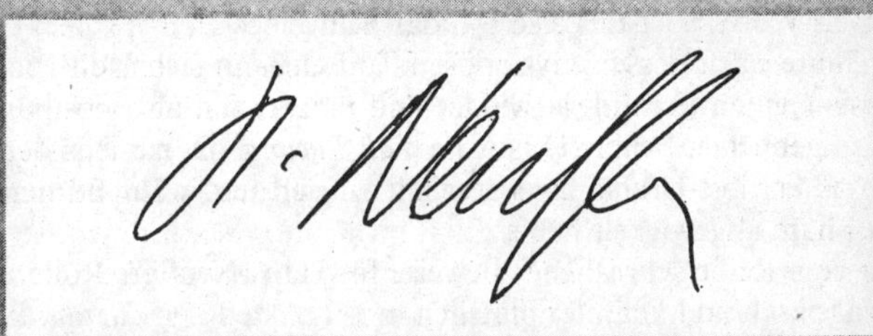

Hans Neuffers echte Unterschrift

gen, mußten die Sicherheitsbeamten allerdings zur Kenntnis nehmen, daß der junge Proksch-Schützling auch hohe politische Funktionsträger zu Freunden hat

Um seiner Festnahme zu entgehen, befahl Helge Braun den Polizisten kurzerhand, sofort Innenminister Karl Blecha höchstpersönlich telefonisch aus dem Bett zu holen. Und um seinem Verlangen Nachdruck zu verleihen, zückte der in Ägypten ansässige Waffenhändler einen vom österreichischen Innenministerium ausgestellten Dienstausweis. Soviel Schutz und Förderung waren Helge Brauns verstorbenem Vater in dessen letzten Lebensjahren nicht zuteil geworden. Im Gegenteil, Hans Neuffer lebte ab dem Jahr 1971 in ständiger Angst, die insofern begründet schien, als er, wie viele seiner damaligen Freunde zu berichten wissen, mehrfach ernstzunehmende Morddrohungen erhielt. Zu den Menschen, vor welchen er sich fürchtete, zählte auch Udo Proksch.

Am 27. Mai 1973 war Hans Neuffer in Begleitung zweier Frauen mit seinem Jeep rumänischer Herkunft im südlichen Niederösterreich unterwegs, als in der Nähe von Trumau plötzlich die Lenkung seines Wagens nicht mehr reagierte. Neuffer prallte mit seinem Jeep gegen einen Alleebaum und starb drei Tage später in der Wiener Unfallstation an einer Lungenembolie.

Zwar leitete die Staatsanwaltschaft Wiener Neustadt nach dem Unfall, der für Neuffers Freunde unzweifelhaft ein Mordanschlag war, eine Untersuchung ein und ließ den Jeep zerlegen, der Nachweis einer Manipulation am Fahrzeug wurde jedoch nie erbracht.

Udo Proksch habe den tragischen Tod seines »guten Freundes« sehr bedauert, sagt er heute. In Wahrheit allerdings hielt sich sein Mitgefühl durchaus in Grenzen, als ihm Hans Neuffers Freund und Rechtsanwalt Clemens Vondrak am 3. Juni 1973 die Todesnachricht überbrachte. Die Anteilnahme Udo Prokschs äußerte sich damals in sechs knappen Worten: »Ist es also tot, das Schwein!«

Fünf Jahre nach dessen mysteriösen Tod entsann sich Udo Proksch des »sehr guten Freundes« wieder und machte ihn also posthum zu jener angeblichen Schlüsselfigur im *Fall Lucona*, die namens der *Zapata* das Fernost-Urananlagengeschäft entriert und während der Planungsphase abgewickelt habe.

Sogar eine Reihe schriftlicher Beweise für Hans Neuffers Rolle »fanden« Proksch und Daimler plötzlich in den Akten der *Zapata*: Einen von Neuffer unterschriebenen Brief vom 2. Februar 1973, eine Einladung Neuffers an die Firma *Decobul*, bis 30. März 1973 ein Offert für die Urananlage vorzulegen, ein Antwortschreiben Erwin Eggers vom

28. Februar 1973 sowie schließlich ein »Memorandum« über eine Konferenz der Herren Erwin Egger und Hans Neuffer mit einigen »Chinese gentlemen«, die in der Zeit vom 21. bis 23. April 1973 in Genf stattgefunden habe.
Proksch und Daimler hatten allerdings, als sie diese Dokumente fälschten, die Möglichkeit nicht in Betracht gezogen, daß sich eines Tages rekonstruieren ließe, was Hans Neuffer in den Monaten vor seinem Tod tatsächlich gemacht hat. Genau während jener Zeit, da er – laut den dem Gericht nun vorgelegten Unterlagen – im pausenlosen Einsatz für das *Zapata*-Projekt gestanden sei, befand sich Neuffer nämlich in Wahrheit weder in Österreich noch in der Schweiz, sondern vielmehr in Afrika. Dort malte er seine letzten Bilder.
Der Wiener Maler Walter Pichler kann an Hand von Unterlagen nachweisen, daß sein Freund mit ihm zusammen von Anfang März bis Mitte April 1973 im Sudan war und daß dieser sich für alles interessierte, nur für Udo Prokschs *Zapata* und eine angeblich nach Hongkong zu liefernde Uranfabrik ganz sicher nicht.
Auch an der Konferenz in Genf vom 21. April 1973 (Karsamstag) bis 23. April 1973 (Ostermontag) konnte Neuffer niemals teilgenommen haben, da er sich just an diesem Osterwochenende als Gast in Walter Pichlers Landhaus im Burgenland aufhielt.
Daß demnach auch die Version mit Neuffer als dem »Mann, der alles wußte, aber leider in der Zwischenzeit verstorben« sei, nicht stimmen konnte, hatte das Handelsgericht Wien im übrigen auch noch aus einem anderen Grund bereits im Herbst 1978 festgestellt.
Am 24. September 1978 erstellte ein gerichtlich beeideter Schriftsachverständiger, Alexander Singer, ein Gutachten, in dem er die Neuffer-Unterschrift auf jenen Schriftstücken, die dem Gericht von der *Zapata* vorgelegt worden waren, mit echten Dokumenten aus Neuffers Nachlaßakt verglich.
Das Ergebnis: Hans Neuffers angebliche Unterschrift auf den *Zapata*-Briefen stellte eine reine Phantasie-Unterschrift dar. Sie war ohne jeden Zweifel – und zwar dilettantisch schlecht – gefälscht.

# Die »Zeugen« verhöhnen das Gericht

Die Idee, Hans Neuffer posthum als den Spiritus rector ihres Uranerzanlagengeschäftes zu präsentieren, hatte sich für die *Zapata AG* schließlich als Rohrkrepierer erwiesen. Damit schwand aber auch ihre Hoffnung, bald in den Besitz der Versicherungsmillionen zu gelangen, immer mehr.

Auch massive weitere Pressionsversuche zu einer freiwilligen Zahlung nützten nichts, obzwar es Udo Proksch im Laufe des Jahres 1979 sogar gelungen war, einen seiner einflußreichsten Freunde, den Präsidenten des deutschen *Industrie- und Handelstages,* Otto Wolff von Amerongen, zu einer persönlichen Intervention zu bewegen, die dieser durch den ehemaligen Botschafter Österreichs in Bonn bei der *Bundesländer-Versicherung* vortragen ließ.

Danach hätte man es bald auch durchaus billiger gegeben. Die *Zapata* wäre gerne bereit gewesen, einen außergerichtlichen Vergleich zu akzeptieren und sich auch schon mit einer Abschlagszahlung von nur 100 Millionen Schilling zu begnügen.

Als Proksch & Co. jedoch erkannten, daß ihnen keine Wahl bleiben würde, als entweder auf den Lohn ihres Verbrechens zu verzichten oder den Zivilprozeß mit allen Mitteln weiter zu betreiben, entschieden sie sich schließlich für eine Kursänderung in ihrer Argumentation um 180 Grad.

Anfang 1980 überraschte die *Zapata* das Gericht mit einer völlig neuen Version über den angeblichen Ablauf des Geschäftes. Als dessen »wahrer Herr« und »eigentlicher Träger« wurde plötzlich der Schweizer *Decobul*-Chef Erwin Egger präsentiert.

Nicht die *Zapata AG* habe, so hieß es nun, aus einem fernöstlichen Land einen Auftrag zur Projektierung und zur Lieferung einer Uranfabrik erhalten, sondern die *Decobul.* Und nicht die *Zapata* habe die Planung für die *Yellow-Cake*-Anlage durchgeführt und Erwin Egger als Zulieferanten herangezogen, sondern es sei vielmehr gerade umgekehrt gewesen:

Die *Decobul SA* habe das Projekt allein geplant, das Geschäft gemanagt und die Lieferungen durchgeführt. Erwin Egger habe die *Zapata*

lediglich auf dem Papier eingeschaltet und sie nur zum Schein für einen Teil der Anlage als Verkäuferin benützt.
Aus diesem Grund sei es vollkommen klar und logisch, daß die *Zapata AG* weder den Besteller noch den Produzenten kenne und auch sonst keinerlei Details über den Ablauf wissen könne. Die Aufgabe der *Zapata* sei in Wahrheit nur gewesen, die einzelnen Anlagenteile, die aus dem Ausland angeliefert wurden, auf einem österreichischen Fabriksgelände in Empfang zu nehmen, alles seefrachtmäßig zu verpacken, für die Versicherung zu sorgen und den Transport nach Chioggia durchzuführen.
Gut überlegt war allerdings auch diese – abenteuerliche – Version nicht. Ganz im Gegenteil. Die *Zapata* kam damit vom Regen erst recht in die Traufe, denn jetzt lieferte sie selbst endgültig den Beweis dafür, daß das Gericht in Wien zwei Jahre lang belogen wurde und daß zuvor mit einer Unzahl von gefälschten Dokumenten operiert worden war.
So hatte man in den vorangegangenen drei Jahren zahllose (angeblich) aus den Jahren 1973 und 1974 stammende Korrespondenzen fabriziert, die beweisen sollten, daß die *Zapata* eine »Anfrage für eine *Yellow-Cake*-Anlage aus Fernost« erhalten habe.
Bereits mit Brief vom 2. Februar 1973 hatte die *Zapata* die *Decobul* (angeblich) erstmals eingeladen, für die Zulieferungen ein Offert zu erstellen. »Wir werden uns bemühen, die angefragten Einrichtungen zu besorgen und Ihnen ein Angebot unterbreiten«, und »wir hoffen, daß es Ihnen gelingen wird, akzeptable Zahlungsbedingungen zu erreichen«, schrieb Erwin Egger daraufhin an die *Zapata* (angeblich) zurück.
Wenn jetzt aber plötzlich Erwin Egger in Wahrheit der »Herr des Geschäftes« war, der die *Zapata* nur zum Schein für den Verkauf einschaltete, so waren natürlich zwangsläufig die vorerwähnten Briefe schlicht gefälscht. Zum Zweck der vorsätzlichen Täuschung des Gerichtes angefertigt war demnach aber auch die falsche »Eidesstattliche Versicherung« des *Decobul*-Direktors vom 3. Juli 1978.
Ebenso als plumpe Fälschung entlarvt waren insbesondere auch alle jene Quittungen, mit welchen Erwin Egger den (angeblichen) Empfang einer Anzahlung von insgesamt 5,2 Millionen Franken von der *Zapata* ausdrücklich bestätigt hatte. Denn wenn nun plötzlich doch nicht die *Zapata* Erwin Egger mit der Zulieferung beauftragt hatte, sondern – genau umgekehrt – die *Decobul* der Auftraggeber der *Zapata* war, dann hätte ja wohl auch nicht Erwin Egger von der *Zapata* bezahlt werden dürfen, sondern die *Zapata* von der *Decobul*.

So war es nicht weiter verwunderlich, daß Proksch, Daimler und Egger mit der Zeit endgültig den Überblick über ihre eigenen Fälschungen verloren und sich in dem von ihnen selbst errichteten Lügengebäude hoffnungslos verirrten.
Sie konnten dem Beweisschlamassel, in das sie sich verstrickt hatten, auch im weiteren Prozeßverlauf nicht mehr entrinnen. Und als sie der Reihe nach als »Zeugen« einvernommen wurden, nützten ihnen sämtliche vorherigen Absprachen nichts: Die Widersprüche waren unauflöslich.
Am 9. Februar 1981 wies daher das Handelsgericht Wien die Klage der *Zapata* zum zweiten Mal ab, wobei das Gericht in seiner Urteilsbegründung ausdrücklich auch auf die völlige Unglaubwürdigkeit der Zeugenaussagen verwies.
Tatsächlich legten Udo Proksch, Greta Fischer, Peter Daimler und Erwin Egger in Wien keine Zeugenaussagen ab, sondern sie verhöhnten schlichtweg das Gericht.
Greta Fischer wurde erstmals am 11. Juni 1980 als »Partei« durch das Gericht vernommen, denn sie war (und ist) die »Chefin« der *Zapata.* Sie selbst drückte das so aus und gab dabei auch gleich den Hintergrund des von ihr geleiteten Unternehmens preis:
»Ich habe in Oberdorf-Oele bei Geuensee (Kanton Luzern) ein Treuhandbüro. Dort hat auch die *Zapata AG* ihren Sitz. Die *Zapata AG* hat kein eigenes Büro. Sie benützt mein Büro. Dieses besteht aus zwei großen Räumen. Die *Zapata AG* hat keine Angestellten. Auch ich habe keine Angestellten, sondern mache meine Arbeiten selbst. Ich bin als Verwaltungsrat ein Organ der *Zapata AG*, das diese vertritt. Ich bin alleinvertretungsbefugt für die *Zapata AG* und mir obliegt die geschäftliche Leitung.«
Nicht nennen wollte Greta Fischer die Namen der Aktionäre der *Zapata*, »weil ich diese als Treuhänderin nicht nennen darf«. Auch über das Urananlagengeschäft wußte sie offenkundig wenig, denn sie hatte damit »überhaupt nichts zu tun«. Eines Tages habe sie lediglich »von einem Aktionärsvertreter«, dessen Namen sie nicht preisgeben wolle, die Mitteilung erhalten, daß Udo Proksch »von den Aktionären beauftragt« sei, dieses Geschäft durchzuführen.
Daraufhin habe sie, die Chefin der *Zapata*, Udo Proksch mündlich bevollmächtigt, dieses Geschäft durchzuführen, worauf dieser als »Aktionärsvertreter« naturgemäß auch ihr gegenüber »weisungsbefugt« gewesen sei. Alles klar?
In der Folge habe sie, so sagte Greta Fischer aus, nur noch die Weisungen von Udo Proksch befolgt und immer alles unterschrieben, was

ihr von Proksch (und manchmal auch von Daimler) vorgelegt worden sei. Wozu das alles gut sein sollte, wußte sie angeblich nicht.
Bei einer später erfolgten nochmaligen Einvernahme ergänzte sie diese »erschöpfenden« Auskünfte nur noch in einem Punkt: »Dieses Geschäft«, gestand Greta Fischer ein, »wird bei der *Zapata AG* nicht in der ordentlichen Buchhaltung geführt.«
Hans Peter Daimlers erste zeugenschaftliche Vernehmung hatte bereits am 12. Dezember 1979 stattgefunden. Auch er wußte beinahe überhaupt nichts über das Geschäft. Er sei jedoch als »technischer Direktor« des *Zapata*-Tochterunternehmens *Pinosa* gelegentlich in Piesting anwesend gewesen und habe dort mit seinen eigenen Augen die Anlieferung von Teilen der Uranfabrik gesehen. Diese Anlieferungen seien zum Teil durch die *Spedition Pirnat,* zum Teil aber auch durch ihm völlig unbekannte Frächter »per LKW« erfolgt.[28]
Danach habe ein ausländisches »Technikerteam« die angelieferten Anlagenteile bearbeitet und in seefeste Kisten verpackt.
Diese Techniker habe er jedenfalls gesehen. Sie waren »von verschiedener Nationalität«. Ihr Chef sei ein italienisch sprechender Schweizer gewesen. Den Namen habe er vergessen.
Auch einige »Asiaten«, so versicherte Hans Peter Daimler vom Zeugenstand aus, habe er manchmal gesehen. Diese seien als »Delegierte des Endabnehmers« nach Piesting angereist und hätten an der dort lagernden Uranfabrik Kontrollen vorgenommen. Er habe mit seinen Leuten schließlich für den Abtransport der Anlage gesorgt. Mit der sonstigen Abwicklung des Geschäftes habe er »nichts zu tun gehabt«.
Nicht wesentlich erhellender waren schließlich die Aussagen von Udo Proksch, der erst am 9. Februar 1981 endlich einvernommen werden konnte, nachdem er es zuvor beinahe ein Jahr lang vorgezogen hatte, seiner Zeugenladung wegen Krankheit nicht zu folgen.
Auch der »Beauftragte der Aktionäre der *Zapata*« wollte, als er sich im Zeugenstand befand, auf einmal kaum etwas mit der konkreten Abwicklung des Uranerzanlagengeschäftes zu tun gehabt haben, vielmehr sollte er es lediglich »durchziehen«.
»Ich war nur der Pusher, Herr Rat, verstehen Sie?« beteuerte Proksch immer wieder mit treuherziger Miene. Im übrigen habe er eigentlich von der ganzen Angelegenheit »nicht viel verstanden«.
Einen wahrhaft großen Auftritt hatte hingegen Erwin Egger, als er am

---

[28] Fünf Jahre später legte Jakob Bartos, Prokurist der *Spedition Pirnat,* ein Geständnis ab: Die behaupteten Anlieferungen von Teilen einer Uranfabrik nach Piesting durch seine Firma hatte es niemals gegeben. Alle diesbezüglichen Dokumente hatte der Prokurist über Ersuchen Daimlers selbst gefälscht.

19. März 1980 als Zeuge vor dem Handelsgericht Wien erschien. Der *Decobul*-Chef schien tatsächlich als einziger über sämtliche Facetten des Urananlagengeschäftes informiert zu sein. Das Problem war lediglich: Egger wollte als Schweizer Staatsbürger vor einem österreichischen Gericht keinerlei Auskünfte über die »streng geheime« und politisch »hochbrisante« Angelegenheit erteilen.
Zu viele Geheimdienste der Welt hätten sich bereits zu brennend für die näheren Zusammenhänge rund um die *Lucona*-Fracht zu interessieren begonnen. Deshalb dürfe auch niemand jemals erfahren, in welchem Land des Fernen Ostens die von der *Zapata* gelieferte Uranfabrik installiert worden wäre. So bat denn der Zeuge Erwin Egger um Verständnis beim Gerichtsvorsitzenden: »Sie wissen doch bestimmt, Monsieur le Président, welchen Wirbel es um Pakistan[29] gegeben hat. Dort hat es auch Indiskretionen gegeben.«
Und so liest sich die »Zeugenaussage« Erwin Eggers nach dem vom Gericht erstellten Tonbandprotokoll:
»Ich bin Direktor und Administrateur der Firma *Decobul*.
Ich habe die gesamte Planung der gegenständlichen Anlage übernommen. Ich habe diese Planung nicht selbst durchgeführt, sondern auf Grund meiner Beziehungen durchführen lassen. Ich hatte dazu einen vertraulichen Auftrag. Von wem dieser Auftrag ausging, kann ich nicht sagen. Ich kann auch nicht sagen, von wem ich die Planung durchführen ließ.
Es wurde zunächst auf dem Papier die Firma *Samalco Ltd.* als Auftraggeber eingeschaltet. Später wurde sie durch die *North Pacific Trading Ltd.* ersetzt. Auch diese war nur auf dem Papier eingeschaltet und nicht der tatsächliche Endabnehmer der Anlage.
Die *Zapata AG* wurde als Verkäuferin zwischen mir und der NPT ebenfalls nur auf dem Papier eingeschaltet, und zwar nur bezüglich eines Teiles der Anlage. Andere Teile der Anlage wurden nicht über die *Zapata* geliefert. Diese anderen Teile wurden vielleicht über eine andere Firma, vielleicht über mehrere Firmen geliefert, genaue Angaben kann ich darüber nicht machen.
Die Firma *Decobul* hat tatsächlich keine Teile der Anlage selbst erzeugt. Es bestand ein ganz konkreter Grund, warum das Geschäft teilweise über die Firma *Decobul* abgewickelt wurde, ich will diesen Grund aber nicht angeben.

---

[29] Seit Indien die Atombombe besitzt, ist auch Pakistan bemüht, sie unter allen Umständen zu bauen. Im Jahre 1976 hatte Pakistans Premierminister Bhutto verstärkte Anstrengungen unternommen, um in den Besitz der Bombe zu gelangen. 1977 wurde Bhutto gestürzt und hingerichtet.

Jene Leute, die mir bei der Planung und bei der Beschaffung des Auftrages geholfen haben, will ich nicht nennen. Auch die Erzeuger der gelieferten Güter will ich nicht bekanntgeben, weil ich überhaupt meine geschäftlichen Beziehungen nicht preisgeben will.
Es ist richtig, daß mir die Namen der Zulieferanten bekannt sind, ich will und darf sie aber nicht nennen. Der Grund für die Geheimhaltungspflicht gegenüber dem Endabnehmer der Anlage liegt nicht in der Natur der über die *Zapata* gelieferten Anlage; dabei handelt es sich um eine ganz normale Anlage zur Erzaufbereitung. Die Frage, ob der Grund für die Geheimhaltungspflicht in der Natur der Anlagenteile liegt, die nicht über die *Zapata* geliefert wurden, will ich nicht beantworten.
Es ist mir bekannt, wer der tatsächliche Abnehmer der Anlage war, aber es darf nicht bekannt werden, in welchem Land die Anlage installiert werden sollte.
Die Frage, aus welchem Land die Turbogeneratoren kamen, will ich aus den bereits genannten Gründen nicht beantworten. Aus denselben Gründen will ich die Frage nicht beantworten, auf welcher Route die LKW nach Piesting fuhren und bei welcher Grenzstation sie nach Österreich einfuhren.
Bezüglich der in Piesting durchgeführten Arbeiten wurde ein Montagevertrag zwischen der *Decobul* und der *Zapata* abgeschlossen. Die Leute, die auf Grund dieses Montagevertrages in Piesting arbeiteten, wurden aber nicht von der *Decobul*, sondern von unserem Zulieferanten zur Verfügung gestellt. Sie kamen aus dem Ausland. Ein oder zwei dieser Leute sind mir bekannt, ich will aber deren Namen nicht nennen.
Der größte Teil der Lieferungen wurde bereits vor dem Eintreffen in Wien bzw. Piesting an einem Ort bzw. an Orten, den oder die ich nicht nennen will, von den Leuten des Endabnehmers kontrolliert.
Wenn ich gefragt werde, wie dann ein allfälliger Verlust zwischen dieser Kontrolle und dem Eintreffen der Ware in Wien bzw. Piesting festgestellt werden konnte, gebe ich an: Mir ist nichts von einer Beanstandung bekannt, wonach nicht alle Güter angekommen wären.«
Daß dieser Auftritt Erwin Eggers eine Meisterleistung darstellte, ist evident. Von wem er sich für diese falsche Zeugenaussage bezahlen ließ, weiß freilich mit letzter Sicherheit nur er selbst.
Fest steht lediglich, daß Erwin Egger, nachdem er wieder in die Schweiz zurückgekehrt war, plötzlich in der angenehmen Lage war, über einen Bargeldbetrag in der Höhe von exakt 550 000 Franken, das waren rund 4,5 Millionen Schilling, zu verfügen.

Der erste Geldbetrag, der nachweislich bereits am 1. Juli 1977 von der *Zapata* an Erwin Eggers *Decobul* geflossen, der aber nur ein Trinkgeld in der Höhe von 10 000 Franken war, hing offenkundig, wie berichtet, mit der Bestechung oder Übertölpelung des Leiters des Finanzamtes Fribourg zusammen.
Im übrigen schien Erwin Egger im Jahr 1977 für seine Hilfsdienste beim Versicherungsbetrug noch nicht oder zumindest nur in sehr geringem Maß mit Bargeld belohnt worden zu sein. Statt dessen durfte er die wertvolle Bekanntschaft des österreichischen Verteidigungsministers, Karl Freiherr von Lütgendorf, machen, der später auch bei Steven Low in dessen Chalet in Gstaad ein Wochenende lang zu Gast war und der Egger in der Folge beim Vertrieb von dessen »berühmten« Laser-Zielgeräten half.[30]
Udo Proksch führte den *Decobul*-Chef auch bei den Generälen seines Freundes Ferdinand Marcos auf den Philippinen sowie in Libyen und im Nahen Osten ein. In Syrien gelang es Erwin Egger dann sogar tatsächlich, schon im Mai 1977 einen Auftrag zur Produktion von 300 Exemplaren seines LS-Scopes zum Stückpreis von 650 Dollar zu ergattern, wobei er allerdings ein Drittel des Umsatzes an Steven Low abtreten mußte und ein weiteres Drittel an den in Athen ansässigen finnischen Waffenhändler und Vermittler Matti Huhanantti.
In den letzten Jännertagen des Jahres 1978, kurz bevor am 1. Februar die erste mündliche Verhandlung über die *Zapata*-Klage stattfand, erteilte Erwin Egger seine Zustimmung zur Vorlage der von ihm gefälschten Quittungen für den angeblichen Erhalt der 5,2-Millionen-Franken-Anzahlung aus dem angeblichen Urananlagengeschäft. Diesen Dienst ließ er sich unter dem Titel »Spesen – Akonto Moratorium« aber immerhin bereits mit 20 000 Franken honorieren.
Die Überweisung wurde über das *Zapata*-Konto bei der *Luzerner Landbank* am 26. Jänner 1978 vorgenommen, und der Betrag ging we-

---

[30] Erwin Eggers Freundin, Regula von Gunten, flog am 29. Oktober 1977 von Zürich nach Wien, um »Udo und Lütgendorf« (Kalendereintragung) zu treffen und brachte bei der Gelegenheit sogar ein mit dem LS-Scope ausgestattetes Vorführ-Scharfschützengewehr mit.

nige Tage später auf dem Konto Nr. 394 81503 N der *Decobul* bei der *Schweizerischen Bankgesellschaft* in Bulle ein.
Danach war volle zwei Jahre lang kein direkter Geldfluß feststellbar. Egger wurde offenbar von Proksch & Co. mit Bargeld durchaus nicht verwöhnt, er sollte sich bezüglich seines Anteils wohl gedulden müssen, bis die Versicherung bezahlt.
So war es nicht verwunderlich, daß Egger auch weiterhin buchstäblich an jedem Tag aufs neue um sein finanzielles Überleben kämpfen mußte. Persönlich darbte er natürlich dennoch nicht. Zu Beginn des Jahres 1981 entschloß er sich zum Beispiel, den größten Teil jener geringen Umsätze, die er mit seiner Firma *Dioptra SA* erzielte, auf ein Konto umzuleiten, das er durch seine Freundin, Regula von Gunten, bei der *Volksbank Murten* eröffnen ließ – und das er danach vergaß, in seine Buchhaltung zu nehmen.[31]
Fest steht auch, daß sich Erwin Egger im Laufe der letzten Jahre in immer abenteuerlichere und dubiosere Geschäfte treiben ließ. Die Möglichkeit dazu hatte ihm durch die Vermittlung des entsprechenden Bekanntenkreises der Wiener *Demel*-Chef geboten, die Folgen auszubaden hatte er freilich selbst.
Am harmlosesten schienen noch jene allerersten illegalen Waffendeals zu sein, die dem Emporkömmling aus Bulle im Laufe des Jahres 1983 erstmals auch Geschäftsverbindungen mit prominenten Vertretern internationaler (Neo-)Nazi-Organisationen einbrachten.
Am 24. April 1983 reiste Erwin Egger beispielsweise nach Madrid, wo er mit dem einschlägig bekannten Waffenhändler und Exil-Österreicher Theodor Soucek zu mehrtägigen Besprechungen zusammentraf.[32]
Drei Jahre später hatte Erwin Egger erstmals Pech. Eine der brisanten illegalen Transaktionen, zu welchen sich der *Decobul*-Chef schließlich immer häufiger als Mittelsmann benützen ließ, war schiefgegangen, und französische Zeitungen berichteten: »Schweizer Waffenhändler in Paris verhaftet!«

---

[31] Über dieses Schwarzgeldkonto flossen Regula von Gunten und Erwin Egger zwischen 1981 und 1984 insgesamt rund 220 000 Franken zu. Das Konto wurde im Frühjahr 1986 von der Finanzbrigade der Sûreté Fribourg entdeckt.

[32] Theodor Soucek, ein aus Graz stammender ehemaliger Eisenhändler, war als Führer der nach dem Krieg gegründeten militanten illegalen Neonazi-Organisation *Werwolf* im Jahre 1947 in Graz verhaftet und 1948 von einem Volksgericht wegen Hochverrats zum Tod verurteilt worden. Nachdem der Chef der *Werwolf*-Bewegung, der auch der spätere österreichische Innen- und Verteidigungsminister Otto Rösch angehört hatte, drei Jahre später wieder begnadigt worden war, gründete er die »Soziale Ordnungsbewegung Europas« und setzte sich schließlich ebenso wie einer seiner Partner, der Mussolini-Befreier Otto Skorzeny, nach Spanien ab.

Erwin Egger hatte im Auftrag eines »Kunden« aus Portugal bei der Pariser Firma *Danielle Le Gall Distribution* (DLD) 983 Stück Zeitzünder (SC7-A-Timer) bestellt. Der *Decobul*-Chef sollte die heiße Lieferung – solche Zeitzünder werden von fast allen großen Terrororganisationen für ihre Bombenanschläge benützt – zunächst nach Genf verbringen und danach an einen weiteren Mittelsmann nach Portugal umleiten.

Was der Anfänger allerdings nicht wußte: Die Firma DLD beliefert fast ausschließlich französische Staatsstellen mit vornehmlich elektronischen Geräten, die unter anderem auch der Terrorbekämpfung dienen. So blieb nicht aus, daß der französische Geheimdienst D.S.T. von der dubiosen Zeitzünder-Bestellung sehr bald Kenntnis hatte.

Als dann der Proksch-Partner aus Bulle am 22. Mai 1986 in Paris erschien, um seine Zeitzünder in Empfang zu nehmen, erwarteten ihn schon einige Herren von der französischen Spionageabwehr:

Die »Schaltuhren« wurden beschlagnahmt, Erwin Egger verhaftet und am 23. Mai einem Pariser Richter vorgeführt, der sofort die Anklage gegen ihn erhob.

Erst als Egger sich unter dem Eindruck einer drohenden langen Untersuchungshaft zur angebotenen »Kooperation« mit dem französischen Geheimdienst bereit erklärte und nachdem er ein paar Hintergrunddetails und einige seiner Kontaktleute verraten hatte, sorgte die D.S.T. dafür, daß der *Decobul*-Chef enthaftet wurde und wieder in die Schweiz zurückkehren durfte.

In der Zwischenzeit weiß die Pariser D.S.T. auch, daß die Endverbraucher von Erwin Eggers 983 Zeitzündern syrische und libysche Terrorkommandos sein sollten und daß bei diesem Deal auch eine der größten Figuren aus dem Nahbereich der Terror-Internationale seine Finger mit im Spiel gehabt hatte: Mohamed Ghadbar, über dessen Partner, den Syrer Monzer Al-Kassar (Waffen, Drogen, Terrorismus), es gleich eine ganze Reihe von Verbindungslinien auch zur Konditorei *Demel* in Wien gibt.

Für seine Schlüsselstellung im Wiener Zivilprozeß um die Versicherungsvergütung für die »versunkene« *Lucona*-Fracht ließ sich Erwin Egger aber dennoch nicht ausschließlich über den Umweg der Vermittlung von mehr oder weniger zielführenden Hasardgeschäften honorieren. Insbesondere im Jahre 1980 hatte der *Decobul*-Chef auch viel bares Geld gebraucht.

Schon bevor der »wahre Herr« des *Zapata*-Geschäftes im Frühjahr 1980 seine erste Zeugenaussage vor dem Wiener Handelsgericht abgelegt hatte, war sein Name in einigen Medienberichten über den *Fall*

*Lucona* aufgetaucht. Die Mehrheitseigentümer »seiner« *Decobul*, Jules Sallin, Jean-Charles Huguet und Max Piller, waren durch die diversen Zeitungsmeldungen natürlich irritiert.
Sie wußten, daß über die *Decobul* niemals eine Uranfabrik irgendwohin geliefert worden war. Es war daher mit der Gefahr zu rechnen, daß wegen dieser Partner Eggers kunstvoll errichtetes Kartenhaus eines Tages glatt zusammenbricht.
Der *Decobul*-Direktor mußte daher, um seine Rolle in Wien ohne Probleme weiterspielen zu können, unter allen Umständen so rasch wie möglich in den Alleinbesitz der Aktien »seiner« Firma kommen. Wenn Egger je das Geld dafür gehabt hätte, so wären seine Mitbesitzer längst und liebend gern bereit gewesen, aus der Firma, die seit Jahren nur noch Verluste produzierte, auszusteigen.
Im März 1980 war Erwin Egger plötzlich in der Lage, allen seinen Partnern einen Rückkauf ihrer Aktien zu offerieren. Alle nahmen, ohne lang zu überlegen, an. Über die Treuhandfirma von Eggers Freund Werner Spycher wurde die Transaktion schon bald danach auch wirklich abgewickelt:
Über ein Privatkonto von Erwin Egger bei der *Caisse Hypothécaire* in Fribourg erhielten die *Decobul*-Inhaber zwischen 5. und 23. Mai 1980 den Wert ihrer Aktien ausbezahlt: Jules Sallin 135 000 Franken, Max Piller 189 750 Franken und Jean-Charles Huguet 255 300 Franken. Insgesamt hatte der nunmehrige *Decobul*-Alleininhaber Erwin Egger für diese Aktion rund 600 000 Franken ausgegeben.
Woher er plötzlich diesen Geldbetrag genommen hatte, konnten sich weder sein Schwiegervater, Jules Sallin, noch seine beiden anderen Ex-Partner erklären, denn »er selbst besaß niemals so viel Geld«.
Als am 18. September 1985 der in der Schweiz inzwischen auch gegen Erwin Egger ermittelnde Kriminalbeamte Otto Blanchard von der Sûreté Fribourg eine Antwort auf die interessante Frage suchte und Werner Spycher, Eggers Bilanzprüfer und Freund, einvernahm, schwor dieser hoch und heilig, Egger habe für die 600 000 Franken einen Kredit aufnehmen müssen, denn er habe keinesfalls so viel Bargeld gehabt.
Werner Spycher log. In Wahrheit spielte sich die Transaktion ganz anders ab:
Am 5. März 1980 war Erwin Egger nach Salzburg gereist, wo er – wieder einmal – mit Hans Peter Daimler und Udo Proksch zusammentraf.
Eine volle Woche lang, bis einschließlich 11. März 1980, blieb er danach bei »Peter« in der Salzachstadt zu Gast, um in aller Ruhe seine

bevorstehende Zeugenaussage für Wien zu konzipieren und sie mit den *Zapata*-Interessen abzustimmen.[33] Am 19. März 1980 folgte danach sein schon beschriebener Auftritt vor dem Handelsgericht Wien. Genau acht Tage nach seinem großen Erfolg als »Zeuge« in Wien war Egger auch schon im Besitz von genau 550 000 Franken (rund 4,5 Millionen Schilling), die er in bar erhalten hatte.

An diesem Tag, dem 27. März 1980, suchte der *Decobul*-Chef in Begleitung seines Freundes Werner Spycher den Direktor der *Schweizerischen Bankgesellschaft* in Bulle, Raymond Gumy, auf. Die 550 000 Franken brachte Erwin Egger in einem Koffer zur vereinbarten Besprechung mit.

Man kam sofort zur Sache: Egger holte die Geldbündel aus seinem Köfferchen und zahlte den Betrag auf ein Sperrkonto mit der Nummer 201 720 DO K, das auf den Namen Werner Spycher lautete, ein. Spycher unterschrieb zugleich eine Erklärung, derzufolge er die Verfügung über dieses Konto samt dem zukünftigen Zinsenertrag (6%) an Erwin Egger übertrug.

Einen Monat später, am 25. April 1980, trat nunmehr Erwin Egger seine Verfügungsberechtigung über das Spycher-Konto an die *Schweizerische Bankgesellschaft* ab, worauf ihm diese – im Besitze dieser Sicherheit – locker ein Darlehen in der Höhe von 600 000 Franken gewähren konnte. Der Darlehensbetrag wurde anschließend auf ein Egger-Konto bei der *Caisse Hypothécaire* überwiesen, von wo aus der *Decobul*-Chef wenig später die schon beschriebene Auszahlung seiner Partner vornahm.

Als Erwin Egger am 10. Oktober 1985 im Zuge des gegen ihn in der Schweiz anhängigen Strafverfahrens vom Gerichtspräsidenten des Untersuchungsrichteramtes Tafers, Denis Zosso, einvernommen und befragt worden war, auf welche Weise er in den Besitz der Mittel zur Auszahlung seiner Partner gelangt sei, hatte er freilich eine andere einleuchtende Antwort parat: »Geschäftsfreunde« hätten ihm das Geld gegeben. Namen wollte er jedoch partout nicht nennen. Egger wört-

---

[33] Erwin Egger selbst hatte zwar bereits ab Sommer 1977 vorsichtshalber seine regelmäßigen konspirativen Treffen mit den Repräsentanten der *Zapata*, mit welchen er nach außen hin ja »im Streit« lag, nicht mehr in seinem Terminkalender vorgemerkt, seine Freundin, Regula von Gunten, notierte sich jedoch penibel jede einzelne Zusammenkunft.

UNTERSUCHUNGSRICHTERAMT DES SENSEBEZIRKS IN TAFERS

**PROTOKOLL**

Datum: 10. Oktober 1985 Ort: Freiburg

Untersuchungsrichter: D. Zosso Sekretär: O. Blanchard, Insp.

Auf Vorladung erscheint: SPYCHER Werner, Personalien bekannt

Trifft es zu, dass Sie am 18.4.1983 an einer Verhandlung in Egerkingen teilgenommen haben?

Dies ist zutreffend. Ein Angestellter der Treuhandgesellschaft, Hr. André GREMAUD, begleitete mich. Ausser Herrn EGGER waren noch zwei bis drei andere Personen anwesend, darunter eine Frau. Dabei handelte es sich vermutlich um Frau Greta FISCHER. An die Namen der andern beteiltigten kann ich mich nicht erinnern. Es ist möglich, dass sie ZERNER, PROKSCH und DAIMLER hiessen. All diese Personen und auch Frau FISCHER hatte ich vorher nie gesehen, auch später habe ich sie nicht mehr gesehen.

Gelesen und bestätigt:

SPYCHER Werner

Der Untersuchungsrichter:

Der Sekretär:

Nachtrag: Herr EGGER hat mir gesagt, er habe die Fr. 550'000.-- von Bekannten und Freunden zur Verfügung gestellt erhalten.

---

WERNER SPYCHER

15, RUE DE L'HÔPITAL

TELEPHONE (037) 22 21 12

TELEX 36 314 — FRIBOURG

Fribourg, le 27 mars 1980.

UNION DE BANQUES SUISSES

1630 Bulle

A l'att. de M. Raymond Gumy

Sp/St

Messieurs,

Je me réfère à l'entretien que j'ai eu le plaisir d'avoir avec Monsieur Raymond Gumy au sujet du versement que j'ai effectué ce jour auprès de votre Banque.

Je vous informe que je mets le montant de Fr 550.000.-- à la disposition de M. Erwin Egger, Bulle, et vous demande de bien vouloir exécuter les instructions que ce dernier vous donnera à ce sujet.

Je reste à votre disposition pour tous renseignements complémentaires que vous pourriez désirer et vous prie de croire, Messieurs, à l'assurance de mes sentiments distingués.

WERNER SPYCHER

»Freunde« zahlen Millionen an Erwin Egger nach gelungenem Auftritt in Wien

lich: »Ich bin nicht bereit, die Namen von Geschäftsfreunden bekanntzugeben!«
Später schien er doch bereit zu sein, von seiner schon bekannten Liebe zu absoluter Diskretion wenigstens ein bißchen abzurükken – aber nur, wenn das schweizerische Gericht ihm die vertrauliche Behandlung seiner Information garantiere. Niemand dürfe diese Namen je erfahren. Vor allem nicht die österreichische Justiz.
Ein Betrag von 150 000 Franken, so behauptete Egger danach, sei ihm von einem syrischen Freund namens Jaoudat Najjar, der in Damaskus lebe, als »Blankokredit« geliehen und formlos in bar in der Schweiz übergeben worden. Dieser Mann vermittle ihm gelegentlich Geschäfte, wofür er von ihm, Egger, Provisionen bekäme. Es sei vereinbart, daß Najjar sein »Darlehen« irgendwann in Form von »überhöhten Provisionen« wiederum zurückbekäme.
Die restlichen 400 000 Franken sollen Erwin Egger, so behauptet er, von einem deutschen Geschäftsfreund namens Uwe Becker, der angeblich die weltweiten Verkaufsrechte für seine Laser-Zielgeräte besitze, in derselben Form als »Darlehen« überlassen worden sein.
Beweisen konnte Erwin Egger diese Angaben allerdings bis heute nicht. Dafür ist mittlerweile nachgewiesen, daß er im Jahre 1983 von der *Zapata AG* noch einmal 150 000 Franken (rund 1,3 Millionen Schilling) ausbezahlt erhielt.
Am 17. Februar 1983 fällte das Oberlandesgericht Wien, wie noch berichtet werden wird, nicht zuletzt auf Grund der »guten Zeugenaussage« von Erwin Egger, ein sogenanntes Zwischenurteil, das für die *Zapata* höchst erfreulich war. Ende März wurde das Urteil ausgefertigt und den Prozeßparteien zugestellt.
Erwin Egger nützte die Gunst der Stunde und bat seine *Zapata*-Freunde für den 18. April 1983 zu einer dringenden Zusammenkunft in die Schweiz. Wie immer befand sich die *Decobul SA* gerade in einer besonders schlechten finanziellen Situation. Genaugenommen stand sie wieder einmal knapp vor dem Konkurs. Sämtliche Maschinen der *Decobul* waren gepfändet, und der Versteigerungstermin stand knapp bevor.
Die »Krisensitzung«, an der neben Daimler und Proksch selbst auch Greta Fischer und der Wiener NPT- und Proksch-Anwalt Karl Zerner teilnahmen, fand um Punkt 12.00 Uhr in Egerkingen, auf der Autobahnstrecke Bern–Basel, statt.
In Erwin Eggers Begleitung waren Werner Spycher und dessen Mitarbeiter André Gremaud erschienen.
Als Erwin Egger am 10. Oktober 1985 Untersuchungsrichter Denis

Zosso den Zweck jener Zusammenkunft in Egerkingen erklären sollte, erinnerte er sich daran, daß es dabei um seine Laser-Zielgeräte gegangen sei. Daimler und Proksch sollten sie für ihn vertreiben, bisher hätten sie jedoch »noch nichts verkauft«.

Werner Spycher sagte hingegen am selben Tag vor dem Untersuchungsrichteramt in Tafers aus: »Von den eingeladenen Personen erhoffte man sich eine finanzielle Unterstützung. Es wurde versucht, eine Zahlung von 150 000 Franken zu erhalten, damit eine Pfändung der Maschinen der *Decobul AG* durch das Betreibungsamt abgewendet werden konnte.«

Tatsächlich erhielt der *Decobul*-Chef von der *Zapata AG* in der Folge jene 150 000 Franken, die er so dringend brauchte, um damit seine gepfändeten Maschinen wieder auszulösen und ihre Versteigerung in letzter Minute zu verhindern. Ein Eingang von 150 000 Franken fand sogar in der Buchhaltung der Firma *Decobul* für das Jahr 1983 seinen Niederschlag.

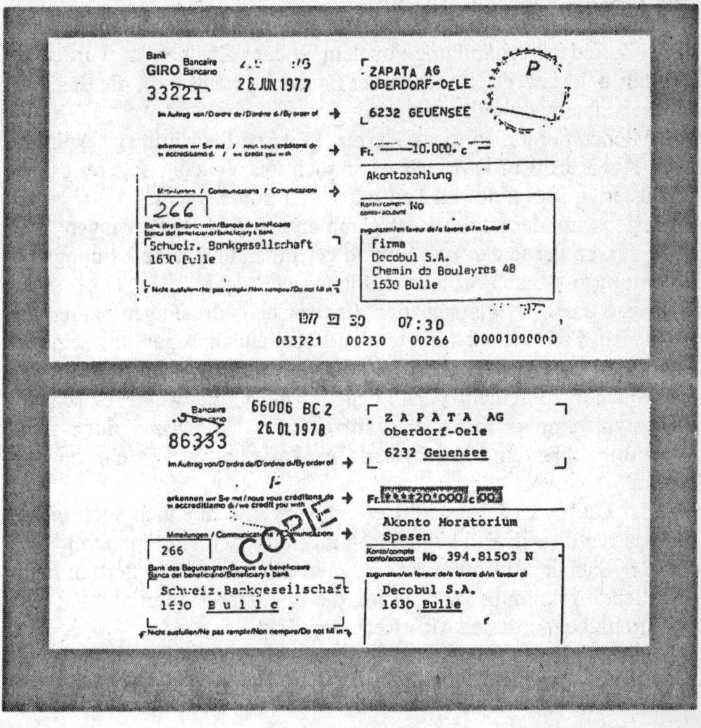

Bank GIRO Bancaire Bancario
33221
26. JUN 1977
Im Auftrag von/D'ordre de/D'ordine di/By order of
ZAPATA AG
OBERDORF-OELE
6232 GEUENSEE
erkennen wir Sie mit / nous vous créditons de / vi accreditiamo di / we credit you with
Fr. 10.000.–
Akontozahlung
Mitteilungen / Communications / Comunicazioni
266
Bank des Begünstigten/Banque du bénéficiaire/Banca del beneficiario/Beneficiary's bank
Schweiz. Bankgesellschaft
1630 Bulle
Nicht ausfüllen/Ne pas remplir/Non riempire/Do not fill in
Konto/compte/conto/account No
zugunsten/en faveur de/a favore di/in favour of
Firma
Decobul S.A.
Chemin de Bouleyres 48
1630 Bulle
1977 30 07:30
033221 00230 00266 00001000000

Bancaire Bancario
86333
66006 BC 2
26.01.1978
ZAPATA AG
Oberdorf-Oele
6232 Geuensee
Im Auftrag von/D'ordre de/D'ordine di/By order of
erkennen wir Sie mit / nous vous créditons de / vi accreditiamo di / we credit you with
Fr. ****20'000.00
Mitteilungen / Communications / Comunicazioni
Akonto Moratorium
Spesen
COPIE
266
Bank des Begünstigten/Banque du bénéficiaire/Banca del beneficiario/Beneficiary's bank
Schweiz. Bankgesellschaft
1630 Bulle.
Nicht ausfüllen/Ne pas remplir/Non riempire/Do not fill in
Konto/compte/conto/account No 394.81503 N
zugunsten/en faveur de/a favore di/in favour of
Decobul S.A.
1630 Bulle

# Abrechnung in Lugano

Bei seinen italienischen Partnern kam Udo Proksch nicht so billig wie bei Erwin Egger davon.
In Italien wurde aber auch wesentlich mehr für das Gelingen des *Lucona*-Jahrhundertgeschäftes getan: Schließlich fiel im Raum Venedig die Hauptarbeit in Form jener Vorkehrungen bei der Verladung von Udo Prokschs »Uranfabrik« an, durch welche die *Lucona* ein paar Tage später explodierte und sank.
Auch Renzo Vianello, Giorgio Casagrande, Amorino Scarpa und Giulio Meotto hatten sich ihren Anteil an der in Wien auszuzahlenden Versicherungssumme verdient.
Eine Zeitlang faßten sich des *Demel*-Chefs italienische Freunde in Geduld. Zu jeder Verhandlung vor dem Wiener Zivilgericht wurden allerdings bald jeweils ein oder zwei Beobachter entsandt, die den Prozeßverlauf schweigend verfolgten.
Die Mienen der italienischen Herren, in deren Begleitung gelegentlich auch Avvocato Enzo Morelli persönlich aus Venedig angereist kam, verdüsterten sich indes im Laufe der Zeit immer mehr.
Spätestens ab dem Jahr 1980 glaubten sie den Beteuerungen Udo Prokschs, er werde den Prozeß bald gewinnen und seine Zahlungsverpflichtungen danach prompt erfüllen, nicht mehr.
Das war die Zeit, als sich der *Demel*-Chef vor einigen seiner italienischen Freunde zu fürchten und schließlich sogar um sein Leben zu bangen begann. Er engagierte zwei schwerbewaffnete Leibwächter zu seinem persönlichen Schutz und wagte es schließlich nicht einmal mehr, für kurze Zeit den *Demel* oder seine Wohnung ohne eine durchgeladene Waffe in der Tasche zu verlassen.
Erst im Laufe des Jahres 1981 erkannte man schließlich auch in Italien, daß in diesem Fall keine Drohungen nützten, und man fand sich mit der Sachlage insofern ab, als man eine Art von interfamiliärer »Schlichtungskommission« anrief, die in London ihren Sitz hat und bei Streitigkeiten dieser Art »Recht« spricht.
Es kam zu einem Vergleich: Die Italiener verzichteten vorläufig auf den ihnen zustehenden Anteil an der *Lucona*-Versicherungssumme

und waren bereit, sich mit einer Abstandszahlung in der Höhe von 200 000 Dollar zuzüglich dem Ersatz ihrer Spesen zufriedenzugeben. Vianello, Meotto und Scarpa sollten sich diese Summe teilen, sie gerieten einander jedoch schon sehr bald in die Haare, und es kam in der Folge zu einem heftigen Streit.

Als knapp drei Jahre später die Kripo bei Hans Peter Daimler in Salzburg eine Hausdurchsuchung durchführte, fand sie unter anderem auch ein seltsames undatiertes und in englischer Sprache abgefaßtes Papier mit dem Titel »Memo for Daimler«, dessen Sinn lange Zeit niemand verstand.

Eine Unterschrift wies das Memorandum nicht auf, doch ergab sich auf Grund seines Inhalts bald zweifelsfrei, daß es in der Zeit zwischen Februar und April 1982 von Giulio Meotto verfaßt worden war. Das Papier umfaßte elf Punkte und stellte im wesentlichen eine Information Daimlers über den damaligen Stand der finanziellen Auseinandersetzungen dar, wobei man sich insbesondere über Renzo Vianello beklagte, von dem man offenbar übervorteilt worden war. Im einzelnen führte Meotto dann aus:

Punkt 1: »Der Anspruch von Vianello über 42 000 US-Dollar entspricht nicht der Wahrheit. Alle Schulden und Gutschriften von *Coco* (*del Mar*, die ›Reederei‹, die die *Lucona*-Charterung besorgt hatte; Anm. d. Verfassers) wurden schon 1977 beglichen.«

Punkt 2: »Am 2. November 1979 kam Udo nach Venedig und hat Vianello 96 000 Schweizer Franken gegeben.«

Punkt 3: »Vianello hat mit dem Betrag einen Teil seiner Schulden bei mir und Scarpa bezahlt. 10 390 US-Dollar wurden noch nicht bezahlt.«

Punkt 4: »An jenem 2. November 1979 gab Vianello im Beisein von Udo und Morelli auch die Schulden bei mir zu.«

Punkt 5: »Später gab ich Vianello 5 Millionen Lire, weil er sich in Schwierigkeiten befand. Zurückgegeben hat er sie noch nicht.«

Punkt 6: »Im Juni 1981 hatte ich die Absicht, Vianello fallenzulassen, aber Morelli hat mich gebeten, weiterzumachen.«

Punkt 7: »Wir haben den Vergleich im guten Glauben gemacht. Ich habe auch akzeptiert, bei Finanzierung der Spesen mit 20 000 Pfund, das Schiedsverfahren in London weiterzuführen.«

Punkt 8: »Im Dezember 1981 akzeptierten wir den Vergleich, und wir erhielten 200 000 US-Dollar plus Spesen zugesprochen.«

Punkt 9: »Herr Morelli hat drei Zusammenkünfte in seinem Büro arrangiert. Er hat die Parteien gefragt, ob alles in Ordnung sei, und Vianello hat die Aufteilung des Geldes akzeptiert.«

Punkt 10: »Im Februar 1982 begaben wir uns nach Lugano zur Teilung, aber Vianello hat das Geld gestoppt und 42 000 US-Dollar für *Cocos* Spesen verlangt, die niemals vorher beansprucht worden waren (sechs Jahre sind seither vergangen) und für welche es keinerlei Unterlagen gibt.«
Punkt 11: »Am 18. Mai 1982 muß mir Vianello geben: 40 000 US-Dollar (den Betrag, der mir von meinem Anteil im Jänner 1982 weggenommen worden ist), 2 000 US-Dollar Zinsen für die Zeit von Jänner 1982 bis Mai 1982 und 1 000 000 Honorar[34], die von mir an Morelli bezahlt worden ist.«
Wie Udo Proksch im Februar 1982 in die Lage gekommen sein könnte, 200 000 Dollar (damals immerhin rund vier Millionen Schilling) zur Befriedigung seiner italienischen Partner nach Lugano zu senden, ist nicht bekannt.
Lediglich das Direktorium der *Sparkasse Innsbruck-Hall* könnte mehr darüber wissen, denn diese hatte dem in finanzieller Bedrängnis befindlichen *Demel-* Chef just am 18. Februar 1982 ein Darlehen in der Höhe von vier Millionen Schilling gewährt.
Bereits einige Monate vorher hatte Udo Proksch sich gezwungen gesehen, Renzo Vianello, den Strohmann seiner Reederei *Coco del Mar*, zu versorgen, indem er ihm einen Weg ebnete, sich mit der schon erwähnten *Murano*-Glashandlung *Vetreria Artistica San Marco Warenvertriebsges. m. b. H.* in der Wiener Rauhensteingasse selbständig zu machen.
Ab Dezember 1985 gehörte die Firma schließlich dem »Kaufmann von Venedig« allein. Bald darauf hatte Vianello, der sich ebenso gerne seiner Freundschaft zu Leopold Gratz rühmt wie der *Demel*-Chef selbst, erneut Pech: Er wurde an der italienisch-österreichischen Grenze beim Schmuggeln von *Murano*-Glaswaren ertappt und verhaftet.
In einem Zollstrafverfahren wurde Vianello danach zwar zur Zahlung von 1,4 Millionen Schilling verurteilt, aber natürlich erhält die Republik Österreich von ihm nichts, denn am 30. Juni 1987 ging seine Firma in Konkurs (Handelsgericht Wien, Zl. 5 S 74/87). Um rund drei Millionen Schilling, die sie dem Proksch-Geschäftspartner und Gratz-Freund geborgt hatten, trauern nun auch noch ein paar Wiener Banken, unter ihnen die CA, die BAWAG und *Die Erste.* Daß Renzo Vianello ein Strafverfahren wegen Krida erwartet, ist ihnen natürlich kein Trost.

---

[34] Ohne Währungsangabe.

Aber auch Udo Proksch selbst benötigte weiterhin immer mehr Geld, das sein Demel nicht abwarf. Allein die in bar zu bezahlenden Gerichtsgebühren für den Zivilprozeß der *Zapata AG* gegen die *Bundesländer-Versicherung* hatten bis zum Jahr 1982 bereits annähernd die Summe von zehn Millionen Schilling erreicht, und natürlich wollten auch die diversen Anwälte immerfort Geld sehen. Auch Heinz Damian betreute den *Fall Lucona* keineswegs, wie er selbst behauptet, »aus Freundschaft zu Udo Proksch völlig umsonst«.
Um die erforderlichen Mittel ins Verdienen zu bringen, tat sich der *Demel*-Chef ab Beginn der achtziger Jahre vor allem mit Steven Low zusammen.
Dieser war außer mit Aktienspekulationen und Börsenaktivitäten am Rande der Legalität in der Zwischenzeit, wie berichtet, hauptsächlich im Ölgeschäft tätig.
Zusätzlich zu seinen zwei Unternehmungen mit dem Namen *Atlas Oil Company Ltd.* in London und Vaduz hatte Steven Low auch in der Schweiz bereits im August 1977 mit einer Aktiengesellschaft, die er um genau 1 000 Franken erwarb, eine dritte Briefkastenfirma gleichen Namens gegründet und sie im Bauernhaus der Greta Fischer in Oberdorf-Oele bei Geuensee etabliert. Die *Zapata*-Chefin stellte sich als Präsidentin der Firma, die nun *Atlas Oil AG* hieß, zur Verfügung, wobei die Funktion eines weiteren Verwaltungsratsmitglieds ihr Bruder Hans Peter Fischer übernahm.
Während Udo Proksch solcherart über Steven Low in den Ölhandel eingeführt wurde, brachte der *Demel*-Chef seinen Freund in der Folge mit einigen österreichischen Politikern und Funktionären der verstaatlichten VOEST zur Durchführung von Waffengeschäften zusammen. VOEST-Kanonen gingen mit Steven Lows Hilfe erst nach Südafrika, danach wurden über den kanadischen »Paten«, der auch als »Adviser« von Adnan Kashoggi auftrat, die ersten Kontakte in den Iran geknüpft.
Auch Udo Proksch war ganz stolz auf sein neues Betätigungsfeld, für das ihn Steven Low eingeteilt hatte: »Ich mach' jetzt was mit Crude Oil, das ist Erdöl, wie's aus dem Boden kommt«, vertraute er der Illustrierten *Basta* später an und erzählte: »Fünf Tage Djakarta, Libyen, Iran, jetzt bin i grad in der Nordsee. Das ist schon ein bisserl politisch, oder?«
Im Jahr 1981 flog ein Mann, der als Repräsentant der *Atlas Oil Company* auftrat, in Port Harcourt in Nigeria beim Versuch auf, mit 2 Millionen Barrel nigerianischen Crude Oils ein illegales 70-Millionen-

Dollar-Geschäft abzuwickeln. Der Deal wurde von der *National Security Organization* gestoppt.
Einen seiner bisher größten Coups landete Steven Low im Juli 1982 in Genf, wo ihm ein schlichter Kreditbetrug an der *Banque Scandinave en Suisse* 18 Millionen Dollar eintrug.
Diese Bank hatte sich Steven Low für gemeinsame Spekulationsgeschäfte mit US-amerikanischen Amax-Aktien zur Verfügung gestellt und ihm zu diesem Zweck hohe Kredite eingeräumt. Nachdem die plötzliche Hausse, die er »durch die Ankündigung eines bestimmten Ereignisses« hatte herbeiführen wollen, am Ende ausblieb, platzte das erwartete Riesengeschäft, und Low schuldete der Bank schließlich 12 Millionen Dollar.
Der Kanadier versprach den Genfer Bankern, diese Pleite rasch wieder zu sanieren und lockte ihnen zu diesem Zweck noch ein weiteres Darlehen in der Höhe von noch einmal sechs Millionen Dollar heraus. Als Sicherstellung verpfändete er sein gesamtes privates Vermögen sowie drei wertvolle Gemälde – einen Renoir, einen Picasso und René Magrittes »La Grande Guerre«.
Innerhalb weniger Tage ließ Low die sechs Millionen Dollar anschließend auf Konten der *Atlas Oil* und einer KUKU-Anstalt mit Sitz in Vaduz transferieren. Dann verschwand er und wurde in Genf niemals wieder gesehen.
Als die *Banque Scandinave* daraufhin mit der Verwertung der Pfänder beginnen wollte, kam das böse Erwachen, denn Lows Vermögen hatte sich wieder einmal in Luft aufgelöst. Das Gstaader Chalet Frontenac hatte der Finanz-Zampano wenige Tage bevor er seine Besitztümer der Bank als Sicherstellung anbot, bereits notariell seiner schönen Wiener Ehefrau Sonja vermacht, und auch die wertvollen Gemälde waren plötzlich aus dem Tresorraum der *Spar- und Leihkasse Thun* in Gstaad, wo sie deponiert gewesen waren, verschwunden.
Als kurze Zeit später die *Hutton Company* in Monte Carlo von Steven Low bei einem Goldgeschäft um mehr als eine Million Dollar geprellt und auch von der Proksch-Partnerin und *Demel*-Geschäftsführerin Greta Fischer in der Schweiz namens der Firma *Atlas Oil* ein ungedeckter Scheck über eine Million Dollar ausgestellt worden war, nahm sich dieses Unternehmens auch die *Interpol* an.
»Wer sind die Verantwortlichen der Firma *Atlas Oil* mit Sitz in Geuensee?« kabelte *Interpol Monaco* am 9. April 1985 an *Interpol Suisse* nach Bern.
In Sursee im Kanton Luzern war in der Zwischenzeit – am 5. Februar 1985 – zwar bereits der Konkurs über die *Atlas Oil AG* eröffnet

worden, und nach einer Einvernahme Greta Fischers am 12. Februar 1985 wurde auch ein Strafverfahren wegen betrügerischen Bankrotts eingeleitet, ganz genau weiß man jedoch in der Schweiz bis zum heutigen Tag nicht, wer tatsächlich die Verantwortlichen der *Atlas Oil* sind.

Eine konkrete Spur entdeckte wenige später jedoch durch einen reinen Zufall die österreichische *Staatspolizei* in Wien.

Im Februar 1985 wurde auf den ehemaligen libyschen Botschafter in Wien, Ezzedin al Ghadamsi, der bei Gaddafi in Ungnade gefallen war, ein Mordanschlag verübt. Ghadamsi wurde beim Verlassen seiner Döblinger Villa durch mehrere Pistolenschüsse niedergestreckt. Er überlebte den Anschlag, dem Attentäter gelang es zu flüchten.

Das Terrorismusreferat der Wiener *Stapo* verdächtigte in der Folge einen Libyer namens Nabil Abdul Samad, der in Lugano eine Firma *Sahari Company* betrieb, mit dem Attentäter in Verbindung gestanden zu sein.

Der Libyer wurde überwacht, und schließlich nahm man bei ihm eine Hausdurchsuchung vor. Die Tatwaffe oder einen anderen Hinweis in bezug auf den Mordanschlag fand man zwar nicht, dafür entdeckten die *Stapo*-Beamten eine bemerkenswerte Visitenkarte des *Demel*-Chefs in der Brieftasche von Nabil Abdul Samad: Sie wies Udo Proksch als »Vicepresident« der »*Atlas Oil Corporation Inc.*, Oberdorf-Oele, CH-6232 Geuensee, Switzerland« aus.

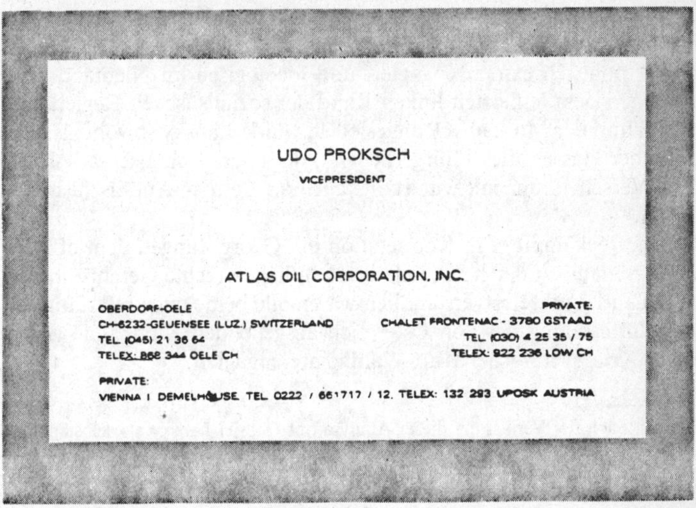
UDO PROKSCH
VICEPRESIDENT

ATLAS OIL CORPORATION, INC.

OBERDORF-OELE
CH-6232-GEUENSEE (LUZ.) SWITZERLAND
TEL (045) 21 36 64
TELEX: 868 344 OELE CH

PRIVATE:
CHALET FRONTENAC - 3780 GSTAAD
TEL (030) 4 25 35 / 75
TELEX: 922 236 LOW CH

PRIVATE:
VIENNA I DEMELHAUSE TEL 0222 / 661717 / 12. TELEX: 132 293 UPOSK AUSTRIA

## »Strategiespiele« und »taktische Varianten«

Als die Kriminalpolizei bei den *Zapata*-Zeugen am 12. Juli 1984 Hausdurchsuchungen vornahm, entdeckte und beschlagnahmte sie auch ein 16seitiges Gutachten, auf dessen Deckblatt nur »Vertraulich« und an »Udo Proksch« stand.

Das Konvolut enthielt eine »Psychologie des Zivilprozesses« der *Zapata AG* gegen die *Bundesländer*, eine Charakteristik und Analyse des Verhaltens der Anwälte der Prozeßparteien und des Gerichtes sowie einige bemerkenswerte Vorschläge für das weitere Vorgehen der *Zapata*: »Strategiespiele« und »neue taktische Varianten« zur Täuschung des Gerichtes.

Der Verfasser des zu Beginn des Jahres 1980 angefertigten Papiers war anonym geblieben. Sowohl der Inhalt als auch der unverwechselbare Stil lassen allerdings den zwingenden Schluß zu, daß es sich beim Autor nur um den jungen Wiener Anwalt Gabriel Lansky[35] handeln kann.

Der rührige Proksch-Freund, der zum damaligen Zeitpunkt noch als Konzipient des prominenten SP-Kronjuristen Wilhelm Rosenzweig tätig war, hatte sich bis dahin vornehmlich im politischen Bereich hervorgetan.

Selbst politisch extrem engagiert und ideologisch im Niemandsland zwischen dem äußersten linken Rand der sozialistischen Regierungspartei und der Moskau-KP angesiedelt, wurde Lansky sowohl als neurotischer Hasser alles »Bürgerlichen«, der überall »konservativ-klerikale Verschwörungen« wittert, als auch als Berufs-»Antifaschist« bekannt.

Stramm bekämpft er in Kooperation mit Georg Zanger, dem offiziellen Parteianwalt der KPÖ, jede vermeintliche »rechte Gefahr« in diesem Land, und selbstverständlich waren alle beide auch tatkräftig bei der Entfesselung der von Österreich ausgehenden Kampagne gegen den »Kriegsverbrecher Kurt Waldheim« engagiert.

---

[35] Bald nach der Verfassung dieser Analyse trat Gabriel Lansky als selbständiger Anwalt in die Kanzlei des NPT-Machthabers Karl Zerner ein und wurde auch offiziell zum juristischen Mitbetreuer des *Falles Lucona*. Seit 1985 fungiert Lansky außerdem als offizieller Strafverteidiger von Udo Proksch.

Der österreichischen *Staatspolizei* erscheint Lansky, der insbesondere auch als juristischer Beistand von Hausbesetzern, Terror-Demonstranten und RAF-Sympathisanten in Erscheinung tritt, indessen selbst ein wenig suspekt und führt ihn deshalb in ihrer »Extremistenkartei«.

Auch beim Zivilprozeß der *Zapata AG* gegen die *Bundesländer* könnte es, so stellte der Verfasser des bei Udo Proksch gefundenen vertraulichen »Gutachtens« klar, keineswegs um Recht oder Unrecht gehen, sondern »es handelt sich um einen Krieg«, der allerdings nur dann gewinnbar sei, wenn »die Schwäche unserer Klagsführung« überwunden werde.

Bei der Analyse der »Psychologie« des Zivilgerichtsverfahrens mußte Lansky zunächst eingestehen, daß die »Dynamik des Prozesses« bisher vom Anwalt der Versicherung bestimmt worden sei: »Man glaubt, nicht vor einem Handelsrichter zu sitzen, sondern im Kriminal.« Als Folge dieser Taktik würde selbst von den Prozeßzuhörern das Fallen gewisser Namen bereits höhnisch kommentiert: »Sacher-Technik? – Spionagefirma! Proksch? – Der Oberverbrecher!«

»Vor allem der Beisitzer«, so hatte der Prozeßbeobachter verbittert feststellen müssen, »hängt gläubig an den Lippen Massers, lächelt anerkennend bei gelungenen Formulierungen und blickt grimmig, wenn die Namen Proksch, Sacher, ja sogar Cincinnati fallen.«

»Das Gericht glaubt der *Zapata* auf keinen Fall«, erriet Gabriel Lansky prompt. Vor allem »Richter Swoboda macht den Eindruck, als genieße er ein makabres Schauspiel, denn er hegt größte Zweifel an der Realität des Geschäftes. Private Zweifel, sozusagen. Zweifel, an denen er sich aufgeilt . . .«

»Wie das Spiel im schlechtesten Fall ausgeht, wage ich nicht zu beurteilen«, zog der Verfasser der Studie schließlich ein erstes Resümee, um mit einer Analyse des Verhaltens der beteiligten Anwälte fortzusetzen. Zuerst kamen die *Zapata*-Gegner an die Reihe:

»Masser wirkt bösartig, zynisch, verklemmt und eitel«, machte sich der Proksch-Freund gleich zu Beginn seiner lichtvollen Ausführungen Luft. »Aber wirklich zum Tragen kommen diese Eigenschaften nur, wenn der Name Proksch fällt. Gegen Proksch dürfte er eine ausgesprochene körperliche Aversion haben«, stellte Gabriel Lansky seine scharfe Beobachtungsgabe unter Beweis, um sich daraufhin auch politisch-ideologisch zu profilieren:

»Masser hat das – sicherlich hervorragend dotierte – Selbstverständnis, ein Verbrechernest auszuräuchern. Er fühlt sich im ideologischen (klerikalen) Geldnest der *Bundesländer-Versicherung* sichtlich beheimatet. Ein Mensch, der ungefähr nach folgendem kirchlichen Prinzip

arbeiten dürfte: Möglich, daß auch einige Personen unserer Fraktion menschliche Schwachstellen zeigen, aber das moralische Grundgerüst, die Ideologie, stimmen.« »Mit diesem päpstlichen Verständnis«, schloß Lansky schließlich messerscharf, habe Werner Masser »in etwa die moralische Integrität eines SS-Mannes«.
Mit einer Charakterisierung des zweiten mit dem *Fall Lucona* befaßten *Bundesländer*-Anwaltes, des »Oberministranten« Eduard Klingsbigl, ohne dessen »Prätorianer-Dienste Masser wahrscheinlich echt überfordert (wäre)«, setzte der Proksch-Beauftragte sein Elaborat fort: »Ein braver dummer Rechtsanwalt, für den seine Welt augenscheinlich noch heil ist.« Immerhin besitze Klingsbigl aber, wie Lansky hervorhob, »mehr Faktenüberblick als Masser und sagt diesem erfolgreich ein«.
Anschließend kamen »unsere Anwälte« an die Reihe. Zunächst Lanskys späterer Kanzleikollege, NPT-Machthaber Karl Zerner, dessen »Unbeherrschtheit in manchen Phasen« er, obwohl er sie »menschlich verständlich« fand, recht heftig kritisierte, denn »für den Job, den er machen soll, ist das nicht gut«.
Versöhnlich stimmte Prokschs Prozeßbeobachter am Ende immerhin, daß »Zerner von der Bösartigkeit durchaus Masser vergleichbar (ist)«: »Wenn er könnte, wie er wollte, würde er aus dieser Verhandlung so etwas wie einen Klassenprozeß machen: Er verteidigt die Usancen der freien Marktwirtschaft mit marxistischer Dialektik.«
Fast überhaupt nur Lob spendete Lansky dagegen dem neugewählten *Zapata*-Anwalt Oskar Weiss-Tessbach, den er als »für die ihm zugewiesene Rolle denkbar gut geeignet« erkannte, denn: »Weiss-Tessbach schafft durch seine britisch-unterkühlte Art, die nur hin und wieder ein lausbübisches Mienenspiel unterbricht und durch außerordentliche Höflichkeit dem Gericht gegenüber gekennzeichnet ist, mit der Zeit eine Aura der unangreifbaren moralischen Integrität.«
»Wenn es einen Schönheitspreis zu verteilen gäbe«, gab sich Lansky überzeugt, »Dr. Weiss-Tessbach würde ihn erhalten«. Seine »Hauptstärke«: »In keiner Faser gibt er zu erkennen, was er sich denkt. Das Prädikat ›britisch‹ versteht sich in diesem Zusammenhang so: Erlaubt ist alles, nur erwischen darf man sich nicht lassen!«
Den nächsten Abschnitt seines »Gutachtens« widmete der spätere Proksch-Strafverteidiger zunächst einer Manöverkritik an den bisherigen Zeugenaussagen, um anschließend Vorschläge und Tips zu unterbreiten, welche Aussagen jeweils welche weiteren Zeugen machen müßten, damit die *Zapata* den Prozeß schließlich gewinnt.
Zuletzt schlug Gabriel Lansky eine Reihe neuer »taktischer Varian-

ten« und »Strategiespielchen« zur weiteren Täuschung und Irreführung des Gerichtes vor.
So sollte etwa die *Zapata*, empfahl der »Rechtsfreund«, die NPT auf Zahlung klagen, um den Verdacht eines »dubiosen Zuammenspiels *Zapata* – NPT« zu entkräften und um den Eindruck zu verwischen, »da schulden sich diverse Gesellschaften, die untereinander in Auftragsverhältnissen standen, eine Riesensumme Geld, aber alle halten still«.
Eine solche Klage der *Zapata* gegen die NPT auf Zahlung der (angeblich) an sie verkauften Urananlage, schwärmte Lansky, sei jedenfalls »von taktischer Schönheit«, um anschließend aber auch den Vorschlag von NPT-Anwalt Karl Zerner zu referieren, der meinte, man müsse genau umgekehrt vorgehen: »Die NPT sollte die *Zapata AG* klagen und die (angeblich) bereits geleisteten Anzahlungen zurückfordern.«
Als weitere »taktische Variante« schlug der Verfasser der vertraulichen Studie vor, den *Decobul*-Chef Erwin Egger in einen kalkulierbaren Blitzkrieg zu verstricken, um dem Gericht vor Augen zu führen, daß sich die *Zapata* ohnehin bemühe, in den Besitz der Produzentenrechnungen zu kommen: »Man klagt Egger vor einem schweizerischen Gericht auf Herausgabe der Produzentenfakturen – und hat in fünf Minuten verloren.«[36]
Zum Schluß gab Gabriel Lansky seinem Freund Udo Proksch und der *Zapata* einige grundsätzliche Verhaltensmaßregeln für den weiteren Prozeßverlauf mit auf den Weg, denn »man muß beim Gericht einen Lernprozeß einleiten«:
»Ich glaube, daß sich auch dieses Gericht so wie alle anderen Menschen verhält: Was man sehr oft sehr bestimmt gesagt bekommt, entfaltet ein Eigenleben, erhält eine ausufernde Dynamik, wird größer und nimmt unbewußt mehr Raum ein, als viele andere, bedeutendere und stichhaltigere Argumente.«
Man müsse eben, empfahl der Proksch-Ratgeber, »das Hohe Gericht gewissermaßen indoktrinieren«.
Auch diesen Ratschlag Gabriel Lanskys nahm man an. Folgerichtig wurde, als das Handelsgericht Wien die *Zapata*-Klage am 9. Februar 1981 zum zweiten Mal abwies, erneut Berufung eingelegt, so daß die Causa wiederum beim Wiener Oberlandesgericht landete.

---

[36] Dieser Vorschlag wurde wenig später prompt in die Tat umgesetzt. Wie von Lansky vorausgesagt, verlor die *Zapata* ihren Scheinprozeß gegen Erwin Egger in fünf Minuten und »bewies« damit, daß ihr die Vorlage von weiteren Dokumenten unzumutbar und nicht möglich sei.

Mit dem Plan, die Wiener Berufungsrichter »gewissermaßen zu indoktrinieren«, war es nun allein freilich nicht mehr getan. Die Strategie der *Zapata*-Mannschaft war vielmehr auch auf eine Mobilisierung der Öffentlichkeit ausgerichtet. Man beschloß, die *Bundesländer-Versicherung*, was nicht schwer war, gezielt ins Gerede zu bringen, um sie auf diese Weise zur Auszahlung der Versicherungssumme zu zwingen. Begonnen hatte die wohldurchdachte Kampagne bereits im Oktober 1980 mit einem in der Zeitschrift *Risk Kontroll*, einem Fachblatt der Versicherungswirtschaft, lancierten Bericht.

»Den unbeteiligten Zusehern war es nie klar, warum dieser Rechtsstreit von seiten der Versicherung mit so großem Engagement geführt wird«, wunderte sich darin ein unter einem Pseudonym schreibender Autor einer Titelgeschichte über die *Causa Lucona* scheinheilig, um auf der nächsten Seite die Lösung des vermeintlichen Rätsels zu präsentieren: Die *Bundesländer* könne den Schaden nicht zahlen, weil sie es verabsäumt habe, sich ausreichend rückzuversichern.

Udo Proksch selbst stieß später in Interviews mit noch wesentlich größerer Deutlichkeit nach: Ja, es habe sich leider herausgestellt, daß die Schiffsladung von der *Bundesländer* über eine Briefkastenfirma in England rückversichert worden sei, die gar nicht genug Kapital besitze, um diesen Schaden zu zahlen. Der *Demel*-Chef wörtlich: »Und seither versucht man, mich fertigzumachen, um diese immense Summe – mittlerweile sind's ja mit Zinsen schon 400 Millionen Schilling – nicht zahlen zu müssen.«

»Versicherungsbetrug – oder Betrug durch Versicherung?« titelte später auch noch die AZ, das Organ der regierenden Sozialisten, und ließ Heinz Damian eine kühne Erklärung abgeben. Jawohl, so der Proksch-Anwalt, im *Fall Lucona* liege »ein Versicherungsbetrug vor«, aber nicht von seiten der *Zapata AG*, »sondern von der Versicherung«.

Den psychologischen Hintergrund dieser Kampagne bildete einmal mehr ein Umstand, in dem auch in allen anderen Fällen das Geheimnis der »Geschäftserfolge« des *Club-45*-Machtkartells liegt. Udo Proksch und seine Freunde hatten – schon lange vor dem Versicherungsabschluß – von den vermeintlichen »kriminellen Rückversicherungspraktiken« des Wiener Assekuranzinstitutes und von der »London Connection« gewußt.

In der Tat kann die *Bundesländer-Versicherung* nicht leugnen, in Großbritannien seit 1974 eine Briefkastenfirma zu besitzen, die – wie die *Zapata AG* des Herrn Udo Proksch – weder über ein eigenes Büro noch über Personal verfügt und von einem Strohmann geführt wird.

Das Londoner Schiffahrtsunternehmen *Ellerman Lines* besaß bis zum Jahr 1974 auch zwei Versicherungsinstitute, deren Sitz später in die West Street nach Farnham in der Grafschaft Surrey verlegt wurde.

Die *London & Hull Maritime Insurance Company Ltd.* wurde in der Folge an die französische *Assurance du Groupe de Paris* (AGP) verkauft, während sich für die *London & Kingston Marine Re-Insurance Company Ltd.* zwei Herren aus Wien interessierten: Herbert Cretnik, seines Zeichens Generaldirektor der *Bundesländer-Versicherung*, und Peter L. Marek, Chef der Rückversicherungsabteilung des Wiener Instituts.

Die Übertragung der Aktien der mit einem Kapital von ursprünglich 50 000 Pfund ausgestatteten Firma, deren Name zugleich auf *London & Kingston Insurance Company Ltd.* verkürzt wurde, fand am 24. Oktober 1974 statt.

Die zum Preis von einem Pfund pro Stück erworbenen Aktien der Firma, als deren Betriebsgegenstand die »Versicherung von Schiffen, Flugzeugen und die allgemeine Transportversicherung« eingetragen worden war, nahmen Herbert Cretnik und Peter Marek als Treuhänder in Besitz.

Der Generaldirektor der *Bundesländer-Versicherung* fungierte in der Folge auch als Chairman of the Board und Peter Marek als Direktor des Unternehmens, das seine Geschäfte von P. R. Wade-Smith, dem Leiter der *London & Hull*, führen ließ.

In Wien wurde das Engagement der beiden leitenden *Bundesländer*-Herren auf dem britischen Versicherungsmarkt allerdings lange Zeit hindurch als großes Geheimnis behandelt. Auch aus den Geschäftsberichten, in welchen jeweils der Erwerb jedes einzelnen Hauses, jedes Liegenschaftsanteils und sogar eines jeden Geschäftslokals penibel bekanntgemacht wird, erfuhr man vier Jahre lang vom Kauf der *London & Kingston Ltd.* nichts.

Den Anstoß hiezu hatte offenbar erst der *Zapata*-Anwalt Heinz Damian geben müssen, der schon in seinem ersten Schriftsatz in der

*Causa Lucona* an das Wiener Handelsgericht am 7. November 1977 die Katze aus dem Sack ließ und schrieb:

»Die von der *Bundesländer-Versicherung* vorgetragenen Gründe für ihre Zahlungsverweigerung erweisen sich in Wahrheit als Vorwände; sie verschleiern die eigenen Liquiditätsschwierigkeiten der beklagten Partei. Diese nehmen ihren Ausgang beim zuständigen Abteilungsleiter der beklagten Partei (Dir. Gehberger), der nicht nur fürchten muß, für die Bequemlichkeit zur Verantwortung gezogen zu werden[37], die ihn auf die Überprüfung der Ladung verzichten ließ, sondern der auch die offenbar unzureichende Rückversicherung der beklagten Partei (nämlich zum Teil bei einem notleidenden Rückversicherer) zu verantworten haben wird . . .«

Auf diese drohende Ankündigung hin reagierte die *Bundesländer* dann allerdings relativ prompt. Im Geschäftsbericht für das Jahr 1978 tauchte erstmals auch ein Absatz über den »notleidenden Rückversicherer« auf:

»Bei der *London & Kingston Insurance Company Ltd.*, einer in London ansässigen Transportversicherungsunternehmung, deren Aktien sich zur Gänze im Portefeuille der *Bundesländer-Versicherung* befinden, erfolgte im Geschäftsjahr 1978 eine Aufstockung des Grundkapitals um 200 000 Pfund auf 300 000 Pfund durch Bareinzahlung zum Kurs von 100%. Die Aktien«, beeilte sich die Geschäftsleitung zu betonen, »wurden zur Gänze von der *Bundesländer-Versicherung* übernommen.«[38]

Die von Udo Proksch und Genossen lancierten Gerüchte, wonach es für die *Bundesländer* den finanziellen Zusammenbruch bedeuten würde, den *Lucona*-Schadensfall ordnungsgemäß zu liquidieren, verstummten freilich trotz alledem nicht. Ganz im Gegenteil.

Unerfindlich bleibt indes, warum auch die Versicherung selbst zu ihrer eigenen Verunsicherung maßgeblich beitrug, indem sie genau so agierte, als hätte sie in der Frage der Rückversicherung tatsächlich ein eminent schlechtes Gewissen. Sie gab ihre Mit- und Rückversicherer nie bekannt.

---

[37] Zu einem Revirement innerhalb der Versicherung kam es tatsächlich allerdings erst im Jahr 1985. Franz Gehberger ging in Pension, und als Direktor der Transportversicherungsabteilung folgte ihm sein Stellvertreter Herbert Weiser nach.

[38] Wenige Monate nach dem später erfolgten Ausbruch des »*Bundesländer*-Skandals« trennte man sich jedoch von dem illegitimen und offenbar doch nicht ganz stubenreinen Londoner Firmenkind wieder. Ende Juli 1986 wurde die *London & Kingston* an südafrikanische Interessenten, deren Namen die *Bundesländer* nicht nennen will, und zu einem Preis, den sie nicht bekanntgeben will, verkauft.

**London & Kingston Insurance Company Limited**

**Directors**

**Dr. H.H.A. Cretnik - Chairman**

**Dr. P.L. Marek S. Thistlewood P.L. Rooke**

**Corporate secretaries** London and Hull Maritime Insurance Company Limited

**Registered office** Maritime House, West Street, Farnham, Surrey, GU9 7AZ.

**Report of the directors**

The directors present to the members their report and accounts for the year ended 31 December 1984.

**Principal activity**

The principal activity of the company is the transaction of marine, aviation and transport insurance and re-insurance business.

**Underwriting results**

Turnover of the marine and aviation account, being the net premium income for the year, was £457,772 (1983 £528,693). The marine and aviation fund at the end of the year amounts to £330,151 (1983 £484,822).

**Profit and appropriations**

The profit available for appropriation is £30,710 (1983 £5,414) which has been transferred to reserves.

The directors do not recommend the payment of a dividend on the issued share capital for the year under review.

**Directors**

The present directors are listed above, all of whom served throughout the year and subsequently.

The articles of association do not call for the directors to retire by rotation.

**Directors' interests**

None of the directors hold shares in the company other than as nominees of the holding company.

**Auditors**

The auditors, Hodgson Harris, are eligible for re-appointment.

London and Hull Maritime Insurance Company Limited

Corporate Secretaries

B.B. Coleman

Company Secretary

7th June 1985

Bundesländer-Versicherung: die »London Connection«

So war es denn auch kein Wunder, daß sich im Jahr 1983 das Bundesministerium für Finanzen als staatliche Aufsichtsbehörde für den *Lucona*-Versicherungsfall zu interessieren begann und von Amts wegen ein Prüfungsverfahren einleitete, um festzustellen, »ob die erforderlichen Vorkehrungen in ausreichendem Maße getroffen worden sind«. Zuvor hatte der Finanzminister bereits konstatiert, daß die Kapitalausstattung der Versicherung schon seit Jahren nicht mehr im Einklang zu ihrem Geschäftsvolumen stand, und ihr mit Bescheid aufgetragen, ihr Grundkapital in drei Etappen bis spätestens 1985 auf mindestens 300 Millionen Schilling zu erhöhen. Im Jahr des Abschlusses der *Lucona*-Versicherung hatte die *Bundesländer* noch ein Stammkapital von nur 30 Millionen ausgewiesen.
Hinsichtlich der Rückversicherung der *Lucona*-Polizze wurde die *Bundesländer* schließlich von der Abteilung V/11 der Versicherungsaufsicht im Finanzministerium in die Zange genommen, deren Leiterin, Ministerialrat Erika Wolf, persönlich in der *Bundesländer*-Zentrale erschien und sich die Rückversicherungsakten vorlegen ließ.
Am 9. September 1983 kam die *Bundesländer* dem amtlichen Auftrag nach und legte eine Liste mit den Namen sämtlicher an der *Lucona*-Polizze beteiligten Mit- und Rückversicherer vor, wobei sich herausstellte, daß – wenn diese Aufstellung korrekt war – in Wirklichkeit niemals auch nur der geringste Grund für die Annahme bestand, die *Bundesländer* wäre mangels ausreichender Rückversicherung nicht imstande gewesen, den *Lucona*-Schaden zu ersetzen.
Tatsächlich trug die Wiener Assekuranz schon von allem Anfang an das *Lucona*-Risiko nicht allein, vielmehr traten zunächst einmal gleich drei Institute als Mitversicherer auf.
Insgesamt vierzig Prozent des *Lucona*-Risikos hatten zwei weltweit bekannte Schweizer Versicherungsunternehmungen übernommen: Zehn Prozent die *Basler* und dreißig Prozent die *Helvetia-Versicherung* in St. Gallen, wobei diese den Großteil des Risikos wiederum an die Schweizer Rückversicherungsanstalt in Zürich weitergaben.
Als dritter direkter Mitversicherer mit einem Anteil von 5 Prozent trat die Wiener *Union-Versicherung*, ein Tochterunternehmen der sozialistisch dominierten *Wiener Städtischen*, auf. Somit verblieben der *Bundesländer* von Anfang an nur noch 55 Prozent – sowie die Verpflichtung, als federführendes Institut auch die Interessen der Mitversicherer zu vertreten.
Den ihr verbliebenen Anteil von etwas mehr als der Hälfte am *Lucona*-Gesamtrisiko deckte in der Folge natürlich auch die *Bundesländer-Versicherung* bei verschiedenen Rückversicherungsanstalten ein.

Exakt 44 Prozent des der *Bundesländer* verbliebenen Anteils gingen nach Deutschland: Je neun Prozent über das Wiener Maklerbüro *Hollitscher & Gottlieb* zur *Aachener Rückversicherung* und zur *Aachener & Münchner Rück*, während die *Münchner Rückversicherung* auf direktem Weg 26 Prozent übernahm.
Weitere 25 Prozent vermittelten die Kölner Rückversicherungsmakler *Czymoch & Co.* an den Lloyd's Broker Stenhouse in London weiter. Sie wurden im Rahmen des *Sten Re Master Cargo Contracts* auf dem britischen Rückversicherungsmarkt plaziert, während *Howden & Swann* weitere 7 Prozent und die Kölner Makler *König & Reeker* ebenfalls insgesamt 7 Prozent (3,5 Prozent über den *Cargo Contract 1976* und 3,5 Prozent im Rahmen des *Marine Declaration Cover*) übernahmen.
Zehn Prozent wurden schließlich von einer ganzen Reihe weiterer Rückversicherer im Rahmen des *Master German Cargo Agreements* gezeichnet, wobei in diesem Fall die Wiener Maklerfirma *Jauch & Hübener* als Vermittler auftrat.
Insgesamt beteiligten sich indirekt mehr als dreihundertfünfzig verschiedene Rückversicherungsinstitute – quer durch Europa – an der *Lucona*-Frachtversicherung, darunter in der Tat auch die eigene britische Tochter der *Bundesländer*, die vielzitierte *London & Kingston Insurance Company*. Allerdings nur mit netto mageren 5 000 Pfund, womit ihr Anteil am Risiko exakt 0,06218 Prozent betrug.
Selbst die britische Briefkastenfirma hätte es daher – entgegen den von der *Zapata* lancierten Gerüchten – wohl jederzeit spielend geschafft, ihren Anteil im Falle des Falles auch zu zahlen. Dieser hätte per 31. Dezember 1984 einschließlich der bis dahin aufgelaufenen Zinsen und Kosten umgerechnet nicht mehr als 317 342 Schilling betragen, wobei die *London & Kingston* diese Summe in ihrer Bilanz sogar ordnungsgemäß rückgestellt hat.
An der *Bundesländer-Versicherung* selbst blieben letztlich als Brutto-Eigenbehalt nur noch die restlichen 7 Prozent hängen, das waren genau 3,85 Prozent am *Lucona*-Gesamtrisiko, wovon indes noch einmal mehr als die Hälfte über einen allgemeinen Transport-Quotenvertrag sowie durch einen Schadensexcedenten geschützt sind.
Die Maximalsumme, die sie demnach im Falle einer Auszahlung der Versicherungssumme tatsächlich aus eigenen Mitteln hätte aufbringen müssen, ist marginal. Per 31. Dezember 1984 etwa wären es genau 2 206 246 Schilling gewesen.
Diesen Betrag hätte die *Bundesländer-Versicherung* zweifellos jederzeit spielend durch einen Griff in die Portokasse bezahlt.

# Befangene Richter entscheiden

Die Gesamtsumme, um die Prokschs *Zapata AG* insgesamt mehr als acht Jahre lang in einem der spektakulärsten und monströsesten Zivilgerichtsverfahren in der Geschichte Österreichs unter Einsatz aller Mittel stritt, wuchs schließlich unter Hinzurechnung der Zinsen und Verfahrenskosten und auf Grund des in der Zwischenzeit gestiegenen Franken-Wechselkurses auf mehr als 500 Millionen – eine halbe Milliarde – Schilling an.

Daß Udo Proksch und seine Komplizen fest entschlossen waren, an diesen unvorstellbar hohen Geldbetrag unter allen Umständen heranzukommen, leuchtet ein. Und sollte das Handelsgericht Wien doch nicht bereit sein, sich »indoktrinieren« zu lassen, so würde man – über den Umweg von Berufungsrichtern – nötigenfalls eben auch »mit Gewalt« versuchen müssen, zum Erfolg zu kommen.

In das Oberlandesgericht Wien als Berufungsinstanz hatte Udo Proksch in seiner Sache schon von Anfang an sehr große Hoffnungen gesetzt. Schließlich gehörten seinem Machtkartell *Club 45* seit Jahr und Tag als Repräsentanten der Gerichtsbarkeit auch eine große Anzahl hoher Richter an, an deren Wohlwollen dem Hausherrn des *Club 45* gegenüber keineswegs ein Mangel zu bestehen schien.

Tatsächlich existiert bis heute in den Räumen des *Club 45* in Prokschs *Demel*-Haus sogar ein eigener Richterstammtisch, an dem gelegentlich komplette Gerichtssenate den übrigen Mitgliedern der verschworenen Gemeinschaft zum Gedankenaustausch zur Verfügung stehen.

Zwei prominente Richter des Oberlandesgerichtes Wien, Gerhard Hellwagner und Karl-Heinz Demel[39], sahen es sogar als mit der Standesehre eines Richters zu vereinbaren an, sich zu Vorstandsmitgliedern des *Club 45* wählen zu lassen, obwohl diese Vereinigung spätestens durch AKH-Skandal, Waffenaffären, Spionagevorwürfe und den Verdacht auf illegale Finanzierung von politischen Parteien in

---

[39] Richter Dr. Karl-Heinz Demel (mit der Familie der ehemaligen Besitzer der *k.u.k. Hofzuckerbäckerei* nicht verwandt, aber langjähriges *Club-45*-Mitglied) avancierte bald danach zum Vizepräsidenten des Landesgerichtes für Zivilrechtssachen und bekleidet heute neben seiner *Club-45*-Vorstandsfunktion die Position des Präsidenten des Arbeits- und Sozialgerichtshofes in Wien.

den Geruch kam, eine wohlorganisierte Drehscheibe für Korruption und Wirtschaftsverbrechen aller Art zu sein.

Auch der für die Behandlung der Berufung der *Zapata* im Wiener Oberlandesgericht zuständige Senatspräsident, Prof. Richard Jäger, leugnet keineswegs, im *Club 45* ebenfalls sehr gerne Gast zu sein. Dennoch, sagt er, sei es bloß Zufall gewesen, daß er für die nunmehr anstehende Berufungsverhandlung über die *Zapata*-Klage ausgerechnet Richter Karl-Heinz Demel zum Berichterstatter nominierte.[40]

Am 1. Oktober 1981 hob der Senat Professor Richard Jägers daraufhin die Entscheidung des Handelsgerichtes zum dritten Mal auf und ordnete an, auch noch den ehemaligen Verwaltungsrat der *Zapata AG*, Max Peterhans, im Rechtshilfeweg in der Schweiz als Zeugen zu vernehmen.

Inzwischen freilich war Max Peterhans auf seine zeugenschaftliche Vernehmung auch schon vorbereitet und wohlpräpariert. Schon am 9. Juni 1980 hatte sich der Ex-Freund Udo Prokschs und Partner des NPT-Machthabers Karl Zerner zur Mithilfe bereit gefunden und eine Erklärung unterschrieben, in der es hieß:

»Ich, Max Peterhans, Kaufmann, Artherstraße 12, 6301 Zug, wohnhaft in 6317 Oberwil-Zug, mache die folgenden Angaben, welche ich bereit bin, vor einem Schweizer Gericht zu bestätigen.«

Demnach hätten, laut Peterhans, bereits zur Zeit, als er als Vorgänger von Frau Greta Fischer noch Verwaltungsrat der *Zapata AG* gewesen sei, »Gespräche über die Lieferung von Maschinen und sonstigen Geräten für eine Yellow-Cake-Anlage und Planung dieser Anlage begonnen«. »Als Beauftragter der Firma *Zapata AG*«, log Max Peterhans in seiner »Erklärung« schließlich weiter, »war damals Hans Neuffer tätig.«[41]

Mit Hilfe dieser Aussagen hoffte die *Zapata*, im dritten Rechtsgang doch noch zu gewinnen. Als am 28. Jänner 1982 für Max Peterhans dann allerdings die Stunde der Wahrheit schlug und er vor dem Kantonsgerichtspräsidium in Zug als Zeuge einvernommen wurde, fiel er um.

Vor einem leibhaftigen Richter war der bekannte Schweizer Treuhän-

---

[40] Senatspräsident Jäger zog seine Entscheidung erst zurück und übernahm daraufhin höchstpersönlich die Doppelfunktion des Vorsitzenden und auch des Berichterstatters im Senat, der über die Berufung der *Zapata* zu entscheiden hatte, nachdem *Bundesländer*-Anwalt Werner Masser eine Ablehnung wegen offenkundiger Befangenheit ankündigte.

[41] Später gab Peterhans zu, in Wahrheit weder je von einer Yellow-Cake-Anlage etwas gehört zu haben noch Hans Neuffer überhaupt zu kennen.

der am Ende denn doch nicht bereit, für Proksch & Co. eine falsche Zeugenaussage abzulegen. So geriet die Einvernahme des Entscheidungszeugen zu folgendem Frage-und-Antwortspiel:
»War der Zeuge Präsident des Verwaltungsrates der *Zapata AG* und wenn ja, in welchem Zeitraum hatte er diese Funktion inne?«
– »Ich war Präsident von deren Gründung an bis März oder April des Jahres 1974.«
»Hat der Zeuge selbst Verhandlungen bezüglich des fraglichen Geschäftes geführt oder bei solchen mitgewirkt?«
– »Ich habe weder selbst Verhandlungen geführt noch bei solchen mitgewirkt.«
»Was weiß der Zeuge über das gegenständliche Geschäft, insbesondere darüber, wie es zur Einleitung der Verhandlungen kam?«
– »Darüber weiß ich nichts!«
»Welche Güter gekauft bzw. verkauft wurden?«
– »Darüber weiß ich nichts!«
»Wer der Verkäufer und wer Käufer war?«
– »Darüber weiß ich nichts!«
»Wer die ganze Anlage plante?«
– »Darüber weiß ich nichts!«
»Trifft es zu, daß Sie Herrn Proksch nach dem Tod Neuffers ersuchten, das Geschäft weiterzuführen?«
– »Daran kann ich mich nicht mehr erinnern!«
»Was weiß der Zeuge sonst noch über die streitgegenständliche Angelegenheit?«
– »Ich kann dazu nichts weiter sagen!«
Daß sich das Handelsgericht Wien nach dieser Zeugenaussage nicht veranlaßt sah, seine ursprüngliche Entscheidung zu revidieren und daß daher die *Zapata*-Klage am 19. Mai 1982 zum dritten Mal abgewiesen wurde, war vollkommen klar.
Doch wiederum folgte dem Urteilsspruch die Berufung der *Zapata*-Mannschaft auf dem Fuß.
Und jetzt verloren nicht nur Udo Proksch allein, sondern offenkundig auch manche seiner ehrenwerten Freunde die Geduld:
Im Oberlandesgericht Wien wurde nach der dreimaligen Klagsabweisung durch das Erstgericht nunmehr unter dem Vorsitz des Senatspräsidenten Richard Jäger ein Senat aktiv, der anscheinend fest entschlossen war, die »Uneinsichtigkeit« und »Unbelehrbarkeit« des Handelsgerichtes Wien ein für allemal zu korrigieren.
Man war bereit, jetzt sozusagen mit (juristischer) Gewalt von sich aus

das von Udo Proksch ersehnte Urteil zu erlassen, das die *Zapata* auf dem korrekten Rechtsweg nie erreichen konnte.

Am 17. Februar 1983 hob der Berufungssenat des Oberlandesgerichtes die zum dritten Mal erfolgte klagsabweisende Entscheidung des Erstgerichtes auf und fällte statt dessen handstreichartig selbst ein sogenanntes Zwischenurteil, das den Versicherungsbetrügern recht gab. Ohne eine Beweiswiederholung vorzunehmen, und indem man alle entscheidenden Tatsachenfeststellungen des Erstgerichtes kurzerhand in ihr genaues Gegenteil verkehrte:

Hatte das Erstgericht aus guten Gründen festgestellt, es sei fraglich, ob überhaupt jemals eine Uranerz-Aufbereitungsanlage existierte, so stellte der Senat des OLG[42] nun fest:

- Es sei erwiesen, daß von der *Zapata* »in Erfüllung ihres Vertrages mit der NPT« eine Uranerz-Aufbereitungsanlage auf das Frachtschiff *Lucona* verladen wurde.

Hatte das Erstgericht unter Hinweis auf die auf der *Lucona* offenbar erfolgten Explosion die Feststellung getroffen, die Untergangsursache des Frachtschiffes sei »ungeklärt«, so stellte der Senat des OLG nun fest:

- Es sei erwiesen, daß die *Lucona* »aus einem vom Versicherungsvertrag nicht ausgeschlossenen Risiko« (durch Auflaufen auf ein Wrack) gesunken sei.

Hatte das Erstgericht aus guten Gründen festgestellt, die Aussagen der einvernommenen Zeugen der *Zapata* seien widersprüchlich und über weite Strecken unglaubwürdig, so stellte der Senat des OLG – ohne jemals einen Zeugen selbst gehört zu haben – fest:

- Die Aussagen der Zeugen (Udo Proksch, Hans Peter Daimler, Greta Fischer, Erwin Egger und Max Peterhans) seien als glaubwürdig zu betrachten, denn es gäbe keinen Grund für sie, die Wahrheit zu verschweigen.

Aus den angeführten Gründen, so stellte der Berufungssenat des OLG abschließend fest, seien die Erhebungen »als beendet anzusehen«, die Erteilung weiterer Auskünfte sei der *Zapata AG* nicht zuzumuten, der Schadensnachweis sei erbracht. Der Versicherungsanspruch bestehe somit »dem Grunde nach zu Recht«, der Klagsbetrag sei fällig.

Daß dieses skandalöse Urteil einem Berufungsgericht aus Mangel an Rechtskenntnis »passiert« sein könnte, erscheint ausgeschlossen.

---

[42] Neben Prof. Dr. Richard Jäger gehörten Dr. Heribert Graf als beisitzender Richter und Kommerzialrat Dr. Max Hundt als fachmännischer Laienrichter dem Berufungssenat an.

So hob denn auch der *Oberste Gerichtshof* in seinem Erkenntnis 7 Ob 38/83 am 17. November 1983 dieses Zwischenurteil wieder auf. Und weil es »zureichende Gründe« gab, die »nach objektiver Prüfung und Beurteilung die Besorgnis der Befangenheit gerechtfertigt« erscheinen ließen, enthob der *Oberste Gerichtshof* anschließend auch gleich den kompletten Senat jeder weiteren Tätigkeit in dieser Causa.

Ein befangener Berufungs- und Obergerichtssenat ist zweifellos ein in der Justizgeschichte Österreichs einzigartiger Fall. Am Oberlandesgericht Wien schien indes auch weiterhin kein Mangel an Proksch-Freunden zu bestehen.

Ein Ersatzsenat des OLG unter dem Vorsitz von Richter Peter Schiemer[43] erhielt danach den Auftrag, den Berufungsfall noch einmal zu verhandeln.[44] Auch eine Wiederholung des Beweisverfahrens wurde vorgenommen.

Wie den Gerichtsprotokollen unschwer zu entnehmen ist, widersprachen einander die »Zeugen« erneut auf eklatante Weise, und insbesondere Udo Proksch log hemmungslos.

Dies hinderte jedoch auch diesen Senat des Wiener Oberlandesgerichtes nicht, in seinem Beschluß vom 30. Dezember 1984 festzustellen, es gäbe keinerlei Indizien dafür, daß die Zeugenaussagen »unrichtig, bedenklich oder unglaubwürdig« seien.

Zwar mochte der Senat vor allem bei Udo Proksch »nicht verhehlen, daß dieser Zeuge bei seiner Vernehmung keinen übermäßig sicheren Eindruck machte und weitwendig, immer wieder abschweifend seine Aussage ablegte«, folgerte jedoch daraus, daß »gerade dies ein Indiz (sei)«, das für die Glaubwürdigkeit des Zeugen spreche.

Daß zu diesem Zeitpunkt mittlerweile längst auch schon die Staatsanwaltschaft und das Wiener Strafgericht gegen Udo Proksch und Peter Daimler wegen »Mordes und Versicherungsbetruges« Ermittlungen durchführten, störte den Zivilgerichtssenat in keiner Weise.

Und als die Vertreter der Versicherung Dokumente und Ermittlungsergebnisse des strafgerichtlichen Verfahrens vorlegten, die den unwiderlegbaren Beweis für die soeben abgelegten falschen Zeugenaussagen von Proksch, Daimler und Egger erbrachten, verweigerte der

---

[43] Dr. Peter Schiemer sitzt im Vorzimmer des wegen Befangenheit enthobenen Senatspräsidenten Prof. Richard Jäger, der außerdem in seiner Funktion als maßgebliches Mitglied des Personalsenats die weitere Karriere seiner Richterkollegen entscheidend mitbestimmt.

[44] Beisitzender Richter: Dr. Erich Kodek. Fachmännischer Laienrichter: Kommerzialrat Freddy Markovits.

Oberlandesgerichts-Senat deren Kenntnisnahme und entzog den Anwälten das Wort.
Es sei nun im Leben einmal so, führte der Senat anschließend aus, »daß die absolute Wahrheit der menschlichen Erkenntnis (oft) verschlossen bleiben muß«.
Die Erhebungen, so stellte schließlich auch der nicht befangene Ersatzsenat des Oberlandesgerichtes Wien fest, seien »somit als abgeschlossen anzusehen, und die Klagsforderung ist demnach fällig«[45].

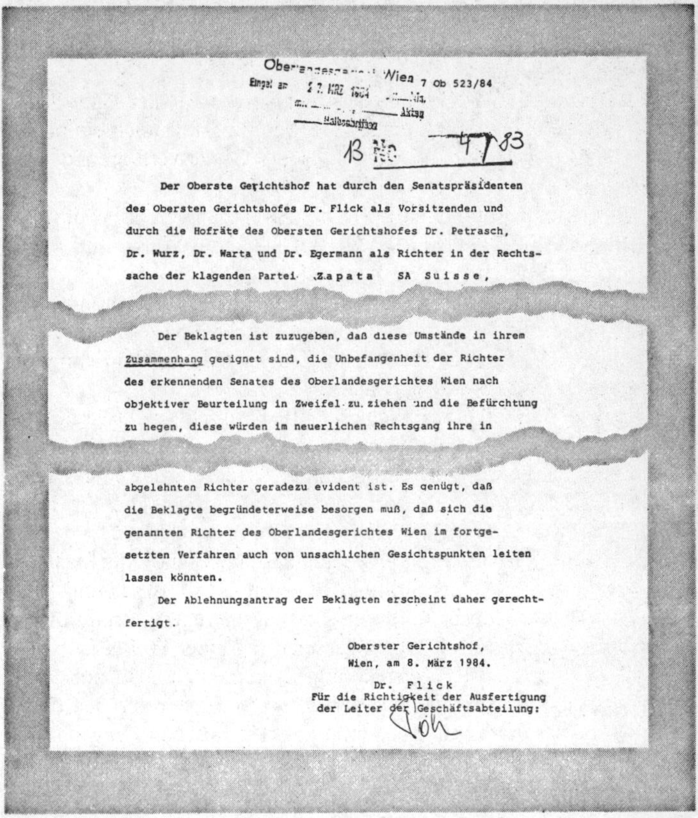

7 Ob 523/84

13 Nc 47/83

Der Oberste Gerichtshof hat durch den Senatspräsidenten des Obersten Gerichtshofes Dr. Flick als Vorsitzenden und durch die Hofräte des Obersten Gerichtshofes Dr. Petrasch, Dr. Wurz, Dr. Warta und Dr. Egermann als Richter in der Rechtssache der klagenden Partei Zapata SA Suisse,

Der Beklagten ist zuzugeben, daß diese Umstände in ihrem Zusammenhang geeignet sind, die Unbefangenheit der Richter des erkennenden Senates des Oberlandesgerichtes Wien nach objektiver Beurteilung in Zweifel zu ziehen und die Befürchtung zu hegen, diese würden im neuerlichen Rechtsgang ihre in

abgelehnten Richter geradezu evident ist. Es genügt, daß die Beklagte begründeterweise besorgen muß, daß sich die genannten Richter des Oberlandesgerichtes Wien im fortgesetzten Verfahren auch von unsachlichen Gesichtspunkten leiten lassen könnten.

Der Ablehnungsantrag der Beklagten erscheint daher gerechtfertigt.

Oberster Gerichtshof,
Wien, am 8. März 1984.
Dr. Flick
Für die Richtigkeit der Ausfertigung
der Leiter der Geschäftsabteilung:

---

[45] Erst eine von den *Bundesländer*-Anwälten eingebrachte Wiederaufnahmsklage und ein nochmaliges Einschreiten durch den *Obersten Gerichtshof* führten in der Zwischenzeit dazu, daß das Zivilverfahren der *Zapata AG* gegen die *Bundesländer-Versicherung* bis zur rechtskräftigen Beendigung der im *Fall Lucona* anhängigen Strafverfahren unterbrochen wurde.

# VI.

# ES WAR KALTBLÜTIGER MORD!

*I hope that the guilty people will pay for their crime.*

Jacob Puister, Lucona-Kapitän

# Dietmar K. Guggenbichler – Ein Detektiv sieht rot

Er besitzt die österreichische Staatsbürgerschaft, eine Niederlassungsbewilligung für die Schweiz, eine Lizenz als Privatdetektiv und – seit er im Auftrag der *Bundesländer-Versicherung* den *Fall Lucona* aufzuklären versuchte – auch den von den Proksch-Advokaten und einigen Medien verbreiteten Ruf, ein »Desperado, Rufmörder und Kopfgeldjäger«, ein »als Privatdetektiv dilettierender Ganove« und in Wirklichkeit selbst ein »vielfach vorbestrafter« Rechtsbrecher zu sein.
Richtig ist, daß Udo Proksch und Genossen allen Grund haben, den in Rüti im Zürcher Oberland residierenden Schweizer Ermittler zu hassen. Immerhin hätten ohne Dietmar Guggenbichlers Auftritt aller Wahrscheinlichkeit nach bis zum heutigen Tag weder die Kriminalpolizei noch ein Untersuchungsrichter oder die Staatsanwaltschaft Gelegenheit bekommen, sich mit den Hintergründen des *Falles Lucona* zu befassen.
Ins Spiel kam der Privatdetektiv im Februar 1983, wenige Tage nachdem in Wien von dem später wegen Befangenheit seines Amtes enthobenen Obergerichtssenat jenes skandalöse Urteil gefällt worden war, das der *Zapata AG* »dem Grunde nach« Recht gab und ihr damit die Versicherungssumme zusprach.
Die *Bundesländer-Versicherung* war nach dieser Entscheidung natürlich in Panik geraten und sah sich zum Handeln gezwungen. Am 28. Februar 1983 erhielt Dietmar Guggenbichlers Detektivinstitut *Ercona AG* von der Anwaltskanzlei Werner Masser namens der *Bundesländer* den Auftrag, »im Zusammenhang mit dem Versicherungsfall ›Untergang der Lucona‹ wegen Verdachtes des Versicherungsbetruges zu ermitteln, um die involvierten Firmen und Personen des Versicherungsbetruges zu überführen«. Als Erfolgshonorar sagten die Versicherer dem Detektiv einen Betrag in der Höhe von fünf Millionen Schilling zu.
Zu jenen stillen und biederen »Schnüfflern«, die ihrer Ermittlertätigkeit in angemessener Bescheidenheit nachgehen, gehört der Privatdetektiv aus Rüti freilich nicht. Mühsame, penible Recherchen, die Zeit und Geduld kosten, sind nicht sein Fall. Vielmehr zieht er die spektakuläre Aktion vor, auch wenn diese oft nur dem Zweck dient, als

RECHTSANWÄLTE
DR. WERNER MASSER
DR. ERNST GROSSMANN
DR. EDUARD KLINGSBIGL
1010 WIEN I, SINGERSTRASSE 27/II
Telefon 0222/52 75 55 Serie
Telex Nr. 13 51 71 causa

Wien, am 28.2.1983 0/5/R

Betrifft: Lucona
Nr. 00075

Firma
E R C O N A AG.

Hofwiesenstraße 6
CH-8630 Rüti/ZH

Sehr geehrte Herren !

Ich beziehe mich auf mein Schreiben vom heutigen Tage, das die Auftragserteilung in obiger Causa beinhaltet sowie auf die Besprechung mit Ihrem sehr geehrten Herrn Dietmar GUGGENBICHLER.

Hinsichtlich der Honorierung und sonstiger Nebenbedingungen erlaube ich mir nachfolgendes festzuhalten:

Sie erhalten eine einmalige Honorar-Pauschale von --------------------------------------- S 250.000,--
(Schilling Zweihundertfünfzigtausend) sowie einen Spesenvorschuß von ----------------- S 100.000,--
(Schilling einhunderttausend) auf Ihr Konto Nr. 00342990004 beim Bankhaus Berger & Co., Salzburg.

Im Erfolgsfalle erhalten Sie ein Honorar von S 5,000.000,-- (Schilling Fünf Millionen), incl. allfälliger Umsatzsteuer, auf welchen Betrag das obige Honorar-Pauschale von S 250.000,-- anzurechnen ist.

Der Erfolg ist dann eingetreten, wenn meine Mandantschaft, die Versicherungsanstalt der österreichischen Bundesländer Vers. AG. auf dem Wege eines Vergleiches oder durch gerichtliche Entscheidung im anhängigen Zivilprozeß in der Weise obsiegt, daß die Gegenpartei wegen Versicherungsbetruges überführt wird und meine Mandantschaft nicht zur Versicherungsleistung herangezogen werden kann. Voraussetzung ist, daß die dafür erforderlichen objektiven Beweismittel von Ihnen bis zum 30.6.1983 zu meinen Handen zur Verfügung stehen.

Meine Mandantschaft verpflichtet sich ferner, bisheriges Beweismaterial und sämtliche bereits vorhandenen und noch auftretenden Erkenntnisse ohne Einschränkung Ihnen zur Einsichtnahme zur Verfügung zu stellen und keinerlei Dokumente oder Beweismittel zurückzuhalten.

Ich empfehle mich mit dem Ausdruck

meiner vorzüglichen Hochachtung

Ermittlungsauftrag an den Schweizer Privatdetektiv
Dietmar K. Guggenbichler

»selbsternannter Heros der Gerechtigkeit« in die Schlagzeilen der Medien zu kommen. Die Interessen seiner Auftraggeber sind ihm dann allerdings manchmal egal.
»Ich hasse das Verbrechen«, gab er kurz und bündig einem Reporter des schweizerischen *Sonntags-Blick* einst sein Leitmotiv preis, als das Blatt in einer großen Bildreportage den »einsamen Kampf des Dietmar Guggenbichler gegen die Unterwelt« hautnah beschrieb.
Er habe ein äußerst sensibles Rechtsempfinden, sagt der Detektiv über sich, und er hasse nichts so sehr wie »Leute, die auf Grund ihrer Machtstellung und Privilegien andere Leute bescheißen oder Gerichtsurteile so fällen, wie es ihnen paßt. Ich traue mir zu, beurteilen zu können, was ich verantworten kann. Ich habe in den letzten Jahren viele Leute ins Zuchthaus gebracht, die es verdient haben. Ist das etwa schlecht?«
Daß er sich anstelle von Argumenten gelegentlich lieber seines Revolvers bediene, wird von seinen Gegnern behauptet, die ihn denn auch bloß als »schießwütigen Cowboy« ansehen, wogegen er selbst die Anwendung »unkonventioneller Methoden« bei seinem »heldenhaften Einsatz gegen Wirtschaftskriminelle und Korruptionisten« natürlich sehr wohl zu begründen versteht: »In dem Milieu, in dem ich mich bewege, kann ich nicht jedesmal artig an die Tür klopfen.«
Im übrigen habe der Rechtsstaat ohnehin längst auf allen Linien versagt, was ihm, wie er meint, das Recht gäbe, nötigenfalls das Gesetz in die eigenen Hände zu nehmen.
Kein Zweifel: Dietmar Guggenbichler hat sich seine eigene Moral aufgebaut, auch wenn es gelegentlich nicht ganz einfach erscheint, sie zu orten.
Immerhin leugnet er gar nicht, in seinem Leben auch selbst nicht immer ein Waisenknabe gewesen zu sein. Manchmal war es in der Tat keineswegs klar, auf welcher Seite des Gesetzes er stand. Vorhalte dieser Art pariert Guggenbichler freilich nicht zu unrecht mit dem diskreten Hinweis auf die Geschichte des amerikanischen FBI, dessen Mitarbeiter während der Prohibitionszeit gut zur Hälfte aus ehemaligen Gesetzesbrechern rekrutiert worden sind.
Geboren wurde der umstrittene Privatdetektiv im Jahr 1942 in Wels. Seine Eltern, Karl und Tatjana Batalov, stammten aus Weißrußland bzw. aus dem Banat, wo der Junge auch die Kriegs- und Nachkriegs-Hungerjahre in verschiedenen Lagern verbrachte, ehe er 1949 mit einem Flüchtlingstransport wieder nach Österreich kam.
Ein Jahr nach seiner Geburt war sein leiblicher Vater als Angehöriger der *Deutschen Wehrmacht* gefallen, so daß er den Namen Guggen-

bichler nach der Wiederverehelichung seiner Mutter auf dem Adoptionsweg bekam.
Wie gefährlich für ihn sein späteres Leben als Privatdetektiv oft verlaufen sei, demonstriert Dietmar Guggenbichler mit dem Hinweis auf einige schwere Verletzungen, deren Spuren man sieht: Dreimal wurde er bereits angeschossen, zweimal mit einem Messer traktiert.
Auch die Endglieder an zwei Fingern seiner linken Hand fehlen ihm. Diese wurden ihm allerdings nicht abgeschossen, sondern er verlor sie schon als Jugendlicher durch einen Arbeitsunfall in seiner Heimatstadt Wels , als er sich im Zuge einer Ferialbeschäftigung als Tischlergehilfe versuchte und dabei mit der Hand in die Kreissäge kam.
Als Siebzehnjähriger ließ sich Dietmar Guggenbichler von der Welser Bezirkshauptmannschaft für volljährig erklären und zog in die Welt: Deutschland, Frankreich, Spanien, die USA. Seine Jugendjahre erinnern ein wenig an die Udo Prokschs.
Im Jahr 1959 heuerte er bei der *United Airforce* in Frankfurt am Main an, wo er zunächst als Barmixer und später nach einem entsprechenden Ausbildungslehrgang als US-Air-Polizist eine Beschäftigung fand. Die nächsten zwei Jahre verbrachte er in den Vereinigten Staaten.
Nach seiner Rückkehr ließ er sich 1964 wieder in Deutschland nieder und verdiente sich seinen Lebensunterhalt eine Zeitlang als Waschmaschinenvertreter, ehe er den Entschluß faßte, sich eine solide Berufsausbildung angedeihen zu lassen: Er erlernte den Beruf eines Kochs und besuchte eine Hotelfachschule in Konstanz, in der er sich zum Hotelkaufmann ausbilden ließ.
Dennoch zog er es bald danach wieder vor, als Nachtlokalkellner von Ingolstadt über Straubing nach München zu ziehen, bis es ihn Anfang der siebziger Jahre erneut nach Spanien verschlug.
In Playa y Fiesta, wo er als Küchenchef auf einem Campingplatz tätig war, geriet Dietmar Guggenbichler im Jahr 1973 nach einer Schießerei zum ersten Mal mit der spanischen Polizei in Konflikt. Vier Monate Untersuchungshaft waren die Folge. Eine Verurteilung erfolgte nicht.
Zu seinem nächsten direkten Kontakt mit einer staatlichen Ordnungsmacht kam es im Jahr 1975 in Perpignan in Südfrankreich, nachdem die französische Polizei im Kofferraum seines Chevrolet ein kleineres Waffenarsenal fand.
Von französischen Medien wurde Dietmar Guggenbichler in der Folge eine Zeitlang als Waffenschmuggler verkannt. Wie er auch den Franzosen bald klarmachen konnte, war er das allerdings nie. Er be-

nötigte die Unmengen von Faustfeuerwaffen, die er besitzt, immer nur für sich selbst.
In der Tat scheinen für Dietmar Guggenbichler Schußwaffen aller Art eine erotisierende Anziehungskraft zu besitzen – eine Neigung, die der Rambo unter den Detektiven offenkundig mit einigen bekannten österreichischen Spitzenpolitikern, etwa dem burgenländischen Ex-Landeshauptmann Theodor Kery, teilt.
Dieses Hobby war es denn auch, das ihn späterhin immer wieder in Schwierigkeiten mit den Behörden gebracht und unter anderem auch zu jenen »zahllosen Vorstrafen« geführt hat, die man ihm heute noch vorwirft, obwohl sie natürlich seit Jahren getilgt sind.
Zuletzt hatte ihm das Wiener Landesgericht im Jahr 1977 eine einmonatige bedingte Arreststrafe wegen Übertretung des Waffengesetzes aufgebrummt, weil er in Niederösterreich mit einem Revolver unterwegs war, ohne dafür einen Waffenschein zu besitzen.
Im selben Jahr ließ sich Dietmar Guggenbichler endgültig in der Schweiz nieder. Zunächst bot er seine Dienste als Bodyguard an, beschützte Industrielle und ausländische Potentaten, gab Schießunterricht, übernahm aber auch Inkassoaufträge und begann bald danach als Privatdetektiv.
Im Jahr 1979 gründete er zusammen mit seiner Ehefrau Rita und einigen Partnern die Firma *Ercona AG*: »Bewaffneter Personenschutz, Sachtransportschutz und Ermittlungen.«
Über dieselbe Firma bot Guggenbichler aber auch elektronische Schießanlagen für Combat-Wettkämpfe zum Verkauf an und kam in der Folge zum ersten Mal mit seinem späteren Erzfeind Udo Proksch in Kontakt.
Der *Demel*-Chef hatte Ende der siebziger Jahre zusammen mit seinem Freund Leopold Gratz und dem Wiener Militärkommandanten, General Karl Schrems, wieder einmal ein Projekt initiiert: Man wollte in Wien-Stammersdorf für die Wiener Schieß- und Sportschützenvereine um rund 60 Millionen Schilling eine Landesschießstätte bauen.
Als Bauplaner fungierte Roderich Proksch, der auch der Schwiegersohn von General Schrems ist, und Leopold Gratz versprach, als Wiener Bürgermeister für die erforderlichen Subventionen aus der Gemeindekassa zu sorgen. Das geplante Geschäft mit der *Ercona AG* – sie sollte für 1,2 Millionen Schilling eine elektronische Schießanlage beisteuern – zerschlug sich jedoch, worauf sich deren Geschäftsführer wieder auf seine Tätigkeit als Ermittler und Geldeintreiber in der Schweiz zu konzentrieren begann.
In Österreich machte sich Dietmar Guggenbichler ab dem Jahr 1981

auch als Polizeikonfident und vor allem als V-Mann der Fahndungsgruppe der Salzburger Kripo beliebt.
Zwischendurch führte ihn seine Tätigkeit als Privatdetektiv im Auftrag eines Kärntner Holzhändlers einmal auch mitten ins italienische Mafia-Milieu. Ein gebürtiger Österreicher, Rüdiger Puchner, der auch als Rodrigo Vasilico auftrat, hatte jahrelang zahlreiche österreichische und deutsche Holzhandelsunternehmungen mit Hilfe italienischer Scheinfirmen um insgesamt Hunderte Millionen Schilling betrogen.
Doch weder die Haftbefehle, die gegen ihn in Österreich, in Deutschland und in der Schweiz vorlagen, noch die Tatsache, daß Vasilico in Italien bereits mehrfach zu hohen Haftstrafen verurteilt worden war, konnten ihn – da er seine Strafen niemals antreten mußte – daran hindern, seine »Geschäftstätigkeit« fortzusetzen, bis Dietmar Guggenbichler auftrat und in den Besitz neuen Beweismaterials kam.
Vasilico hatte eines Tages seine Aktentasche samt einem Notizbuch in seinem Mercedes 450 liegen gelassen, als er diesen auf einer Tankstelle in Brixen durch eine Waschstraße fahren ließ, während er selbst sich inzwischen die Beine vertrat.
Als der Wagen auf der anderen Seite herauskam, war er zwar blitzblank, aber auch die Tasche war verschwunden. Ihr kompromittierender Inhalt wurde später sowohl den österreichischen Untersuchungsbehörden als auch der italienischen *Guardia di Finanza* übermittelt, worauf Rodrigo Vasilico später in Bozen noch einmal fünf Jahre Gefängnis bekam.
Kein Glück mit Guggenbichler hatte hingegen der oberösterreichische Waldbesitzer, Aktionär der *Österreichischen Brau-AG* und Inhaber der Zipfer Bierbrauerei Max Baron Limbeck von Lilienau, der im Schloß Frein bei Frankenburg residiert.
Der einstmals schwerreiche Baron wurde um insgesamt 40 Millionen Schilling betrogen. Weitere sieben Millionen für eine Beteiligung an einem Bewässerungsprojekt in Saudi-Arabien, das nie zustande kam, lockte ihm ein dubioser »Vermögensberater« heraus, wobei als Vermittler der Wiener Anwalt und Präsident des *Wiener Trabrennvereins* Herbert Pichler[1] fungierte.
Für ein Honorar von 2,4 Millionen Schilling sollte Dietmar Guggenbichler Limbecks Millionen wiederbeschaffen, was ihm jedoch nicht

---

[1] Als Herbert Pichlers Stellvertreter und Vizeobmann in der Zentrale der österreichischen Traberzucht- und Rennvereine fungiert Richard Jäger, jener Senatspräsident des Wiener Oberlandesgerichtes und *Club-45*-Besucher, der wegen Befangenheit vom *Fall Lucona* durch den Obersten Gerichtshof suspendiert werden mußte.

# Department of the Air Force

## CERTIFICATE OF TRAINING

*This is to certify that*

DIETMAR GUGGENBICHLER

*has satisfactorily completed the*

BASIC TRAINING COURSE

*Given by*

INDUSTRIAL POLICE SECTION, RHEIN MAIN AIR BASE

2 February 1962

*John R. Carnes*
JOHN R. CARNES
Civilian Personnel Officer

---

KANTON ZÜRICH — Bezirk Hinwil

**Waffentragschein** (Verlängerung) № 2396

| | |
|---|---|
| Name und Vorname: | Guggenbichler Dietmar K. |
| Beruf: | selbständiger Privatdetektiv |
| Heimatort: | österreichischer Staatsangehöriger |
| Geburtsdatum: | 29. Juni 1942 |
| Wohnadresse: | Hofwiesenstr. 6, 8630 Rüti/ZH |

erhält hiemit die Bewilligung, in der Zeit vom 13. Juli 1987 bis 12. Juli 1988

auf dem Gebiet des Kantons Zürich die nachstehend beschriebene Waffe zu tragen oder auf Verkehrsmitteln mitzuführen:

Waffe, Kaliber, Fabriknummer:

Revolver Smith & Wesson, Mod. 60, Nr. 28'661 (a. Trommel), Kal. 38 spez. Fabr.Nr. R 238'056
(ev. eine der weiteren Waffen auf Beiblatt)

Grund: Selbstschutz

Allfällige Beschränkungen:
/Auflage Die Waffe ist im Normalfall verdeckt zu tragen.

**Der Inhaber hat den Waffentragschein auf sich zu tragen und den Polizeiorganen auf Verlangen vorzuweisen.**

Beilage zum Waffentragschein Nr. 2396 von Dietmar Guggenbichler

L I S T E der weiteren zum Einsatz kommenden Waffen

| | | | | | |
|---|---|---|---|---|---|
| Marke | Smith & Wesson | Kal. 38 | Spez. | NR. AHL 2230 | Revolver |
| | Smith & Wesson | 357 | Magnum | 5 D 54689 | Revolver |
| | Smith & Wesson | 44 | Magnum | AHY 8736 | Revolver |
| | Colt | 45 | Automatic | 70 N 68233 | Pistole |
| | Heckler & Koch | 9 | mm | 87'262 N 8 | Pistole |
| | Glock 17 | 9 | mm Para | AE 128 | Pistole |

STATTHALTERAMT HINWIL Kt. Zürich

ÖSTERREICHISCHER DETEKTIV-VERBAND

ÖSTERREICHISCHER DETEKTIVVERBAND

-einschreiben-

Herrn
Dr. Georg Ramsauer
Detektivinstitut

Maria Cebotaristraße 42
5020 Salzburg

SEKRETARIAT:
Wiedner Hauptstraße 50
A-1040 WIEN
Telefon: 0222/

BETREFF: IHR ZEICHEN: WIEN, 1986 06 04

Sehr geehrter Herr Kollege!

Anläßlich der letzten Vorstandssitzung des Österreichischen Detektiv-Verbandes am 17.4.1986 wurde einstimmig beschlossen, Ihre ordentliche Mitgliedschaft mit 1.6.1986 aufzuheben.

Die Gründe wurden Ihnen bereits mündlich in mehreren Gesprächen mit Vorstandsmitgliedern detailiert dargelegt.

Es wurde Ihnen auch zur Klärung der Situation eine Frist gegeben.

Wir bedauern, daß wir durch diese Umstände gezwungen sind, Sie als bisher wertvollen Kollegen und aktives Mitglied im Raume Salzburg zu verlieren.

Hochachtungsvoll

Heinz Rankousch (Vorsitzender) — Karl Schopf e.h. (Geschäftsführer)

Arthur Armin Häfele e.h.
(Finanzreferent)

GEDÄCHTNISPROTOKOLL

In der ersten Maiwoche erhielt ich einen Anruf von Herrn Schopf aus Wien. Herr Schopf teilte mir mit, daß man im Vorstand beschlossen habe, mich aus dem ÖDV auszuschließen, falls ich weiterhin Geschäftsführer bei Herrn Guggenbichler bleiben sollte. Auf meine Frage, was man eigentlich gegen Herrn Guggenbichler habe, erklärte mir Herr Schopf folgendes; man habe nichts persönlich gegen Herrn Guggenbichler, sondern es sei eine rein politische Angelegenheit. Er führte dann näher aus, daß ja Herr Guggenbichler im Fall Proksch auch Mitglieder der SPÖ angegriffen habe, vor allem warf man Herrn Guggenbichler vor, daß er seinerzeit den Herrn Minister Gratz beobachtet habe.
Da nun der Verband mit der SPÖ ein gutes Einvernehmen habe und es dem Verband auch gelungen sei, verschiedene, den Berufsstand betreffende Gesetze durchzubringen, könne man es sich mit der SPÖ nicht verscherzen.

Dr. G. Ramsauer — Salzburg, 22.5.1986

Detektiv-Verband nötigt und setzt österreichischen Ercona-Geschäftsführer unter Druck

gelang. Zwar zeigte der Detektiv auch den prominenten Wiener Rechtsanwalt an, doch während dessen Partner in Deutschland inhaftiert wurde, stellte die Staatsanwaltschaft in Österreich das Strafverfahren gegen den Trabrennvereinspräsidenten rasch ein.
Wie in vielen anderen Fällen bekam schließlich den Schwarzen Peter auch hier der umstrittene Privatdetektiv zugespielt. Der Vorwurf: Er habe nichts geleistet und nur Honorare kassiert. Am Ende tat sich Baron Limbeck sogar mit Proksch-Anwalt Robert Amhof zusammen, der wieder einmal sogleich eine Strafanzeige gegen Guggenbichler losließ.
Vollends ins Fettnäpfchen trat der Schweizer Detektiv im Verlauf eines anderen Falles, der ihm in Österreich sogar eine dreimonatige Untersuchungshaft eintrug. Drei Jahre sollte es anschließend dauern, bis Guggenbichler wieder rehabilitiert war.
Es begann im Jahr 1982 mit einem Ermittlungsauftrag gegen den Schweizer Staatsbürger Josef Kaufmann, dessen sogenanntes *Krankenhaus-Beratungs-Institut* (KBI) im Österreich immer wieder unter dubiosen Umständen zu höchst lukrativen öffentlichen Aufträgen kam.
In Tirol erhielt Kaufmann einen Zehnjahresvertrag als Berater und »administrativer Projektleiter« für den Bau der Innsbrucker Frauen- und Kopfklinik zugeschanzt. Monatsgage: rund 350 000 Schilling. Und beim AKH-Bau in Wien kam er durch die VOEST sogar zu einem Dreihundert-Millionen-Vertrag für die »begleitende Krankenhausfunktionsplanung«, nachdem der verstaatlichte Pleitebetrieb nach dem Platzen des legendären AKH-Skandals das Management für das Milliarden-Endlosprojekt übernommen hatte.
Was der *Kurier* allerdings erst im Oktober 1987 in einer kurzen Artikelserie über den »Skandal um den Pseudo-Fachmann Josef Kaufmann« aufgriff, hatte Guggenbichler bereits im Jahr 1982 ermittelt: Der Spitalsberater konnte den für dieses Gewerbe erforderlichen Befähigungsnachweis nie erbringen, mußte nie eine Prüfung ablegen und hatte sich seinen Gewerbeschein mit Hilfe gefälschter Zeugnisse erschlichen.
Die Details sind kabarettreif und erinnern an »absurdes Theater«. Die Kopie von Josef Kaufmanns angeblichem Maturazeugnis, die in seinem Innsbrucker Gewerbeakt einliegt, weist keinen Namen auf. Kein Wunder, denn der Spitalsberater, der sich immer sehr gern als »Herr Professor« titulieren ließ und sich als Diplom-Betriebswirt ausgab, hatte nur die Volks- und Hauptschule besucht.
Um in Österreich die gewünschten Millionenaufträge zu bekommen,

hatte er zum Nachweis seiner Befähigung auch auf seine angeblich mehrjährige frühere Tätigkeit als Betriebsassistent in einer Schweizer Kinderklinik verwiesen. In Wahrheit war er dort allerdings nur als Laufbursche und Gärtnergehilfe beschäftigt. Im »medizinischen« Bereich wurde er nur ein einziges Mal und nur insofern tätig, als er eine junge Arzthelferin zu »Doktorspielen« zu zwingen versuchte.
Eine einschlägige Praxis in einem Psychiatrischen Krankenhaus hatte er allerdings in der Tat – als Patient. Insgesamt war Josef Kaufmann sogar zweimal in stationärer psychiatrischer Behandlung. Einmal nach einem Selbstmordversuch, das zweite Mal, weil er an Verfolgungswahn litt und während seines Militärdienstes versucht hatte, einen Kameraden über eine Brücke zu stoßen.
Seiner später erwachten Geschäftstüchtigkeit und seiner Geschicklichkeit beim Erhalt öffentlicher Millionenaufträge hatten diese Vorkommnisse jedoch offenbar keinen Abbruch getan.
Daß er im Zusammenhang mit seinen AKH-Engagements dem einst höchsten Wiener Spitalsbeamten Siegfried Wilfling, der schon in den ersten AKH-Monsterskandal tief verstrickt war, zweimal eine »Spende« zukommen ließ, gab Josef Kaufmann mittlerweile selbst zu.
In Tirol aber, sagt er, gäbe es solche Rückflüsse von Teilen seines Millionenhonorars an Beamte oder Politiker nicht. Und sollten, baut der »Spitalsberater« vorsichtshalber gleich vor, Beweise dafür auftauchen, dann seien »diese Zettel« gefälscht.
Nicht gefälscht ist mit Sicherheit jener Aktenvermerk, der im Österreichischen Rechnungshof aufliegt und der belegt, daß Kaufmann vor Jahren auch schon einmal vier Beamten des Rechnungshofes ein Offert gemacht hatte, das diese jedoch »eher als plumpe Anbiederung denn als Bestechungsversuch« werteten und deshalb nach Rücksprache mit dem seinerzeitigen Rechnungshofpräsidenten Jörg Kandutsch eine Anzeige bei der Staatsanwaltschaft unterließen.
Anfang August 1982 hatte Dietmar Guggenbichler seine Ermittlungen in Sachen Kaufmann beendet und rief den Spitalsberater in Wuppertal an, um ihn mit seinen Rechercheergebnissen zu konfrontieren. Der Detektiv spekulierte damit, daß Kaufmann vielleicht versuchen werde, ihn mittels einer »Spende« von einer Verwertung seines Materials abzubringen.
Vielleicht ermunterte ihn der Detektiv auch ein bißchen. Jedenfalls ging Guggenbichlers Plan vorerst auf: Kaufmann charterte noch am selben Tag eine Privatmaschine, um zu einer Aussprache nach Salzburg zu kommen. Man traf sich im *Österreichischen Hof.*

Noch am selben Abend hatte Guggenbichler einen von Kaufmann ausgestellten Scheck über 550 000 Schilling in der Hand – mehr hatte der Spitalsberater auf seinem österreichischen Konto nicht zur Verfügung – und die Zusicherung, er werde weitere 2 Millionen in den nächsten Tagen nach Wien bringen.
Der Detektiv deponierte den Scheck bei seinem Anwalt und schickte der Salzburger Kripo sowie dem Wiener Nachrichtenmagazin *profil* eine Sachverhaltsdarstellung.
Vier Tage später sollte die zweite Geldübergabe in Guggenbichlers Zimmer im Wiener *Hotel Imperial* stattfinden. Im Nebenzimmer lauerte bereits ein von Guggenbichler verständigter Redakteur des *profil*. Dieser sollte beim zweiten Bestechungsversuch als Zeuge dabeisein und die Tat fotografieren.
Doch dann geschah es: Anstelle von Josef Kaufmann erschien plötzlich die Kripo und verhaftete den Privatdetektiv.
Drei Tage nach der Ausstellung des ersten Schecks hatte es sich Josef Kaufmann nach Rücksprache mit VOEST-Generaldirektor Heribert Apfalter doch anders überlegt und gegen Guggenbichler von der Schweiz aus eine Strafanzeige wegen Nötigung und schwerer Erpressung erstattet.
Der Detektiv habe ihn, kam es Kaufmann nunmehr plötzlich zu Bewußtsein, in sein Hotelzimmer gelockt, ihm ein Bild seiner Frau vor die Nase gehalten, ihm den Lauf eines Revolvers an die Schläfe gesetzt und ihn auf diese Weise zu jenem Vorgang gezwungen, den Guggenbichler als Bestechung ansah.
Drei Monate saß der Detektiv aus Rüti danach in Wien in Untersuchungshaft. Sein Glück war, daß sich der von Hans Peter Daimlers Salzburger Anwalt Robert Aspöck vertretene Kaufmann vor Gericht später in so gravierende Widersprüche verwickelte, daß er bald jede Glaubwürdigkeit verlor.
Am 23. Dezember 1985 sprach das Oberlandesgericht Linz Dietmar Guggenbichler in allen Punkten von der Anklage frei.

## Max Peterhans: »Ich fürchte mich!«

Mit seinen Recherchen im *Fall Lucona* hatte Dietmar Guggenbichler im März 1983 in Bulle in der Schweiz begonnen, von wo aus die »Uranfabrik« im angeblichen Auftrag der *Decobul SA* nach Österreich zugeliefert worden sei.

Es hatte nicht lange gedauert, bis er herausfand, daß der stadtbekannte Pleitier Erwin Egger mit seiner Zwölf-Mann-Spezialfabrik zur »Erzeugung von Scharnieren für Schmuckkästchen« dazu ganz gewiß nicht imstande gewesen sein konnte.

Anschließend machte sich der Detektiv in Salzburg an »Teddy« Daimlers ehemalige Freundin, Michaela Wagner, die mit dem »technischen Direktor« der *Pinosa* während der Vorbereitungszeit für das Urananlagengeschäft drei Jahre lang zusammengelebt hatte, heran.

Zum Schluß versuchte Guggenbichler, den Verbleib der einstmals nachweislich in den Besitz von Udo Proksch gelangten alten Oberhöfleiner Kohlenaufbereitungsanlage zu klären, wobei er hier freilich nichts anderes tun mußte, als sich auf die Vorarbeit zu stützen, die sein österreichischer Kollege, Walter Penk-Lipovsky, schon im Jahre 1977 erbracht hat.

Aus den Buchhaltungsunterlagen der längst liquidierten Firma *Optico* hatte man schließlich entnehmen können, daß das schrottreife alte Kohlenbergwerk, wie schon berichtet, angeblich an einen Herrn Leo Tannaz in Bregenz weiterverkauft worden sei. In ganz Vorarlberg war freilich ein Mann dieses Namens unbekannt, und als Proksch im Verlaufe des Zivilprozesses befragt worden war, ob er einen Mann namens Leo Tannaz kenne, hatte er es bestritten.

Dietmar Guggenbichler aber stellte sehr bald fest, daß dieser in Wahrheit schon jahrzehntelang mit Udo Proksch befreundet und sowohl mit dem *Demel*-Chef als auch mit Peter Daimler in laufendem engen Kontakt gestanden war. Der Detektiv aus Rüti trieb sogar eine komplette Fotoserie auf, die das Trio Tannaz, Proksch und Daimler anläßlich eines gemeinsamen Hongkong-Aufenthaltes in sehr herzlicher Vertrautheit zeigte.

Tatsächlich handelte es sich bei dem von Udo Proksch verleugneten Bekannten um den »Schmugglerkönig vom Tessin«, dessen wahren

Wohnsitz Guggenbichler schließlich in San Nazzaro am *Lago Maggiore*, unweit von Locarno, fand.
Mitte Juni 1983 zapfte Dietmar Guggenbichler zunächst das Telefon von Leo Tannaz an und schlich sich anschließend bei ihm als »Freund von Udo Proksch« ein. Der alte Fuchs war freilich viel zu vorsichtig, um ihm zu glauben, und dementsprechend mager war auch das Ergebnis.
Verifiziert konnte lediglich werden, daß Leo Tannaz das alte Kohlenbergwerk von Oberhöflein nur zum Schein erworben hatte, während es in Wahrheit zur Verfügung Udo Prokschs verblieben war.
Hingegen war Dietmar Guggenbichlers anschließender Kontaktaufnahme mit Max Peterhans ein durchschlagender Erfolg beschieden. Daß der in Zug ansässige Berufstreuhänder und Verwalter von mehr als hundert schweizerischen Domizilgesellschaften unter anderem auch sehr gute Beziehungen zu Ost-Geheimdienstkreisen unterhielt, wurde schon an anderer Stelle dieses Buches ausführlich dargestellt.
Wie ebenfalls bereits berichtet, hatte der Virtuose im Treuhandgeschäft darüber hinaus aber auch bis 30. Juni 1974 als Präsident und alleinzeichnungsberechtigter Verwaltungsrat von Udo Prokschs *Zapata AG* fungiert. Greta Fischer war hingegen bis zu diesem Zeitpunkt lediglich als Sekretärin bei der *Peterhans Treuhand AG* angestellt.
Da das Urananlagengeschäft jedoch schon zu Beginn des Jahres 1973 eingeleitet worden sein soll, hätte Max Peterhans demnach in dieses – als einziger Chef der *Zapata* – zwangsläufig wohl auch involviert, zumindest aber darüber informiert sein müssen. Das war dem *Demel*-Chef natürlich völlig klar gewesen. Deshalb log er auch als Zeuge vor dem Zivilgericht in Wien, Max Peterhans habe im Hinblick auf dieses Geschäft in den ersten beiden Jahren höchstpersönlich alle wichtigen Entscheidungen getroffen.
Peterhans selbst hatte hingegen anläßlich seiner zeugenschaftlichen Vernehmung vor dem Kantonsgericht in Zug unmißverständlich ausgesagt, niemals irgend etwas von einem Fernost-Urananlagengeschäft gehört, geschweige denn daran persönlich mitgewirkt zu haben.
Dem hohen Wiener Berufungsgericht fiel dieser eklatante Widerspruch jedoch keineswegs auf, vielmehr hatten gleich zwei Obergerichtssenate in den einander diametral entgegengesetzten Zeugenaussagen sogar einen »Beweis« dafür gesehen, daß Udo Proksch die reine Wahrheit und nichts als die Wahrheit sprach.
Dietmar Guggenbichler kam auf die nun doch sehr naheliegende Idee, dem einstigen *Zapata*-Chef die Proksch-Aussagen schlicht und

einfach vorzulegen und mit dem gebotenen Nachdruck eine Erklärung für die einander widersprechenden Aussagen zu erbitten.
Als Peterhans mit eigenen Augen sehen und in den in Wien verfaßten Zeugenprotokollen lesen konnte, wie sein einstiger Treugeber Udo Proksch in klassischer Ganovenart de facto die Gesamtverantwortung für die Einleitung des angeblichen Urananlagengeschäftes auf ihn abgeladen hatte und ihn kalt als den Initiator des betrügerischen Deals erscheinen ließ, da packte den ehemaligen *Zapata*-Präsidenten allerdings der Zorn.
Es sei ihm völlig unbegreiflich, ließ er Dietmar Guggenbichler wissen, »daß Proksch sich auf diese Weise zu schützen versucht. Es muß ihm doch klar sein, daß ich ihn bei diesen Angaben niemals decken kann«.
Am 29. Juni 1983 fertigte der Detektiv zusammen mit Max Peterhans, der offenkundig keine Lust empfand, durch die widerspruchslose Hinnahme der Proksch-Angaben als potentieller Mittäter eines Kapitalverbrechens in eine Strafuntersuchung einbezogen zu werden, eine siebenseitige Niederschrift mit dessen wörtlichen Aussagen an, die Peterhans am Ende eigenhändig unterschrieb.
Dem Detektiv aus Rüti reichte dies. Der Fall war ja tatsächlich schon längst sonnenklar.
Am 1. Juli 1983 tat Dietmar Guggenbichler, was er für seine staatsbürgerliche Pflicht hielt: Er übergab in Salzburg sämtliche Unterlagen aus dem Zivilprozeß und seine eigenen Recherche-Ergebnisse samt einer Sachverhaltsdarstellung der Polizei.[2]
Noch am selben Tag kam es daraufhin in der Kriminalabteilung des Landes-Gendarmeriekommandos Salzburg zu einer mehrstündigen Besprechung, die Sicherheitsdirektion wurde informiert und, als Vertreter der Abteilung 1, der Staatspolizeibeamte Artur Gratzer beigezogen.
Als die vorgesetzten Dienststellen schließlich grünes Licht gaben, begannen unter der Leitung des Gruppenführers des LGK Salzburg, Gruppeninspektor Werner Mayer, die ersten polizeilichen Ermittlungen im *Fall Lucona.*
Am 7. Juli 1983 wurde bereits die ehemalige Lebensgefährtin Daimlers, Michaela Wagner, niederschriftlich einvernommen, und am 11. Juli 1983 erklärte sich Max Peterhans bereit, freiwillig vor der

---

[2] Am 19. Juli 1983 erstattete Dietmar Guggenbichler eine im wesentlichen gleichlautende Strafanzeige in der Schweiz und wenige Tage später ebenso auch in Italien.

Kripo Salzburg zu erscheinen, um als Auskunftsperson und Zeuge auszusagen.
Nachdem Peterhans detailliert geschildert hatte, wie es zur Gründung der *Zapata* – im Auftrag Udo Prokschs – gekommen war, wurde der Schweizer Treuhänder Punkt für Punkt mit dessen Aussagen im Rahmen des Zivilgerichtsverfahrens in Wien konfrontiert.
Die erste Proksch-Aussage hatte gelautet: »Als ich (wieder) in dieses Geschäft kam, lernte ich die inzwischen gegründete *Zapata AG* kennen. Bei dieser waren vor allem die mir von früher bekannten Herren Max Peterhans und Sonderegger tätig.«
– Dazu Max Peterhans: »Ich gebe dazu an, daß diese Aussage eine glatte Lüge ist. Ich habe Herrn Proksch im Frühjahr 1970 kennengelernt, und zwar in Wien. Weder ich noch mein Freund Walter Sonderegger waren jemals hauptamtlich für die *Zapata* tätig. Meine Funktion als Verwaltungsrat hatte lediglich den Zweck, die Firma *Zapata* vor den schweizerischen Behörden zu vertreten. Mit Geschäften dieser Firma war ich nie befaßt.«
Die zweite Proksch-Aussage: »Als ich mit dem Uranerzanlagen-Geschäft in Verbindung kam, war dieses schon eingeleitet. Einer meiner Freunde namens Neuffer hatte damit zu tun. Dieser war gestorben. Seitens der *Zapata AG* trat man dann mit dem Ersuchen an mich heran, das Geschäft weiterzuführen und abzuschließen. An mich traten diesbezüglich die Herren Peterhans und Sonderegger heran. Peterhans war Präsident des Verwaltungsrates und Sonderegger vertrat einige Aktionäre der *Zapata AG*.«
– Dazu Max Peterhans: »Ich gebe dazu an, daß diese Aussage zur Gänze eine Lüge ist, mit der Einschränkung, daß ich tatsächlich dem Verwaltungsrat vorstand. Ein Herr Neuffer ist mir nicht bekannt.«
Die dritte Proksch-Aussage: »Am Anfang haben auch die Herren Peterhans, Sonderegger und Low, einer der Aktionäre der *Zapata AG*, teilweise Verhandlungen geführt.«
– Dazu Max Peterhans: »Auch diese Aussage ist eine glatte Lüge. Ich habe nie Verhandlungen geführt. Auch Sonderegger nie. Ein Herr Low ist mir völlig unbekannt.«
Die vierte Proksch-Aussage: »Die Zeichnungen der Anlage erhielten wir von Egger. Deren Richtigkeit wurde in einem Team geprüft, dem außer mir Daimler und Sonderegger angehört haben. Es wurde sowohl mir als auch Daimler und Peterhans von Egger ein Brief vorgelegt, den wir zu unterschreiben hatten und in dem es sinngemäß hieß, daß das Geschäft geheimzuhalten sei.«
– Dazu Max Peterhans: »Auch hier muß ich sagen, daß die Aussage

von Herrn Proksch eine Erfindung ist. Ich habe nie eine solche Erklärung unterschrieben. Außerdem sind mir ein Herr Egger und auch eine Firma *Decobul* völlig unbekannt.«

Die fünfte Proksch-Aussage: »Ein mir bekannter Aktionär der *Zapata AG* ist Steven Low. Ferner kenne ich zwei Aktionärstreuhänder, die verschiedene Aktionäre vertreten, und zwar Sonderegger und Peterhans.«

– Dazu Max Peterhans: »Weder Sonderegger noch ich haben in dieser Causa Aktionäre vertreten. Ich stelle nochmals fest, daß wir beide von diesem Geschäft nichts wußten.«

Die sechste Proksch-Aussage: »Der mir vorgehaltene Montagevertrag ist mir bekannt. Der Vertrag wurde auf Verlangen Eggers abgeschlossen. Eggers Gesprächspartner waren Sonderegger und ich. Die Zahlungsbedingungen wurden von Peterhans, Sonderegger und Low in Verhandlungen mit Egger festgelegt.«

– Dazu Max Peterhans: »Auch hier muß ich sagen, daß Herr Proksch gelogen hat. Ich kenne einen Herrn Egger nicht und habe mit einem solchen nie Verhandlungen geführt. Meines Wissens kennt auch Herr Sonderegger Herrn Egger nicht. Auch ein Herr Low ist mir und Sonderegger – wie bereits erwähnt – vollkommen unbekannt.«

Auch Erwin Egger mußte notgedrungen anläßlich seiner Einvernahme am 18. April 1985 durch die Kripo in Fribourg die Aussagen des einstigen *Zapata*-Präsidenten vollinhaltlich bestätigen und eingestehen, daß er weder Max Peterhans noch einen Herrn Sonderegger kennt.

Als schließlich Steven Low am 6. November 1986 in Paris von Untersuchungsrichter Jean-Pierre Michau vernommen wurde, bekräftigte auch er die Richtigkeit der Darstellung von Peterhans. Auch Low sah sich außerstande, seinem Freund und Partner Udo Proksch noch weiterhin zu helfen, denn auch er hatte mit Peterhans und Sonderegger niemals in seinem Leben zu tun gehabt.

Auf die Frage des Pariser Richters, welche Erklärung er für diese Proksch-Aussage habe, da dieser sich doch wohl im klaren sein mußte, daß seine Lügen kurze Beine haben würden, erwiderte der »Pate aus Amerika« ebenso kurz und bündig wie auch kühl: »Je ne suis ni médecin, ni psychiatre! – Ich bin weder Arzt noch ein Psychiater!«

Vollends unerfindlich blieb zum Schluß, was Udo Proksch bewogen haben mochte, auch noch den Namen Sonderegger ins Spiel zu bringen. Dieser Mann namens Walter Jakob Sonderegger, der vom *Demel*-Chef im verzweifelten Bemühen, irgendwelche Hintermänner sei-

nes »Urananlagengeschäftes« zu erfinden, taxfrei zum »Aktionärstreuhänder« und »Chefverhandler« gemacht worden war, wehrte sich natürlich ebenfalls entschieden gegen diese »Ehre«.
Am 12. Juli 1983 erschien auch Walter Jakob Sonderegger, der in der Zeit der Abwicklung des *Zapata*-Deals in Wahrheit völlig mit seiner Position als Prokurist der Zürcher Firma ETE-*Wärmespeicher AG* ausgelastet war, bei der Kripo in Salzburg und gab zu Protokoll:
»Ich stelle eindeutig fest, daß alle Angaben hinsichtlich meiner Person im Streitverfahren zwischen der *Zapata AG* einerseits und der *Bundesländer-Versicherung* andererseits, wer immer sie auch gemacht haben mag, erlogen sind. Ich erkläre, daß ich einen Herrn Udo Proksch, einen Herrn Peter Daimler, einen Herrn Erwin Egger und auch einen Herrn Steven Low nicht kenne.
Mir wurde ein Lichtbild aus dem Jahre 1975 vorgelegt, auf dem unter anderen Herr Proksch dargestellt ist. Ich habe diesen Herrn nie gesehen und auch nie gesprochen. Wieso er gerade mich in seine Aussagen vor dem Gericht in Wien hereinzieht, ist mir unerfindlich.
Greta Fischer ist mir durch Telefonate mit meinem Freund Peterhans – sie war bei ihm Sekretärin – bekannt. Ein- oder zweimal habe ich Frau Fischer im damaligen Büro Peterhans in Zug in der Alpenstraße 12 gesehen.«
Zehn Tage nachdem sie ihre Aussagen vor der Salzburger Kriminalabteilung deponiert hatten, erstatteten Max Peterhans und Walter Jakob Sonderegger sowohl bei der Staatsanwaltschaft Salzburg als auch bei der Anklagebehörde in ihrem schweizerischen Heimatkanton Zug zusätzlich auch noch Strafanzeige gegen Udo Proksch und andere wegen Verleumdung und falscher Beweisaussage vor Gericht.
Sehr wohl war insbesondere Max Peterhans in den darauffolgenden Tagen freilich nicht. Er fürchtete sich, wie er offen auch der Kripo gegenüber eingestand, vor »Repressalien, wenn bekannt wird, daß ich Udo Prokschs Aussagen Wort für Wort widerlegt habe«.
Schon zu Beginn, in seiner ersten Niederschrift, hatte Max Peterhans wörtlich zu Protokoll gegeben: »Ich, Max Peterhans, gebe weiters an, daß ich in bezug auf Udo Proksch gewisse Bedenken hege und für meine Person Schwierigkeiten befürchte, um so mehr als mir bekannt ist, daß Herr Udo Proksch immer bewaffnet ist, und dies auch in der Schweiz.«
Auch jemand anderer hatte zu diesem Zeitpunkt schon einen konkreten Grund zur Furcht: Daimlers Ex-Lebensgefährtin, die junge Salzburgerin Michacla Wagner. Tatsächlich wußten nämlich Udo Proksch

und Daimler schon seit Ende Juni, daß ein Detektiv im *Fall Lucona* recherchierte.
Zwar hatte Dietmar Guggenbichler das Telefon von Leo Tannaz angezapft, doch war es ihm anscheinend entgangen, daß dieser bereits nach dem zweiten Treffen Proksch und Daimler informierte. Desgleichen war bereits bekannt, daß der Detektiv aus Rüti auch mit Michaela Wagner in Kontakt getreten war.
Am 25. Juni hatte Michaela Wagner von Hans Peter Daimler zum ersten Mal nach langer Zeit einen Telefonanruf erhalten. Der Anruf kam am frühen Morgen. »Bist du müde?« fragte der Ex-Freund knapp. Arglos antwortete die junge Frau: »Ja, ich bin sehr müde.« Darauf Peter Daimler: »Na, hoffentlich nicht lebensmüde!« und legte wieder auf.[3]
Bereits am 15. Juli 1983 kam es in Wien zur ersten Krisensitzung. An ihr nahmen neben Proksch, Daimler und Rechtsanwalt Heinz Damian auch Leo Tannaz, der aus dem Tessin anreiste, teil.
Den wahren Ernst der Situation erkannten die *Lucona*-Täter freilich erst, nachdem Daimler wieder nach Salzburg zurückgekehrt war, wo ihn die Kripo schon erwartete und ihn am 20. Juli 1983 erstmals fast vier Stunden lang zum *Fall Lucona* einvernahm.
Blitzartig wurden anschließend auch Renzo Vianello und dessen Freunde in Italien über die dramatische Entwicklung informiert.
Unmittelbar darauf traf – unter der Führung des venezianischen Anwaltes Enzo Morelli – auch eine Abordnung von ehrenwerten Herren aus Italien in Österreich ein. Es galt, möglichst rasch geeignete Abwehrstrategien zu entwickeln.
Exakt zwei Tage später kam es in Anif bei Salzburg zu einem mysteriösen Zwischenfall: An Dietmar Guggenbichlers Auto, einem Mercedes 500, der auf dem Parkplatz des Hotels Hubertushof geparkt war, wurde eine Sprengladung entdeckt.[4]
Aufgeklärt wurden die Hintergründe des fehlgeschlagenen Sprengstoffattentats bis heute nicht. Bald tauchten Gerüchte auf, der Schweizer Privatdetektiv habe sich die Bombe selbst gelegt. Auch die Polizei schloß eine Zeitlang diese Möglichkeit nicht aus. Die Ereignisse in den darauf folgenden Wochen sollten die ermittelnden Beamten allerdings bald eines Besseren belehren.

---

[3] Aussage von Michaela Wagner nach einem Tonbandprotokoll vom 27. Juni 1983.
[4] Die »Bombe« bestand aus 1,25 kg Sprengstoff, vermutlich italienischer Herkunft, und einer Sumpfzündschnur mit angewürgter Kapsel. Der Sprengstoff wurde später von der Kriminaltechnischen Zentrale in Wien als »Ammonit-Gelit 3« identifiziert.

# Das Imperium schlägt zurück

Daß einer Handvoll kleiner Kriminalbeamter aus Salzburg die Aufklärung eines auf internationaler Ebene organisierten Großverbrechens wie des *Lucona*-Coups bei allem Einsatz und bei aller Kompetenz vergleichsweise ein wenig schwerer fallen würde, als etwa auf dem Residenzplatz den Dichter Peter Handke wegen »ungebührlichen Benehmens« zu verhaften, war klar.

Und selbstverständlich war auch, daß das Syndikat um die *Zapata*-Mannschaft weder geduldig der Entlarvung harren noch tatenlos dabei zusehen würde, wie man es um seine Beute von fünfhundert Millionen Schilling bringt.

Gespenstisch und beängstigend war allerdings, wie mühelos und rasch es den *Lucona*-Tätern im Sommer 1983 unter Einsatz ihrer Machtmittel und mit Hilfe von politischen Beziehungen gelang, nicht nur die öffentliche Meinung, sondern auch einen kompletten staatlichen Behördenapparat zu ihren Gunsten zu manipulieren.

Innerhalb weniger Tage wurde eine Abwehrstrategie entwickelt, generalstabsmäßig vorbereitet und in der Folge auf perfekte Weise durchgeführt. Die Gegenmaßnahmen zu den Ermittlungen der Kripo erfolgten in insgesamt vier zeitlich aufeinander abgestimmten Schritten:

- Der erste Schritt sollte darin bestehen, jede weitere Tätigkeit der Sicherheitsbehörden zunächst einmal zu stoppen.
- Durch den damit erreichten Zeitgewinn sollte es anschließend gelingen, in Ruhe die Beseitigung der wichtigsten belastenden Faktoren vorzunehmen.
- Der dritte Schritt hatte in einem von den Medien unterstützten frontalen Angriff sowohl gegen den Anzeiger Dietmar Guggenbichler als auch gegen die Polizeibehörden zu bestehen, wobei es in der ersten Phase deren Glaubwürdigkeit und Kompetenz zu erschüttern galt, um anschließend den Spieß umzukehren und nun die Ermittler mit Disziplinarverfahren und Verleumdungsanzeigen zu verfolgen.
- Viertens und zuletzt sollte es dann nicht mehr schwierig sein, die endgültige Einstellung der »offenkundig nur von Wirrköpfen und Gaunern angezettelten Ermittlungen« herbeizuführen.

Erleichtert wurde der *Zapata*-Mannschaft die Durchführung ihrer Abwehrmaßnahmen durch einen glücklichen »Zufall«, an dem der *Demel*-Chef nicht gänzlich unbeteiligt war: Am 24. April 1983 hatte es in Österreich Nationalratswahlen gegeben, in deren Folge es zu einem Wechsel an der Spitze des Innenministeriums gekommen war.
Zwar war auch der frühere Ressortchef, Erwin Lanc, viele Jahre lang ein strammes Mitglied des *Club 45* und enger Vertrauter Udo Prokschs gewesen, doch hatte sich die Beziehung des betont linken SPÖ-Ideologen Lanc zu vielen seiner Club-Genossen, vor allem aber seine Freundschaft zum *Demel*-Hausherrn selbst, in den vorangegangenen zwei Jahren merklich abgekühlt.
Als Innenminister hatte er im Lauf der Jahre zu viele der in der »roten Loge« ausgebrüteten und unter der Schirmherrschaft des *Demel*-Zuckerbäckers organisierten Korruptionsaffären mitbekommen und mitansehen müssen, die ihm mit seiner »reinen sozialistischen Gesinnung« nicht vereinbar erschienen. So hatte Erwin Lanc sich mit der Zeit sehr deutlich von den *Club-45*-Machenschaften abgewandt. Schließlich zog er vollends die Konsequenzen und verließ das Machtkartell.[5]
Aber seit 24. Mai 1983 saß mit Karl Blecha wieder ein verläßliches *Club-45*-Mitglied als Minister an der Spitze des Innenressorts. Nach Leopold Gratz war und ist »Charly« Blecha Udo Prokschs intimster Freund und ein persönlicher Vertrauter, auf den sich der *Demel*-Chef in allen Lebenslagen blind verlassen kann.
Kaum zwei Monate in seinem neuen Amt, ergab sich für Minister Blecha auch schon die Gelegenheit, sich dem Freund als nützlich zu erweisen, nachdem Udo Proksch durch Daimlers Einvernahme am 20. Juli 1983 erstmals von den plötzlich angelaufenen kriminalpolizeilichen Erhebungen in der *Lucona*-Angelegenheit erfuhr.
Natürlich wandte sich der *Demel*-Chef, durch diese Hiobsbotschaft vollkommen geschockt, sofort an den Ministerfreund. Ebenso prompt beauftragte Karl Blecha den Chef des *Staatspolizeilichen Dienstes*, Armin Hermann, den Sachverhalt zu überprüfen und den Hintergrund für den Salzburger Kripo-Einsatz gegen Proksch & Co. herauszufinden.
Ein weiterer Glücksfall, den Udo Proksch in diesem Sommer 1983 selbstverständlich rasch für sich zu nutzen wußte, lag auch in der Per-

[5] Mit Ende des Jahres 1983 trat Erwin Lanc auch formell aus dem *Club 45* aus, worauf er allerdings auch prompt Schritt für Schritt aus allen öffentlichen Ämtern abberufen wurde, um am Ende alle seine politischen Funktionen zu verlieren.

son des Mannes selbst begründet, der den *Fall Lucona* durch seine Anzeige an die Sicherheitsbehörden ins Rollen gebracht hatte.
Durch seine schillernde Vergangenheit bot sich Dietmar Guggenbichler der *Zapata*-Mannschaft bei der Verwirklichung ihrer Gegenmaßnahmen geradezu als ideales Opfer an. Nachdem Udo Proksch bereits im Juni 1983 durch den »Schmugglerkönig vom Tessin« von der Ermittlungstätigkeit des Schweizer Detektivs erfahren hatte, wußte er natürlich in der Zwischenzeit fast alles über seinen Gegner, der außerdem durch seinen ausgeprägten Selbstdarstellungstrieb und seine Eitelkeit auch selbst dazu beitrug, dem Syndikat die Arbeit zu erleichtern:
So konnte es der Detektiv, nachdem er den Fall den Salzburger Behörden übergeben hatte, partout nicht lassen, sofort – zu Werbezwekken für sich selbst – mit der Vermarktung der *Lucona*-Story zu beginnen. Es drängte ihn, rasch als großer Held auch in die Medien zu kommen.
Über seinen ORF-Bekannten Hans-Jörg Schimanek hatte sich Dietmar Guggenbichler dem früheren Chefredakteur des *Kurier*, Gerd Leitgeb, empfehlen lassen, worauf er in der Folge ausgerechnet an den Reporter Wolfgang Höllrigl, einen »guten Freund« des *Demel*-Chefs, geriet.
Darüber hinaus hatte der mit den Wiener Gepflogenheiten keineswegs vertraute Detektiv natürlich keine Ahnung, daß Höllrigls unbestrittenes journalistisches Talent von einer Charakterschwäche überschattet wird, die sich Spielsucht nennt.
Egal ob es »einarmige Banditen«, ein Roulett-Tisch, Black Jack, Bakkarat, der Wiener Unterwelts-Stoß oder Pferderennen sind, der Journalist vermag sich nicht dem Reiz des Glücksspiels zu entziehen, was ihn naturgemäß in regelmäßigen Abständen in ausweglose finanzielle Zwangslagen mit Millionenschulden bringt.
Die Folge: Wolfgang Höllrigls Anfälligkeit für journalistische Methoden, die oft nur noch mit Mühe mit dem Ehrenkodex seines Berufsstandes in Übereinstimmung zu bringen sind. Höllrigl, so seine Gegner, sei schlicht, was der Volksmund einen »Nehmer« nennt.[6]
Daß dieser Journalist dem Mann, der gegen Udo Proksch ermittelte, schließlich ein Messer in den Rücken rammen würde, war vorauszusehen, wiewohl hiefür, wie Wolfgang Höllrigl betont, »das finanzielle

---

[6] Ende 1983 mußte sich Wolfgang Höllrigl, weil er mehrfach im Verdacht stand, sich für redaktionelle Beiträge privat bezahlen zu lassen, vom *Kurier* trennen. Über Empfehlung Udo Prokschs ging er danach zur Zeitschrift *Wiener*, später zur Illustrierten *Basta* und schreibt heute für *Die ganze Woche* von Kurt Falk.

Motiv nicht ausschlaggebend war«. Er war vielmehr von Anfang an auch »emotional« gegen die mächtige Versicherung eingestellt. Versicherungsbetrug empfand er lediglich als »Kavaliersdelikt«.
Als sich Höllrigl schließlich samt Freundin in Guggenbichlers Haus in Rüti einladen und ein Wochenende lang bewirten ließ, um dem Ermittler möglichst viele Einzelheiten über die *Lucona*-Täter zu entlokken, tat er dies denn auch schon längst in Absprache mit Udo Proksch, dem er nach seiner Rückkehr alle das *Zapata*-Syndikat belastenden Schriftstücke übergab. Ein Jahr danach fand sie die Polizei beim *Demel*-Chef anläßlich einer Hausdurchsuchung wieder.
Der Startschuß zur Verwirklichung der dargelegten Abwehrstrategie fiel am 8. August 1983. Am Vormittag begab sich Höllrigl in die Kanzlei der *Bundesländer*-Anwälte Werner Masser und Eduard Klingsbigl, um ihnen zu versichern, daß »Udo Proksch der größte Gauner dieses Landes (sei)«, den Nachmittag verbrachte dann derselbe Journalist bei Udo Proksch und dessen Anwalt Damian, um diesen von den Plänen der Versicherungsanwälte zu berichten.
Am nächsten Morgen fand in Anif bei Salzburg eine weitere Zusammenkunft Wolfgang Höllrigls mit Dietmar Guggenbichler statt, in dessen Begleitung auch der Polizeibeamte Werner Mayer von der Salzburger Kripo erschien. Der Reporter erkannte rasch den Ernst der Lage, in der sich der *Demel*-Chef nun befand und teilte diesem sofort alles mit.
Innerhalb weniger Stunden gelang es Udo Proksch daraufhin, den Innenminister zu mobilisieren, der dem Salzburger Sicherheitsdirektor, Günther Thaller, die ministerielle Weisung gab, mit sofortiger Wirkung jede weitere Ermittlungstätigkeit der Kriminalabteilung gegen den *Demel*-Chef und dessen Komplizen einzustellen.
Sollte allenfalls, so lautete die Weisung des Ministers weiter, ein konkreter strafbarer Tatbestand vorliegen, der durch die bisherigen Ermittlungen bereits bewiesen sei – womit natürlich niemand rechnete –, so sei der Fall unverzüglich an die Staatsanwaltschaft abzugeben.
Unter der Androhung, ein Disziplinarverfahren gewärtigen zu müssen, wenn er nicht sofort jede weitere Arbeit an dem Fall beende, verfaßte Kripo-Gruppeninspektor Werner Mayer in einer Blitzaktion daraufhin noch am selben Tag, dem 9. August 1983, in Kurzform eine Strafanzeige »gegen Udo Proksch alias Serge Kirchhofer, Hans Peter Daimler und andere wegen des Verdachtes des Mordes, des versuchten Mordes, des schweren Betruges und der falschen Beweisaussage vor Gericht«, die er von Oberstleutnant Manfred Dürager im Auftrag

Landesgendarmeriekommando
für SALZBURG
Kriminalabteilung
5061 Anif, Neu-Anif Nr. 87

Salzburg, am 9. August 1983

GZ P-1048/83/ma/gra

5 St 8600/83

PROKSCH Rudolf Udo alias
Serge KIRCHHOFER
des Mordes und versuchten Mordes,
des schweren Betruges und der
falschen Beweisaussage vor Gericht
verdächtigt
TANNAZ Leo
des Mordes und versuchten Mordes
sowie des schweren Betruges
verdächtigt
DAIMLER Hans Peter
EGGER Erwin
FISCHER Greta
des schweren Betruges verdächtigt

**S T R A F A N Z E I G E**

An die
Staatsanwaltschaft Salzburg
5010 S a l z b u r g

Salzburg

**Sachverhalt**

Am Sonntag, dem 23011977 sank das Motorschiff "Lucona" mit Position 0850 Nord, 7030 Ost, Schiffszeit 1550 Uhr, Lokalzeit ca. 1730 Uhr, nach einer heftigen Explosion, innerhalb von 30 Sekunden bis 2 Minuten im indischen Ozean. Das Schiff wurde für den Transport einer Uranaufbereitungsanlage im Werte von sfr. 31,360.725.- von Chioggia/Italien nach Hongkong gemietet. Gemäß ihrer im Kaufvertrag übernommenen Ver-

Aufgrund der vorgelegten Beweismittel und Sachverständigengutachten sowie der eigenen Recherchen sind dringend verdächtig:

a) der Kaufmann Rudolf Udo Proksch, alias Serge Kirchhofer, Wien, und der Kaufmann Leo Tannaz, San Nazzaro/Tessin, Schweiz, durch Manipulationen mit Sprengstoff oder anderen Explosivstoffen oder durch Anwerbung dritter Personen für diese Zwecke den Untergang des Motorschiffes "LUCONA" am 23011977 im Bereiche großer Meerestiefen im Indischen Ozean und dadurch den Tod von 6 der zwölf Besatzungsmitglieder bewirkt, den Tod der weiteren 6 Personen zumindestens in Kauf genommen zu haben, wobei dem

Die Vorlage dieser Kurzanzeige an die Staatsanwaltschaft Salzburg erfolgt über Weisung des Herrn Sicherheitsdirektors für das Bundesland Salzburg.

Die Sachbearbeiter:

(Mayer)

(Gratzer)

Für den Landesgendarmeriekommandanten:

DOrager, Mjr.

Anzeige der Kripo Salzburg: »Mord, Mordversuch und schwerer Betrug«

des Landesgendarmeriekommandanten unterschreiben und bei der Salzburger Staatsanwaltschaft deponieren ließ.
Am selben Tag begannen aber auch die Gegenmaßnahmen des Syndikats zu wirken. Das Imperium schlug zurück. In einem »Verhör«, dem Dietmar Guggenbichler noch am Nachmittag des 9. August 1983 im Büro des Salzburger Sicherheitsdirektors, Günther Thaller, und im Beisein des damaligen Salzburger Stapo-Chefs, Ernst Strasser, unterzogen wurde, mußte der Privatdetektiv zugeben, »seit Wochen im Auftrag des Rechtsanwaltes Dr. Werner Masser, Wien, für die *Versicherungsanstalt der österreichischen Bundesländer Versicherungs AG* in der *Lucona*-Sache zu ermitteln«, ohne im Besitz einer auch für das Bundesland Salzburg gültigen und für die Ausübung der Tätigkeit eines Berufsdetektivs erforderlichen Konzession zu sein.
Schon am nächsten Tag wurde daraufhin über ausdrückliche Weisung seines Sicherheitsdirektors auch der Leiter der Kriminalpolizei, Karl Stürzenbaum, aktiv. Er tat, was offenbar ein Kripo-Chef in Österreich tun muß, wenn ihm ein Kapitalverbrechen – immerhin sechsfacher Mord und Großbetrug – gemeldet wird: Karl Stürzenbaum zeigte den Meldungsleger Dietmar Guggenbichler wegen des Verdachtes der Gewerbeübertretung – unbefugte Ausübung des Detektivgewerbes – an.[7]
Das *Zapata*-Syndikat konnte damit vorerst zufrieden sein. Dem ersten Punkt in seiner Strategie war ein durchschlagender Erfolg beschieden, die polizeilichen Ermittlungen waren vorderhand gestoppt. Man konnte an die Durchführung des zweiten Schrittes, die Ausschaltung der wichtigsten Belastungszeugen – Max Peterhans und Walter Jakob Sonderegger –, gehen:
Einige Tage lang bemühte sich Greta Fischer in der Schweiz vergeblich, eine Zusammenkunft zwischen Max Peterhans und Udo Proksch zu arrangieren. Der Treuhänder lehnte zunächst beharrlich ab, denn es gäbe »absolut nichts zu besprechen«. Was anschließend geschah, weiß außer den Betroffenen natürlich niemand.
In Italien werden ähnliche Probleme für gewöhnlich auf sehr wirkungsvolle Art gelöst. Es war zufällig ungefähr zur selben Zeit, da in jener legendären Nacht vom 17. zum 18. Juni 1983 allein im Raum Neapel schlagartig mehr als achthundert *Camorra*-Mitglieder verhaftet worden waren. Als Belastungszeuge trat unter anderem ein Italiener namens Pasquale d'Amico auf. Wenige Tage nachdem seine Zeugenaussage protokolliert worden war, erhielt er einen Brief, in dem

[7] Mitteilung der Sicherheitsdirektion Salzburg, Zl. II-2044/2/83, vom 10. 8. 1983 an die Bezirkshauptmannschaft Salzburg-Umgebung.

neben einem anonymen Schreiben eine abgeschnittene Zunge lag. »Das ist die Zunge eines Deiner Freunde«, wurde d'Amico mitgeteilt, »und wenn Du Deine Aussage nicht widerrufst, schicken wir Dir die Zungen Deiner Familienangehörigen.«
In Österreich und in der Schweiz werden so drastische Methoden sicherlich nicht angewandt. Im Ergebnis selbst erinnerte indes auch die weitere Vorgangsweise des *Zapata*-Syndikats an die Usancen, wie sie bei der *Mafia* gang und gäbe sind.
Seine Angst vor Udo Proksch, »der immer bewaffnet ist, und dies auch in der Schweiz« hatte Max Peterhans schon vorher schriftlich deponiert. Es mußte aber noch etwas anderes mit im Spiel gewesen sein: Der Schweizer Treuhänder schien in der Tat ein Mann zu sein, der auch erpreßbar war.
Am 20. August 1983 empfing Max Peterhans seinen Ex-Kunden Udo Proksch und Rechtsanwalt Karl Zerner in seinem Domizil in Zug, wo er schließlich eine dreiseitige handschriftliche Erklärung abfassen und unterschreiben mußte, in der er seine Aussagen vor der Kripo Salzburg mit der Begründung zurückzog, es seien »Schutzbehauptungen« gewesen, zu welchen er durch »Suggestivfragen« genötigt worden sei. Anschließend wurde der Besprechung mit Max Peterhans auch Walter Jakob Sonderegger zugezogen, und beide mußten dem Wiener Anwalt Zerner zum Schluß je eine Blankovollmacht übergeben, mit welcher fünf Tage danach ein Salzburger Rechtsanwalt, Wolfgang Lirk, im Namen der beiden Schweizer auch die bei der Staatsanwaltschaft deponierten Strafanzeigen gegen Udo Proksch wieder zurückzog.
Sowohl gegen Max Peterhans als auch gegen Walter Sonderegger leitete die Staatsanwaltschaft daraufhin ein Strafverfahren wegen Verleumdung ein, in dessen Verlauf Walter Sonderegger am 5. Juni 1984 als Beschuldigter vor dem Verhöramt Zug von Richter H. R. Emmenegger einvernommen wurde.
In seiner Aussage bestätigte dann Walter Sonderegger allerdings ausdrücklich noch einmal die Richtigkeit seiner Aussagen vor der Kripo Salzburg, die zur Anzeige gegen den *Demel*-Chef geführt hatten, und bekräftigte erneut, daß Udo Proksch bei allen seinen Zeugenaussagen in Wien gelogen hatte. Da ihm, Sonderegger, jedoch in der Zwischenzeit (von Rechtsanwalt Karl Zerner) mitgeteilt worden sei, daß der Versicherungsstreit ohnedies bereits zugunsten Udo Prokschs »rechtskräftig erledigt« sei, habe er seine Anzeige zurückgezogen, weil »es sich nicht lohnt, die Sache weiter zu verfolgen«. Er habe sich, wie auch Max Peterhans, von diesem Anwalt überzeugen lassen, »daß uns eine derartige Anzeige ja gar nichts bringe und uns die falschen Be-

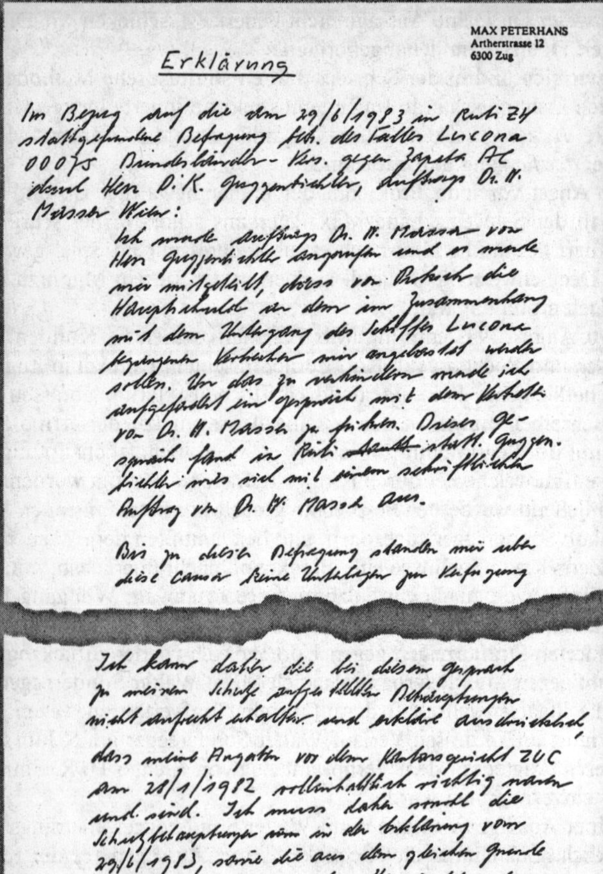

MAX PETERHANS
Artherstrasse 12
6300 Zug

Erklärung

Im Bezug auf die am 29/6/1983 in Rüti ZH
stattgefundene Befragung btr. des Falles Lucona
00075 Bundesländer-Vers. gegen Zapata AG
durch Herr D.K. Guggenbichler, Auftrags Dr. H.
Masser Wien:

Ich wurde Auftrags Dr. H. Masser von
Herr Guggenbichler angerufen und es wurde
mir mitgeteilt, dass von Proksch die
Hauptschuld an dem im Zusammenhang
mit dem Untergang des Schiffes Lucona
begangenen Verbrechen mir angelastet werden
sollen. Um das zu verhindern wurde ich
aufgefordert ein Gespräch mit dem Vertreter
von Dr. H. Masser zu führen. Dieses Ge-
spräch fand in Rüti ~~[illegible]~~ statt. H. Guggen-
bichler wies sich mit einem schriftlichen
Auftrag von Dr. H. Masser aus.

Bis zu dieser Befragung standen mir über
diese Causa keine Unterlagen zur Verfügung

Ich kann daher die bei diesem Gespräch
zu meinem Schutz aufgestellten Behauptungen
nicht aufrecht erhalten und erkläre ausdrücklich,
dass meine Angaben vor dem Kantonsgericht ZUG
am 28/1/1982 vollinhaltlich richtig waren
und sind. Ich muss daher sowohl die
Schutzbehauptungen wie in der Erklärung vom
29/6/1983, sowie die aus dem gleichen Grunde
getätigte Aussage vor dem Kriminalbeamten
Mayer in Rüti widerrufen. Ich ziehe daher
die Strafanzeige vom 22/7/1983 auch aus diesem
Grunde zurück.

Zug, 20/8/1983

Zeuge Max Peterhans wird zur Zurückziehung seiner Aussagen gezwungen

hauptungen des Proksch ja nicht weiter berühren würden«. Im übrigen habe er sich zu seinem seltsamen Rückzieher ausschließlich »aus Solidarität« zu seinem Freund, Max Peterhans, bereit gefunden.
Max Peterhans selbst war freilich unter keinen Umständen bereit, für die mysteriöse plötzliche Zurückziehung seiner Zeugenaussage, durch die Udo Proksch schwerstens belastet worden war, die wahren Hintergründe preiszugeben. Der Schweizer hat bis heute Todesangst. Als er am 26. Februar 1985 in Zug zur Sache einvernommen wurde, war er längst entschlossen, ein für allemal zu schweigen. Verhörrichter H. R. Emmenegger stellte dem Treuhänder genau sechsundzwanzig Fragen – und genau sechsundzwanzigmal erwiderte Max Peterhans: »Ich gebe keine Antwort!« Der Fall blieb somit ungeklärt.
Als der am 20. August 1983 von Peterhans und Sonderegger erfolgte Widerruf der Aussagen wenige Tage später – notariell beurkundet – bei der Salzburger Staatsanwaltschaft eingetroffen war, hatte Udo Proksch den zweiten Punkt der komplizierten Abwehrstrategie verwirklicht. Die Zeit war also reif, nun planmäßig die dritte Phase durchzuziehen, wobei der Salzburger Sicherheitsdirektor, Günther Thaller, und über dessen Weisung auch der Kripo-Chef Karl Stürzenbaum das *Zapata*-Syndikat indirekt tatkräftig unterstützten.
Ein Verwaltungsstrafverfahren gegen Dietmar Guggenbichler wegen der angeblich unbefugten Ausübung des Detektivgewerbes war nach der Anzeige von Karl Stürzenbaum bereits im Gang.
Daß es sich demnach bei »Guggenbichler um einen bedenkenlosen Menschen handelt, der um seines Vorteils willen rücksichtslos das Gesetz mißachtet«, teilte Stürzenbaum der BH Salzburg im Namen der Sicherheitsdirektion inzwischen in einem weiteren Schreiben vom 16. August 1983 (Zl. Wa 10 009/2/83) mit, weshalb dem Detektiv auch augenblicklich sein Waffenpaß mit der Nr. 092608 von Amts wegen zu entziehen sei.[8]
Das Erstaunliche an dieser Vorgangsweise: Es handelte sich um den Waffenpaß, den Dietmar Guggenbichler genau eineinhalb Jahre zuvor, am 15. Dezember 1981, mit Bescheid der BH Salzburg-Umgebung unter der Aktenzahl 177/1981 just über Betreiben derselben Salzburger Sicherheitsdirektion und durch die persönliche Empfehlung desselben Kripo-Chefs, Karl Stürzenbaum, erhalten hatte.

---

[8] Udo Proksch übt übrigens, wie jedermann weiß, keineswegs das Gewerbe des Berufsdetektivs aus. Dennoch besitzt auch er bekanntlich einen Waffenpaß und läuft ständig mit griffbereiter Schußwaffe herum. Gelegentlich drohte er sogar, etwa im Verlauf von Interviews im ORF, damit herumzuballern. Seinen Waffenpaß nahm ihm jedoch bis heute niemand ab.

Erst nachdem der Schweizer Detektiv und langjährige V-Mann der Salzburger Polizei mit Udo Proksch einen Intimfreund des Innenministers zur Anzeige gebracht hatte, erschien seine »mangelnde Zuverlässigkeit« erwiesen, und die BH Salzburg entzog ihm innerhalb weniger Stunden seinen Waffenpaß.

Der vom Salzburger Kripo-Chef nun plötzlich bei der Verfolgung seines Ex-Schützlings an den Tag gelegte Eifer nützte ihm jedoch nicht viel. Er wurde in der Folge dennoch im Zusammenhang mit der »Affäre Guggenbichler«, ebenso wie Werner Mayer, der die polizeilichen Ermittlungen gegen Udo Proksch geleitet hatte, nicht nur vom Sicherheitsdirektor selbst in aller Form »gerügt«, sondern sowohl bei der Disziplinarkommission des Bundesministeriums für Inneres als auch bei der Staatsanwaltschaft wegen des Verdachtes des Mißbrauchs der Amtsgewalt zur Anzeige gebracht.[9]

Nach dieser »Vorarbeit« konnte das Syndikat aufs Ganze gehen. In Wien erstattete Proksch-Anwalt Robert Amhof am 24. August 1983 gegen Guggenbichler Strafanzeige wegen »Nötigung«, »Anstiftung zum Amtsmißbrauch« und wegen »des Verbrechens der Verleumdung«, und in der Schweiz schlug Greta Fischer zu:

Die Verwaltungsrätin der *Zapata* brachte gegen Dietmar Guggenbichler die Strafanzeige wegen »Wirtschaftsspionage« (Artikel 273 des Schweizerischen Strafgesetzbuches) ein.

Der Privatdetektiv habe, so die Anzeige von Greta Fischer, im Zuge seiner Nachforschungen in der Schweiz »Geschäftsgeheimnisse« der Firmen *Zapata AG* und *Decobul SA* »ausgekundschaftet« und diese »einer ausländischen Organisation« (der Wiener *Bundesländer-Versicherung*) sowie »einer fremden amtlichen Stelle oder ihren Agenten« (der österreichischen Kriminalpolizei) zugänglich gemacht, womit ein klassischer Fall von »wirtschaftlichem Nachrichtendienst« gegeben sei. Es liege auf der Hand, so meinte Greta Fischer, daß Dietmar Guggenbichler aus diesem Grunde sofort zu verhaften sei.

Mehr als ein Jahr lang wurde gegen Dietmar Guggenbichler in der Schweiz wegen Wirtschaftsspionage und volle zwei Jahre lang in Österreich wegen des Verdachtes der Verleumdung gerichtlich voruntersucht, bis die Anzeigen schließlich mangels eines strafbaren Tatbestandes zurückgelegt werden mußten.

---

[9] Das Disziplinarverfahren wurde schließlich nicht eröffnet, und die Anzeige wegen Amtsmißbrauchs wurde von der StA Salzburg zu Zl. 8 St 26/84 am 31. Jänner 1984 zurückgelegt.

# Das Machtkartell jagt die Ermittler

Parallel zur Strafanzeigen-Orgie gegen die Ermittler im *Lucona*-Fall lief eine von Udo Proksch gesteuerte und von praktisch allen Medien unterstützte Kampagne gegen seinen Anzeiger Dietmar Guggenbichler und gegen die Versicherungsanstalt an.
Von Österreichs auflagenstärkster Tageszeitung, der *Kronen-Zeitung*, wurde der Detektiv zum »mehrfach vorbestraften Kriminellen« abgestempelt und Udo Proksch als unschuldiges Opfer einer mafiosen Verschwörung politisch rechtsstehender CV-Kreise dargestellt.
»Mafia-Methoden« wurden – der Versicherung – aber auch in einer *Kurier*-Serie unterstellt, deren Autor, Wolfgang Höllrigl, dabei ohne Zweifel journalistisch am geschicktesten von allen vorging, indem er zu Beginn der Serie scheinbar objektiv auch über einige den *Demel*-Chef belastende Faktoren schrieb, um später um so wirkungsvoller gegen die Anzeiger zu Felde zu ziehen.[10]
Zum Schluß wurde Dietmar Guggenbichler über alle Medien förmlich hingerichet. Der Zweck: Niemand sollte jemals wieder die Behauptung wagen, im *Fall Lucona* seien Betrug und Mord im Spiel gewesen.
Bei der Auswahl seiner Mittel und Gehilfen war das *Zapata*-Syndikat dabei im übrigen nicht wählerisch. Besonders heftig etwa war auch der *Club-45*-Sekretär und Anwalt der *Zapata*, Heinz Damian, bemüht, den Schweizer Detektiv ins rechte schiefe Licht zu rücken, indem er allen seinen Journalistenfreunden amtlich aussehende Unterlagen über den Proksch-Jäger, wie Strafregisterauszüge und ähnliche kompromittierende Dossiers, zukommen ließ.
»Unsere Akten über den genannten Guggenbichler sind sehr umfangreich«, hieß es da etwa auch in einem von Heinz Damian verteilten Schriftstück eines Zürcher Unternehmens namens *Treufina AG*, in dem dann weiter schwarz auf weiß zu lesen stand: »Es handelt sich um einen vollständig bedeutungslosen, unserer Ansicht nach geistes

[10] Die Pikanterie daran: Die *Bundesländer-Versicherung* selbst ist Miteigentümerin des *Kurier*, in dessen Aufsichtsrat auch der jeweilige Generaldirektor der Versicherung sitzt.

kranken Mann, der seit mindestens zehn Jahren überall nur Unheil anrichtet.«

Unterschrieben war das Schriftstück, das die Journalisten schwer beeindruckt hatte, von einem Mann namens Christian Schädler. Anwalt Damian vergaß wohlweislich zu erwähnen, von wem er da den Schweizer Detektiv und Proksch-Gegner beurteilen ließ.

In der Schweiz ist dieser Christian Schädler, ein aus Chur stammender ehemaliger Schlafwagenschaffner, der später den Beruf des Treuhänders ergriff, in bestimmten Kreisen in der Tat nicht unbekannt.

Schon bis zum Jahre 1978 hatte Damians »Kronzeuge«, dessen Spezialität es war, Vermögenswerte von Klienten so gut anzulegen, daß diese ihr Geld niemals wieder fanden, immerhin bereits Gefängnisaufenthalte von insgesamt sechs Jahren hinter sich gebracht und blickte auf mehr als ein halbes Dutzend strafgerichtlicher Verurteilungen wegen ungetreuer Geschäftsführung, Urkundenfälschung, Betruges und fortgesetzter Veruntreuung zurück.

Weitere vier Jahre hatte er wegen ähnlicher Delikte im Jahre 1979 durch das Kantonsgericht Graubünden (Aktenzahl: Ref. SF 28/78) ausgefaßt, wozu schließlich noch einmal vier Jahre Zuchthaus wegen gewerbsmäßigen Betruges (Aktenzahl: Ref. SF 7/84) kamen, zu denen ihm Dietmar Guggenbichler verhalf, den er aus diesem Grund natürlich nicht sehr mochte.

Um die Strafanzeige gegen Udo Proksch als reines Phantasiegebilde eines Geisteskranken darzustellen, fielen dem *Zapata*-Syndikat aber auch noch zahlreiche andere bezeichnende Methoden ein. Insbesondere galt es, die Glaubwürdigkeit des »Quasi-Detektivs« zu untergraben, was vor allem mit Hilfe jenes versuchten Bombenattentats, von dem bereits berichtet wurde, hervorragend gelang: Ganz Österreich nahm schließlich an, daß Dietmar Guggenbichler den Sprengstoff selbst an seinem Auto angebracht habe, »um solcherart Udo Proksch ins Gerede zu bringen« (*Kurier*).

Was in Wahrheit rund um jenen Sprengstoffanschlag tatsächlich geschah, war indes eine wahre Meisterleistung an Desinformation. Beteiligt waren an dem Bravourstück, das am Ende den Detektiv selbst als den Hauptverdächtigen dastehen ließ, insgesamt mindestens sechs Personen: Zunächst Udo Proksch, Hans Peter Daimler, Rechtsanwalt Heinz Damian und der Reporter Wolfgang Höllrigl – als (unfreiwilliges) Transportmittel für die mediale Transformation.

Am Rande und indirekt wurde daneben auch ein Advokat aus Innsbruck involviert: Bernt Strickner, der im Laufe des Jahres 1986 als Opfer eines geplanten Mordanschlages einen österreichweiten Bekanntheitsgrad erlangte. Sein eigener Ex-Kompagnon und Rechtsanwaltskollege, der Innsbrucker Jurist Manfred Schmid, hatte einem Freund, dem Lienzer Rauschgifthändler Helmuth Messner, den Auftrag erteilt, Bernt Strickner zu ermorden, worauf dieser einen seiner früheren Knastkameraden, den Münchener Räuber und Erpresser Johann Osl, engagierte, den Mord gegen Bezahlung von 10 000 DM durchzuführen.[11]

Die Hauptrolle im Krimi um den mysteriösen Sprengstoffanschlag auf den Wagen des Proksch-Anzeigers spielten jedoch zwei Männer aus Wiesing in Tirol: Willibald Kainer, eine unter anderem wegen schweren Betruges, schwerer Erpressung und Verleumdung vorbestrafte zwielichtige Figur, die die Tiroler Sicherheitsbehörden schon seit Jahren beschäftigt, sowie dessen gelegentlicher Mitarbeiter Wolfgang Berger, ein kleiner Fisch, der den Beruf eines Bodyguards ausübt.

Willi Kainer, der bei der Staatsanwaltschaft Innsbruck als »einer der unangenehmsten Tiroler Berufskriminellen« gilt, betätigte sich im Jahre 1983 als »Geschäftsführer« der Innsbrucker Privatdetektei Wallisch und als »Immobilienmakler«. In dieser Eigenschaft hatte er auch zeitweilig sowohl mit Rechtsanwalt Bernt Strickner kooperiert als auch als Partner von dessen späterem Beinahe-Mörder, Manfred Schmid, fungiert.

Wolfgang Berger arbeitete ebenfalls einst in der Detektei Wallisch mit, hatte zuvor jedoch zufällig eine Zeitlang just auch Dietmar Guggenbichler als »Leibwächter« gedient und sogar bei einigen Recherchen im *Fall Lucona* mitgewirkt. Nachdem derselbe Wolfgang Berger später von der *Zapata*-Mannschaft Geld erhielt, war er natürlich gern bereit, auch einem neuen Herrn zu dienen.

In wessen konkretem Auftrag sich die zwei Tiroler Desperados Anfang Juli 1983 mit Dietmar Guggenbichler zu beschäftigen begannen, wurde nie bekannt.

Bekannt ist lediglich, daß Willi Kainer damals schon persönliche Erfahrungen im Zusammenhang mit einem anderen geplanten Sprengstoffattentat besaß: Im Oktober 1982 hatte er den Innsbrucker Rechtsanwalt Bernt Strickner mit der Ankündigung geschockt, es sei geplant, ihn in seinem Auto in die Luft zu sprengen.

Der prominente Anwalt brachte daraufhin sofort seine ganze Familie

[11] In einem in Feldkirch in Vorarlberg am 29. April 1986 durchgeführten Schwurgerichtsprozeß wurde Manfred Schmid in erster Instanz wegen Anstiftung zum Mord zu einer 12jährigen Haftstrafe verurteilt. Helmuth Messner erhielt 7 Jahre Gefängnis.

außer Landes und ließ sich ein paar Wochen lang rund um die Uhr bewachen, bis es Willi Kainer am Ende angeblich gelang, die Attentäter, die er gekannt haben will, von ihrem Vorhaben abzubringen.
Ein halbes Jahr nach diesem mysteriösen angeblichen Attentatsplan auf den Rechtsanwalt in Innsbruck war in Salzburg Dietmar Guggenbichler an der Reihe: Unter der Motorhaube seines Wagens fanden sich 1,25 kg Donarit.
Die Bombe wäre freilich, auch wenn sie nicht vorzeitig entdeckt worden wäre, niemals explodiert, denn der oder die Täter hatten vorsichtshalber den Originalsprengsatz der Zündkapsel entfernt und diesen durch eine Prise Schwarzpulver ersetzt. Dadurch hätte die Detonationskraft der Sprengkapsel nicht ausgereicht, um auch das Donarit zur Explosion zu bringen.
Diese Vorgangsweise hatte gleich zwei Vorteile: Erstens bestand keine Gefahr, daß irgend jemand durch die Aktion ernsthaft zu Schaden kommen konnte, und zweitens war es damit um so leichter möglich, den Schweizer Detektiv zu denunzieren, er habe sich die Bombe höchstwahrscheinlich selbst gelegt.
Anschließend geschah zweierlei: In Wien zeigte prompt die Anwaltskanzlei Amhof–Damian im Namen Udo Prokschs den Schweizer Detektiv »wegen des dringenden Verdachtes, diesen Anschlag vorgetäuscht zu haben« bei der Staatsanwaltschaft an. Und in Innsbruck ließ – in wessen Auftrag immer – der einschlägig bekannte Willi Kainer über Rechtsanwalt Bernt Strickner dem *Kurier* »eidesstattliche Erklärungen« offerieren, aus welchen angeblich hervorging, Guggenbichler selbst habe das Donarit von zwei Männern in Straß im Zillertal gekauft.
Als offizieller Informant diente dem Proksch-Anwalt Heinz Damian in der Folge Willi Kainers Mitarbeiter Wolfgang Berger: »Ich bin gern bereit«, so hatte dieser schon zuvor nach Wien geschrieben, »Ihnen noch ein paar Dinge über Guggenbichler zu erzählen, zum Beispiel, daß er mir gegenüber den angeblichen Sprengstoffanschlag angekündigt hat. Wir können das alles schriftlich festhalten, Sie brauchen keine Angst zu haben, daß ich umfalle. Wenn ein Honorar für mich herausschaut, bin ich nicht ausgesprochen böse.«
Wenig später reiste Wolfgang Berger von Tirol nach Wien, und man traf sich im Café Westend: Berger, Rechtsanwalt Heinz Damian, Hans Peter Daimler und der *Kurier*-Reporter Wolfgang Höllrigl.
»Von mir«, stellte der Proksch-Anwalt jedoch gleich klar, »bekommen Sie natürlich kein Geld, das soll Daimler direkt machen.« Dem Tiroler wurden daraufhin zunächst einmal »die Spesen« seiner Wien-

Landesgendarmeriekommando für Tirol
Kriminalabteilung (2)
Innrain 34, 6010 Innsbruck, Tel. 05222-34641

32 Ur 4326/83
4

GZ P 262o/83-au Innsbruck, am 3. Nov. 1983

K a i n e r Willibald

Verdacht einer gerichtlich strafbaren Handlung im Zusammenhang mit den Meldungen über den Sprengstoffanschlag am Auto des Privatdetektivs

Dietmar GUGGENBICHLER in Anif

An die

Staatsanwaltschaft

6o1o I n n s b r u c k

Staatsanwaltschaft Innsbruck
Eingel. - 7. NOV. 1983 ___ Uhr
fach ___ Halbschr. ___ Beilagen
13 U 14138/83

Sachverhalt:

Willibald KAINER gab am 2. November 1983 anläßlich der niederschriftlichen Einvernahme an, es habe und gebe auch jetzt nicht eidesstattliche Erklärungen, daß Dietmar GUGGENBICHLER den Sprengstoff selbst gekauft und sich selbst gelegt habe. Er gab zu, diese beiden eidesstattlichen Erklärungen in seinem Büro in Innsbruck selbst geschrieben zu haben. Er sagte, die beiden Personen hätten die Erklärungen mit der Begründung nicht unterschrieben, dies sei ihnen zu 'heiß'.

Willibald KAINER wurde am 3. November 1983 unter GZ P3221/83-hu (11 St 13 52 P/83) wegen Verd.d. Erpressung, der Nötigung und der Verleumdung der Staatsanwaltschaft Innsbruck angezeigt. Diese Anzeige ergab sich ebenfalls aus seiner Tätigkeit als Privatdetektiv.

Seine vollständigen Angaben sind als Beilage 10 angeschlossen.
10 Beilagen

Geht an: Sicherheitsdirektion für das Bundesland Tirol
Sicherheitsdirektion für Salzburg
Kriminalabteilung Salzburg in 5o81 Anif
Bundespolizeidirektion Innsbruck
Bezirkshauptmannschaft 613o Schwaz

(Auer)

Der Kommandant der Kriminalabteilung:
i. V.

Ein Sprengstoffanschlag und falsche »eidesstattliche Erklärungen«

Reise ersetzt, und als kleinen Honorarvorschuß erhielt er auch von Wolfgang Höllrigl aus dem *Kurier*-Budget noch rasch 10 000 Schilling zugesteckt. Danach fuhr man gemeinsam in die Rechtsanwaltskanzlei von Damian, wo Wolfgang Berger einen Schriftsatz unterschrieb.
Den Rest besorgte Wolfgang Höllrigl. »Dem Kurier«, schrieb er am 25. August 1983, »wurden sensationelle Unterlagen überreicht: Tödliche Dokumente – Belege, denen nichts mehr hinzuzufügen ist.«
Am nächsten Tag ließ er »die Bombe« platzen: Guggenbichler habe das Donarit selbst übernommen und bezahlt. »Zwei Zeugen« hätten dies, so der *Kurier*, bereits »unter Eid« ausgesagt.
Der Höhepunkt in der Berichterstattung über den Fall Proksch wurde schließlich am 28. August 1983 mit der vom *Zapata*-Ghostwriter Wolfgang Höllrigl frei erfundenen *Kurier*-Meldung erreicht, Dietmar Guggenbichler habe sich bereits selbst angezeigt und ein Geständnis abgelegt.
Den Ermittlern gegen Udo Proksch war damit der letzte Rest an Glaubwürdigkeit genommen, und dementsprechend eindeutig fiel auch das Schlußwort der Kommentatoren aus: Der Salzburger Staatsanwaltschaft sei bereits genügend »Zeit gestohlen worden«, der Akt *Lucona* möge rasch wieder geschlossen werden.
Daß von diesen letzten Medienberichten allerdings in Wahrheit kein Wort stimmte, erfuhren die Zeitungsleser nie. Ebensowenig wurde je bekannt, was in den darauffolgenden Monaten die Kriminalabteilung des Landesgendarmeriekommandos Tirol herausfand:
»Zusammenfassend kann gesagt werden«, stellte die Kripo in ihrem der Staatsanwaltschaft Innsbruck am 3. November 1983 übermittelten Bericht mit der Geschäftszahl P 2620/83-au fest, »daß es keinerlei eidesstattliche Erklärungen in dieser Angelegenheit gibt.«
Willi Kainer, »dem offensichtlich zur Erreichung seines Zieles jedes Mittel recht war« (Polizeibericht), legte am 2. November 1983 ein Geständnis ab und gab zu, daß er selbst die beiden eidesstattlichen Erklärungen in seinem Innsbrucker Büro geschrieben hatte – »über Anweisung von einem Rechtsanwalt«.
Den Namen dieses Rechtsanwaltes, von dem Willi Kainer seine Anweisungen erhalten hatte, konnte der Autor leider nicht erfragen, da der »Kronzeuge« von Proksch-Anwalt Heinz Damian mit Urteil 28 Hv 341/83 des Landesgerichtes Innsbruck vom 28. Februar 1985 zu einer mehrjährigen Haftstrafe verurteilt wurde, die er zur Zeit verbüßt.

# Ein eidgenössisches Behördenkabarett

In den ersten drei Punkten hatte die Strategie des Syndikates zur Abwehr einer strafrechtlichen Untersuchung des *Lucona*-Falles funktioniert: Die Ermittlungen der Kripo waren beendet, die Belastungszeugen »umgedreht«, und aus den Anzeigern waren Beschuldigte geworden.

Lediglich beim letzten Punkt war es am Ende, trotz der perfekten Desinformationskampagne, nicht ganz nach Wunsch gegangen: Die Staatsanwaltschaft Salzburg blieb von der veröffentlichten Meinung unbeeindruckt und gab weder den Interventionen der Betroffenen noch dem massiven Druck nach, der von politischen Funktionsträgern ausging.

Anstatt die Strafanzeige, wie es von ihr verlangt worden war, in einer Schublade verschwinden zu lassen, eröffnete die zuständige Staatsanwältin, Eva Danninger-Soriat, unverzüglich unter der Aktenzahl 5 St 8600/83 ein Tagebuch »gegen Udo Proksch u.a. wegen §§ 75 (Mord), 15 (Versuch) und 146 ff (Betrug)«.

Auch in der Schweiz, wo Dietmar Guggenbichler bei der *Anklagekammer des Staates Freiburg* gegen Erwin Egger und Greta Fischer eine Strafanzeige wegen Betruges, Dokumentenfälschung und Beihilfe zum Mord erstattet hatte, lief es zunächst für die *Zapata*-Mannschaft keineswegs ihren Erwartungen gemäß.

Sowohl in Österreich wie in Fribourg war in der Zwischenzeit auch die *Bundesländer-Versicherung* nachträglich den Strafanzeigen beigetreten, und diesem Beispiel folgte wenig später auch die holländische Versicherungsanstalt, bei der das versenkte Schiff selbst kaskoversichert war. Mit einer Schadenssumme von 3 Millionen Gulden (rund 20 Millionen Schilling) schlossen sich die Rotterdamer *H. J. Roelofs-Assuradeuren B.V.* dem Strafverfahren an.[12]

Am 2. September 1983 beantragte die Anklagekammer in Fribourg die Eröffnung einer gerichtlichen Voruntersuchung. Zum Untersuchungsrichter wurde Denis Zosso, Präsident des *Bezirksgerichtes der*

---

[12] Mit der Wahrnehmung ihrer Interessen wurden auch von den holländischen Versicherern die Wiener Anwälte Dr. Werner Masser und Dr. Eduard Klingsbigl betraut.

*Sense* in Tafers, bestimmt. Auch in der Schweiz reagierten die Betroffenen natürlich prompt. Greta Fischer hatte schon am 26. August 1983 den Antrag gestellt, keine Untersuchung einzuleiten, weil es sich bei diesem Straffall nur »um ein Phantasiegebilde von Dietmar Guggenbichler« und um eines der »unseriösen Mittel« handle, derer sich die österreichische Versicherungsanstalt bediene, um sich »ihrer Zahlungspflicht zu entziehen«.

Am 29. September 1983 trat zusätzlich auch noch Erwin Egger auf den Plan, indem er an das Untersuchungsrichteramt den Antrag stellte, die Strafuntersuchung gegen ihn sofort wieder einzustellen, denn »die von Guggenbichler eingeleitete Strafsache« habe »weder Hand noch Fuß«. Das Gericht dürfe »seinen dubiosen Machenschaften« auf keinen Fall Gehör gewähren. Im übrigen sei Guggenbichler längst verhaftet.

Auch in der Schweiz gelang es dem *Zapata*-Syndikat anschließend offensichtlich mühelos, zunächst einmal – eineinhalb Jahre lang – alle Verfolgungsschritte abzuwenden.[13]

Nach den Protesten der Betroffenen unternahm Untersuchungsrichter Denis Zosso zunächst einmal gar nichts. Das heißt, er unternahm gegen Greta Fischer und gegen Erwin Egger nichts. Sehr prompt hingegen erledigte er die bereits erwähnte Gegen-Strafanzeige gegen Dietmar Guggenbichler wegen des Verdachtes des »wirtschaftlichen Nachrichtendienstes« und leitete gegen ihn eine Untersuchung ein.

Genau ein Jahr und zwei Monate benötigte das schweizerische Untersuchungsrichteramt danach zur Überprüfung der Frage, ob der Privatdetektiv als Spion anzuklagen und abzuurteilen sei.[14] Am 30. Oktober 1984 entschied sich Denis Zosso schließlich, das Verfahren gegen Dietmar Guggenbichler einzustellen.

Kabarettreife Züge nahm in der Folge aber auch die offenkundige Lustlosigkeit an, mit der die eidgenössischen Behörden die Strafverfolgung der Mittäter im *Fall Lucona* in Angriff nahmen.

Als der Autor dieses Buches an Untersuchungsrichter Denis Zosso die Frage richtete, ob es denn – wie in Österreich – auch in der Schweiz politische Pressionen gäbe, oder ob etwa sogar österreichische Regie-

---

[13] Welche Rolle dabei konkret die Tatsache gespielt haben mag, daß Greta Fischers Vater als Präsident der *Schweizerischen Bundesbahnen* und hoher CVP-Politiker eine ebenso angesehene wie einflußreiche Persönlichkeit war, steht nicht fest.

[14] Das »Geschäftsgeheimnis«, das »ausgekundschaftet und an eine ausländische Organisation verraten« worden war, bestand bekanntlich in der Tatsache, daß Erwin Eggers *Decobul* niemals eine Uranfabrik nach Österreich geliefert haben konnte.

rungsstellen in der Schweiz über diplomatische Kanäle interveniert hätten, den Fall doch lieber einschlafen zu lassen, wies dies der Gerichtspräsident mit Entschiedenheit zurück. »Das wäre ja wohl«, meinte Richter Zosso nicht zu Unrecht, »ein gewaltiger Skandal, oder?«

Tatsächlich waren die Gründe für die Nichtverfolgung der schweizerischen Mittäter im *Fall Lucona* einerseits hauptsächlich organisatorischer Natur und damit keineswegs ein Ruhmesblatt für die oft gepriesene eidgenössische Behördeneffizienz. Fest steht andererseits aber auch, daß Untersuchungsrichter Denis Zosso in dem Fall am Anfang wirklich nur ein innerösterreichisches Politikum erblickte.

Immerhin entspann sich im September 1983 eine erste kurze Korrespondenz zwischen Tafers und der Staatsanwaltschaft Wien. Am 14. Oktober 1983 teilte Richter Zosso nach Wien mit, es erscheine ihm »abwegig, in dieser Sache zwei Untersuchungen getrennt voneinander durchzuführen«. Er gedenke daher, das Ergebnis der österreichischen Untersuchung abzuwarten, erbat sich allerdings die Übermittlung laufender Berichte über den Stand des Verfahrens in Österreich.

Am 1. Februar 1984 wurde der schweizerische Untersuchungsrichter des Wartens allerdings müde, zumal er auch auf Anfragen an die Wiener Staatsanwaltschaft keine Antwort mehr erhielt. So entschloß er sich schließlich auf Drängen der Anklagekammer in Fribourg, nun doch von sich aus anzufangen und zunächst gegen Erwin Egger wegen Betruges und Dokumentenfälschung zu ermitteln.

Gesagt, getan. Kriminalinspektor Sanssonnens von der Finanzbrigade der *Sûreté Fribourg* erhielt den untersuchungsrichterlichen Auftrag, mit dem Studium des Aktes zu beginnen, was dieser in der Folge rund zwei Monate lang tat, um am 2. Mai 1984 die Feststellung zu treffen, daß seine Deutschkenntnisse vermutlich doch zu unzureichend sein würden, um den Fall weiter bearbeiten zu können.

Daraufhin wurde der Entschluß gefaßt, die Aufgabe des Aktenstudiums jemand anderem zu übertragen. Mit dem Ermittlungsfall *Lucona* wurde, Otto Blanchard, ein junger Kriminalinspektor vom Betrugs- und Falschgelddezernat betraut.

Nachdem schließlich seit der Anzeigeerstattung schon beinahe ein volles Jahr ins schöne Schweizer Land gezogen, aber noch immer mit keiner einzigen Untersuchungshandlung begonnen worden war, erhielt Richter Zosso am 30. Juni 1984 von der Anklagekammer erneut einen Rüffel. Auf seine Anfrage hin wurde ihm darauf vom Chef der Kantonspolizei mitgeteilt, daß Inspektor Blanchard bisher noch nicht

eingeteilt worden war, die Sache in die Hand zu nehmen, da er ohnedies an Arbeitsüberlastung leide.
Voll mit Arbeit ausgelastet war auch Gerichtspräsident Denis Zosso selbst, wie er am 25. Juli 1984 an die Anklagekammer schrieb. »Allein die Überprüfung der Buchhaltung und Korrespondenz der *Decobul SA*«, klagte der Richter, »würde schätzungsweise mindestens ein bis zwei Monate in Anspruch nehmen.« Zudem erfordere die Untersuchung gegen Erwin Egger wegen Dokumentenfälschung und Betruges »fundierte buchhalterische Kenntnisse, die ich vermutlich nicht besitze«. Mit einem Wort: »Da ich bereits voll ausgelastet bin, ist es mir nicht möglich, diese Untersuchung durchzuführen.«
Als die Anklagekammer mit Schreiben vom 8. August 1984 entschied, daß Denis Zosso »die Untersuchung weiterführen und nötigenfalls darauf achten (sollte), daß Inspektor Blanchard die nützlichen Nachforschungen durchführen kann«, war dies jedoch erst recht wieder unmöglich: Der Polizeichef von Fribourg hatte Otto Blanchard inzwischen auf einen Fortbildungskurs geschickt, von dem der junge Inspektor erst Ende Oktober 1984 wieder zurückkehrte.
Ein Trost blieb dem schweizerischen Untersuchungsrichter wenigstens, wie er der Anklagekammer mehrmals schrieb: Auch in Österreich ging nichts voran. Zwar habe ihm die Staatsanwaltschaft Wien bereits am 11. Oktober 1983 die Eröffnung einer gerichtlichen Voruntersuchung angekündigt, »gemacht wurde jedoch offenbar nichts«. Er sei auch, beklagte sich Denis Zosso, von der Staatsanwaltschat Wien trotz oftmaliger Anfragen nicht darüber informiert worden, welche Untersuchungshandlungen in Österreich vorgenommen wurden. Seine Briefe seien vielmehr zum Teil unbeantwortet geblieben. Sein Resümee: »Die Untersuchungen in Österreich sind also nicht weiter fortgeschritten als im Kanton Fribourg.«
Kurzfristig ein wenig in Bewegung kam die Untersuchung erst, als sich die schweizerischen Medien des *Falles Lucona* anzunehmen begannen und etwa die angesehene *Schweizerische Handelszeitung* einen ungewöhnlich scharfen Kommentar ihres Chefredakteurs veröffentlichte:
»In Österreich«, schrieb Martin Ungerer, »kommt zur Zeit ein gewaltiger Politfilz zum Vorschein, in den hohe und höchste Beamte, darunter der österreichische Außenminister Gratz, tief verstrickt sind. Unter der wohltätigen Politdecke streckten offensichtlich Ganoven, Ostspione und Betrüger ihre Fühler aus. Zentrale Figur in diesem Krimistück ist *Demel*- Inhaber Udo Proksch, der sich höchster Protektion in Regierungskreisen erfreut.«

KANTONSGERICHT DES STAATES FREIBURG

ANKLAGEKAMMER

Herrn Denis ZOSSO
Untersuchungsrichter des
Sensebezirks

1712 T A F E R S

Freiburg, den 8. August 1984/mj

Strafsache Egger Erwin, Fischer Greta

Sehr geehrter Herr Untersuchungsrichter,

Wir bestätigen den Empfang Ihres Schreibens vom 25. Juli 1984 in obenerwähnter Angelegenheit.

Die Anklagekammer ist der Ansicht, dass Sie die Untersuchung weiterführen und nötigenfalls darauf achten sollten, dass Inspektor Blanchard ab November 1984 die nützlichen Nachforschungen durchführen kann.

Mit vorzüglicher Hochachtung.

Der Präsident :

Behördenunlust bei der Strafverfolgung auch in der Schweiz

Sein »Piratenstück« habe Proksch über zwei Schweizer Gesellschaften, die Firmen Decobul und Zapata, abgewickelt. Und auch in der Schweiz, so Martin Ungerer wörtlich, »laufen die Betrüger noch frei herum«.
Am 30. November 1984 verfügte Untersuchungsrichter Denis Zosso immerhin die Öffnung der Bankkonten und die Herausgabe der Steuerakten der Firma *Decobul* und ordnete am 10. Jänner 1985 auch die ersten Hausdurchsuchungen an, die am 22. Jänner bei Erwin Egger in Bulle und am 24. Jänner bei dessen Freundin Regula von Gunten in Faoug durchgeführt wurden, worauf die Ermittlungen in diesem Punkt langsam in Gang kamen.
In bezug auf Greta Fischer sollten hingegen noch weitere zwei volle Jahre vergehen, ehe die ersten Untersuchungsschritte gesetzt werden konnten. Das Untersuchungsrichteramt Tafers entdeckte nämlich erst am 4. Juni 1986 – beinahe drei Jahre nach Erstattung der Strafanzeige – seine vermeintliche örtliche Unzuständigkeit zur Strafverfolgung der Verwaltungsrätin der *Zapata AG*, worauf die *Anklagekammer des Staates Freiburg* den Akt dem Amtsstatthalteramt Sursee im Kanton Luzern überwies.
Auch dort hatte jedoch niemand Lust, gegen Greta Fischer zu ermitteln. Am 20. August 1986 rief die Staatsanwaltschaft des Kantons Luzern das *Schweizerische Bundesgericht* in Lausanne an und ersuchte, doch die Behörden von Fribourg zur Strafverfolgung der Verwaltungsrätin der *Zapata* zu verpflichten. Entschieden wurde das Pingpongspiel mit dem Strafakt Greta Fischers erst am 15. September 1986: Das *Schweizerische Bundesgericht* stellte die Zuständigkeit von Untersuchungsrichter Denis Zosso fest.

Im Vergleich zur Schweiz legten am Anfang ja sogar die österreichischen Behörden bei der Verfolgung der *Lucona*-Täter ein geradezu atemberaubendes Tempo an den Tag. Noch im Laufe des Monats August 1983 war die Frage der Zuständigkeit geklärt, und nachdem der Strafakt Udo Proksch von Salzburg nach Wien abgetreten worden war, legte auch die Staatsanwaltschaft in der Bundeshauptstadt unter der Aktenzahl 36 St 49 803/83 »gegen Udo Proksch und andere wegen §§ 75 (Mord), 15 (Versuch), 146 ff (Betrug) und 288 (falsche Beweisaussage vor Gericht)« ein Tagebuch an.

Innerhalb weniger Tage kam daraufhin allerdings ein österreichisches Spezifikum zum Tragen, das es in dieser Form in keinem anderen liberalen Rechtsstaat gibt: Mit Erlaß des Bundesministeriums für Justiz (Zl. 65 264/21-IV 2/83) vom 30. August 1983 wurde der *Fall Lucona* zu einem »Straffall von besonderer Wichtigkeit« erklärt und unter »Berichtspflicht« gestellt.[15]

Das ist kein schlechter Witz: In Österreich wird in der Tat von Amts wegen zwischen »unwichtigen«, »wichtigen« und »besonders wichtigen« Straffällen unterschieden.

»Unwichtig« ist naturgemäß die Mehrzahl aller Fälle: Wenn beispielsweise ein Mann namens Müller die Firma Hinz & Kunz betrügt, wenn ein Bankräuber namens Berger den Kassier der Sparkasse XY erschießt, wenn Johann Maier seine Nachbarskinder schändet oder wenn ein Unbekannter die Frau Pospischil erwürgt, so sind das absolut »unwichtige« Straffälle, um die sich außer den dafür zuständigen Behörden niemand kümmert. Jeder Beamte ist in solchen Fällen in der Lage, seine Pflicht zu tun:

Die Polizei ermittelt ohne Behinderung durch das Innenministerium. Liegt ein konkreter Tatverdacht vor, leitet die Staatsanwaltschaft ohne Verzug eine gerichtliche Voruntersuchung ein, ein unabhängiger Richter untersucht, und von der Staatsanwaltschaft wird anschließend die Anklage erhoben. Und in einer Hauptverhandlung entscheidet wie-

[15] Gesetzliche Grundlage der »Berichtspflicht« bei »wichtigen« oder »besonders wichtigen Straffällen« bildet der § 42 der staatsanwaltlichen Geschäftsordnung gemäß einer Verordnung des Bundesministeriums für Justiz.

derum ein unabhängiges Gericht über Unschuld oder Schuld. So oder so kommt der Betroffene damit zu seinem Recht.
Entschieden komplizierter wird der Fall, wenn ein in irgendeiner Weise prominentes Mitglied der Gesellschaft, sei es als Opfer oder als mutmaßlicher Täter, involviert ist. In diesem Augenblick wird selbst ein kleiner Ladendiebstahl zu einem »wichtigen« Straffall erklärt, der unter die »Berichtspflicht« fällt. Der Staatsanwalt darf in der Folge nicht mehr tun, was er für richtig hält.
»Besonders wichtige« Straffälle liegen schließlich vor, wenn es um besonders prominente mutmaßliche Täter, um Politiker, Gewerkschaftsgrößen, Funktionäre der machthabenden politischen Parteien sowie um deren Schützlinge und Freunde, geht.
Die Staatsanwaltschaft wird in solchen Fällen in der Regel vollkommen entmündigt, und das Eingriffsrecht in Strafverfahren von seiten der politischen Machthaber ist in Österreich auf diese Weise allein durch die Extremanwendung der »Berichtspflicht« quasi institutionalisiert.
Für den Straffall »Udo Proksch und andere« war in der Staatsanwaltschaft Wien am Anfang Staatsanwalt Viktor Eggert zuständig. Pflichtgemäß studierte er zunächst die Akten. Am 26. September 1983 entschloß er sich, die Kriminalabteilung des Landesgendarmeriekommandos Salzburg mit der Fortsetzung der begonnenen Ermittlungen zu beauftragen. Diese hatten, wie erinnerlich, ja über Weisung des Innenministers wenige Wochen vorher abrupt beendet werden müssen. Selbstverständlich hatte Viktor Eggert die Absicht, sofort – wie es das Gesetz vorsieht – eine gerichtliche Voruntersuchung einleiten zu lassen, sollte sich der Tatverdacht im Zuge der weiteren Ermittlungen erhärten.
In diesem Sinne schrieb er auch nach einer entsprechenden Anfrage aus der Schweiz am 11. Oktober 1983 namens der Wiener Staatsanwaltschaft an das schweizerische Untersuchungsrichteramt in Tafers: »Gegen Udo Proksch und andere laufen derzeit wegen des Verdachtes der Verbrechen des mehrfachen Mordes und des Versicherungsbetruges Ermittlungen beim Landesgendarmeriekommando für Salzburg, Kriminalabteilung. Gerichtliche Voruntersuchung wurde bislang noch nicht eingeleitet. Auf Grund der bisherigen Ermittlungsergebnisse ist aber mit einem derartigen Schritt zu rechnen.«
Mit dieser Meinung sollte sich der Wiener Staatsanwalt jedoch in Wirklichkeit gleich zweifach irren: Erstens war entgegen seiner Annahme und trotz des staatsanwaltlichen Auftrages in Salzburg bis zu diesem Zeitpunkt nichts geschehen.

36 St. 49 8o3/83

An das

Bezirksgericht Der Sense
Kanton Freiburg

1712 T A F E R S
S c h w e i z

Betrifft: Ermittlungsverfahren gegen Udo P r o k s c h und andere

Bezug: Schreiben vom 29.9.1983

Sehr geehreter Herr Untersuchungsrichter !

Auf Grund einer,im wesentlichen gleichlautenden Anzeige des Privatdetektives Dietmar Karl Guggenbichler vom 1.7.1983 gegen Udo Proksch und andere,darunter auch die schweizer Staatsangehörigen Leo T a n n a z,Erwin E g g e r und Greta F i s c h e r wegen der Verbrechen des mehrfachen Mordes und des Versicherungsbetruges laufen derzeit Ermittlungen gegen alle Verdächtigen beim Landesgendarmeriekommando für Salzburg,Kriminalabteilung,5o82 Salzburg.
Gerichtliche Voruntersuchung wurde bislang noch nicht eingeleitet.
Auf Grund der bisherigen Ermittlungsergebnisse ist aber mit einem derartigen Schritt zu rechnen.

Weiters haben die bisherigen Recherchen gezeigt,daß umfangreiche Erhebungen auch in der Schweiz nötig sein werden,um die vorliegend[e] Verdachtsmomente zu erhärten.
Diesbezügliche Schritte können seitens der österreichischen Ermittlungsbehören aber erst nach Einleitung der gerichtlichen Voruntersuchung und über Ersuchen Schweizer Behören im Rechtshilfeweg beantragt werden.

Lediglich um Ihnen bereits in diesem frühen Verfahrensstadium zu annoncieren,welche Untersuchungshandlungen allenfalls durchzuf[ühren] sein werden,erlaube ich mir,einen kurzen Überblick darüber zu geben:

1.) Die Buchhaltung der Firma ZAPATA AG in CH-6232 Geuensee wird offenzulegen sein,um die buchhalterische Abwicklung

In der Hoffnung Ihnen mit diesem kurzen Abriss des Verfahrensstandes gedient zu haben,verbleibe ich mit dem Ausdruck

meiner vorzüglichen Hochachtung

Staatsanwaltschaft Wien
am 11.Oktober 1983

Mag. iur. Viktor Eggert
Für die Richtigkeit der Ausfertigung
der Leiter der Geschäftsabteilung:

Die Staatsanwaltschaft ermittelt »wegen mehrfachen Mordes«

Im Gegenteil: Der Akt, den die Staatsanwaltschaft Wien am 26. September 1983 im Wege der Salzburger Sicherheitsdirektion an die Kriminalabteilung übermittelt hatte, kam bei den zuständigen Beamten gar nicht an.
Über Auftrag des Sicherheitsdirektors, der eine entsprechende Weisung aus dem Innenministerium erhielt, mußte Kripo-Chef Karl Stürzenbaum die Salzburger Polizei zur Durchführung von Ermittlungen im *Fall Lucona* für »unzuständig« erklären.
Aus diesem Grund kam es am 25. Oktober 1983 bei einer Konferenz in der Staatsanwaltschaft Wien, bei der auch Stürzenbaum zugegen war, zu einer heftigen Kontroverse. Als der Staatsanwalt schließlich am 14. November 1983 den Akt wieder zurückverlangte, stellte sich heraus, daß von der Kripo Salzburg nicht eine einzige Ermittlungshandlung durchgeführt worden war. Die dem Innenministerium unterstellte Polizei hatte sich glattweg geweigert, gegen den Intimfreund des Ministers die vom Staatsanwalt beantragten Ermittlungen durchzuführen.
Doch auch im zweiten Punkt sollte sich Viktor Eggert irren: Wie sich sehr bald herausstellte, war die Oberstaatsanwaltschaft Wien auch nicht im Traum bereit, der Einleitung einer gerichtlichen Voruntersuchung die Zustimmung zu erteilen. Tatsächlich ist auch heute – nach vier Jahren – noch immer keine eingeleitet.
Es gab dabei nur ein Problem: Im Falle eines Mordverdachtes ist nicht nur die gerichtliche Voruntersuchung vom Gesetz her zwingend vorgeschrieben, sondern auch die Verhängung der Untersuchungshaft über die Tatverdächtigen.
Die Entscheidung, dies dem *Demel*-Chef und Schützling vieler Mächtigen unter keinen Umständen anzutun, war freilich in der Oberstaatsanwaltschaft längst gefallen.
Um den Gesetzen wenigstens zum Schein zu genügen, mußte daher der Mordverdacht wegfallen. Wie dies konkret gelang, ist heute nicht mehr feststellbar. Es weiß dies anscheinend nicht einmal das Bundesministerium für Justiz.
Die in München erscheinende Zeitschrift *Epoche* wußte immerhin bereits am 10. September 1985 unter dem Titel »Getarnte Osthändler und drei Minister; Gratz, Proksch, Lucona – der Jahrhundertcoup« zu berichten, daß der Ermittlungsauftrag wegen des Verdachtes des Mordes »nach Anweisung von höchster Stelle« plötzlich eingestellt worden sei. Wer diese »höchste Stelle« war, konnte indes nicht einmal durch das Parlament geklärt werden.
Am 23. Dezember 1985 berichtete Justizminister Harald Ofner in

einer Anfragebeantwortung dem Parlament, daß zwar die Staatsanwaltschaft in der Tat zunächst »wegen des Verdachtes des mehrfachen Mordes und des mehrfachen Mordversuches« ein Tagebuch eröffnet, in der Folge allerdings Ermittlungen nur wegen des Verdachtes des Betruges durchgeführt habe, womit – »implicite« – zum Ausdruck gekommen sei, daß die Vorwürfe in Richtung Mord und Mordversuch nicht aufrechterhalten worden waren.
»Formell«, so sagte der Minister schließlich, »wurden die Vorwürfe in Richtung §§ 75 (Mord) und 15 (Mordversuch) noch keiner Erledigung zugeführt.«
Tatsächlich mußte sich die Staatsanwaltschaft Wien, als ihr am 21. November 1983 die Einleitung von Vorerhebungen gestattet wurde, plötzlich damit begnügen, einen Ermittlungsauftrag im Hinblick auf den äußerst nebulosen »Verdacht strafbarer Handlungen, insbesondere des schweren Betruges« zu erteilen.
Nicht einmal der *Demel*-Chef selbst hatte offenbar damit gerechnet, daß es ihm mit Hilfe eines solchen Tricks möglich gemacht werden würde, seiner Verhaftung zu entgehen. Er war vielmehr schon im September 1983 völlig sicher, daß seine und auch Greta Fischers Verhaftung unmittelbar bevorstünde und daß sie möglicherweise würden flüchten müssen.
Bereits am 16. September 1983 hatte Udo Proksch aus diesem Grund vorsorglich per Notariatsakt seine Sekretärin Erika Habliczek sowie seinen Bruder Rüdiger Proksch zu stellvertretenden Geschäftsführern der *Ch. Demel's Söhne Ges.m.b.H.* bestellen und sie in einer Blitzaktion in das Wiener Handelsregister eintragen lassen.
Die Konditorei *Demel* sollte für den Fall, daß er und Greta Fischer als die bis dahin einzigen Geschäftsführer ihre Handlungfähigkeit einbüßen würden, nicht plötzlich ohne Führung sein.

# »Inspektor Columbo« ermittelt

Nachdem am 21. November 1983 die Wiener Staatsanwaltschaft die Sicherheitsdirektion für Niederösterreich mit den weiteren Ermittlungen beauftragt hatte, bekam den *Fall Lucona* endlich eine Ermittlungsbehörde in die Hand, deren Chefs sich auch von der Prominenz des Hauptbeschuldigten nicht beeindrucken ließen.
Weder Sicherheitsdirektor Emil Schüller noch der Leiter der Kriminalabteilung Oberst Alfons Traninger waren überdies gewillt, sich durch die weiteren Interventionsversuche von seiten des Innenministeriums in ihrer Arbeit behindern zu lassen.
Am 5. Dezember 1983 wurde Abteilungsinspektor Franz Reitter, der schon seit 35 Jahren bei der Polizei ist und seinen Dienst als Gruppenleiter im Referat für Wirtschaftskriminalität in der Wiener Rennwegkaserne versieht, mit der Leitung der Kripo-Ermittlungen im *Fall Lucona* betraut.
Sein Engagement und die Hartnäckigkeit, mit der er seit nunmehr beinahe vier Jahren bei seiner »Jagd« auf Udo Proksch vorgeht, trugen dem unauffälligen Mittfünfziger Reitter bei seinen Kollegen den Spitznamen »Columbo« ein, obzwar seine äußere Erscheinung mit dem ewig unrasierten und unausgeschlafenen TV-Krimihelden im zerknitterten Trenchcoat durchaus keine Ähnlichkeit aufweist.
In Franz Reitter würde man eher einen Bankbeamten vermuten. Nur in seiner Arbeitsweise gäbe es vielleicht ein paar Parallelen zum »Inspektor Columbo« aus dem Film.
Bereits im Jänner 1984 war ihm nicht nur mit Hilfe zahlreicher Zeugenaussagen, sondern auch auf Grund von Dokumenten der Nachweis gelungen, wie Udo Proksch in den Besitz des alten Kohlenbergwerks von Oberhöflein gelangt war und daß er die mehrere hundert Tonnen schweren, verrosteten und völlig unbrauchbaren Anlagenteile tatsächlich nach Piesting transportieren ließ.
Auch der nicht zu widerlegende Beweis, daß genau diese Anlagenteile von einer Gruppe italienischer Gehilfen im Auftrag von Udo Proksch vom Rost befreit und frisch lackiert worden waren, gelang Franz Reitter danach bald.
Über Interpol wurde sogar der größte Teil der Italiener ausgeforscht,

und ihre Zeugenaussagen lagen wenig später vor. Anschließend ermittelte Franz Reitter, daß nach Piesting niemals – von woher auch immer – eine Urananlage angeliefert worden war. Die diesbezüglichen Papiere der Wiener Spedition *Pirnat* waren, unter Mitwirkung des Prokuristen dieser Firma, Jakob Bartos, nachweislich gefälscht.
Nach wochenlanger mühsamer Recherchearbeit bei allen Zollämtern von Österreich gelang es schließlich, einen weiteren Mittäter zu identifizieren: Otto Kölbl, den Zolldeklaranten der Firma *Cincinnati Milacron*, der für die fingierte Ausfuhr der »Uranfabrik« die zollamtlichen Bestätigungen besorgt hatte. In Wahrheit hatte Otto Kölbl sich die Zollbestätigungen erschlichen. Der Zoll hatte den Inhalt von Prokschs Kisten und Containern nie gesehen.
Zum Schluß forschte Franz Reitter auch noch sämtliche LKW-Fahrer aus, die den Transport der angeblichen »Uranfabrik« nach Chioggia vorgenommen hatten.
Durch ihre eindeutigen Zeugenaussagen war der endgültige Beweis erbracht, daß die nach Italien transportierte und danach auf die *Lucona* verladene Fracht im wesentlichen tatsächlich nur aus jenen alten Anlagenteilen des Höfleiner Kohlenbergwerks und aus alten Maschinen der Piestinger Fabrik bestanden hatte.
Das einzige, was noch ermittelt hätte werden müssen: auf welche Weise und durch wen anschließend die *Lucona* mit ihrer Schrottfracht im Indischen Ozean versenkt worden war. Doch jeder diesbezügliche Ermittlungsschritt wurde der Kriminalabteilung strikt verboten.
Nachdem aber immerhin bereits unwiderlegbar feststand, daß die hochversicherte *Lucona*-Fracht in Wahrheit völlig wertlos und damit der Versicherungsbetrug als erwiesen anzusehen war, fertigte Franz Reitter am 7. Mai 1984 einen 200 Seiten langen Bericht über das Ergebnis seiner Ermittlungen an, der am 14. Mai 1984 mitsamt 110 Beilagen in Form von schriftlichen Beweismitteln und Einvernahmeprotokollen der Staatsanwaltschaft übergeben wurde.
Zugleich mit dem Bericht ersuchte Oberst Alfons Traninger als Leiter der Kriminalabteilung der niederösterreichischen Sicherheitsdirektion auch um die Ausstellung von insgesamt vier Haftbefehlen, und zwar gegen Udo Rudolf Proksch, Hans Peter Daimler, Jakob Bartos und Otto Kölbl.
In jedem anderen Straffall wären daraufhin innerhalb von Stunden diese vier Haftbefehle von der Staatsanwaltschaft bei Gericht beantragt und von einem U-Richter erlassen worden.
Im Fall Udo Proksch hingegen mußte sich die Staatsanwaltschaft von der Oberstaatsanwaltschaft nicht nur belehren lassen, daß Haftan-

SICHERHEITSDIREKTION
FÜR DAS BUNDESLAND
NIEDERÖSTERREICH
1032 Wien; Oberzellergasse 1
Tel. 73 35 81

GZ P 6583-83-SK-IV                    W i e n , am 7. Mai 1984

P R O K S C H  Udo Rudolf
D A I M L E R  Hans Peter
B A R T O S  Jakob und
K Ö L B L  Otto

Verdacht des Betruges,
Ersuchen um Prüfung des angezeigten Sachverhaltes auf Erlassung von Haft- und Hausdurchsuchungsbefehlen; Bericht.

Zu do. GZl.: 36 St 49.803/83

An die

Staatsanwaltschaft Wien

1080 W I E N

Zu dortigem Auftrag vom 21.11.1983 mit oben angeführter Geschäftszahl, ergangen im Wege der

In Anbetracht des schon bekannten Sachverhaltes und der nun aufgrund der durchgeführten Erhebungen getroffenen Feststellungen, wird die Staatsanwaltschaft Wien gebeten, das nun in gekürzter Form vorgelegte Erhebungsergebnis auf Erlassung von Haft- und Hausdurchsuchungsbefehlen gegen nachstehend angeführte Personen zu prüfen und zu beantragen:

1. P R O K S C H Udo Rudolf (Serge KIRCHHOFER), 29. Mai 1934 in Rostock geb., österr. Stbg., Kaufmann, in 1010 Wien, Walfischg. 12/2/3 wohnhaft,

2. D A I M L E R Hans Peter, 31. Dez. 1934 in Mannheim geb., deutscher Stbg., Kaufmann, 5020 Salzburg, Steingasse Nr. 20/22 und Zweitwohnsitz in 1170 Wien, Weidmanng. 20/2,

3. B A R T O S Jakob, 2. Juni 1943 St. Pölten geb., österr. Stbg., Speditionsangestellter, 3002 Purkersdorf, Dr. Hild Gasse 2-8/1/13 und

4. K Ö L B L Otto, 22. Mai 1931 Rechnitz/Bgld. geb., österr. Stbg., Angestellter in 1040 Wien, Favoritenstraße Nr. 33/1/1/9a wohnhaft.

Zufolge bisher schon gemachter Wahrnehmungen im

Die ersten Anträge auf Haft- und Hausdurchsuchungsbefehle

träge unter keinen Umständen in Frage kämen, vielmehr wurde den Verdächtigen innerhalb weniger Stunden sogar das Ergebnis der Ermittlungen der Kripo zugespielt, und Udo Proksch wurde ermuntert, zu seiner Entlastung möglichst rasch einen Beweisantrag zu stellen.
Bereits zehn Tage später, am 24. Mai 1984, legte Proksch-Anwalt Robert Amhof »Beweise« vor, wonach es ganz und gar unmöglich sei, »daß Schrott-Teile einer ehemaligen Kohleförderungsanlage anstelle der versicherten Maschinen von Piesting nach dem Hafen Chioggia und von dort auf das Schiff *Lucona* transferiert worden seien«.
Zwar gab Udo Proksch sofort zu, daß in Piesting auch dieses Kohlenbergwerk exakt zur selben Zeit wie seine angebliche Uranerz-Aufbereitungsanlage gelagert gewesen sei, doch habe später ein Salzburger Schrotthändler die wertlosen alten Brecher, Siebe, Förderanlagen und auch die Dampfgeneratoren aus der Harzfabrik gekauft und abgeholt, während die parallel dazu vorhanden gewesenen sündteuren neuen Brecher, Siebe, Förderanlagen und Dampfgeneratoren nach Chioggia transportiert worden seien.
An den Schluß seines »Beweisantrages« stellte der ehemalige offizielle Anwalt von Ex-Bundeskanzler Bruno Kreisky, Robert Amhof, den nun schon obligaten Angriff gegen Dietmar Guggenbichler und die *Bundesländer-Versicherung*, die sich nur ihrer Zahlungspflicht entziehen wolle.
Dieser »Taktik« sollten staatliche Organe wie die Staatsanwaltschaft keinesfalls noch länger Vorschub leisten. Das Strafverfahren sei einzustellen. Geschädigt sei in Wahrheit die *Zapata AG*, eine Firma ausländischer Provenienz. Das Ansehen Österreichs im Ausland stehe ohnehin schon auf dem Spiel.
Amhofs beschwörende Appelle beeindruckten Staatsanwalt Viktor Eggert jedoch keineswegs im selben Maß wie das Ergebnis der Ermittlungen der Kripo, das kaum noch Zweifel offenließ. Nicht einmal die rasch herbeigeschafften Unterlagen über die angebliche Verschrottung von Prokschs altem Kohlenbergwerk vermochten daran noch etwas zu ändern, da schon auf den ersten Blick erkennbar war, daß auch diese »Beweise« wiederum nur nachträglich gebastelt worden waren.
Verhaften lassen durfte der Staatsanwalt die *Zapata*-Bande aber dennoch nicht, denn Otto F. Müller, als Leiter der Oberstaatsanwaltschaft, sah immer noch »keinen konkreten Tatverdacht«.
Am 6. Juni 1984 – zugleich mit der Vorlage des kompletten Aktes an die Oberstaatsanwaltschaft – begann sich das Behördenkarussell er-

neut zu drehen. Die Oberstaatsanwaltschaft reichte den Akt am 13. Juni 1984 an das Ministerium weiter.
Kaum war das Konvolut dort eingelangt, stießen die Proksch-Anwälte auch schon mit einem weiteren Antrag auf Beischaffung des Strafaktes gegen Dietmar Guggenbichler nach. Gegen den Detektiv war das Verfahren wegen des Verdachtes der Verleumdung von Udo Proksch noch immer anhängig. Die »Haltlosigkeit« aller Vorwürfe gegen den *Demel*-Chef, so meinten die Anwälte, werde sich aus diesem Akt erweisen.
Daß es Staatsanwalt Viktor Eggert schließlich dennoch fertigbrachte, im Juli 1984 erstmals auch das Landesgericht für Strafsachen in Wien in den *Fall Lucona* – wenn auch nur im Rahmen der Vorerhebungen – einzuschalten, grenzte angesichts der gegebenen Situation schon an ein Wunder.
Am 9. Juli 1984 erhielt Untersuchungsrichter Wilhelm Tandinger den Akt mit dem Antrag der Staatsanwaltschaft, Hausdurchsuchungsbefehle für Udo Proksch, Hans Peter Daimler, Jakob Bartos und Otto Kölbl zu erlassen.
Exakt vier Tage brauchte Richter Tandinger danach, um aus der Aktenlage zu erkennen, »daß die *Lucona* möglicherweise gesprengt (worden war), um die Versicherungssumme zu liquidieren«. Am 12. Juli 1984 ordnete er daher bei Udo Proksch an den Wiener Adressen Kohlmarkt 14 (Konditorei *Demel* und *Club 45*), Walfischgasse 12 und Schäffergasse 13a (Sitz und Studio der *Pinosa*) und bei Hans Peter Daimler an dessen Anschriften in Wien 17, Weidmanngasse 20, und in Salzburg, Steingasse 20, Hausdurchsuchungen an.
Am 18. Juli 1984 wurden an den angegebenen Adressen zusammen hundertzwanzig Aktenordner mit Korrespondenzen, Unterlagen und Beweisstücken, die das angebliche Urananlagengeschäft betrafen, von der Kripo sichergestellt und beschlagnahmt.
Die Sichtung dieser Unterlagen sollte in der Folge zwar noch ein paar Wochen Zeit in Anspruch nehmen, doch hatten sich die Hausdurchsuchungen gelohnt. Proksch und Daimler waren tatsächlich so leichtsinnig gewesen, zahlreiche belastende Beweise nicht nur aufzuheben, sondern sie sogar in ihren Domizilen zu belassen.
Sie hatten offenbar nicht mehr damit gerechnet, daß der Justiz doch noch ein solcher Schlag gegen sie gelingen würde. Staatsanwalt Viktor Eggert, der den Untersuchungsrichter eingeschaltet und den Erfolg damit ermöglicht hatte, wurde bald danach jedoch vom *Fall Lucona* abgelöst.
Auch Udo Proksch und die Anwälte Damian und Zerner tobten und

brachten am 27. Juli 1984 wieder einmal einen Schriftsatz mit der schon obligaten Forderung nach augenblicklicher Einstellung des Strafverfahrens ein, denn »die strafgerichtlichen Untersuchungsbehörden sind nicht dazu da, unentgeltliche Hilfsdienste für eine private Versicherung zu erbringen«.
»Das Etablissement *Demel* genießt Weltruf«, ereiferte sich der *Club 45*-Schriftführer Heinz Damian weiter. »Wie kommt ein unbescholtener Staatsbürger und renommierter Geschäftsmann« wie Udo Proksch dazu, »daß seine Dienstnehmer reihenweise einvernommen« würden. Das Ganze grenze schon an Amtsmißbrauch.
Auf jeden Fall sei auch die Kripo Niederösterreich für diesen Fall vollkommen unzuständig. Falls überhaupt, so dürfe künftig höchstens noch die Wiener Wirtschaftspolizei mit allfälligen Ermittlungen beauftragt werden.
Diese Forderung erschien verständlich, denn jedermann weiß, daß auch der Wiener Polizeipräsident Karl Reidinger ein prominentes Mitglied von Udo Prokschs *Club 45* ist.
Der Zorn des *Zapata*-Syndikats vor allem gegen den ermittelnden Kripo-Beamten Franz Reitter sollte bald darauf eine weitere Steigerung erfahren, denn just am selben Tag, da Damian seine Ausfälle gegen diese Untersuchung zu Papier brachte, legte der erste Mittäter von Udo Proksch ein schriftliches Geständnis ab.

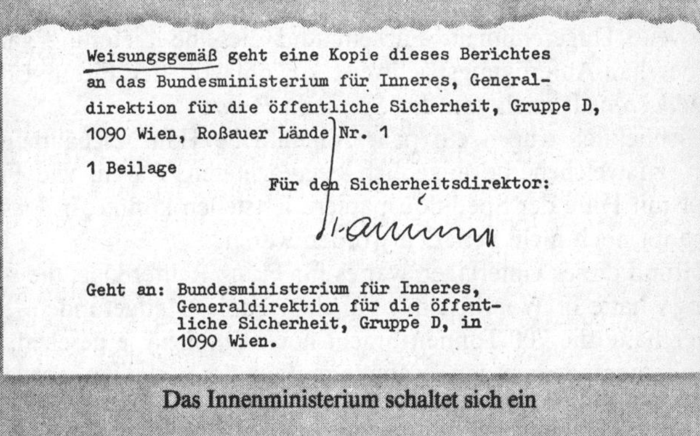
Weisungsgemäß geht eine Kopie dieses Berichtes an das Bundesministerium für Inneres, Generaldirektion für die öffentliche Sicherheit, Gruppe D, 1090 Wien, Roßauer Lände Nr. 1

1 Beilage

Für den Sicherheitsdirektor:

Geht an: Bundesministerium für Inneres, Generaldirektion für die öffentliche Sicherheit, Gruppe D, in 1090 Wien.

Das Innenministerium schaltet sich ein

# Ein Mann gesteht – und stirbt

Als Otto Kölbl, der Zolldeklarant der Wiener Firma *Cincinnati Milacron*, am Freitag, dem 27. Juli 1984, seine Arbeit um die Mittagszeit beendet hatte und anschließend gleich in seine Wohnung in die Favoritenstraße 33 fuhr, erwarteten ihn dort schon zwei Beamte von der Kripo Niederösterreich.

Nach einer kurzen Hausdurchsuchung, bei der kein Belastungsmaterial gefunden wurde, nahm Franz Reitter Otto Kölbl mit in die Sicher heitsdirektion, um ihn einem weiteren Verhör zu unterziehen.

Immer wieder hatte Udo Prokschs *Zapata* in der Vergangenheit darauf gepocht, daß ja der österreichische Zoll bei der Ausfuhr alle Anlagenteile seiner »Uranfabrik« überprüft und die Behältnisse danach versiegelt habe. Nachweisen konnte die *Zapata* den Verzollungsvorgang freilich nicht.

Franz Reitter war dies aber schließlich, wie erwähnt, gelungen. Er grub beim Zollamt Wien tatsächlich die Urschriften der Zolldokumente aus. Das Erstaunliche daran: Die Verzollung der *Zapata*-Lieferungen war größtenteils unter dem Namen der Firma *Cincinnati Milacron AG*, und zwar im Rahmen von zollamtlichen Hausbeschauen, erfolgt. Einige der Zollpapiere trugen freilich Hausbeschaunummern, bei welchen in Wahrheit vom Zoll gar keine Ausfuhrgüter, sondern nur Importwaren begutachtet worden waren.

Die zweite Ungereimtheit: Für ein und dieselbe Lieferung gab es Hausbeschau-Abfertigungsnachweise sowohl von der Firma *Cincinnati Milacron* als auch von der *Spedition Pirnat*.

Und schließlich trugen ein paar zollamtliche Hausbeschaubefunde Daten, zu welchen die angeblich begutachteten Waren, wie Franz Reitter mit Hilfe der Speditionspapiere feststellen konnte, in Piesting überhaupt noch nicht verladen worden waren.

Auf Grund dieser Unterlagen war es für Franz Reitter klar: die »Verzollung« hatte in Wahrheit nur auf dem Papier stattgefunden. Kein Zöllner hatte die 700-Tonnen-Fracht nach Chioggia je gesehen. Die Zolldokumente waren den Beamten einfach unterschoben worden.

Besonders simpel war man bei der Verzollung der 16 Container vorgegangen: Die Urschrift des entsprechenden Abfertigungsnachweises,

die beim Zollamt verblieben war, wies 1 Packstück mit einem Gewicht von 288 kg aus. Auf dem Doppel, das mit der Ware mitgeschickt werden mußte, fügte man dann einfach nach dem Einser einen Sechser ein, und das Gewicht wurde auf 288 000 kg ausgebessert. Die sechzehn Nummern der Container wurden zum Schluß dazugeschrieben.
Daß bei dieser Vorgangsweise nur Otto Kölbl, der alte Proksch- und Daimler-Freund, seine Hand im Spiel gehabt haben konnte, war vollkommen klar. Nach einem vierstündigen Verhör mußte er am Ende selbst einsehen, daß es für ihn nichts mehr zu leugnen gab.
Otto Kölbl legte ein fünf Seiten umfassendes Geständnis ab und gab auch zu, daß er die solcherart erfolgte Täuschung der Zollbeamten »über Ersuchen des Herrn Daimler« vorgenommen habe.
Sechs Tage später nahm sich Reitter den ehemaligen Prokuristen und Leiter der Exportabteilung der Speditionsfirma *Walter Pirnat*, Jakob Bartos, vor. Durch dieses Unternehmen sei, so hatte es geheißen, der größte Teil von Udo Prokschs Uranfabrik nach Piesting angeliefert worden.
Die vorgelegten Dokumente waren ja tatsächlich sehr beeindruckend gewesen: Es lagen Briefe von der Schweizer Firma *Decobul* – von Erwin Egger unterschrieben – an die Speditionsfirma *Walter Pirnat* vor, in welchen die Anlieferungen angekündigt wurden. Es existierten die dazugehörigen Versandaufstellungen. Es gab einen Akt über die Einlagerung von rund 250 Tonnen bei der Spedition in Wien. Man hatte Rechnungen sowohl für die angeblich angefallenen Lagergebühren wie auch für die anschließende Auslagerung und Zustellung nach Piesting ausgestellt.
Von Jakob Bartos eigenhändig geschriebene Lieferscheine sollten beweisen, daß in der Zeit vom 22. Juli bis zum 16. September 1976 die 250 Tonnen schweren Urananlagenteile in 22 Teiltransporten an die *Pinosa* in Piesting per LKW und Kranwagen zugestellt worden seien. Und selbstverständlich war die Übernahme – von Hans Huber und Rüdiger Proksch – per Unterschrift ordnungsgemäß quittiert worden. Auch Udo Proksch hatte als Zeuge vor dem Handelsgericht Wien erklärt: »Die von der *Decobul* gelieferten Teile der Anlage wurden in der Speditionsfirma *Pirnat* auf Lager gelegt, weil wir in Piesting noch nicht soweit waren. Dann wurden die bei der Spedition *Pirnat* eingelagerten Teile nach Piesting geliefert.«
Erwin Egger hatte als Zeuge vor dem Wiener Zivilgericht desgleichen Stein und Bein geschworen, daß die »Uranfabrik« zur Firma *Pirnat* angeliefert und bei dieser eingelagert worden sei. Hans Peter Daimler

schließlich bestätigte es ebenso: »Es ist richtig, daß diese Lieferung von der Spedition *Pirnat* nach Piesting erfolgt ist.«
Der einzige, den weder diese »Zeugenaussagen« noch die vorgelegten schriftlichen »Beweise« beeindruckt hatten, war Franz Reitter.
Am 22. Februar 1984 hatte er erstmals Jakob Bartos selbst befragt. Der Ex-Prokurist der Firma *Pirnat* bestätigte natürlich ebenfalls die Aussagen seiner Freunde: Jawohl, er sei vom Ausland her verständigt worden, daß die Anlieferung in seiner Spedition erfolgen werde. Später seien dann die Transporte wirklich angekommen, in seiner Firma eingelagert und ein paar Wochen später durch Fahrzeuge der Firma *Pirnat* nach Piesting weitertransportiert worden.
Jakob Bartos schwor, daß es so war. Franz Reitter glaubte ihm dennoch kein Wort. Ihm nachzuweisen, daß er log, war allerdings vor allem deshalb schwierig, weil es die Spedition *Pirnat* inzwischen nicht mehr gab. Sie war bereits im Jänner 1983 in Konkurs gegangen. Sämtliche Speditionsakten und auch die Buchhaltung waren zunächst nicht auffindbar.
Der hartnäckige »Columbo« fand die Beweise aber schließlich doch – im Keller jenes Hauses auf dem Wiener Frachtenbahnhof, wo die Spedition einst ihren Sitz hatte. Über die Lohnbuchhaltungsunterlagen gelang es Reitter dann sogar, ein ganzes Dutzend weiterer ehemaliger Mitarbeiter dieser Firma ausfindig zu machen. Jeder einzelne wurde von der Kripo anschließend befragt.
Das Ergebnis war verblüffend: Niemand außer Jakob Bartos hatte die in der Speditionsfirma angeblich eingelagerten 250 Tonnen schweren Anlagenteile je gesehen, geschweige denn jemals einen Transport von Wien nach Piesting durchgeführt. Im Gegenteil: Vom Lagerleiter, Josef Pöllendorfer, angefangen, über den Leiter des Zollmagazins, Josef Lugauer, bis hin zum Kranfahrer der Spedition, Heinrich Puschnik, wurde von allen Zeugen übereinstimmend erklärt, daß derartige Mengen schon allein deshalb gar nicht eingelagert gewesen sein konnten, weil hiefür der Platz zu klein gewesen wäre.
Für Franz Reitter war damit endgültig klar, daß Jakob Bartos, der heute bei der Speditionsfirma *Wilhelm Gärtner* in St. Pölten tätig ist, als Prokurist der Firma *Pirnat* an dem von Proksch und Daimler eingefädelten Versicherungsbetrug bewußt und vorsätzlich beteiligt war.
In den Morgenstunden des 2. August 1984 führte die Kripo Niederösterreich auch in der Wohnung von Jakob Bartos in Purkersdorf, Dr.-Hild-Gasse 2–8, eine Hausdurchsuchung durch und brachte den Verdächtigen anschließend nach Wien, um ihn noch einmal ins Gebet zu nehmen.

Unter dem Druck der gegen ihn vorliegenden Beweise brach auch Bartos bald zusammen und legte ein ausführliches Geständnis ab. Er gab zu, daß weder die behaupteten Einlagerungen noch die Anlieferungen von Teilen einer Uranfabrik nach Piesting stattgefunden hatten. Der Schriftverkehr, der dies beweisen sollte, war fingiert. Die Lieferscheine hatte er zu einem späteren Zeitpunkt selbst gefälscht.
Und wer hatte ihm den Auftrag zur Mitwirkung am Versicherungsbetrug erteilt? – Jakob Bartos wörtlich: »Zur Erstellung der Gefälligkeitspapiere kam es auf Grund einer Intervention des Herrn Daimler.«
Am 3. August 1984 sprachen der Chef der Kriminalabteilung, Oberst Alfons Traninger, und Kripo-Gruppenleiter Franz Reitter persönlich in der Staatsanwaltschaft in Wien vor, um neuerlich mit allem Nachdruck Haftbefehle gegen Proksch und Daimler, die durch die Geständnisse der beiden Mittäter zusätzlich schwer belastet worden waren, zu fordern.
Aber die Oberstaatsanwaltschaft stellte sich vollkommen taub. Der Fall durfte weder dem unabhängigen Untersuchungsrichter übertragen werden, noch wurde die Zustimmung zu Haftanträgen erteilt. Es passierte vielmehr etwas gänzlich anderes:
Am 6. August 1984 verfaßte Reitter einen weiteren ausführlichen Bericht, der am 10. August 1984 samt den beiden Einvernahmeprotokollen mit den Geständnissen von Kölbl und Bartos der Wiener Staatsanwaltschaft vorgelegt und von dieser später der Oberstaatsanwaltschaft zur Einsichtnahme übermittelt wurde.
Wenig später hatte Udo Proksch Kopien von den Geständnissen seiner Komplizen in der Hand, und beide wurden in der Folge offenkundig sofort unter Druck gesetzt, ihre vor der Polizei abgelegten Geständnisse zu widerrufen.
In der niederösterreichischen Sicherheitsdirektion kam schließlich wirklich ein von Jakob Bartos unterschriebener Brief an, worin er feststellte, daß er nunmehr sein Einvernahmeprotokoll gelesen und dabei bemerkt habe, »daß diese Niederschrift im Widerspruch zu meinen Aussagen steht«. Seine Angaben seien »aus dem Zusammenhang gerissen und verstümmelt« worden. Vor allem aber habe er niemals zugegeben, daß er von Hans Peter Daimler um die Ausstellung der Gefälligkeitspapiere ersucht worden sei.
Wie Bartos in den Besitz seiner niederschriftlichen Aussage gekommen war und wie dann die Berichtigung seines Geständnisses zustande kam, ist interessant: Er habe, so gab er später vor Gericht an, eines Tages eine Kopie des Protokolls in seinem Briefkasten gefun-

den. Irgend jemand habe es ihm, so berichtete er dem Untersuchungsrichter, »anonym zugesandt«.
Diese Kopie steckte der Prokurist danach angeblich in die Tasche und fuhr nach Wien, um sich mit einem Anwalt zu beraten. Rein zufällig geriet er auf der Suche nach einem geeigneten Juristen in die Auerspergstraße Nr. 7.
Der smarte junge Rechtsanwalt, der an der angegebenen Adresse residiert und der Jakob Bartos gleich darauf willkommen hieß, war Günther Blecha – der Bruder des amtierenden Innenministers, von dem jeder weiß, daß er zu den engsten Freunden des *Demel*-Chefs zählt.
Selbstverständlich wußte Anwalt Günther Blecha denn auch gleich, was da zu tun war. »Er forderte mich auf, in einem Brief meine Angaben zu berichtigen«, gestand Jakob Bartos später gegenüber Untersuchungsrichter Wilhelm Tandinger. Und Günther Blecha diktierte seiner Sekretärin anschließend auch gleich im Namen von Jakob Bartos den bewußten Brief, den dieser dann »blind« – ohne ihn selbst durchzulesen – unterschrieb.[16]
Ungleich schwieriger gestaltete sich das Problem Otto Kölbl: Obwohl Udo Proksch und Hans Peter Daimler auch von seinem Geständnis nachweislich bereits in den ersten Septembertagen Kenntnis erlangten, widerrief es der Zolldeklarant nicht.
Prompt wurde Kölbl in den *Club 45* zitiert, wo es zu einer mehrstündigen Aussprache kam.
Udo Proksch gab später dem Autor gegenüber zu, Otto Kölbl kurz vor dessen Tod am Freitag, dem 7. September 1984, im *Demel*-Haus empfangen und mit ihm gesprochen zu haben. »Ich weiß«, sagte er, »daß der Reitter davon überzeugt ist, daß wir ihn umgebracht haben. Aber es stimmt nicht.« Er habe seiner Witwe kondoliert und sogar einen Kranz fürs Begräbnis geschickt.
Um etwa 15.00 Uhr kam Otto Kölbl nach Hause. Er traf seine Frau, die gerade wegfahren wollte, vor dem Haus. Irgend etwas Außergewöhnliches am Verhalten ihres Mannes fiel Elisabeth Kölbl nicht auf. Er schien nur etwas nachdenklich zu sein und sagte ihr, daß er jetzt gleich nach Pottenbrunn fahren werde.
In Pottenbrunn bei St. Pölten besaß das Ehepaar Kölbl ein schönes Haus mit einem großen Garten. Otto Kölbl gab seiner Frau gegenüber vor, an diesem Nachmittag noch den Rasen mähen zu wollen.
Einige Stunden später klagte er einem Nachbarn, daß es ihm nicht gut

[16] Aussage von Jakob Bartos anläßlich seiner Beschuldigtenvernehmung vom 2. Mai 1985 vor dem Untersuchungsrichter Wilhelm Tandinger.

Aktenzeichen 28b Vr 8024/84

# Vernehmung des Beschuldigten

Gericht: LG f. Strafsachen Wien

Tag und Stunde des Beginnes der Vernehmung: 2. Mai 1985, 9.30 Uhr

Strafsache: gg. Udo Proksch

Anwesende:

Richter: Dr. Tandinger

Gr.Insp. Reitter

Schriftführer: VB Glatzel

Beschuldigter: Jakob Bartos

Der Beschuldigte wird ermahnt, alle Fragen bestimmt, deutlich und wahrheitsgemäß zu beantworten.

Er gibt über seine persönlichen Verhältnisse an:

Familienname(n) Bartos

Vorname(n) Jakob

kommen freiwillig dorthin. Dr. BLECHA stellte an mich die Frage, ob der Inhalt meiner niederschriftlichen Angaben richtig seien. Als ich erwiderte, daß einige Punkte nicht so protokolliert, wie ich angegeben habe, forderte er mich auf in einem Brief meine Angaben zu berichtigen.

Frage: Wo wurde der Brief vom 29.1.1985 geschrieben?

Antwort: Der Brief wurde bei Herrn Dr. BLECHA geschrieben.

Frage: Von wem wurde er geschrieben!

Antwort: Ich habe bereits angegeben, daß meine Eingabe, und zwar der Brief am 29.1.1985 in der RA-Kanzlei des Dr. BLECHA verfaßt wurde. Ich habe Herrn Dr. BLECHA gegenüber lediglich mündlich berichtet und habe den Brief dann "blind" unterschrieben. Ich habe mir nichts weiters mehr gedacht und habe mir den Inhalt nicht mehr soe genau durchgelesen.

Ende: 12.45 Uhr

In Ordnung

v.g.g.

Bruder des Innenministers diktiert Mittäter den Widerruf seines Geständnisses

SICHERHEITSDIREKTION
FÜR DAS BUNDESLAND
NIEDERÖSTERREICH
1032 Wien, Oberzellergasse 1
Tel. 73 35 81
(Kopfstempel)

Beilage 79

GZ P 6583/83-SK/IV

Wien, am 27. Juli 19 84

# Niederschrift

aufgenommen mit: Otto KÖLBL, geboren am 22.5.1931

in Rechnitz, Beruf: Angestellter

wohnhaft: 1040 Wien, Favoritnerstraße 33/1/1/9a, Telefon: 6502712

als Verdächtiger *)

Beginn der Vernehmung um 13.00 Uhr.

Mit dem Grund der Befragung vertraut gemacht, gibt er freiwillig folgendes an:

"Ich bin seit dem Jahre 1964 bei der Firma CINCINNATI MILACRON Austria AG, vormals Fa. ANGER, als Zolldeklarant beschäftigt. An den genauen Zeitpunkt kann ich mich heute nicht mehr so genau erinnern, jedenfalls erschien eines Tages Herr DAIMLER bei mir und teilte mit, er habe ein Exportgeschäft abzuwickeln. Er ersuchte die zollmässige Abwicklung der Container zu übernehmen. Ich habe daher im Rahmen der bei der Firma CINCINNATI MILACRON durchgeführten Wochenbeschau an das Zollamt Wien einen entsprechenden Antrag auf Vornahme einer solchen Beschau ausge-

CINCINNATI fand für diese Transporte eine zollmässige Behandlung nicht statt. Die im Vorabfertigungsbefund angeführten Lastkraftfahrzeuge haben die Firma CINCINNATI auch nicht angefähren. Die zollmässige Behandlung der EVE und des Vorabfertigungsbefundes erfolgte ähnlich bei den Containern. Die Urkunden wurden von den Zollbeamten bestätigt, ohne daß sie Fahrzeuge überprüften, damit meine ich die Vorgangsweise bei der Firma CINCINNATI. Dies geschah wiederum über Ersuchen des Herrn DAIMLER um eine

Ich selbst habe weder die aufgrund der Papiere zollmässig behandelten Container selbst gesehen noch wußte ich, ob tatsächlich die mir seinerzeit von DAIMLER gezeigten Maschinenteile, in die Container gekommen sind. Eine zollmässige Behandlung der Container auf dem Firmengelände der Firma CINCINNATI, seinerzeit in 1140 Wien, Lützowgasse, fand nicht statt. Es bestand nämlich gar keine Möglichkeit diese 16 Container auf einmal auf dem seinerzeitigen Firmengelände unterzubringen. Die Container wurden auf direktem Wege von Piesting nach Wien auf den Nordwestbahnhof transportiert.

Ende der Vernehmung: 17.00 Uhr

vor mir:
(REITTER, GrInsp)
(SCHALHAAS, Insp)

gelesen und einverstanden:
(Otto KÖLBL)

Otto Kölbl gesteht Täuschung der österreichischen Zollbehörden

SICHERHEITSDIREKTION
FÜR DAS BUNDESLAND
NIEDERÖSTERREICH
1032 Wien, Oberzellergasse 1
Tel. 73 35 81

Beilage 20

GZ P 6583/83-SK/IV

Wien, am 2. August 1984

(Ort, Datum)

## 2. Niederschrift

aufgenommen mit Jakob BARTOS, geb. am 2.6.1943

in St. Pölten, Beruf: Angestellter

wohnhaft: 3002 Purkersdorf, Dr. Hildgasse 2-8/1/13, Tel.: 02231/24354

als Verdächtigter *)

Beginn der Vernehmung um 09.45 Uhr.

Mit dem Grund der Befragung vertraut gemacht, gibt er (sie) freiwillig folgendes an:

"Im Nachhange zu meinen Angaben vom 22. Februar 1984 gebe ich am heutigen Tage zum Geschäftsfall Pinosa-Zapata folgendes an:

Zur Rechnung der Spedition PIRNAT vom 15. Dezember 1976 über einen Betrag von S 140.824,50 für Auslagerungen, Verladungen und Lagergeld gebe ich an, daß diese Rechnung gefälligkeitshalber erstellt wurde. I h habe bereits angeführt, daß Einlagerungen in diesem Umfange nicht stattgefunden haben.
Zur Erstellung dieser Gefälligkeitspapiere kam es aufgrund Intervention des Herrn DAIMLER. Betreffend der Firma DECOBUL

Ende der Vernehmung: 11.30 Uhr

vor mir:

(REITTER, GrInsp)

(SCHALHAAS, Insp)

gelesen und einverstanden:

(Jakob BARTOS)

Geständnis des Spediteurs: Gefälligkeitsrechnungen über Intervention von Daimler

Nr. 668 Obduziert am 10.9.1984 Abteilung II/2

## OBDUKTIONSPROTOKOLL

Name: K ö l b l Otto

Alter, Beruf: 53 a, Zolldeklarant

Zeit des Todes: 7.9.1984 19 Uhr

Obduzent: Dr.Zweng/To.

Klinische Diagnose:

Toteinlieferung

Pathologisch-anatomische Diagnose:

173 cm lange kräftig gebaute männliche Leiche.

Hirnödem.
Lungenemphysem und Stauung.
Hypertrophie und Dilatation beider Ventrikel.
Stenosierende Coronargefäßsklerose.
Multiple Schwielen an der Hinterwand des linken Ventrikels.
In Organisation befindlicher Infarkt an der Hinterwand des linken Ventrikels.
Thrombus im rechten Coronargefäß.
Venöse Stauung der Eingeweideorgane.
In Vernarbung begriffenes Ulcus der Magenschleimhaut kleinkurvaturseit
Allgemeine Arteriosklerose.

Todesursache: Coronargefäßthrombose.
Rezidivierender Myocardinfarkt.

»Herzversagen«: die Ursache von Otto Kölbls plötzlichem Tod

gehe. Kurz darauf, um cirka 19.00 Uhr, brach Otto Kölbl in seinem Garten zusammen. Herzversagen.
Der Dreiundfünfzigjährige, der nie zuvor krank war, nie eine ärztliche Behandlung gebraucht hatte, war sofort tot. Die Parallelen zu anderen mysteriösen Todesfällen der letzten Zeit sind unverkennbar:
Vom plötzlichen Herztod des österreichischen Botschafters in Athen, Herbert Amry, nachdem er im Sommer 1985 den Schmuggel von VOEST-Waffen in den Iran aufgedeckt und an das Wiener Außenamt gemeldet hatte, bis zum Herzversagen des in eine mysteriöse Affäre verwickelt gewesenen schleswig-holsteinischen Ministerpräsidenten Uwe Barschel, dessen bekleidete Leiche man in der Badewanne eines Genfer Hotelzimmers fand.
An Herzversagen starb schließlich im Herbst 1987 in seinem Landhaus auch Ex-VOEST-Generaldirektor und *Club 45*-Mitglied Heribert Apfalter, wenige Tage nachdem er vor dem Linzer Landesgericht seine Aussage zur Iran-Waffenaffäre abgelegt hatte. Danach bat ihn ein Unbekannter zu einem Treffen in ein Rasthaus auf der Westautobahn. Vier bis fünf Stunden später war Apfalter tot.
In keinem der drei Fälle konnte ein Fremdverschulden festgestellt werden.
Auch im Fall Otto Kölbls verlief die von der Wiener Staatsanwaltschaft angeordnete Untersuchung über die Todesursache negativ.
Dem Obduktionsbefund zufolge war der Tod des Zolldeklaranten durch einen »rezidivierenden Myocardinfarkt« und eine »Coronargefäßthrombose« eingetreten.
Ganz sicher schien sich dessen allerdings auch der *Demel*-Chef nicht gewesen zu sein. Unmittelbar nach Otto Kölbls seltsamem Tod zog es Udo Proksch vor, für einige Zeit aus Österreich zu verschwinden.
Für Montag, den 12. September 1984 ließ er sich im Wiener Stadtbüro der Swissair ein Flugticket von Wien über Zürich nach Djakarta besorgen, das er in Wirklichkeit jedoch gar nicht benützte. Statt dessen ließ er sich von einem Freund, dem in Wien ansässigen Syrer Nabil R. Kuzbari, mit dessen privatem Lear-Jet von Schwechat aus außer Landes bringen.
Für die Wiener Oberstaatsanwaltschaft war indes auch weiterhin kein Grund vorhanden, ihr Verhalten in der *Causa Lucona* zu ändern. Vielmehr empfahl sie, einen Freund des *Demel*-Chefs, den Salzburger Waffen- und Schrotthändler Günther Voglstätter, als »Entlastungszeugen« zu vernehmen.

## Der »Entlastungszeuge« Günther Voglstätter

Der Salzburger Schrotthändler, den das *Zapata*-Syndikat plötzlich als entscheidenden »Entlastungszeugen« aus dem Hut zog, scheint ein höchst bemerkenswerter Mann zu sein.

Zunächst einmal ist Günther Voglstätter keineswegs nur auf den Handel mit Alteisen und Metallen spezialisiert, sondern beschäftigt sich auch noch in anderen Branchen: im Stahlhandel und im Bereich des Fahrzeug-, Reifen- und Ersatzteilhandels ebenso wie auf dem Landmaschinensektor. Und schließlich ist er als langjähriger Freund und Partner des Wiener Zuckerbäckers Udo Proksch natürlich auch im Waffenhandel tätig, bei dem ihm dieser als Vermittler und als »Konsulent« zur Seite steht.

In seiner Salzburger Heimatstadt wird Günther Voglstätter als engagiertes ÖVP-Mitglied und Funktionär des Wirtschaftsbundes hochgeschätzt. Bei den Handelskammerwahlen im Jahre 1985 trat er in seiner Fachgruppe sogar als Spitzenkandidat des Wirtschaftsbundes auf und ließ sich zum Landes-Gremialvorsteher wählen.

In Wien hingegen, wo die ÖVP nicht viel zu reden hat, gilt der Unternehmer aus der Salzachstadt als Protektionskind prominenter Sozialisten. Seine Freunde sitzen in der »roten Loge«, im *Club 45*, wo auch er selbst als Partner Udo Prokschs natürlich aus und ein zu gehen pflegt.

Falls Günther Voglstätter einmal Schwierigkeiten mit der Polizei hat, so genügt, wie noch berichtet werden wird, ein kurzer Anruf bei Minister Blecha – und es geschieht ohne Verzug, was immer auch der Schrott- und Waffenhändler wünscht.

Desgleichen kann der Salzburger sich rühmen, ein Protegé des langjährigen Wiener Bürgermeisters Leopold Gratz zu sein, was nicht zuletzt sogar aus Gerichtsakten im Zusammenhang mit einer Korruptionsaffäre hervorgeht, in deren Mittelpunkt Günther Voglstätter bereits einmal stand, ohne freilich jemals auch selbst angeklagt oder gar verurteilt worden zu sein.

Ein Ex-Geschäftsfreund scheut sich dennoch nicht, den Schützling von so prominenten Würdenträgern schlicht als »Wirtschaftskriminellen erster Ordnung« zu bezeichnen und ihn »einen der brutalsten und rücksichtslosesten Geschäftemacher seiner Branche« zu nennen, in der Betrug, Bestechung und Erpressung an der Tagesordnung seien. Grund genug, sich Udo Prokschs entscheidenden »Entlastungszeugen«, der das Kohlenbergwerk von Oberhöflein verschrottet haben soll, etwas genauer anzusehen.

Begonnen hatte Günther Voglstätters spätere Karriere zunächst vergleichsweise bescheiden mit einer Bäckerlehre, ehe er als LKW-Chauffeur in die Dienste des Salzburger Schrott- und Altstoffhändlers Friedrich Hirnböck trat.

Nach einigen Jahren entschloß sich Friedrich Hirnböck, seinen ambitionierten Fahrer am Geschäft zu beteiligen. Am 18. Jänner 1971 wurde ein Gesellschaftsvertrag abgeschlossen und die Firma *Hirnböck & Voglstätter OHG,* Handel mit Alteisen und Metallen, gegründet.

Über Vermittlung Udo Prokschs trat Voglstätter bald danach mit dessen langjährigem Freund, dem Bundesheer-Bediensteten und Leiter des Altlagers der *Heereszeuganstalt* im Wiener Arsenal, Josef Mörixbauer, in Geschäftsbeziehungen. Das war in jener Zeit, als das österreichische Bundesheer begann, Tausende von Tonnen alter Heeresmaterialien abzustoßen – vor allem jenes Militärgerät, das den Österreichern einst aus US-amerikanischen Beständen überlassen worden war.

Fast alles, was zur Ausscheidung bestimmt war, ging in der Folge zum Schrottwert in den Besitz der Salzburger Firma über: Kraftfahrzeuge, Panzer, Kanonen, aber auch Flugzeuge und Heereswaffen aller Art. Verschrottet wurde hievon freilich nur ein sehr geringer Teil, vielmehr zog Günther Voglstätter mit den zum Schrottpreis wohlfeil angekauften Heeresgütern einen schwunghaften Handel auf.

Nachdem es Ende der siebziger Jahre als Spätfolge der Lütgendorf-Waffenaffäre allerdings zu einer Verschärfung der gesetzlichen Bestimmungen hinsichtlich der Ausfuhr von Kriegsgütern gekommen war, bekam auch Günther Voglstätter hin und wieder Schwierigkeiten bei seinen Geschäften mit dem österreichischen Bundesheer, so daß er sich schließlich entschloß, den Waffenhandel legal aufzuziehen. Es kam zur Gründung der *Hirnböck & Voglstätter Handelsges.m.b.H.*, deren alleinige kaufmännische Geschäftsführung er übernahm.

Nach einer entsprechenden Befürwortung durch das Innen-, Außen- und Verteidigungsministerium erhielt die neue Firma auch prompt innerhalb weniger Wochen eine Konzession für den »Handel mit militärischen Waffen und Munition«. Da Günther Voglstätter allerdings bereits einmal wegen Körperverletzung vorbestraft war, mußte als of-

fizieller Konzessionsträger der Salzburger Büchsenmacher Alfred Leuthner vorgeschoben werden.
Mit der *Zapata AG* war Voglstätters Schrottfirma bereits im Laufe des Jahres 1976 ins Geschäft gekommen, indem er – zur Komplettierung von Udo Prokschs »Uranfabrik« – einige LKW-Ladungen mit sogenanntem »Nutzeisen« nach Piesting transportieren ließ.
Nachweisen ließen sich inzwischen exakt 23 Tonnen und 460 kg Alteisen, das von Salzburg angeliefert wurde und anschließend ebenfalls auf die *Lucona* kam.[17]
Einige Fuhren Schrott wurden von Voglstätter aber auch von Piesting wiederum abtransportiert, und zwar jene Schrottreste des Höfleiner Kohlenbergwerks und der Harzanlage, die sich auch beim besten Willen nicht in »Bestandteile einer Uranfabrik« umwandeln ließen.
Außerdem kaufte die Firma *Hirnböck & Voglstätter OHG* auch noch die alten Kriegsgeräte an, die sich Udo Proksch, Teddy Podgorski, Verteidigungsminister Lütgendorf und Hans Pusch, Kabinettchef von Bundeskanzler Sinowatz, im Namen ihres Vereines CUM vom Bundesheer als »Leihgaben« zur Verfügung stellen ließen.
Der Erlös aus dem Verkauf des solcherart veruntreuten Gerätes floß in der Folge der *Zapata*-Tochterfirma *Pinosa* zu.[18] Reich wurde Udo Proksch durch diese kriminellen Kleinaktionen zu Lasten des österreichischen Bundesheeres freilich nicht, und auch für Günther Voglstätter war es vermutlich kein Riesengeschäft. Da hatte sich der Salzburger die Dankbarkeit des *Demel*-Chefs schon eher durch seine Mithilfe bei der Fertigstellung der *Lucona*-Fracht verdient.
Proksch revanchierte sich, indem er den Schrotthändler mit seinem einflußreichen Freund, dem Wiener Bürgermeister Leopold Gratz, zusammenbrachte, worauf die *Hirnböck & Voglstätter OHG* – wie durch ein Wunder – auch im Bereich der gemeindeeigenen Wirtschaftsbetriebe der Stadt Wien an lukrative Aufträge kam.
Einige Jahre lang florierten Voglstätters Altmaterialgeschäfte vornehmlich mit den Wiener Stadtwerken prächtig und problemlos. Erst im Laufe des Jahres 1980 führte das Engagement des Salzburgers in den von Korruptionsaffären seit eh und je geschüttelten Wiener Ge-

---

[17] Die entsprechenden Belege wurden anläßlich der Hausdurchsuchung am 18. Juli 1984 bei Udo Proksch gefunden.
[18] Am 16. Dezember 1977 wurde die letzte diesbezügliche Rechnung über 109 073 Schilling für die Lieferung von »diversen Militärfahrzeugen« aus CUM-Besitz an die Salzburger Firma ausgestellt. Fünf Tage später, am 21. Dezember 1977, quittierte und kassierte Rüdiger Proksch namens der *Pinosa* den Rechnungsbetrag.

meindebetrieben zu einem Skandal, der teilweise sogar an die Öffentlichkeit drang.
Bei der Affäre, in deren Mittelpunkt der Proksch-Partner Günther Voglstätter stand und in deren Verlauf auch Leopold Gratz ins Gerede kam, ging es um einen Kupferkabelverarbeitungsauftrag der Wiener E-Werke im Umfang von rund 34 Millionen Schilling.
Dieser Auftrag war bis dahin jeweils immer nur für ein Jahr ausgeschrieben und vergeben worden. Am 10. Jänner 1980 war die Anbotsfrist für 1980 abgelaufen. Plötzlich trat jedoch die Firma *Hirnböck & Voglstätter* auf den Plan und deponierte ihren Wunsch, den Auftrag zu bekommen.
Zwar besaßen die Salzburger Schrott- und Waffenhändler weder eine Gewerbeberechtigung noch einen zur Durchführung dieses Auftrages geeigneten Betrieb, dafür aber ein vom Bürgermeister der Stadt Wien persönlich unterzeichnetes Empfehlungsschreiben.
Den von Leopold Gratz in der Direktion der Wiener E-Werke deponierten Wunsch, wonach der Proksch-Freund Voglstätter bei der Vergabe des Millionenauftrages »zu berücksichtigen« sei, betrachteten die städtischen Beamten natürlich als Befehl.
Die bereits erfolgte Ausschreibung wurde daraufhin für ungültig erklärt und eine Neuausschreibung – nunmehr gleich für einen Fünfjahresvertrag – vorgenommen, an der sich neben den privaten Wiener Buntmetallverwertungsfirmen *M. Gruber OHG* und *Ernst & Co* auch die verstaatlichten *Metallwerke Ranshofen-Berndorf* und die *Bleiberger Bergwerksunion* beteiligten.
Unmittelbar vor Ende der Ausschreibungsfrist traf schließlich auch das Angebot der Voglstätter-Firma bei dem für die Ausschreibungskontrolle und Auftragsvergabe zuständigen Rathausbeamten und Leiter der Abteilung für Materialbewirtschaftung der Wiener E-Werke, Oberamtsrat Eduard Golech, ein. Und in der Tat war genau das passiert, was man erwartet hatte: Die *Hirnböck & Voglstätter OHG* legte das günstigste Offert.
Ein Mitbewerber hatte diesen »Zufall« freilich längst vorausgesehen und schon ein paar Wochen zuvor die Wiener Privatdetektivagentur Norbert Schätz beauftragt, Eduard Golech zu beschatten.
Der Detektivbericht ergab es schließlich schwarz auf weiß: Bereits am 16. April 1980 hatte ein privates Treffen Günther Voglstätters mit dem für die Ausschreibungskontrolle zuständigen Beamten im Wiener Restaurant *Neues Rathaus* stattgefunden. Im Verlauf der Unterhaltung überreichte Voglstätter Eduard Golech einen Scheck über 100 000 Schilling und einen Bogen seines Firmenpapiers.

Am 20. Mai 1980 – unmittelbar vor dem Ende der Ausschreibungsfrist – traf man sich wieder. Der Beamte hatte das Angebot für die *Hirnböck & Voglstätter OHG* bereits geschrieben. Günther Voglstätter mußte nur noch seine Unterschrift daruntersetzen und hatte damit als Bestbieter den Millionenauftrag auch schon in der Tasche.
Der Sachverhalt war klar: Eduard Golech wußte, daß es – aus welchen Gründen immer – der Wunsch von Leopold Gratz war, dem Proksch-Freund den Millionenauftrag zu verschaffen. Dies ging jedoch nur, wenn er Voglstätter die Anbote der übrigen Teilnehmer an der Ausschreibung verriet, und das Risiko, das er dabei einging, ließ er sich eben extra honorieren.
Am 27. Juni 1980 wurde der Oberamtsrat der Wiener Stadtwerke verhaftet, und auch Günther Voglstätter als Nutznießer des kriminellen Spiels entging der Untersuchungshaft zunächst nur knapp. Bald aber löste sich alles in Wohlgefallen auf.
Zwar wurde Eduard Golech am 6. Dezember 1982 vom Landesgericht für Strafsachen in Wien (Richter: Friedrich Fischer) in erster Instanz wegen Verletzung des Amtsgeheimnisses zu einer einjährigen Haftstrafe verurteilt, das Urteil später aber wieder aufgehoben, da sich der korrupte Oberamtsrat im Fall Voglstätter – so die juristische Diktion – nicht als Beamter, sondern nur als Mitarbeiter eines selbständigen Wirtschaftskörpers der Gemeinde Wien bestechen und zur Verletzung eines Amtsgeheimnises hinreißen ließ, wodurch er straffrei blieb. Golech wurde lediglich, bei vollen Bezügen, in den Ruhestand versetzt und widmet sich seither seinem Reitstall am Neusiedler See, den er mit den für seine jahrelange lukrative Beamtennebenbeschäftigung steuerfrei bezogenen Honoraren erwarb.
Günther Voglstätter wurde gar nicht erst angeklagt. Er mußte lediglich als Zeuge vor Gericht erscheinen, wo er hemmungslos log.
Den Millionenauftrag konnten die Stadtwerke Wien am Ende freilich doch nicht der *Hirnböck & Voglstätter OHG* übertragen. Das hätte optisch nicht gut ausgesehen. So kam ein anderes Salzburger Unternehmen, die *Metall- und Kabelverwertungsges.m.b.H. & Co. KG*, zum Zug. Daß allerdings auch die Gesellschafter der neuen Firma just wieder Friedrich Hirnböck und Günther Voglstätter hießen, war für Kenner der Auftragsvergabepraktiken der Wiener Gemeindebetriebe vorauszusehen.
Daß dieser Coup ohne den Einsatz von Udo Proksch und seiner hochkarätigen politischen Freunde nie gelungen wäre, ist klar. So war das nächstemal natürlich wieder Günther Voglstätter an der Reihe, sich beim *Demel-Chef* zu revanchieren.

Am 24. Mai 1984 hatten die Proksch-Anwälte, wie berichtet, der Staatsanwaltschaft Wien ihren »Entlastungszeugen« Günther Voglstätter, präsentiert. Zugleich hatte man mitgeteilt, daß es »völlig ausgeschlossen« sei, daß mit der *Lucona* die alte Kohlenaufbereitungsanlage versank, denn diese habe ja bereits im Jahre 1975 die *Hirnböck & Voglstätter OHG* gekauft und anschließend verschrotten lassen.

Als Beweis wurden ein paar Briefkopien vorgelegt: Briefe des Tessiner »Pensionisten« Leo Tannaz, in welchen dieser das Gerümpel, das er ja seit 1972 nominell besaß, seinem angeblichen Salzburger Bekannten zum Kauf anbot. Und Briefe Voglstätters an Tannaz, in denen er das Angebot annahm. Zum Schluß gab es eine briefliche Abrechnung, und auch ein Bündel von kopierten Wiegescheinen tauchte auf, die das Datum 1975 trugen.

Der Nachteil dieser wunderschönen Schriftstücke war lediglich, daß sie im Zuge eines Happenings, an dem auch der alte Tannaz und der Waffenhändler Voglstätter teilnahmen, alle zur selben Zeit unter der Anleitung eines Mitgliedes der *Zapata*-Mannschaft im *Studio Proksch* in der Wiener Walfischgasse 12 nachträglich angefertigt worden waren.

Die fein säuberlich in einer Mappe abgelegten Vorlagen, von welchen die Kopien angefertigt worden waren, fand die Kripo später noch an Ort und Stelle, wobei jedes Blatt am Rand seltsame Zeichen aufwies: Abwechselnd war auf einem Blatt »v.V.« und auf dem nächsten Blatt »v.T.« zu lesen.

Des Rätsels Lösung ist sehr einfach. Damit man sich dann später bei der Aussage, von wem man welche Briefkopie erhalten habe, nicht vergaloppieren konnte, wurde auf das Blatt, das etwa den Briefkopf der Firma Voglstätter aufwies, »v.T.« geschrieben, denn dieses konnte man logischerweise nur »von Tannaz« erhalten haben, während der Durchschlag ohne Briefkopf zwangsläufig »von Voglstätter« – also »v.V.« – stammen mußte.

Folgt man nun den solcherart gefälschten Dokumenten und den späteren persönlichen Aussagen von Günther Voglstätter vor der Kripo und vor Untersuchungsrichter Wilhelm Tandinger sowie jener von

Leo Tannaz vor dem Untersuchungsgericht in Locarno, so hätte sich die Geschichte rund um das Oberhöfleiner Kohlenbergwerk folgendermaßen abgespielt:
Das Bergwerk war bekanntlich im Jahre 1967 stillgelegt worden, und vier Jahre später hatte das Land Niederösterreich die alte Kohlenaufbereitungsanlage zur Verschrottung freigegeben, worauf die Proksch-Firma *Optico* am 19. Mai 1971 die Anlage erwarb.
Laut einem Kaufvertrag, der das Datum 14. April 1972 trägt, aber erst elf Jahre danach, am 15. Juli 1983, notariell beglaubigt wurde, hatte Udo Proksch angeblich die komplette Anlage zum Preis von 850 000 Schilling an den Tessiner »Pensionisten« Leo Tannaz weiterverkauft. Diesen interessierte die Anlage in der Folge jedoch nicht.
Im Jahre 1973 ließ der *Demel*-Chef die Aufbereitungsanlage auf seine Kosten demontieren und auf einem Wiesengrundstück in Oberhöflein lagern. Dort rostete sie dann noch ein weiteres Jahr lang vor sich hin.
Ab Herbst 1974 schließlich ließ Udo Proksch das längst nicht mehr verwendungsfähige Gerümpel, das insgesamt rund 250 bis 300 Tonnen wog, wiederum auf seine Kosten, obwohl es ihm angeblich gar nicht mehr gehörte, auf das Gelände der Konditorei *Demel* nach Piesting transportieren. Dort wurde es gereinigt, entrostet und anschließend frisch lackiert.
Und nun trat – glaubt man an die vorgelegten Dokumente – wieder Leo Tannaz in Aktion und ließ die kunstvoll restaurierte Kohlenaufbereitungsanlage, in die zusätzlich zum Kaufpreis von 850 000 Schilling soeben noch einmal mehrere hunderttausend Schilling investiert worden waren, plötzlich kurzerhand verschrotten.
Laut der der Staatsanwaltschaft vorgelegten Abrechnung erhielt Leo Tannaz für den Schrott genau 119 186 Schilling, wobei freilich weder ihm der Nachweis möglich war, daß er diesen Betrag tatsächlich jemals ausbezahlt bekam, noch schien dieser Geldbetrag als Ausgang in der Buchhaltung der Firma Voglstätter auf.
Den Fälschern dieser Unterlagen war außerdem auch noch ein anderes Mißgeschick passiert. Ähnlich wie im Fall des *Decobul*-Chefs Erwin Egger erwischte man auch hier das falsche Briefpapier.
Auf dem Geschäftspapier der *Hirnböck & Voglstätter OHG*, auf dem man die mit Mai und Juni 1975 nachdatierten Voglstätter-Briefe schrieb, war als Firmenanschrift Salzburg, Ziegeleistraße 30, angegeben. Man hatte in der Eile ganz vergessen, daß die Firmenanschrift zu jener Zeit jedoch noch Salzburg, Ziegeleistraße 24, war.
Erst im Herbst des Jahres 1975 fand in dieser Straße eine Neuvermessung und in der Folge eine amtliche Umnumerierung einiger Grund-

stücke statt. Der Firma *Voglstätter* wurde am 22. Oktober 1975 vom Salzburger Vermessungsamt die Hausnummer 30 zugewiesen, worauf man – allerdings erst Monate danach – ein neues Briefpapier mit der nunmehr amtlich von Nr. 24 auf Nr. 30 abgeänderten Hausnummer drucken ließ.

So wie demnach diese Korrespondenz über den angeblich im Mai 1975 erfolgten Ankauf des Höfleiner Kohlenbergwerks ganz offenkundig erst im nachhinein erstellt worden war, so hatte man auch mit den als Beweis für den angeblichen Abtransport von 80 Tonnen Schrott aus Piesting der Staatsanwaltschaft vorgelegten Wiegescheinen Pech: Es waren offensichtlich irgendwelche Wiegescheine, auf welchen allerdings das Datum und Leo Tannaz als angeblicher Verkäufer dieses Schrotts ganz einfach nachträglich dazugeschrieben worden war wie ein gerichtliches Sachverständigen-Gutachten beweist.

Mit den Originalen dieser Wiegescheine hätte Günther Voglstätter natürlich leicht beweisen können, daß von ihm wirklich zumindest ein kleiner Teil der Kohlenaufbereitungsanlage angekauft und dann verschrottet worden war. Er hatte diese Originale, wie er dem Gericht versicherte, auch tatsächlich in seinem Besitz. Er vergaß nur immer wieder, sie dem Richter endlich vorzulegen.

Zuletzt forderte Untersuchungsrichter Wilhelm Tandinger den Salzburger Schrotthändler am 10. Mai 1985 in aller Form schriftlich auf, diese Originaldokumente endlich dem Gericht zu übergeben. Einen Monat lang kam Günther Voglstätter jedoch wieder nicht dazu. Und als er es dann schließlich tun wollte, war es zu spät, denn am 9. Juni 1985 hatte in der Firma Voglstätter ein Einbruch stattgefunden. Und was war gestohlen worden? – Just der Ordner mit den Originalunterlagen über die Verschrottung des Höfleiner Kohlenbergwerks. Auch die vom Gericht in Wien seit einem Jahr so hoffnungsvoll erwarteten Original-Wiegescheine waren, wie Günther Voglstätter der Salzburger Kripo am 10. Juni 1985 ganz traurig meldete, dabei.

Das einzige, was schließlich von der »nachweislich verschrotteten Kohlenaufbereitungsanlage« übrigblieb, war das Angebot des Schrott- und Waffenhändlers, dies als Zeuge auszusagen. Das war freilich angesichts des Umstandes, daß er schon einmal wegen einer offenkundig falschen Beweisaussage vor Gericht nur knapp einer Anklage entgangen war, nicht viel.

Aus diesem Grund wurde auch noch ein zweiter Zeuge, ein Ex-Mitarbeiter namens Horst Plank, für eine kleine Falschaussage von Günther Voglstätter höchstpersönlich präpariert.

# HIRNBÖCK & VOGLSTÄTTER OHG

**HANDEL MIT ALTEISEN UND METALLEN**

Ziegeleistraße 30
5020 SALZBURG
Telefon 75005/79592

Bank:
Salzburger Sparkasse, Konto 14462

An das
Landesgericht für Strafsachen
Wien - Abteilung 28b
Landesgerichtsstrasse 11
1082 Wien

Z.Hd.HerrnMag.W.Tandinger

Salzburg, am 13.6.1985

Sehr geehrter Herr Mag.Tandinger !

Vorerst bitte ich Sie um entschuldigung, daß es mir nicht möglich war, auf Ihren Brief vom 10.5.1985 früher zu antworten.
Aufgrund eines Auslandsaufenthaltes und eines anschließenden Betriebsausfluges, habe ich Ihren Brief erst am 1.6.1985 in Händen erhalten.
Nun zum eigentlichen Thema;
WIE Sie wissen sind wir als Firma nicht verpflichtet schriftliche Unterlagen, Buchhaltungs Belege etc. länger als 7 Jahre in Aufbewahrung zu halten.
Die in Ihrem Brief vom 10.5.85 angesprochenen Original-Wiegekarten befanden sich in den Korrespondenz-Ordnern 1975 / 1976, die, und dus wissen wir sehr genau, trotz des Umstandes, daß wir diese Unterlagen nicht in Aufbewahrung halten müssen, in unserem Hause waren.
Wir wissen dies umso genauer, als wir in den letzten Wochen eine Steuerprüfung im Hause hatten und anläßlich dieser Prüfung diese Unterlagen noch in unserem Besitz waren.
Wührend unseres Betriebsausfluges vom 6.6. - 9.5.1985 wurde in unser Büro in 5020 Salzburg, Ziegeleistrasse 30 eingebrochen.
Nach Rückkehr fanden wir zerbrochene Fensterscheiben, das Fehlen von Geldbeträgen und sind nun auch daraufgekommen, daß anläßlich diese Einbruches auch die in Frage stehenden Korrespondenz-Ordner 1975/1976 fehlen.
Wir haben am Montag dem 10.6.1985 selbstverständlich die salzburger Kriminalpolizei von diesem Einbruch unterrichtet.

Wir sehen uns daher außerstande Ihnen, sehr geehrter Herr Mag. Tandinger, die von Ihnen begehrten Originale Wiegekarten zu übermitteln.
Wir hoffen jedoch, daß die in Ihrem Besitze befindlichen Kopien für Ihre Untersuchung ausreichen.

Mit vorzüglicher Hochachtung

Günther Voglstätter

Einbruch bei Voglstätter: die »Unschuldsbeweise« gestohlen

Als Horst Plank von der Kripo einvernommen wurde, bestätigte er tatsächlich, mindestens acht Anhängerladungen mit Schrott, auf dem sich »Kohlestaub« befand, von Piesting nach Salzburg transportiert zu haben.[19] Wann das war, konnte er natürlich nicht mehr genau sagen. Er wußte nicht einmal den Namen des Betriebes, aber er konnte diesen immerhin sehr gut beschreiben:
Horst Plank wußte noch ganz genau, daß es sich bei dieser Firma »um ein altes Gebäude gehandelt hat, das straßenseitig von einer Mauer umgeben war«. Und genau das war sein Pech, denn mit dieser Aussage konnte »Columbo« Franz Reitter ebenfalls nachweisen, daß diese Transporte keinesfalls an den in den vorgelegten Dokumenten angegebenen Tagen im Sommer 1975 stattgefunden haben konnten. Eine Mauer um das Piestinger Harzwerkgelände existierte zu diesem Zeitpunkt nämlich nicht.
Am 10. September 1975 wurde überhaupt erst um die baubehördliche Bewillligung zur »Errichtung einer straßenseitigen Einfriedung« des Piestinger Geländes angesucht und diese vom Bürgermeister Walter Zimper am 10. Oktober 1975 bewilligt. Die Schalsteine für den Mauerbau wurden daraufhin bis 31. Oktober 1975 vom Piestinger Betonwerk *Stefan Moller* angeliefert und die Mauer selbst erst im Laufe des Jahres 1976 von Arbeitern der Firma *Hofman & Maculan* errichtet.
Daß Günther Voglstätter unter solchen Umständen natürlich keine große Lust empfand, die geplante falsche Zeugenaussage, wie er es Udo Proksch versprochen hatte, auch wirklich abzulegen, ist verständlich.
Den ersten Einvernahmetermin, vereinbart für den 24. Oktober 1984 in der Bundespolizeidirektion Salzburg, ließ der Schrott- und Waffenhändler zunächst einmal platzen. Er erschien ganz einfach nicht.
Später bot sich der »Entlastungszeuge« an, zu seiner Vernehmung freiwillig nach Wien zu kommen. Doch auch einen für 2. November 1984 vereinbarten Termin hielt er nicht ein und ließ sich statt dessen eine neue Vorladung für 14. November geben, wo er dann ebenfalls nicht erschien, weil er sich vorher mit Udo Proksch besprechen und zu diesem Zweck nach Zürich fliegen mußte.[20]

---

[19] Niederschriftliche Aussage von Horst Plank, aufgenommen am 26. Novem ber 1984 im Büro der *Plank & Zopf OHG*, Handel mit Alteisen und Metallen, in Ebensee (ursprünglich eine Filiale der *Hirnböck & Voglstätter OHG*).

[20] Vor Gericht gab Günther Voglstätter später an, er habe den *Demel*-Chef in Zürich nicht zwecks Absprache seiner Aussage getroffen, sondern um mit ihm ein Waffengeschäft mit Ägypten unter Einschaltung des österreichischen Bundesheeres zu besprechen, bei dem Proksch Vermittler war

Am 15. November 1984 um 16.10 Uhr ließ sich Voglstätter schließlich doch herab, vor der Kripo in der Wiener Oberzellergasse zu erscheinen, um seine das *Zapata*-Syndikat entlastende Zeugenaussage abzulegen. Wie mit Udo Proksch besprochen, erzählte er danach sein Märchen von der Verschrottung der Höfleiner Kohlenbergwerksanlage. Als die ihn einvernehmenden Beamten allerdings bei einigen Punkten seiner Aussage nachzufragen anfingen und er den zweifellos nicht unberechtigten Eindruck erhielt, daß man ihm kein Wort glaubte, stand er nach einer Viertelstunde einfach auf und ging.
Unter normalen Umständen wäre so ein »Zeuge« daraufhin augenblicklich festgenommen worden. Im *Fall Lucona* hatte die Kripo dazu freilich keinerlei Chance. Einen Proksch-Freund auch nur fünf Minuten gegen seinen Willen festzuhalten, hätte Franz Reitter als Beamter niemals überlebt, er hätte vielmehr seine restliche Dienstzeit, zum Wachmann degradiert, im letzten Dorf des Waldviertels zubringen dürfen.
Immerhin lud Reitter Voglstätter aber noch einmal für den 19. November 1984 vor. Der Waffenhändler dachte jedoch nicht im Traum daran, sich der Gefahr, der falschen Zeugenaussage überführt zu werden, noch einmal auszusetzen. Statt bei der Kripo zu erscheinen, rief er am späten Vormittag des 19. November 1984 nach Rücksprache mit Udo Proksch Innenminister Karl Blecha an. Den Minister sofort an den Apparat zu kriegen, fiel dem Proksch-Freund offenbar nicht schwer.
Als Karl Blecha auf diese Weise erfuhr, daß die Ermittlungen der Polizei für die *Lucona*-Täter schon wieder unangenehm zu werden schienen, handelte das treue Mitglied des *Club 45* prompt und rief seinen als Gruppenleiter für den Kriminalpolizeilichen Dienst zuständigen Spitzenbeamten, den aus der Fersehserie »XY« bekannten Interpol-Chef Robert Köck, zu sich.
Keine halbe Stunde später, um exakt 13.40 Uhr, ging in der Fernschreibzentrale der niederösterreichischen Sicherheitsdirektion folgendes Telex mit der Nummer 3723 des Innenministeriums ein:
»Herrn Sicherheitsdirektor Hofrat Dr. Schüller zur sofortigen Vorlage: Über Weisung des Herrn Bundesministers wird verfügt, daß die Erhebungen in der Strafsache Udo Rudolf Proksch, 29. 5. 1934, Rostock geboren, bis zum Einlangen weiterer Weisungen sowohl durch die Sicherheitsdirektion für das Bundesland Niederösterreich als auch durch die Kriminalabteilung des Landesgendarmeriekommandos für Niederösterreich mit sofortiger Wirkung einzustellen sind. Gez.: Dr. Köck.«

Die Republik Österreich wurde an diesem Tag wieder einmal vom *Café Demel* aus regiert. Der Telefonanruf eines dubiosen Schrott- und Waffenhändlers genügte dem Innenminister – und die Wünsche des *Zapata*-Syndikats wurden augenblicklich erfülllt. Und wie das vorstehende Fernschreiben beweist, hatte Karl Blecha nicht einmal Hemmungen, eine gesetz- und rechtswidrige Weisung zu erteilen, um die ihm unterstellten Sicherheitsbehörden bei der Verfolgung von Udo Proksch und dessen des Mordes und Millionenbetruges mitverdächtigen Kômplizen zu behindern.
Bald mußte der Innenminister diese Weisung allerdings wieder rückgängig machen, denn die Ermittlungen der Polizei gegen Udo Proksch fanden, ebenso wie die Einvernahme des Waffenhändlers, im Auftrag der Staatsanwaltschaft und des Untersuchungsrichters Wilhelm Tandinger statt, und es ist selbst dem Innenminister von Gesetzes wegen verwehrt, Aufträge eines Gerichtes außer Kraft zu setzen.
Den Mut, für seine rechtswidrige Weisung später auch vor dem Parlament einzustehen, fand Karl Blecha dann allerdings nicht.
Er habe eine derartige Weisung, flunkerte er, überhaupt nie erteilt, und lud die Verantwortung dafür – ohne mit der Wimper zu zukken – auf seinen Spitzenbeamten Robert Köck ab.
Interpol-Chef Robert Köck allerdings bleibt dabei: »Ich habe das nicht aus eigenem Antrieb getan!«

FS 19.11.84 (Nr.3723)    Herrn SDir Hofrat Dr.Schüller
- zur sofortigen Vorlage -

Über Weisung des Herrn Bundesministers wird verfügt, daß die Erhebungen in der Strafsache Udo Rudolf Proksch, 29.5.1934, Rostock geboren, bis zum Einlangen weiterer Weisungen sowohl durch die Sicherheitsdirektion für das Bundesland Niederösterreich als auch durch die Kriminalabteilung des Landesgendarmeriekommandos für Niederösterreich mit sofortiger Wirkung einzustellen sind.

Gez: Dr.Köck

Der Innenminister erteilt rechtswidrige Weisungen

# Die Oberstaatsanwaltschaft begeht Amtsmißbrauch

Das Gesetz weist Staatsanwälten die Verpflichtung zu, Straftaten zu verfolgen »ohne Rücksicht darauf, wer der Täter ist und über welchen Einfluß er verfügt«[21]. Das ist die Theorie.

Wie die Praxis aussieht, hat im Verlaufe einer Fernsehdiskussion ein leitender Wiener Staatsanwalt, Herbert Hofer, mit der für seine Position gebotenen Zurückhaltung so formuliert: »Mancher, der vor den Richter gehört, kommt nicht dorthin, weil es der Politiker nicht will.«

Durch die bereits erwähnte Praktik, eine Causa, die Politiker und Schützlinge von Machthabern betrifft, zu einem »besonders wichtigen Straffall« zu erklären, kann das Abwürgen einer Untersuchung, insbesondere wenn der Justizminister selbst mitspielt, sogar verwirklicht werden, ohne daß der Rechtsbruch auf den ersten Blick erkennbar wird.

Es muß lediglich dafür gesorgt werden, daß Fälle, die es zu vertuschen gilt, für alle Zeit im Stadium von Vorerhebungen bleiben, indem dem weisungsgebundenen Staatsanwalt ganz einfach nicht gestattet wird, zu tun, was das Gesetz vorschreibt.

Die Staatsanwaltschaft hat, sobald ihr ein strafbarer Tatbestand bekannt wird, Vorerhebungen durchzuführen, um die »nötigen Anhaltspunkte« dafür zu gewinnen, ob ein Strafverfahren gegen eine bestimmte Person zu veranlassen ist oder nicht.

Ergibt sich aus den Vorerhebungen ein konkreter Tatverdacht gegen eine oder mehrere Personen, so hat die Staatsanwaltschaft – sofern sie nicht sofort die Anklage erhebt – eine förmliche gerichtliche Voruntersuchung einzuleiten, in deren Rahmen alle weiteren Untersuchungsschritte ein unabhängiger Richter setzt.[22]

Genau dies ist jedoch im *Fall Lucona* nie geschehen. Eine gerichtliche Voruntersuchung durfte niemals eingeleitet werden, denn hätte je ein

---

[21] Bertel, Grundriß des Österreichischen Strafprozeßrechtes.

[22] Zwar kann und wird die Staatsanwaltschaft in der Regel auch bei Vorerhebungen den Untersuchungsrichter einschalten, doch hat dieser in solchen Fällen nur »Handlangerdienste« für den weisungsgebundenen Staatsanwalt zu spielen, das heißt, er hat nur jeweils über ausdrücklichen Antrag bestimmte Untersuchungsschritte durchzuführen. Hingegen fällt die Federführung in einem Verfahren dem unabhängigen Untersuchungsrichter erst im Zuge der Voruntersuchung zu.

unabhängiges Gericht die Möglichkeit gehabt, die Untersuchung ohne Bindung an die Anträge der Staatsanwaltschaft durchzuführen, so wäre dieser Fall bereits seit Jahren abgeschlossen und geklärt.
Ein Fall hingegen, der unter »Berichtspflicht« steht und außerdem im Stadium von Vorerhebungen verbleibt, kann nie zu einem Abschluß kommen, wenn es die politische Macht nicht will, denn ehe der Staatsanwalt Verfolgungs- oder Untersuchungsschritte setzen darf, muß er die Oberstaatsanwaltschaft um Erlaubnis fragen. Diese wiederum berichtet in der Folge an die zuständige Abteilung im Bundesministerium für Justiz, die den Minister informiert. Ihm obliegt es schließlich, zu entscheiden, welcher Verfolgungsschritt gesetzt werden darf und welcher nicht.
Da diese Prozedur, die jeweils viele Monate lang dauern kann, vor jeder einzelnen Verfolgungshandlung immer wieder vorgenommen werden muß, ist klar, daß eine zielführende und rasche Aufklärung einer Straftat in der Praxis ausgeschlossen ist, zumal selbst jeder Antrag auf Vernehmung eines Zeugen zuvor bewilligt werden muß.
Ein Verdächtiger hat es auf diese Weise nicht sehr schwer, eine wirksame Untersuchung seiner Taten zu verhindern. Er hat vielmehr genügend Zeit, um alle ihn belastenden Beweise zu beseitigen, er kann sich mit seinen Komplizen absprechen, so oft er will, er kann die Zeugen beeinflussen, sich immer neue Zeugen kaufen – und die Behörden sind gezwungen, dabei zuzusehen.
Viele Jahre, wenn nicht gar Jahrzehnte lang ziehen sich derartige Verfahren in der Folge hin, bis jedes Interesse an der Aufklärung erlahmt und schließlich die Zeit reif ist, die Untersuchung heimlich, still und leise gänzlich einzustellen.
Während der Amtszeit von Justizminister Christian Broda wurde diese Form der Niederschlagung von bestimmten Straffällen im politischen Bereich in Österreich im großen Ausmaß erstmals praktiziert und quasi auch salonfähig gemacht, wobei dem Minister insbesondere ein Mann zur Hand ging, dessen serienweise rechtswidrige Weisungen bereits Legende sind: Otto F. Müller, ein Parteifreund Christian Brodas, der seit 1. Jänner 1987 als Leiter der Generalprokuratur beim Obersten Gerichtshof und damit als oberster Ankläger der Republik fungiert.
In den Jahren 1982 bis 1986 war Otto F. Müller Chef der Oberstaatsanwaltschaft, aber schon ab dem Jahre 1975, als er zum Leiter der Staatsanwaltschaft Wien ernannt worden war, hatte er bei bestimmten Straffällen begonnen, »jungen, unerfahrenen Kollegen unverbindliche Ratschläge zu geben«.

Die Staatsanwälte sahen es freilich anders, und eine Staatsanwältin mit Zivilcourage quittierte schließlich sogar ihren Dienst, nachdem sie von Otto F. Müller mehrfach daran gehindert worden war, ihre vom Gesetz vorgeschriebene Dienstpflicht zu erfüllen:
Klothilde Eckbrecht-Dürckheim-Montmartin ließ sich in den Richterdienst versetzen und warf Müller nicht nur in aller Öffentlichkeit vor, ihr »eine Serie von rechtswidrigen Weisungen« erteilt zu haben, sondern beschuldigte ihn auch des Amtsmißbrauchs.
Vier Disziplinarverfahren und eine Strafanzeige gegen Klothilde Eckbrecht wegen Verleumdung waren die Folge. Doch siehe da, eine Verurteilung der nunmehrigen Richterin erfolgte nicht, vielmehr stellte auch das Disziplinargericht am Ende fest, daß »den von Dr. Eckbrecht geäußerten Zweifeln an der Rechtmäßigkeit der Weisungen (Otto F. Müllers) die Berechtigung nicht abgesprochen werden (kann)«[23].
Legende sind inzwischen auch schon jene 23 rechtswidrigen Weisungen, mit deren Hilfe es beim AKH-Skandal gelang, den vollen Umfang jener Korruptionsaffäre zu verschleiern, die Ende der siebziger Jahre das Land bis in seine Grundfesten erschüttert hat. Und die Rolle schließlich, die Otto F. Müller im Fall Androsch spielte, ist ebenfalls sattsam bekannt.
In welchem Ausmaß Hannes Androsch als Politiker einst mit den Grundstein für den wirtschaftlichen Niedergang dieses Landes gelegt hat und inwieweit er in der Zwischenzeit dabei ist, auch als Generaldirektor der verstaatlichten *Creditanstalt* deren Konzernbetriebe zu ruinieren, soll hier nicht Gegenstand der Diskussion sein.
Aber auch er steht nunmehr schon seit zehn Jahren im Verdacht, als früherer Vizekanzler und Finanzminister dieser Republik seine Position mißbraucht zu haben, um sich persönlich zu bereichern. Daß Hannes Androsch außerdem auch Steuern in Millionenhöhe hinterzogen hat, weiß in Österreich ohnedies längst jedes Kind.
Die strafrechtlichen Konsequenzen sind ihm allerdings bis heute unter anderem deshalb erspart geblieben, weil Otto F. Müller im Zusammenwirken mit Justizminister Christian Broda zuletzt im Herbst des Jahres 1980 jede Untersuchung gegen ihn in amtsmißbräuchlicher und skandalöser Weise einfach niederschlug.
Im August 1980 begann die Staatsanwaltschaft Wien wieder einmal wegen des Verdachtes der Untreue gegen den Ex-Vizekanzler zu er-

---

[23] Beschluß des Oberlandesgerichtes Wien als Disziplinargericht für Richter vom 23. Dezember 1976, Aktenzahl Ds 6/76.

mitteln, nachdem zuvor schon mehrfache Erhebungen gegen ihn versandet waren. Am 4. September plädierte Staatsanwalt Walter Geyer[24] schriftlich für die Weiterführung der Ermittlungen. Otto F. Müller ließ seinen Bericht jedoch verschwinden und verfaßte einen neuen, in dem die Einstellung der Vorerhebungen empfohlen wurde. Nachdem sich jedoch der Staatsanwalt weigerte, den von Müller abgeänderten Bericht zu unterschreiben, ging dieser ohne Unterschrift über die Oberstaatsanwaltschaft zum Minister. Am 22. November 1980 wurden auch die Vorerhebungen zu 20 St 32.273/80 gegen Hannes Androsch mit der glatten Lüge als Begründung, daß es »keinen Anhaltspunkt für den Verdacht strafbarer Handlungen« gebe, eingestellt.
An dieser Stelle soll auch noch einmal daran erinnert werden, was Androschs eigenem Parteigenossen und Nachfolger als Finanzminister, Herbert Salcher, widerfuhr, nachdem später auch er noch einmal pflichtgemäß sein Wissen um die Machenschaften seines Vorgängers der Staatsanwaltschaft übermittelt hatte:
Herbert Salcher wurde mit Hilfe genau jenes Machtkartells, dem Udo Proksch und Hannes Androsch gleichermaßen angehören, als Finanzminister kurzerhand gestürzt und aus der Politik vertrieben.
Androsch selbst hingegen ist nach wie vor in Amt und Würden und trägt als Immer-noch-Repräsentant der größten Staatsbank Österreichs sein Scherflein dazu bei, daß das Ansehen dieses Landes in der zivilisierten Welt zusehends schwindet.
Otto F. Müller wiederum wurde mit Unterstützung des erwähnten Machtkartells bereits per 1. Jänner 1982 zum Leiter der Oberstaatsanwaltschaft Wien gemacht, wo er in seinem Stellvertreter, Werner Wasserbauer, einen kongenialen Partner fand.
Im *Fall Lucona* wurden die Untersuchungen ebenfalls in erster Linie durch die Oberstaatswaltschaft abgewürgt, wobei es offenbar sogar zu einer direkten Kooperation mit den Verdächtigen kam, was selbst beim Untersuchungsrichter schließlich den Verdacht aufkeimen ließ, daß hier ein Amtsmißbrauch vorliegt.

[24] Staatsanwalt Walter Geyer ist heute Abgeordneter der *Grünen.*

# Der Justizminister spielt mit

Der im Sommer 1984 erfolgte Austausch des für den *Fall Lucona* zuständigen Staatsanwaltes hatte, da sich Wolfgang Mühlbacher als neuer Staatsanwalt erst einarbeiten mußte, den Verdächtigen zumindest eine Atempause von einigen Monaten verschafft.

Aber auch Mühlbacher war über den komplexen Sachverhalt sehr bald hinreichend informiert, und es bestand für ihn kein Zweifel, daß eine gerichtliche Voruntersuchung einzuleiten war.

Anfang Oktober 1984 signalisierte Wolfgang Mühlbacher seine Absicht auftragsgemäß auch an die Oberstaatsanwaltschaft Wien, wobei er insbesondere auf die in der Zwischenzeit vorliegenden Geständnisse der beiden Mittäter, Jakob Bartos und Otto Kölbl, hinwies.

Und wieder traf prompt ein paar Tage später ein Beweisantrag der Proksch-Anwälte bei der Staatsanwaltschaft ein, durch den wiederum versucht wurde, diese Geständnisse ganz einfach wegzudiskutieren.

Bei Otto Kölbl ließ sich das verhältnismäßig einfach machen, denn er war ja mittlerweile bereits tot. Es könne schon sein, schrieb Rechtsanwalt Heinz Damian daher, daß der Zolldeklarant Kölbl die Zollbehörden vielleicht überlistet habe. Er habe dies jedoch bestimmt nicht im Auftrag von Daimler oder Proksch getan. »Was«, trumpfte Damian auf, »geht das also die Verdächtigen an?«

Eine wahrhaft abenteuerliche Taktik wandte man hingegen im Zuge der Bemühungen an, die Folgen des Geständnisses von Jakob Bartos wegzubringen. Die Vorgangsweise schien zugleich ein Test dafür zu sein, bis zu welchem Punkt sich Österreichs Justiz verhöhnen lassen würde.

Jawohl, es stimme schon, gab man auf einmal zu, daß bei der *Spedition Pirnat* in Wien tatsächlich niemals Waren der *Zapata AG* eingelagert waren. Auch daß von dieser Transportfirma die »Uranfabrik« in Wirklichkeit gar nicht nach Piesting angeliefert wurde, sei natürlich völlig richtig.

Die Anlieferung bei *Pirnat*, die dortige Einlagerung, die spätere Auslagerung und der Transport nach Piesting – das alles sei natürlich nur »administrativ« erfolgt. Das heißt, es wurde so getan, als ob. Erwin Egger habe diese Scheinzustellung nur organisiert, um zu verhindern,

daß Proksch und Daimler in Erfahrung bringen, woher die Anlage tatsächlich stammt.
Aber selbstverständlich sei trotzdem eine »Uranfabrik« in Piesting angeliefert worden. In Wahrheit eben nur von jemand anderem und auf einem ganz anderen Weg. Wie und woher, das wisse außer Erwin Egger selbstverständlich niemand. Der *Decobul*-Chef sei im übrigen natürlich jederzeit bereit, das alles zu bestätigen, das Wiener Gericht müsse ihn – im Wege der Rechtshilfe – in der Schweiz bloß nochmals einvernehmen.
Der Rechtsanwalt, dem der Beweisantrag vom 3. Oktober 1984 mit dieser allerneuesten Version einfiel, war, wie erwähnt, Heinz Damian. Das prominente Vorstandsmitglied des *Club 45* schien im *Fall Lucona* in Wahrheit freilich mehr als nur der Rechtsbeistand von Udo Proksch zu sein.
Tatsächlich hatte auch die Kripo Niederösterreich den Proksch-Anwalt bereits seit einiger Zeit im Verdacht, zumindest ein Mitwisser jener Vorgänge zu sein, die schließlich zur Versenkung der *Lucona* führten.
Die Hausdurchsuchungen bei Udo Proksch erbrachten beispielsweise den Beweis dafür, daß zahlreiche Briefe der *North Pacific Trading Ltd.*, die angeblich von Owen Corrigan in Hongkong verfaßt und von dort an die *Zapata AG* in die Schweiz geschickt worden seien, in Wahrheit in Wien angefertigt wurden. Und es gab deutliche Indizien, die den Verdacht begründeten, die solcherart gefälschten Dokumente könnten auf einer Schreibmaschine geschrieben worden sein, die in Wirklichkeit in der Kanzlei des Rechtsanwaltes Damian stand.
Am 5. Oktober 1984 schien die Kripo schließlich in den Besitz noch weiterer Hinweise gelangt zu sein, die dafür sprachen, daß der bekannte Advokat möglicherweise auch persönlich in den *Fall Lucona* involviert war. Es stand der Verdacht im Raum, daß der Schriftführer des *Club 45* in diesem Zusammenhang in seiner Villa in Breitenfurt bei Wien belastende Schriftstücke und Dokumente aufbewahre. Details wurden dem Verfasser nicht bekannt.
Fest steht jedenfalls, daß am 5. Oktober 1984 durch den Abteilungskommandanten der Kriminalabteilung Niederösterreich die Observierung von Heinz Damians Villa in Breitenfurt, Jägersteig Nr. 3, angeordnet und mit der Überwachung noch am selben Abend angefangen wurde.
Die Beobachtung der Damian-Villa durch insgesamt vier Kriminalbeamte und unter Assistenz von zwei Gendarmen des Postens Breiten-

furt wurde auch am 6. Oktober 1984 fortgesetzt und die Verdachtsmomente gegen den Rechtsanwalt der Staatsanwaltschaft angezeigt.
Nicht möglich war es allerdings, eine geplante Hausdurchsuchung in der Breitenfurter Villa vorzunehmen. Nach Rücksprache von Journalstaatsanwalt Dieter Zöchling im Bundesministerium für Justiz wurde ein diesbezüglicher Antrag abgelehnt.
Am 9. Oktober 1984 schloß Staatsanwalt Mühlbacher die Prüfung der vorliegenden Beweise und Ergebnisse der Polizeiermittlungen vorläufig ab und teilte der Oberstaatsanwaltschaft seine Absicht mit, »gegen Udo Proksch und Hans Peter Daimler die Einleitung der Voruntersuchung zu beantragen«, wobei er noch hinzufügte, daß es die Staatsanwaltschaft Wien für »sachlich nicht vertretbar« halte, mit dieser Antragstellung noch länger zuzuwarten.
Acht Wochen lang geschah daraufhin nichts. Die beiden Oberstaatsanwälte, Otto F. Müller und Werner Wasserbauer, legten den brisanten Akt auf Eis und gaben dem *Zapata*-Syndikat damit erneut Gelegenheit, die Einleitung einer Untersuchung durch Herbeischaffung von weiteren »entlastenden Beweisen« zu verhindern.
Udo Proksch setzte nun alle Hoffnungen in ein für die *Zapata* positives Urteil des Zivilgerichtes. Wie berichtet, lief ja das Zivilverfahren auch noch weiter, während die Vorerhebungen der Staatsanwaltschaft längst im Gange waren.
Dieses Verfahren über die Klage der *Zapata* auf Auszahlung der Versicherungssumme hätte zwar von Rechts wegen ohne Zweifel längst schon unterbrochen werden müssen, doch dachte der Oberlandesgerichtssenat unter Vorsitz Peter Schiemers nicht im Traum daran.
Der Udo Proksch sichtlich gewogene Senat hielt es für »untunlich«, den Ausgang eines allfälligen Strafverfahrens abzuwarten. Ganz im Gegenteil: Es sollte die Versicherung partout noch rasch, bevor der Versicherungsbetrug endgültig erwiesen war, verurteilt werden, die Versicherungssumme auszuzahlen.
Das einzige Problem dabei war, daß Udo Proksch noch einmal formell als Zeuge einvernommen werden mußte, ehe der Senat des Oberlandesgerichtes Wien den vom *Zapata*-Syndikat ersehnten Beschluß zu fassen in der Lage war. Bereits für 13. September 1984 war deshalb der *Demel*-Chef als Zeuge vorgeladen worden, doch wagte es Proksch damals nicht, nach Wien zu kommen.
Auch einer Ladung für den 18. Oktober 1984 war er nicht gefolgt. Er scheute sich, die sichere Schweiz zu verlassen. Erst nachdem sein Freund Karl Blecha am 19. November 1984 durch seine gesetzwidrige Weisung an die Sicherheitsbehörden alle weiteren Ermittlungen im

*Fall Lucona* kurzfristig stoppen ließ, kam Udo Proksch wieder nach Österreich zurück und ließ sich am 22. November 1984 im Wiener Justizpalast als Zeuge einvernehmen.
Am nächsten Tag, dem 23. November 1984, war der Autor dieses Buches von Udo Proksch zu einem Mittagessen im *Club 45* eingeladen. Das anschließende Interview mußte jedoch vorzeitig unterbrochen werden, nachdem der damalige Bundeskanzler und SPÖ-Parteivorsitzende Fred Sinowatz nach Mittag zu einem Besuch des *Demel*-Chefs eintraf.
Anschließend zogen sich der Kanzler der Republik und der Mann, gegen den die Kripo wegen Betrugs- und Mordverdachtes ermittelte, zu einer längeren Aussprache in die Salons des *Club 45* zurück.
Ob es bei dieser Konferenz um den *Fall Lucona* ging, ob es ein rein privater Höflichkeitsbesuch war oder ob sich Sinowatz vom *Demel*-Chef, am Tag bevor er seinen Staatsbesuch in der Sowjetunion antrat, in außenpolitischer Hinsicht beraten ließ, blieb unbekannt.
Als der Autor später diese Frage zu klären versuchte, reagierte Fred Sinowatz wie später auch in der »Affäre Waldheim«[25], indem er sein Zusammentreffen mit Udo Proksch einfach abstritt und sicherheitshalber auch gleich dementierte und leugnete, was er gar nicht gefragt worden war.
Er habe niemals, ließ der Kanzler den Autor mittels Fernschreiben wissen, »über Herrn Proksch betreffende Verfahren oder Untersuchungen weder mit diesem selbst noch mit direkt oder indirekt in diese Angelegenheit involvierten Personen gesprochen«[26].
Die Oberstaatsanwaltschaft war nach diesem Zwischenspiel – egal, ob nun Fred Sinowatz für Udo Proksch ein gutes Wort einlegen ließ, oder ob der *Demel*-Chef aus völlig uneigennützigen Motiven dem Bundeskanzler beim Regieren half – auf jeden Fall entschlossen, ein Strafverfahren gegen den prominenten Hausherrn des *Club 45* abzuwürgen.
Am 30. November 1984 teilte Otto F. Müllers Stellvertreter, Werner Wasserbauer, dem Bundesministerium für Justiz mit, »daß die Ober-

---

[25] Als Zeuge vor Gericht leugnete Fred Sinowatz sogar Fakten, die jedoch später mit Hilfe von Urkunden bewiesen werden konnten, so daß dem Ex-Kanzler ein Strafverfahren wegen falscher Zeugenaussage bevorsteht.
[26] Tatsächlich stand der Sinowatz-Besuch bei Udo Proksch offenbar mit dem bevorstehenden Staatsbesuch in Moskau im Zusammenhang, von dem der damalige Bundeskanzler mit einer interessanten wirtschaftlichen Zusage zurückkam. Die Sowjets wären bereit gewesen, uns im Falle der Inbetriebnahme von Zwentendorf unseren Atommüll abzunehmen. Udo Proksch hatte bei diesem Geschäft mit Hilfe seiner Moskauer Beziehungen den Vermittler gespielt.

staatsanwaltschaft beabsichtigt, das Vorhaben der Staatsanwaltschaft Wien nicht zu genehmigen«. Es werde kein Antrag auf Einleitung einer Voruntersuchung gegen Proksch und Daimler gestellt, weil »kein konkreter und ausreichender Verdacht (vorliegt)«.
Es braucht nicht wiederholt zu werden, daß zu diesem Zeitpunkt in Wahrheit selbstverständlich nicht nur ein »ausreichender Verdacht« vorlag, sondern daß es vielmehr eine Fülle von konkreten Beweisen für die Täterschaft der zwei Verdächtigen gab, die in jedem andern Fall längst für eine Verurteilung ausgereicht hätten. Diese Beweise lagen der Oberstaatsanwaltschaft in Form eines sechsbändigen Aktenkonvoluts auch vor.
Entweder hat demnach die Oberstaatsanwaltschaft ihre Pflicht verletzt und diese Akten nicht gelesen oder aber die Behauptung, es liege »kein ausreichender Verdacht« vor, wurde wider besseres Wissen aufgestellt. In diesem Fall hätte die Oberstaatsanwaltschaft einen glatten Amtsmißbrauch begangen.
Anschließend wurde der Akt von den Juristen in der Strafsachen-Abteilung des Bundesministeriums für Justiz geprüft. Auch für sie bestand kein Zweifel an der Korrektheit der Entscheidung der Staatsanwaltschaft Wien: Die Voraussetzungen zur Einleitung einer gerichtlichen Voruntersuchung waren längst gegeben. Mit dieser Stellungnahme landete der Akt am 14. Dezember 1984 auf dem Schreibtisch von Justizminister Harald Ofner.
Der FPÖ-Minister hatte sein Amt ein Jahr zuvor mit einem vor aller Öffentlichkeit abgegebenen Versprechen angetreten, das aufhorchen ließ: Er werde, hatte Harald Ofner angekündigt, radikal mit der Methode seines Vorgängers Christian Broda brechen, der am laufenden Band in politisch brisante Straffälle eingriff und Strafverfolgungen mittels Ministerweisung unterband.
Auch später, als der Autor dieses Buches zum erstenmal mit dem Justizminister über den *Fall Lucona* diskutierte, tat dieser immer noch dieselbe Meinung kund: Niemals werde er, so sagte Ofner, einen Strafverfolgungsantrag, den die Staatsanwaltschaft wünsche, durch eine Weisung unterbinden, oder zulassen, daß dies Otto F. Müller tut.
Als der Verfasser den Justizminister im November 1984 wieder traf, war sich dieser dessen allerdings schon nicht mehr ganz so sicher, und über Neujahr 1985 änderte er seine Meinung schließlich gar um 180 Grad.
Später erklärte Harald Ofner dem Verfasser auch den Grund für den auffallenden Gesinnungswandel: »Nur weil es der mächtigen *Bundesländer-Versicherung* nach acht Jahren plötzlich einfällt, eine Strafan-

zeige gegen einen ihrer Kunden zu erstatten, soll die Justiz nach ihrer Pfeife tanzen?«

»Justament nicht!« grollte der Justizminister und schlug sich lieber auf die Seite des *Zapata*-Syndikats, dessen Wünsche er sich von Heinz Damian in einem persönlichen Interventions-Gespräch vortragen ließ.

Zunächst wurde der Fortgang der Ermittlungen blockiert, indem Minister Ofner seinerseits noch einmal acht Wochen lang auf den *Lucona*-Akten sitzenblieb. Inzwischen hatte der schon erwähnte Zivilgerichtssenat des Oberlandesgerichtes Wien am 30. Dezember 1984 in einer nicht öffentlichen Sitzung endlich jenen erwarteten Beschluß gefaßt, wonach die Forderung der *Zapata AG* gegenüber der Versicherung zu Recht bestehe und fällig sei.

»Man kann, wenn sie Bericht erstatten, genau, wer sie besticht, erraten«, hatte der altösterreichische Kabarettist Fritz Grünbaum einst formuliert. In diesem Fall wäre dies freilich eine unzulässige Unterstellung, denn die Kollegen jener beiden Richter aus dem Oberlandesgericht Wien, die auch im Vorstand des *Club 45* sitzen, hatten ja diesen Beschluß, den Udo Proksch so dringend brauchte, nur gefaßt, weil die Wahrheit ohnedies »der menschlichen Erkenntnis (oft) verschlossen bleiben muß«.

Offiziell konnte der *Demel*-Chef von dem Zivilgerichtsbeschluß, der überdies erst schriftlich ausgefertigt werden mußte, natürlich erst viel später Kenntnis nehmen, nachdem je eine Ausfertigung dem *Zapata*-Anwalt sowie dem Machthaber der NPT, Karl Zerner, über den Weg des Wiener Handelsgerichtes übermittelt worden war. Tatsächlich übernahmen beide Anwälte die Freudenbotschaft erst am 31. Jänner 1985, was mit Hilfe der postamtlichen Übernahmsbestätigungen leicht nachgewiesen werden kann.

Udo Proksch hatte jedoch offenkundig noch einen weiteren (inoffiziellen) Rechtsfreund, der in der Wiener Oberstaatsanwaltschaft saß und dafür sorgte, daß der *Demel*-Chef schon eine volle Woche früher in den Besitz des so begehrten Schriftstücks kam.

Über ausdrücklichen Wunsch der Oberstaatsanwaltschaft hatte Richter Peter Schiemer dem OStA-Stellvertreter Werner Wasserbauer schon am 24. Jänner 1985 eine Vor-Ausfertigung dieser Entscheidung übermittelt. Wasserbauer interessierte sich jedoch dafür anscheinend nur privat, denn die ihm zugekommene Ausfertigung wurde dem Strafakt, der noch immer auf dem Schreibtisch Ofners lag, nicht beigefügt.

Dafür hatte nur Stunden später Udo Proksch auch schon eine Kopie

dieses Beschlusses in der Hand und reiste damit schnurstracks in die Schweiz, wo der österreichische Außenminister gerade eine Staatsvisite absolvierte. Das in der Zwischenzeit schon legendäre nachfolgende Treffen zwischen Gratz und Proksch im *Hotel St. Gotthard* in der Zürcher Bahnhofstraße fand am 26. Jänner 1985 statt.[27]
Sehr zum Mißfallen des Ministers wurden die beiden während ihres Aufenthaltes in Zürich von zwei Detektiven observiert. Udo Proksch hatte im übrigen sofort Verdacht geschöpft und die Beobachtung rasch registriert, doch Gratz beruhigte ihn: Er hielt Dietmar Guggenbichlers Männer für schweizerische Geheimpolizisten, die den Auftrag hätten, ihn zu beschützen.
Fotografisch festgehalten wurde auch, wie Udo Proksch seinem Freund Gratz mit sichtlicher Genugtuung ein Schriftstück übergab, das dieser sofort mit großem Interesse las. Der Grazer *Tagespost* gestand er später, daß Proksch ihm »ein Protokoll des Oberlandesgerichtes Wien« gezeigt habe. Dem *Kurier* gegenüber präzisierte der Minister, daß es jenes Protokoll »oder auch das Zwischenurteil des Oberlandesgerichtes (war), das Udo im Grunde ja recht gibt«.
Ganz genau erfuhr man es dann in der *Kronen-Zeitung*, der Gratz erzählte, »Proksch habe ihn freudestrahlend ein amtliches Schriftstück lesen lassen, aus dem hervorging, daß er in dem endlos langen Verfahren nunmehr einen entscheidenden Sieg errungen habe«.
Damit war klar: Minister Gratz bekam am 26. Jänner 1985 in Zürich einen Gerichtsbeschluß in der Affäre Proksch zu lesen, den es zu diesem Zeitpunkt offiziell noch gar nicht gab.
Erst als später diese erstaunliche (private) Zusammenarbeit der Oberstaatsanwaltschaft mit einem Verdächtigen ruchbar zu werden drohte, konnte sich Minister Gratz als Zeuge partout nicht mehr daran erinnern, was er in Zürich von Udo Proksch gezeigt bekam, denn er habe es »kaum angeschaut«. Und Proksch selbst gab als Zeuge vor Gericht an, sich bei diesem Treffen mit Österreichs Außenminister hauptsächlich »über Politik und schöne Frauen« unterhalten zu haben.
Was Leopold Gratz am nächsten Tag in der *Lucona*-Angelegenheit zugunsten seines Freundes unternahm, ist nicht bekannt. Schon nach nur zwei Tagen wußte aber immerhin auch der Justizminister plötzlich, was zu tun war:
Am 28. Jänner 1985 gab Harald Ofner durch einen von ihm persön-

---

[27] Im Zuge der Zusammenkunft arrangierte Außenminister Gratz im übrigen auch noch ein Treffen zwischen Proksch und dem Londoner Repräsentanten der Zentralsparkasse der Gemeinde Wien, Horst Tiefenthaler.

lich handgeschriebenen Erlaß den Proksch-Helfern in der Oberstaatsanwaltschaft grünes Licht, die Einleitung der gerichtlichen Voruntersuchung gegen die *Lucona*-Täter mittels Weisung zu verbieten.
In der Staatsanwaltschaft Wien war man am Boden zerstört, als die von Werner Wasserbauer am 29. Jänner 1985 unterzeichnete Weisung (OStA 10.389/85) eintraf. Insbesondere der zuständige Staatsanwalt Wolfgang Mühlbacher war sich im klaren, daß es unter den gegebenen Umständen keine Chance gab, die Untersuchung des Falles jemals abzuschließen. Er wußte, »daß dieses Verfahren abgewürgt werden soll«.
Der Staatsanwalt war fassungslos, daß sich nun auch Justizminister Ofner »ohne Rücksicht auf die Aktenlage der politischen Notwendigkeit gebeugt (hat)«.

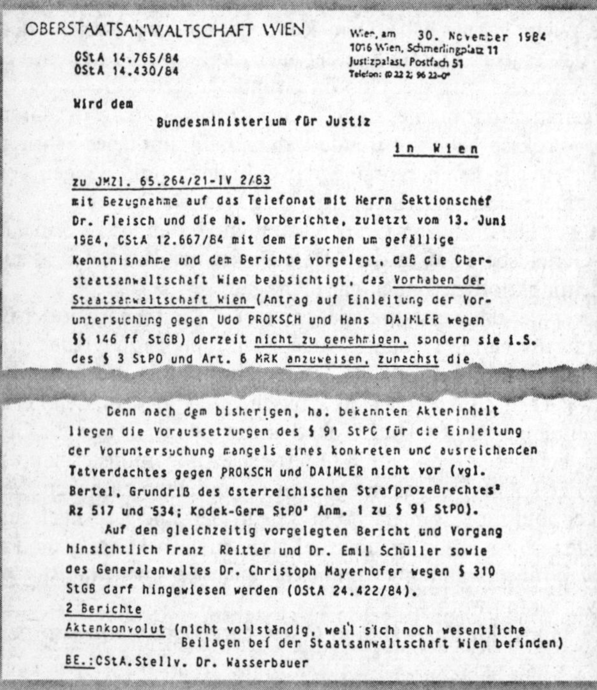
OBERSTAATSANWALTSCHAFT WIEN

Wien, am 30. November 1984
1016 Wien, Schmerlingplatz 11
Justizpalast, Postfach 51
Telefon: (0 22 2) 96 22-0*

OStA 14.765/84
OStA 14.430/84

Wird dem

Bundesministerium für Justiz

in Wien

zu JMZl. 65.264/21-IV 2/83
mit Bezugnahme auf das Telefonat mit Herrn Sektionschef Dr. Fleisch und die ha. Vorberichte, zuletzt vom 13. Juni 1984, OStA 12.667/84 mit dem Ersuchen um gefällige Kenntnisnahme und dem Berichte vorgelegt, daß die Oberstaatsanwaltschaft Wien beabsichtigt, das Vorhaben der Staatsanwaltschaft Wien (Antrag auf Einleitung der Voruntersuchung gegen Udo PROKSCH und Hans DAIMLER wegen §§ 146 ff StGB) derzeit nicht zu genehmigen, sondern sie i.S. des § 3 StPO und Art. 6 MRK anzuweisen, zunächst die

Denn nach dem bisherigen, ha. bekannten Akteninhalt liegen die Voraussetzungen des § 91 StPO für die Einleitung der Voruntersuchung mangels eines konkreten und ausreichenden Tatverdachtes gegen PROKSCH und DAIMLER nicht vor (vgl. Bertel, Grundriß des österreichischen Strafprozeßrechtes[2] Rz 517 und 534; Kodek-Germ StPO[2] Anm. 1 zu § 91 StPO).

Auf den gleichzeitig vorgelegten Bericht und Vorgang hinsichtlich Franz Reitter und Dr. Emil Schüller sowie des Generalanwaltes Dr. Christoph Mayerhofer wegen § 310 StGB darf hingewiesen werden (OStA 24.422/84).

2 Berichte
Aktenkonvolut (nicht vollständig, weil sich noch wesentliche Beilagen bei der Staatsanwaltschaft Wien befinden)
BE.: OStA.Stellv. Dr. Wasserbauer

Oberstaatsanwaltschaft Wien untersagt Voruntersuchung

## U-Richter Tandinger: Allein gegen die Mafia

Im August 1983 war die Strafanzeige gegen Udo Proksch und Peter Daimler erstattet worden, aber mehr als ein Jahr lang wurde den Sicherheitsbehörden nicht einmal erlaubt, die Verdächtigen einzuvernehmen.

Erst am 7. Jänner 1985 durfte es die Kripo – mit Bewilligung der Staatsanwaltschaft – erstmals wagen, zunächst Peter Daimler eine Vorladung zu schicken. Der Proksch-Komplize sollte am 23. Jänner 1985 um 9.00 Uhr in der Kriminalabteilung der niederösterreichischen Sicherheitsdirektion in der Wiener Oberzellergasse 1 erscheinen.

Die Kriminalbeamten warteten jedoch vergeblich. Daimler erschien nicht. Statt dessen traf am nächsten Tag bei der Staatsanwaltschaft zwecks Weiterleitung an die Oberstaatsanwaltschaft ein Schriftstück des Advokaten Robert Amhof ein, worin er im Auftrag Udo Prokschs und Peter Daimlers mitteilen ließ, daß die Polizei gegenüber den Verdächtigen »voreingenommen« und aus diesem Grunde »keineswegs geeignet« sei, eine Vernehmung durchzuführen. Im übrigen seien gegen die ermittelnden Beamten ohnedies schon Strafanzeigen wegen Amtsmißbrauchs erstattet worden. »Es wird sohin«, schloß der prominente SPÖ-Jurist seine Eingabe an die Staatsanwaltschaft »der Antrag gestellt, die niederösterreichische Sicherheitsdirektion anzuweisen, von der Vernehmung der Verdächtigen Abstand zu nehmen.«

Tatsächlich versuchte das *Zapata*-Syndikat nunmehr genau dasselbe wieder, was schon in Salzburg mit Erfolg praktiziert worden war. Die Ermittler wurden zu »Beschuldigten« gemacht. Sämtliche Beamte, die mit der Aufklärung des *Falles Lucona* befaßt waren, wurden nicht nur durch Disziplinaranzeigen im Innenministerium eingeschüchtert, sondern auch bei der Staatsanwaltschaft angezeigt.

In diesem Fall war selbstverständlich auch Otto F. Müller rasch bereit, einen möglichen Tatverdacht zu sehen, und über Weisung der Oberstaatsanwaltschaft wurde unter der Aktenzahl 36 St 58.678/84 prompt gegen Abteilungsinspektor Franz Reitter, gegen den Leiter der Kriminalabteilung, Oberst Alfons Traninger, und auch gleich gegen Sicherheitsdirektor Emil Schüller, der nicht bereit gewesen war, die Tätigkeit seiner Beamten zu behindern, eine Untersuchung eingeleitet: Wegen des Verdachtes des Verbrechens des Mißbrauchs der Amtsgewalt.[28]

Des weiteren ließ Oberstaatsanwalt Otto F. Müller auch gegen den mit dem *Fall Lucona* im Bundesministerium für Justiz befaßten Generalanwalt Christoph Mayerhofer eine Untersuchung durchführen. Der Leiter der Strafsachen-Abteilung hatte es nicht nur gewagt, dem Justizminister ebenso dringend wie die Wiener Staatsanwaltschaft die Einleitung der Voruntersuchung gegen die *Lucona*-Täter zu empfehlen, sondern einem Schweizer Journalisten auf dessen Anfrage bestätigt, daß gegen Proksch und Daimler dringender Tatverdacht bestehe. Aus diesem Grund versuchte Otto F. Müller allen Ernstes, den Generalanwalt wegen »Verletzung eines Amtsgeheimnisses« strafrechtlich zu verfolgen.

Daß schließlich auch Untersuchungsrichter Wilhelm Tandinger nicht ungeschoren davonkam, versteht sich ganz von selbst. Er wurde von den *Lucona*-Tätern mit Ablehnungsanträgen wegen angeblicher »Voreingenommenheit« bombardiert und mit Dienstaufsichtsbeschwerden schikaniert.

Einem der bedeutendsten praktizierenden Juristen Österreichs, dem ehemaligen Leiter der Oberstaatsanwaltschaft und späteren Sektionschef im Bundesministerium für Justiz, Herbert Loebenstein, fielen zu diesen unfaßbaren Vorgängen nur zwei Sätze ein:

»Die rechtswidrigen Weisungen, die es in der Affäre Proksch gibt, rütteln an den Grundsäulen des Rechtsstaates. Daß gegen Kriminalbeamte, Staatsanwälte und Richter, die in der Affäre um den Untergang der *Lucona* tätig wurden, wegen des Verdachtes des Amtsmißbrauchs untersucht wird, während gegen die Verdächtigen nicht einmal eine Voruntersuchung eingeleitet werden darf, ist ein Skandal!«

Am 29. Jänner 1985 erfüllte die Oberstaatsanwaltschaft den Wunsch von Proksch und Daimler: Per Weisung (OStA 10.389/85) wurde eine Einvernahme der Verdächtigen durch die Sicherheitsbehörden untersagt. Die Vernehmung der Verdächtigen sollte ausschließlich durch Untersuchungsrichter Wilhelm Tandinger erfolgen.

Während Hans Peter Daimler in den darauffolgenden Tagen immerhin fast täglich jeweils rund vier Stunden lang vernommen werden konnte, war Udo Proksch aber auch dazu nicht bereit. Er ließ dem

---

[28] Erst nach Monaten und nach wiederholten Einvernahmen der ermittelnden Beamten wurden diese Anzeigen mangels eines strafbaren Tatbestandes von der StA zurückgelegt.

Untersuchungsrichter durch seinen Anwalt ausrichten, er habe jedenfalls den ganzen Februar über keine Zeit.
Am 4. Februar 1985 habe er in Djakarta mit indonesischen Regierungsmitgliedern über Industrieanlagen- und Ölgeschäfte unaufschiebbare Verhandlungen zu führen und anschließend befinde er sich auf den Philippinen. Vielleicht sei er im März wieder in Österreich.
Sogar Kopien eines angeblich stattgefundenen Fernschreibverkehrs legte der Proksch-Anwalt dem Richter als Beweise für dessen Unabkömmlichkeit bei den Konferenzen in Djakarta und Manila vor.
In Wahrheit hatte der *Demel*-Chef weder auf den Philippinen noch in Indonesien zu tun. Die Fernschreiben waren nur für den Richter angefertigt worden. Vielmehr blieb Udo Proksch in Österreich und versteckte sich in Wien, um seiner Beschuldigtenvernehmung zu entgehen.
Hans Peter Daimler ließ sich währenddessen weiterhin brav jeden Tag von Untersuchungsrichter Tandinger vernehmen und fuhr schnurstracks nach jeder Einvernahme auf dem kürzesten Weg zu Udo Proksch, um jede Aussage mit dem Komplizen abzusprechen.
Daneben war der *Demel*-Chef damit beschäftigt, während er sich vor Gericht verborgen hielt, die Fälschung einer weiteren Tranche von Dokumenten zu vollenden. Das Syndikat war schließlich schon seit Monaten bemüht, nachdem Erwin Eggers Firma *Decobul* als Lieferantin der »Uranfabrik« nicht länger glaubhaft schien, nunmehr ein weiteres Unternehmen aufzutreiben, das bereit sein würde, sich als Produzent der *Zapata*-Millionenanlage zu präsentieren.
Die Schwierigkeit dabei: Es mußte sich um eine Firma handeln, bei der für die österreichischen Gerichtsbehörden keine Möglichkeit zur Überprüfung der Behauptungen bestand. In Frage kam daher natürlich nur ein Ostblockland. Freilich benötigte der *Demel*-Chef hiefür sowohl viel Geld als auch die Hilfe seiner Freunde.
Am 12. Februar 1985 verbarg sich Udo Proksch noch immer vor dem Richter und den Sicherheitsbehörden, vereinbarte jedoch ein Treffen außerhalb von Wien mit einem österreichischen Regierungsmitglied. Wie schon vierzehn Tage zuvor in Zürich, handelte es sich auch diesmal wieder um Leopold Gratz.
Der Außenminister hatte sich von seinem Amt beurlauben lassen und war zur Kur nach Bad Tatzmannsdorf ins Burgenland gereist. Am frühen Morgen des 13. Februar 1985 fuhr auch Udo Proksch los und verbrachte dann den ganzen Vormittag mit Minister Gratz in Tatzmannsdorf.

Welche Instruktionen oder Ratschläge der Politiker dem des Mordes und Betruges Verdächtigen an diesem Tag gab, ist dem Autor nicht bekannt. Am Nachmittag desselben Tages flog Proksch nach Frankfurt, um – im Anschluß an seine Besprechungen mit Gratz – den Vorstandsvorsitzenden der *Deutschen Bank*, Alfred Herhausen, zu treffen.[29] Mit dem letzten Flugzeug kehrte Proksch anschließend nach Wien zurück.

Nachdem er sich am nächsten Tag erneut mit Daimler traf, um vor dessen für den 15. Februar vorgesehene Vernehmung wiederum die Aussagen abzusprechen, riß dem Untersuchungsrichter die Geduld, und er entschloß sich, zwei Haftbefehle auszustellen.

Nicht nur Proksch und Daimler wären ja schon längst in Untersuchungshaft gesessen, hätte die Oberstaatsanwaltschaft die *Lucona*-Täter nicht in amtsmißbräuchlicher Weise, wenn auch im Einvernehmen mit Justizminister Ofner, unter Schutz gestellt.

Nun aber hatte Untersuchungsrichter Wilhelm Tandinger nur noch die Wahl: auch er hätte natürlich resignierend seinen Amtseid kurzerhand vergessen und sich dem Willen der politischen Machthaber, die eine Nichtaufklärung dieses Falles wünschten, beugen können. Oder aber er mußte eine »einsame Entscheidung« treffen, zu der er auf Grund der Gesetzeslage klar verpflichtet war.

Die Verhängung der Untersuchungshaft ist gemäß der Strafprozeßordnung geboten, »wenn die Gefahr besteht, der Beschuldigte werde auf freiem Fuße Zeugen, Sachverständige oder Mitbeschuldigte zu beeinflussen, die Spuren der Tat zu beseitigen oder sonst die Ermittlung der Wahrheit zu erschweren versuchen«.

Proksch und Daimler hatten dies nicht nur versucht, es wurde ihnen vielmehr unwiderlegbar nachgewiesen. Daher beorderte der Richter am Freitag, dem 15. Februar 1985, unmittelbar nach Dienstbeginn zwei Kriminalbeamte ins Gericht und übergab ihnen die Haftbefehle.

Während der dem Innenministerium dienstzugeteilte Kriminalbeamte Klaus Preining um 8.50 Uhr vor der Konditorei *Demel* die Verhaftung Udo Prokschs vornahm, wurde Hans Peter Daimler um 10.55 Uhr in unmittelbarer Nähe seiner Wohnung in der Wiener Weid-

[29] Was Udo Proksch mit dem Frankfurter Bankier besprach, konnte der Autor nicht eruieren. Der *Demel*-Chef selbst behauptete später vor der Kripo, er habe beim Verkauf von Aktien des *Flick*-Konzerns an arabische Finanzgruppen mitgewirkt (Beschuldigtenvernehmung am 26. Februar 1986). Sein Treffen mit Gratz habe, so Proksch, mit Ölgeschäften seines Freundes Steven Low in Indonesien zu tun gehabt.

AV vom 1.2.1985

Festgehalten wird, daß über Vorhalte wie Seite 26 der Niederschrift (vom heutigen Tage) Herr Daimler diktiert und angibt wie Seite 26 und 27 und antwortet dem Sachv., er werde heute abend mit Udo Proksch über die Identität der Zeichnungen sprechen. Möglicherweise habe Proksch in seiner Stempelwut nur die Zeichnungen abgestempelt. Er könne auch nicht erklären, wieso die Zeichnungen andringen bei ihm waren

Geschäftszahl: 28b Vr 8024/84

**H a f t b e f e h l**

Der ~~(...)~~ + österreichische ........ Staatsbürger ~~(...)~~ +
~~(...)~~ Udo Rudolf P R O K S C H alias Serge Kirchhofer
(geborene) + ~~..........~~ am 29. 5. 1934
in Rostock ............ geboren, Eltern: ..................
..........................................................
....................(zuletzt) + wohnhaft + ..
~~(...)~~ + in 1010 Wien, Kohlmarkt 14
ist wegen §§ 146 f. StGB xxxxxxxxxxxxxxxxxxxxxxxxxxxxxxxxxxxx
..........................................................
in Haft zu nehmen.

Der ~~(...)~~ + Genannte steht im Verdacht, gemeinsam mit anderen Personen in den Jahren 1971 bis 1976 u.a. eine der Hohe Wand Steinkohle Bergbaugesellschaft mbH. gehörige Kohlenaufbereitungsanlage aus Oberhöflein über die Fa. Optico Warenhandelsgesellschaft mbH. erworben, zerlegen, nach Piesting transportieren und auf das Motorschiff "Lucona" verladen, die Fracht des Motorschiffes auf SFr. 31,360725,-- bei der Österr. Bunderländerversicherungs AG (deklariert als Uranaufbereitungsanlage) versichern und das auf der Fahrt mit Bestimmungshafen Hong Kong befindliche Motorschiff am 23.1.1977 mit Pos. 0850 Nord, 7030 Ost sprengen lassen oder mittels Fernzündung gesprengt, sodaß das Motorschiff binnen 2 Minuten sank, um die Versicherungssumme zu liquidieren.

Der Haftbefehl gründet sich auf § 175 Abs. 1 Z. 23 ... StPo und zwar:

<u>Verdunkelungsgefahr</u>: Udo Rudofl Proksch hat zwischen den einzelnen fortgesetzten Vernehmungen mit den Mitbeschuldigten und Zeugen laufend und zwar sofort nach deren jeweiliger Vernehmung Kontakt und werden die Aussagen aufeinander abgestimmt.

Fluchtgefahr: Udo Rudolf Proksch hat sich bisher mit dem Vorwand er befinde sich beruflich im Ausland, obwohl er sich tatsächlich in Wien aufhält, seiner Vernehmung entzogen.

Landesgericht für Strafsachen Wien

Abt. 28b ... am ..............

+ Nichtzutreffendes streichen

Mag. Wilhelm TANDINGER

Lit.Form Nr. 72 (I/83) (Haftbefehl)

**Der erste Haftbefehl gegen Udo Rudolf Proksch**

Aktenzeichen 28b Vr 8024/84

# Vernehmung des Beschuldigten

Gericht: LANDESGERICHT für STRAFSACHEN WIEN

Tag und Stunde des Beginnes der Vernehmung: 15. Februar 1985, um 13.45 Uhr

Strafsache: gegen Udo Rudolf P r o k s c h

**Anwesende:**

Richter: Mag. Wilhelm TANDINGER

Schriftführer: VB. Ingeborg ANDERT

Beschuldigter: Udo Rudolf PROKSCH

Der Beschuldigte wird ermahnt, alle Fragen bestimmt, deutlich und wahrheitsgemäß zu beantworten.

Er gibt über seine persönlichen Verhältnisse an:

| | |
|---|---|
| Familienname(n) | P r o k s c h |
| Vorname(n) | Udo Rudolf |
| Frühere Namen (vor Verehelichung, Adoption, Namensgebung oder Namensänderung) | ––– |
| Ruf-, Haus- oder vom Beschuldigten geführte falsche Namen | alias Serge KIRCHHOFER |
| Namen der Eltern | Anna Elisabeth und Rudolf |
| Namen des Gatten | gesch. |
| Tag, Monat, Jahr der Geburt | 29.05.1934 |
| Ort, pol. Bezirk, Land der Geburt | Rostock |
| Staatsangehörigkeit(en) | Österreicher |
| Beruf und Stellung im Beruf | Kaufmann |
| Letzter Wohnort — Aufenthaltsort, pol. Bezirk, Straße, Hausnummer | ~~4., Kohlmarkt Nr. 44~~ 1., Walfischg. 12<br>Tel: 52 49 41 od. 66 17 17/DW 10 od. 12 |
| Schulbildung | 4 VS, 1 J. NAPOLA, 4 HS, 1 Sem. Höhere BLA, 2 J. Kunstgewerbesch., 6 J. Akademie f. angewandte Kunst. |
| Vermögen | ––– Liegenschaften im Verkehrswert von ca. S 2. Mio. |
| Einkommen | mtl. netto ca. öS 20.000,-- |
| Sorgepflichten | 3 Kinder (22, 8, 10) |
| Ungetilgte gerichtliche Verurteilungen | keine |

StPOForm. Prot 1 (Protokoll über die Vernehmung des Beschuldigten)

Erl. 611.701/7-II 2/79

Ich nehme zur Kenntnis, daß ich gem. § 38 Abs. 3 StPO verantwortlich vernommen werde.

Mir wird weiters vorgehalten, daß Peter D a i m l e r zu seiner letzten Vernehmung über Frage des U-Richters angab, daß ihm nichts darüber bekannt sei, wann Herr Udo Rudolf P r o k s c h wieder aus dem Ausland zurückkomme, obwohl unmittelbar nach Ende der Vernehmung Herr D a i m l e r mit Ihnen Kontakt aufgenommen hat.

Ich war vorgestern in Bad Tatzmannsdorf beim Herrn Außenminister, weil ich mit ihm einige Fragen betreffend Djakarta besprechen mußte.

Über Vorhalt der Aussage D a i m l e r, V o g l s t ä t t e r:

Seit 30.01.1985 (Beginn der Vernehmung DAIMLER) habe ich Peter D a i m l e r etwa fünfmal getroffen.

Wenn D a i m l e r angegeben hat, er wisse nicht, wann ich aus dem Ausland zurückkomme, hat er sicher angenommen, daß ich zum damaligen Zeitpunkt nicht in Österreich war.

Am 13. Feb. 1985 war ich in Bad Tatzmannsdorf und bin ich um ca. 8ooh Früh dorthingefahren.
Mit der Maschine um etwas nach 12 Uhr flog ich nach Frankfurt und kam mit der letzten Maschine am selben Tag wieder um 23 Uhr in Wien an. In Frankfurt habe ich mich mit dem Chef der Deutschen Bank Dr. Alfred Herhausen getroffen.
In der ersten Februarwoche bzw. noch Ende Jänner 1985 war ich 2 x in Zürich. Einen Termin habe ich im Kopf, weil ich den Herrn Außenminister in Zürich in seinem Hotel getroffen habe. 1 x über-

Eine Beschlußausfertigung wird mir ausgefolgt.
Ende: v.g.g.

Pondinger

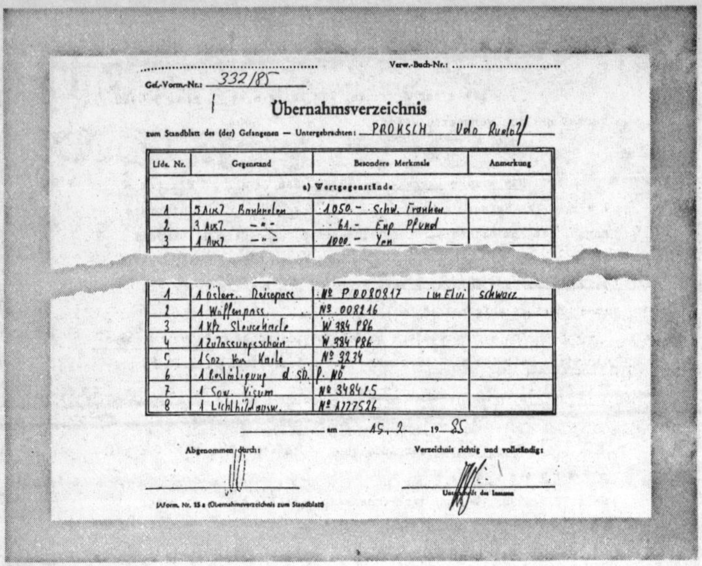

Verw.-Buch-Nr.: ..............................

Gef.-Vorm.-Nr.: 332/85

Übernahmsverzeichnis

zum Standblatt des (der) Gefangenen — Untergebrachten: PROKSCH Udo Rudolf

| Lfde. Nr. | Gegenstand | Besondere Merkmale | Anmerkung |
|---|---|---|---|
| | a) Wertgegenstände | | |
| 1 | 5 Aust. Banknoten | 1050.– Schw. Franken | |
| 2 | 3 Aust. –"– | 61.– Eng. Pfund | |
| 3 | 1 Aust. –"– | 1000.– Yen | |
| 1 | 1 österr. Reisepass | № P 0080817 im Etui | schwarz |
| 2 | 1 Waffenpass | № 008216 | |
| 3 | 1 Kfz Steuerkarte | W 384 P86 | |
| 4 | 1 Zulassungsschein | W 384 P86 | |
| 5 | 1 Soz. Vers. Karte | № 3234 | |
| 6 | 1 Bestätigung d. SD. | f. NÖ | |
| 7 | 1 Sow. Visum | № 348425 | |
| 8 | 1 Lichtbildausw. | № 1777526 | |

am 15. 2. 1985

Abgenommen durch:

Verzeichnis richtig und vollständig:

Unterschrift des Insassen

(Vform. Nr. 15 a (Übernahmsverzeichnis zum Standblatt)

manngasse 20 vom Kriminalbeamten Norbert Schneeweis festgenommen.

Am Nachmittag wurde das Duo in das Untersuchungsgefängnis des Wiener Landesgerichtes überstellt, wo Udo Proksch die Zelle B1 – 5 und Daimler die Zelle BE – 14 zugeteilt bekam.

Zuvor mußten sie »wie alle Häftlinge« noch ihre Taschen ausleeren und den Inhalt in der Verwahrstelle deponieren. Bei Udo Proksch versetzten die Justizwachebeamten neben seinem Waffenpaß mit der Nr. 008216 und einer Unzahl von Kreditkarten vor allem seine amtlichen Ausweisdokumente in Erstaunen, die den *Demel*-Chef einmal als Udo Proksch und dann wieder als Serge Kirchhofer auswiesen.

Daneben hatte er noch Flugtickets in alle Himmelsrichtungen und Bargeld in zehn verschiedenen Währungen eingesteckt. Besonders sorgfältig hatte Udo Proksch jedoch ein weiteres Dokument verwahrt – ein sowjetisches Dauervisum mit der Nr. 348425.

Dem Justizbeamten, der es ihm abnahm, war damit endgültig klar, daß er es hier mit keinem gewöhnlichen Sterblichen zu tun haben konnte. Tatsächlich überlassen die Sowjets ein solches Dauervisum in der Regel außer ihren Diplomaten nur sehr wenigen verläßlichen Personen – und Agenten, die für einen der sowjetischen Geheimdienste tätig sind.

Die Anwälte des *Demel*-Chefs, Robert Amhof und Heinz Damian, hatten sich, nachdem sie von den Verhaftungen verständigt worden waren, rasch gefaßt. Es dauerte nur ein paar Stunden, bis eine Sprachregelung gefunden und die Parole ausgegeben wurde, wonach die Inhaftierung Udo Prokschs und Peter Daimlers eine »unfaßbare Vorgangsweise«, »skandalös« und ein »krasser Fall von Politjustiz« sowie »ein Mißbrauch richterlicher Möglichkeiten« sei.
Vor allem Heinz Damian legte sich ins Zeug. Der *Fall Lucona* war für ihn von Anfang an »eine reine Politintrige, eine Koppelung der finanziellen Interessen der Versicherung mit den politischen der oppositionellen ÖVP, die an die Macht will«, und Udo Proksch war nun auch noch, wie der *Club-45*-Schriftführer Schweizer Journalisten wörtlich anvertraute, »das Opfer eines verrückt gewordenen Richters«[30].
So einfach war das. Kein Wunder, daß daraufhin auch des Zuckerbäckers unzählige Freunde ihren ersten Schock bald überwunden hatten. Und sie formierten sich, von Meinungsmachern jeglicher Kaliber, Medienleuten, Künstlern und Politikern tatkräftig unterstützt, zum Generalangriff auf den »verrückten Richter«, der sich »zu einem Politjustiz-Handlanger einer klerikofaschistischen Mafia machen (ließ)«[31].
Das prominente Regierungsmitglied, das zum Angriff gegen Untersuchungsrichter Wilhelm Tandinger aufrief, war einmal mehr der Proksch-Freund und damalige Außenminister Leopold Gratz. Er empfand es als »unglaublich, mit welchen Methoden sich die *Bundesländer-Versicherung* ihrer Zahlungspflicht zu entziehen versucht« und war »fassungslos« über die Verhaftung seines Freundes, die »jeder Grundlage entbehrt«.

---

[30] Willy Bär, TELL Nr. 5/85.

[31] Harald Irnberger im *Magazin*, einer Zeitschrift, an der Peter Daimler mit 25% beteiligt und die mit finanzieller Hilfe von Udo Proksch und Hannes Androsch als Nachfolgeorgan jenes *Extrablattes* gegründet worden war, das Irnberger zuvor mit acht Millionen Schilling Schulden in Konkurs gehen ließ. Als Proksch nicht mehr imstande war, das *Magazin* zu finanzieren, verließ Irnberger Anfang 1986 unter Zurücklassung weiterer Millionenschulden Österreich und lebt nunmehr in Nikaragua, wo er die marxistisch-sandinistische Revolution unterstützt.

Der Minister hielt es für »ausgeschlossen«, daß sein Intimfreund »einen Betrug oder gar einen Mord«[32] begangen hat, denn »der Udo«, ließ er die Öffentlichkeit wissen, »könnte nicht einmal einer Fliege was zuleide tun«.
»Kalt über den Rücken« lief es auch Erika Pluhar, einer der vielen Ex-Frauen des *Demel*-Chefs, bei dem Gedanken, »was in diesem Staat für eine Willkür möglich ist«. Anschließend organisierte die Schauspielerin auch gleich einen »Protest« der Mitarbeiter der Konditorei *Demel*, den sie nicht nur dem Untersuchungsrichter übermittelte, sondern auch dem Präsidenten des Gewerkschaftsbundes, Anton Benya, weil ja »durch diese willkürliche Verhaftung« Arbeitsplätze in Gefahr gerieten. »Wir sind«, hieß es in der von der Pluhar initiierten Protestresolution, »von seiner Unschuld überzeugt.«
Ariane Glatz, eine andere Ex-Frau des *Demel*-Chefs, war diesbezüglich nicht so sicher. Sie wisse nicht, sagte sie, ob er den Betrug begangen habe und die *Lucona* tatsächlich versenken ließ. Aber falls er es getan habe, so sei das doch »ein ganz phantastischer und großartiger Gag gewesen«. Die Versicherungen hätten ohnehin genügend Geld und wüßten nichts Vernünftiges damit anzufangen, während Udo die Millionen viel sinnvoller verwenden könne. Er fördere damit nämlich die Kunst.
Auch sie empfand die Inhaftierung Prokschs daher als äußerst ungerecht und überlegte kurz sogar, sich vor das Wiener Parlament zu setzen und in einen Hungerstreik zu treten, um die Enthaftung ihres »Robin Hood« auf diese Weise zu erzwingen.
Der Zuspruch kam von überall. Der Chefredakteur des *Magazin* veröffentlichte eine Grußadresse »an zwei Freunde«, und André Heller ließ aus Israel die Österreicher wissen, wie sehr er sich den Häftlingen verbunden fühle. Teddy Podgorski schickte brieflich – auf offiziellem Geschäftspapier des ORF – Durchhalteparolen in den Knast, und Niki Lauda kreuzte in Begleitung eines ganzen Trosses von Berichterstattern im Gefängnis auf, um den prominenten Untersuchungshäftling medienwirksam zu besuchen.
Freilich hätten all diese gutgemeinten Solidaritätskundgebungen allein noch keineswegs genügt, um Udo Proksch aus dem Gefängnis zu befreien. Für das *Zapata*-Syndikat den Rechtsstaat außer Kraft zu set-

---

[32] Im Haftbefehl vom 15. Februar 1985 war erstmals auch offiziell angeführt, daß Udo Proksch im Verdacht steht, »das Motorschiff Lucona mittels Fernzündung gesprengt« bzw. den Auftrag hiezu gegeben zu haben.

Landesgericht für Strafsachen
Wien
Eingel. am 19. FEB. 1985

persönlich

DEMEL
K.u.K. HOFZUCKERBÄCKER
WIEN

Sehr geehrter Herr Untersuchungsrichter
Magister Wilhelm Tandinger!

Wir, die Mitarbeiter, die Arbeiter und Angestellten der Firma Demel, haben mit großer Betroffenheit von der Verhaftung unseres Chefs Udo Proksch erfahren und protestieren

Durch diese, unseres Erachtens, willkürliche Verhaftung und die schon seit Jahren von einigen Medien lancierten Diffamierungen leidet nicht nur sein persönlicher Ruf und der seiner Familie, sondern auch der des Hauses Demel dem wir unsere wirtschaftliche Existenz verdanken.

Wir sind von seiner Unschuld überzeugt!

Für die 120 Mitarbeiter der Firma Ch. Demel's Söhne GesmbH

zen, konnte nur hohen Politikern durch den Einsatz ihrer Machtmittel gelingen.
Bereits zwei Tage nach der Inhaftierung Prokschs und Daimlers schritt Leopold Gratz zur Tat. Als erstes schrieb auch er an Udo Proksch einen in der Diktion erstaunlichen Brief ins Gefängnis. Der Untersuchungsrichter, der die Post natürlich lesen mußte, sollte offenbar sofort erfahren, was der Außenminister der Republik und stellvertretende Parteivorsitzende der SPÖ von der Maßnahme des unabhängigen Richters hielt.
»Lieber Udo«, hieß es in dem Brief, »laß' Dich durch diese unbegreifliche Vorgangweise nicht entmutigen. Ich nehme an, daß sich alle dessen bewußt sind, daß man mit der Freiheit eines Menschen nicht spielen soll. Also Kopf hoch – ich hoffe, Dich rasch wiederzusehen. Herzliche Grüße: Leopold.«
Dieses Schreiben des Politikers, das zugleich mit den von den SPÖ-Anwälten Robert Amhof und Heinz Damian verfaßten Haftbeschwerden bei Gericht eintraf, verfehlte seine Wirkung nicht. Untersuchungsrichter Wilhelm Tandinger empfand es als Einschüchterungsversuch. Doch das war nur der erste Schritt.
Am 19. Februar 1985 bot sich der Minister höchstpersönlich dem *Zapata*-Syndikat – über den Umweg eines Zeitungsinterviews – als entscheidender »Entlastungszeuge« an. In diesem Interview, das am 20. Februar 1985 im *Kurier* unter dem Titel »Ich bin der Kronzeuge« erschien, gab Gratz bekannt, er habe die »Uranerz-Aufbereitungsanlage« in Chioggia mit seinen eigenen Augen gesehen. Sein Freund Udo habe ihm »die Maschinen«, bevor er sie auf die *Lucona* verladen ließ, gezeigt.
Das war natürlich höchst erstaunlich. Acht Jahre lang war es dem *Demel*-Chef nicht gelungen, die Existenz einer Uranerz-Aufbereitungsanlage nachzuweisen. Alle bisher angebotenen »Beweise« hatten sich zum Schluß jeweils als Fälschungen herausgestellt und die »wertvolle Uranfabrik« blieb immer wieder Phantasie. Und plötzlich stand nun ein Regierungsmitglied mit der Behauptung auf, es habe die umstrittene Anlage selbst gesehen.
Der Sinn dieser Aktion war klar: Niemals würde ein Staatsanwalt, ein Kriminalbeamter oder gar ein Richter den Nachweis dafür zu erbringen wagen, daß einer der mächtigsten Politiker in diesem Land, um seinem Freund zu helfen, lügt.
Der weitere Ablauf ging plangemäß vor sich. Am 21. Februar 1985 brachten die Proksch-Anwälte unter Bezugnahme auf die Pressemeldungen bei Untersuchungsrichter Tandinger den »dringenden An-

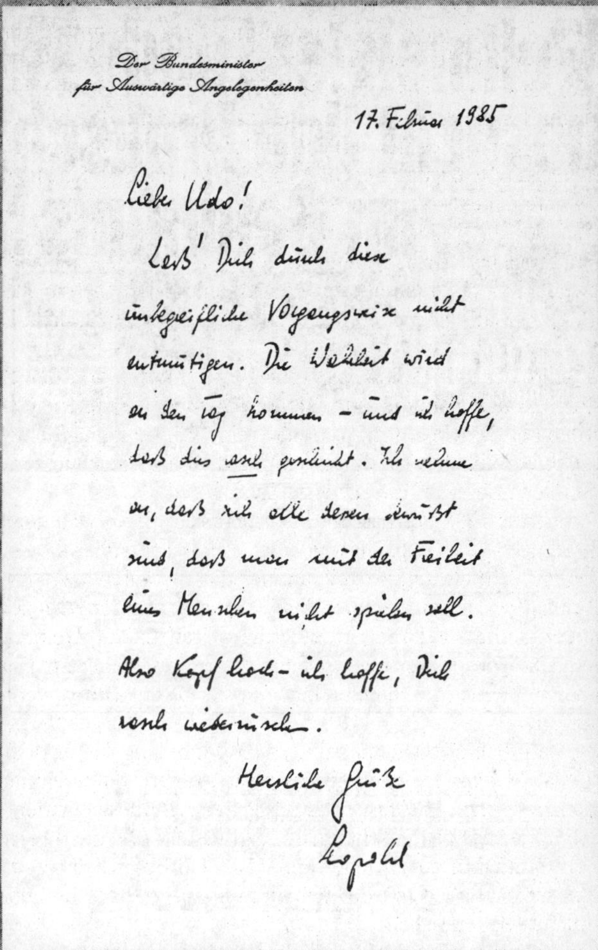

Der Bundesminister
für Auswärtige Angelegenheiten

17. Februar 1985

Lieber Udo!

Laß' Dich durch diese unbegreifliche Vorgangsweise nicht entmutigen. Die Wahrheit wird an den Tag kommen – und ich hoffe, daß dies auch geschieht. Ich nehme an, daß sich alle dessen bewußt sind, daß man mit der Freiheit eines Menschen nicht spielen soll. Also Kopf hoch – ich hoffe, Dich rasch wiederzusehen.

Herzliche Grüße

Leopold

Ein subtiler Einschüchterungsversuch: Minister Gratz tadelt die »unbegreifliche Vorgangsweise« des Richters

# Weltmeister Lauda besucht Udo Proksch im Gefängnis!

Dienstag, 26. Febr. 1985 / Nr. 8893, S 5,–

**Neue Kronen Zeitung**
UNABHÄNGIG

BERICHT SEITE 9

*Die Familie hat Charlie Chaplin fest im Griff: Annette und Christopher, jüngste Kinder des 1977 verstorbenen Filmkomikers, trugen seine Wachsfigur eigenhändig in die Londoner National Portrait Gallery.*

ORF
ÖSTERREICHISCHER RUNDFUNK

Österreichischer Rundfunk, 1136 Wien

1136 Wien, Würzburggasse 30
Telefon: (0222) 82 91- Durchwahl 4200
Fernschreiber: 1-33601 orfz a
Telegrammadresse: ORF-Wien
DVR.: 0066915

Herrn

Udo Proksch
dzt. Landesgericht f.Strafsachen
Landesgerichtsstr. 31

1080 Wien

Unser Zeichen: eh
Wien, den 19.2.85

Lieber Udo,

erst gestern habe ich erfahren, was mit Dir passiert. Ich bin darüber außerordentlich bestürzt, weil ich Dich lange genug kenne, um zu wissen, daß es sich bei dieser Aktion um eine Prüfung handelt, die Du durchstehen wirst. Ich fühle mich Dir in dieser Situation äußerst verbunden, weil ich überzeugt bin, daß die Beschuldigungen nicht zu Recht bestehen und daß sich dieser Sachverhalt auch in nächster Zeit weisen wird.

Falls ich Dir in Deiner gegenwärtigen Situation irgendwie persönlich helfen kann, dann lasse es mich bitte durch Dr.Damian wissen.

Herzliche Grüße und auf ein baldiges Wiedersehen!

(Thaddäus Podgorski)

Solidaritätskundgebungen für den Freund

trag« ein, Minister Gratz, dessen Aussage im Hinblick auf das bevorstehende Haftprüfungsverfahren entscheidenden Charakter habe, sofort als Zeugen zu vernehmen. Die Zeugenladung möge über das Kabinett des Außenministers telefonisch vorgenommen werden. Der Herr Minister sei jederzeit »bereit, sofort vor Gericht zu erscheinen, und zwar etwa innerhalb von einigen Stunden nach Ladung«.
Exakt zur selben Zeit, da dieser Antrag bei Gericht einlangte, griff auch im Justizpalast der Leiter der Oberstaatsanwaltschaft, Otto F. Müller, zum Telefon, um dem zuständigen Staatsanwalt, Wolfgang Mühlbacher, die Weisung auf Einvernahme des »Entlastungszeugen« zu erteilen. Nicht einmal eine Stunde später traf beim Untersuchungsrichter auch bereits der offizielle Antrag der Staatsanwaltschaft »auf umgehende zeugenschaftliche Vernehmung des Herrn Bundesministers für Auswärtige Angelegenheiten, Leopold Gratz« ein, »der jederzeit zur Einvernahme zur Verfügung steht«. Das Timing war perfekt.
Am selben Tag ließ Richter Tandinger dem Herrn Minister auftragsgemäß die Zeugenladung übermitteln. Leopold Gratz sollte am 27. Februar 1985 vor Gericht erscheinen und seine Aussage ablegen. Und just für den Tag danach wurde anschließend auch gleich die Sitzung des Haftprüfungssenats der Ratskammer des Straflandesgerichtes anberaumt. Damit war klar, daß es der Wille der politischen Machthaber war, an diesem Tag den *Demel*-Chef und dessen Komplizen mit Hilfe der Gratz-Aussage wieder aus der U-Haft zu befreien.
Tatsächlich hatte man den »Zeugen« Gratz jedoch nur als optischen Aufputz gebraucht, um einer scheinheiligen Zeremonie nach außen hin einen rechtsstaatlichen Anstrich zu verleihen, denn auch die Entscheidung des Haftprüfungssenats stand bereits fest, noch ehe dessen Mitglieder, die in Ehren ergrauten Hofräte Ernst Schertler, Johann Tinhof und Otto Werner Klär, Gelegenheit hatten, überhaupt den Akt zu sehen.
Eine Schlüsselrolle hatten hiebei wiederum die beiden Oberstaatsanwälte Otto F. Müller und Werner Wasserbauer inne. Bereits zwei Tage vor der Haftprüfungsverhandlung wußten sie ganz offensichtlich, daß die drei unabhängigen Richter bereit waren, die Aufhebung der U-Haft zu beschließen.
Verhindern hätte dies nur noch die Staatsanwaltschaft – durch einen Einspruch gegen die Enthaftung – können. Über Weisung von Otto F. Müller mußte sich daher die Staatsanwaltschaft Wien bereits am 26. Februar 1985 (!) schriftlich verpflichten, gegen die Entscheidung der Ratskammer, die am 28. Februar 1985 fallen würde, kein Rechtsmittel zu erheben. Staatsanwalt Werner Nemec, der Wolfgang Mühl-

Heft
Orangend

Dem

Herrn Untersuchungsrichter

1) mit der Erklärung, daß die bisherigen Anträge vom 4.2.1985 ( Vorerhebungen ) aufrecht bleiben;
2) mit dem am 19.2.1985 ha. abgegebenen Enthaftungsantrag des Udo Rudolf Proksch im Nachhang;
3) mit den Anträgen:
   a) auf umgehende zeugenschaftliche Vernehmung des Bundesministers für Auswärtige Angelegenheiten Leopold GRATZ, der jederzeit zur Einvernahme zur Verfügung steht;
   b) nach Einvernahme von Bundesminister Leopold Gratz sofortige Rückmittlung des Teilaktes ( mit Zeugenvernehmung des Bundesministers und Fotokopien der Beschuldigtenvernehmungen von Udo Proksch und Hans Peter Daimler ) an die Staatsanwaltschaft Wien zur weiteren Antragstellung.

Staatsanwaltschaft Wien
am 21.2.1985

Vfg.

1. Lad 14 BM f. A. Mag. L. Gratz für den 27. 2. 1985, 10,15 Uhr
Thema: pers. Wahrnehmungen anläßlich der Verschiffung der Waren.
2. WV

W, 21. 2. 1985

Eingelangt 21. Feb.
Ausgefertigt
Verglichen 22. Feb. 1985
Abgefertigt

---

3687 4P803/83

KABINETT
DES BUNDESMINISTERS
FÜR
AUSWÄRTIGE ANGELEGENHEITEN
Zl. 54-K/85

Wien, am 27. Februar 1985

Staatsanwaltschaft Wien
Eingel. am 27. FEB. 1985 Uhr Min.
1 fach, mit 1 Beilg. Kons.-Akten
— Haftschriften

Sehr geehrter Herr Staatsanwalt!

Das Bundesministerium für Auswärtige Angelegenheiten erhielt gestern per Kurierpost das beiliegende Konvolut, welches auf die anhängige Vorerhebung in Angelegenheit ZAPATA Bezug hat.

Das Konvolut samt Begleitschreiben der österreichischen Botschaft Bukarest wird Ihnen hiemit zur Verfügung gestellt.

Mit den besten Grüssen

Johannes Kyrle
(Leg.Rat Dr.Johannes Kyrle)

bacher bei der Haftprüfungsverhandlung vertreten sollte, sandte die verlangte schriftliche Erklärung zähneknirschend ab.
Danach wurde der Staatsanwalt am selben Tag mit weiteren telefonischen Weisungen – nunmehr von Werner Wasserbauer – aus der Oberstaatsanwaltschaft bombardiert.
So mußte Walter Nemec der Oberstaatsanwaltschaft zur Weiterleitung an das Bundesministerium für Justiz ebenfalls noch am 26. Februar 1985 bekanntgeben, welche Anträge er in der kommenden Haftprüfungsverhandlung stellen und welche Erklärung er nach dem Bericht des Untersuchungsrichters abgeben werde.
Ein derartiges Ansinnen hatte der Staatsanwalt während seiner gesamten Laufbahn überhaupt noch nicht erlebt, zumal auch kein normaler Mensch schon heute sagen kann, welche Stellungnahme er zu einem Sachverhalt abgibt, den er noch gar nicht kennen kann, weil dieser erst zwei Tage später dargelegt werden wird.
Immerhin berichtete der Staatsanwalt schließlich auftragsgemäß: »Es ist beabsichtigt, in der am 28. Februar 1985, 9.30 Uhr, stattfindenden Haftprüfungsverhandlung zu erklären, daß dringender Betrugstatverdacht gegen Udo Proksch und Hans Peter Daimler besteht, insbesondere weil die bisherigen Ermittlungen ergaben, daß jedenfalls ein Großteil einer Kohlenaufbereitungsanlage zur Verladung auf die Lucona nach Chioggia transportiert wurde, während Nachweise über den Transport der nach den Behauptungen dorthin verschafften Uranerz-Aufbereitungsanlage fehlen. Weiters wird ausgeführt werden, daß die in den Haftbefehlen bzw. Untersuchungshaftbeschlüssen vom 15. 2. 1985 angeführten Umstände Flucht- und Verabredungsgefahr bzw. Verdunkelungsgefahr begründen.«
Am nächsten Tag traf Bundesminister Gratz im Landesgericht für Strafsachen ein, um seine Zeugenausage, die nunmehr endgültig die Unschuld seines Freundes einwandfrei beweisen würde, abzulegen. Er berichtete, wie er nach Chioggia eingeladen worden sei, und fuhr dann wörtlich fort:
»Zur Besichtigung im Hafengelände gebe ich an, daß wir durch einen Mittelgang einer Lagerhalle gingen. In dieser Lagerhalle waren auf der linken Seite Stangen (möglicherweise waren es Rohre oder Traversen), auf der rechten Seite zum Teil Maschinen und zum Teil größere Holzkisten. Um welche Maschinen es sich gehandelt hat, kann ich nicht mit Sicherheit sagen. Sicher waren Motore dabei und auch Schwungräder oder Treibräder. Ich erinnere mich, daß ich auf meine Frage die Antwort erhielt, daß die beweglichen Teile gelb, die anderen Teile möglicherweise grau lackiert waren.«

Der allergrößte Teil der Waren, die in Chioggia lagerten, war allerdings – in mehr als vierhundert Kisten und sechzehn Containern – verpackt, verschlossen und versiegelt.
Nun traute plötzlich der Minister sich nicht mehr sehr viel zu sagen, nachdem der Richter ihn an seine Wahrheitspflicht als Zeuge ausdrücklich noch einmal erinnert und darauf hingewiesen hatte, daß eine falsche Zeugenaussage gemäß § 288 StGB mit einer Freiheitsstrafe bis zu drei Jahren geahndet werden könne.
Kleinlaut gab daraufhin Gratz zu Protokoll: »Ich habe in Erinnerung, daß ich in die Kisten nicht hineinsehen konnte.«
Das war's denn auch. Die großspurig angekündigte Vernehmung des »entscheidenden Entlastungszeugen Gratz«, die in einer wahren Blitz- und Staatsaktion erfolgen mußte und die Dutzende Ministerialbeamte, Staatsanwälte und Gerichtspersonen tagelang rotieren ließ, hatte sich letztlich nur als (schlechter) Witz erwiesen – wenn man das ganze Theater nicht sogar als versuchte Irreführung der Behörden sieht.
Weniger lustig und auch durchaus nicht mehr harmlos war hingegen, was zur selben Zeit im Außenministerium über persönliche Initiative von Gratz noch geschah, um den Ministerfreund auf alle Fälle aus der U-Haft zu befreien.
Fast gleichzeitig mit dem Minister war am 27. Februar 1985 um Punkt 10.00 Uhr beim Untersuchungsrichter per Boten ein Konvolut von Akten aus dem Außenministerium eingelangt, die Gratz in aller Herrgottsfrühe der Staatsanwaltschaft mitsamt einem Begleitschreiben übergeben ließ, in welchem es lakonisch hieß:
»Das Bundesministerium für Auswärtige Angelegenheiten erhielt gestern per Kurierpost das beiliegende Konvolut, welches auf die anhängige Vorerhebung in der Angelegenheit *Zapata* Bezug hat.«
Untersuchungsrichter, Staatsanwalt und Kripo, die sich danach den Inhalt des von Gratz gesandten Überraschungspäckchens ansahen, konnten zunächst nicht viel damit anfangen. Es beinhaltete ein Bündel von kaum lesbaren Fotokopien eines in englischer Sprache abgefaßten »Contracts« mit einer später handschriftlich hinzugefügten Nummer 02.43.1.5.2211 und unleserlichen Unterschriften sowie Kopien einer deutschen Übersetzung der Papiere, die auf jeder Seite nur einen ebenfalls unleserlichen Stempel ohne dazugehörige Unterschrift aufwies. Dies sollte offenbar – von wem auch immer – eine Art Beglaubigung darstellen.
Ein wenig Klarheit schaffte nur ein den übersandten Unterlagen beigelegter Brief der Österreichischen Botschaft in Bukarest vom 26. Fe-

bruar 1985, der an den Generalsekretär des Wiener Außenamtes, Gerald Hinteregger, adressiert war und aus dem hervorging, daß die »beiliegende Dokumentation« aus Rumänien stammte. Wörtlich berichtete ein Botschaftsattaché namens Andreas Karabaczek: »Dr. Visinescu stellte eine weitere Dokumentation betreffend technische Einzelheiten der Vertragsgegenstände für morgen vormittag in Aussicht, so daß sie voraussichtlich mit Kurier vom 28. Feber d. J. vorgelegt werden können.«

Wer dieser Herr Visinescu war, erfuhr man zunächst nicht, doch sollten die von ihm in einer offensichtlich überstürzten und – wie sich später herausstellte – von Gratz persönlich angeordneten Aktion herbeigeschafften Dokumente endlich den Beweis erbringen, daß Erwin Eggers schweizerische *Decobul SA* bei der rumänischen Staatshandelsfirma *Uzinexportimport* am 10. Oktober 1974 zum Zwecke des Weiterverkaufs an die *Zapata* exakt jene Maschinen (als Teile einer Urananlage) bestellt habe, die Udo Proksch in Wirklichkeit (als verrostete Altteile eines Kohlenbergwerks) längst besaß.

Polizei, Gericht und Staatsanwaltschaft waren sich bereits nach kurzer Überprüfung der Papiere einig: Die unter großem Aufwand über das Außenministerium von Bukarest nach Wien geschafften und auf Anordnung von Gratz dem Gericht untergejubelten angeblichen Dokumente waren unzweifelhaft gefälscht. Dies hinderte die Oberstaatsanwaltschaft freilich nicht, noch in den letzten Stunden vor der Haftprüfungsverhandlung Staatsanwalt Nemec mit telefonischen und als »Berichtsaufträge« getarnten Weisungen zu bombardieren.

Allen Ernstes verlangte Werner Wasserbauer vom Staatsanwalt sogar, auf Grund des Ergebnisses der Zeugenaussage von Minister Gratz »Ich habe in Erinnerung, daß ich in die Kisten nicht hineinsehen konnte«, nunmehr auf die beabsichtigte Erklärung, daß ein »dringender Tatverdacht« gegen die U-Häftlinge vorliege, zu verzichten.[33] Und als sich Walter Nemec weigerte, die (lächerliche) Gratz-Aussage und die neuerliche Vorlage von (gefälschten) Dokumenten als Beweis für die Unschuld der Verdächtigen anzusehen, versuchte Wasserbauer, ihn dazu durch eine Weisung zu verpflichten.

»Das wollte ich mir aber unter keinen Umständen gefallen lassen«, berichtete der Staatsanwalt dem Autor dieses Buches, und er beklagte sich: »Ich mußte sehr hart darum kämpfen, in der Haftprüfungsverhandlung das sagen zu dürfen, wovon ich überzeugt war.«

---

[33] Bericht der Oberstaatsanwaltschaft Wien (OStA 10.862/85) an das Bundesministerium für Justiz vom 27. Februar 1985.

Kanzlei: einlaufen lassen für IV 2

OBERSTAATSANWALTSCHAFT WIEN

OStA 10.862/85

Wien, am 27. Feber 1985
1016 Wien, Schmerlingplatz 11
Justizpalast, Postfach 51
Telefon: (0 22 2) 96 22-0*

Einlegen.
1.3.85

SOFORT

Wird dem

Bundesministerium für Justiz

Wien

zu JMZl. 65.264/21-IV 2/83
mit Bezugnahme auf das heutige Telefonat mit Herrn Sektionschef Dr. FLEISCH mit dem Ersuchen um gefällige Kenntbisnahme und dem Bemerken vorgelegt, daß laut telefonischem Bericht der Staatsanwaltschaft Wien (Staatsanwalt Dr. NEMEC) auch auf Grund der heute vom Bundesministerium für Auswärtige Angelegenheiten der Staatsanwaltschaft Wien vorgelegten Unterlagen aus Rumänien und der Aussage des Zeugen Bundesminister Leopold GRATZ vor dem Untersuchungsrichter keine Änderung der Stellungnahme in der morgigen Haftprüfungsverhandlung beabsichtigt ist.

Eine Ablichtung des Zeugenvernehmungsprotokolles ist dem Berichte angeschlossen.

1 Bericht
1 Beilage
BE.:OStA.Stellv. Dr. Wasserbauer

[illegible]

AV vom 27.2.1985
Die OStA Wien hat im Einvernehmen mit dem BM davon Abstand genommen, der StA Wien in der Haftfrage eine Weisung zu erteilen.

[illegible]

ON 1-46 s. 26.2. [illegible]
ON 47 s. 27.2 [illegible]

BUNDES[illegible] IV 2
Eingel. 1. MRZ [illegible]
Zahl 65.264/48-IV 2/85

Ministerhilfe, um Udo Proksch aus der Haft zu befreien

36 St 49.8o3/83

II

**D r i n g e n d**

Oberstaatsanwaltschaft Wien
Eingel. am 27. FEB. 1985 Uhr Min.
2fach, mit 1 Cu Beilagen Akt
OStA 10862/85

An die

Oberstaatsanwaltschaft Wien

Betrifft: Strafsache gegen Udo PROKSCH u.a. wegen §§ 146 ff StGB;

Bezug: telefonische Berichtsaufträge des Herrn Oberstaatsanwalt Dr. Otto F. Müller vom 21.2.1985 und des Herrn OStA-Stellvertreter Dr. Wasserbauer vom 26.2.1985;

Berichtsverfasser: Staatsanwalt Dr. Walter Nemec.

Weiters wird ausgeführt werden, daß die in den Haftbefehlen bzw. in Untersuchungshaftbeschlüssen vom 15.2.1985 angeführten Umstände Flucht- und Verabredungs- bzw. Verdunklungsgefahr begründen.

Staatsanwaltschaft Wien
am 26.2.1985

Aktenzeichen: 28b Vr 8.024/84
36 St 49.803/84

H A F T P R Ü F U N G S V E R H A N D L U N G

Ratskammer des Landesgerichtes für Strafsachen Wien

Tag und Stunde des Beginnes der Haftprüfungsverhandlung: 28.2.1985, 9.30 Uhr

Strafsache

gegen Udo Rudolf PROKSCH

wegen §§146,147(1)Z1(3) StGB

Der Staatsanwalt bringt vor, daß dringender Tatverdacht und das Vorliegen von Haftgründen, die durch gelindere Mittel nicht ausgeschlossen werden können, gegeben sind. Erhebungen sind noch im Gange, es werden laufend neue Beweismittel vorgelegt ~~bzw. sachgerechte Entscheidung~~

und beantragt ~~[illegible] § 180(2)Z 1,2 StPO~~

~~ist einverstanden mit Enthaftung gegen das~~ "sachgemässe Entscheidung"

gelindere Mittel des (r)

Gelöbnisses nach § 180 Abs. 5 Z. 1, 2

Weisung " 3, 4 ........................

Abnahme der ........................ ( § 180 Abs. 5, Z. 5, 6 StPO)

~~Kaution von ........................ ( § 180 Abs. 5, Z. 7 StPO)~~

Das Entscheidendste, von dem er überzeugt war, durfte er dann aber doch nicht sagen, so daß die Haftprüfungsverhandlung vom 28. Februar 1985 schließlich zu einer kabarettreifen Komödie und das Protokoll darüber zu einem zeitgeschichtlich interessanten Beweisdokument für den Zustand der österreichischen Justiz geriet.
Zuerst hatte Untersuchungsrichter Wilhelm Tandinger seinen Bericht zu erstatten. Er legte aus einer Unzahl von vorhandenen Beweismitteln die wichtigsten vor, legte schlüssig das Vorliegen der Haftgründe dar und kämpfte wie ein Löwe mehr als eine Stunde lang um die Möglichkeit, den *Fall Lucona* endlich aufklären zu können.
Dann war die Staatsanwaltschaft an der Reihe. Walter Nemec brachte vor, daß »dringender Tatverdacht besteht« und daß »Haftgründe vorliegen, die durch gelindere Mittel nicht ausgeschlossen werden können«. Und nun hätte er den aus seinem Vortrag resultierenden offiziellen Antrag stellen sollen.
Der Vordruck des Haftprüfungsprotokolls sieht hiefür nur zwei denkmögliche Varianten vor. Entweder: »Der Staatsanwalt beantragt die Aufrechterhaltung der U-Haft«. Oder: »Der Staatsanwalt ist einverstanden mit der Enthaftung gegen Gelöbnis, Kaution ...«
Eine dritte Möglichkeit gibt es nicht, und logischerweise hätte daher der Staatsanwalt auf Grund seiner Überzeugung die Aufrechterhaltung der U-Haft beantragen müssen. Genau dies aber hatte man ihm untersagt. Also mußten im Haftprüfungsprotokoll alle vorgesehenen Möglichkeiten durchgestrichen werden, und Walter Nemec beantragte eine »sachgemäße Entscheidung«.
Fünf Minuten später waren Udo Proksch und Peter Daimler frei, und den Justizminister drückte kein schlechtes Gewissen, als er am 15. Mai 1985 dem Parlament berichtete: »Im Zusammenhang mit der Verhaftung, der Haftprüfungsverhandlung, der Enthaftung und der Nichterhebung eines Rechtsmittels gegen die Enthaftung von Udo Proksch wurde der Staatsanwaltschaft Wien keine Weisung erteilt.«[34]
Und Bundeskanzler Sinowatz ließ anschließend sogar in die Protokolle des Ministerrats die Feststellung aufnehmen, daß »kein Regierungsmitglied in ein Verfahren eingreift oder es beeinflußt«, um danach die Öffentlichkeit unschuldsvoll zu fragen: »Diese Skandale und Affären, etwa die um dieses Schiff mit dem Herrn Udo Proksch? Bitte, was geht das die Regierung an?«

[34] Dies erinnert an die Vorgangsweise eines Oberstaatsanwaltes, der einst über Weisung eines Justizministers einem Staatsanwalt die Weisung gab, einen Aktenvermerk anzulegen, daß ihm nie eine Weisung erteilt worden sei.

## Hilfe aus Bukarest

Daß die rumänischen Papiere, die Gratz als Diplomatenpost per Sonderkurier nach Österreich einfliegen ließ, gefälscht waren, wurde dank einer ganzen Reihe von Versäumnissen und einigen entscheidenden Fehlern bald klar.

Tatsächlich ist es ja nicht leicht, die Lieferung von Waren mit einem Gewicht von rund 700 Tonnen und einem so hohen Wert von einem Land ins andere ganz einfach zu erfinden.

In den Jahren 1974 bis 1976 sei, so sagte das geduldige rumänische Fotokopierpapier, die von der *Decobul SA* bestellte »Uranfabrik« von Bukarest nach Österreich geliefert worden. Naturgemäß gelang es allerdings nicht, das Geschäft im nachhinein auch noch in die entsprechenden Außenhandelsstatistiken hineinzumanipulieren.

Ein kleiner Fehler war auch bei den Dokumenten selbst passiert: Die rumänische Vertragskopie wies als Preis der vier an die *Decobul* verkauften Flugzeugtriebwerke einen Betrag von 4 312 000 Schweizer Franken aus.

Das war ein fataler Irrtum, denn laut einer schon zu einem früheren Zeitpunkt gefälschten Rechnung hätte die *Decobul* diese Triebwerke danach um nur 2 120 000 Franken an die *Zapata AG* weiterverkauft. Eine solche kaufmännische Fehlleistung wäre in der Realität nicht einmal Erwin Egger zuzutrauen gewesen.

Das gravierendste Versäumnis aber war: Die Rumänen waren weder in der Lage, irgendeinen Transportnachweis zu erbringen, noch extistierten Frachtbriefe oder gar zollamtliche Dokumente, und die angeblichen Liefergegenstände hatten, wie sich über die Zollbehörde eindeutig feststellen ließ, tatsächlich zu keiner Zeit irgendwo die österreichische Grenze passiert.

Wie also konnte die »Uranfabrik« dann nach Österreich gelangt sein? Proksch und Daimler dürften wohl kaum in der Lage gewesen sein, die rund 700 Tonnen Stahl im Rucksack heimlich über die »grüne Grenze« zu tragen. Und auch Leopold Gratz hat die »Uranfabrik« sicherlich nicht, als Diplomatengepäck getarnt, im Fond seines Dienstmercedes von Rumänien nach Österreich eingeschmuggelt.

Bekannt hingegen ist, wie die gefälschten Dokumente von Rumänien

nach Wien gekommen sind. Doch wie gelangten sie in den Besitz der Österreichischen Botschaft in Bukarest, nachdem Udo Proksch bereits seit vierzehn Tagen in U-Haft saß? Und wer hatte die Papiere in wessen Auftrag so rasch angefertigt?
Proksch und Daimler sowie deren Rechtsanwälte, Robert Amhof und Heinz Damian, erklärten dem Gericht gegenüber sogar schriftlich, sie hätten weder von der Existenz dieser Verträge noch von der Tatsache gewußt, daß eine rumänische Firma Erwin Eggers Lieferant gewesen sei. Erst anläßlich der plötzlichen Vorlage des »Kaufvertrages« durch das Außenministerium an die Staatsanwaltschaft hätten sie davon zum erstenmal erfahren.[35]
Genau das Gegenteil erzählte hingegen der österreichische Außenminister dem Untersuchungsrichter, als ihm dieser anläßlich einer neuerlichen Zeugeneinvernahme die Fälschungen aus Bukarest vorhielt.
Am 10. Mai 1985 gab Leopold Gratz vor Gericht zu Protokoll: »Der Rechtsanwalt des Herrn Udo Proksch, Dr. Damian, hat mich gebeten, Papiere, die der Österreichischen Botschaft in Bukarest von rumänischer Seite übergeben werden, im Wege des Außenministeriums nach Wien weiterleiten zu lassen.«
Untersuchungsrichter Tandinger konnte demnach nur von Proksch und Heinz Damian belogen worden sein – es sei denn, Minister Gratz hätte eine falsche Zeugenaussage abgelegt.
Fest steht jedenfalls, daß der Außenminister persönlich, nachdem Udo Proksch verhaftet worden war, über seinen Generalsekretär, Gerald Hinteregger, die Österreichische Botschaft in Bukarest auffordern ließ, mit einem rumänischen Staatsbürger namens Visinescu Verbindung aufzunehmen.
Dieser Mann ist Mitglied eines Bukarester Anwaltskollektivs, übt aber, was für keinen in Rumänien akkreditierten Diplomaten ein Geheimnis ist, auch noch zahlreiche lukrative Nebenbeschäftigungen aus, unter anderem in Zusammenarbeit mit dem rumänischen Geheimdienst *Securitate.*
Das dürfte auch der Grund gewesen sein, warum der österreichische Botschafter in Bukarest, Andreas Berlakovich, nach Einlangen des Gratz-Befehls Rumänien augenblicklich verließ und es vorzog, ein paar Urlaubstage in London zu verbringen. Den heiklen Auftrag hatte in der Folge der junge Botschaftsattaché Andreas Karabaczek auszuführen.

[35] Schriftsatz vom 22. März 1985 der Rechtsanwälte Robert Amhof und Heinz Damian an das Landesgericht für Strafsachen Wien.

Daß die danach beschafften und nach Wien gesandten »Dokumente« offenkundig nicht koscher waren, dürfte man auch in der Österreichischen Botschaft in Bukarest rasch begriffen haben. Vermutlich wurde dies dem Außenamt am 28. Februar 1985 anläßlich der zweiten Lieferung in einem Begleitschreiben sogar mitgeteilt.
Der tatsächliche Inhalt dieses Schreibens blieb dem Gericht jedoch bis heute unbekannt, denn Gratz nahm den Begleitbrief der Botschaft an sich, ließ ihn unter Verschluß geben und verweigerte die Weiterleitung an die den *Fall Lucona* untersuchenden Behörden.
Als Richter Tandinger Minister Gratz aus diesem Grund am 10. Mai 1985 neuerlich vorladen ließ und ihn aufforderte, als Zeuge dem Gericht den Inhalt des Begleitschreibens der Österreichischen Botschaft bekanntzugeben, verweigerte dies der Proksch-Freund mit der Begründung, dieses Schreiben beinhalte ein Amtsgeheimnis, zu dessen Wahrung er gemäß Artikel 20 Abs. 3 des Bundes-Verfassungsgesetzes verpflichtet sei.[36]
Aber nicht nur das Gericht ließ Gratz abblitzen, auch dem Parlament gegenüber verweigerte er jede diesbezügliche Auskunft, weil er »aus grundsätzlichen Erwägungen nicht in der Lage« sei, Berichte österreichischer Vertretungsbehörden bekanntzugeben, »die eine Bewertung von Vorgängen oder Verhältnissen in bestimmten Ländern oder die Wiedergabe vertraulich gemachter Mitteilungen zum Inhalt haben«.
Das gefälschte Vertragsdokument, das mit Hilfe des Ministers im Februar 1985 in Rumänien so überstürzt besorgt werden mußte, kam in Wahrheit freilich längst nicht so ganz überraschend, wie es zunächst schien. Begonnen wurde mit der Fälschung von rumänischen Papieren vielmehr schon rund ein halbes Jahr früher.
Bereits Anfang September 1984 hatte Udo Proksch selbst ein »Dossier« mit gefälschten Unterlagen aus Rumänien in der Hand, die er in der Folge in die Schweiz brachte.
Am 7. September 1984 kontaktierte der *Demel*-Chef zusammen mit seinem Komplizen Erwin Egger einen alten Bekannten in Zürich: den prominenten Rechtsanwalt Heinz Egli, der sich zu den Spitzen der Züricher Gesellschaft zählen darf, Mitglied des Schweizerischen Anwaltsverbandes und hoher Stabsoffizier ist, aber auch als Finanz- und Vermögensberater auftritt, die verschiedenartigsten Treuhandgeschäfte abwickelt und sich dabei vor allem in Afrika und im Mittleren Osten engagiert.

---

[36] Protokoll der Zeugenaussage von Bundesminister Leopold Gratz vom 10. Mai 1985.

Schon in den sechziger Jahren hatte Heinz Egli als Student auch erste geschäftliche und private Kontakte zu den palästinensischen Feddajin geknüpft und wurde im Libanon und in Syrien – nach eigenen Angaben »wegen seiner Studien« – zweimal inhaftiert.
Heute pflegt Egli jedes Medium, das es wagt, sich mit seiner Person und der Art seiner Geschäfte zu befassen, mit Persönlichkeitsverletzungs- und Kreditschädigungsklagen zu bedrohen.
Im September 1984 hatte er sich indes gerne und rasch dem *Zapata*-Syndikat als Berater und »neutrale Vertrauensperson« zur Verfügung gestellt und die Rechtsvertretung des freiburgischen illegalen Waffenhändlers und *Lucona*-Mittäters Erwin Egger übernommen. Die gefälschten »Rumänien-Papiere« wanderten daraufhin in Heinz Eglis Anwaltstresor. Das Gericht sah die »Dokumente« vorerst nicht.
Schon als der *Decobul*-Chef am 13. September 1984 nach Wien reiste, um im Zivilverfahren der *Zapata* gegen die *Bundesländer* vor dem Oberlandesgericht seine Zeugenausage abzulegen, gab ihm Heinz Egli außer einer Anzahl guter Ratschläge vor allem auch ein dreiseitiges Schreiben mit. Darin belehrte Egli allen Ernstes den »sehr geehrten Herrn Präsidenten« des Wiener Gerichtes, daß Erwin Egger, sein Klient, in Österreich auf keinen Fall imstande sei, den Produzenten der Uranfabrik bekanntzugeben, denn das verbiete ihm das Schweizerische Strafgesetzbuch. Schließlich sei das österreichische Gericht für einen Schweizer Bürger als »fremde amtliche Stelle« anzusehen und Erwin Egger würde, wenn er diesem seine »Geschäftsgeheimnisse« preisgäbe, das Verbrechen des »wirtschaftlichen Nachrichtendienstes« begehen.
Der Name Egli[36] war in Österreich aber auch schon einige Jahre zuvor – im Zusammenhang mit einer anderen Affäre, dem Riesen-Korruptionsskandal rund um das Wiener AKH – aufgetaucht.
Am 7. August 1980 gewährte Edmund Hainisch, früher Generaldirektor von ITT, der AKH-Untersuchungsrichterin, Helene Partik-Pablé, anläßlich seiner Zeugeneinvernahme einen kleinen Einblick in das herrschende System.
Wann immer sich die ITT um einen Auftrag bei der öffentlichen Hand beworben hatte, meldete sich jeweils schon nach kurzer Zeit entweder eine Firma *Plantech Corporation* oder eine Firma mit dem Namen *General Project Management Establishment (Geproma)* aus

[36] Der Zürcher Rechtsanwalt Dr. Heinz Egli legt Wert auf die Feststellung, daß hier eine Namensidentität vorliegen muß und er mit dem hier genannten Egli nichts zu tun hat.

Liechtenstein und gab bekannt, sie könne dabei behilflich sein, daß ITT den Auftrag auch erhält. Ganz unverblümt wurden danach als »Provision« getarnte Schmiergeldzahlungen verlangt.
Generaldirektor Hainisch dazu wörtlich: »Die Prozente hat Zelniczek ausgehandelt. Wie und wann, ist mir nicht bekannt. Angeblich hat Zelniczek mit einem Herrn Egli telefoniert und korrespondiert. Wer das Geld von *Plantech* und *Geproma* schließlich erhielt, war mir nicht klar, und ich machte mir darüber auch gar keine Gedanken. Zelniczek erwähnte, daß das Geld zur Parteienfinanzierung verwendet werde.«[37]
Erich Zelniczek, ITT-Vertriebsdirektor und *Club 45*-Mitglied, gab als Beschuldigter am 16. Juli 1980 zu Protokoll: »Schon während der Gespräche über den Planungsauftrag (für das AKH) erhielten wir ein Schreiben der Firma *Plantech*. Ich wurde dann von einem Herrn angerufen, der Schweizerdeutsch sprach. Er hatte den Namen Egli, und dieser fragte mich, ob wir den Auftrag an die Firma *Plantech* geben oder nicht. Herr Egli stellte sich als Vertreter der Firma *Plantech* vor.«
Zum drittenmal wurde der Name Egli ein Jahr später aktenkundig, als es um die Finanzierung jener SPÖ-Wahlkampfaktionen ging, die unter dem Titel »Geschichten vom Dr. Kreisky« sattsam bekannt geworden sind.
Organisiert hatten die Aktion Heinz Damian und Udo Proksch im Rahmen des *Club 45*, wobei neben einigen bekannten Künstlern und gesellschaftlicher Prominenz (Curd Jürgens, André Heller, Erika Pluhar, Senta Berger, Friedensreich Hundertwasser u.a.) vor allem auch die in den *Fall Lucona* involvierten Mitglieder und Freunde aus dem Dunstkreis der *Zapata*-Mannschaft als SPÖ-Wahlkämpfer zum Einsatz kamen: Udo Proksch selbst, Hans Peter Daimler, Hans Huber, aber auch der Bundesheer-Major Hans Edelmaier, der dem *Demel*-Chef zuvor als Leiter der »detonationsmechanischen Übungen« auf dem Truppenübungsplatz Hochfilzen nützlich war.
Im Jahre 1981 sollte ein parlamentarischer Untersuchungsausschuß die Herkunft der Millionen klären, die für Prokschs und Damians privaten Wahlkampf zugunsten der SPÖ aufgewendet worden waren. Als angeblicher Financier wurde zum Schluß der in der Schweiz ansässige Proksch-Freund und Ex-Journalist Carl Martin Holliger präsentiert.
Als der junge Mann jedoch als Zeuge vor dem Parlamentsausschuß in Wien aussagen sollte, erschien er nicht. Statt dessen sandte er ein »Rechtsgutachten«, wonach jemand, »der vor einer fremden amtli-

---

[37] Alfred Worm, »Der Skandal«, Orac & Pietsch, 1981

chen Stelle Geheimnisse des schweizerischen Wirtschaftslebens« offenbare, »nach dem Schweizerischen Strafgesetzbuch mit einer Gefängnisstrafe bestraft werden kann«.
Der Gleichklang dieser Worte mit dem Schreiben, das Jahre später auch der Proksch-Partner aus Bulle, Erwin Egger, dem Gericht in Wien vorwies, war selbstverständlich keineswegs Zufall. Auch dieses »Rechtsgutachten« hatte der Zürcher Advokat Heinz Egli abgefaßt.
In Zürich besitzt Carl Martin Holliger die Firma *Hopag – Holliger & Partner AG.* An derselben Anschrift residiert die *EHW-Verlagsberatung*, wobei die drei Buchstaben für Egli, Holliger und Claus Georg Wilhelm stehen. Als Präsident steht dem Verwaltungsrat Heinz Egli höchstpersönlich vor.
Bis vor kurzem fungierte die *Hopag* auch als Organisatorin internationaler Kriegswaffenschauen und als Herausgeberin einer Waffenzeitschrift mit dem Titel *Armada International*, die ihrerseits im Besitz einer liechtensteinischen Briefkastenfirma namens *Internationale Armada AG* stand.[38]
Seinen Sitz hatte das Unternehmen in Vaduz, Aeulestraße 5, und als Verwaltungsrat stand ihm der liechtensteinische Berufstreuhänder Bruno Güggi vor. Just an derselben Anschrift waren auch die beiden Firmen *Plantech* und *Geproma* domiziliert, die von den Auftragnehmern beim Wiener AKH-Bau die erwähnten Schmiergeldzahlungen kassierten. Und auch für diese beiden Firmen hatte niemand anderer als Bruno Güggi als offizieller »Chef« fungiert.
Im *Fall Lucona* trat Heinz Egli erstmals, wie erwähnt, im September 1984 als Berater Erwin Eggers in Erscheinung. Am 11. Oktober 1984 gaben Proksch und Daimler, von Heinz Damian assistiert, in Zürich eine Pressekonferenz, um endlich auch der Schweizer Öffentlichkeit klarzumachen, daß in der *Lucona*-Angelegenheit alles in bester Ordnung sei. Zur Unterstützung der *Zapata*-Bande fand sich bei dieser Pressekonferenz natürlich auch der Egger-Rechtsbeistand Heinz Egli ein und trat als engagierter Helfer der Versicherungsbetrüger in Erscheinung.
Diesmal stellte sich der Advokat den Journalisten allerdings als Lehrbeauftragter der Universität Zürich vor. Sein Fachgebiet: Die Wirtschaftskriminalität.
In der Zwischenzeit schrieb Heinz Egli auch eine in Buchform publizierte Abhandlung über die »Grundformen der Wirtschaftskriminalität«, wo unter anderem eine Beschreibung bestimmter Wirtschafts-

---

[38] Gerald Freihofner, *Wochenpresse*: »Kreiskys Schweizer Gönner«.

Traducere din limba engleză

UZINEXPORTIMPORT
INTREPRINDERE DE COMERT EXTERIOR
Bucureşti

DECOBUL S.A.
Chemin de Bouleyres 48
CH - 1630 BULLE,
Elveţia

Nr.2211
Doser Nr.B.T.33/1120
Serviciul 44

Bucureşti, 27 aprilie 1984

Se certifică prin prezenta că, în baza contractului încheiat între noi si Firma Decobul S.A., Bulle, Elveţia, ...

Utilajele au fost livrate ca parte a unei instalaţii la cheie şi au fost destinate unui beneficiar de peste mări. Mărfurile nu au atins niciodată teritoriul elveţian.

Cu stimă,

DIRECTOR,
(semnat) indescifrabil
Uzinexportimport, Intreprindere de Comerţ Exterior

- - - - - - - - - - - - - - - - - - - - - - - - - - - - - - - -

REPUBLICA SOCIALISTA ROMANIA
NOTARIATUL DE STAT AL MUNICIPIULUI BUCURESTI
Serviciul de Traduceri
Nr. 26903 /28 august 1984

Subsemnata certific exactitatea acestei traduceri cu originalul inscrisului în limba engleză, care a fost vizat de mine.
Traducătoare,

Notariatul de Stat al Municipiului Bucureşti legalizează semnătura traducătoare Georgeta Ghiga.
NOTAR DE STAT,

Hochachtungsvoll

DIREKTOR
(Unterschrift) unleserlich
UZINEXPORTIMPORT, Außenhandels-unternehmen.

- - - - - - - - - - - - - - - - - - - - - - - - - - - - - - - -

SOZIALISTISCHE REPUBLIK RUMÄNIEN

STAATLICHES NOTARIATSBÜRO DES MUNICIPIUMS BUKAREST

Übersetzungsdienst

Nr. 26904 / 28. August 1984

Die Unterzeichnete bestätigt die Übereinstimmung der Übersetzung mit dem Original in englischer Sprache, und die von mir unterzeichnet wurde

die Übersetzerin
(Unterschrift unleserlich
(eine amtliche Stampiglie unleserlich)

Das staatliche Notariatsbüro des Minicipiums Bukarest beglaubigt hiemit die Unterschrift der Übersetzerin Georgeta GHIGA.

Staatlicher Notar
(Unterschrift unleserlich)
(eine amtliche Stampiglie unleserlich)

Die ersten Fälschungen aus Bukarest

La Chambre de Commerce et d'Industrie de la République Socialiste de Roumanie

22, Bd. N. BĂLCESCU, 79501 BUCAREST – ROUMANIE
Téléphone: 15.47.07, 13.98.83; Télex: 11.374; Télégrammes: CAMROM

Nº ...

Bucharest, 15th of May 1984

To Messrs.
Decobul SA
Chemin de Bouleyres 48
CH 1630 BULLE, Suisse

Following your request we certify that the Romanian Gouvernement company "UZINEXPORTIMPORT" has delivered in Austria the following mechanical parts, from December 1974 until August 1976 :

| Qty | Item | Approx.weight kgs. |
|---|---|---|
| 2 | Ball-mills 9' x 12',spare linings | 200.000 |
| 1 | Crusher housing steel construction | 150.000 |
| 17 | Mineral conveyor units | 90.000 |
| 66 | Slurry pumps, various sizes | 27.000 |
| 4 | Generators | 25.000 |
| 2 | Dust evacuating systems | 20.000 |
| 3 | Vibrator screens | 16.000 |
| 2 | Steam-generators | 11.000 |
| 1 | Mineral crushing rolls unit | 11.000 |

Yours faithfully,

CHAMBRE DE COMMERCE ET INDUSTRIE
DE LA REPUBLIQUE SOCIALISTE DE ROUMANIE
OFFICE ARGUS
Ing. D. Diaconescu

Geheimdienstoffizier der Securitate D. Diaconescu alias »Die Papierfabrik«

straftätertypen und deren Verhaltensweise zitiert wird. Egli muß dabei wohl an seinen Freund Udo Proksch gedacht haben.
»Der Wirtschaftsstraftäter ist raffiniert«, hieß es da, »meistens intelligent, selten gebildet.« Seine Phantasie arbeite stets eingleisig, er sei ein Schauspieler, vom Machtstreben beseelt und »der Reiz der Spannung wird zum Bedürfnis«.
Bei Vernehmungen zeige er sich »devot, vergeßlich, überlastet ... und weist die Absicht einer Täuschung weit von sich«. Ganz zuletzt aber, »wenn er sich in die Enge gedrängt sieht«, ergreife er »die Rolle des widerrechtlich Verfolgten und untröstlich Beleidigten:
Er droht mit seinen Verbindungen zu höchsten Stellen, mit Dienstaufsichtsbeschwerden, Verwaltungsklagen, mit Regreßansprüchen wegen Geschäfts- oder Rufschädigung, mit Strafanzeigen gegen Kriminalbeamte, Staatsanwälte oder Richter und macht diese Drohungen auch wahr.
Damit lenkt er die Aufmerksamkeit von sich und seiner Handlungsweise auf das, wie er offen oder zwischen den Zeilen behauptet, rechtsstaatswidrige Vorgehen der Strafverfolgungsorgane. Er will Verwirrung und Einschüchterung, Verzögerung oder Vereitelung des Verfahrensabschlusses, Verschleierung der Sachzusammenhänge oder Beeinflussung der Öffentlichkeit erreichen, und nicht selten gelingt ihm dies auch.«[39]
Zum Zeitpunkt der erwähnten Pressekonferenz, im Oktober 1984, lagen die ersten »Dokumente« aus Rumänien, die »zweifelsfrei« beweisen sollten, daß für die *Zapata AG* eine Uranfabrik tatsächlich produziert worden sei, schon eine Zeitlang in Eglis Anwaltstresor.
Der Ausgangspunkt des allerersten »Dokumentes«, das Udo Proksch aus Bukarest erhalten hatte, war ein am 27. April 1984 in englischer Sprache abgefaßtes Schreiben, das an die Firma *Decobul SA* gerichtet war.
Die »Dienstabteilung 44« des rumänischen Außenhandelsunternehmens *Uzinexportimport* bestätigte darin die Lieferung von »technischen Geräten CIF-Lager in Österreich laut dem vereinbarten Verzeichnis«.
Diese »Bestätigung« wurde jedoch nicht direkt übermittelt, weder in Fotokopie noch im Original.
Es wurde vielmehr am 28. August 1984 eine Übersetzung in die rumänische Sprache angefertigt, die daher natürlich weder einen Firmen-

---

[39] Heinz Egli, »Grundformen der Wirtschaftskriminalität«, Kriminalistik Verlag, Heidelberg, 1985.

kopf aufwies noch irgendeinen Rückschluß auf den Verfasser der angeblichen Bestätigung zuließ. Auf der Übersetzung hieß es lediglich: »Unterschrift unleserlich«.
Bestätigt wurde bloß – mittels einer weiteren unleserlichen Unterschrift – die »Richtigkeit der Übersetzung«, worauf am Schluß das *Staatliche Notariatsbüro des Municipiums Bukarest* – wiederum in Form einer unleserlichen Unterschrift und einer gleichfalls unleserlichen amtlichen Stampiglie – eine »Beglaubigung« der Unterschrift der Übersetzerin vornahm.
Obwohl es auf höchst komplizierte und umständliche Weise angefertigt worden war, war dieses »Dokument« in Wirklichkeit natürlich völlig unbrauchbar, so daß sich Udo Proksch gezwungen sah, noch andere »Dokumente« zu erbitten.
Tatsächlich erhielt der *Demel*-Chef als nächstes ein Schriftstück, das nun mit 15. Mai 1984 datiert und mit dem Briefkopf der *Handels- und Industriekammer* der *Sozialistischen Republik Rumänien* versehen war. »Auf Ihr Ansuchen«, hieß es darin, »bestätigen wir, daß die Gesellschaft *Uzinexportimport*, staatliches Handelsunternehmen, folgende mechanischen Teile in der Zeit von Dezember 1974 bis August 1976 nach Österreich geliefert hat.« Es folgte eine Aufstellung der Waren, die von der *Decobul* an die *Zapata* und danach von dieser an die Hongkonger NPT fakturiert worden waren.
Verfaßt wurde diese Bestätigung von einem Rumänen namens D. Diaconecsu, der sie im Auftrag eines »*Büro Argus*« auch persönlich unterschrieb.
Offiziell heißt dieses »Büro«, das am Bukarester Boulevard Bâlcescu 22 residiert, *Amt für Vertretung und Kommission* und stellt eine Spezialabteilung innerhalb der rumänischen »Handelskammer« dar. Als Anlaufstelle für alle ausländischen Firmen und Einzelpersonen, die mit Rumänien in Wirtschaftsbeziehungen zu treten wünschen, steht es unter der Kontrolle und direkten Führung des Geheimdienstes.
Gemäß dem vom rumänischen Staats- und Parteichef Nicolae Ceaușescu, schon im Jahre 1977 erlassenen Dekret Nr. 243 hat dieses *Argus-Amt* neben seiner üblichen Vermittlungstätigkeit für ausländische Unternehmungen vor allem auch die Aufgabe, in Zusammenarbeit mit der *Securitate* »gegen Bezahlung« spezielle »Dienstleistungen« zu erbringen, für deren Abwicklung genau jener Mann zuständig ist, dessen Unterschrift auf der von Udo Proksch erbetenen Bestätigung aufscheint: Dragos Diaconescu – ein rumänischer Geheimdienstoffizier.

# Ein Ostgeheimdienst paralysiert die Justiz

Die Folgen jahrzehntelanger »sozialistischer Planwirtschaft« sind in Nicolae Ceauşescus »Arbeiterparadies« bereits deutlicher als in den meisten anderen kommunistischen Staaten zu spüren. Die Bevölkerung lebt heute in Rumänien, das inzwischen als das »Armenhaus Europas« gilt, schon wieder wie im Krieg.
Brot, Milch, Mehl, Fleisch und Zucker sind wie die meisten Grundnahrungsmittel seit 1981 infolge kriegswirtschaftlicher Erlässe rationiert. Vor allem aber mangelt es dem Land an Energie, seit sich der »Conducator« gezwungen sieht, Rumäniens Auslandsschulden von rund 7 Milliarden Dollar mit Hilfe von Gewaltmaßnahmen zu senken.
Gas und Strom gibt es nur stundenweise, in vielen Gebieten von Rumänien wird oft durch Monate hinduch jeder private Kraftfahrzeugverkehr verboten, und im Winter kehrt jeweils die große Kälte ein: Die Bevölkerung darf ihre Wohnungen nur so beheizen, daß die Raumtemperatur nicht mehr als 12 Grad Celsius beträgt, was selbstverständlich von staatlichen Organen kontrolliert wird und im Falle von Zuwiderhandlungen zu drakonischen Strafsanktionen führt. Immer häufiger um sich greifende Unruhen sind die Folge.
Kein Wunder, daß ein Staat in einer solchen Situation keine Methode scheut, um an Devisen zu gelangen. So fallen denn auch dem Geheimdienst bei der Geldbeschaffung spezielle Aufgaben zu.
Um für Rumänien illegale Einnahmsquellen zu erschließen, schreckt die *Securitate* unter anderem auch nicht vor Maßnahmen zurück, die der Förderung der Korruption im (westlichen) Ausland dienen. Eine besondere Rolle hat hiebei das *Argus-Amt* zu spielen, das im Auftrag des Geheimdienstes im »kapitalistischen Westen« die organisierte Steuerhinterziehung unterstützt und Milliarden daran auf Kosten des »Klassenfeindes« verdient.
Konkret geht diese Form der Geldbeschaffung so vor sich: In praktisch allen Ländern der westlichen Welt wird dem der Korruption nicht abgeneigten Management zahlloser Unternehmungen, die hohe Gewinne aufzuweisen haben, die Möglichkeit zur Steuerhinterziehung großen Stils gegeben, indem das *Argus-Amt* diesen Betrieben einfach

beliebig hohe Rechnungen für scheinbar in Rumänien erbrachte Dienstleistungen ausstellt.
Die entsprechenden Rechnungsbeträge werden in der Folge nach Rumänien überwiesen und stellen natürlich steuerabzugsfähige Betriebsausgaben dar. Anschließend werden die Geldbeträge vom *Argus-Amt* abzüglich einer »Kommission« von in der Regel zehn Prozent auf ein beliebiges Bankkonto – in welchem Land auch immer – weitertransferiert, wo den korrupten Partnern der Rumänen dann der jeweilige Restbetrag als Schwarzgeld zur Verfügung steht.
Fünfzig Prozent der solcherart in vielfacher Millionen-Dollar-Höhe Jahr für Jahr erzielten »Kommission« fließen über das *Argus-Amt* auf diese Weise dem rumänischen Staat direkt zu, die andere Hälfte steht der *Securitate* zur Finanzierung ihrer »normalen« Geheimdiensttätigkeiten zu.
Mit dieser Methode hat ein Ostgeheimdienst auf drei Ebenen zugleich Erfolg: Erstens kommt der Staat damit zu Devisen. Zweitens wird durch die organisierte Hilfeleistung bei der Steuerhinterziehung die Finanzkraft der feindlichen »kapitalistischen Staaten« ausgehöhlt. Und drittens schließlich kommt auch noch ein nicht zu unterschätzender politisch-ideologischer Effekt hinzu, denn jede Steigerung der Korruption führt automatisch auch zur Destabilisierung des westlich-demokratischen Systems.
Der Auftrag, den das *Argus-Amt* im *Fall Lucona* zu erfüllen hatte, fiel nur insoferne aus dem Rahmen, als es hier nicht um Steuerhinterziehung, sondern um die Hilfestellung bei der Durchführung eines Versicherungsbetruges ging.
Udo Proksch schien es jedoch nicht schwergefallen zu sein, zur Abwechslung eben auch einmal die angebliche Lieferung einer »Uranfabrik« bestätigt zu bekommen.
Wie hoch in diesem Fall die »Kommission« war, die entrichtet werden mußte, ist bis jetzt betragsmäßig noch nicht erwiesen. Die Staatsanwaltschaft Wien muß freilich schon im Februar 1985 im Besitz konkreter diesbezüglicher Erkenntnisse gewesen sein, was Rechtsanwalt Damian prompt die Contenance verlieren ließ: »Da hat sich der Herr Staatsanwalt nicht entblödet zu behaupten, die Rumänen hätten das gegen Geld gemacht, gegen Bezahlung von einhunderttausend Dollar!«
»So einen Quatsch reden«, tobte sich der Proksch-Freund in einem Gespräch mit dem Autor ob derartiger Indiskretionen aus, »der Staatsanwalt quatscht einfach in der Gegend herum, was ihm einfällt!«

In Wahrheit ist es freilich absolut kein »Quatsch«, sondern vielmehr eine längst erwiesene Tatsache, daß man vom Bukarester *Argus-Amt* und von Dragos Diaconescu, der in Rumänien nicht umsonst den Spitznamen »Die Papierfabrik« trägt, gegen harte Dollars so gut wie jede Scheinbestätigung erhalten kann.
Am besten weiß dies Matei Pavel Haiducu, ein ehemaliger rumänischer Geheimagent und Mitarbeiter der *Securitate*, von dem Dragos Diaconescu einst die Einschulung für seine Spezialaufgaben im *Argus-Amt* erhielt.
Haiducu wurde schon im Jahre 1969 vom rumänischen Geheimdienst angeworben und anschließend einige Jahre lang von der *Securitate* für den Auslandseinsatz ausgebildet. Im Jahre 1975 wurde er als »politischer Flüchtling« nach Paris geschickt, wo es Haiducu, der sowohl eine kommerzielle wie auch eine hervorragende technische Ausbildung besaß, bald zum Exportdirektor der französischen Industriehandelsfirma AMRI brachte.
Unter dem Decknamen »Visan« war Haiducu in der Folge vor allem im Bereich der Industrie- und Wirtschaftsspionage eingesetzt und organisierte für Rumänien die Pläne der französischen atomaren Wiederaufbereitungsanlagen, besorgte aber auch die technischen Unterlagen für den französischen Militärhubschrauber *Puma* ebenso wie für den Motor des westdeutschen Panzers *Leopard II.*
Im Jänner 1982 erhielt Haiducu in Bukarest den Auftrag, die beiden in Paris lebenden rumänischen Dissidenten Virgil Tanase und Paul Goma zu ermorden, worauf sich der *Securitate*-Offizier der französischen Spionageabwehr D.S.T. stellte und überlief.
Obwohl Matei Pavel Haiducu keineswegs jener rumänische »Meisterspion« war, als der er nach seinem Frontwechsel im Westen gelegentlich dargestellt wurde, hatte sein Absprung für das rumänische Agentennetz vor allem in Frankreich schwerwiegende Folgen.
Eine Reihe weiterer *Securitate*-Mitarbeiter wurde enttarnt, und selbst der rumänische Botschafter in Paris, Dumitru Aninoin, mußte das Land verlassen. Der Spitzendiplomat gehörte ebenfalls dem Geheimdienst an. Zuvor war Aninoin übrigens als »Botschafter« in Wien akkreditiert.
Im Jahre 1984 veröffentlichte der rumänische Ex-Spion, der von der französischen D.S.T. in der Zwischenzeit mit einer neuen Identität ausgestattet worden war, ein Buch mit dem Titel »J'ai refusé de tuer« – »Ich habe es abgelehnt, zu töten«.
Ein eigenes Kapitel war in dem Buch der Rolle gewidmet, die das Bukarester *Argus-Amt* als Fälscherwerkstätte spielt, und Haiducu be-

schrieb, wie er selbst namens der *Securitate* bei zahlreichen Fälschungsaktionen mitgewirkt hatte. Und danach wurde von ihm sein Geheimdienstkollege Dragos Diaconescu in diese Tätigkeit eingeschult.
Diaconescus »offizielle« Bestätigung, wonach die *Lucona*-Fracht aus Rumänien angeliefert worden sei, war zunächst jedoch nur für den Notfall gedacht. Falls Udo Proksch im Zuge der Strafuntersuchung wirklich ernsthafte Schwierigkeiten bekäme, sollte Erwin Egger das gefälschte Papier in der Schweiz den Behörden vorlegen. Das würde dann wohl, nahm der *Demel*-Chef an, für die Einstellung des Verfahrens gegen ihn und seinen Freund Hans Peter Daimler genügen.
Einen Punkt ließ er dabei jedoch offenbar außer Betracht: die Tatsache, daß immerhin auch in der Schweiz gegen seinen Komplizen Erwin Egger eine Strafuntersuchung längst anhängig war. Zwar war diesbezüglich seitens der schweizerischen Behörden zunächst mehr als eineinhalb Jahre lang, wie berichtet, absolut nichts geschehen, doch im November 1984 hatte sich Richter Zosso schließlich doch noch entschlossen, mit der Untersuchung des Falles auch in der Schweiz zu beginnen.
Schon die allerersten Ermittlungen, die der junge und ambitionierte Freiburger Kripo-Mann Otto Blanchard Ende November 1984 vornahm, erhärteten den gegen den *Decobul*-Chef vorliegenden Verdacht. Nachdem am 28. November 1984 Eggers Ex-Partner Max Piller als Auskunftsperson einvernommen worden war, verfügte der Untersuchungsrichter am 30. November 1984 die Öffnung der Bankkonten der *Decobul*. Vom behaupteten Ankauf einer Uranerzanlage und einem Weiterverkauf an Udo Prokschs *Zapata AG* war natürlich nirgendwo auch nur eine Spur zu entdecken.
Am 10. Jänner 1985 ordnete Richter Zosso Erwin Eggers Vernehmung als Beschuldigter wegen des Verdachtes der Dokumentenfälschung, die Durchführung einer Hausdurchsuchung in den Räumlichkeiten der Firma *Decobul SA* in Bulle sowie die Beschlagnahme der Buchhaltung und sämtlicher, das angebliche Urananlagengeschäft betreffenden Belege, Korrespondenzen und Rechnungen an.
Erwin Egger war jedoch in der Zwischenzeit ausgeflogen und hatte seine im Firmengebäude befindliche Wohnung verlassen. Der *Decobul*-Chef zog es vor, sich eine Zeitlang im Haus seiner Freundin Regula von Gunten in Faoug am Murtensee – im Kanton Waadt – zu verstecken.
Erst am 22. Jänner 1985 gelang es Otto Blanchard und seinen Kollegen von der Sûreté, Erwin Egger in seiner Firma in Bulle zu überra-

schen. Die durchgeführte Hausdurchsuchung verlief allerdings ergebnislos: Der *Decobul*-Chef hatte kein einziges das Urananlagengeschäft betreffende Schriftstück im Haus.
Noch am selben Tag erließ über Ersuchen von Richter Zosso das Untersuchungsgericht in Lausanne auch einen Hausdurchsuchungsbefehl für die Wohnung von Eggers Freundin in Faoug, wo Otto Blanchard in den frühen Morgenstunden des 24. Jänner 1985 in Begleitung eines Kollegen und einer weiblichen Beamtin der Kantonspolizei des Kantons Waadt erschien – und teilweise fündig wurde.
Einige Firmenunterlagen hatte Regula von Gunten für Erwin Egger im Nachtkästchen ihres Schlafzimmers, andere wiederum in ihrer Küchenkredenz versteckt. In einem Geheimfach ihres Sekretärs wurde schließlich auch die vom rumänischen Geheimdienstmitarbeiter Dragos Diaconescu unterfertigte »Bestätigung« vom 15. Mai 1984 entdeckt. Die Katze war damit freilich viel zu früh aus dem Sack, denn außer diesem Blatt Papier besaß Erwin Egger absolut nichts zur Bekräftigung dieser neuen Version, derzufolge ihm eine rumänische Staatshandelsfirma die Uranfabrik geliefert habe, die er danach an die *Zapata* weiterverkauft haben will.
Es existierte keinerlei Schriftverkehr mit der rumänischen Firma, es gab keine Planungsunterlagen, keine Korrespondenz, kein Offert, kein Auftragsschreiben, keine Auftragsbestätigung, keinen Vertrag.
Überdies hatten die Rumänen zwar angeblich eine Uranfabrik im Wert von rund zwanzig Millionen Franken geliefert, jedoch offenbar nie eine Rechnung geschickt, und Erwin Egger besaß auch nicht den geringsten Nachweis, daß jemals irgendein Kaufpreis durch seine Firma bezahlt worden wäre.
Glücklicherweise befand sich in den Tagen, als die Hausdurchsuchung bei Eggers Freundin stattfand, gerade Udo Proksch in der Schweiz, um in Zürich den österreichischen Außenminister zu treffen. Kurzfristig kamen daraufhin in Zürich auch Proksch und Egger zusammen, um die neu entstandene Situation zu beraten. Zuvor hatte natürlich auch schon eine weitere Konferenz des Demel-Chefs und des Decobul-Geschäftsführers mit Heinz Egli, dem Schweizer Spezialisten auf dem Gebiet der Wirtschaftskriminalität, stattgefunden.
Als Erwin Egger danach von der Freiburger Kripo verhört wurde, war er bereits wohlpräpariert und imstande, den Beamten ein wahrhaft phantastisches Märchen zu erzählen.
Natürlich, gab Egger bekannt, sei er ursprünglich im Besitz aller Geschäftsunterlagen gewesen. Nach dem Untergang der *Lucona* – »im Jahre 1978 oder 1979« – habe ihn jedoch ein Bevollmächtigter der ru-

mänischen Lieferfirma *Uzinexportimport* zu einer Zusammenkunft in den Flughafen Zürich-Kloten bestellt und ihn aufgefordert, ihm sämtliche Unterlagen, Korrespondenzen, Verträge und Abrechnungen »sofort auszuhändigen«.[40]

Den Befehl des Rumänen habe er damals befolgt, und aus diesem Grund sei er nun leider nicht mehr imstande, einen Nachweis dafür zu erbringen, daß dieses Geschäft jemals stattfand. Er werde sich aber, versprach Erwin Egger, bemühen, die Geschäftsunterlagen von den Rumänen wieder zurückzubekommen.

Seine Unterlagen erhielt der *Decobul*-Chef freilich bis zum heutigen Tag nicht zurück, denn natürlich hätten diese in Wahrheit erst angefertigt werden müssen – und damit wäre selbst die Bukarester »Papierfabrik« im Moment überfordert gewesen. Also wurde kurzfristig ein neuer Plan ausgeheckt.

Am 8. Februar 1985 setzte Dragos Diaconescu in Bukarest im Namen des *Argus-Amtes* in englischer Sprache ein Fernschreiben an die *Decobul SA* ab, in dem er seine Bereitschaft bekanntgab, einen seiner Agenten zum Zweck einer Zeugenaussage in die Schweiz zu entsenden. Allerdings knüpfte der rumänische Geheimdienstmann daran einige Bedingungen:

Erstens müsse die Einvernahme des Zeugen zwischen dem *Argus-Amt* und dem schweizerischen Untersuchungsgericht direkt arrangiert werden – eine Vorladung dürfe also nicht etwa auf offiziellem diplomatischen Wege erfolgen.

Zweitens müsse die Einvernahme des rumänischen Zeugen unter absoluter Geheimhaltung durchgeführt werden, und der Untersuchungsrichter habe drittens eine Garantieerklärung abzugeben, daß diese Zeugenaussage weder in der Presse erwähnt noch in der Öffentlichkeit bekannt wird.

Eingefädelt und arrangiert wurde auch dieser abenteuerliche Plan, einen rumänischen Geheimdienstmitarbeiter in der Schweiz eine (falsche) Zeugenaussage ablegen zu lassen, offensichtlich von Udo Proksch selbst. Als der *Demel*-Chef wenige Tage später in Wien überraschend verhaftet wurde, hatte er eine Kopie dieses Fernschreibens noch in der Tasche.

---

[40] Aussage Erwin Eggers anläßlich seiner Beschuldigtenvernehmung am 7. Februar 1985 durch die Kripo Fribourg. Später nannte der *Decobul*-Chef sogar einen Namen: Der Mann, der ihm seine Geschäftsunterlagen abgenommen habe, hieß Hugo Weinstein. Ein Mann dieses Namens existiert in der Tat. Hugo Weinstein ist ein Mitarbeiter von Dragos Diaconescu und so wie dieser Angehöriger des rumänischen Geheimdienstes *Securitate.*

CANTON DE FRIBOURG / KANTON FREIBURG

**Police cantonale - Kantonspolizei**

POLICE DE SURETE / KRIMINALPOLIZEI

Etabli par
Erstellt von O. Blanchard, Insp.

Lieu / Ort Freiburg
Date / Datum 18. April 1985
Heure / Zeit 10.35 Uhr

## Procès-verbal d'audition
## Abhörungsprotokoll

Auf telefonische Vorladung erscheint in unseren Büros:

Se présente
Es erscheint E G G E R Erwin, 24.6.1937, Personalien bereits bekannt

Interrogé, er déclare:
und gibt auf Befragen an:

Besitzen Sie ein Original dieses Vertrages?

Ja, ich besass einmal ein Original dieses Vertrages. Aus schon früher erwähnten Umständen habe ich auch diesen Vertrag im Original an Herrn Weinstein zurückgegeben. Dies war bekanntlich im Jahre 1978 oder 1979 beim Flughafen in Zürich.

Wo wurde dieser Vertrag unterzeichnet?

Dieser Vertrag wurde im Flughafen Zürich unterzeichnet. Beim "Meeting Point" im Terminal A des Flughafens traff ich zusammen mit Weinstein. Er hat mir den Vertrag in englischer Sprache unterbreitet. Ich habe ihn in der Folge unterzeichnet. Dieser Vertrag war damals von den verantwortlichen Herren der UZINEXPORTIMPORT noch nicht unterschrieben. Erst nachdem der Vertrag von den amtlichen Stellen in Rumänien begutachtet wurde, haben ihn die Leute der UZINEXPORTIMPORT unterzeichnet. Ich kann jedoch nicht sagen, wer in unterzeichnet hat. Zu einem späteren Zeitpunkt wurde mir dieser Vertrag in unterschriebenem Zustand zugesandt. Zum selben Zeitpunkt wurde auch

Am 8. März 1985 haben Sie eine Kopie des Vertrages vom 24.10.1974 zu den Akten gegeben. Auf welchem Wege haben Sie diese Kopie verschafft und wer hat Ihnen diese ausgehändigt?

Eine Kopie dieses Vertrages habe ich telefonisch bei Hr. Weinstein verlangt. Ich habe diesen Vertrag anschliessend per Post erhalten von der UZINEXPORTIMPORT.

Freiburg, 18. April 1985, 11.50 Uhr

Protokolliert durch: Gelesen und bestätigt:

O. Blanchard, Insp. Egger Erwin

04500
ga 940056+
040 1217 /023/
940056 dbsa ch
11374 camro r

bucuresti telexnr 377/ 8 2 1985

from chamber of commerce -argus office bucharest

to messrs decoubul s a

dear sirs

ref: contract uzinexportimort/decobul s a no 2211 october 1974
according ,to your request we are prepared to send our representative
to be heree heared as witness by a judge of your country-
we would only be possible that the judge garranty the secrecy of this
hearing the hearing must be arranged directly and no mention of it
must be made in the press or public

regarding
chamber of commerce argus office
d diaconescu

940056 dbsa ch
11374 camro r

Argus-Agent zu falscher Zeugenaussage bereit

FOR AND ON BEHALF OF THE BUYER    FOR AND BEHALF OF THE SELLER

| | |
|---|---|
| Mssrs. Decobul S.A. | Uzinexportimport |
| CH - 1630 BULLE | BUCURESTI |
| Switzerland | Romania |

Zurich 10th of October 1974
********

Der gefälschte Rumänien-Vertrag: Erwin Eggers Phantasieunterschrift

Ungeklärt blieb bis zum heutigen Tag allerdings, auf welchem Weg diese Kopie in den Besitz des *Demel*-Chefs kam. Proksch selbst versuchte später natürlich, seine persönliche Verbindung zum rumänischen Geheimdienst zu leugnen und gab an, das Papier anläßlich eines Besuches bei Erwin Egger zufällig auf dessen Schreibtisch entdeckt und es dem *Decobul*-Chef anschließend gestohlen zu haben.[41]
Das war allerdings eine Lüge, denn erstens war Udo Proksch in der Zeit vom 8. Februar, dem Aufgabetag des Fernschreibens, bis zu seiner Verhaftung am 15. Februar nachweisbar überhaupt nicht in der Schweiz – Udo Proksch wurde während dieser Zeit bereits rund um die Uhr überwacht –, und zweitens hatte er nicht bedacht, daß sich bei einem Fernschreiben an Hand der angewählten Landeskennzahl mühelos feststellen läßt, ob es vom Empfänger oder vom Absender stammt.
Bei seiner Verhaftung hatte Udo Proksch demnach in Wahrheit nicht eine Kopie des bei Erwin Egger angekommenen Fernschreibens, sondern eine Kopie des Originals, das von Dragos Diaconescu in Bukarest abgesetzt worden war, in der Tasche.
Das Papier konnte dem *Demel*-Chef also nur unmittelbar vor seiner Verhaftung durch einen Mittelsmann des rumänischen Geheimdienstes überbracht worden sein, wobei nicht geklärt ist, welche Rolle in diesem Zusammenhang Udo Prokschs Ausflug vom 13. Februar 1985 nach Bad Tatzmannsdorf gespielt hat, wo er seinen Freund Leopold Gratz sowie einen dritten Mann traf.
Beamte der österreichischen *Staatspolizei* schließen aus diesem Grund auch die Möglichkeit nicht gänzlich aus, daß es der ehemalige Außenminister selbst gewesen sein könnte, der – wissentlich oder unwissentlich – als Verbindungsmann zwischen der *Securitate* und Udo Proksch fungiert hat.
Festgestellt wurde in diesem Zusammenhang jedenfalls auch die aktenkundige persönliche Bekanntschaft von Leopold Gratz mit dem in Österreich lebenden Bruder des rumänischen Staatspräsidenten, Marin Ceauşescu, dem Leiter der rumänischen Handelsmission in Wien, die der *Stapo* natürlich seit Jahren als Spionagestützpunkt der *Securitate* bekannt ist.
Einen Beweis dafür, daß der österreichische Spitzenpolitiker mit dem rumänischen Geheimdienst in der Angelegenheit seines Freundes Udo Proksch bereits vor dessen Verhaftung auch persönlich konspi-

---

[41] Aussage Udo Prokschs anläßlich seiner Beschuldigtenvernehmung vom 26. März 1985

riert hätte, besitzt die *Stapo* freilich nicht. Und ungeklärt blieb schließlich auch, in wessen Auftrag die nach der Verhaftung des *Demel*-Chefs in Angriff genommene Fälschung jenes »Liefervertrages« erfolgt war, dessen Kopie der Minister anschließend als »Entlastungsbeweis« für seinen Freund nach Wien schaffen ließ.

Das Dokument selbst läßt im übrigen nicht einmal einen sicheren Rückschluß darauf zu, ob an dessen Zustandekommen auch Erwin Egger persönlich beteiligt war oder nicht. Zwar weist die in Bukarest hergestellte Kopie des angeblichen Liefervertrages neben zwei unleserlichen Unterschriften des angeblichen rumänischen Vertragspartners auch den Namenszug »Erwin Egger« auf, doch hat dieser nicht einmal eine entfernte Ähnlichkeit mit Eggers wirklicher Unterschrift. Ob von den Rumänen in der Eile auch Eggers Signum kurzerhand einfach gefälscht worden war oder ob der *Decobul*-Chef, wie er später vor Gericht aussagte, seine Unterschrift doch selbst geleistet und sie nur absichtlich verstellt hat, könnte nur geklärt werden, wenn die Rumänen bereit wären, den Gerichten in Österreich oder in der Schweiz ein Original des »Vertrages« zur Verfügung zu stellen. Dazu sind sie jedoch ebensowenig bereit wie zu jedweder weiteren Auskunftserteilung über das Zustandekommen des Dokumentes.

Selbst das rumänische *Interpol*-Büro, das von Wien um Mithilfe bei der Aufklärung dieser noch offenen Fragen ersucht worden war, mußte passen. Die Bukarester Polizei erhielt keine Genehmigung, bei der Firma *Uzinexportimport* oder gar im *Argus-Amt* zu ermitteln.

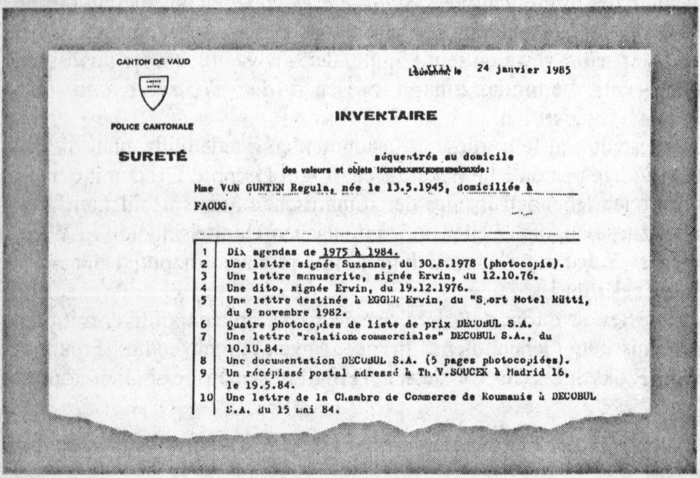
CANTON DE VAUD

POLICE CANTONALE

SURETÉ

Lausanne, le 24 janvier 1985

INVENTAIRE

séquestrés au domicile des valeurs et objets :

Mme VON GUNTEN Regula, née le 13.5.1945, domiciliée à FAOUG.

| | |
|---|---|
| 1 | Dix agendas de 1975 à 1984. |
| 2 | Une lettre signée Suzanne, du 30.8.1978 (photocopie). |
| 3 | Une lettre manuscrite, signée Ervin, du 12.10.76. |
| 4 | Une dito, signée Erwin, du 19.12.1976. |
| 5 | Une lettre destinée à EGGER Erwin, du "Sport Motel Rütti, du 9 novembre 1982. |
| 6 | Quatre photocopies de liste de prix DECOBUL S.A. |
| 7 | Une lettre "relations commerciales" DECOBUL S.A., du 10.10.84. |
| 8 | Une documentation DECOBUL S.A. (5 pages photocopiées). |
| 9 | Un récépissé postal adressé à Th.V.SOUCEK à Madrid 16, le 19.5.84. |
| 10 | Une lettre de la Chambre de Commerce de Roumanie à DECOBUL S.A. du 15 mai 84. |

# Der Staatsanwalt resigniert

Nach seiner Entlassung aus der Untersuchungshaft war Udo Proksch schon sehr bald wieder ganz oben.
Alle seine Freunde, freute er sich, hielten wieder zu ihm. Auch die Prominenz aus Wirtschaft und Politik: »der Androsch Hannes« und »der Vranitzky Franz«, »der Charly Blecha«, »der Poldi Gratz sowieso«, aber auch »der Fred Sinowatz«, der ihm als Bundeskanzler sein Wohlwollen natürlich nicht in aller Öffentlichkeit zeigen könne. Auch sein *Club 45* habe gar nicht genügend Platz, um alle aufzunehmen, die gerne beitreten würden.
Forsch hatte er sich auch schon bei der Siegesfeier im *Demel* gegeben und war – wie immer – zu makaberen Späßen bereit, als er seinen überwiegend weiblichen Angestellten in überzeugender Weise kundtat, warum er »unschuldig« und »kein Mörder« sei.
»Der einzige Mord, der sich lohnen würde, meine Damen«, ließ der *Demel*-Herr seine Bediensteten wissen, »wäre der Lustmord!« Die Demelinerinnen waren natürlich entzückt und vom Charme ihres Chefs hingerissen.
Auch in der Öffentlichkeit zog Udo Proksch in der Folge alle Register seines schauspielerischen Talentes. Hier verstand er es allerdings, mit großem Erfolg das arme, unschuldige Opfer einer politischen Intrige und den in seiner sensiblen Seele zutiefst Verletzten zu spielen, der nicht verstehen kann, »warum man mir das alles antut«. Gelegentlich schaffte er es sogar – wenn gerade eine Kamera in seiner Nähe war –, ein paar Tränen des Selbstmitleids zu zerdrücken.
Seine Sympathisanten und Bundesgenossen standen in der Tat – jetzt erst recht! – hinter ihm, nachdem vom Außenminister der Republik, Leopold Gratz, die Parole ausgegeben worden war: »Udo ist und bleibt mein Freund!«
Aber sogar Wissenschaftsminister Heinz Fischer war anläßlich der Haftentlassung zum *Demel*-Chef gepilgert, hatte ihn umarmt und gesagt: »Schön, daß du wieder da bist.« Und dann schrieb ihm der Minister ins Gästebuch: »Quousque tandem abutere patientia nostra?« – »Wie lange noch wird man unsere Geduld mißbrauchen?«
Der Justiz war zu diesem Zeitpunkt aber offenbar noch immer nicht

klar, was es heißt, gegen den Willen der politischen Machthaber ein Jahrhundertverbrechen aufklären zu wollen.
Nachdem festgestellt worden war, daß auch die zuletzt beigebrachten »Entlastungsbeweise«, die zur Enthaftung der beiden Verdächtigen geführt hatten, schlichte Fälschungen waren, wurde schon vierzehn Tage danach von der Staatsanwaltschaft ein neuerlicher Anlauf unternommen.
Am 13. März 1985 berichtete Wolfgang Mühlbacher – vom Leiter der Staatsanwaltschaft Wien, Werner Olscher, unterstützt – an die Oberstaatsanwaltschaft:
»Im Hinblick auf das neue Beweismaterial haben sich die Verdachtsmomente gegen Udo Proksch und Hans Peter Daimler erhärtet. Nach der vorliegenden Sach- und Beweislage ist daher der gegen sie bestehende Tatverdacht als dringend anzusehen. Davon ausgehend, erscheint im vorliegenden Fall die Einleitung der Voruntersuchung auch nach den Intentionen des Gesetzgebers (§ 91 Absatz 2 StPO) geradezu geboten. Die Staatsanwaltschaft Wien ersucht daher um Überprüfung der Weisung vom 29. 1. 1985, OStA 10.389/85.«
Aber offenbar ohne sich das Beweismaterial auch nur anzusehen, schmetterte Oberstaatsanwalt Werner Wasserbauer nach telefonischer Rücksprache mit dem Justizminister bereits zwei Tage später auch dieses beinahe schon flehentliche Ersuchen der Staatsanwaltschaft, die Gesetze einhalten zu dürfen, einfach ab.
Nach einer entsprechenden vom Minister eigenhändig handschriftlich verfaßten Weisung wurde per Erlaß OStA 11.108/85 vom 15. März 1985 dekretiert, daß »kein Anlaß für die Annahme eines dringenden, die Einleitung der Voruntersuchung gegen die Genannten rechtfertigenden Tatverdachtes« besteht.
Damit waren die Weichen in Richtung auf eine endgültige Einstellung des Verfahrens und für die Vertuschung des *Falles Lucona* gestellt. Die politischen Machthaber ließen es offen erkennen: Sie waren an einer Aufklärung des Verbrechens nicht interessiert.
»Die Suppe« sei für die Einleitung einer gerichtlichen Voruntersuchung »zu dünn« und es gebe »keine Beweise«, behauptete in den folgenden Monaten der freiheitliche Justizminister Harald Ofner in der Öffentlichkeit stereotyp immer wieder, obwohl er in Kenntnis der wesentlichsten Akteninhalte war und daher sehr wohl wissen mußte, daß in Wahrheit das genaue Gegenteil der Fall war.
In privaten Gesprächen gab Harald Ofner dies sogar ohne Umschweife zu. Auch dem Autor gegenüber versicherte der Minister anläßlich eines persönlichen Gespräches schon am 21. Juni 1985, daß

Oberstaatsanwaltschaft Wien
Eingel. am 14. MRZ. 1985 ___ Uhr
2 fach, mit 7 Beilagen ___ Akt
OStA 11.108/85

36 St 49.803/83

13617/83

An die

Oberstaatsanwaltschaft Wien

Betrifft: Strafsache gegen Udo PROKSCH und Hans Peter DAIMLER wegen §§ 146 ff StGB;

Bezug: OStA 10.389/85;

Berichtsverfasser: Staatsanwalt Dr. Wolfgang Mühlbacher;

Verdachtsmomente gegen Udo Proksch und Hans Peter Daimler erhärtet. Nach der vorliegenden Sach- und Beweislage ist daher der gegen sie bestehende Tatverdacht als dringend anzusehen. Diese Meinung vertritt offenbar auch der zuständige

Die Staatsanwaltschaft Wien ersucht daher um Überprüfung der Weisung vom 29.1.1985, OStA 10.389/85.

Staatsanwaltschaft Wien,

am 13.3.1985

Mühlbacher

---

OBERSTAATSANWALTSCHAFT WIEN

OStA 11.108/85

Wien, am 15. März 1985
1016 Wien, Schmerlingplatz 11
Justizpalast, Postfach 51
Telefon: (0 22 2) 96 22-0*

An die

Staatsanwaltschaft

W i e n

zu 36 St 49.803/83

Zum do. Bericht vom 13. 3. 1985 in der Strafsache gegen Udo PROKSCH und Hans Peter DAIMLER wegen §§ 15, 146 ff StGB ergeht vorerst die Mitteilung, daß die vorgelegten Beweisunterlagen im Zusammenhalt mit den bisher bekannten Verfahrensergebnissen keinen Anlaß für die Annahme eines dringenden, die Einleitung der Voruntersuchung gegen die Genannten rechtfertigenden Tatverdachtes bieten. Unter Bezugnahme auf den ha. Erlaß

Die Berichtsbeilagen werden zurückgestellt.

6 Beilagen

I.V.:

Dr. W a s s e r b a u e r

Für die Richtigkeit der Ausfertigung:

Die Oberstaatsanwaltschaft sieht noch immer »keinen Verdacht«

ihm »natürlich längst klar« sei, »daß sich keine Uranaufbereitungsanlage an Bord der Lucona befand«. Möglicherweise habe der *Demel*-Chef statt dessen jedoch (mit Wissen von Regierungsmitgliedern) »Waffen geschmuggelt«.
Am 13. Oktober 1985 überraschte der Justizminister dann schließlich die Öffentlichkeit mit der Feststellung, daß nunmehr auch die Staatsanwaltschaft seine Auffassung teile, wonach die Einleitung einer Voruntersuchung nicht mehr gerechtfertigt sei. Diesen Meinungsumschwung hätten die Ergebnisse der in der Zwischenzeit im Wege der Rechtshilfe in der Schweiz abgelegten Zeugenaussagen von Erwin Egger und der *Zapata*-Verwaltungsrätin Greta Fischer bewirkt.
Tatsächlich hatte die Wiener Staatsanwaltschaft (Berichterstatter. Wolfgang Mühlbacher) am 7. Oktober 1985 wörtlich an die Oberstaatsanwaltschaft berichtet:
»Nach Ansicht der Staatsanwaltschaft Wien brachten auch die Einvernahmen der Zeugen Erwin Egger und Greta Fischer keine wesentliche Aufklärung des strafrechtlich zu beurteilenden Sachverhaltes.
Im Hinblick darauf . . . erscheint nach der vorliegenden Sachlage die Einleitung der Voruntersuchung gegen Udo Proksch u. a. wegen §§ 15, 146 ff StGB materiell nicht gerechtfertigt, zumal die bereits anhängigen gerichtlichen Vorerhebungen zur Sachverhaltsaufklärung ausreichend erscheinen.«
Was hatten nun die beiden Schweizer Zeugen so sensationell Entlastendes ausgesagt, daß auch die Staatsanwaltschaft plötzlich eine Voruntersuchung nicht mehr für erforderlich hielt?
Erwin Egger war am 1. Oktober 1985 vor dem Untersuchungsgericht in Tafers von Gerichtspräsident Denis Zosso im Beisein des Wiener Untersuchungsrichters Wilhelm Tandinger, des Staatsanwaltes Wolfgang Mühlbacher und des Abteilungsinspektors der Kripo Franz Reitter vernommen worden.
Der Vernehmung wohnten außerdem insgesamt fünf Rechtsanwälte bei, die größtenteils ebenfalls aus Österreich angereist kamen, darunter auch wieder einmal der Bruder des amtierenden Innenministers, Günther Blecha.
Der gewaltige Aufwand war freilich völlig umsonst, denn Erwin Egger gab sich verschlossen wie eine Auster. Da auch gegen ihn selbst in der Schweiz ein Strafverfahren lief, hatte er nach Artikel 59 der schweizerischen Strafprozeßordnung das Recht, jede Aussage, durch die auch er selbst belastet worden wäre, zu verweigern.
Das neun Seiten umfassende Protokoll seiner Zeugenaussage beinhaltete schließlich so gut wie nichts, denn nach jeder wohlformulierten

UNTERSUCHUNGSRICHTERAMT DES SENSEBEZIRKS IN TAFERS

## PROTOKOLL

Datum: 1. Oktober 1985 Ort: Amtshaus Tafers

Untersuchungsrichter: Denis Zosso Sekretär:in: R. Schärli

Es erscheinen:

- EGGER Erwin, des Viktor und der Cäcilia geb. Schwaller, geb. 24.6.1937 in Freiburg, von St. Ursen und Rechthalten, geschieden von Elisabeth Juliette geb. Sallin, Direktor, wohnhaft chemin des Bouleyres 48, 1630 Bulle

Frage von Untersuchungsrichter Tandinger:
Haben Sie zwischenzeitlich Originalunterlagen aus Rumänien erhalten

Ich habe bloss Kopien bekommen.

Frage von Untersuchungsrichter Tandinger: Warum haben Sie die Originalunterlagen im Jahre 1979 an Herrn Weinstein zurückgegeben ?

Ich mache von meinem Zeugnisverweigerungsrecht Gebrauch.

Frage von Unterscuhungsrichter Tandinger: Können Sie die Erfüllung des Geschäftes mit der Uzin Export & Import mittels Originalunterlagen beweisen ?

Diesbezüglich habe ich ebenfalls Aussagen gegenüber der KRIPO gemacht. Des weiteren mache ich von meinem Zeugnisverweigerungsrecht Gebrauch.

Frage von Untersuchungsrichter Tandinger: Wie finanzierte die Decobul AG den Ankauf der Kompensationsware ?

Ich mache von meinem Zeugnisverweigerungsrecht Gebrauch.

Frage von Untersuchungsrichter Tandinger: Wussten Sie anlässlich Ihrer Aussage vor dem Oberlandesgericht in Wien am 13. September 1984, dass gegen Sie in der Schweiz ein Strafverfahren hängig ist ?

Ich kann mich nicht daran erinnern .

Es werden keine weiteren Fragen gestellt.

Gelesen und bestätigt: Egger Erwin

Der Untersuchungsrichter: Die Sekretärin:

## Amtsstatthalteramt Sursee

Sursee, den 3. Oktober 1985

Auf Vorladung erscheint:

F i s c h e r   Greta, geb. 22.9.1938, von Grosswangen, Kaufmann, whft. in 6232 Geuensee, Oele

als Zeugin nach Ermahnung zur Wahrheit, Hinweis auf die Folgen eines falschen Zeugnisses, auf das Zeugnis- und Antwortverweigerungsrecht (Art. 307 StGB, § 91 - 102 StPO).

In Anwesenheit:

- Dr. Mühlbacher, Staatsanwalt Wien
- Magister Tandinger, Landesgericht für Strafsachen Wien
- Gruppeninspektor Reiter, Sicherheitsdirektion Bundesland Niederösterreich

Udo Rudolf Proksch trat bei der Firma ZAPATA AG immer als Vertreter der Aktionäre auf. Es existiert ein eigentliches Auftragsverhältnis.

Im Zusammenhang mit dem zur Dikussion stehenden Geschäfts erhielt ich in erster Linie von Herrn Proksch Anweisungen. Daimler Hans Peter ~~unterhielt aber auch~~ und Proksch haben dieses Geschäft zusammen abgewickelt und haben selbstverständlich auch zusammen allfällige Fragen besprochen. Wenn Herr Daimler mit mir Rücksprache genommen hat, so geschah dies sicher in Kenntnis und im Einverständnis mit Herrn Proksch. Schliesslich unterhält die ZAPATA eine Tochter, namens PINOSA GmbH in Wien. Als das Geschäft abgewickelt wurde, war Hans Peter Daimler bei der Tochterfirma PINOSA angestellt. Schliesslich erhielt ich auch von der Firma PIONOSA Anweisungen über Herrn Daimler, nach Rücksprache mit Herrn Proksch. Indessen entzieht sich meiner Kenntnisse, inwieweit Herrn Proksch der Firma PINOSA Instruktionen gegeben hat. An weitere Personen oder Institutionen, von welchen ich Anweisungen hätte erhalten sollen, kann ich mich nicht erinnern.

Ich bitte die Gerichtsbehörden, meine Aussagen mit der notwendigen Diskretion zu behandeln. Ich möchte nicht, dass mein Zeugenprotokoll morgen oder wenige Tage danach bereits in den österreichischen Boulevard-Zeitungen publiziert sind.

Der Amtsstatthalter:

a.o. Amtsschreiberin:

ZG: Fr. 50.--

AMTSSTATTHALTERAMT SURSEE

vorgelesen erhalten bestätigt:

Frage der vernehmenden Beamten sprach Erwin Egger jeweils nur den einen immer wiederkehrenden Satz: »Ich mache von meinem Zeugnisverweigerungsrecht Gebrauch.«
Lediglich eine wichtige Frage beantwortete der *Decobul*-Chef – natürlich – positiv: Er behauptete, den von den Rumänen vorgelegten (gefälschten) Vertrag persönlich unterschrieben zu haben.
Die Frage, wann und wo er das Dokument unterzeichnet habe, quittierte er allerdings bereits wieder mit dem Stehsatz: »Ich mache von meinem Zeugnisverweigerungsrecht Gebrauch.«
Die zeugenschaftliche Einvernahme von Greta Fischer war zwei Tage später, am 3. Oktober 1985, im Amtsstatthalteramt Sursee im Kanton Luzern angesetzt. Der Fragenkatalog, den der Untersuchungsrichter aus Österreich mitgebracht hatte, umfaßte gezählte 353 Fragen an die »Chefin« der *Zapata*.
Im Gegensatz zu Erwin Egger gab sich Greta Fischer vergleichsweise auskunftsbereit. Sie schien nur nicht sehr viel zu wissen.
Immerhin gab sie zu, daß das gesamte angebliche Urananlagengeschäft in den Geschäftsbüchern und in der Buchhaltung der *Zapata* nicht existierte, und sie stellte auch ihre Beziehung zu Udo Proksch sowie dessen Verhältnis zur *Zapata AG* endgültig klar:
Udo Proksch habe sich, seit sie ihn kenne, als »Vertreter der Aktionäre der *Zapata AG*« bezeichnet. Wann und von wem er für diese Tätigkeit eingesetzt worden sei, entziehe sich ihrer Kenntnis und es existiere darüber auch kein Vertrag. Außer von Udo Proksch und – gelegentlich – auch von Hans Peter Daimler habe sie in ihrer Eigenschaft als Verwaltungsrat niemals von irgend jemandem eine Weisung erhalten.
Insbesondere im Zusammenhang mit dem Urananlagengeschäft erhielt Greta Fischer ihre Anweisungen immer nur von den genannten beiden Herren.
Sämtliche Schriftstücke, Briefe und Verträge, die sie als »Chefin« der *Zapata* zu unterzeichnen hatte, wurden ihr jeweils von Udo Proksch oder Hans Peter Daimler unterschriftsfertig vorgelegt. Und wenn bei ihr eine Rechnung für die *Zapata* über 70 Franken einging, fragte sie beim *Demel*-Chef an, ob sie den Betrag auszahlen dürfe.
Damit war immerhin ein entscheidender Punkt geklärt: Proksch und Daimler waren tatsächlich die wahren Herren der *Zapata AG*. Sie waren demnach nicht nur irgendwelche Gehilfen oder Vermittler im Auftrag eines Schweizer Unternehmens, wie sie es immer darzustellen versuchten, sie hatten den Coup vielmehr selbst eingefädelt und durchgeführt.

So sahen also in Wirklichkeit die beiden »entlastenden Zeugenaussagen« in der Schweiz aus, die die Staatsanwaltschaft zur Ansicht gelangen ließen, daß nun eine Voruntersuchung gegen die Verdächtigen nicht mehr gerechtfertigt sei.
Als der Autor dieses Buches – in Kenntnis des wahren Inhaltes der Aussagen – von der Staatsanwaltschaft eine Erklärung für ihr bemerkenswertes Verhalten erbat, wurde ihm von Wolfgang Mühlbacher freilich in erfrischender Offenheit mitgeteilt, dieser Rückzieher habe »in Wahrheit natürlich ganz andere Gründe gehabt«.
Der Staatsanwalt war auch bereit, sie zu nennen. »Natürlich hätten wir«, meinte er, »auch weiterhin auf unserem Standpunkt beharren und die Einleitung einer Voruntersuchung verlangen können, doch wäre dies völlig sinnlos gewesen.« Der Justizminister habe sich schließlich längst festgelegt gehabt.
»Daher hätten wir«, fürchtete der Staatsanwalt, »mit der Zeit nur den Eindruck erweckt, Querulanten zu sein.« Und die Staatsanwaltschaft könne es sich nun einmal nicht leisten, »einen Krieg gegen den eigenen Minister zu führen«, zumal dieser ja so handeln habe müssen. »Der Minister hatte offenbar aus politischen Gründen auf den sozialistischen Koalitionspartner Rücksicht zu nehmen.«
Ein Zugeständnis erreichte die Staatsanwaltschaft vom Justizminister als Ausgleich für ihre verständnisvolle Haltung am Ende aber doch: Es wurde ihr die Verpflichtung erlassen, im Rahmen der weiterzuführenden Vorerhebungen jeweils vor jeder einzelnen Ermittlungshandlung um Erlaubnis zu fragen. Nur in zwei Punkten blieben ihr auch weiterhin die Hände gebunden:
Es war der Staatsanwaltschaft untersagt, im *Fall Lucona* einen Haftbefehl zu beantragen, und sie durfte den Fall keinem unabhängigen Gericht übergeben.
Die Folge: Weitere zwei Jahre lang plätscherten so die »gerichtlichen Vorerhebungen« in der Causa Lucona dahin. An der Sachlage änderte sich unter diesen Umständen naturgemäß nichts.
Udo Proksch und Hans Peter Daimler durften ebenso wie ihre Komplizen, die man weiterhin nur als »Zeugen« ansah, die abenteuerlichsten Märchen erzählen und lügen, ohne irgendwelche Sanktionen befürchten zu müssen.
Solche Strafuntersuchungen machen natürlich jedem Verdächtigen Spaß

# Der letzte Zeuge ist tot

Der Gerichtsakt hatte inzwischen bereits einen Umfang von mehr als zwanzigtausend Seiten erreicht. Dazu kam das von der Kripo beschlagnahmte Material, das aus weiteren 120 Ordnern mit jeweils rund 500 Seiten bestand. Wilhelm Tandingers Richterzimmer im Wiener Landesgericht war zu klein, um das gesamte gegen die *Lucona*-Täter zusammengetragene Beweismaterial darin unterzubringen – man mußte dem Richter ein zweites Zimmer zuweisen.

Mehr als tausend Protokollseiten wurden allein mit den Aussagen der beiden Hauptverdächtigen, Udo Proksch und Hans Peter Daimler, beschrieben. Sie wurden in den Jahren 1985 bis 1987 oft durch Monate hindurch täglich mehrere Stunden lang von der Kripo im Beisein des Untersuchungsrichters vernommen.

Inhaltlich bewegte man sich dabei freilich längst nur noch im Kreis. Die erdrückende Beweislast hätte ja schon vor Jahren für eine Anklage völlig gereicht. Nur Geständnisse fehlten. Doch wer wird gestehen, wenn er weiß, es kann ihm – so oder so – nichts geschehen.

Besonders kühl und gelassen ließ Hans Peter Daimler jedes Verhör über sich ergehen. Seine Taktik: Er sei nur ein kleiner Teilzeit-Angestellter der *Zapata*-Tochterfirma *Pinosa* mit einem Monatsgehalt von 7 000 Schilling gewesen, habe bestimmte Aufträge zu erfüllen gehabt, mehr wisse er nicht. Überdies sei ja alles schon so lange her.

Was immer ihm Kripo und Richter vorhielten, ließ ihn vollkommen kalt. Seine Antworten blieben im Prinzip immer gleich: »Das glaube ich nicht!« und »Ich bleibe dabei!«

Eine ganze andere Taktik wandte Udo Proksch an. Er stellte seine Wandlungsfähigkeit auch im Verlauf seiner Einvernahmen immer wieder anschaulich unter Beweis.

Während Daimler aalglatt und eiskalt war, gab sich der *Demel*-Chef in der Regel kooperativ und setzte seine ganze Überzeugungskraft ein. Er war jovial, gelegentlich beinahe unterwürfig und oft scheinbar ehrlich um die Aufklärung der Widersprüche in seiner Darstellung bemüht.

Geschickt brachte Udo Proksch immer wieder auch seine prominenten Politikerfreunde ins Spiel, insbesondere natürlich Leopold Gratz,

SICHERHEITSDIREKTION
FÜR DAS BUNDESLAND
NIEDERÖSTERREICH
1032 Wien; Oberzellergasse 1
Tel. 73 35 81
(Kopfstampel)

Beilage ________

GZ P 6583/83-SK/IV

Wien, am 20. Februar 1985
(Ort, Datum)

## 2-Niederschrift

aufgenommen mit Hans Peter DAIMLER, geb. am 31.12.1934

in Mannheim, BRD, Beruf: Kaufmann

wohnhaft: 1170 Wien, Weidmanngasse 20/2/4, Tel.: 48 42 07

als Verdächtigter *) Beginn der Vernehmung um 10.00 Uhr.

Frage

In wieviel Container waren die dem im Hongkong-Geschäft genannten zwei Kugelmühlen verpackt?

Antwort

In Ermangelung jeglicher Unterlagen kann ich diese Frage nicht beantworten.

Frage

Es wurden jene Kraftfahrer befragt, die die Containertransporte durchführten und aufgrund von Stehzeiten die Möglichkeit hatten, die Ladetätigkeiten zu beobachten. Es sind Angaben vorhanden, wonach der Inhalt der Container aus alten Maschinen bzw. Maschinenteilen bestand. Die in die Container gegebenen Gegenstände waren größtenteils lose. Es wird weiters behauptet, daß man während der Container-Transporte wahrnehmen konnte, daß aus verschiedenen Hallen in Piesting Maschinen ausgebaut worden seien und diese in die Container gegeben wurden. Was geben Sie dazu an ?

Antwort

Diesen Angaben schenke ich keinen Gauben.

Die mit Herrn Daimler aufgenommene Niederschrift wurde im wesentlichen mit Fragen und Antworten aufgenommen. Die Antworten des Herrn Daimler wurden ausnahmslos von ihm persönlich diktiert.

Ende: 16.05 Uhr

Vor mir: gelesen und einverstanden:

(Reitter, GrInsp) (Hans Peter DAIMLER)

(Schalhaas, Insp)

(Haumer, Insp)

Keine Chance für die Kripo gegen den aalglatten Hans Peter Daimler

dessen Name sich denn auch wie ein roter Faden durch den Gerichtsakt zieht.
Zwischendurch versuchte der *Demel*-Chef, dem Kripo-Beamten Franz Reitter das Rauchen abzugewöhnen. Er fühlte sich durch den Umstand, daß dieser im Verlauf eines sechs Stunden dauernden Verhörs bis zu zwei Packungen *Dames* verrauchte, gestört.
Ansonsten erschienen ihm die Vernehmungen keineswegs unangenehm. Nur wenn es für ihn allzu eng wurde, verließ auch ihn kurzfristig sein Erinnerungsvermögen. »Ich kann mich an Dinge, die sich erst vor kurzem ereignet haben, oft nicht mehr erinnern«, gab er dann zu Protokoll und klagte, er habe es auch bei seinen Geschäften nicht leicht, müsse immer wieder Tabletten nehmen, seine Merkfähigkeit habe nach einer Operation an einem Rückenwirbel, die der Innsbrukker Neurochirurg Vincent Grunert vornahm, stark gelitten.
Und wenn der *Zapata*-Inhaber schließlich gar keine Lust mehr empfand, sich einvernehmen zu lassen, dann war er ganz einfach »vernehmungsunfähig«. Die dafür erforderlichen ärztlichen Atteste in die Hand zu bekommen, fiel ihm nicht schwer.
Einmal bestätigte der Vorstand der Innsbrucker Universitätsklinik dem Richter, daß sein Patient Udo Proksch »wegen rezidivierender Schmerzen«, »grippaler Infekte« und »immer wieder auftretender Fieberschübe« als Folge eines im Jahr 1979 erfolgten neurochirurgischen Eingriffs dringend einen Aufenthalt in einer Kuranstalt nötig habe, dann war es wieder sein Hausarzt, der Wiener Medizinalrat Hellmuth Satke, der dem *Demel*-Chef »zur Vorlage bei Behörden und Gerichten« ein ärztliches Attest übergab: »Bei heutiger Untersuchung erscheint die Rückenmuskulatur stark verspannt.«
Insgesamt hatten weder die Kripo noch das Gericht eine Chance, die Komödie zu einem Ende zu bringen. Über U-Richter Tandinger hing beständig das Damoklesschwert einer Disziplinaruntersuchung, weil er sich durch den Umstand, daß seine »Kunden« unter dem Schutz der Regierung standen, nicht beeindrucken ließ, während sich Franz Reitter der ihm drohenden Versetzungsgefahr bewußt war und fürchten mußte, sich eines Tages als Dorfgendarm im letzten Winkel des Waldviertels wiederzufinden.
Leicht hatten es aber auch die Untersuchungsbehörden in der Schweiz nicht. Zunächst mußte der Untersuchungsrichter des *Bezirksgerichtes der Sense*, Denis Zosso, bereits im April 1985 dem Direktor der *Schweizerischen Bankgesellschaft* in Bulle, Gerald Gremaud, eine Beugehaft androhen, ehe dieser der richterlichen Verfügung Folge leistete und Erwin Eggers Bankkonten herausgab.

Danach war Richter Zosso massiven Einschüchterungsversuchen seitens des Schweizer Proksch-Freundes Heinz Egli ausgesetzt, während sich Erwin Eggers Freiburger Rechtsanwalt Nicolas Deiss auf die »Machenschaften« der Kripo einschoß, indem er bei Gericht die Beschuldigung deponierte, sein Klient werde »anläßlich der Abhörungen« vom ermittelnden Kripo-Beamten Otto Blanchard »genötigt« und durch die Ankündigung, ihn in Untersuchungshaft setzen zu lassen, »bedroht«.

Aber auch Udo Prokschs wichtigster Schweizer Komplize erwies sich als Steher. Obwohl längst nachgewiesen war, daß der erste Kontakt zwischen ihm und der *Zapata AG* erst nach dem Untergang der *Lucona* stattfand, blieb Erwin Egger eisern bei seiner Version: Er habe von der *Zapata AG* schon im Jahr 1972 den Auftrag zur Lieferung einer Uranerz-Aufbereitungsanlage erhalten.

Das Schweizer Gericht beschlagnahmte daraufhin am 13. Februar 1986 in Eggers Büro jene Schreibmaschine, auf welcher dieser seine Briefe an die *Zapata AG* angeblich schrieb.

Bereits zwei Monate vorher, am 13. Dezember 1985, hatten Richter Zosso und Otto Blanchard auch schon im Bauernhaus der *Zapata*-Verwaltungsrätin Greta Fischer zugeschlagen und eine Hausdurchsuchung durchgeführt.

Die Originale der Egger-Korrespondenz hatte Greta Fischer jedoch in ihrem persönlichen Banksafe mit der Nr. 273 in der Filiale Sursee der *Volksbank Willisau* versteckt. Am 16. Dezember verfügte der Untersuchungsrichter auch die Öffnung des Safes, und Otto Blanchard marschierte, assistiert von Kollegen der Luzerner Kantonspolizei, in der Bank ein.

Obwohl Greta Fischer natürlich »Skandal« schrie und sich mit Händen und Füßen dagegen zu wehren versuchte, wurden sämtliche Geschäftsunterlagen der *Zapata AG* beschlagnahmt, darunter 44 Seiten der von Erwin Egger verfaßten und unterzeichneten Schriftstücke im Original.

Am 30. März 1987 stellte der wissenschaftlich-technische Dienst der Kantonspolizei Zürich nach einer kriminologischen Untersuchung der Originale in einem offiziellen Gutachten fest, daß sämtliche Korrespondenzen und Dokumente der *Decobul SA* einschließlich der von Erwin Egger erstellten Rechnungen und Quittungen zweifelsfrei gefälscht und erst nach 1976 angefertigt worden waren.

Schließlich dachte man sich aber sogar noch ein paar neue Details aus und brachte weitere geheimnisvolle Hintermänner ins Spiel.

So habe die Planung ihrer *Yellow-Cake*-Fabrik, sagte Erwin Egger vor

der Kripo aus, ein »DDR-Staatsbürger«, ein »Bekannter« von ihm, durchgeführt.
Dieser »Bekannte«, dessen Namen er natürlich nicht zu nennen bereit war, habe anschließend auch den Kontakt zur rumänischen Staatshandelsfirma *Uzinexportimport* hergestellt. Daß sich inzwischen schon längst herausgestellt hatte, daß die mit Hilfe des österreichischen Außenministers beschafften Rumänienverträge ebenfalls plumpe Fälschungen waren, störte Erwin Egger durchaus nicht.
Und als ihm die Kripo nachwies, daß niemals auch nur ein Franken von ihm an die rumänische Firma bezahlt worden war, fiel ihm plötzlich wieder eine neue Version ein: Es habe sich um ein Bartergeschäft gehandelt.
Er habe anstelle einer Bezahlung eine andere »Ware technischer und elektronischer Art« nach Rumänien geliefert, die dem Gegenwert der erhaltenen Uranerz-Aufbereitungsanlage entsprach. Bei dieser Kompensationsware habe es sich um »High-Tech-Ware« gehandelt, die »aus den USA oder Kanada« kam.
Details über die Abwicklung des angeblichen Gegengeschäftes oder Namen zu nennen, war der *Decobul*-Chef natürlich auch hier nicht bereit. Sein »Wirtschaftsberater« Heinz Egli, der Zürcher »Dozent für Wirtschaftskriminalität«, habe ihm dringend geraten, im Zusammenhang mit diesem Kompensationsgeschäft keinerlei weitere Auskünfte zu erteilen.
»Sind Sie«, fragte Otto Blanchard Erwin Egger zuletzt, »im Besitz von Unterlagen über den Kauf, die Lieferung und Bezahlung der Kompensationsware?«
Auch diese Antwort fiel erwartungsgemäß aus: »Nein!« Und wer ihm diese Waren geliefert habe, konnte der Proksch-Komplize der Kripo natürlich erst recht nicht verraten, weil er Angst um sein Leben haben müsse. Egger wörtlich: »Ich verweigere die Aussage, da ich befürchte, daß mir jemand etwas antun könnte gegen Leib und Leben.«[42]
Die Geduld und die Hingabe, mit der sich also auch in der Schweiz die Kripo und das Gericht von den *Lucona*-Mittätern jahrelang mit Hilfe immer lächerlicher werdender Tricks an der Nase herumführen und anlügen ließen, war grenzenlos.
Den Vogel schossen diesbezüglich zuletzt aber zweifellos Udo Proksch selbst und sein Hongkonger Freund Owen Corrigan ab, als die Wiener Ermittlungsbehörden wieder einmal in Erfahrung zu brin-

---

[42] Aussage des der Dokumentenfälschung und Beihilfe zum schweren Betrug Verdächtigen Erwin Egger am 16. Jänner 1986 vor der Kripo in Fribourg.

CANTON DE FRIBOURG / KANTON FREIBURG

**Police cantonale · Kantonspolizei**
POLICE DE SURETE / KRIMINALPOLIZEI

Etabli par
Erstellt von O. Blanchard, Insp.

Lieu/Ort Freiburg
Date/Datum 16. Januar 1986
Heure/Zeit 14.20 Uhr

Protokollnahme 16.1.86
... 17.1.86
... 6

## Procès-verbal d'audition
## Abhörungsprotokoll

Auf telefonische Vorladung erscheint:

Se présente
Es erscheint E G G E R Erwin, 24.6.1937, Personalien bekannt

Interrogé , er déclare:
und gibt auf Befragen an:

Waren den Kompensationswarenlieferanten die Endabnehmer in Rumänien bekannt?

Ja, den Lieferanten waren die Namen der Endabnehmer in Rumänien bekannt.

Sind Sie im Besitz der Unterlagen bezüglich Kauf, Lieferung und Zahlung der Kompensationswaren?

Nein, diese Unterlagen befinden sich bei den rumänischen Abnehmern. Ich möchte berichtigen, dass sich diese Unterlagen nicht in Rumänien befinden. Es gibt überhaupt keine Unterlagen in diesem Zusammenhang. Ich habe damals die Ware in bar bezahlt und ich meinerseits erhielt dagegen die Ware. Es bestehen überhaupt keine Unterlagen darüber.

Wer hat Ihnen diese Waren geliefert?

Diesbezüglich verweigere ich meine Aussagen.

Weshalb verweigern Sie die Aussagen?

Da ich befürchte, dass mir jemand etwas antun könnte gegen Leib und Leben, sei dies von Seite der Lieferanten oder von Seiten der Abnehmer. Es handelte sich bekanntlich um "High-Tec" Ware. Bekanntlich ist die Lieferung solcher Ware in Ostblock-Staaten nicht unproblematisch.Da ich dieses Geschäft mit der Kompensation in die Wege geleitet habe hege ich solche Befürchtungen.

Am 15.2.1985 gaben Sie zu Protokoll, den Namen des Endabnehmers nicht zu nennen, da Sie Repressionen befürchten. Um welcher Art Repressionen fürchten Sie sich.

Auch hier befürchte ich Repressionen gegen meinen Leib und Leben.

Wenn Sie den Namen der Endabnehmer nennen würden, welcher Nachteil würde diesen widerfahren?

Diesbezüglich möchte ich mich nicht äussern.

Protokolliert durch:
O. Blanchard, Insp.

Gelesen und bestätigt:
EGGER Erwin

gen versuchten, wer denn nun eigentlich wirklich der Käufer der angeblichen »Uranfabrik« war.
Die Verdächtigen hätten ja immer nur auf drei simple Fragen eine halbwegs vernünftige Antwort geben müssen, und sie wären nicht nur für alle Zeiten von jedem Verdacht befreit, sondern bekämen vermutlich auch sofort die Versicherungssumme in der Höhe von mittlerweile mehr als einer halben Milliarde Schilling ausbezahlt. Die drei Fragen lauten:
Wer hat die Uranerz-Aufbereitungsanlage bestellt? Welches Unternehmen hat sie erzeugt? Und an welchen »asiatischen Staat« hätte sie geliefert werden sollen?
Die ersten zwei Fragen wurden im Verlauf der letzten zehn Jahre schon ergebnislos ausdiskutiert. Wer die Bestellung, sagen Udo Proksch und Hans Peter Daimler, bei der *Zapata AG* aufgegeben habe, könne heute niemand mehr wissen, denn der letzte, der es gewußt haben müßte, sei Hans Neuffer gewesen, der gleich danach auf mysteriöse Weise nach einem Verkehrsunfall starb.
Gut. Aber hätte es die »Uranfabrik« tatsächlich jemals gegeben und wäre sie nicht »zufällig« mit der *Lucona* versunken, so müßte sie heute ja irgendwo stehen. An wen also hätte sie Owen Corrigan weitergeliefert, und von wem bekam die NPT jene 80 Millionen Anzahlung, die sie danach an Udo Proksch weitergeleitet haben will? Der NPT-Geschäftsführer mußte das alles wohl wissen.
Jahrelang sagten Proksch und Daimler auch vor Gericht aus, seitens der Endabnehmer der Anlage habe ausnahmslos alle Verhandlungen Owen Corrigan mit ihnen geführt.
Als es jedoch ernst wurde und die Einvernahme des in Hongkong lebenden Australiers über Interpol bevorstand, brachte Udo Proksch erstmals am 17. Februar 1985 bei seiner gerichtlichen Vernehmung einen ganz neuen Namen ins Spiel: Plötzlich hatte angeblich nicht mehr Corrigan im Auftrag des Endabnehmers mit ihm verhandelt, sondern ein Mann namens Richard John Parker.
Selbstverständlich bestätigte auch der vom Wiener Proksch-Freund Karl Zerner juristisch wohl beratene NPT-Geschäftsführer diese nunmehr allerletzte Version, als ihn die Hongkonger Polizei im Auftrag von Interpol am 10. August 1985 und ein zweites Mal am 20. August 1986 ins Gebet nahm. Und als Corrigan Anfang Februar 1987 nach Wien kam, um als Zeuge auch Untersuchungsrichter Wilhelm Tandinger drei Tage lang Rede und Antwort zu stehen, tat er wiederum, was Karl Zerner von ihm verlangte.
Nein, schwor also auch Owen Corrigan plötzlich, er kenne den Na-

men des Endabnehmers und wahren Käufers von Prokschs »Uranfabrik« nicht, weil er mit diesem Geschäft nichts zu tun gehabt habe.[43] In Wirklichkeit habe ein Freund von ihm, der in Hongkong lebende britische Staatsbürger Richard John Parker, von irgend jemandem, den er nicht kenne, den Auftrag gehabt, eine Uranerz-Aufbereitungsanlage bei der *Zapata AG* zu bestellen.
Wie dann Corrigans Unterschrift auf den »Liefervertrag« kam und warum er Dutzende Briefe im Zusammenhang mit diesem Geschäftsfall an die *Zapata AG* bzw. an Udo Proksch schrieb?
Die Erklärung, die man sich dafür ausgedacht hatte, war ganz einfach: Parker habe ihn gebeten, schwor Corrigan Stein und Bein, ihm für die Abwicklung dieses Geschäftes seine Firma, sein Briefpapier und sein Büro zur Verfügung zu stellen. Das habe er schließlich getan. Und weil Parker aus Gründen, die er nicht wisse, anonym bleiben wollte, habe er für den Freund gefälligkeitshalber auf dessen Wunsch hin auch die gesamte Korrespondenz unterschrieben.
Er persönlich habe hingegen mit Udo Proksch niemals geschäftliche Kontakte unterhalten. Die Tatsache, daß die Kripo beim *Demel*-Chef zahlreiche Briefumschläge, Packpapier und Kartons mit seinem Absender fand, vermochte ihn nicht zu erschüttern:
Er habe, verriet Owen Corrigan dem Gericht, Udo Proksch lediglich regelmäßig Ginseng-Wurzeln aus Hongkong geschickt.
So war also Richard John Parker die wichtigste Schlüsselfigur und der Mann, der als einziger wußte, an wen die »Uranfabrik« geliefert werden sollte.
Befragen kann man den Briten jedoch leider nicht mehr, denn im Herbst 1976 habe er plötzlich übermäßig zu trinken und sich seltsam zu benehmen begonnen. Bald darauf sei Parker spurlos aus Hongkong verschwunden. Einige Monate später kam aus Australien angeblich die Todesnachricht:
Richard John Parker war am 17. Juni 1977 in Sidney im Alter von 34 Jahren verstorben. Der letzte mögliche Zeuge war tot.
Interessant wäre freilich, was Owen Corrigan mit der für den verstorbenen Freund gefälligkeitshalber im eigenen Namen bestellten »Uranfabrik« gemacht hätte – hätte die *Lucona* Hongkong nach Parkers Verschwinden tatsächlich erreicht.
Untersuchungsrichter Wilhelm Tandinger und auch sein Schweizer

[43] Einen vollen Tag lang wurde Owen Corrigan in der Anwaltskanzlei von Karl Zerner, die dieser mit Proksch-Verteidiger Gabriel Lansky teilt, für seine Zeugenaussage präpariert. Die Honorare des NPT-Anwalts werden im übrigen von der *Zapata AG* bezahlt.

Aktenzeichen 28 b Vr 8024/84

# Zeugenvernehmung

Gericht: Landesgericht für Strafsachen Wien

Tag und Stunde des Beginnes der Vernehmung: 4.2.1987 um 12,15 Uhr

Strafsache: Udo PROKSCH

Anwesende:

Richter: Mag. Wilhelm TANDINGER, Dolmetscher: Dr. Edith GERRARD
Staatsanwalt: Dr. Wolfgang MÜHLBACHER

Schriftführer: VB. Michaela SEETHALER
Verteidiger: Dr. Lansky, Dr. Monika PITZLBERGER, Dr. ZERNER für Dr. BLECHA

Er gibt über seine persönlichen Verhältnisse an:

1. Vor- und Familiennamen: Owen William CORRIGAN
2. Geburtsdatum: 4. Juni 1937 in Melborn/Australien
3. Beruf: Firmendirektór
4. Wohnort: 30 Shouson Hill, Hongkong
5. Verhältnis zum Beschuldigten oder zu anderen bei der Untersuchung Beteiligten: fremd

Frage: Sie wurden zur gegenständlichen Sache bereits teilweise in Hongkong vernommen. Entsprechen Ihre Angaben vor der Polizei in Hongkong vom 10.8.1985 und 20.8.1986 der Wahrheit?

Antwort: Ja.

Frage: Sind Ihnen, und sei es nur namentlich, Firmen oder Personen bekannt, die die Einzahlungen leisteten?

Antwort: Nein, ich nehme an, der Endabnehmer.

Dr. Lansky wird um 12.10 Uhr aufgefodert im Sinne des obigen Beschlusses den Verhandlungssaal für die Dauer der Vernhmung des Zeugen zu verlassen. Dr. Lansky verlaßt den Saal nicht, bevor seine Anträge protokolliert wurden. Dr. Lansky wird mitgeteilt, daß er bei Weigerung den Verhandlungssaal zu verlassen, mit einer Übersendung einer Kopie dieser Weigerung an die Rechtsanwaltskammer ergeht.

Aufgrund der Tatsache, daß Dr. Lansky den Verhandlungssaal nicht verläßt wird die Vernehmung des Zeugen Corrigan auf den 9.2.1987, 9.00 Uhr erstreckt.

Ende: 12.15 Uhr v.g.g.

Vr 28b.Vr. 8024/84.....

**BESCHLUSS:**

In der Strafsache gegen Udo Rudolf Proksch u.a.wg. §§ 146 f StGB

wird über Udo Rudolf Proksch

die Untersuchungshaft gemäß § 180 Abs. 2 Z. 1, 2, ~~3 lit. a~~ ~~Abs. 7 StPO~~ *) verhängt.

**Begründung:**

Der/~~Die~~ Beschuldigte ist dringend verdächtig, das Verbrechen/~~Vergehen~~ *) nach §§ 146 f ............ StGB begangen zu haben, weil er unter Mitwirkung des Hans Peter Daimler u.a. Personen in den Jahren 1971 bis 1977 unter anderem eine der Hohe Wand Steinkohle Bergbaugesellschaft mbH. ehemals gehörige Kohlentrockenaufbereitungsanlage und Sieberei im Gesamtgewicht von 182 Tonnen aus Oberhöflein über die Firma Optico Warenhandelsgesellschaft mbH. erworben, zerlegen, nach Piesting transportieren und dort reinigen sowie lackieren, danach mit anderen zum bestimmungsgemäßen Gebrauch nicht geeignete Waren nach Chioggia transportieren und auf das Motorschiff "Lucona" verladen ließ. Die Fracht des Motorschiffes wurde auf SFR. 31 360 725,-- bei der österreichischen Bundesländerversicherung (deklariert als Uranerzaufbereitungsanlage (und unabhängige Maschinen = Ionenimplantationsanlage und Bitumenextruder)) transportversichert und das auf der Fahrt mit Bestimmungshafen Hong Kong befindliche Motorschiff am 23. Jänner 1977 mit Position o850 Nord, 7030 Ost gesprengt, sodaß das Motorschiff binnen 2 Minuten sank, wobei fünf Matrosen und ein Passagier von insgesamt 12 Personen ums Leben kamen, um die Versicherungssumme zu liquidieren.

Landesgericht für Strafsachen Wien
1082 Wien, Landesgerichtsstraße 11
28b 14.10.86
Ger.Abt. .......................
sg. Wilhelm TANDINGER

Die zweite Verhaftung: »Die Lucona wurde gesprengt ...«

Kollege Denis Zosso hatten jedenfalls im Herbst 1986 von den Frechheiten der Millionenbetrüger und ihrer »Zeugen« genug.
Dem weisungsgebundenen Staatsanwalt waren die Hände gebunden, weil der Justizminister »auf den sozialistischen Koalitionspartner Rücksicht zu nehmen« hatte und daher jede zielführende Untersuchung verbot. Doch die Richter waren offenbar nicht mehr gewillt, sich noch länger frozzeln zu lassen, zumal zu diesem Zeitpunkt auch schon längst klar war, daß es nicht nur um schlichten Betrug ging, sondern daß die *Lucona* natürlich vorsätzlich versenkt worden war.
Da das Gesetz in diesem Fall die Verhängung der Untersuchungshaft über die Verdächtigen zwingend vorschreibt, fertigte der Wiener U-Richter – ohne Antrag der Staatsanwaltschaft – am 13. Oktober 1986 zum zweiten Mal Haftbefehle gegen Udo Proksch und Hans Peter Daimler aus. Und in der Schweiz nahm Richter Zosso zur selben Zeit Erwin Egger in Haft.
Aber schon drei Tage später waren in Wien erneut die politischen Weichen für die Wiederfreilassung von Proksch und Daimler gestellt, wobei die Rolle, die einige hohe Richter spielten oder zu spielen gedrängt worden sind, keine rühmliche war.
Schon beim ersten Mal hatte sich Hofrat Ernst Schertler als Vorsitzender des Haftprüfungssenats am Wiener Landesgericht für die rasche Enthaftung der unter dem Schutz hoher Politiker stehenden Verdächtigen starkgemacht. Derselbe Mann erteilte dem Untersuchungsrichter auch jetzt wieder den dienstlichen »Auftrag«, sofort eine außerordentliche Haftprüfungsverhandlung anzuberaumen.
Wenig später wurde dem Richter fünf Minuten vor Dienstschluß unter der Aktenzahl HPV 594/86 eine weitere schriftliche Weisung erteilt: Die Haftprüfungsverhandlung mußte vorverlegt werden und sollte bereits am nächsten Tag um 11.00 Uhr stattfinden.
Am darauffolgenden Morgen eilte Richter Tandinger früher als sonst ins Gericht, um die wenigen Stunden zu nützen, die ihm noch zur Vorbereitung auf die Haftprüfungsverhandlung verblieben. Doch man verstand es, auch das mit Erfolg zu verhindern:
Der Vizepräsident des Wiener Landesgerichtes Alfred Fleck teilte den U-Richter justament für diesen Vormittag überraschend als Beisitzer zu einer Hauptverhandlung ein, so daß dieser zur Haftprüfungsverhandlung nicht nur unvorbereitet, sondern auch noch um fast eine Stunde zu spät kam.
Die Entscheidung war zu diesem Zeitpunkt natürlich längst gefallen: Am 17. Oktober 1986 um 12.00 Uhr waren Udo Proksch und Hans Peter Daimler zum zweiten Mal wieder frei.

# Mitwisser in der Regierung

Wissen ist Macht. Udo Proksch weiß über sehr viele Menschen, die in diesem Land hohe und höchste Positionen bekleiden, sehr viel. Darin liegt das Geheimnis seiner offenkundigen Unangreifbarkeit.

Der *Demel*-Herr hat es erstens verstanden, sich im Laufe seines Lebens sowohl in geschäftlicher wie in gesellschaftlicher und politischer Hinsicht ein weitverzweigtes Netz von Beziehungen aufzubauen, und er hat diese nicht selten in scheinbar uneigennütziger Weise auch für andere zum Einsatz gebracht. Unzählige »Freunde« fühlen sich ihm deshalb verpflichtet.

In Wahrheit freilich sah Udo Proksch in den Menschen, die ihn umgaben, nie etwas anderes als Spielmaterial. Ihnen allen war stets nur die Rolle des Bodenpersonals für seine hochfliegenden persönlichen Pläne zugedacht, Freundschaft artete immer in Kumpanei aus und war für ihn lediglich Mittel zum Zweck.

Als Mitbegründer und Hausherr der »roten Loge« von Wien, die seit fast zwei Jahrzehnten in seinem *Demel* domiziliert ist, gelang es ihm zweitens, sich praktisch vor allem mit der gesamten sozialistischen Politikergeneration, die heute an den Schalthebeln der Macht sitzt, zu verbrüdern.

Nach wie vor gehören die wichtigsten Repräsentanten der sozialistischen Partei- und Regierungsspitze dem innersten Kreis dieses Machtkartells an: SPÖ-Vorsitzender Fred Sinowatz, Innenminister Karl Blecha, Parlamentspräsident Leopold Gratz. Selbst Bundeskanzler Franz Vranitzky sah bis jetzt keinen Anlaß, den *Club 45*, in dem der *Demel*-Chef ungebrochen die Fäden zieht, zu verlassen.

Darüber hinaus aber scheint es auch gute Gründe zu geben, warum sich der Männerbund nicht von Udo Proksch trennt. Der *Demel*-Herr weiß offenbar über manche Genossen zu viel.

Ein Archiv, das sich in seinen Privaträumlichkeiten im *Demel*-Haus am Wiener Kohlmarkt befindet, würde zweifellos jedem Geheimdienst zur Freude gereichen. Udo Proksch ist im Besitz von Dossiers über Hunderte Spitzenpolitiker aller Couleurs, Top-Manager, hohe Beamte, Richter, Staatsanwälte und Journalisten.

Einige seiner Politikerfreunde hat er schlichtweg in der Hand. Sie können es sich nicht leisten, ihn fallenzulassen, denn sonst fielen sie mit ihm.

Fast mühelos gelang es Udo Proksch schließlich auch immer wieder, selbst Spitzenpolitiker zu einer Zusammenarbeit mit ihm bei dubiosen Geschäften zu bringen. Ein »Körberlgeld« von nur ein paar hunderttausend Schilling hat diesen oft schon genügt. Ein harmloses, aber symptomatisches Beispiel:

Als Leopold Gratz noch als Wiener Bürgermeister fungierte, überkam ihn eines Tages plötzlich die Lust, privat einen britischen Wagen der Luxus-Spitzenklasse zu fahren. Ein gewöhnlicher *Jaguar* kam für den Arbeiterführer natürlich nicht in Betracht, es mußte ein *Daimler* sein. Kostenpunkt: auch damals schon nicht viel weniger als eine Million.

Vor dem Kauf schickte Gratz seinen Freund Udo Proksch an die Front und ließ dem Wiener Generalimporteur Erwin Janko ausrichten, welche Werbung es doch für das Autohaus sei, wenn der Bürgermeister der Bundeshauptstadt ein paar Jahre lang einen *Daimler* benütze.

Der Autohändler hätte es natürlich sehr schwer gehabt, sich dem »Argument« seines Stadtoberhauptes zu entziehen. So bekam Leopold Gratz einen fabriksneuen *Daimler* um 300 000 Schilling beinahe geschenkt.

Anschließend benützten Proksch und Gratz den Wagen einmal zu einer kurzen Spritztour nach Venedig, und ein zweites Mal chauffierte der Politiker seinen Freund nach Marbella, wo dieser den berüchtigten syrischen Waffenhändler Monzer Al-Kassar traf.

Danach wurde der *Daimler* rasch wieder verkauft – um eine knappe halbe Million. Der kleine Gewinn aus der Transaktion wurde zwischen »Herrn Udo und seinem Knecht Leopold« selbstverständlich ehrlich geteilt.

Daß Udo Proksch natürlich auch seinen Jahrhundertcoup mit der *Lucona* nicht ohne Mithilfe einiger Freunde aus dem *Club 45* abwickelte, liegt auf der Hand. Der beste Weg, sogar hochrangige Politiker von Beginn an so in den Fall zu verstricken, daß diese später gezwungen sein würden, ihm auch bei der Finalisierung des Hundert-Millionen-Geschäfts behilflich zu sein, war deren Einbindung in die *Zapata*.

Mit der Frage der Hintermänner der *Zapata AG* hatte sich schon im Herbst 1984 auch das Wiener Oberlandesgericht auseinandergesetzt und in seinem Beschluß 1 R 243/83 vom 30. Dezember 1984 schließlich festgestellt, »daß es sich bei den Aktionären oder einem Teil davon (vermutlich) in Wahrheit um österreichische Staatsbürger handelt, möglicherweise um Freunde des Udo Proksch«.

Der Autor selbst erhielt einen ersten konkreten vertraulichen Hinweis auf den personellen Hintergrund und die Entstehungsgeschichte der ominösen Briefkastenfirma Anfang des Jahres 1985 – lange bevor in der Schweiz eine ernsthafte Untersuchung des *Falles Lucona* begonnen hatte, in deren Verlauf später auch Greta Fischers privater Banksafe gerichtlich geöffnet und die Geschäftsunterlagen der *Zapata* beschlagnahmt worden waren.
Diese Informationen waren klar und präzise: Als Treuhänder für Udo Proksch habe offiziell der Wiener Steuerberater Erich Hofbauer, langjähriger Freund und finanzieller Berater des *Demel*-Chefs, dem Schweizer Berufstreuhänder Max Peterhans den Auftrag zur Gründung der *Zapata* erteilt.
Zu Beginn habe Udo Proksch ganz allein alle Inhaberaktien der Briefkastenfirma besessen, seinen Partner Hans Peter Daimler habe er erst zu einem späteren Zeitpunkt beteiligt.
Als die Vorbereitungen für das Uranerzanlagengeschäft in die Endphase traten, habe der *Demel*-Chef schließlich auch im *Club 45* einem ausgewählten Kreis von persönlichen Freunden einen Teil seiner Aktien zum Kauf angeboten. Und tatsächlich sei es ihm in der Folge gelungen, Spitzenpolitiker und Regierungsmitglieder als Geschäftspartner und Mitaktionäre seiner *Zapata AG* zu gewinnen.
Einen Hinweis, wonach die Erwerber der *Zapata*-Anteile gewußt oder auch nur geahnt haben könnten, welche Pläne der *Demel*-Chef mit dieser Firma verfolgte, gab es allerdings nicht. Dennoch wurden – laut dieser Information – die erworbenen Aktienzertifikate, als im Sommer 1983 die Staatsanwaltschaft im *Fall Lucona* zu ermitteln begann, angeblich in aller Eile von ihren Besitzern verbrannt.
Der letzte Punkt betraf ein weiteres Aktienpaket, das nach dem Untergang der *Lucona* seinen Besitzer gewechselt habe und an den Kanadier Steven Low verkauft worden sei.
Dokumente, aus welchen Punkt für Punkt exakt derselbe Sachverhalt hervorging, bekam der Verfasser im März 1986 in die Hand. Zwei österreichische Spitzenpolitiker waren darin als Besitzer von je 10 Inhaberaktien der *Zapata AG* auch namentlich genannt: Ex-Verteidigungsminister Karl Lütgendorf und der spätere Außenminister Leopold Gratz.
Nach den dem Autor vorliegenden Unterlagen habe Gratz die *Zapata*-Aktien mit den Nummern 481 bis 490 und Lütgendorf die Aktien mit den Nummern 491 bis 500 besessen.
Daß just diese beiden Politiker seit jeher zu Udo Prokschs engsten persönlichen Freunden und Vertrauten gezählt haben, hatte dieser

auch selbst immer wieder betont. »Es gibt Männer«, erzählte der *Demel*-Chef zuletzt im November 1986 der Illustrierten *Basta*, »die ich – auch wenn ich wirklich nicht homosexuell bin, viele Österreicherinnen können das bestätigen – wirklich gemocht habe. Leopold Gratz gehört dazu – und auch Karl Lütgendorf.«
Eine Möglichkeit zu einer objektiven Überprüfung der Echtheit und Richtigkeit dieses Dokumentes hatte der Autor zunächst nicht, da weder Udo Proksch noch Greta Fischer bereit waren, zur Frage der Aktionäre der *Zapata AG* Stellung zu nehmen. Man konnte vorerst lediglich aus dem Verhalten der genannten Politiker im Verlaufe des *Falles Lucona* retrospektiv ein paar Schlüsse zu ziehen versuchen.
Nachweisbar war beispielsweise bei Leopold Gratz schon dessen seinerzeitige Anwesenheit im Bergwerksstollen sowie im Förderturm von Oberhöflein. Er kannte auch die Bergwerkseinrichtungen gut.
Nachdem diese später – frisch gestrichen – als Uranerz-Aufbereitungsanlage nach Italien gebracht worden waren, ließ sich Gratz eigens nach Chioggia bringen, um vor dem Auslaufen der *Lucona* das Verkaufsgut der *Zapata AG* noch einmal einer Besichtigung zu unterziehen.
Als später der Zivilprozeß um die Auszahlung der Versicherungssumme begann, intervenierte der Politiker bei seinen Freunden in der Versicherungswirtschaft zugunsten der *Zapata AG*.
Bekannt sind weiters die mehrfachen Treffen in Zürich und anderswo zwischen Gratz und Proksch, als dessen Verhaftung bereits unmittelbar bevorstand, sowie das nachfolgende spektakuläre Angebot des Außenministers, als Entlastungzeuge für seinen Freund vor Gericht zu erscheinen.
Und zuletzt war es Gratz gar gelungen, durch sein persönliches Engagement bei der Beschaffung der (gefälschten) Rumänienpapiere Udo Proksch und Hans Peter Daimler innerhalb weniger Tage aus der Haft zu befreien.
Daß sein Verhalten kein unüberlegter »Freundschaftsdienst« war, wußte Gratz damals genau. »Ich weiß«, hatte er sogar in einem Zeitungsinterview einbekannt, »daß mein Verhalten der Regierung schaden kann. Wenn Udo weiterhin im Verdacht steht, ein Krimineller zu sein, ein Krimineller, dem vom Außenminister geholfen wird, kann das schwerwiegende Folgen für meine Position haben.«[44]
Tatsächlich hielt der Politiker den *Fall Lucona* bis jetzt jedoch mühelos aus – so wie die graue Eminenz der österreichischen Sozialisten

[44] *Die ganze Woche*, 26. Februar 1985.

TRIBUNAL
DE GRANDE INSTANCE
DE PARIS

CABINET
de M. MICHAU,
JUGE D'INSTRUCTION

Réf. générale N°
Réf. cabinet N°

TAXE

## PROCES-VERBAL
## DE DEPOSITION DE TEMOIN

Le 06 Novembre 1986 à heures

Devant NOUS Jean-Pierre MICHAU, Premier

Juge d'Instruction au Tribunal de Grande Instance de Paris, agissant en vertu d'une commission rogatoire internationale du Tribunal Régional pour Affaires Pénales de VIENNE (Autriche)
assisté de widmann
greffier assermenté, étant en notre Cabinet au Palais de Justice,

Instruisant sur les faits reprochés à M. Udo Rudolpf PROKSCH et M. Hans Peter DAIMLER
inculpé s de/ l'escroquerie aggravée

Le témoin a répondu :

Je me nomme LOW Steven

Né le 26 MAI 1932 à LWOW (Pologne)

Profession homme d'affaires

Demeurant à I4, rue Las Cazes - 75007 PARIS

QUESTION N° 6 -

Au sein de la société ZAPATA, je ne suis ni président, ni directeur, ni administrateur. Je me suis rendu deux fois à Vienne, au siège de la compagnie d'assurances. Je me suis présenté comme actionnaire de ZAPATA.

QUESTION N° I29 -

Je n'ai pas donné ordre de louer un appartement ou un palais à Venise. PROKSCH était venu à Chiogga avec des personnalités très importantes, notamment avec M. GRATZ Léopold ancien maire de Vienne et Ministre des Affaires Etrangères. Il est parfaitement possible que j'aie indiqué qu'on ne pouvait le recevoir d'une façon classique.

S.I. : Au vu d'une déclaration de PROKSCH qui figurerait dans le 2I ème volume de l'acte d'accusation - page 30I -, j'affirme que je suis ni en droit, ni en fait, directeur de ZAPATA.

Je ne peux fournir d'explications au déclarations de PROKSCH. je ne suis ni médecin, ni psychiatre.

Lecture faite, persistent et signent avec Nous et le Greffier.

Zeuge Steven Low in Paris: ein Palais in Venedig für Leopold Gratz

auch den zur selben Zeit erfolgten Selbstmord seiner Ehefrau Helga »souverän« überstand.
Gerade während sich Leopold Gratz am 10. Mai 1985 vor Untersuchungsrichter Wilhelm Tandinger in Sachen *Lucona* unter Berufung auf seine »Amtsverschwiegenheitspflicht« einer weiteren Zeugenaussage entschlug, fand man in der Wiener Pötzleinsdorfer Straße 67 den Leichnam seiner Frau. Helga Gratz war seit mindestens zwei Tagen tot.
Die Todesursache – eine Überdosis Medikamente in Verbindung mit Alkohol – wurde offiziell nie bekannt, aber daß es kein Unfall war, steht außer Frage. Immerhin hatte Helga Gratz bereits zwei erfolglose Selbstmordversuche hinter sich.
Der Politiker hatte sich von seiner Ehefrau schon vor Jahren getrennt und immer wieder die Scheidung verlangt, aber Helga Gratz weigerte sich und drohte mit einem Skandal.
Anfang Mai 1985 war es wieder einmal soweit. Der Außenminister brauchte die Scheidung nunmehr unbedingt, denn er hatte sich mit einer Kärntner Studentin namens Evelyn Tauschitz liiert, und der alternde Politiker wollte das junge Mädchen unter allen Umständen zur Frau.
Durch ihren Selbstmord machte Helga Gratz schließlich den Weg für das junge Glück frei. Kaum war seine Ehefrau begraben, ließ Gratz sein Verhältnis mit der Kärntner Studentin rasch legalisieren. Ein Kind war bereits unterwegs. Zur Hochzeitsfeier am 25. Oktober 1985 waren nur wenige auserwählte Gäste und persönliche Freunde in die dem *Konsum* gehörende Döblinger Herrenhaus-Weinkellerei eingeladen, unter ihnen Karl Blecha, der auch als Trauzeuge fungierte, Helmut Zilk und dessen Gattin Dagmar Koller, der Wiener Handelskammer-Präsident Karl Dittrich, Friedrich Peter, Fred Sinowatz und – Udo Proksch.
Dem zweiten Politiker, der als Mitaktionär der *Zapata AG* genannt worden war, brachte die Freundschaft zu Udo Proksch wesentlich weniger Glück.
Zunächst durfte sich auch Verteidigungsminister Karl Lütgendorf bereits einige Zeit vor dem Untergang der *Lucona* für die *Zapata AG* engagieren, indem er dem *Demel*-Chef hochoffiziell den Truppenübungsplatz Hochfilzen für dessen »detonationsmechanische Übungen« zur Verfügung stellen und zur Mithilfe bei den Sprengversuchen sogar eine Pioniertruppe des Bundesheeres abstellen ließ.
Nach dem Untergang von Prokschs »Uranerz-Aufbereitungsanlage« fiel dem österreichischen Heeresminister und General vor allem die

Aufgabe zu, dessen Schweizer Komplizen Erwin Egger als Gegenleistung für die Beihilfe zum Hundert-Millionen-Betrug in das internationale Waffenhandelsgeschäft einzuführen.

Erst Anfang der achtziger Jahre kühlten die Beziehungen zwischen der Gruppe um Udo Proksch und Karl Lütgendorf, der sein Ministeramt in der Zwischenzeit wegen seiner Verwicklung in illegale Waffengeschäfte mit Syrien abgeben mußte, spürbar ab. Die wahren Gründe hiefür wird man niemals erfahren, denn der Ex-Minister war bald darauf tot.

Fest steht nur, daß Lütgendorf eines Tages entdeckte, zu welchem Zweck er von seinen angeblichen Freunden im *Fall Lucona* benützt und mißbraucht worden war. Selbst im *Club 45*, zu dessen innerstem Kreis er zuvor jahrelang gezählt hatte – einer der Salons war ihm zu Ehren sogar »Lü-Salon« genannt worden –, erhielt er zum Schluß sogar Hausverbot.

Ab dem Frühjahr 1981 begann sich der Ex-Minister um sein Leben Sorgen zu machen. In seinem im niederösterreichischen Höllental gelegenen Landhaus bei Schwarzau im Gebirge, wo er mit seiner zweiten Frau »Emmy« und seinen Schwiegereltern ein 250 Hektar großes Forstgut betrieb, traf er Vorkehrungen zu seiner persönlichen Sicherheit und teilte seine Befürchtungen, eines Tages ermordet zu werden, auch seinen Familienangehörigen mit.

Am späten Vormittag des 9. Oktober 1981 verließ Lütgendorf wie gewöhnlich das Haus, um mit seinem Lada-Taiga-Geländewagen in sein Revier zu fahren, in dem sich – nur wenige Kilometer entfernt – auch eine Jagdhütte befand. Seiner Schwiegermutter Maria Gruber, die den Lütgendorf-Gutshaushalt organisierte, sagte er vor dem Weggehen, daß er wie immer bis zum Mittagessen um 12.30 Uhr wieder zurück sein werde.

Nachdem Lütgendorf auch um 14.00 Uhr noch nicht aufgetaucht war, machten sich seine Frau Emmy und Schwiegervater Anton Gruber auf die Suche. Kurze Zeit später fanden sie ihn vor seiner Jagdhütte – tot.

Er saß im Geländewagen, blutüberströmt, der Kopf war auf das Lenkrad gefallen, seine eigene *Smith & Wesson* hatte er noch in der Hand.

Der herbeigerufene Schwarzauer Gemeindearzt Harald Schramm stellte einen Einschuß im Gaumenbereich fest – aus Lütgendorfs eigener Waffe. Es sah aus wie ein Selbstmord. Nur ein Umstand sprach dagegen: Seltsamerweise waren sämtliche Vorderzähne ausgeschlagen.

Hatte sich der Ex-General demnach selbst umgebracht, indem er sich eine Kugel durch den geschlossenen (!) Mund schoß? Oder sollte es nur wie ein Selbstmord aussehen, und irgend jemand, der ihm bei seiner Jagdhütte auflauerte, stieß ihm den Lauf seines eigenen Revolvers mit brutaler Gewalt in den Mund?

Gegenüber der Öffentlichkeit und den Medien legte man sich in der Folge rasch auf die Selbstmordversion fest. Der Grund für Lütgendorfs Freitod, so hieß es, seien finanzielle Probleme gewesen, obwohl das Ermittlungsergebnis der Kriminalpolizei gerade dieses Motiv völlig ausschloß.

Zwar warf, gemessen an seinem aufwendigen Lebensstil, das Schwarzauer Forstgut nur wenig Ertrag ab, doch immerhin bezog der Ex-Politiker darüber hinaus auch noch persönliche Einkünfte in beträchtlicher Höhe:

Eine Ministerpension von netto rund 50 000 Schilling pro Monat, eine Generalspension in annähernd gleicher Höhe, monatliche Konsulentenhonorare von mehreren Firmen und darüber hinaus noch jährliche Tantiemen in der Höhe von 45 000 Schilling für seine Aufsichtsratstätigkeit bei der verstaatlichten *Chemie Linz AG.* In der Schweiz konnte Lütgendorf über Konten mit Millionenguthaben – aus seiner Tätigkeit als Vermittler von Waffengeschäften – verfügen.

Ein anderes Motiv, das einen Selbstmord möglich erscheinen lassen sollte, siedelte das Bundesministerium für Landesverteidigung im höchstpersönlich-familiären Bereich an. Es betraf die Beziehungen, die laut einem Bericht des *Heeres-Nachrichtenamtes* die Ministersgattin Emilie (»Emmy«) zu Philipp Lütgendorf, dem Sohn des Politikers aus seiner ersten Ehe, angeblich unterhielt.

Dennoch wurde von der Kripo eine Zeitlang wegen Mordverdachtes ermittelt, bis schließlicn der damalige Bundeskanzler Bruno Kreisky persönlich den niederösterreichischen Sicherheitsdirektor Emil Schüller anrief und um die Einstellung der kriminalpolizeilichen Untersuchungen bat. Eine behördliche Feststellung, wonach ein ehemaliges Regierungsmitglied einem mysteriösen Mord zum Opfer gefallen sein könnte, lag nicht im Interesse der Republik.

Nichtsdestoweniger haben politische Insider bis zum heutigen Tag ebenso große Zweifel an der Selbstmordthese wie Lütgendorfs Familienangehörige.

Auch Udo Proksch weiß offenbar, daß sein Partner und »Freund« keineswegs Selbstmord beging. Seiner Ansicht nach, so vertraute der *Demel*-Chef Redakteuren des Hamburger Nachrichtenmagazins *Der*

*Spiegel* an, habe ihn der israelische Geheimdienst MOSSAD auf dem Gewissen.
Udo Proksch selbst habe bei Lütgendorfs gewaltsamem Tod in irgendeiner Weise seine Hände im Spiel gehabt, gab demgegenüber Maria Gruber, des Ex-Ministers heute 74jährige Schwiegermutter, zuletzt im Herbst 1985 in der Wiener Anwaltskanzlei Werner Masser zu Protokoll. Und die betagte Dame ist heute mehr denn je überzeugt: »Mein Schwiegersohn wurde zum Selbstmord gezwungen!« Mehr als ein paar Indizien gibt es für ihre Behauptungen allerdings nicht.
Unwiderlegbar bewiesen ist in der Zwischenzeit lediglich, daß Verteidigungsminister Lütgendorf – wie in dem Dokument, in dessen Besitz der Autor dieses Buches im März 1986 gelangt war, beschrieben – tatsächlich auch Aktionär der *Zapata AG* war.
Als der Verfasser Punkt für Punkt mit der Verifizierung der in diesem Dokument enthaltenen Informationen begann, stellte sich deren Richtigkeit auch Punkt für Punkt rasch heraus:
Der Schweizer Treuhänder Max Peterhans bestätigte als Zeuge vor der Kripo, daß den Auftrag zur Gründung der *Zapata* Prokschs Wiener Steuerberater Erich Hofbauer gab.
Daß der *Demel*-Chef selbst sowie Hans Peter Daimler die Hauptaktionäre der mysteriösen schweizerischen Briefkastenfirma waren, ging sehr bald zweifelsfrei aus dem gesamten Gerichtsakt des Wiener U-Richters Wilhelm Tandinger hervor, und am 6. November 1986 gestand in Paris schließlich auch Steven Low als Zeuge vor Untersuchungsrichter Jean-Pierre Michau, einen kleinen Anteil der *Zapata*-Aktien namens seiner liechtensteinischen Firma *Atlas Oil Company Ltd.* erworben zu haben.
Somit blieben nur noch die beiden genannten Politiker übrig: Karl Lütgendorf und Leopold Gratz.
Zumindest die *Zapata*-Aktien des ehemaligen Verteidigungsministers mußten noch existent sein, denn im Jahr 1983 – als die behauptete Vernichtungsaktion im *Club 45* stattfand – war er ja schon längst tot.
Am 8. März 1986 setzt sich der Autor daher mit Emmy Lütgendorf in Verbindung. Die Witwe des Ex-Ministers bestritt jedoch zunächst ganz entschieden, irgend etwas von *Zapata*-Aktien zu wissen. Hellhörig und ein wenig gesprächsbereit wurde sie indes, als der Verfasser durchblicken ließ, daß er allenfalls auch an einem Kauf solcher Papiere interessiert sei. Ihr abschließender Rat: »Fragen Sie halt einmal den Gratz, vielleicht hat er noch solche Aktien in seinem Besitz.«
Kurz darauf erhielt der Autor eine seltsame anonyme Einladung in die *Klimt-Bar* des Wiener *Hilton.* Dort erwartete ihn ein Araber, der

sich angeblich auf der Durchreise befand, und stellte sich als Besitzer von je zehn Inhaberaktien sowohl der *Zapata AG* als auch der *Lylac AG* vor, der 90% der Konditorei *Demel* gehören.
Ohne Umschweife zog der Mann schließlich die Original-Zertifikate aus der Tasche und nannte den Preis: 1 Million Schilling in bar. Die *Zapata*-Aktien, die der Unbekannte zum Kauf anbot, hatten die Nummern 491 bis 500.
Dieses Treffen, das am 19. April 1986 stattfand, wurde von drei Beamten der *Kriminalbeamten-Einsatzgruppe* der Wiener *Staatspolizei* überwacht. Nach etwa einer halben Stunde schritten die Stapo-Leute ein und stellten die Identität des Arabers fest.
Der Aktienverkäufer hieß Faroukh El Khasab – ein Ägypter, der schon seit vielen Jahren in Wien lebt und für eine *Bauplanungsgesellschaft m.b.H.* mit dem Sitz am Wiener Kohlmarkt 12 als Geschäftsführer fungiert.
Später gab der Ägypter zu, mit der Durchführung dieser seltsamen Aktion von Emmy Lütgendorf beauftragt worden zu sein. Lütgendorfs Witwe hatte die Aktien tatsächlich im Nachlaß des Ministers gefunden und diese zuvor bereits einmal zu Geld zu machen versucht, indem sie die heißen Papiere Udo Proksch zum Rückkauf offerierte.[45]
Für den Autor gab es nun wohl keinen Grund mehr, an der Authentizität der in seinem Besitz befindlichen Dokumente zu zweifeln. Dennoch hatte er beim Versuch, den einzigen noch verbliebenen Punkt zu verifizieren, kein Glück. Ein unmittelbarer Nachweis, daß auch Leopold Gratz *Zapata*-Aktionär war, gelang ihm bis jetzt nicht.
Am 4. April 1986 konfrontierte der Verfasser den damaligen Außenminister erstmals mit seinen Informationen und erbat eine Erklärung. Gratz dementierte und bestritt alles sofort: Er sei »in keiner Weise Inhaber von Aktien dieser Gesellschaft noch sonst in irgendeiner Weise, sei es direkt oder indirekt«, an der *Zapata AG* seines Freundes Udo Proksch beteiligt. Die dem Autor vorliegenden Dokumente seien »unrichtig und verfälscht«.
Am 9. April 1986 entschloß sich der Politiker, die Flucht nach vorne anzutreten, und beauftragte den SPÖ-Parteianwalt Herbert Schachter, bei der Staatsanwaltschaft Wien eine Strafanzeige gegen unbekannte Täter »wegen des Verbrechens der Urkundenfälschung« zu erstatten. Zugleich beantragte Leopold Gratz eine Hausdurchsuchung beim

---

[45] Später bot Emmy Lütgendorf die *Zapata*-Aktien pikanterweise sogar der *Bundesländer-Versicherung* zum Kauf an. Deren Vorstandsdirektor Josef Buchinger gab ihr jedoch ebenso wie Udo Proksch einen Korb.

Autor dieses Buches und die Beschlagnahme jener Informationen und Dokumente, aus welchen sein Status als Aktionär der *Zapata AG* hervorging.
Die gerichtlichen Vorerhebungen wegen des Verdachtes der Urkundenfälschung wurden Ende Mai 1986 eingestellt, worauf Leopold Gratz am 16. Juni 1986 als Außenminister zurücktrat, um nicht das Opfer »einer denkbaren politischen Erpressung zu werden« (Udo Proksch).
Als im Herbst 1986 die Absicht des Verfassers, dieses Buch herauszugeben, bekannt wurde, drohte der Politiker sofort mit »allen rechtlichen Schritten« und der sofortigen »Beschlagnahme des Buches«, falls darin die Information, wonach er *Zapata*-Aktionär sei, veröffentlicht werde.
Am Sonntag, dem 5. Oktober 1986, fand ein sonderbarer Einbruch in das in der Wiener City gelegene Redaktionsbüro des Verfassers statt. Entwendet wurde dem Anschein nach nichts. Der oder die Täter konnten jedoch ebenfalls weder vom *Sicherheitsbüro* noch von der *Staatspolizei* ausgeforscht werden.
Am 16. Oktober 1986 veranlaßte Leopold Gratz die Einleitung eines Strafverfahrens gegen den Autor »wegen des Verbrechens der Verleumdung«. Er habe, beklagte sich der Proksch-Beschützer bei der Wiener Staatsanwaltschaft, »mit dem Untergang eines Schiffes, einer Uranmühle und dem Tod von sechs Seeleuten nichts zu tun«.
Drei Wochen später beantragte Staatsanwalt Wolfgang Mühlbacher, der auch den *Lucona*-Akt zu bearbeiten hatte, die Einstellung der gegen den Autor eingeleiteten gerichtlichen Vorerhebungen, da zu dessen weiteren Verfolgung »kein Grund gefunden werden konnte«.
Aber Leopold Gratz gab deshalb seine Versuche, mit untauglichen Mitteln das Erscheinen dieses Buches zu verhindern, noch lange nicht auf. Er brachte gegen den Verfasser wenigstens eine Privatklage wegen § 111 StGB (»üble Nachrede«) ein.
Es kam im Wiener Landesgericht zum Prozeß. Der Verfasser bot den Wahrheitsbeweis an. Nach mehreren Verhandlungsrunden sprach das Gericht den Autor am 27. August 1987 in der ersten Instanz von der Anklage frei.
Trotzdem ist es dem Autor weder möglich, die ihm zugänglich gewordenen Dokumente zu veröffentlichen, noch zu schreiben, daß der in der Zwischenzeit zum Parlamentspräsidenten und damit zu einem der höchsten politischen Funktionsträger im Staat avancierte Leopold Gratz *Zapata*-Aktionär war.
Zuletzt nämlich brachte der mächtige Politiker gegen den Autor beim

Wiener Landesgericht für Zivilrechtssachen auch noch eine »Unterlassungsklage« mit einem Millionenstreitwert ein, um auf diese Weise doch noch zu verhindern, »daß der Beklagte in einem Buch über mich wahrheitswidrige Äußerungen im Zusammenhang mit dem Untergang eines Schiffes, eines Versicherungsprozesses und eines Strafverfahrens (Lucona/Udo Proksch) wiedergibt« (Zitat aus der Klagsschrift von Leopold Gratz).

Die volle Wahrheit in diesem Punkt wird indes – so oder so – vermutlich niemals an den Tag kommen können: Proksch schweigt, denn er weiß, daß er seine prominenten Politikerfreunde noch benötigen wird wie ein Verhungernder ein Stück Brot.

Und Gratz selbst würde natürlich niemals etwas zugeben können, ohne damit nicht erstens vor allem seine Parteifreunde Fred Sinowatz, Karl Blecha und sogar Kanzler Vranitzky schwer mitzubelasten und zweitens zugleich auch sein eigenes politisches Todesurteil zu fällen.

Darüber hinaus könnten nähere Auskünfte allenfalls nur noch Emmy Lütgendorf oder die betagte Schwiegermutter des »zum Selbstmord gezwungenen« ehemaligen österreichischen Heeresministers erteilen. Es liegt auf der Hand, daß auch sie dazu nicht bereit sind.

Die letzten Worte, die Maria Gruber in dieser Angelegenheit sprach, waren deutlich genug. »Wenn ich was rede«, habe »die Emmy« – Lütgendorfs Witwe – sie gewarnt, »hat der Udo Leute, die mich umbringen.«

Zapata-Aktie aus dem Besitz von Verteidigungsminister Karl Lütgendorf

## Proksch: »Ich breche euch noch allen das Kreuz!«

Für einige Machthaber und einen Teil der Regierung schien das Einschlafenlassen der *Causa Lucona* tatsächlich eine politische Notwendigkeit erster Ordnung zu sein.
Ursprünglich waren die Weichen für die endgültige Einstellung aller Ermittlungen gegen Udo Proksch und Genossen sogar schon im Sommer 1985 gestellt. Verhindert hat diese Absicht damals ausschließlich die durch die plötzlich einsetzende Serienberichterstattung zahlreicher Medien kurzfristig wachgerüttelte Öffentlichkeit.
Nicht nur in Deutschland und in der Schweiz, sondern quer durch ganz Europa hatten sich die größten und angesehensten Zeitungen und Magazine der »österreichischen Staatsaffäre, gegen die Skandale à la Flick langweilig wirken« (*Die Zeit*), anzunehmen begonnen.
»Die Republik büßt ihre Würde ein«, schrieb *Der Spiegel*, und in Österreich selbst trugen in erster Linie das Nachrichtenmagazin *profil* sowie insbesondere Gerald Freihofners monatelange Serienberichte in der *Wochenpresse* dazu bei, den offenkundigen Rechtsbruch einer stillen Einstellung des *Falles Lucona* zu verhindern.
Daß ein Teil dieser Berichte nicht zuletzt durch die Hand des rührigen Rechtsanwaltes Werner Masser – im Interesse der Versicherer – diskret gesteuert worden war, versteht sich von selbst. Ihm blieb auch gar keine andere Wahl.
Serienweise parlamentarische Anfragen folgten, und eine Zeitlang schien der bürgerlichen *Österreichischen Volkspartei*, die damals mit ihrem scharfzüngigen Ex-Generalsekretär Michael Graff noch in Opposition war, das *Lucona*-Feuer zum Wärmen des eigenen parteipolitischen Süppchens durchaus nicht unwillkommen zu sein.
Sehr lange gelang es der ÖVP indes nicht, sich als Hüterin des Rechtsstaates zu profilieren, denn bald schlug das Machtkartell rund um Udo Proksch erbarmungslos zurück.
Schon im Frühjahr 1985 hatte der *Demel*-Chef seinen Freund Leopold Gratz konsultiert und ihn befragt, »ob man denn nicht auch öffentlich zeigen könnte, was bei der *Bundesländer-Versicherung* los ist«[46].

---

[46] Proksch-Eingeständnis als Zeuge vor Gericht im Verlauf eines Presseprozesses.

Im August 1985 reiste Udo Proksch noch rasch nach Mallorca, um seinem einstigen Mentor Bruno Kreisky einen Besuch abzustatten. Nach seiner Rückkehr war es soweit.
Der in die Enge getriebene *Club 45*-Hausherr begann systematisch seine Pläne in die Tat umzusetzen, mit deren Hilfe er seine Feinde ein für allemal moralisch zu vernichten und jeden weiteren Widerstand gegen eine Einstellung seines Verfahrens zu brechen gedachte, wobei man annehmen darf, daß ihm dabei auch ein in die *Bundesländer-Versicherung* eingeschleustes »trojanisches Pferd« hilfreich an die Hand ging.
Am 27. September 1985 hatte der Autor dieses Buches zufällig Gelegenheit, einen spektakulären Auftritt vor dem *Club Gutruf* in der Wiener Milchgasse mitzuerleben, in dessen Verlauf sich Udo Proksch erstmals zu wüsten Drohungen gegen seine Verfolger und einer bedeutungsschweren Ankündigung hinreißen ließ.
Mit dabei: Renzo Vianello und des *Demel*-Chefs Freund, der in der Wiener Szene allseits geschätzte Salonkommunist und DDR-»Prokurist« Rudi Wein.
Die Begrüßung des Autors durch Udo Proksch zeichnete sich – wie bei fast jeder Begegnung – durch den bewußten Verzicht auf geheuchelte Höflichkeit und übertriebene Herzlichkeit aus. Der *Demel*-Chef bemerkte nur knapp: »Da ist es ja, das Schwein!«
Im Verlauf des darauffolgenden spontanen Kurzinterviews gab er dann aber auch seine Pläne und Absichten gleich auf offener Straße ungeschminkt und lautstark bekannt.
»Diesen schwarzen Wixern«, verkündete er, »wird die Lust, ausgerechnet auf mich mit dem Finger zu zeigen, schon sehr bald vergehen, denn die stecken alle auch selbst bis zum Kinn in der Scheiße:
Der Michael Graff, dieses homosexuelle Schwein. Der Doktor Masser, der durch diesen Prozeß schon Millionen und -zig Häuser verdient hat. Die ÖVP wird auch sehr bald ruhig sein, und den Herren in der *Bundesländer-Versicherung* wird das Lachen sowieso noch vergehen.«
»Ich werde«, beschied Udo Proksch dem Verfasser zuletzt, »diese Sache durchziehen bis zum bitteren Ende. Entweder bin am Schluß ich hin – oder ihr. Aber ihr werdet es erleben: Ich breche euch noch allen das Kreuz!«
Der *Demel*-Chef hielt sein »Versprechen«: Zuerst kam es zu einer ebenso kurzen wie für den ÖVP-Obmann Alois Mock schmerzhaften medialen Wiederaufbereitung der peinlichen Millionen-Koffer-Affäre um Bela Rabelbauer – worauf die ÖVP-Spitze schlagartig alle weite-

ren offiziellen Äußerungen und Angriffe auf die Regierungspartei im Zusammenhang mit dem *Fall Lucona* unterließ.
Wenig später traf eine weitere Prophezeiung Udo Prokschs ein: Der gewaltige Skandal um die *Bundesländer-Versicherung* und deren Generaldirektor Kurt Ruso brach auf.[47]
Spätestens Mitte Dezember 1985 pfiffen es schon die Spatzen vom Dach, »was bei der *Bundesländer-Versicherung* los war«. Daß dort – unter höchstpersönlicher Mitwirkung des Generaldirektors und einer größeren Anzahl seiner engsten Mitarbeiter – seit Jahren unzählige Schadensfälle fingiert und auf Kosten der Gesamtheit aller Versicherungsnehmer und Prämienzahler im Laufe der Zeit Dutzende von Millionenbeträgen auf die Seite gebracht worden waren.
Die Eigentümervertreter der schwarzen Versicherungsanstalt reagierten sofort und versuchten zu retten, was noch zu retten war. In einer Blitzaktion wurde Kurt Ruso am 19. Dezember 1985 – um ihn aus der Schußlinie zu bekommen – gezwungen, »auf eigenen Wunsch aus Gesundheitsgründen« seinen Rücktritt als Generaldirektor zu erklären. Als neuer Vorstandsvorsitzender zog innerhalb weniger Stunden Walter Petrak, bis dahin Chef der *Raiffeisen-Versicherung*, in die *Bundesländer-Versicherung* ein.
Seinen freiwilligen Zwangsabgang versüßte man Ruso durch die vertragliche Zusicherung, ihm zunächst noch drei Jahre lang seine vollen Bezüge in der Höhe von rund 300 000 Schilling monatlich weiter zu zahlen. Und danach sollte ihm sein Generaldirektorengehalt in voller Höhe über den Umweg eines »Konsulentenvertrages« zufließen.
Was man offenbar anfangs nicht wußte: Kurt Ruso hatte in den vergangenen Jahren diese Art der Geldbeschaffung nicht nur für politische Zwecke betrieben, sondern in zunehmendem Maß auch Dutzende Freunde in und außerhalb der Versicherung mit »Millionenspenden« – für Privatzwecke – bedient. Daß in der Folge immer mehr Mitarbeiter auch eine immer höher werdende Beteiligung am Millionenkuchen verlangten, versteht sich von selbst. Und am Ende wurde Kurt Ruso von allen Seiten schlichtweg auch einfach erpreßt.
Doch erst als die Staatsanwaltschaft über Umwege und anonyme Anzeigen von den Vorgängen Kenntnis erlangte, wurde am 25. Jänner 1986 Rusos Dienst- und Konsulentenvertrag rasch gelöst. Das Aufsichtsratspräsidium der *Bundesländer-Versicherung* räumte dem

---

[47] Schon im Sommer 1985 hatte Udo Proksch bemerkenswerterweise auch den ihn einvernehmenden Kripo-Beamten gegenüber mehrmals angekündigt, daß es schon sehr bald auch bei der *Bundesländer-Versicherung* Hausdurchsuchungen geben werde.

Ex-Generaldirektor jedoch gleichzeitig für die Rückzahlung der privat veruntreuten Beträge eine Frist bis zum Jahr 2005 ein.
Als die Versicherungs-Aufsichtsbehörde schließlich vehement die sofortige Erstattung einer Strafanzeige gegen Ruso und alle Nutznießer seiner Zuwendungen verlangte, wehrten sich Aufsichtsrat und neues Management der Versicherung eine Zeitlang heftig. Man vertrat den Standpunkt, die Millionen-Malversationen innerhalb der *Bunuesländer* seien deren »Privatangelegenheit«. Lediglich zwei ohndies bereits ungeliebte Politiker aus dem eigenen Lager – den Wiener ÖVP-Stadtrat Anton Fürst und den steirischen Ex-Landeshauptmann Friedrich Niederl – sowie die burgenländische SPÖ-Dissidentin und Sauberfrau von eigenen Gnaden, Rusos Geliebte Ottilie Matysek, gab man der Öffentlichkeit als Nehmer gleich vorneweg selbst bekannt.
Erst am 3. März 1986 erhielt die Wiener Staatsanwaltschaft aus der *Bundesländer-Versicherung* eine eineinhalbseitige dürre »Sachverhaltsdarstellung« mit dem Hinweis, daß sowohl allen Geldempfängern als auch Herrn Dr. Ruso der Strafaufhebungsgrund der tätigen Reue zuzubilligen (sei).»
Eine Namensliste der – wie sich später herausstellen sollte – mehr als achtzig Beteiligten und Ruso-Begünstigten erhielt die Staatsanwaltschaft jedoch nicht. Sie mußte sich die Namen der mutmaßlichen Straftäter bei der geschädigten *Bundesländer-Versicherung* erst im Zuge einer vom Gericht angeordneten Hausdurchsuchung selbst besorgen.
Am 6. März 1986 wurde schließlich doch Strafanzeige erstattet. Man entschloß sich, Kurt Ruso zu opfern. Die Schadenssumme betrug zunächst 72 Millionen und erhöhte sich später auf 152 Millionen Schilling. Offiziell.
Wieviel Geld aus der *Bundesländer* – wie offenbar auch aus anderen Institutionen – jedoch wirklich im Laufe der Jahre und wohin verschwand, dürften nur wenige Eingeweihte tatsächlich wissen. Die österreichischen Versicherungsnehmer hingegen merken es nur angesichts ihrer Haushalts- oder Autohaftpflichtsversicherungsprämien, die in immer unverschämter werdender Weise ständig erhöht werden müssen.
Natürlich blieben im übrigen auch das wirkliche Ausmaß und der wahre Hintergrund dieser Affäre bis heute unaufgeklärt – und werden es auch weiterhin bleiben.
Übrig bleiben wird lediglich Kurt Ruso, den man bald abwechselnd einmal als »armen Verrückten« und das andere Mal als »Opfer seiner sozialen Gesinnung« hinzustellen versuchte, wobei er selbst sich of-

fenbar der trügerischen Hoffnung hingibt, man werde ihn nach seiner Haftentlassung für sein Schweigen belohnen.
Die Rechnung Udo Prokschs und seiner politischen Freunde aber ging immerhin auf: Zwar reagierten die Sozialisten auf die *Bundesländer*-Affäre auffallend moderat, dafür verlor aber plötzlich auch die andere Seite jegliches Interesse an einer Weiterverfolgung des *Lucona*-Skandals.
Aber auch der Blätterwald verfiel bald – wie von einer unsichtbaren und geheimen Macht gesteuert – in völliges Schweigen. Der Mantel des Vergessens breitete sich über beide Affären.
Einzig und allein die Recherchen für dieses Buch waren noch geeignet, die großkoalitionäre Friedhofsruhe zu stören. So verwunderte es den Autor auch nicht, daß plötzlich Leute auf den Plan traten, die sich für seine Vermögensverhältnisse und seine finanzielle Lage zu interessieren begannen. Seine Bankkonten wurden gecheckt und nach (nicht vorhandenen) Hintermännern seines kleinen Verlages geforscht.
An mehr oder weniger wirkungsvollen Einschüchterungsversuchen, gelegentlichen subtilen Drohungen und der »Empfehlung«, dieses Buchprojekt doch lieber bleiben zu lassen, hatte es natürlich auch schon zuvor nicht gefehlt. Diesmal schien man jedoch ein finanzielles Angebot in Erwägung zu ziehen.
Erstaunlich und höchst bemerkenswert war indes, woher in diesem Fall der Wind wehte.
Am 21. März 1986 war für den Autor die Spannung vorbei. Für diesen Tag hatte er eine hochoffizielle Einladung des Generaldirektors der *Bundesländer-Versicherung* erhalten und erfuhr es nun – in Anwesenheit des gesamten Vorstandes der Versicherungsanstalt – genau.
Walter Petrak, der das unverwechselbare Flair des kompetenten und erfolgsgewohnten Spitzenmanagers ausstrahlt, ging mit viel Fingerspitzengefühl und großer Behutsamkeit an die heikle Thematik heran und zeigte zunächst »großes Verständnis« für das journalistische Interesse und die Absicht des Autors, den *Fall Lucona* aufklären zu wollen. Artig bat er danach aber auch um Verständnis, daß es seine Pflicht als Generaldirektor dieses Institutes sei, »alles Menschenmögliche zu unternehmen«, um zu verhindern, daß »das Haus in diesem Zusammenhang erneut in die Schlagzeilen der Medien gerät«.
Dann überließ er seinem Vizegeneraldirektor das Wort, der den Stier ohne zu zögern bei den Hörnern zu packen begann.
»Es wäre eine Katastrophe«, erklärte Josef Buchinger kurz und bündig, »ein Wahnsinn, wenn jetzt auch noch dieses Buch erscheint« und

durch eine Aufdeckung der Hintergründe der *Lucona*-Affäre ein neuerlicher Wirbel entstehe.
Dadurch würden nicht nur 3 800 Arbeitsplätze bei der *Bundesländer* gefährdet, sondern die Geschäftsinteressen der gesamten Versicherungswirtschaft geschädigt. Und außerdem gäbe es da auch noch »übergeordnete politische Interessen«, die zu berücksichtigen seien.
»Durch dieses Buch«, fuhr Buchinger fort, würde sicherlich bestimmten Leuten ein neuerlicher Zündstoff und ein Grund zum Zurückschlagen geliefert. Auch Kurt Ruso sei ja im übrigen an der Lage, in der er sich nunmehr befinde, selbst schuld: »Es war unverantwortlich von ihm, zuzulassen, daß man die SPÖ und Regierungsmitglieder im Namen des Hauses so attackiert. Völlig klar, daß die zurückzuschießen begannen!«
Nun aber sei man »auf die Kooperation mit jenen, die an der Macht sind, noch mehr angewiesen«, denn es müsse und werde gelingen, den »*Bundesländer*-Skandal« zu einer rein kriminellen Einzelaktion des früheren Generaldirektors und zu einem »Fall Ruso« herunterzuspielen. Dies sei jedoch nur dann möglich, »wenn auch die *Lucona*-Geschichte ruhiggestellt wird«.
Hätte er schon früher hier etwas zu reden gehabt, dann wäre dieser *Lucona*-Schaden (auf Kosten der Rückversicherer, Anm. d. Verf.) ohnehin schon längst ausbezahlt worden, denn diese negative Reklame »zahlt sich ja wegen dieses Falles nicht aus«.
Nach diesen bemerkenswerten Eröffnungen war wieder Walter Petrak an der Reihe: Ja, »das Haus« habe sehr großes Interesse daran, »daß dieses Buch jetzt nicht erscheint«.
Natürlich wisse man, faßte der Generaldirektor der *Bundesländer-Versicherung* dann zusammen, daß vom Autor bereits sehr viel Geld in das Projekt investiert worden sei und daß die finanziellen Voraussetzungen geschaffen werden müßten, damit er sich leisten könne, dieses Buch nicht erscheinen zu lassen und statt dessen etwas ganz anderes zu tun.
»Hiefür«, so Petrak wörtlich, »würde das Haus Ihnen sehr gerne zur Verfügung stehen.« Und Josef Buchinger schlug auch gleich einen Termin für die nächste Zusammenkunft in einer Bank vor.
Es ist schon bemerkenswert: Daß beispielsweise die Täter im *Fall Lucona* alles daransetzen würden, damit dieses Buch nicht auf den Markt kommt, war vollkommen klar. Das kann man verstehen.
Daß aber sogar die Opfer dafür zu zahlen bereit sind, damit die Tat möglichst unaufgeklärt bleibt und man die Täter nicht zur Verantwortung zieht, ist erstaunlich.

# Perfekte Desinformation

Seit Jahresbeginn 1987 herrscht in Österreich »große Koalition«, und daß diese den *Fall Lucona* wahrscheinlich bald endgültig »umbringen« werde, vermutete sogar schon der bayerische Ministerpräsident Franz Josef Strauß.

Aber auch den Medien des Landes mangelte es an der nötigen Einsicht und am Verständnis für die »übergeordneten politischen Interessen« offenbar nicht: Die letzte Notiz, die über den *Fall Lucona* vor der Fertigstellung dieses Buches veröffentlicht wurde, erschien im Jänner 1987 in der Wiener Illustrierten *Basta.* Sie umfaßte zehn Zeilen, in welchen es hieß:

»BASTA prophezeit: Weil er tatsächlich unschuldig ist, und weil seine Jäger Hans Pretterebner und Gerald Freihofner zusammen nicht so stark sind wie er, wird der *Demel*-Inhaber Udo Proksch, Betrugs- und Mordverdächtigter in der *Lucona*-Affäre, im kommenden Jahr endgültig rehabilitiert.«

Bis zur letzten Konsequenz hat sich diese Weissagung freilich noch nicht bewahrheitet.

Die Flurbereinigung im Zuge der großen Koalition kam erst in zwei prominenten politischen Fällen zum Tragen: Auf der einen Seite wurden sämtliche Verfahren gegen Landeshauptmann Siegfried Ludwig eingestellt und auf der anderen Seite der ehemalige SPÖ-Bautenminister und Gewerkschaftsbund-Vizepräsident Karl Sekanina, der in die Gewerkschaftskasse gegriffen hatte, rehabilitiert.

Ex-Vizekanzler Hannes Androsch hingegen, der seine politische Vorbildfunktion als Finanzminister jahrelang in der Weise erfüllte, daß er privat Steuern in vielfacher Millionenhöhe hinterzog, hat an einigen Fronten noch immer zu kämpfen, ehe er an sein politisches Comeback denken kann.

Und auch die »Unschuld« des *Demel*-Chefs ist in Wahrheit noch lange nicht amtlich. Ganz im Gegenteil: Erst im August 1987 faßte zuletzt Staatsanwalt Mühlbacher wieder einmal den vom Mut der Verzweiflung diktierten Entschluß, durch eine rasche Anklageerhebung endlich einen Schlußpunkt unter die mittlerweile schon mehr als vier Jahre dauernden »Vorerhebungen« setzen zu wollen.

Danach galt es nur noch, zuerst die burgenländischen Landtagswahlen, dann den SPÖ-Parteitag und schließlich auch noch die Wiener Gemeinderatswahlen abzuwarten. Es durfte ja unter keinen Umständen der Eindruck entstehen, als handle es sich beim *Fall Lucona* etwa gar um ein Politikum.
Aber dann war es endlich soweit: Am 11. November 1987 ließ die Staatsanwaltschaft den in sechzehn stattlichen Kisten verpackten *Lucona*-Akt von einem Speditionsunternehmen wieder einmal zur Oberstaatsanwaltschaft in den Wiener Justizpalast schaffen, wo er nun – zum wievielten Mal eigentlich? – eine Zeitlang von kompetenten Juristen studiert werden wird.
Auch die neuerliche untertänige Bitte des Staatsanwaltes, eine Voruntersuchung einleiten zu dürfen, die im Falle von Kapitalverbrechen vor Erhebung einer Anklage gesetzlich normierte Voraussetzung ist, wird wieder einmal – zweifellos in wohlwollender Weise – geprüft.
Die letzte Entscheidung behielt sich Justizminister Egmont Foregger vor, der bekanntlich so stolz darauf ist, wie gut in Österreich die Justiz funktioniert, und bei dem auch noch nie interveniert worden sei. Man versucht nur, ihm verschiedene »Meinungen« nahezubringen.
Sollte man freilich dem Staatsanwalt eines Tages tatsächlich erlauben, eine Anklage gegen Udo Proksch und seine Freunde – eingeschränkt auf das simple Faktum des Betruges – zu erheben, dann könnte man sich die Mühe in Wahrheit am besten gleich sparen, denn solange nicht zugleich auch wegen der vorsätzlichen Versenkung der *Lucona* Anklage erhoben wird, hängt zwangsläufig auch der Betrugsvorwurf in der Luft.
Nicht umsonst »argumentiert« Udo Proksch schon seit geraumer Zeit mit dem völlig logisch erscheinenden Hinweis, es könne in der *Causa Lucona* schon allein deshalb kein Versicherungsbetrug vorliegen, weil dieser zur unabdingbaren Voraussetzung hätte, daß auch das Frachtschiff mit Absicht versenkt worden sei.
Und nun lohnt es sich in der Tat, daß bisher von Kripo, Staatsanwaltschaft und Gericht wegen des Verdachtes des Mordes bzw. der vorsätzlichen Gefährdung durch Sprengmittel nicht ein einziger Ermittlungsschritt gesetzt werden konnte – weil dies mit Hilfe politischer Weisungen einfach verboten worden war.
Das ermöglichte Udo Proksch, in Ruhe alle jene Vorkehrungen zu treffen, die ihm nötig erschienen, um sich über den Umweg der völligen Verschleierung der Ursache, die zum Untergang der *Lucona* geführt hatte, letztlich auch vom Verdacht des Versicherungsbetruges zu befreien.

Und so bereitet sich Udo Proksch nunmehr auch auf die letzte Runde in seinem Fall vor. Schon vor Jahren begann er mit gezielter Desinformation, indem er bis zum Überdruß immer wieder erklärte: »Die Überlebenden des Unglücks haben schließlich vor dem Seegericht Rotterdam ausgesagt, daß die *Lucona* gegen ein Wrack prallte und innerhalb von Minuten sank.«

In dieselbe Kerbe hatte auch Proksch-Anwalt Robert Amhof schon geschlagen, als er der Staatsanwaltschaft in einem Schriftsatz folgende Mitteilung zukommen ließ:

»Vor dem Seegericht in Rotterdam wurde unmittelbar nach dem Schiffsuntergang die Untergangsursache geprüft und durch ein Gutachten des dortigen Gerichtssachverständigen als Ursache ein Auflaufen auf ein unter der Wasseroberfläche schwimmendes Wrack festgestellt.« Es ergebe sich somit »zweifelsfrei, daß ein Fremdverschulden am Versicherungsfall« oder gar »eine kriminelle Handlung auszuschließen sind«.

Allen Ernstes nahm das *Zapata*-Syndikat offenbar an, den österreichischen Behörden, die ohnehin nichts von Schiffen und von der Schiffahrt verstünden, mühelos wirklich jede Absurdität unterjubeln zu können. Jeder ernstzunehmende Nautiker weiß immerhin, daß die *Lucona* schon allein deshalb nicht aus dem oben erwähnten Grund innerhalb von zwei Minuten gesunken sein konnte, weil es solche »mehrere Meter unter der Wasseroberfläche treibende Wracks in der Realität gar nicht gibt« (Univ.-Prof. Dietrich Ebert, Hochschule für Nautik, Bremerhaven).

Zuletzt ließ Heinz Damian die »Bombe« buchstäblich platzen. Nun legte er dem Wiener Landesgericht für Strafsachen sogar ein »offizielles Gutachten des Gerichtshofes Rotterdam über den Schiffsuntergang« vor und führte in dem zugleich übermittelten »Beweisantrag« unter anderem wörtlich aus:

- »Das Frachtschiff *Lucona* sank **nicht** nach einer heftigen Explosion«
- »Nach dem Untergang fand eine Verhandlung vor dem zuständigen Gericht in Rotterdam statt, das zur Prüfung der Ursache einen gerichtlichen Sachverständigen bestellte . . .«
- »Der Gerichtssachverständige R. J. Kroesen . . . des für den Schiffsuntergang zuständigen Rotterdamer Gerichtes schließt also die Möglichkeit einer Explosion ausdrücklich aus!«
- »Durch das Gutachten des Gerichtssachverständigen wurde sohin der Nachweis erbracht, daß das Schiff *Lucona* nicht durch eine Explosion oder sonstige äußere Einwirkung gesunken ist.«

»Wenn aber«, so schloß nun Heinz Damian messerscharf, »der Schiffsuntergang nicht durch eine gewaltsame Explosion herbeigeführt wurde, ist dem ganzen Verfahren der Boden entzogen. Ohne herbeigeführten Schiffsuntergang kann es auch keinen Versicherungsbetrug geben.« Und schließlich: Das »offizielle Gutachten des Rotterdamer Gerichtes« müsse ja wohl auch für die österreichische Strafjustiz »maßgebend sein«.
Daß seit dieser »Enthüllung« niemand mehr so recht daran glauben mag, daß eine Weiterführung des Strafverfahrens gerechtfertigt wäre, ist klar.
Ein letztes Mal hatte sich schließlich auch schon der frühere Justizminister Harald Ofner, ehe die sozialistisch-freiheitliche Koalition nach der Wahlentscheidung vom 23. November 1986 aufgelöst worden war, im Plenum des Nationalrates zu Wort gemeldet und ausgeführt:
»Wenn es tatsächlich stimmt, daß bei dem Schiffsuntergang der *Lucona* sechs Menschen ums Leben gekommen sind, so läßt das niemanden von uns kalt.«
»Aber ich verweise darauf«, berief sich der Minister dann auf das von Heinz Damian dem Gericht vorgelegte Dokument, »daß es ein Seegerichtsverfahren gegeben hat, bei dem man unter den Fachleuten bei diesem Gericht nicht zu dem Schluß gekommen ist, daß etwa durch eine kriminelle Machination das Schiff auf den Meeresgrund geschickt worden wäre.«
Die Richtigkeit der dem Wiener Strafgericht und der Staatsanwaltschaft von Heinz Damian vorgelegten Beweise wurde demnach tatsächlich von allen – bis hinauf zum Justizminister – geglaubt. Und selbst den Parlamentsabgeordneten blieb schließlich nur noch die Möglichkeit, den Ressortchef im Wege einer letzten parlamentarischen Anfrage eher kleinlaut um Antwort zu bitten, ob denn »das Ergebnis eines ausländischen Seegerichtsverfahrens für die österreichischen Strafverfolgungsbehörden bindend« sei.[48]
Auch der Autor dieses Buches, er muß es zugeben, war zunächst wirklich perplex. Er hätte niemals für möglich gehalten, daß es sich ein Rechtsanwalt – selbst wenn er dem innersten Kreis des *Club 45* angehört und im Auftrag von Udo Proksch handelte – leisten könnte, eine österreichische Gerichtsbehörde schlicht und einfach zu täuschen und durch die Vorlage falscher Beweismittel glatt in die Irre zu führen, ohne riskieren zu müssen, seine Berufsbefugnis augenblicklich zu verlieren.

---

[48] Anfrage Nr 1662/J der Abgeordneten DDr. Fritz König und Kollegen

Und doch ist es in diesem Fall so: Die Behauptungen in dem zitierten Beweisantrag, die jedermann geglaubt hatte, wurden von Udo Proksch und Heinz Damian in einer gemeinschaftlichen Aktion von A bis Z schlichtweg erfunden.[49]
In Wahrheit hatte das »Seegericht Rotterdam« die Ursache des Unterganges der *Lucona* weder »zweifelsfrei« noch sonstwie geklärt, denn eine »Seegerichtsverhandlung« über den *Fall Lucona* fand überhaupt niemals statt.
Feststellungen über die Untergangsursache wurden aber auch von keinem anderen »zuständigen Gericht in Rotterdam« oder anderswo getroffen. In Rotterdam hatte, wie bereits ausführlich berichtet, lediglich ein Beweissicherungsverfahren stattgefunden und es wurden bei dieser Gelegenheit die Aussagen der Überlebenden protokolliert – und sonst nichts.
Und was schließlich den »Gerichtssachverständigen R. J. Kroesen« betrifft, so ist dieser Herr in Wahrheit weder ein gerichtlich beeideter Sachverständiger noch wurde er jemals von irgendeinem Gericht der Welt zur Prüfung der Untergangsursache der *Lucona* bestellt.
Den von Heinz Damian den österreichischen Behörden als »offizielles Gutachten des Gerichtshofes Rotterdam« untergejubelten »Report of Survey«, der von einer Rotterdamer Firma R. J. Kroesen B.V. verfaßt worden war, hatte vielmehr niemand anderer als der holländische Rechtsanwalt des *Zapata*-Syndikates, P. Blussé van Oud Alblas, in Auftrag gegeben – und die *Zapata AG* hatte dafür auch bezahlt.
Die Form allerdings, in der dieses private »Gutachten« – lange nach dem Untergang der *Lucona* – abgefaßt wurde, erweckte in der Tat einen höchst offiziellen Eindruck. Der wahre Auftraggeber wurde im Text selbst bewußt weggelassen. Erst auf der letzten Seite wies Herr Kroesen verschämt in zwei Zeilen auf seinen Auftraggeber, die Rechtsanwaltskanzlei »Messrs. Nauta, Lambert, Blussé, Rotterdam«, hin.
Und genau diese beiden Zeilen fehlten schließlich in dem Exemplar, das Heinz Damian dem österreichischen Gericht zukommen ließ und womit eine private Meinungsäußerung in ein »offizielles Gerichtsgutachten« ummanipuliert worden war, um die Justiz zu täuschen und in die Irre zu führen.
Unter den gegebenen Umständen würde es sich an und für sich er-

---

[49] Von den Disziplinarräten der österreichischen Rechtsanwaltskammern werden – für gewöhnlich – schon die geringsten Verstöße gegen die Standesehre zum Teil sehr rigide verfolgt und geahndet.

Landesgericht für Strafsachen
Wien
Eingel. am - 1. AUG. 1984 ... Uhr ... Min.
2 fach, mit 4 Blg. / Akten
... Halbschriften

28 b Vr 8o24/84

17

An das

Landesgericht für Strafsachen Wien

Landesgerichtsstrasse 11
1o8o W i e n

Verdächtigter: Rudolf Udo Proksch, Geschäftsführer
1o1o Wien, Kohlmarkt 14

vertreten durch:

RECHTSANWÄLTE
Dr. ROBERT AMHOF
Dr. HEINZ DAMIAN
1060 WIEN, LINKE WIENZEILE 4
TEL. 57 07 21
Gemäß § 19a RAO verlangt der gefertigte Anwalt die Bezahlung sämtlicher Kosten zu seinen Handen
Kto. PSK 1565.335

BEWEISANTRAG und
VORLAGE

zweifach
Beilagen:
1). Offizielles Gutachten des Gerichtshofes Rotterdam über den Schiffsuntergang (A)

**Nach dem Untergang des Schiffes fand eine Verhandlung vor dem zuständigen Gericht in Rotterdam statt, das zur Prüfung der Ursache des Schiffsunterganges einen gerichtlichen Sachverständigen bestellte, der sein Gutachten in diesem Verfahren erstattete.**

Der Gerichtssachverständige Kroesen in Rotterdam kam jedoch zu dem Ergebnis, dass eine Kollision mit einem unter der Wasseroberfläche schwimmenden Wrack stattfand, bzw. allmähliches Einfliessen des Wassers infolge Undichtheiten zum raschen Sinken des Schiffes führten. Wörtlich heisst es im Gutachten:

Durch das Gutachten des Gerichtssachverständigen wurde sohin der Nachweis erbracht, dass das Schiff LUCONA nicht durch eine Explosion oder sonstige äussere Einwirkung gesunken ist. Dieser durch das offizielle Gutachten des für den Schiffsuntergang zuständigen Gerichtes in Rotterdam bewiesene Umstand lässt die Einleitung des Verfahrens schwer erklärlich und dessen Aufbauschung durch eine fast 2oo Seiten lange Anzeige unverständlich erscheinen. Entschei-

**Wenn aber der Schiffsuntergang nicht durch eine gewaltsame Explosion herbeigeführt wurde, wie es im Hausdurchsuchungsbefehl angedeutet wird, ist dem ganzen Verfahren der Boden entzogen. Ohne herbeigeführten Schiffsuntergang kann es auch keinen Versicherungsbetrug geben!**

R. J. KROESEN B.V.
MARINE SURVEYORS
'ATELOSFCHSE LAGEDIJK 2, ROTTERDAM 3020
TEL. (010) 842077
POSTGIRO 54 43 48
BANK MEES & HOPE
(GIRO 6400)
K. v. K. REG.Nr. 122781

für Dr. Hekemann

# REPORT OF SURVEY

concerning foundering of Panamanian mv.

"L U C O N A"

on Voyage from Chioggia to Hongkong.

Operators: Oost Atlantic Lijn, Rotterdam

Owners: Messrs. Lumin Compania Naviera S.A.,
Panama.

---

K/T/W. No. 7-9550

1. INSTRUCTIONS RECEIVED.

In this matter you have given us instructions to peruse a number of statements made by the surviving crewmembers of the mv. "LUCONA" to Dr Baanders, to attend at the preliminary hearings of witnesses at the District Court of Rotterdam, and to reconstruct the manner in which the "LUCONA" has foundered and the possible causes thereof to the best of our technical and nautical knowledge and experience.

c.:. (cont.)

However, such a continued inflow of water into hold number 1 can easily have reached the stage where the accompanying stress in the ship's structure reached - and passed breaking point, in which case the vessel would sink extremely rapidly in the same manner as described by the witnesses.

d.. Given the choice between the possibilities b and c we would be inclined to give some preferance to possibility c.

e.. We can think of no other possible cause.

ROTTERDAM, October 7th 1977.

Messrs. Nauta, Lambert, Blussé,
R o t t e r d a m.

übrigen, auch noch auf den Inhalt dieses sogenannten »Gutachtens« einzugehen, wenn es nicht zugleich auch ein schlagender Beweis dafür wäre, wie sehr es dem *Zapata*-Syndikat nunmehr darauf ankam, die wahre Untergangsursache der *Lucona* mit allen Mitteln zu verschleiern.

Die *Zapata AG* hatte R. J. Kroesen schon zu einem sehr frühen Zeitpunkt als »Gutachter« auserkoren. Bereits anläßlich der am 17. März 1977 vor der *Arrondissementsrechtbank* in Rotterdam getätigten Zeugenausagen der Überlebenden war er in Begleitung der *Zapata*-Anwälte als Zuhörer erschienen, und später erhielt er über Heinz Damian sogar jene schriftlichen Aussagen von de Brito und de Correira, die dem Gericht vorenthalten worden waren.

Damian hatte diese Protokolle von H. A. J. Baanders bekommen, wobei der Vertreter des *Noord Nederlandsche Protectieclub* den *Zapata*-Advokaten bemerkenswerterweise für einen Anwalt der *Bundesländer-Versicherung* hielt. Solche »Mißverständnisse« kamen am laufenden Band vor.[50]

R. J. Kroesen kannte also die Zeugenaussagen aller Überlebenden, so wie sie in diesem Buch auch schon zitiert worden sind. Dies hinderte ihn jedoch keineswegs, sich mehr als ein halbes Jahr später, am 7. Oktober 1977, hinzusetzen und für die *Zapata AG* ein »Gutachten« zu erstellen, in dem es hieß:

»Nach Aussagen der Zeugen kollidierte das Schiff mit irgendeinem harten Gegenstand, verlor ganz plötzlich an Geschwindigkeit und begann in der Folge über Bug abzusinken.«

In Wahrheit hatte – was jederzeit nachprüfbar ist – nicht ein einziger der überlebenden Zeugen die Vermutung geäußert, die *Lucona* sei mit was auch immer »kollidiert«. Ganz im Gegenteil.

Dennoch faßte der »Gutachter« Kroesen anschließend zusammen: »Unserer Meinung nach muß die Annahme, daß die Katastrophe durch eine Explosion, sei es im Schiff oder in der Ladung, oder durch Einwirkung von außen verursacht wurde, ausgeschieden werden. In beiden Fällen wären notwendigerweise ein Explosionsgeräusch zu vernehmen gewesen sowie eine starke Erschütterung, eine Druck-

[50] Jahre nach dem Untergang der *Lucona* erhielten die am Transport nach Chioggia beteiligt gewesenen LKW-Fahrer eines Tages eine »Vorladung«. Sie sollten einem Anwalt, der die Versicherung zu vertreten habe, ihre Erinnerungen über die Art und die Qualität der von ihnen transportierten Waren erzählen. Diese Befragung durch den »Versicherungsanwalt« fand in einer Wohnung in der Wiener Walfischgasse 12 (Anschrift des *Studio Proksch*) statt. Erst viel später stellte sich heraus, wer diese Befragung in Wirklichkeit vorgenommen hatte: Rechtsanwalt Dr. Heinz Damian.

welle, . . . wahrscheinlich herumfliegende Trümmer, und auf jeden Fall . . . Rauch – alles Faktoren, die im vorliegenden Fall völlig fehlen.«

Es ist tatsächlich kaum zu fassen: In Wahrheit waren natürlich genau alle diese Faktoren von den Überlebenden in überzeugender Weise beschrieben worden:

Die Erschütterung war so heftig gewesen, daß etwa der Koch in der Kombüse senkrecht in die Höhe geschleudert wurde und dann auf den heißen Ofen fiel, so daß er schwere Brandwunden davontrug, und die Frau des Kapitäns hatte – nachdem sie über den Tisch hin gegen den Flaggenkasten geschleudert wurde und danach das Bewußtsein verlor – ebenso eine Rippenquetschung erlitten wie der 1. Offizier.

Die Druckwelle war so stark gewesen, daß im Schiff nicht nur alle Scheiben zerbarsten, sondern auch die schweren Abdeckungen der Ladeluken aus ihren Verankerungen gerissen und in die Luft geschleudert wurden, was der Maschinist de Correira mit seinen eigenen Augen sah. Und nach dem Untergang trieben die Trümmer des zerborstenen Vorder- und Mittelschiffes sowie Teile der Holzkisten aus den Laderäumen, davon einzelne mit deutlich erkennbaren Brandflecken, noch im weiten Umkreis im Meer.

Alle Überlebenden hatten überdies immer wieder die Heftigkeit der Explosion (»eine ganz schwere Explosion«) betont, der ohrenbetäubende »Explosionsknall« wurde Dutzende Male beschrieben, und ausnahmslos alle Überlebenden schilderten die dichten, aus dem Vorder- oder Mittelschiff kommenden Rauchschwaden, die es ihnen unmöglich machten, weiter als einige Meter zu sehen.

Dies alles focht den »Gutachter« der *Zapata AG* jedoch nicht im mindesten an. Zum Rauch etwa merkte er an, daß es sich hiebei »um ›evapourising water‹ (richtig: ›evaporating water‹ = verdampfendes Wasser) gehandelt haben muß«.

Im übrigen half man sich aber vor allem durch eine Anzahl höchst bemerkenswerter »Übersetzungsfehler«, um die in verschiedenen Sprachen abgelegten Zeugenaussagen der Überlebenden in die jeweils gewünschte Richtung zu manipulieren.

War beispielsweise im portugiesischen Originalwortlaut einer Zeugenaussage vom »dia da explosão« (Tag der Explosion) die Rede gewesen, so hieß es in der holländischen Übersetzung bereits »de tag dat het ongeval gebeurde was«, woraus in der englischen Weiterübersetzung »the day of the accident« wurde. Und als es dann schließlich zur deutschsprachigen Endfassung kam, war aus dem »Tag der Explosion« schlicht ein »Unglückstag« geworden.

explosion you don't hear your hear noise!

me and written on a piece of paper. The temperatures were all in order. When I was writing I remarked a sudden explosion. I heard the explosion. It came from the direction of the focsle. The explosion was not in the engine room. I felt a shock. While I was writing I was looking forward.

?

I have no idea about the cause of the explosion.

crash, collision

Aussagen der Überlebenden samt »Korrekturvorschlägen« – bei Proksch sichergestellt

destinada a outro porto. Ouvi tudo isto durante a viagem e portanto antes da explosão.

Não faço a mínima ideia o que originou a explosão, acho que a mesma se deu nos porões mas não posso afirmar que a explosão

Original-Zeugenaussage in portugiesischer Sprache

haven zou gaan. Ik weet niet welke haven dat is. Dit alles is mij verteld voor het ongeval, dus tijdens de reis.

Ik weet absoluut niet wat de oorzaak is van de explosie. Volgens mij vond de explosie plaats in het ruim. Ik kan er

Der Übersetzungstrick: Aus der »Explosion« wird zuerst ...

which port that is. This has all been told during the voyage before the accident.

I had no idea of the cause of the collision. In my opinion it happened in the hold. I cannot say

... ein »Unglück« und schließlich eine »Kollision«.

Oder ein anderes Beispiel: Der ebenfalls portugiesisch sprechende Zeuge Martiniano Gomes de Brito hatte am 10. Februar 1977 wörtlich ausgesagt: »De repente ouvi um estrondo . . . Não faço a mínima ideia o que originou a explosão . . .« (Plötzlich hörte ich eine Detonation/einen Explosionsknall. Ich habe nicht die geringste Vorstellung, wodurch die Explosion verursacht worden sein könnte. Meiner Meinung nach fand die Explosion im Laderaum statt.)
Die holländische Übersetzung war in diesem Fall noch fast exakt: »Plotseling hoorde ik een knal . . . Ik weet absolut niet wat de oorzak is van de explosie. Volgens mij vond de explosie plaats in het ruim.«
Bei der späteren Übersetzung der Aussage in die englische Sprache hieß es jedoch plötzlich: »In my opinion it happened in the hold« (Meiner Meinung nach passierte es im Laderaum) und »I had no idea of the cause of the collision« (Ich hatte keine Ahnung, aus welchem Grund es zur Kollision kam).
So einfach war das: Aus der »Explosion« (explosão bzw. explosie) in der tatsächlichen Aussage wurde zuerst »es« (it happened) und schließlich eine »Kollision«, ein Zusammenstoß.
Die von den Zeugen gehörte »Detonation« oder auch der »Explosionsknall« wurde auf ähnliche Weise mittels mehrfacher Übersetzung ganz einfach wegmanipuliert.
Am 10. Februar 1977 hatte der diensthabende Maschinist der *Lucona*, Jorge Osvaldo da Cruz, in seiner portugiesischen Muttersprache berichtet: ». . . Quando estava a escrever, senti a súbita explosão. Ouvi um estrondo, vindo da direcção da proa. O estrondo não se deu na praça das máquinas« (Während ich schrieb, spürte ich plötzlich eine Explosion. Ich hörte den Explosionsknall, der aus der Richtung des Vorderschiffes kam. Der Knall fand nicht im Maschinenraum statt).
In der holländischen Übersetzung hieß es: ». . . Terwijl ik stond te schrijven merkte ik een plotselinge explosie. Ik hoorde een knal. De knal kwam uit de richting van het voorschip. De knal was niet in de maschinkamer.«
Nach einer später erfolgten Übertragung ins Englische und einer darauffolgenden Rückübersetzung ins Deutsche lautete dieselbe Aussage des Maschinisten dann nur noch kurz und bündig: »Ich hörte einen Krach aus der Richtung des Bugs. Der Krach erfolgte nicht im Maschinenraum.«
Der Schlußpunkt wurde schließlich durch den von Heinz Damian taxfrei zum »Gerichtssachverständigen« ernannten *Zapata*-Beauftragten gesetzt. »Herr da Cruz erinnert sich«, gutachtete J. R. Kroesen, »zum Zeitpunkt des Aufpralls ein Geräusch vernommen zu haben.«

# »Es war ein geplanter kaltblütiger Mord!«

Natürlich hatten Udo Proksch und seine Komplizen gute Gründe für ihren Versuch, die wahre Ursache der Schiffskatastrophe im Indischen Ozean mit allen erdenklichen Mitteln zu verschleiern.
Daß ihre Bemühungen zum Scheitern verurteilt sein würden, stand freilich bald fest, denn natürlich hatte in Wahrheit vom ersten Tag an kein Zweifel bestanden, daß dem Untergang der *Lucona* eine schwere Explosion voranging.
Diese Tatsache stellte – außer den späteren Aussagen der Überlebenden – schon der allererste Funkspruch über den Schiffsuntergang, den Radio Bombay in den frühen Morgenstunden des 24. Jänner 1977 auffing, unter Beweis. Der Wortlaut der Meldung war unmißverständlich: »m/v lucona ho 9917 exploded and sank immedeately . . .«
Die nächste offizielle Mitteilung hatte am 29. Jänner 1977 Ibrahim Mete, der Kapitän des türkischen Öltankers *Sapen I*, dem Hafenkapitän der südjemenitischen Hauptstadt Aden erstattet, als die zum Teil schwer verletzten Überlebenden an Land gebracht wurden. »According to our negotiations made with them«, meldete Mete in seinem Bericht, »they stated that their ship namend ›M/V Lucona‹ exploded and sank . . .«
Und auch heute noch kann man jederzeit im Generalkonsulat der Republik Panama in Rotterdam den von *Lucona*-Kapitän Jacob Puister unterzeichneten »Seeprotest« einsehen, worin es schließlich ebenfalls heißt: »Gegen 12.00 GMT sank die *Lucona* nach einer schweren Explosion.«
Auch die Tatsache, daß es sich keinesfalls um einen Unglücksfall gehandelt haben konnte, ist in Wahrheit schon seit mindestens zehn Jahren klar: Die Explosion hatte nicht im Maschinenraum, sondern im Laderaum stattgefunden, die Selbstentzündung eines Ladegutes schied auf Grund der Art und Beschaffenheit der transportierten Waren rasch aus, eine Treibmine kam von Anfang an nicht in Betracht, und zuletzt wurde auch die vor allem von Udo Prokschs italienischen Freunden kolportierte Version einer angeblich im Laderaum möglich gewesenen Explosion auf Grund ausgetretener Gasöldämpfe rasch ad absurdum geführt.

Die Explosion auf der *Lucona* konnte nur mit Absicht herbeigeführt worden sein. Irgendjemand hatte ein Interesse daran, dieses Schiff zu versenken.
Am ausführlichsten hatte seinerzeit unmittelbar nach dem Untergang der holländische Vertreter der Reederei Gelegenheit gehabt, mit den Überlebenden zu sprechen. Als ihn der Autor befragte, welchen Eindruck er aus den Berichten der Zeugen gewonnen habe und was auf Grund von deren Aussagen die wahrscheinlichste Ursache der Explosion war, fiel die schriftlich übermittelte Antwort von H. A. J. Baanders kurz und klar aus.
»Persönlich hatte ich den Eindruck«, teilte er dem Verfasser am 26. Juni 1986 mit, »daß eine Zeitbombe in der Ladung versteckt worden war.«
Kein Wunder, daß Udo Proksch schließlich eine weitere gleichermaßen subtile wie ungeheuerliche Desinformationskampagne startete, in deren Dienst sich rasch auch Österreichs Massenblatt *Kronen-Zeitung* zu stellen begann.
Was sich an Bord der *Lucona* wirklich abgespielt habe, werde »für immer ein Rätsel bleiben«, wußte das Blatt zu berichten, in deren Chefredaktion enge persönliche Freunde des *Demel*-Chefs sitzen. Der Grund: Die überlebenden *Lucona*-Besatzungsmitglieder seien bald nach ihrer Rettung aus Holland »verschwunden«. Auch der Kapitän sei bemerkenswerterweise unmittelbar nach seiner Aussage »vor dem Seegericht Rotterdam« vermutlich in Indonesien »untergetaucht«, und es sei völlig aussichtslos, ihn jemals wieder zu finden.
Diese glatten Falschmeldungen ermöglichten es den *Lucona*-Tätern prompt, ein abenteuerliches Gerücht in Umlauf zu bringen. Vielleicht hatten, hieß es plötzlich, der Kapitän und die Mannschaft den Verlust des Schiffes nur vorgetäuscht und in Wahrheit »die wertvolle Ladung« mitsamt der *Lucona* gestohlen und verkauft.
Nunmehr wollte es der Verfasser dieses Buches genau wissen. Es mußte eine Möglichkeit geben, auf unwiderlegbare Weise zu verifizieren, was wirklich zwischen dem Zeitpunkt des Unterganges der *Lucona* und der Rückkehr des Kapitäns und einiger seiner Besatzungsmitglieder nach Europa geschehen war.
Das Schlüsseldokument war ohne Zweifel das Logbuch des türkischen Tankers. Darin mußten sich, wenn der Untergang der *Lucona* und die Rettung einiger Überlebender durch dieses türkische Schiff der Wahrheit entsprachen, unter allen Umständen zumindest entsprechende Hinweise finden.
Tatsächlich existierte dieser türkische Öltanker noch, als der Autor im

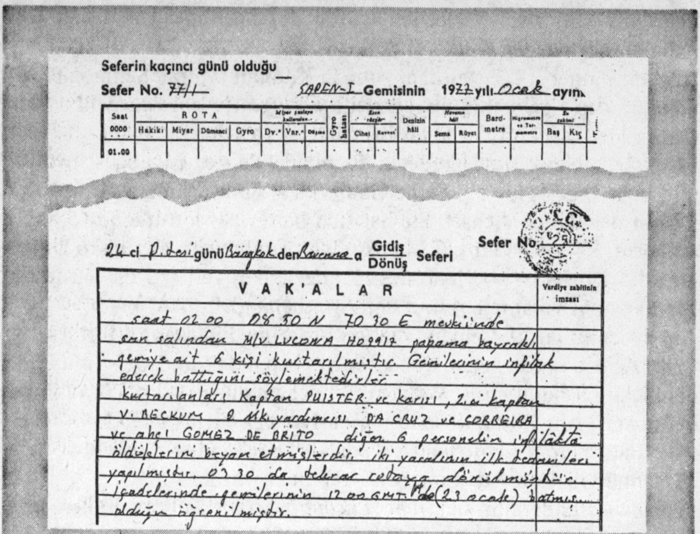
Seferin kaçıncı günü olduğu

Sefer No. 77/1 SAPEN-I Gemisinin 1977 yılı Ocak ayın

| Saat 0000 | ROTA Hakiki | Miyar | Dümenci | Gyro | Dv. | Var. | Değişme | Gyro hatası | Cihet | Kuvvet | Denizin hâli | Sema | Rüyet | Barometre | Higrometre ve Termometre | Baş | Kıç |
|---|---|---|---|---|---|---|---|---|---|---|---|---|---|---|---|---|---|
| 01.00 | | | | | | | | | | | | | | | | | |

24 cü P.tesi günü Bangkok den Ravenna a Gidiş/Dönüş Seferi

Sefer No. 25

| VAKA'LAR | Vardiya zabitinin imzası |
|---|---|
| saat 02.00 D8 50 N 70 30 E mevkiinde | |
| can salından M/V LUCONA HO 9917 panama bayraklı | |
| gemiye ait 6 kişi kurtarılmıştır. Gemilerinin infilak | |
| ederek battığını söylemektedirler. | |
| kurtarılanlar: Kaptan PUISTER ve karısı, 2. ci kaptan | |
| V. BECKUM 2 Mk. yardımcısı DA CRUZ ve CORREIRA | |
| ve ahçı GOMEZ DE BRITO diğer 6 personelin infilakta | |
| öldüklerini beyan etmişlerdir. iki yaralının ilk tedavileri | |
| yapılmıştır. 03.30 da tekrar rotaya dönülmüştür. | |
| İşaretlerinde gemilerinin 12.00 GMT'de (23 ocak) batmış | |
| olduğu öğrenilmiştir. | |

Ein wichtiges Beweisstück: das Logbuch des türkischen Tankers Sapen I

Jahr 1986 beschloß, sich in dessen Logbuch Einblick zu verschaffen. Das Schiff hatte in der Zwischenzeit lediglich den Besitzer gewechselt und hieß nunmehr *Esten.*

Auch die Vertreter der Versicherer hatten sich schon bemüht, dieses Schiff und das Logbuch ausfindig zu machen. Nach monatelangen Bemühungen war es ihnen gelungen. Im Mai 1986 kehrte der Tanker nach einer längeren Seereise wieder einmal in seinen Heimathafen zurück. Am 14. Mai wurden die entscheidenden Seiten des Logbuches unter der Aufsicht eines türkischen Notariats fotokopiert und beglaubigt.

Die Eintragungen, die den Untergang der *Lucona* sowie die Rettung der Überlebenden betrafen, begannen am 24. Jänner 1977. »Um 2.00 Uhr«, hieß es da unter der Rubrik »Vorkommnisse« lapidar, »wurden am Standort D8 50N 70 30E aus einem Rettungsboot sechs Personen, die zum Schiff M/V LUCONA HO 9917 mit panamaischer Flagge gehörten, gerettet. Sie sagten aus, daß ihr Schiff infolge einer Explosion gesunken ist.

Die Geretteten: Kapitän Puister und seine Frau, 2. Kapitän v. Bekkum, zwei Maschinistengehilfen, da Cruz und Correira, sowie der Koch Gomes de Brito. Sie sagten aus, daß die restlichen sechs Besatzungsmitglieder bei der Explosion getötet worden sind. Die erste Behandlung von zwei Verletzten wurde durchgeführt. Um 03.30 Uhr nahmen wir wieder Kurs auf.«

Am 25. Jänner 1977 wurden vom 2. Kapitän Murat Selimoglu auf Seite 26 des Logbuches einige weitere kurze Eintragungen über den Gesundheitszustand der Schiffbrüchigen gemacht:

»Das Fußgelenk des geretteten Kapitäns Puister ist angeschwollen und blau angelaufen . . . Seine Gattin klagt über Schmerzen am Kopf und in der linken Achsel. Sie hat sich bei Explosion irgendwo angeschlagen. Es wurde ihr ein Medikament verabreicht. Der linke Unterarm des Kochs ist oberhalb des Handgelenkes verletzt. Es wurde ein Medikament verabreicht und der Arm behandelt . . .«

Am Nachmittag desselben Tages wurde die Eintragung fortgesetzt: »Der Arm des geretteten Kochs wurde behandelt und weist nun eine bläuliche Färbung mit schwarzen Bereichen auf. Es wird Wundbrand befürchtet. Am Zustand der anderen hat sich nichts geändert.« Weitere Eintragungen folgten, bis die Überlebenden schließlich am 29. Jänner 1977 in Aden an Land gebracht wurden.

Damit war endgültig klar: Die *Lucona* war wirklich explodiert und gesunken. Die Aussagen der Überlebenden entsprachen der Wahrheit.

Der türkische Kapitän Murat Selimoglu, der in Istanbul wohnt und auch heute noch zur See fährt, konnte sich, als ihn der Autor interviewte, nicht nur sehr gut an jene Tage und Nächte im Jänner 1977 erinnern, sondern er besaß auch noch einige persönliche Aufzeichnungen und Notizen.

Aus diesen hatte er einst auch einen schriftlichen Bericht für seine eigene Reederei formuliert, in dem es in bezug auf die Überlebenden unter anderem hieß: »Am zweiten oder dritten Tag nach der Rettung hatten sie ihren Schock überwunden.«

Die Aussage des *Lucona*-Steuermannes van Beckum zitierte er danach wörtlich: »Im Augenblick der Explosion nahmen der Chefmaschinist, seine Frau und einige Matrosen über den Ladeluken ein Sonnenbad. Ich befand mich auf der Brücke... Zusammen mit einer fürchterlichen Explosion stieg aus Luke 1 eine sechzig bis siebzig Meter hohe weiße Rauchwolke auf, dann folgte eine zweite Explosion und ich sah, wie Flammen aufstiegen...«

Nunmehr mußte man, um endgültig Licht in das Dunkel um diesen Schiffsuntergang zu bringen, unter allen Umständen auch noch die Tatzeugen finden. Dem Autor gelang es schließlich, die wahren Aufenthaltsorte der meisten Überlebenden der *Lucona*-Katastrophe zu ermitteln. Er fand auch den geretteten Steuermann sowie Kapitän Ja-

Nolst Trenité Hoogenraad & van Velzen

Advocaten

Referentie — 3001 AD Rotterdam Postbus 21150 — Tel. 010-330244 / Telex 22092 Secof-NL - 23669 Just-NL - 24677 Solad-NL / Fax 010-129937 / 334072
Per 3 mei/may 1986 nieuw tel./new phone 4330244

Ba/idb den 26. Juni 1986

Sehr geehrter Herr Pretterebner!

Betr.: LUCONA

Zu Frage 6 antworte ich, dass es aus den Zeugenaussagen deutlich war, dass die Reederei für den Ladungsschaden nicht verantwortlich war. Darum wurde kein Prozess anhängig gemacht.

Persönlich hatte ich den Eindruck, dass eine Zeitbombe in der Ladung versteckt worden war.

Mit freundlichen Grüssen,

hochachtungsvoll

Anl. (H.A.J. Baanders)

./. P.S. Die Notizen von Kapitän Puister sind vielleicht nicht gut zu lesen. Ich füge eine maschinenschriftliche Kopie anbei.

H. A. J. Baanders: »Eine Zeitbombe war in der Ladung versteckt.«

Puntarenas 28 april 1986

Dear mr; Hans Brätterebner.
In answer off your telf call I respond on you;
1st; pict off the mv Lucona said in port said awaiting for clearance. the ship was very light still having ballast in the ballast tanks wich we pumped out afther Djibouty in the golf of Aden because it was nice wheter and wanted to make more speed.

a very lucky day. and I also think that thax to empty the ballasttanks was aftherwards wat give us the few seconds more to get of the ship alive.
I lbocking forward to your book and wat maid be a explenation and hope that the gylty peeple will pay for there crime.
If you like to write or contact me please do so .

Awaiting yours;
Jacob Puister
Jessie Bar.
Puntarenas Costa Rica

Puister: »Ich hoffe, die Schuldigen werden für ihr Verbrechen zahlen.«

cob Puister. Keiner von ihnen war im übrigen »untergetaucht« oder gar jemals »verschwunden«.

Wahr ist allerdings, daß die schrecklichen Geschehnisse auf der *Lucona* nicht spurlos an ihnen vorübergegangen waren. Einige haben heute noch Angst, in allen Fällen aber hat die Katastrophe des Jahres 1977 ihr weiteres Leben verändert.

Kapitän Jacob Puister fuhr zwar bereits im Herbst 1977 wieder zur See – das Leben mußte ja weitergehen. Bald danach ging jedoch seine Ehe in die Brüche. Eine Zeitlang war er mit verschiedenen Schiffen im karibischen Raum unterwegs und führte anschließend die *Lovely Coast*, die hauptsächlich Holztransporte zwischen Südamerika und Europa durchführte.

Im Jahr 1980 gab Puister die Seefahrt endgültig auf. Nach fast fünfzehn Jahren auf See hatte er sich von seinem Kapitänsgehalt eine hübsche Summe erspart, und so beschloß er, sich in Costa Rica niederzulassen und ein völlig neues Leben zu beginnen.

Er kaufte sich um 1 Million Colones (rund 160 000 Dollar) in Puntarenas an der Pazifikküste ein Haus, eröffnete eine kleine Seefahrer-Pension und begann außerdem, ein Lokal, das er *Jessie Bar* nannte, zu betreiben. Schließlich lernte er im Jahr 1983 eine ebenso zauberhafte wie blutjunge fünfzehnjährige Costaricanerin kennen. Zwei Jahre später heiratete er sie.

Im April 1986 hatte der Autor Jacob Puister gefunden und führte ein erstes Interview mit ihm durch. Der *Lucona*-Kapitän freute sich, daß der Fall nunmehr anscheinend doch noch ins Rollen gekommen zu sein schien und erklärte sich spontan zur Mithilfe bei der Aufklärung bereit.

Puisters Aussagen waren unmißverständlich und klar. Er hatte nie daran gezweifelt, daß die *Lucona* von den Interessenten der Ladung versenkt worden war, und er wußte auch, wer seiner Meinung nach die Schuldigen waren:

»Der kleine Dicke« (Udo Proksch), den er seit Chioggia auch auf Grund seiner kumpelhaften Aufdringlichkeit gegenüber seiner Mannschaft in unangenehmer Erinnerung hatte.[51] »Und die Italiener, die ständig um ihn herum waren«, davon war Puister ebenfalls überzeugt, »halfen ihm dabei.«

---

[51] Auch Boris Borbely hatte noch vor dem Auslaufen der *Lucona* unter dem Eindruck des Verhaltens von Udo Proksch und seiner Freunde in einem Brief von Chioggia aus nach Hause geschrieben: »They have really screwed us.«

Im Mai 1986 lud der Autor den *Lucona*-Kapitän nach Wien ein[52]. In jeweils stundenlangen Gesprächen mit Puister wurden anschließend sämtliche Vorkommnisse vor, während und nach der Explosion der *Lucona* bis ins kleinste Detail rekonstruiert.
Auch die anderen Überlebenden waren keineswegs »untergetaucht«. So war der Assistent-Maschinist der *Lucona*, der Portugiese Jorge Osvaldo da Cruz, noch bis zum Jahr 1983 auf einem Fährschiff zwischen Holland und England unterwegs, während der portugiesische Koch Martiniano Gomes de Brito – wenn er nicht gerade auf See ist – auch noch heute in Rotterdam lebt.
Längere Landurlaube verbringt er bei seiner Frau in Italien, wo das Ehepaar in Trespiano bei Florenz ein kleines Häuschen mit Garten besitzt.
Die ehemalige Kapitänsfrau Adriana Huberdina van der Leer hatte Holland ebenfalls niemals verlassen. Noch Jahre später hatten »Janette«, die zusammen mit ihrer Mutter in Spikensee lebt, allerdings immer wieder auftretende Angstzustände geplagt. Daher spricht sie natürlich heute nicht mehr sehr gern über jene entsetzlichen Stunden, weil jede Erinnerung daran wieder die alten Wunden aufreißt. Doch auch sie bestätigt schließlich dem Autor, daß der Untergang der *Lucona* »natürlich durch eine furchtbare Explosion« herbeigeführt worden war.
Am meisten schien Steuermann »Joop« van Beckum gelitten zu haben. Anfangs fuhr er ebenfalls noch eine Zeitlang – zusammen mit Puister – weiter zur See, seine alptraumartig immer wiederkehrenden Erinnerungen an jenen entsetzlichen Tag hatte er jeweils in Alkohol zu ertränken versucht. Auch seine Ehe zerbrach, er gab seinen Beruf auf, brachte sich mit Gelegenheitsarbeiten durch und wurde schließlich immer schwermütiger. Die Folgen des mit der *Lucona* und seinen Kameraden Geschehenen hätten beinahe sein Leben zerstört.
Heute lebt »Joop« van Beckum bei seiner Lebensgefährtin in Scheveningen. »Wir wußten immer, daß eine Bombe an Bord war«, gestand er sofort, als ihn der Autor zum ersten Mal interviewte, »aber wir hatten immer Angst, dies in aller Deutlichkeit zu sagen.«
Die Wucht der Explosion, deren Augenzeuge er tatsächlich war, hatte verheerende Folgen gehabt: Nur rund fünfundzwanzig Meter waren von der fünfundsiebzig Meter langen *Lucona* übriggeblieben. Der

---

[52] Am 21. und 22. Mai 1986 stellte sich Jacob Puister dem Wiener Untersuchungsrichter Wilhelm Tandinger für eine zwei Tage dauernde Zeugenaussage zur Verfügung.

Aktenzeichen 28b Vr 8024/84

# Zeugenvernehmung

Gericht: LANDESGERICHT für STRAFSACHEN WIEN

Tag und Stunde des Beginnes der Vernehmung: 22.05.1986, um 9.oo Uhr

Strafsache: gegen Udo Rudolf P r o k s c h und andere.

Anwesende:

Richter: Mag. Wilhelm TANDINGER
Abt.-Insp.: Franz REITTER (SD.f.d.Bl.NÖ.)
Dolmetsch: Anna BUCHWALD
Schriftführer: VB. Ingeborg ANDERT

Der Zeuge wird ermahnt, auf die an ihn zu richtenden Fragen nach seinem besten Wissen und Gewissen die reine Wahrheit anzugeben, nichts zu verschweigen und seine Aussage so abzulegen, daß er sie erforderlichenfalls eidlich bekräftigen könne.

Er gibt über seine persönlichen Verhältnisse an:

Vor- und Familiennamen Jacob P u i s t e r

Geburtsdatum 16.06.1941

Beruf Kapitän

Wohnort CONTIGUA JESSIE BAR, 2nd piso, PUTARENAS, COSTA RICA

Verhältnis zum Beschuldigten oder zu anderen bei der Untersuchung Beteiligten fremd

ausgewiesen d. Reisepaß

Ich habe meinen Beruf als Kapitän im Jahre 1980 aufgegeben. Ich bin von 1956 bis 1980 zur See gefahren. Ich habe niemals

Nach dem Aufenthalt in DJIBOUTI im Roten Meer fiel mir auf, daß das Lämpchen, das sich auf der Antenne befindet.(Sendeantenne), auch dann blinkt, wenn nicht gesprochen wurde, d.h. wenn der Funk ausgeschalten war. Vorher ist mir das nicht aufgefallen. Es war aber nicht immer der Fall, außerdem hat die Sendeantenne elektrisiert. Ich bin kein Funktechniker und kann deshalb über die Ursache keine Angaben machen. Meine diesbezügliche Aussage vor Dr. B a a n d e r s wurde nicht protokolliert.

Über Vorhalt des Gutachtens K r o e s e n, daß die Möglichkeit besteht, das Schiff wäre auf ein unter Wasser treibendes Wrack aufgefahren.

Das ist lächerlich. Nach DJIBOUTI wurde das Balastwasser aus den Tanks ausgepumpt. Das Schiff hatte daher wenig Tiefgang. Sinn

aufweckte, weiß ich nicht. Mein Gefühl sagte mir, daß etwas Schreckliches passiert war. Ohne auch noch eine Sekunde zu zögern lief ich über eine Treppe zum Steuerraum, und als ich auf die Brücke kam, war ich verblüfft, weil ich nicht nach Außen sehen konnte. Es war wie ein dicker weißer Nebel in allen Richtungen. Im Nebel sah ich jedoch verschwommen einen gelb-roten Feuerball,

schwindigkeit, mit der das Schiff untergegangen ist. Wäre das Loch nur auf der Luke 1 gewesen, hätte es weiter auf dem Wasser getrieben, nämlich mit dem hinteren Teil und wäre auch nicht so schnell untergegangen. Die Explosion hat sich so ereignet, daß beide Luken gleichzeitig beschädigt wurden. Für mich ist eine anderer Möglichkeit nicht vorstellbar, als eine ganz große Explosion, in der der Boden zw. Luke 1 und Luke 2 stark zerstört worden ist. Die Beschädigung erfolgte entweder in beiden Luken gleichzeitig oder in der Mitte des Schiffes. Unmittelbar nach der Explosion sah ich auf den Instrumenten, daß der Motor noch voll drehte und kann ich deshalb angeben, daß sich die Explosion nicht im Maschinenraum ereignet hat. Ich stellte den Motor mittels Hebel

Ich bin überzeugt, daß etwas nicht normal war, daß etwas Schmutziges im Spiel war. Als wir (Besatzung der "Lucona") in ADEN waren, hatten wir alle Angst, nach HOLLAND zurückzufliegen. Wir dachten, die Leute, die so etwas machen, ich meine damit, mutwillig eine Explosion herbeiführen, in der Absicht, daß keine Zeugen überbleiben sollten, würden auch versuchen, eine Bombe in das Flugzeug zu schmuggeln, damit es explodiere.

Ein kleinerer Schaden an der "Lucona" hätte genügt, das Schiff zum Untergang zu bringen. Da hätten die Leute noch Zeit gehabt, sich zu retten. Wären die Balasttanks voll mit Wasser gewesen, wäre das Schiff noch schneller untergegangen. Die

Jorge Da Gruz und Correira de Jesus habe ich als zuverlässige Leute in Erinnerung.

Ende: 15.oo Uhr

v.g.g.

größte Teıl des Schiffes wurde durch die Explosion buchstäblich weggerissen.

Der Sprengstoff hatte sich – davon war Beckum felsenfest überzeugt – in jenen beiden zylinderförmigen Tanks befunden, um deren Verstau ung in Chioggia Udo Proksch selbst in auffälliger Weise besorgt war.[53]

Der *Demel*-Chef leugnet freilich noch immer. Er habe, beteuert er, mit der Sprengung der *Lucona* nicht das geringste zu tun gehabt. »Glaubt man wirklich, daß ich dazu fähig bin?« hatte er schon vor einiger Zeit in einer zur Veröffentlichung in den Medien bestimmten Verteidigungsschrift[54] formuliert.

»Glaubt man, daß ich nach Chioggia fahre, um mich dort tagelang mit Seeleuten zusammenzusetzen, die ich wenig später in die Luft sprenge? Daß wir so zynisch sind, den Leuten zu sagen, wir würden nach Hongkong fliegen, um das Schiff dort in Empfang zu nehmen während wir wissen, daß es niemals dort ankommen wird?«

Mit diesem psychologisch geschickt formulierten Appell an die Gefühle seiner zahllosen Freunde hoffte Udo Proksch, das Verfahren gegen ihn aus den Angeln zu heben. Und es stimmt auch: Zwar traut ihm jeder, der ihn kennt, jederzeit einen »phantastischen und genial geplanten gigantischen Versicherungsbetrug«, aber kaum jemand die Kaltblütigkeit für einen mehrfachen Mord zu.

Insbesondere Leopold Gratz wird natürlich nicht müde, seine Hand bedingungslos für den Freund ins Feuer zu legen. Er kenne ihn so gut wie sonst niemand, betont der Politiker immer wieder, und er wisse daher, »daß der Udo nicht einmal fähig ist, einer Fliege etwas zuleide zu tun«. Weil er so ein guter Mensch sei.

Proksch selbst gab sich freilich auch schon wesentlich weniger zimperlich. *Radio Bremen* hatte vor einigen Jahren ein Interview mit dem *Demel*-Herrn ausgestrahlt, in dessen Verlauf dieser einige tiefe Einblicke in sein Seelenleben gewährte.

»Nein«, sagte Udo Proksch dem Reporter klipp und klar ins Gesicht, er habe gegenüber Menschen »keinerlei Skrupel«. Er kenne dieses Wort nicht: »Man bringt einen Menschen um, und auf der anderen Seite bringt man eine Ameise um. Man weint da genauso.«

Wie auch immer. Was Leopold Gratz seinem Freund zutrauen zu können vermeint oder nicht, ist ohnehin ohne jeden Belang. Auch

[53] Am 21. Jänner 1987 legte auch der ehemalige Steuermann der *Lucona* in Wien vor U-Richter Tandinger seine Zeugenaussage ab.

[54] Veröffentlicht als Gastkommentar im Nachrichtenmagazin *profil* unter dem Titel »Warum ich unschuldig bin«.

prominente Politiker können sich irren. Was zählt, sind allein die Fakten.

Ein Faktum ist, daß die *Lucona* gesprengt worden ist. Eine andere Ursache für ihren Untergang innerhalb von nur zwei Minuten wäre nach übereinstimmender Auffassung sämtlicher Schiffahrtssachverständiger und aller Schiffsbauer, die der Autor befragte, auch theoretisch gar nicht denkbar.

Hätten das Gericht und die Staatsanwaltschaft im übrigen je die Erlaubnis gehabt, von Weisungen unbeeinflußt zu ermitteln, so stünde dies zweifellos längst alles fest. Das Gericht müßte ja lediglich die entsprechenden Sachverständigen hören.

Wer – außer den Eigentümern der Ladung – hätte schließlich irgendeinen Nutzen von der Sprengung des Schiffes gehabt?[55] Fest steht jedenfalls, daß für den *Club-45*-Hausherrn und seine Genossen der Untergang der *Lucona* die unabdingbare Voraussetzung dafür war, die Frachtversicherungssumme lukrieren zu können.

Udo Proksch sieht dies natürlich auch selbst, wenn er – indem er eine Art Flucht nach vorne antritt – mit großem Pathos verkündet: »Wenn man den Verdacht hegt, daß ich Schrott in Kisten verpackt habe, um die *Bundesländer-Versicherung* zu betrügen, dann muß man mich auch des Mordes, des sechsfachen vollbrachten und des sechsfachen versuchten Mordes verdächtigen. Sonst ergibt das Verladen des Schrotts keinen Sinn.«

Mit dieser Analyse hat Udo Proksch vollkommen recht. Ausgehen muß man dabei allerdings von den Fakten – und erst danach den entsprechenden Schluß ziehen.

Durch dieses Buch wurde lückenlos nachgewiesen, waraus die Fracht der *Lucona* bestand. Es wurde nachgewiesen, woher die Ware stammte und wie hoch ihr Wert war. Die Identität jeder einzelnen auf der Rechnung der *Zapata AG* an die Hongkonger NPT ausgewiesenen Post ist geklärt.

- Demnach ist bewiesen, daß Udo Proksch Hunderte Tonnen von industriellen Abfallprodukten und schlichtem Schrott in Container und Kisten verpacken und auf die *Lucona* verladen ließ.
- Bewiesen ist ferner, daß diese Ware, die er anschließend auf mehr als 200 Millionen Schilling versichern ließ, nur einen wahren Wert von höchstens einer (!) Million Schilling repräsentierte.

---

[55] Der Schiffseigentümer vielleicht, wobei noch gar nicht geklärt ist, ob nicht die *Lucona* knapp vor Antritt ihrer letzten Fahrt in Wahrheit ohnedies von Udo Proksch und seinen italienischen Freunden rund um Renzo Vianello erworben worden war – um gleich doppelt kassieren zu können: die Fracht- und die Kaskoversicherung für das Schiff.

- Und bewiesen ist schließlich, daß weder in Hongkong noch anderswo ein Käufer oder ein Interessent für die *Lucona*-Fracht existierte. Der »*Zapata*-Beauftragte« hatte die Schrottladung in Wirklichkeit nur an sich selbst adressiert.

Glaubt man nun wirklich, Udo Proksch hätte dies alles nur zum Spaß mit so großem Zeitaufwand und finanziellem Einsatz geplant, vorbereitet und organisiert? Glaubt man, daß er so verrückt gewesen wäre, zusätzlich einige weitere Millionen in die Abwicklung dieses »Geschäftes« zu investieren? Daß er so dumm gewesen wäre, zum Schluß auch noch zwei Millionen Schilling Versicherungsprämie für die Versicherung eines Frachtgutes zu zahlen, das nicht einmal eine Million Schilling wert war – wenn er nicht die absolute Gewißheit gehabt hätte, daß die *Lucona* in Hongkong niemals ankommen wird?

Udo Proksch hat also zweifellos recht: Man muß ihn auch des Verbrechens der vorsätzlichen Gefährdung von Menschenleben durch Sprengmittel anklagen, denn in der Tat ergäbe – wenn nicht auch der Auftrag zur Sprengung und Versenkung des Schiffes erteilt worden wäre – das Verladen des Schrotts keinen Sinn.

Des Mordes allerdings, des sechsfachen vollbrachten und des sechsfachen versuchten Mordes, müßte man ihn und seine Helfer nur dann anklagen, wenn es in deren Absicht gelegen sein sollte, nicht nur das Schiff und die Schrottfracht allein, sondern auch gleich die Besatzung mit zu versenken.

Daß dies sehr wohl der Fall gewesen sein könnte, davon sind zumindest zwei Betroffene felsenfest überzeugt. »Hätte man«, erklärte *Lucona*-Kapitän Jacob Puister dem Autor, »nur erreichen wollen, daß das Schiff und die Ladung sinkt, so hätte auch schon eine viel geringere Sprengstoffmenge genügt – und wir alle hätten noch genügend Zeit zur Verfügung gehabt, uns zu retten.«

Auch Steuermann »Joop« van Beckum ist überzeugt: »Man wollte uns alle umbringen, damit es für das, was mit der *Lucona* geschah, keine Zeugen mehr gibt. Kein einziger von uns sollte am Leben bleiben. So war es offensichtlich geplant!«

Jacob Puister, der tatenlos zusehen mußte, wie die Hälfte seiner Besatzung ihr Leben verlor, sagt es schließlich ganz offen: »Ich kenne die Gesetze in Österreich nicht, und ich bin kein Jurist. Ich weiß daher nicht, nach welchen Paragraphen in diesem Land jemand bestraft wird, der ein Schiff, auf dem sich zwölf Menschen befinden, aus Gewinnsucht in die Luft sprengen läßt, wobei sechs Menschen tatsächlich ihr Leben verlieren. Ich kann nur sagen, was es für mich ist: Für mich war es ein kaltblütig geplanter vorsätzlicher Mord!«

# Nachwort

Der Autor ist kein Menschenjäger. Er hat dieses Buch nicht geschrieben, um irgend jemanden – was immer er auch getan haben mag – zur Strecke oder gar hinter Gitter zu bringen.

Ob die staatlichen Instanzen die Konsequenzen daraus ziehen werden, ob die Justiz irgendwann doch noch über die Politik siegen und die Kraft finden wird, diesen Fall nach zehn Jahren endlich zu einem Abschluß zu bringen – oder ob die Bürger bereit sind, auch weiterhin tatenlos zuzusehen, wie dieses Land zu einer Karikatur eines Rechtsstaates verkommt und endgültig auf das Niveau einer Bananenrepublik herabsinkt, wird sich zeigen.

Mancher Leser wird nach diesem Blick hinter die Kulissen über die auf unserer »Insel der Seligen« herrschenden Zustände hoffentlich von einem »heiligen« und konstruktiven Zorn erfaßt werden.

Andere sehen vielleicht nur ein skurriles und amüsantes Gaunerstück und betrachten es möglicherweise sogar mit klammheimlicher Sympathie. Viele könnten freilich auch glauben, es ginge hier lediglich um Einzelerscheinungen ohne besondere Relevanz und das Land hätte wichtigere Probleme.

Nein, denn es geht nicht zuletzt auch um jene Grundsätze, die den Rechtsstaat, die Demokratie und die weitere gesellschaftliche, wirtschaftliche und politische Entwicklung betreffen.

Wenn ein Staat aus politischer Rücksichtnahme nicht zuläßt, daß Schuldige angeklagt werden, ist das nur ein erster Schritt. Derselbe Staat wird vielleicht morgen schon, wenn es einem Regime politisch zweckmäßig erscheint, Unschuldige zu verfolgen beginnen. Ein Blick in die Geschichte genügt.

Eine andere Gefahr, die in der Nichtbewältigung dieses Falles liegt, hat Otto Schulmeister, der Doyen der österreichischen Publizistik, beschrieben:

»Das Volk hält die Verbindung von Politik und Kriminalität schon für zwingend, unter den Jungen gärt es, ein Glück, daß große Demagogen fehlen.

Eine Krise des Vertrauens in die Demokratie zieht hier herauf, die viel gefährlicher ist als alle Links- und Rechtsextremisten zusammen.«

# Bildquellennachweis

Stefan Aufschnaiter [53]; Gerhard Bartl [90]; A. M. Begsteiger [40]; Kurier/Kristian Bissuti [7, 9, 11, 12]; Heidi Michel-Debor/trend [71]; Wolfgang Düll [19]; Fitzpatrick/Sipa Press [23]; Dietmar K. Guggenbichler, Rüti [26, 65, 69, 70, 79, 80]; Presseagentur »Hanni« [14]; L'Hebdo, Lausanne [68]; Heeresbild- und Funkinformationsstelle [6, 54]; Contrast/G. Hinterleitner [88]; Contrast/Harald Irnberger [43]; Kurier/Reinhard Judt [22]; Wochenpresse/Friedrich Klinsky [37, 74]; Wochenpresse/Fred Langenhagen [41, 64, 72, 73, 75, 77]; »Lucky« [42, 44, 46, 48]; Norbert Noë [89]; Lajos Percze [82]; Herwig Popelka [17, 33]; Jacob Puister, Puntarenas, Costa Rica [57, 58, 60]; Wochenpresse/Nora Schuster [1, 8, 15, 27]; Votava [52, 61, 63]; Adolf Waschel [62]; profil/Walter Wobrazek [10, 16, 18, 20, 21, 29, 55, 84, 85]; Zeitlhofer/Photoreport [86]; Archiv [2–5, 13, 18, 24, 25, 28, 30–32, 34–36, 38, 39, 45, 47 49–51, 56, 66, 67, 76, 78, 81, 83, 87].

# Personen- und Firmenregister